UTB **2584**

Eine Arbeitsgemeinschaft der Verlage

Böhlau Verlag · Köln · Weimar · Wien
Verlag Barbara Budrich · Opladen · Farmington Hills
facultas.wuv · Wien
Wilhelm Fink · München
A. Francke Verlag · Tübingen und Basel
Haupt Verlag · Bern · Stuttgart · Wien
Julius Klinkhardt Verlagsbuchhandlung · Bad Heilbrunn
Lucius & Lucius Verlagsgesellschaft · Stuttgart
Mohr Siebeck · Tübingen
Orell Füssli Verlag · Zürich
Ernst Reinhardt Verlag · München · Basel
Ferdinand Schöningh · Paderborn · München · Wien · Zürich
Eugen Ulmer Verlag · Stuttgart
UVK Verlagsgesellschaft · Konstanz
Vandenhoeck & Ruprecht · Göttingen
vdf Hochschulverlag AG an der ETH Zürich

Christina von Braun / Inge Stephan (Hrsg.)

Gender@Wissen

Ein Handbuch der Gender-Theorien

2. überarbeitete und ergänzte Auflage

BÖHLAU VERLAG KÖLN WEIMAR WIEN · 2009

Christina von Braun ist Professorin am Institut für Kulturwissenschaft an der Humboldt-Universität zu Berlin. *Inge Stephan* ist Professorin am Institut für deutsche Literatur der Humboldt-Universität zu Berlin.

Bibliografische Information der Deutschen Bibliothek:

Die Deutsche Nationalbibliothek verzeichnet diese Publikation in der Deutschen Nationalbibliografie; detaillierte bibliografische Daten sind im Internet über http://dnb.ddb.de abrufbar.

ISBN 978-3-8252-2584-1   (UTB)
ISBN 978-3-412-12904-0   (Böhlau)

Umschlagabbildung:
Ricarda Roggan, Triptychon (Detail). Zwei Stühle und ein Tisch.
Stuhl, Tisch und Kasten. Stuhl, Tisch und Stellwand, 2001.
C-Print, je 100 x 125 cm, © Courtesy Galerie EIGEN + ART Leipzig/
Berlin, VG Bildkunst Bonn, 2009.

2. Auflage 2009
1. Auflage 2005

© 2009 by Böhlau Verlag GmbH & Cie, Köln Weimar Wien
Ursulaplatz 1, D-50668 Köln, www.boehlau.de

Einbandgestaltung: Atelier Reichert, Stuttgart
Satz: Peter Kniesche Mediendesign, Tönisvorst
Druck und Bindung: AALEXX Buchproduktion GmbH, Großburgwedel
Gedruckt auf chlor- und säurefreiem Papier. Das eingesetzte Papier stammt aus nachhaltig bewirtschafteten Wäldern.
Printed in Germany

ISBN 978-3-8252-2584-1

INHALT

3 Abgrenzungen/Überschneidungen

4 Zu den AutorInnen

Vorwort zur 2. Auflage von *Gender@Wissen*

von *Inge Stephan*

Seit seinem ersten Erscheinen im Jahre 2005 hat sich *Gender@Wissen* zu einem Standardwerk entwickelt, das Studierenden einen Überblick über zentrale Themenfelder der Gender-Theorien vermittelt. Zusammen mit der umfangreichen Einführung in das Verhältnis von Wissensordnungen und symbolischer Ordnung und der Bedeutung von Geschlecht als Wissenskategorie sowie fünf Übersichtsbeiträgen, in denen die Interdependenzen der Gender-Studien mit anderen Disziplinen aufgezeigt werden, bietet der Band mit seinen ursprünglich elf Themenfeldern, die von „Identität" bis zu „Gedächtnis" reichen, eine kompakte Einführung in einen Wissenschaftsdiskurs, der sich in Forschung und Lehre inzwischen etabliert hat.

Für die zweite Auflage konnten wir eine weitere Beiträgerin gewinnen, die den Bereich „Zeugung", der in den letzten Jahren in unterschiedlichen Disziplinen in neuer Weise prominent geworden ist, unter wissenschaftsgeschichtlichen und gendertheoretischen Fragestellungen präsentiert und damit das Themenfeld „Reproduktion" aus der ersten Auflage in spannender Weise aufnimmt und auf neue naturwissenschaftliche Verfahren und Debatten hin öffnet.

Alle Beiträge sind für die zweite Auflage gründlich überarbeitet bzw. kritisch durchgesehen worden. Für die Endkorrektur danken wir sehr herzlich Julia Eckhoff, die mit großer Akribie für die notwendigen Vereinheitlichungen gesorgt hat. Wie für die erste Auflage hat uns Ricarda Roggan auch für die zweite Auflage großzügigerweise ein Foto aus ihrem Zyklus „Zwei Stühle und ein Tisch, Stuhl, Tisch und Kasten, Stuhl, Tisch und Stellwand" (2001) für das Titelblatt zur Verfügung gestellt. Wir haben Ricarda Roggan im Künstlerhaus Wiepersdorf kennen gelernt, wo wir die erste Auflage von *Gender@Wissen* vorbereitet und die damalige Einführung für den Band geschrieben haben.

Christina von Braun, Inge Stephan   Berlin im Juni 2009

1 Einführung

GENDER@WISSEN

von *Christina von Braun* und *Inge Stephan*

Wissensordnung und symbolische Geschlechterordnung

Ausgangspunkt des Buches ist die Frage nach dem Verhältnis von Wissen/Wissenschaft und Geschlecht. Die Aufsätze geben, in unterschiedlichen Varianten und bezogen auf ihre jeweiligen Themenfelder, Auskunft darüber, dass die Beziehung zwischen der Wissens- und der Geschlechterordnung unter dem Zeichen der Dichotomie Natur/Kultur oder Geist/Körper stand und steht – einer Dichotomie, die ihrerseits ein hierarchisches Verhältnis zwischen der gestaltenden Kultur und der zu domestizierenden oder gestalteten Natur implizierte. Diese Zweiteilung wurde wiederum ‚naturalisiert‘, indem in der symbolischen Geschlechterordnung den beiden Polen je ein Geschlecht zugewiesen wurde: Männlichkeit repräsentiert Geistigkeit und Kultur, während die Natur und der Körper als ‚weiblich‘ codiert wurden – eine Zuordnung, die sich bis weit in die Moderne hinein fortgesetzt hat und noch heute prägend bleibt für die Art, wie über ‚weibliche Irrationalität‘, Unberechenbarkeit und davon abgeleitet ‚Unwissenschaftlichkeit‘ gesprochen wird. Aber diese Dichotomie bildet nur den Ausgangspunkt unserer Überlegungen und der historischen Beziehung zwischen Wissens- und Geschlechterordnung. Auf diese erste ‚Setzung‘ folgte eine Entwicklung, die in den letzten zweihundert Jahren besonders deutlich zutage tritt und zu radikalen Umwälzungen auf beiden Gebieten führte. Eine der Grundannahmen unseres Buches ist die These, dass sich diese Gleichzeitigkeit der Veränderung nicht dem Zufall verdankt, sondern dass vielmehr eine enge historische und inhaltliche Verbindung zwischen dem Wandel der Wissensordnung und dem Wandel der symbolischen Geschlechterordnung besteht.

Die ‚traditionelle‘ Dichotomie Kultur versus Natur wurde in der Wissenschaft der Moderne zunehmend durch eine Spaltung in Natur- und Geisteswissenschaft überlagert – eine Spaltung, die ihrerseits auch in der symbolischen Geschlechterordnung ihren Ausdruck fand, gelten doch die Naturwissenschaften einerseits als *hard sciences,* andererseits aber auch als vornehmlich ‚männliche Fächer‘, während die Geisteswissenschaften gerne als ‚weiblich‘ gehandelt werden und in ihnen die Frauen sowohl unter den Lehrenden als auch unter den Studierenden tatsächlich stärker vertreten sind als in den Naturwissenschaften. Dass es sich bei dieser ‚geschlechtlichen‘ Aufteilung der Fächer nicht etwa um geschlechterspezifische Begabungen oder Interessen handelt, sondern um eine symbolische Zuordnung, geht freilich aus der Tatsache hervor, dass sich Frauen, als ihnen Anfang des 20. Jahrhunderts endlich der

Zugang zu akademischer Bildung gewährt wurde, mehrheitlich für Medizin oder ein naturwissenschaftliches Fach entschieden, während die Geisteswissenschaften – etwa vertreten durch die Philosophie oder die Geschichte – am längsten zögerten, Frauen Zugang zu ihrem Wissen zu gewähren. Schon wenige Jahrzehnte später ist es genau umgekehrt. In den Naturwissenschaften stellen Akademikerinnen heute eher die Ausnahme dar, aber sie sind gut vertreten in den Geisteswissenschaften. Mit Begabungen lässt sich eine solche Entwicklung nicht erklären, eher mit geschlechtsspezifischen Codierungen der Wissensordnung. Ein ähnlicher Wandel vollzog sich später noch einmal mit der Informatik. Als das Fach in den 1960er Jahren an einigen Universitäten eingerichtet wurde, gab es zunächst wenige Frauen. Ab Anfang der 1980er Jahre begann der Anteil rasch zu wachsen, um den für ein Ingenieurstudium ungewöhnlich hohen Frauenanteil von über 20 Prozent zu erreichen, bevor er gegen Ende der 1980er Jahre wieder sank. Empirische Untersuchungen zu diesem Phänomen haben gezeigt, dass sich solche Schwankungen weder mit einer erworbenen oder angeborenen technizistischen Defizienz von Frauen erklären lassen noch mit unterschiedlichen Persönlichkeitsstrukturen der Geschlechter.[1] Vielmehr, so scheint es, haben sie mit der Wissensordnung selbst zu tun – und deren wechselhaften geschlechtlichen Codierungen.

Betrachtet aus dem Winkel der ‚ursprünglichen' Dichotomie der Wissensordnung impliziert die ‚Vermännlichung' der Naturwissenschaften und die ‚Verweiblichung' der Geisteswissenschaften, dass sich eine komplette Umkehrung der alten Ordnung, die Männlichkeit mit ‚Geistigkeit' und Weiblichkeit mit ‚Naturhaftigkeit' gleichsetzt, vollzogen hat, erscheint doch Männlichkeit nun in Zusammenhang mit Natur, während die ‚Kultur' als ‚weiblich' daherkommt. Man könnte diesen Wandel mit einer generellen Aufhebung symbolischer Zuordnungen von Wissensgebieten an die beiden Geschlechter erklären. Aber dagegen spricht die Tatsache, dass symbolische Zuordnungen weiterhin stattfinden – nur eben unter umgekehrten Vorzeichen. So besteht die Erklärung für den Wandel vielleicht eher darin, dass den Begriffen ‚Natur' und ‚Kultur' (oder Körper und Geist) eine neue Stellung in der Wissensordnung eingeräumt wurde. Dass sich ein solcher Wandel auch tatsächlich vollzogen hat, ist unübersehbar. Noch bis ins 17. und 18. Jahrhundert galt an den europäischen Universitäten die theologische Fakultät als die wichtigste, wenn nicht gar die ganze Universität aus der Theologie bestand. Von der Theologie gingen die Grundsätze aus, nach denen die Wissenschaft zu funktionieren und ihre Erkenntnisfortschritte zu erzielen hatte. Nach dem Beginn der Neuzeit und vor allem mit der Aufklärung ging diese Aufgabe zunächst auf die Philosophie und die Geschichtswissenschaft über – diese beiden großen Fächer, in denen über den ‚Sinn' und die Sinngebung der nationalen Gemeinschaften reflektiert wurde. Fragt man heute, welche Fakultäten und Fächer der Universität als ‚Leitwissenschaften' zu betrachten sind, so wird ein naturwissenschaftliches Fach wie die Biologie oder die Medizin genannt. Der Grund

---

1   H. SCHELHOWE, Informatik, in: C. v. BRAUN / I. STEPHAN (Hg.), Gender Studien. Eine Einführung, Stuttgart, Weimar 2000, S. 207–216.

dafür ist paradox: Einerseits sind diese Fächer zu Leitwissenschaften geworden, weil es sich um *hard science* handelt, das heißt, um Disziplinen, die mit quantifizierbaren und (jedenfalls meistens) verifizierbaren bzw. falsifizierbaren Methoden arbeiten. Andererseits sind sie aber auch deshalb zu Leitwissenschaften geworden, weil das alte Projekt der Unsterblichkeit – das einst der Theologie vorbehalten blieb, dann als Phantasie vom ‚Weltgeist‘ auf die Philosophie oder als Topos der ‚unsterblichen Nation‘ auf die Geschichte übergegangen war –, weil also das Projekt der Unsterblichkeit heute mit Vorliebe auf die natur- und medizinwissenschaftlichen Erkenntnisse setzt. Am deutlichsten lässt sich das erkennen an den Genwissenschaften, bei denen nicht nur die Metaphorik, sondern auch die der Wissenschaft selbst zugrunde liegenden Paradigmen eine bemerkenswerte Analogie zu christlichen Denktraditionen aufweisen.

Die ‚Verweiblichung‘ der Geisteswissenschaften ließe sich auch mit der Verdrängung dieser Fächer ins Abseits erklären – und diese Erklärung ist auch immer wieder zu hören. In der Tat ist zu beobachten, dass Frauen zunehmend Aufnahme in den Gebieten finden, die ihre ‚Macht‘ über den öffentlichen Diskurs verloren haben; wie umgekehrt auch aus Gebieten, die von Frauen ‚besetzt‘ werden – etwa die Pädagogik und das Lehramt – ein Exodus von Männlichkeit stattfindet. Befriedigend ist diese Deutung allerdings nicht, liefert sie doch keine Erklärung dafür, warum zeitgleich ein Wandel der ‚Wissenshierarchie‘ überhaupt stattgefunden hat, der von der Theologie über die Geschichte/Philosophie bis zu den Naturwissenschaften führte. Geht man zudem davon aus, dass jede geschlechtliche Zuordnung nicht nur die *Folge* neuer wissenschaftlicher oder medialer Paradigmen ist (die Medien sind deshalb so wichtig, weil sie über die Speichersysteme und damit auch über die Trennung zwischen Wissen und Nicht-Wissen bestimmen), sondern auch der *Naturalisierung* der Wissensordnung zu dienen hat, so stellt sich die Frage nach der geschlechtlichen Zuordnung der Wissensfelder auf ganz andere Weise. Denn dann ist danach zu fragen, welcher Art die ‚Ordnung‘ ist, die hier naturalisiert werden soll, und in welcher Weise dies geschieht.

Die Auslagerung von geschlechtlichen Codes aus der Wissenschaft: Kanon und Reinheit

Verallgemeinernd könnte man sagen, dass die ‚Naturalisierung‘ der Wissensordnung einen doppelten und dabei paradoxen historischen Prozess durchlaufen hat: Ging es zunächst um den Ausschluss von Geschlecht, so ging es in einem zweiten ‚Schritt‘ um den Einschluss – oder genauer: die Einlagerung – von geschlechtlichen Codes. Auf welche Weise sich dieser doppelte Prozess in den verschiedenen Wissensfeldern vollzogen und niedergeschlagen hat, wird aus den einzelnen Beiträgen in diesem Band deutlich. Am Begriff der ‚Reinheit‘, der für die Wissenschaft eine ähnliche Funktion erfüllt wie der des ‚Kanons‘, lässt sich diese paradoxe Bewegung am besten darstellen. Der Begriff ‚Kanon‘, der inzwischen in seinen geschlechtlichen Codierungen gut erforscht ist,[2] kommt ursprünglich aus der Baukunst und heißt soviel wie Richtschnur, Maßstab. Er wurde in der griechischen Antike von dem Bildhauer Polyklet übertragen auf den menschlichen Körper, um Idealmaße und Proportionen zu bezeichnen – Idealmaße, die Polyklet ausschließlich am männlichen Körper demonstrierte. Später wurde der Begriff wiederum auf den Städtebau oder die Konstruktion großer sakraler Gebäude übertragen, die dem ‚sozialen Körper‘ das Aussehen und die Idealproportionen des menschlichen Körpers verleihen sollten, um heute fast ausschließlich auf Texte angewandt zu werden, die in den verschiedenen Disziplinen kanonischen Charakter – also eine Maßstabsfunktion – erhalten haben. Das Problem besteht freilich darin, dass sich die idealen Maßstäbe des Kanons nicht positiv benennen lassen, nur in Abgrenzung gegen das ‚Nicht-Maßstabgerechte‘. Das heißt, ihre Definition hängt immer von der Benennung eines ‚Nicht-Kanons‘ ab. Dieser hat – je nach historischer Notwendigkeit und je nach neu entwickelten medialen Speichersystemen, die über die Wissensordnung bestimmen – unterschiedliche Gestalt. Ihre einzige Gemeinsamkeit: die geschlechtliche Codierung.

Ganz ähnlich wirkt sich auch der Begriff der ‚Reinheit‘ für die Wissenschaft und auf die Etablierung von Wissensfeldern aus. Es gibt wenige Begriffe, die eine solche Macht über das Denken von Individuen und Gemeinschaften ausüben wie die ‚Reinheit‘. Kaum ein Wissensfeld, in dem er nicht eine Schlüsselstellung einnimmt – ob es sich um Religion, Politik, Sexualität, Sprache, Kultur, Psychologie oder eben die Wissenschaften und ihre Rolle für diese verschiedenen Bereiche handelt. Obgleich die ‚Reinheit‘ in jedem Wissensfeld eine andere Bedeutung annimmt, ist allen Bedeutungen gemeinsam, dass sie dazu dienen, Abgrenzungen und Ausschlüsse vorzunehmen. Das besagt schon die Etymologie des Wortes ‚rein‘: Aus dem Alt- und Mittelhochdeutschen ‚*reini*‘ bzw. ‚*hreni*‘ stammend, bedeutet das Wort ursprünglich ‚gesiebt‘ oder ‚gesäubert‘.[3] Im Wort ‚rein‘ steckt also die Bedeutung von ‚herein‘ oder ‚hereinnehmen‘, was neben dem Einschluss auch einen Ausschluss beinhaltet. Die Tatsache, dass sich das ‚Reine‘ – wie der ‚Kanon‘ – nur durch den Gegensatz zum ‚Unreinen‘ definieren lässt, hat zur Folge, dass in vielen Wissensfeldern der ‚Schmutz‘ oder das ‚Unreine‘ überhaupt erst benannt, sichtbar gemacht oder ‚ritualisiert‘ werden muss. (Zu den ‚Riten‘ würde etwa die der Theologie so ähnliche Kleiderordnung der alten Universität gehören, die nicht durch Zufall dann zu verschwinden begann, als Frauen in den Akademien aufgenommen wurden).

Wie auch die abendländische ‚Wissenschaft‘ von der Theologie ihren Ausgang nahm, hat auch die ‚Reinheit‘ zunächst religiöse Ursprünge. Es gibt, allgemein gesagt, keine Religion, die nicht in der einen oder anderen Weise auf Reinheitsgesetze oder – alternativ – auf die ‚Reinheit‘ des Transzendenten und die ‚Unreinheit‘ des Irdischen Bezug nimmt. Allerdings ist das, was als ‚rein‘ bezeichnet wird, in jeder religiösen Kultur unterschiedlich. Bezieht sich die ‚Reinheit‘ zum Beispiel in der jüdischen Religion auf die Zeremonialgesetze, die eine scharfe Trennung zwischen be-

---

2   R. v. HEYDEBRAND (Hg.), Kanon Macht Kultur. Theoretische, historische und soziale Aspekte ästhetischer Kanonbildung, Stuttgart, Weimar 1998.

3   Vgl. O. GAUPP, Zur Geschichte des Wortes ‚rein‘ (Diss. Tübingen 1920).

stimmten Speisen und über diese zwischen dem Heiligen und dem Profanen fordern,[4] so findet in der christlichen Religion eher eine Gegenüberstellung von Bildern statt, die einander ‚ähneln' und dennoch scharf unterschieden werden müssen: etwa Bilder des Blutes, bei denen das ‚reine' Blut des Gekreuzigten oder der Märtyrer dem ‚unreinen' Blut, das dem sexuellen Körper und der Sexualität eigen ist, als Gegensätze konstruiert werden.[5] Auf der Basis einer solchen Gegenüberstellung erhielt zum Beispiel die geschlechtlich übertragene Syphilis den Namen ‚Böses Blut'. Solche christlichen Bilder von ‚Reinheit' fanden sich nach dem Säkularisierungsprozess auf vielen modernen Wissensfeldern wieder. Heute gibt es zum Beispiel einen breiten Konsens darüber, dass Sauberkeit, Hygiene und Gesundheit etwas ‚Gutes' darstellen, während alles, was unter den Begriff des Schmutzes fällt, dem Fremden zugerechnet wird. Dass es sich bei dieser Bedeutung von ‚Reinlichkeit' um eine *symbolische* Zuordnung handelt, kann man an sich selbst beobachten: An Orten, die uns fremd sind oder in Ländern, deren Sprache wir nicht sprechen, nehmen wir Schmutz viel deutlicher wahr als in der eigenen Stube. Auch neigen wir dazu, Gefühle von Fremdheit mit Worten und Bildern zu umschreiben, in denen von mangelnder Sauberkeit oder schlechtem Geruch die Rede ist. Solche Wahrnehmungen stehen in einer langen Geistestradition, in der das Fremde (oder Auszuschließende) mit dem Schmutz – oder dem Unreinen – gleichgesetzt wird. In diesem Sinne ist die Reinlichkeit (sozusagen die säkulare Reinheit) auch wiederholt politisch funktionalisiert worden: etwa im rassistischen Antisemitismus, wo von der ‚Reinheit' des Volkskörpers und der ‚Unreinheit' des ‚jüdischen Blutes' die Rede war. In solchen Wissensfeldern und ihren Wissensformen eine *hard science* zu sehen, würde die moderne Wissenschaft heute – und zu Recht – ablehnen. Dennoch waren es eben diese ‚biologisierten' theologischen Diskurse, die im 19. Jahrhundert den Wandel der Wissensordnung vorantrieben und dazu beitrugen, dass die Naturwissenschaften zu Leitwissenschaften aufstiegen.

In der Ästhetik verweist die ‚reine' Form bzw. die ‚reine Kunst', wie bei der Mathematik oder der Logik, auf eine Vorstellung von Kunst, die keinen Bezug zu Politik, Religion oder sonstigen ‚Botschaften' hat, die also frei ist von Inhalten, die nicht ihr selbst, der Kunst gelten. Dann kann ‚Reinheit' in der Kunst aber auch auf eine Ästhetik verweisen, die sich dem ‚reinen Denken' oder der ‚reinen Form' verschrieben hat – etwa die autonome Literatur oder die abstrakte Kunst und die Musik. Oder der Begriff ‚Reinheit' bezeichnet eine Architektur, deren Formen von ‚reiner' Zwecküberlegung bestimmt werden. Den Begriff der ‚reinen' Kunst nehmen freilich auch ästhetische Formen für sich in Anspruch, die gerade eine politische oder religiöse Botschaft zu transportieren versuchen: das ‚Bühnenweihfestspiel' Richard Wagners zum Beispiel bzw. die dem ‚Blut- und Boden' verhaftete Kunst der NS-Zeit, die die Kunst der Moderne als ‚entartet', mithin als ‚unnatürliche' und ‚fremde'

---

4 M. DOUGLAS, Reinheit und Gefährdung. Eine Studie zu Vorstellungen von Verunreinigung und Tabu, übers. v. B. Luchesi, Frankfurt/M. 1988, S. 78.
5 C. v. BRAUN, Versuch über den Schwindel. Religion, Schrift, Bild, Geschlecht, Zürich 2001.

Kunst bezeichnete. In allen diesen Fällen geht es um den Ausschluss eines – wie auch immer definierten – ‚Fremdkörpers'. Dasselbe gilt auch für die Forderung nach einer ‚Reinheit der Sprache', die immer dann auftaucht, wenn es darum geht, eine Nation oder ein Sprachgebiet gegen eine vermeintliche ‚Überfremdung' zu schützen.

Da der Begriff der ‚Reinheit' in enger Beziehung zur Körperlichkeit und mithin zum Tastsinn steht, dieser aber oft (vor allem in seiner sexuellen Bestimmung) als ‚kontaminierend' für den ‚reinen Geist' betrachtet wurde, ist es nicht erstaunlich, dass das Sehen, schon seit Aristoteles, als der ‚reinste' der Sinne gilt, weil er – Distanz zum Objekt voraussetzend – einen hohen Abstraktionsgrad ermöglicht. Hier liegt einer der Schlüssel zum Verständnis des engen Zusammenhangs, den die Moderne zwischen Sehen und Wissenschaft hergestellt hat: Der Begriff der ‚Erkenntnis' ist fast zu einem Synonym für Betrachten geworden, und das gilt nicht nur für die Objekte des Wissens, die sich durch das Mikroskop oder andere technische Sehgeräte betrachten lassen – es gilt auch für die am Rechner erstellten Bilder, die etwas ‚sichtbar' machen, das eigentlich gar nicht zu sehen ist, etwa die Tätigkeit des Gehirns oder die Doppelhelix der Genwissenschaft. Ausgerechnet diese synthetischen Bilder, die nicht etwa abbilden, sondern eine symbolische Umsetzung für Vorgänge bieten, die in bildhafter Form ‚vorstellbar' werden, sind heute zu einer Art von Logo der ‚reinen Wissenschaft' geworden, die sich der sinnlichen Wahrnehmung – auch in ihrer abstraktesten Art: dem Auge – entzieht. Auch diese synthetischen Bilder verweisen, wie die Biologisierung theologischer Diskurse, zugleich auf die *Einlagerung* von Geschlechtercodes in die Wissenschaft.

Allgemein impliziert der Begriff der ‚Reinheit' in der Wissenschaft, dass das Wissen von der sinnlich wahrnehmbaren Welt und den ‚Gefühlen' fernzuhalten ist; es geht also auch um den Ausschluss von Emotionen und von allen Bereichen des Menschlichen, die mit dem Begriff des Subjektiven, des Irrationalen oder gar der ‚Leidenschaften' einhergehen. Deshalb spielt für die ‚Reinheit' auch das psychologische Moment eine wichtige Rolle. Das griechische Wort ‚Katharsis' bedeutet Reinigung und beinhaltet das Abreagieren von Affekten. Aristoteles sah in der Tragödie ein Mittel, die Katharsis herbeizuführen. Die Pythagoräer vertraten dagegen die Ansicht, dass sich Angstgefühle am besten durch Musik überwinden lassen, da sie von allen Künsten der Mathematik am nächsten stehe. Die moderne Psychologie und Psychoanalyse – mit ihrem ‚Chimney sweeping' wie Joseph Breuers Patientin Anna O. die Vorgänge nannte[6] – setzt ebenfalls auf eine Form von Katharsis, die einer ähnlichen Metaphorik folgt: Durch Verbalisierung und Bewusstmachung soll die Seele von Bedrückendem gereinigt werden. Andere Formen von Therapie versuchen, seelische Konflikte durch ‚Abreagieren' aufzulösen. In jedem Fall aber geht es darum, dass es ‚reines Wissen' – und das heißt berechenbares, verifizierbares Wissen – nur unter dem Ausschluss von Gefühlen geben kann, die ihrerseits als ‚unrein' zu gelten haben. Auch auf diesem Gebiet ist freilich ein paradoxer historischer Prozess

---

6   Vgl. D. HUNTER, Hysteria, Psychoanalysis, and Feminism. The Case of Anna O., in: Feminist Studies, Vol. 9, No. 3, 1983, S. 485.

zu beobachten, bei dem auf den Ausschluss von Geschlechtlichkeit – die ganz allgemein für ‚das Gefühl' (im kollektiven Singular) steht – eine neue und positive Bewertung der Gefühle, also deren Einlagerung folgt: deutlich zu beobachten an der Kultivierung der ‚Empfindsamkeit' um 1770 oder später, etwa in der *Décadence*, an einer neuen Begeisterung für Sinnlichkeit und ‚Leidenschaft' bzw. Leiden. Dabei lässt sich zeigen, dass die historischen Veränderungen in der Geschlechterordnung nicht nur die Geschichte der Gefühle beeinflusste, die Norbert Elias so intensiv untersucht hat, sondern auch Rückwirkungen auf den Wandel der Wissensordnung hatte.

Eben weil die ‚Leidenschaft' und starke Gefühle als ‚unrein' gelten, fällt auch der Sexualtrieb in vielen Kulturen in den Bereich des ‚Unreinen', das es zu domestizieren und damit unschädlich zu machen gilt. Dafür gibt es strenge, von einer Kultur zur anderen sich unterscheidende Vorschriften, die etwa festlegen, mit wem der Geschlechtsverkehr ‚rein' oder ‚unrein' ist. Oder aber die ‚Reinheit' wird hergestellt, indem die Bereiche des (asexuell) Heiligen und des (sexuell) Profanen streng voneinander getrennt werden. Eine dritte Form des Umgangs mit der Sexualität bestand in ihrer ‚Heiligung', also gerade in der Vermischung des Profanen mit dem Transzendenten. In der christlichen Theologie, die für die westliche Wissensordnung bestimmend werden sollte, wurde die Vorstellung, dass durch Sexualität Leben erzeugt wird, zunehmend verdrängt durch die Auffassung, dass der reine Geist als ‚fruchtbarer Same' zu wirken habe. Solche Konstruktionen implizierten immer die Gleichsetzung des weiblichen Körpers, da wo er Körperlichkeit und Sexualität symbolisierte, mit einer ‚unreinen' Zeugungsfähigkeit. Wenn Frauen also über Jahrhunderte von klerikalen Ämtern, von kultureller Tätigkeit und vor allem von wissenschaftlicher Arbeit ausgeschlossen blieben, so stand dahinter die Vorstellung, dass der weibliche Körper eine gefährliche Kontamination für die ‚Reinheit' des ‚Wissens' darstelle.

Insgesamt bedeutet ‚Reinheit' in der Wissenschaft also, dass die Forschung durch keine Elemente des Psychischen, des Historischen oder des ‚Subjektiven' beeinflusst werden darf. Ging die Theologie noch von einer ‚Reinheit' des Wissens aus, das vor allem durch die Sexualität (oder die Leiblichkeit) kontaminiert werden konnte, so gehen die modernen Naturwissenschaften von einen Prinzip der ‚Reinheit' aus, das auf dem Ausschluss jedes Zufalls beruht und deshalb in seiner ‚reinsten Form' nur im Labor durchgeführt werden kann, wo die Einflüsse der äußeren Welt und das Subjekt des Betrachters auf ein Minimum reduziert sind. Allerdings ist der Unterschied zum theologischen Ausschluss der Leiblichkeit nicht so groß wie er scheint. Er hat sich nur auf ein anderes Feld verlagert. Hielt sich der Kleriker im Kloster und durch Askese von den schädlichen Einflüssen des irdischen Lebens und seiner Leiblichkeit fern, so übernimmt nun das Labor diese Funktion. Es ist zur modernen Form des Klosters geworden. In dieser Form der Abgeschiedenheit wird keine Askese gefordert, sondern der ‚wissenschaftliche Leib' selbst ausgeschlossen, stellt dieser doch ein potentielles Einfallstor des ‚Unreinen' und des Zufalls dar. Das heißt, idealiter hat sich die moderne Wissenschaft von der Forderung nach einer ‚Reinheit' ihres Trägers verabschiedet; als vollkommen ‚reine Wissenschaft' empfindet sie sich erst dann, wenn es ihr gelingt, diesen Wissenschaftler völlig zu ersetzen. Da dies nur in den Naturwissenschaften, zumindest als Phantasie, möglich ist, in den Geisteswissenschaften hingegen an der notwendigen ‚Empfindsamkeit' des Forschers scheitern muss, ist hier eine der Erklärungen für die neue Wissensordnung zu suchen. *Hard science* heißt im Idealfall *science without the body of the scientist.* Interessanterweise ist eben dies der historische Moment, in dem die Frau, Verkörperung der Körperlichkeit, das Reich der Wissenschaft betritt. Da sich die ‚Reinheit' der Wissenschaft – im Prinzip – von der Forderung nach einer ‚Reinheit' des Forschers unabhängig gemacht hat, gilt auch die Wissenschaftlerin nicht mehr als kontaminierend.

Die Einlagerung von Geschlechtercodes in die Wissenschaft: Sexualisierung und Entsexualisierung

Wenn sich die westliche Wissensordnung durch die Bereinigung des Wissens vom Subjektiven, Irrationalen und Sexuellen konstituieren konnte, so stellt sich die Frage, warum Frauen – und damit auch ihre Funktion, die ‚Sexualität' zu repräsentieren – in eben dem historischen Moment in der Wissensordnung zugelassen werden, wo Sexualität und Zufall ausgeschlossen werden. Um auf diese Frage zu antworten, sei noch einmal der Blick auf die Entwicklung der Wissenschaften gerichtet und danach gefragt, wie es ‚die Wissenschaft' (im kollektiven Singular) überhaupt soweit bringen konnte, dass ihr Traum von einem Labor-gerechten Forscher, der ebenso ‚rein' ist wie die Wissenschaft selbst, also von einem Labor ohne Forscher, in greifbare Nähe rückte. Die Voraussetzungen für die Erfüllung dieser Wissenschaftsutopie schufen die Errungenschaften der Wissenschaft auf dem Gebiet der medizinischen Forschung, als es diesen gelang, den menschlichen Körper – und damit auch den forschenden Körper – zu einem Produkt zu machen, das sich im Reagenzglas fabrizieren ließ. Mit der Entdeckung des Eisprungs um 1830, mit einer genaueren Kenntnis der Zeugungsvorgänge um 1875 (dank verbesserter Mikroskopiertechnik) hatte die westliche Wissenschaft den Zugang zu einem Wissen entdeckt, das von Anfang an die abendländische Wissensphantasie beschäftigte: die Reproduktion des Menschen nach geplanten, den Zufall – vor allem den Zufall der sexuellen Anziehungskraft – ausschließenden Mechanismen. Damit rückte eine alte abendländische Wissenschaftsphantasie ihrer Realisierung um einen entscheidenden Schritt näher. Sie hatte begonnen mit Platon und seiner im ‚Staat' entwickelten Vorstellung einer geplanten Fortpflanzung der menschlichen Gemeinschaft, sie hatte sich ‚wissenschaftlich' niedergeschlagen in den aristotelischen Theorien über ‚die Zeugung der Geschlechter'; und sie fand im christlichen Topos vom ‚geistigen Samen' ihre theologische Ausformulierung. Zwar wird der moderne Wissenschaftler (bisher) noch nicht in der Retorte gezeugt und ausgetragen, aber das Labor und die Bedingungen der Forschung im Labor tragen doch schon erheblich dazu bei, seine Existenz, zumindest an diesem Ort, den Phantasien, dass er selbst in der Retorte erzeugt werden könne, näher zu bringen. Der Mensch aus der Retorte – ob als *Cyborg* oder als anderes künstliches Wesen – stellt die Zukunfts- und Wissenschaftsphantasie des 20. Jahrhunderts dar. Doch es ist bemerkenswert, wie selten in den Filmen oder Romanen, die dieser Phantasie Ausdruck verleihen, der Gedanke formuliert wird, dass das eigentliche Ziel moderner Wissenschaftsphantasien die Erzeugung des Wissenschaftlers selbst ist. Jede Elite einer gesellschaftlichen Hierarchie nutzt ihre Macht über die Medien des Wissens dazu, das Gedächtnis und die Geschichte dieser Gesellschaft im eigenen Sinne um- und für die Zukunft festzuschreiben. Warum sollte dann andersherum nicht auch eine vom ‚Leib des Forschers‘ befreite Wissenschaft dafür sorgen, ihre eigenen, das heißt, diese Wissenschaft perpetuierenden Wissenschaftler hervorzubringen?

Die neue Wissensordnung bedarf, wie die alte, ihrer ‚Biologisierung‘ – und sie bedarf der ‚Naturalisierung‘ in verstärktem Maße und zugleich in anderer Form. Hatte die ‚alte Wissensordnung‘ alles auszuschließen gesucht, das sich ihr auf dem Weg zur ‚reinen Abstraktion‘ widersetzte, darunter vor allem die Geschlechtlichkeit, so hat die ‚neue Wissenschaft‘ die Parameter für die ‚Erzeugung‘ des neuen Forschertypus zu schaffen. Diese Aufgabe verlangt nach einer Biologisierung, die nicht etwa vorhandene Geschlechterbinaritäten ‚benutzt‘, sondern diese ganz neu erstellt. Damit kommen wir zur Frage nach der Einlagerung von Geschlechtercodes in die Wissenschaft. Auf diese Frage gibt es zunächst eine einfache Antwort: Da ‚Weiblichkeit‘ mit der Entstehung der westlichen Wissens- und Geschlechterordnung als Code für Sexualität eingesetzt wurde, liegt es nahe, dass dieser Code auch herangezogen wird, um die neue Wissensordnung mit einer sexuellen Chiffre zu versehen und zu biologisieren. Anzeichen für eine geschlechtliche Aufladung von Wissensstrukturen durchsetzen nicht nur die Metaphorik der modernen Wissensordnung selbst, sie sind auch deutlich wahrzunehmen im Sprachgebrauch und den Bildern der modernen Kommunikations- und Speichersysteme, die diese Wissensordnung ermöglicht haben: Es genügt, an das Bild der ‚jungfräulichen Festplatte‘, an den ‚binären Code‘ und das ihm zugrunde liegende ‚Lochkartensystem‘ wie auch an die synthetischen Frauenstimmen zu denken, die das ‚Hochfahren‘ des Computers ankündigen.

Über die Art, wie sich die Einlagerung von Geschlechtercodes in einzelnen Wissensfeldern und theoretischen Diskursen vollzogen hat, geben die einzelnen Beiträge dieses Bandes Auskunft. Sie geben damit auch Auskunft darüber, dass diese Vorgänge durchaus analysier- und entzifferbar geworden sind – eine Tatsache, die sich ihrerseits als der Hauptmotor der Geschlechterstudien und ihres spezifischen ‚Wissensdrangs‘ bezeichnen ließe und mit dem Wandel der Geschlechterordnung, der sich in den letzten hundert bis hundertfünfzig Jahren vollzogen hat, unmittelbar zusammenhängt. Diese fand in neuen Theorien über den Geschlechtstrieb ihren deutlichsten Niederschlag, und – bemerkenswert genug – diese neuen Theorien entwickelten sich zeitlich parallel zum Wandel der Wissensordnung und zur allmählichen Aufnahme von Frauen in den Wissensbetrieb.

Der Diskurs über Weiblichkeit als Repräsentation des Sexualtriebs erfährt Mitte des 19. Jahrhunderts eine völlige Umkehrung, auf die schon der Schriftsteller und Sexualforscher Henry Havelock Ellis (1859–1939) um 1900 in seinen Werken zur Sexualpsychologie aufmerksam gemacht hat.[7] Ellis weist darauf hin, dass die Theo-

---

7   H. H. Ellis, Studies in the Psychology of Sex, Kingsport, Tenn. 1897–1928, dt. 1922–1924.

rien zum Sexualtrieb über Jahrhunderte eine Konstante aufwiesen, laut denen der Sexualtrieb der Frau dem des Mannes weit ‚überlegen' sei. Er verweist auf den griechischen Mythos vom ‚Seher' Teiresias, der von Hera mit Blindheit geschlagen wurde, weil er das ‚Geheimnis der Frauen' verriet, laut dem der weibliche Geschlechtstrieb ‚neunmal höher' sei als der des Mannes. Ellis zitiert den römischen Dichter Juvenal, der schrieb, dass gewiss keine Frau Interesse daran haben könne, ein Mann zu werden, „denn wie klein ist seine Wollust verglichen mit der ihrigen"; und Ellis führt auch die wissenschaftlichen Theorien von Galen an, der die Ansicht vertrat, dass es für die Frau wegen ihres starken Sexualtriebs sehr viel schwieriger sei, im Zölibat zu leben, als für den Mann.[8] Auf solchen Vorstellungen, die sich spielend zwischen Mythos und Wissenschaft bewegten, basierten die Vorkehrungen, die eine Domestizierung oder Neugestaltung des Weiblichen im westlichen Denken vorsahen. Ab Mitte des 19. Jahrhunderts tauchen jedoch zunehmend ‚wissenschaftliche' Vorstellungen auf, die genau das Gegenteil behaupten. In England veröffentlicht Agton eine Schrift, in der er behauptet, dass die Annahme, „dass alle Frauen geschlechtlich empfinden, eine niedere Beschimpfung" sei. Fehling in Basel erklärt, dass die Sexualität in der Liebe eines jungen Mädchens als „pathologisch" einzustufen sei,[9] während der deutsche Psychiater Näcke versichert: „Die Frauen sind im allgemeinen weniger sinnlich als die Männer."[10] Gewiss lassen sich solche Aussagen als das abtun, was sie waren: als ‚unwissenschaftlicher' Versuch, eine neue symbolische Geschlechterordnung zu etablieren. Nur ist erstens zu bedenken, dass diese Aussagen als ‚Wissenschaft' daherkamen, gegen Ende des 19. Jahrhunderts noch verstärkt durch die Theorien hoch angesehener Wissenschaftler wie Richard von Krafft-Ebing, der in seiner ‚Psychopathia Sexualis' verkündet, dass „der Mann, welcher das Weib flieht, und das Weib, welches dem Geschlechtsgenuss nachgeht, abnorme Erscheinungen" seien;[11] und zweitens stellt sich die die Frage: Warum entsteht diese neue Geschlechterordnung und worin besteht ihr Gewinn für die Etablierung der neuen Wissensordnung?

Die neue Wissensordnung ‚entdeckt' nicht nur die Überlegenheit des männlichen Geschlechtstriebs, sie stellt auch – zum ersten Mal seit der Geburt der abendländischen Wissensordnung – ausdrücklich den Zusammenhang zwischen Geschlechtstrieb und geistiger Aktivität her und pocht damit auch auf seine Rolle für die Weiterentwicklung des Wissens. Das mag zunächst wie ein Widerspruch zu der vorher entwickelten These klingen, dass das Ideal der Wissensordnung *the scientist without a body*, also erst recht der Wissenschaftler ohne Unterleib ist. Doch der Widerspruch löst sich bei genauerer Betrachtung. Die Zusammenführung von Geschlechtstrieb und Wissensordnung geschieht einerseits durch physiologische Theorien wie die von Charles Darwin und andererseits durch psychologische Erklärungsmuster wie die von Sigmund Freud. Beide theoretischen Schulen begründeten die ‚Überlegenheit'

8 H. H. ELLIS, The Sexual Impulse in Women, in: ders., Studies in the Psychology of Sex, Vol. 1, part 2, S. 197.

9 Beide zit. n. ELLIS, The Sexual Impulse in Women, S. 194f.

10 P. NÄCKE, Kritisches Kapitel der Sexualität, Archiv f. Psychiatrie, 1899, S. 341.

11 R. v. KRAFFT-EBING, Psychopathia Sexualis I, München 1984, S. 12f.

männlicher Geistigkeit – also Wissensfähigkeit – entweder mit der ‚Überlegenheit‘ des männlichen Sexualtriebs oder aber mit der ‚Männlichkeit‘ des Geschlechtstriebs selbst. Auffallend an der physiologischen Begründung ist die Berufung auf das Tierreich und die Natur. Waren bis hierher Wissenschaft und Wissensfähigkeit mit der Unterscheidung von Kultur und Natur begründet worden, so wird nun die Ähnlichkeit von ‚Männlichkeit‘ mit den Trieben der Tiere und Primaten betont, um ‚geistige Überlegenheit‘ zu erklären. Darwin vertritt die Ansicht, dass sich der Unterschied aus den intellektuellen Kräften der Geschlechter – der sich darin zeige, „dass der Mann in allem, was er beginnt, zu größerer Höhe gelangt, als es die Frau kann, mag es nun tiefes Nachdenken, Vernunft oder Phantasie oder den bloßen Gebrauch der Sinne und Hände erfordern“ – dass sich dieser Unterschied also aus den Gesetzen der geschlechtlichen Zuchtwahl ableite. Laut diesen Gesetzen hätten unter den Männern der „halbmenschlichen Vorfahren des Menschen und unter wilden Völkern [...] viele Generationen hindurch Kämpfe um den Besitz der Frauen stattgefunden“.[12] Die psychologische Beweisführung Freuds ist anders, führt aber zu demselben Ergebnis. Auch Freud betrachtet die Libido als Voraussetzung für geistige und kulturelle Aktivität. Er macht zwar den Unterschied zwischen dem „Gelehrten“, der seiner Tätigkeit zuliebe auf Sexualität verzichten muss, und dem Künstler, der mit „abstinentem Lebenswandel“ nicht recht vorstellbar sei und dessen „künstlerische Leistung durch sein sexuelles Erleben mächtig angeregt“ werde. Aber ganz allgemein, so fügt er hinzu, habe er nicht den Eindruck gewonnen, „dass die sexuelle Abstinenz energische, selbständige Männer der Tat oder originelle Denker, kühne Befreier und Reformer heranbilden helfe“.[13] Doch in jedem Fall – ob nun die Sexualität sublimiert wird oder nicht – bildet für ihn der Sexualtrieb die Grundlage des Wissensdranges. Diesen Sexualtrieb betrachtet er zwar einerseits als geschlechtsneutral oder geschlechtsübergreifend – er schreibt, dass „die Zusammenstellung weiblicher Libido jede Rechtfertigung vermissen lässt“.[14] Andererseits sieht er die Libido symbolisiert im männlichen Genital, womit implizit auch über die geschlechtliche Zuordnung ‚des Sexualtriebs‘ entschieden ist. Wo er geistiger Tätigkeit bei Frauen begegnet, analysiert er diese folgerichtig als Aneignung ‚männlicher‘ Eigenschaften und männlicher Physiologie: „Der Wunsch, den ersehnten Penis endlich doch zu bekommen, kann noch seinen Beitrag zu den Motiven leisten, die das gereifte Weib in die Analyse drängen, und was sie verständigerweise von der Analyse erwarten kann, etwa die Fähigkeit, einen intellektuellen Beruf auszuüben, lässt sich oft als eine sublimierte Abwandlung dieses verdrängten Wunsches erkennen.“[15]

Die wissenstheoretische Verschiebung, die sich hier vollzieht, lässt sich umschreiben als die Einlagerung von Geschlechtlichkeit in die Wissensgeschichte und Wissenstheorie. Es handelt sich um eine sexuelle Aufladung der Wissensordnung, die, weil es sich um eine symbolische Zuordnung handelt, eben deshalb auch nicht

---

12 C. DARWIN, Die geschlechtliche Zuchtwahl, übers. v. H. Schmidt, Leipzig 1909, S. 250.
13 S. FREUD, Gesammelte Werke, Frankfurt/M. 1964ff., Bd. VII, S. 160.
14 S. FREUD, GW, Bd. XV, S. 140.
15 Ebd., S. 134.

dem Ausschluss der Geschlechtlichkeit aus der Wissensordnung widerspricht. Die beiden Vorgänge sind gewissermaßen die Kehrseiten ein und desselben Vorgangs, und dieser findet auf doppelter Ebene statt: Einerseits wird der männliche Trieb als Generator des Wissens und der Wissensfähigkeit beschworen – er schwebt gleichsam als *deus ex machina* in die Wissensordnung ein. Andererseits wird aber auch die Weiblichkeit in die neue Wissensordnung aufgenommen. Auch hier tut sich auf den ersten Blick ein Widerspruch auf, der sich jedoch löst, sobald man das Paradigma betrachtet, das sich dahinter verbirgt. ‚Der Sexualtrieb', von dem in der neuen Geschlechter- und Wissensordnung die Rede ist, ist ein Produkt der Wissenschaftlichkeit selbst, und auch hier – wie beim Labor-gerechten Forscher – handelt es sich um eine alte Phantasie, die mit den neueren Erkenntnissen der Wissenschaft in den Bereich des Realisierbaren rückt. Denn in dieser Zeit, in der sich diese ganzen Wandlungen, ja Umkehrungen, alter Ordnungen vollziehen, entstehen nicht nur die Reproduktionswissenschaften, sondern auch die Sexualwissenschaften, die einen von der Fortpflanzung unabhängigen Sexualtrieb postulieren, sowie die Reproduktionswissenschaften das Ziel einer von der Sexualität unabhängigen Fortpflanzung verfolgen. Darüber hinaus gehen die Sexualwissenschaften auch davon aus, dass sich der Sexualtrieb rational und wissenschaftlich erfassen lasse, obgleich ausgerechnet dieser in den Denktraditionen der abendländischen Wissenswelt als der mächtigste und der Irrationalität, mithin der Unwissenschaftlichkeit, am nächsten stehende Trieb gilt. Genau dies, der Versuch einer rationalen und wissenschaftlichen Erfassung der Irrationalität, ist in den letzten hundert Jahren zu einem Leitgedanken vieler Wissensfelder geworden, und der Vorgang trug dazu bei, dass die modernen Industriegesellschaften ihre Angst vor den Mächten des Sexualtriebs verloren und fast alle Paragraphen aus ihren Gesetzbüchern gestrichen haben, die den Geschlechtsverkehr regulieren. Eine solche ‚Befreiung' der Sexualität von (fast) allen Fesseln ist historisch einmalig und hat es in dieser Form in keiner anderen Kultur gegeben. Indem der Sexualtrieb ‚berechenbar' geworden ist – und in dieser Hinsicht ist die Sexualwissenschaft nicht zu trennen von den anderen Erscheinungsformen eines der Macht der Berechenbarkeit unterworfenen Sexualtriebs, egal, ob dieser in Porno, *Peepshow* oder Prostitution, allesamt dem Zeichensystem des Geldes unterstehenden Systemen, seinen Ausdruck findet – wurde er der rationalen Logik unterworfen und damit wissenschaftsgerecht. Er gehört nicht nur in die neue Wissensordnung, er dient sogar ihrer Durchsetzung und Legitimierung. Der Forscher ohne Unterleib ist versehen mit einem neuen Geschlechtsapparat.

Wir fassen zusammen: Die abendländische Wissensordnung beruht in doppelter Hinsicht auf einer symbolischen Geschlechterordnung: Einerseits konstituiert sie sich über den Ausschluss von Geschlechtlichkeit, symbolisch dargestellt am Ausschluss des weiblichen Körpers aus der Wissensordnung. Erst als sich in der symbolischen Geschlechterordnung das Paradigma entwickelt, dass der weibliche Körper ‚an sich' geschlechtslos sei – die Vorstellung schlägt sich u. a. in wissenschaftlichen Theorien des 19. Jahrhunderts über den ‚reduzierten' weiblichen Geschlechtstrieb nieder – gestattet die Wissensordnung die Aufnahme von Frauen. Andererseits konstituiert sich die Wissensordnung aber auch durch die ‚sexuelle Aufladung' von Wissensfeldern. Motor dieses Vorgangs ist ein ‚Sexualtrieb‘, der der Berechenbarkeit des ‚wissenschaftlichen Diskurses‘ unterliegt. Unter diesen Umständen verwundert es nicht, dass das Geschlecht im 20. Jahrhundert jeden Anschein von Biologie verliert und als ‚performativer Akt‘ begriffen werden kann.[16] Allerdings muss diese Entwicklung auch in ihrer Historizität begriffen werden, also als Erscheinungsform eines geschichtlichen Wandels der symbolischen Geschlechterordnung und eines ‚neuen Sexualtriebs‘, der als Basis der Wissensordnung begriffen wird.

Metaphysik und Wissenschaft

Gehen wir nun zurück zum Ausgang der Überlegungen, dem Wandel der Wissensordnung, der von der Theologie als Leitwissenschaft über die Geschichte/Philosophie zu den naturwissenschaftlichen Fächern als Leitwissenschaften führte. Man könnte diesen Prozess als Ausdruck eines Säkularisierungsprozesses begreifen, der Entkirchlichung oder Verlust transzendenter Glaubensinhalte besagt. Dagegen spricht jedoch die Tatsache, dass auch die neue Wissensordnung zu ihrer Konstitution einer symbolischen Geschlechterordnung bedarf und in dieser ihre ‚Biologisierung‘ findet. Die Umkehrung ist also nicht so tiefgreifend, wie es auf den ersten Blick erscheinen mag. Und zweitens spricht dagegen auch die Tatsache, dass die neuen Leitwissenschaften in mehr als einer Hinsicht die Nachfolge der alten Leitwissenschaften angetreten haben: Ihnen wurde das alte Projekt der Unsterblichkeit überantwortet. Es gibt also eine Linie, die direkt von der Theologie zur Naturwissenschaft führt – und ihre Entwicklung weist viele Parallelen zum Wandel der Geschlechterordnung auf.

In den modernen Naturwissenschaften verbindet sich die Scheu, das Metaphysische zu thematisieren, mit einer bemerkenswerten Bereitschaft, religiöse Bilder zur Charakterisierung der eigenen Errungenschaften zu zitieren. So etwa, wenn Stephen Hawking in *A Brief History of Time* schreibt, dass die Wissenschaftler „the mind of God" enthüllen;[17] und der Physiker George Smoot, der die ‚Big-Bang-Theorie‘ mit der „treibenden Kraft des Universums" verglichen hat, fragt: „and isn't that what God is?"[18] Leon Ledermann, Nobelpreisträger der Physik, nennt die subatome Einheit, von der er glaubt, dass sie über alles bestimmt, das „God particle".[19] Welcher historische Prozess verbirgt sich hinter dieser Berufung auf das Göttliche, die mit einem Schweigen über die Metaphysik einhergeht? Könnte es sein, dass sich das Schweigen über die Metaphysik mit der Tatsache erklärt, dass die der eigenen Forschung zugrunde liegenden Paradigmen, also die historische Dimension des eigenen Werdens, ausgeblendet werden sollen? Jedenfalls verweisen die Zitate darauf, dass

16 Vgl. insbes. J. BUTLER, Das Unbehagen der Geschlechter, Frankfurt/M. 1991; dies., Körper von Gewicht. Die diskursiven Grenzen des Geschlechts, Berlin 1995.
17 S. HAWKING, A Brief History of Time, New York 1988.
18 Zit. n. B. APPLEYARD, In Science We Trust, in: New York Times, 7.4.1993.
19 L. LEDERMAN, The God Particle, New York 1992.

die Tatsache, dass sich gerade in den Naturwissenschaften das alte Projekt der Unsterblichkeit angesiedelt hat, nicht nur mit den Phantasien der Laien zusammenhängt, sondern auch mit der der Wissenschaftler selbst. In jedem Fall scheint die
Wanderung des Unsterblichkeitsprojektes in die Naturwissenschaften dazu beigetragen zu haben, dass sie zu den ‚Leitwissenschaften' geworden sind.

Dieser historischen Verlagerung von Glauben zu Wissen liegt eine dem Abendland eigene Bedeutung des Begriffs ‚Säkularisierung' zugrunde, die in dem christlich
geprägten Kulturkreis etwas anderes impliziert als etwa in der jüdischen Tradition.
In der christlichen Welt bedeutet der Begriff ‚Säkularisierung', der sich sprachlich
von lat. *saeculum* in der Bedeutung von Geschlecht, Generation oder auch Zeitalter
herleitet, zunächst den ‚weltlichen Menschen', der dem durch Priesterweihe oder
Mönchsgelübde gebundenen ‚religiosus' gegenübersteht. Ab dem 16. Jahrhundert
wird der Begriff *secularisatio* von französischen Kirchenrechtlern und Juristen zur
Bezeichnung des Übergangs eines Ordensgeistlichen in den weltlichen Stand benutzt. Später erweitert sich der Begriff zur Bezeichnung des Übergangs kirchlichen
Eigentums in weltliche Hände. Erst im 19. Jahrhundert wird der Begriff ‚Säkularisierung' zu einer geschichtstheoretischen oder geschichtsphilosophischen Kategorie –
nun aber mit einer ambivalenten Bedeutung, die Emanzipation aus der Bevormun-
dung durch die Kirche bzw. Entkirchlichung besagt und zugleich auf eine ‚Verfalls-
geschichte' verweist, mit der die schwindende Integrationskraft der Religion bzw.
Entleerung religiöser Gehalte gemeint sind.[20] Andererseits impliziert dieser Säkularisierungsprozess aber auch, dass in der christlich-abendländischen und scheinbar
‚nachreligiösen' Gesellschaft ein Prozess stattgefunden hat, der sich als ‚Weltwerdung' des *Glaubens* umschreiben ließe. Diese Entwicklung, die auch die Veränderung
der Wissensordnung, d. h. die Verlagerung der Leitwissenschaft von Theologie zu
den Naturwissenschaften (mit dem Umweg über Philosophie und Geschichte) erklärt, scheint ein Phänomen christlicher und nach-christlicher Denktraditionen zu
sein. Das zeigt z. B. der Vergleich mit der jüdischen Religion, der die Gegenüberstellung von Glauben und Wissen, von Transzendenz und Handlung fremd ist. „Unter
den Vorschriften des mosaischen Gesetzes", so schreibt Moses Mendelssohn um
1800 (also in einer Zeit, in der der christliche Säkularisierungsprozess die in christlichen Ländern lebenden jüdischen Religionsgemeinden zu neuen Selbstdefinitionen
zwang), „lautet kein einziges: du sollst glauben oder nicht glauben; sondern alle heißen: Du sollst tun oder nicht tun! Dem Glauben wird nicht befohlen, denn der
nimmt keine anderen Befehle an, als die im Weg der Überzeugung zu ihm kommen."[21]

Das Christentum hingegen, das zwischen Glauben und Vernunft unterschied, entwickelte ein mächtiges Bedürfnis, die weltliche Wirklichkeit den Glaubensgrundsätzen

---

20 I. ESCHEBACH / S. LANWERD, Säkularisierung, Sakralisierung und Kulturkritik, in: Metis,
    9. Jg., H. 18, SP ‚Säkularisierung – Sakralisierung', Berlin 2000, S. 10–26.
21 Zit. n. M. WIENER, Jüdische Religion im Zeitalter der Emanzipation (1933), in: S. BEN-
    CHORIN / V. LENZEN (Hg.), Jüdische Theologie im 20. Jahrhundert. Ein Lesebuch, Mün-
    chen, Zürich 1988, S. 103–132, hier 113.

anzupassen. Für das christliche Denken stellte die Veränderung der Welt, der wahr-nehmbaren Wirklichkeit eine religiöse Notwendigkeit dar. Nur so ließ sich der Ab-grund zwischen Metaphysik und Physik, zwischen Geist und Körper überbrücken. Wissenschaft und Logik wurden vom Glauben an die Leine genommen. Deshalb begleitet die christliche Wissensgeschichte auch eine seltsame Paradoxie. Keine an-dere Religion der Welt hat die Erkenntnisse der Wissenschaft und der Vernunft so erbittert bekämpft und verfolgt wie die christliche. Zugleich hat aber auch keine an-dere religiöse Kultur so viele Wissenschaftler und wissenschaftliche Neuerungen hervorgebracht wie das Christentum.[22] Das lässt sich nicht mit der Tatsache erklä-ren, dass die Neuerer Häretiker gewesen seien. Das waren sie ganz entschieden nicht: Ein Gutteil der Neuerungen kam aus den Klöstern selbst; und auch außerhalb der kirchlichen Strukturen waren die Neuerer – bis tief in die Neuzeit hinein – zu-meist gläubige Christen. Descartes zum Beispiel erklärte: „Die Philosophie ist wie ein Baum. Die Wurzeln sind die Metaphysik, der Stamm ist die Physik, und die Zweige sind die anderen Wissenschaften."[23] Er entwarf also das Bild einer Wissen-schaft, die das Sichtbare (oder die Natur) als das Produkt oder Ergebnis des Unsicht-baren oder des Transzendenten betrachtete. Dennoch vergleicht er den menschlichen Körper mit einem Räderwerk,[24] also einer Schöpfung des menschlichen Erfinder-geistes. Damit machte er Gott, an den er als Schöpfer glaubte, zu einem idealen Me-chaniker – d. h. zum ‚Ebenbild' des Menschen. Für Leibniz, auch er zutiefst gläubig, wurden Maschine und Uhrwerk sogar zu einer Art von Gottesbeweis: „So ist jeder organische Körper eines Lebewesens sozusagen eine göttliche Maschine oder ein natürlicher Automat, der alle künstlichen Automaten unendlich übertrifft [...]. Aber die Maschinen der Natur, d. h. die lebenden Körper, sind noch in ihren kleinsten Teilen, bis ins Unendliche, Maschinen."[25] In diese Logik bezog er auch die Seele ein, von der er schrieb, dass sie „ein geistiger, bewunderungswürdiger Automat" sei, der „durch göttliche Präformation erzeugt" werde.[26] Hinter einer solchen Vorstellung von ‚Wissenschaft', die den göttlichen Plan mit den Erfindungen des menschlichen Geistes und den Glauben mit wissenschaftlicher Neuerung in Eins setzte, steckte ein Neuerungsdrang, der dem Christentum eigen war und als eine Art von Dialektik zu verstehen ist, die dem aufeinander folgenden Ausschluss und Einschluss von Ge-

22 Vgl. S. ANDRESKI, Religion, Science, and Morality, in: The Encounter, London Juni 1987, S. 63–66.

23 R. DESCARTES, Oeuvres, 11 Bde., hg. v. C. Adam, P. Tannery, Paris 1897–1913, Bd. 9,2, S. 14f. (Neuaufl. ebd. 1964-67).

24 R. DESCARTES, „Untersuchungen über die Grundlagen der Philosophie, worin das Dasein Gottes und die Unterschiedenheit der menschlichen Seele von ihrem Körper bewiesen wird", in: ders., Philosophische Werke, übersetzt, erläutert und mit einer Lebensbeschrei-bung des Descartes versehen von J. H. v. Kirchmann, Abteilung I-III, Berlin 1870, Abt. II, S. 110.

25 G. W. LEIBNIZ, Grundwahrheiten der Philosophie (Monadologie), übers. v. C. Horn, Frankfurt/M. 1962, S. 117.

26 G. W. LEIBNIZ, Die Theodizee, übers. v. A. Buchenau, Hamburg 1968, S. 21f.

schlechtlichkeit ähnelt: Gottfremdes Wissen wird zunächst ausgelagert und verfolgt, bis es zu einem Teil des christlichen ‚Heilsplanes' geworden ist. Diese Dialektik hat die christliche Wissensordnung von Anfang an begleitet und wirkt bis in die moderne Wissenschaft weiter, denn den Kern dieses ‚Heilsplans' bildet die Herstellung einer spezifischen, sich dem Prinzip der Berechenbarkeit verdankenden Wissensordnung. Dass ausgerechnet das Christentum, das stärker als irgendeine andere Religion auf dem Prinzip des Glaubens beruht – d. h. auf einem Prinzip, das der von der *hard science* gestellten Forderung nach ‚Verifizierbarkeit' widerspricht –, diese Dialektik vorangetrieben hat, ist nicht notwendigerweise ein Widerspruch, begreift man den ‚Glauben' als eine historische Triebfeder und die Wissensordnung als das Ziel dieses Triebs. Während Sexual- und der Todestrieb zu den Charakteristika des Individuums gehören, zeichnet sich die Triebstruktur des sozialen Körpers durch die Berechenbarkeit aus, und der deutlichste Niederschlag einer solchen Triebstruktur ist die Wissensordnung. Das Produkt dieses abendländischen Neuerungsdrangs bestand in einer Vorstellung von „Wissen", die der Philosoph und Sozialwissenschaftler Cornelius Castoriadis als eine spezifische Idee von „rationalem Wissen" bezeichnet hat:

> „Die aufeinander folgenden Umwälzungen, die sich im ‚rationalen Wissen' aller bekannten Gesellschaften finden lassen, setzen stets einen grundlegenden Wandel des gesamten imaginären Weltbildes (und der Vorstellungen vom Wesen und Ziel des Wissens selbst) voraus. Die letzte dieser Umwälzungen, die vor einigen Jahrhunderten im Abendland stattfand, hat jene eigentümliche imaginäre Vorstellung geschaffen, der zufolge alles Seiende ‚rational' (und insbesondere mathematisierbar) ist, nach der der Raum des möglichen Wissens von Rechts wegen vollständig ausgeschöpft werden kann und wonach das Ziel des Wissens in der Beherrschung und Aneignung der Natur liegt."[27]

Corpus fictum und organischer Körper

Die Art, wie Theologie, Säkularisierungsprozess und Etablierung der Wissensordnung ineinander greifen, offenbart sich besonders deutlich an den wechselnden Theorien über den Körper. Diese werden zwar in jeder Epoche neu formuliert und dennoch zu unveränderbarer biologischer Wirklichkeit erklärt. Am deutlichsten wird das, wenn man die Bilder vom kollektiven (oder sozialen) Körper mit denen vom geschlechtlichen Körper vergleicht. Ganz unbestreitbar ist der soziale Körper ein imaginärer Körper: ein *corpus fictum* oder *imaginatum*, wie die Theologen die Kirche und die Juristen den Staat nannten.[28] Durch die Analogie zum menschlichen Körper sollte dem imaginären sozialen Körper der Anschein von Unteilbarkeit und Leibhaftigkeit verliehen werden. Das heißt, der kollektive Körper hatte sich im indi-

---

27 C. CASTORIADIS, Gesellschaft als imaginäre Institution. Entwurf einer politischen Philosophie, übers. v. H. Brühmann, Frankfurt/M. 1990, S. 454.

28 E. H. KANTOROWICZ, Die zwei Körper des Königs. Eine Studie zur politischen Theologie des Mittelalters, übers. v. W. Theimer, B. Hellmann, München 1990, S. 206.

viduellen zu spiegeln – und umgekehrt. Da sich aber die Bilder des *corpus fictum* von einer Epoche zur anderen veränderten, erfuhren auch die dazugehörigen medizinischen, biologischen und juristischen Konzepte des organischen Körpers immer wieder neue Definitionen.[29] Das heißt, die Selbst-Konzepte des sozialen Körpers bestimmten über das ‚Wissen‘ von ‚dem Körper‘. Diese Spiegelbildlichkeit bildet eines der wichtigsten Scharniere zwischen der Geschichte der Wissensordnung und der Geschichte der Geschlechterordnung, und sie offenbart zugleich den engen Zusammenhang zwischen Physik und Metaphysik.

Die wandelbaren Bilder des *corpus fictum* hängen ihrerseits eng mit den medialen Techniken zusammen, über die eine Epoche verfügt und die das Gesicht und die Wissensordnung dieser Epoche prägen. Da die Medien sowohl über die Form der kommunikativen Vernetzung einer Gemeinschaft als auch über das gespeicherte Wissen ihrer Epoche bestimmen, sind sie auch ‚formatierend‘ für die Gestalt des sozialen Körpers und seines Spiegelbildes, des menschlichen Körpers. Deutlich ist die Interdependenz von Medien und Wissensordnung im Bezug zum Körper nachzuvollziehen an den aufeinander folgenden Vorstellungen über die Funktionsweise des menschlichen Gehirns. Als der elektrische Strom aufkam, wurde die Tätigkeit des Gehirns mit dem elektrischen Netz und Stromstößen verglichen; dieses Erklärungsmuster wurde abgelöst vom Bild des Telegrafennetzes, auf dieses folgte das Modell des Rechners, und heute beruft sich die moderne Hirnforschung gerne auf die Analogie zum Internet. Indem die Kommunikationskanäle und Übertragungsmechanismen, die Speicher- und Reproduktionssysteme über das kollektive Gedächtnis die Entscheidung darüber treffen, was als ‚wissenswürdig‘ zu gelten hat, verwalten sie auch die Art, wie eine Gemeinschaft als Körper ‚funktioniert‘. So entsteht eine Wechselwirkung: ‚Die Wissenschaft‘ erfindet Techniken, die ihrerseits über die Gestalt des sozialen Körpers bestimmen. Der soziale Körper wiederum bringt eine bestimmte Wissensordnung hervor, der das Wissen über den menschlichen Körper unterliegt.

Die Vorstellung von der Ähnlichkeit des sozialen und des menschlichen Körpers wirkt sich aus auf die Geschlechterordnung und die geschlechtlich codierte ‚Gestaltung‘ des Sozialkörpers. Ein Beispiel: Paulus beschreibt das Verhältnis von Christus und Glaubensgemeinschaft, indem er sich auf die Analogie von Gemeinschaft und Leib beruft: „Weil es ein einziges Brot gibt", so sagt er, „sind wir Vielen ein einziger Leib."[30] Die einzelnen Gläubigen bezeichnet er als ‚Glieder‘, die in Christus einen unteilbaren Körper bilden.[31] In dieser Konstruktion ist Christus wiederum das ‚Haupt‘ der Gemeinde und diese sein ‚Leib‘.[32] Diese Körpermetaphorik überträgt er auf die Geschlechterordnung und die Rolle von Mann und Frau in der ehelichen Verbindung. Ebenso wie Christus das Haupt der Gemeinde sei, so solle auch in der Ehe der Mann das Haupt der Frau und sie seinen Leib bilden. Paulus: „So sollen

---

29 Vgl. dazu M. DOUGLAS, Die zwei Körper. Ritual, Tabu und Körpersymbolik. Sozialanthropologische Studien in Industriegesellschaft und Stammeskultur, Frankfurt/M. 1993.
30 Kor. 10:17.
31 Röm. 12,5; s. a. 1 Kor. 12: 12,27.
32 Eph. 5,23 u. 28.

auch die Männer ihre Frauen lieben wie ihren eigenen Leib. Wer seine Frau liebt, liebt sich selbst."[33] Deutlicher als in diesem Bild eines Hauptes, das seinen eigenen Leib heiratet, lässt sich das Gesetz von der Unauflösbarkeit der Ehe, das von allen Religionen der Welt nur das Christentum kennt, kaum benennen. Augustinus übertrug diese Vorstellung auf das Verhältnis von Geist und Fleisch, das es zu domestizieren, aber nicht zu verachten gelte. „Hassen wir aber nun wirklich das Fleisch, wenn wir wünschen, dass es uns gehorche? In der Regel weist ein jeder in seinem Hause seine Gattin zurecht und macht sie gefügig, falls sie widerspenstig ist, aber er verfolgt sie nicht als seine Feindin."[34]

Das Bild des Hauptes, das seinen eigenen Leib heiratet, wurde zu Beginn der Neuzeit von englischen Kronjuristen aufgegriffen, um das Verhältnis von Souverän und Reich zu charakterisieren; es wurde also aus der theologischen Sphäre in jene des Staates übertragen.[35] Auch die sexuelle Codierung wurde übernommen: So wie Christus als ‚Bräutigam' der Glaubensgemeinschaft galt und der Bischof bei seiner Ordination zum *sponsus* der Kirche wurde – der Ring, den er über seinen Finger streifte, besiegelte die Ehe[36] –, so wurde im Spätmittelalter auch der König bei seiner Krönung zum ‚Gatten' des Reichs ernannt, zum *maritus rei publicae*.[37] Diese Ehemetaphorik wirkte ihrerseits auf die Geschlechterordnung zurück und prägte die Vorstellung von der ‚Natur' der Geschlechterordnung.[38] An das Haupt-Leib-Modell für Ehe und Gemeinschaft schlossen noch die Pädagogen der Aufklärung wie Theodor Gottfried von Hippel an, der 1774 schrieb: „Der Mann soll über das Weib herrschen wie die Seele über den Leib."[39] Solche Ehemetaphern verdankten ihre Überzeugungskraft der Tatsache, dass sie an die alte Dichotomie anschlossen, die Männlichkeit mit Geist und Weiblichkeit mit Leiblichkeit assoziierte. Und sie wirkten zurück auf die Wissensordnung.

Der soziale Körper als *corpus fictum* erschafft sich also im physiologischen Körper sein Spiegelbild – und umgekehrt. Genwissenschaftlich gesprochen könnte man auch sagen: Sozialer Körper und menschlicher Körper klonen sich gegenseitig – und zwar so, dass zuletzt niemand mehr weiß, welcher das Original und welcher die Reproduktion ist. Geleitet wird dieser Prozess von einer Wissenschaft, die das Produkt medialer Techniken ist, die sich ihrerseits wissenschaftlichen Errungenschaften verdanken.

---

33 Eph. 5,28.
34 AURELIUS AUGUSTINUS, Vom Nutzen des Fastens, Würzburg 1958, S. 9.
35 KANTOROWICZ, Die zwei Körper des Königs, S. 39.
36 Ebd., S. 222.
37 Ebd., S. 225.
38 H. WUNDER / C. VANJA (Hg.), Wandel der Geschlechterbeziehung zu Beginn der Neuzeit, Frankfurt/M. 1991.
39 T. G. v. HIPPEL, Über die Ehe, Berlin 1774, S. 96.

Das heilige Gen

Dass in der christlichen und post-christlichen Gesellschaft eine enge Beziehung zwischen Wissenschaft und Metaphysik besteht, lässt sich am deutlichsten an den Wissenszweigen darstellen, die um ‚das Gen' entstanden sind. Das Gen ist als *die* Körper- und Wissenschaftsmetapher der Moderne zu bezeichnen, und nicht durch Zufall firmieren die Disziplinen, die genetische Forschung betreiben, inzwischen unter dem Namen ‚Lebenswissenschaften'. In den Genwissenschaften verbinden sich mediale Techniken wie die Schrift, das Alphabet und der binäre Code[40] mit Wissen und religiösen Paradigmen, und diese spiegeln sich ihrerseits in den beiden Konzepten des Körpers wider, dem biologischen und dem sozialen. In den Genwissenschaften verbinden sich also die verschiedenen zur Etablierung der Wissensordnung notwendigen Faktoren – mediale Techniken, sozialer Körper, physiologischer Körper – und zugleich spiegeln sich in ihrer Geschichte die historischen Transformationsprozesse wider, die die Geschichte der Wissensordnung wie die Geschichte der symbolischen Geschlechterordnung durchlaufen hat.

Die Genforschung wird oft als Selbstermächtigung des Menschen interpretiert, als Versuch, sich göttliche Macht anzueignen und in dieser Hinsicht als der christlichen Demut konträr beschrieben. Es lässt sich aber auch die gegenteilige These aufstellen: dass nämlich der Diskurs über das Gen in der christlichen Tradition selbst verhaftet ist und diese fortführt. Damit soll nicht behauptet werden, dass die Genwissenschaft als Religion mit transzendenter Botschaft zu betrachten sei, sondern vielmehr dass sie sich den Strukturen christlichen Denkens – und einem spezifisch christlichen Säkularisierungskonzept, das die Weltwerdung der Heilsbotschaft einfordert – verdankt. Ist Christus der Fleisch gewordene *Logos*, so geht es in der Wissenschaft vom Gen um das Biologie gewordene Bit. In beiden Fällen hängen die ‚Heilsbotschaften' eng mit den jeweiligen medialen Errungenschaften zusammen: Dem Christentum war die Erfindung des griechischen Alphabets vorausgegangen, der Genwissenschaft die Erfindung des binären Codes.

Nichts ist schwieriger zu definieren als das Gen, das als eine linguistische Fiktion begann, erfunden vom dänischen Genetiker Wilhelm Johannsen im Jahre 1909, um eine angenommene Zelleneinheit zu beschreiben, die bestimmte Eigenschaften hervorrufen kann. Johannsen übernahm den Begriff wiederum von dem deutschen Physiologen Hugo DeVries, der den Begriff des ‚Pangens' von Charles Darwins ‚Pangenesis' abgeleitet hatte: Mit Pangenesis (der Verweis auf die Bibel kommt nicht von ungefähr) war die Theorie über den Ursprung der biologischen Variation gemeint. Für die erste Generation der experimentellen Genetiker Anfang des 20. Jahrhunderts bezeichnete das ‚Gen' eine physische Eigenschaft – die Flügelform oder Augenfarbe der Fliege *Drosophila* zum Beispiel, die sich von einem (bis dahin nicht identifizierten) Substrakt von Erbmaterial herzuleiten schien. Heute begreift man DNS (aus der sich

---

40 H. J. RHEINBERGER, Alles, was überhaupt zu einer Inskription führen kann, in: U. RAULFF / G. SMITH (Hg.), Wissensbilder. Strategien der Überlieferung, Berlin 1999, S. 265–278, hier S. 275.

das ‚Genom' zusammensetzt) nicht als Vorgabe für eine bestimmte körperliche Eigenschaft, sondern als eine Art von Interaktion der ‚Gene' mit sich selbst und dem weiteren Umfeld. Wie bei der Hirnforschung spielen auch bei diesem Wandel die neuen medialen Techniken – Computer und Internet – eine wichtige Rolle. Das moderne Konzept des Gens hat dazu geführt, dass der Körper selbst nicht als eine feste Gegebenheit betrachtet wird, sondern – vergleichbar dem Computer – als ein ‚Satz von Anweisungen', als ein ‚Programm', das von einer Generation zur nächsten weitergegeben wird. In ihrem Buch *The DNA Mystique* schreiben Nelkin und Lindee:

> „Menschen sind die ‚Computerausdrucke' ihrer Gene. Wenn Wissenschaftler den Text entziffern und decodieren können, die Markierungen auf der Karte klassifizieren und Anweisungen lesen können, so die Vorstellung, dann werden sie auch die Essenz der menschlichen Wesen rekonstruieren, menschliche Krankheit und die menschliche Natur selbst entschlüsseln können, um so die letzten Antworten auf das Gebot ‚Kenne dich selbst' zu geben. Der Genetiker Walter Gilbert beginnt seine öffentlichen Vorlesungen über Gensequenzierung damit, dass er eine Kompaktdiskette aus der Tasche zieht und dem Publikum verkündet: ‚this is you'."[41]

Hic est corpus meum ... Die Geste des Genetikers erinnert an die Worte des Priesters während der Messe, kurz nachdem die Glocke den Akt der Verwandlung von Hostie und Wein in Fleisch und Blut verkündet hat. Und tatsächlich lässt sich das undefinierbare Gen auch am besten mit der Hostie vergleichen, dem *corpus christi mysticum,* mit dem sowohl der Leib Christi, das ‚Fleisch gewordene Wort', als auch die Gemeinde der Gläubigen bezeichnet wird. Beide Funktionen hat das Gen übernommen. Das Gen ist Zeichen und Fleisch zugleich, eine Metapher für den individuellen *und* den kollektiven Körper, und es bietet das Versprechen einer fleischlichen Unsterblichkeit. Wie Hostie und Heiliges Abendmahl macht es das Göttliche ‚gegenwärtig', es birgt die Erlösung von der ‚Erbsünde' (erblicher Krankheit oder Behinderung); und wie bei der Transsubstantiation verspricht es magische Verwandlungen und ‚Wunderheilungen'. Es ist die Leib gewordene Schrift. Mit der Gentechnologie, so schreibt Hans Jörg Rheinberger,

> „wird das Labor, diese privilegierte Schmiede epistemischer Dinge, in den Organismus selbst verlegt und damit potentiell unsterblich, fängt sie doch an, mit der eigenen Schreibmaschine des Seins zu schreiben. Das größte Entzifferungsprojekt dieses Jahrhunderts, das Vorhaben, das menschliche Genom zu sequenzieren, ist auf den Weg gebracht – auf den Weg des Biochip."[42]

Allein die Tatsache, dass es sich um einen Vorgang des Sequenzierens handelt, verweist auf die Buchstabenkette des Alphabets, und Genwissenschaftler selbst spre-

---

41 D. NELKIN / M. S. LINDEE, The DNA Mystique. The Gene as a Cultural Icon, New York 1995, S. 2.
42 RHEINBERGER, Alles, was überhaupt zu einer Inskription führen kann, S. 272.

chen von der ‚Entzifferung' der genetischen Zusammensetzung oder dem Alphabet des Genoms. So wie die Buchstaben des Alphabets eine eigene historische Wirkungsmacht entwickelten,[43] so verspricht auch dieses ‚Programm' den Körper zu verwandeln.

> „Die Schrift des Lebens ist in den Schriftraum des Labors transponiert, zum epistemischen Ding gemacht, in die Welt der mittleren Dimensionen geholt, in denen unsere Sinnesorgane operieren. Der Biologe, als Forscher, arbeitet nicht mehr mit den Genen der Zelle – er weiß ebensowenig wie jeder andere, was das ‚wirklich' ist – er arbeitet mit experimentell in einem Repräsentationsraum produzierten Graphemen. Wenn er wissen will, was sie bedeuten, hat er keine andere Möglichkeit, als diese Artikulation von Graphemen durch eine andere zu interpretieren. Die Interpretation eines Sequenzgels kann nie etwas anderes sein als ein weiteres Sequenzgel."[44]

Genetiker selbst vergleichen das Gen manchmal mit ‚der Bibel', dem ‚Heiligen Gral', dem ‚Buch des Menschen'.[45] Es erscheint wie ein sakraler Text, der über die Schöpfung der Natur wie über die moralische Ordnung bestimmt. Manchmal wird das Gen auch mit einem ‚Wörterbuch', einer ‚Bibliothek', einer ‚Karte', einem ‚Rezept', einem ‚Referenzwerk' verglichen. Auch Christus ist Gral, Buch, Bibel und Speise zugleich. Ebenso wie Christus Gott und Mensch, unsichtbar und dennoch materiell ist, verbinden sich auch in DNS Kultur und Natur, Zeichen und Fleisch. In den Worten von James Watson, Nobelpreisträger und ehemaliger Leiter des *Human Genome Project* ist das ‚Schreibprogramm' DNA „what makes us human".[46] Daher haben Abtreibungsgegner DNS auch als „the letters of a divine alphabet spell(ing) out the unique characteristics of a new individual" bezeichnet.[47]

Gibt es – dank des Gens – eine biologisch definierte ‚Erbsünde', so ist das Gen auch dazu da, vergleichbar der Hostie, die Absolution zu erteilen: eine Erlösung von der Schuld. Wenn es die Gene sind, die über Verhalten und Handlungen bestimmen, so kann der Mensch nicht dafür zur Verantwortung gezogen werden. Die Kirche behielt sich das Recht vor, den ‚Sünder' nicht in geweihter Erde zu bestatten und ihm damit auch das Recht auf Auferstehung und Ewiges Leben zu verweigern. Der Genetiker Francis Crick sagt: „No newborn infant should be declared human

---

43 A. KALLIR, Sign and Design. The Psychogenetic Sources of the Alphabet, London 1961. (Dt.: Sign und Design. Die psychogenetischen Quellen des Alphabets, Berlin 2001). Zu dem Einfluss des Alphabets auf die Körperwahrnehmung und symbolische Geschlechterordnung vgl. v. BRAUN, Versuch über den Schwindel.

44 RHEINBERGER, Alles, was überhaupt zu einer Inskription führen kann, S. 273.

45 Zit. n. NELKIN / LINDEE, The DNA Mystique, S. 6f., 39.

46 J. LAROFF, The Gene Hunt, in: Time, 20.3.1989, S. 62–71.

47 G. BERGEL, When You Were Formed in Secret, Reston, VA (National Right to Life Pamphlet) 1988, S. 2.

until it has passed certain tests regarding its genetic endowment [...]. If it fails these tests, it forfeits the right to live."[48]

Schon die Eugeniker der Jahrhundertwende sprachen von einem „Körperextrakt", dem „Beständigkeit bis zur Unsterblichkeit" eigen sei.[49] „Das ewige Leben", schrieben die amerikanischen Eugeniker Paul Popenoe and Roswell Hill Johnson in den 1920er Jahren, „ist mehr als eine Metapher oder ein theologisches Konzept." Der Tod einer riesigen Agglomeration hochspezialisierter Zellen habe wenig Bedeutung, sobald das Keimplasma weitergegeben worden sei, denn es enthalte „die Seele selbst" des Individuums.[50] Das hatte Folgen: Anfang dieses Jahrhunderts führte die Zeugung und Züchtung von „wertvollem Erbgut" in den USA zu den sogenannten *Better Babies Contests*. Auf einem Photo ist die Gewinnerin des Wettbewerbs von 1914 zu sehen: die sechs Monate alte Virginia June Nay, nackt auf dem Boden vor einem Bündel Getreideähren sitzend.[51] Diese Bildgestaltung erinnert nicht durch Zufall an mittelalterliche Darstellungen von Christus: Die Kornähren neben dem Abbild des Erlösers verwiesen auf das Brot, die Hostie: den Leib des Herrn als Speise, die Unsterblichkeit verleiht. Bei den Eugenikern hatte das ‚unsterbliche Erbgut' diese Funktion übernommen. *Better Crops* war das Schlagwort, unter dem für verbesserten Nachwuchs geworben wurde.

Prämiert wurde auf den *Better Babies Contests* nicht etwa die Schönheit des Kindes, sondern seine Übereinstimmung mit Durchschnittsnormen wie Körpergröße, Wachstum etc., das heißt, es ging um Maßstäbe und Normen, um den Kanon selbst. „Hässliche Babies konnten Preise gewinnen. Das einzige, das zählte, waren die objektiven Maße. Für jede Abweichung von der Norm in Größe, Entwicklung oder Gestalt wurden Punkte abgezogen."[52] So wird die Norm selbst zum ‚heiligen Text', zu einem dem Körper eingeschriebenen Kanon. Im säkularen Kontext tritt an die Stelle des ‚Heiligen' bzw. der ‚Sünde' ‚normal' und ‚deviant', die wiederum mit ‚natürlich' und ‚unnatürlich' gleichgesetzt werden. Auf diese Weise wurde die Eugenik zu einer ‚civil religion', in deren Zentrum das ‚sakralisierte Kind'[53] steht: ein Topos, der seinen christlichen Ursprung kaum verleugnen kann.[54] Mit der Genwissenschaft taucht schließlich auch der Gedanke einer ‚geschlechtslosen' Konzeption auf, deren christliche Herkunft kaum zu übersehen ist. Dank der *in vitro*-Fertilisation ist die Jung-

---

48 Zit. n. D. CHAMBERLAND, Genetic Engineering. Promise and Threat, in: Christianity Today, 7.2.1986, S. 20.

49 A. E. CRAWLEY, The Idea of the Soul, London 1909, S. 209, 211. (Der Aufsatz war dem Eugeniker Francis Galton gewidmet.)

50 P. POPENOE / R. HILL JOHNSON, Applied Eugenics, New York 1920, S. 29.

51 NELKIN / LINDEE, The DNA Mystique, S. 28.

52 Ebd., S. 29.

53 Ebd., S. 31

54 Vgl. I. HACKING, Aristotle Meets Incest – and Innocence, in: J. CHANDLER / A. DAVIDSON / H. HAROOTUNIAN, Questions on Evidence. Proof Practice, and the Persuasion across the Disciplines, Chicago 1991, S. 476.

frauengeburt' heute nicht mehr religiöses Dogma, sondern praktizierte Medizin, die bereits bei Frauen durchgeführt wurde, die noch nie Geschlechtsverkehr hatten.[55]

Mit anderen Worten: Geistesgeschichtlich gesehen bilden viele Fortschritte der Neuzeit und wissenschaftliche Neuerungen keinen Gegensatz zu theologischen Diskursen, sondern geradezu deren Realisierung. Diese Erkenntnis tritt am deutlichsten zutage, wenn man die Geschichte der Wissensordnung mit der Geschichte der symbolischen Geschlechterordnung vergleicht. Das bedeutet weder das Ende der ‚fruchtbaren Ehe' von Wissen und Glauben noch stellt es die Bedeutung wissenschaftlicher Errungenschaften in Frage – es impliziert vielmehr einen Erkenntnisvorgang, bei dem Wissensordnung und symbolische Geschlechterordnung auf ihre Überlagerungen und Verflechtungen untersucht werden müssen. Genau das ist das Anliegen dieses Buches: eine Untersuchung der Rolle, die die Kategorie ‚Geschlecht' für die Etablierung theoretischer Diskurse sowie für die Wissensordnung insgesamt gehabt hat und weiterhin hat. Dabei rücken auch die neuen Medien, die wie die Geschlechterstudien eine ‚Querschnittswissenschaft' sind, in den Blickpunkt des Interesses: Die Geschichte der Wissensordnung hängt eng mit der Geschichte medialer Vernetzungen und Speichersysteme zusammen. Eben dieser Zusammenhang wird jedoch von der Wissensgeschichte ausgeblendet, so als gelte es die ‚Ursprünge' oder die Triebkraft der Wissensordnung zu verbergen. Die symbolische Geschlechterordnung offenbart die historische Wirkungsmacht der Medien über die Wissensordnung, hat doch jede mediale Neuerung im Abendland auch eine Veränderung der symbolischen Geschlechterordnung zur Folge gehabt.

Geschlecht als Wissenskategorie

Obgleich unverkennbar ist, dass die Frage, wie oder warum ‚das Geschlecht' aus der Wissenschaft ausgeschlossen bzw. in die Wissenschaft eingelagert worden ist, tendenziell auf die Geschichte der Wissensordnung selbst zielt, ist der Anspruch des Bandes als Hand- und Arbeitsbuch bescheidener: Er konzentriert sich auf die kritische Darstellung der Bedeutung, welche Geschlecht als Analysekategorie in den aktuellen Theoriedebatten spielt, die ihrerseits einen langen historischen Vorlauf haben, aber gerade in der Gegenwart das Selbstverständnis der Wissenschaften in radikaler Weise zu verändern beginnen.[56] Ein Blick in neuere Publikationen zeigt, dass in der aktuell boomenden Wissenschaftsforschung[57] die Einsicht in die ge-

---

55 Tageszeitung, Berlin, 12.3.1999.
56 Dieser Abschnitt basiert auf den gemeinsamen Vorarbeiten einer Gruppe von WissenschaftlerInnen für den Antrag auf Einrichtung eines Graduiertenkollegs zum Thema „Geschlecht als Wissenskategorie", das mit Beginn des Jahres 2005 an der Humboldt-Universität zu Berlin starten wird.
57 R. van DÜLMEN / S. RAUSCHENBACH (Hg.), Macht des Wissens. Die Entstehung der modernen Wissensgesellschaft, Köln, Weimar 2004; R. v. BRUCH / B. KADERAS (Hg.), Wissenschaften und Wissenschaftspolitik. Bestandsaufnahmen zu Formationen, Brüchen

schlechtliche Codierung des Wissens und der Wissenschaften noch immer rudimentär ausgebildet ist. In dem repräsentativ aufgemachten Band *Bilderwissen*[58] heißt es in dem Abschnitt „Ikonen des Intellekts" in gespielter Naivität „wie ein Wissenschaftler (Künstler, Schriftsteller, Komponist etc.) aussieht, sollte uns egal sein, auch wenn es sich dabei um eine Frau handelt."[59] Abgebildet werden bezeichnenderweise dann jedoch Porträts von Einstein, Herschel und Hawking als charismatische Wissenschaftler, die zeigen, dass ‚große Männer' nicht nur Geschichte machen, sondern auch Wissenschaftsgeschichte schreiben. So gängig inzwischen auch die Auffassung ist, dass die Wissenschaften – wie andere kulturelle Praktiken – „historisch und kulturell variable Phänomene"[60] sind, so wenig Beachtung hat bisher die Tatsache gefunden, dass Wissenschafts- und Geschlechterforschung eine Reihe von parallelen Entwicklungen und Überschneidungen aufweisen.

Seit die gesellschaftliche Benachteiligung und Diskriminierung der Frau in den späten 1960er Jahren von der akademischen Frauenforschung aufgegriffen wurde, hat sich die Geschlechterforschung in einer engen interdisziplinären Verflechtung mit sozialwissenschaftlichen Theorien und gesellschaftstheoretischen Modellen entwickelt: In den 1970er Jahren wurde ‚Geschlecht' in die Analyse des gesellschaftlichen Lebens und der sozialen Räume, des Zugangs zu und der Teilhabe an politischer Macht und der Verteilung ökonomischer Ressourcen eingeführt und als weitere grundlegende Kategorie der wissenschaftlichen Analyse in den Sozial- und Gesellschaftswissenschaften etabliert. Hierbei richtete sich das Augenmerk vor allem auf Fragen der Ungleichheit – etwa in der Lohnarbeit und der sozialen Hierarchie.[61]

Unter dieser Perspektive wurden auch die Wissenschaften in den Blick genommen, als seit den 1970er Jahren weibliche Karriereverläufe, die Ab- und Anwesenheit von Frauen in den Wissenschaften, die institutionellen Barrieren und deren Folgen untersucht wurden. Dabei führte die feministische Wissenschaftskritik zu einer intensiven Auseinandersetzung mit der Funktion und Bedeutung der Wissenschaften

---

und Kontinuitäten im Deutschland des 20. Jahrhunderts, Stuttgart 2002; I. TOMKOWIAK (Hg.), Populäre Enzyklopädien. Von der Auswahl, Ordnung und Vermittlung des Wissens, Zürich 2002; A. GIPPER, Wunderbare Wissenschaft. Literarische Strategien naturwissenschaftlicher Vulgarisierung in Frankreich, München 2002; K. KNORR CETINA, Wissenskulturen. Ein Vergleich naturwissenschaftlicher Wissensformen, Frankfurt/M. 2002; H. v. HENTIG, Wissenschaft. Eine Kritik, München, Wien 2003; P. BURKE, Papier und Marktgeschrei. Die Geburt der Wissensgesellschaft, Berlin 2001.

58 M. KEMP, Bilderwissen. Die Anschaulichkeit naturwissenschaftlicher Phänomene, Köln 2003.

59 Ebd., S. 254. Vgl. auch S. BEAUFAYS, Wie werden Wissenschaftler gemacht? Beobachtungen zur wechselseitigen Konstitution von Geschlecht und Wissenschaft, Bielefeld 2003.

60 M. HAGNER, Ansichten der Wissenschaftsgeschichte, in: ders. (Hg.), Ansichten der Wissenschaftsgeschichte, Frankfurt/M. 2001, S. 23.

61 S. HARK, Diszipliniertes Geschlecht. Konturen von Disziplinarität in der Frauen- und Geschlechterforschung, in: Die Philosophin. Forum für feministische Theorie und Philosophie 23, (2001), S. 93–116; T. WOBBE, Wahlverwandtschaft. Die Soziologie und die Frauen auf dem Weg zur Wissenschaft, Frankfurt/M., New York 1995.

bei der Ausgrenzung von Frauen aus der gesellschaftlichen Öffentlichkeit und ihrer Diskriminierung in den unterschiedlichsten sozialen Systemen. In einer Vielzahl von Arbeiten wurde untersucht, wie mit wissenschaftlichen Begründungsmustern soziale, historische, politische und ökonomische Praxen begründet, legitimiert und aufrechterhalten werden. In diesem Zusammenhang wurden vor allem die Instrumentalisierung von Geschlechtsstereotypen, weniger aber die Geschlechtsstereotypien selbst hinterfragt; das heißt es wurde – vereinfacht gesagt – die Verwendung von wissenschaftlichem Wissen thematisiert, die missbräuchliche oder fehlgeleitete Anwendung von wissenschaftlichen Erkenntnissen und Tatsachen; diese wurden jedoch als an sich neutral und objektiv angesehen.[62]

Dieser Zugang entsprach weitgehend dem methodologischen Selbstverständnis der traditionellen Wissenschaftssoziologie und Wissenschaftsforschung. Zwar wurde die Herstellung und Beurteilung von Wissen seit Karl Mannheim als kontextabhängig betrachtet, doch galt der Inhalt wissenschaftlichen Wissens als weitgehend sakrosankt. So wurden in der traditionellen Wissenschaftssoziologie zwar die Bedingungen der wissenschaftlichen Erkenntnisproduktion, deren Institutionalisierung, Normen und Werte untersucht oder die Motivationen der beteiligten Akteure betrachtet, wissenschaftliche Aussagen (Erkenntnisse und Tatsachen) wurden jedoch nicht weiter hinterfragt. In den 1960er Jahren rückten mit der so genannten antipositivistischen Wende jedoch auch der Inhalt und die Struktur des Wissens in den Blickpunkt des Interesses. Die Kritik am naturalistischen Wahrheitsanspruch der Wissenschaften im Allgemeinen und der Naturwissenschaften im Speziellen bildet seitdem einen gemeinsamen Fluchtpunkt der Wissenschafts- und Geschlechterforschung.

---

62 R. BLEIER, Science and Gender. A Critique of Biology and its Theories on Women, New York 1979; C. EIFLER, Sozialwissenschaftliche Frauenforschung in den neuen Bundesländern, Berlin, Berghof-Stiftung für Konfliktforschung, 1992; U. FREVERT, Historische Frauenforschung, in: Sozialwissenschaftliche Frauenforschung in der Bundesrepublik, hg. v. der Deutschen Forschungsgemeinschaft, Bonn 1994, S. 157–167; U. ERB, Frauenperspektiven auf die Informatik. Informatikerinnen im Spannungsfeld zwischen Distanz und Nähe zur Technik, Münster 1996; A. VOGT, Die Fräulein Doktor werden immer mehr, Berlin 1996 (Max-Planck-Institut für Wissenschaftsgeschichte, Preprint, 45); A. VOGT, Lise Meitner und ihre Kolleginnen. Naturwissenschaftlerinnen in den Instituten der Kaiser-Wilhelm-Gesellschaft zwischen 1912 und 1945, Berlin 1996 (Max-Planck-Institut für Wissenschaftsgeschichte, Preprint, 46); A. VOGT, Wissenschaftlerinnen in Kaiser-Wilhelm-Instituten. A–Z, Berlin 1999; R. TOBIES / K. RADBRUCH (Hg.), Aller Männerkultur zum Trotz. Frauen in Mathematik und Naturwissenschaften, Frankfurt/M., New York 1997; G. SONNERT / G. HOLTON, Gender Differences in Science Careers. The Project Access Study. New Brunswick, N. J. 1996; S. KOHLSTEDT / H. LONGINO (Hg.), Women, Gender, and Science. New Directions (= Osiris. A research journal devoted to the history of science and its cultural influences; second series Bd. 12), Chicago 1997; R. BECKER-SCHMIDT / G.-A. KNAPP (Hg.), Das Geschlechterverhältnis in den Sozialwissenschaften, Frankfurt/M., New York 1995; A. BÜHRMANN / A. DIEZINGER / S. METZ-GÖCKEL (Hg.), Arbeit, Sozialisation, Sexualität. Zentrale Felder der Frauen- und Geschlechterforschung, Bd. 1, Opladen 2000.

Mit der Frage der Kontextabhängigkeit wurde auch die vorgebliche Geschlechtsneutralität des Wissens kritisierbar. In der Geschlechterforschung wurde nun eine inhaltliche Auseinandersetzung mit den Aussagen der Lebenswissenschaften über die Geschlechterdifferenz gesucht, um deren sexistische Annahmen zu enthüllen. Arbeiten aus verschiedenen Disziplinen legten die verborgenen androzentrischen Denkmuster in der wissenschaftlichen Darstellung von Weiblichkeit und Männlichkeit offen oder analysierten die Reinigung und Säuberung wissenschaftlicher Erkenntnisgegenstände von der ihnen zugrunde liegenden Geschlechtlichkeit.[63]

In der Wissenschaftsforschung wurden ausgehend vom „strong program" der *Sociology of Scientific Knowledge* vor allem zwei methodische Ansätze ausformuliert, um das Zusammenwirken von sozialen und kognitiven Bedingungsfaktoren zu erklären und zu beschreiben. Das *Interessenmodell* führte die jeweilige Wahl zwischen konkurrierenden wissenschaftlichen Aussagen auf das Wirken gesellschaftspolitischer und professioneller oder wissenschaftsstrategischer Interessen zurück und suchte das Soziale an externen Faktoren festzumachen, die das Handeln und Denken der Wissenschaftler gewissermaßen von außen steuern.[64] Im Gegensatz dazu begriff das *Diskursmodell* wissenschaftliche Aussagen als soziale Konstruktion und stellte die Erzeugung, Stabilisierung, wissenschaftliche Anerkennung und gesellschaftliche Durchsetzung in den Fokus der Untersuchung, um die soziale Dimension (wissenschaftliches Ansehen, Geschlechtszugehörigkeit, Zugang zu Fachzeitschriften, Koalitionsbildung oder Mobilisierung der Öffentlichkeit) zu erfassen.[65] Beide Ansätze setzen an der Frage an, wie die auch für naturwissenschaftliche Erkenntnisbildung charakteristische Wechselwirkung von sozialen und kognitiven Prozessen analysiert werden kann.

Auch in der Geschlechterforschung wurde zunächst versucht, die Untersuchung der Wechselwirkungen zwischen den sozialen Verhältnissen und den Androzentrismen der modernen Wissensbestände durch eine Differenzierung „externer" und „interner" Faktoren methodisch zu begründen. Analytisches Instrument war die Unterscheidung zwischen dem biologischen und dem sozialen Geschlecht, die *sex* als „naturgegebene" biologische Ausstattung und *gender* als soziale Konstruktion und

---

63 K. HAUSEN / H. NOWOTNY (Hg.), Wie männlich ist die Wissenschaft? Frankfurt/M. 1986; C. HONEGGER, Die Ordnung der Geschlechter. Die Wissenschaften von Menschen und das Weib 1750–1850, München 1991; S. HARDING, Feministische Wissenschaftstheorie. Zum Verhältnis von Wissenschaft und sozialem Geschlecht, Hamburg 1991; S. HARDING, Das Geschlecht des Wissens. Frauen denken die Wissenschaft neu, Frankfurt/M. 1994; E. SCHEICH (Hg.), Vermittelte Weiblichkeit. Feministische Wissenschafts- und Gesellschaftstheorie, Hamburg 1996; L. STEINBRÜGGE, Das moralische Geschlecht. Theorien und literarische Entwürfe über die Natur der Frau in der französischen Aufklärung, Berlin 1987; A. WETTERER (Hg.), Profession und Geschlecht. Über die Marginalität von Frauen in hochspezialisierten Berufen, Frankfurt/M. 1992; T. WOBBE / G. LINDEMANN (Hg.), Denkachsen. Zur theoretischen und institutionellen Rede von Geschlecht, Frankfurt/M. 1994.

64 M. BIAGIOLI (Hg.), The science studies reader, New York u. a. 1999.

65 B. LATOUR, Die Hoffnung der Pandora. Untersuchungen zur Wirklichkeit der Wissenschaft, Frankfurt/M. 2000.

kulturelle Zuschreibung begriff.[66] Carol Hagemann-White machte jedoch schon früh darauf aufmerksam, dass die unhinterfragte Klassifizierung der Menschen in Männer und Frauen keineswegs unproblematisch ist, da sie die Existenz von zwei – und nur zwei – Geschlechtern als außergesellschaftliches, naturgegebenes und unveränderbares Faktum voraussetze.[67] In den 1980er und 90er Jahren wurde im Rückgriff auf sprachtheoretische bzw. poststrukturalistische Ansätze, die vor allem in den Kulturwissenschaften relevant geworden waren, kritisiert, dass diese Unterscheidung in letzter Konsequenz dem biologistischen Rahmen verhaftet bleibe, den sie sprengen will.[68] Obwohl auch das biologische Geschlecht als diskursive Konstruktion betrachtet und damit die Grundstruktur der angeblich natürlichen Zweigeschlechtlichkeit in Frage gestellt wird, reproduziere die Unterscheidung von *sex* und *gender* jene Dichotomie von Natur und Kultur, die wie andere binäre Oppositionen (Körper/Geist, Subjekt/Objekt) das abendländische Denken strukturieren. Da jeweils einem Begriff der binären Opposition der Status des Gegebenen, Unhintergehbaren zukomme, kritisierte u. a. Butler die „Metaphysik der Substanz" als Effekt einer Bezeichnungspraxis, bei der die Begriffe als vorgängige oder außerdiskursive bezeichnet werden und damit deren diskursive Konstitution verschleiert werde.

Mit dem Diskursmodell hatte sich auch die Wissenschaftsforschung Ende der 1980er Jahre in eine gewisse theoretische Sackgasse manövriert, die sich gleichfalls aus der Relativität der sozialen Konstruktion ergab und in die heftig ausgetragene Streitfrage mündete, ob es jenseits der sozialen Konstruktion noch so etwas wie naturgegebene Realität gebe.[69] Hier hatte die letztlich unfruchtbare (weil ontologische) Zuspitzung in Form eines Sozialdeterminismus dazu geführt, dass man sich nunmehr auf den praktischen Herstellungskontext von wissenschaftlichen Tatsachen konzentrierte. Der *technological* oder *practical turn* verlagerte (im Gegensatz zum *linguistic turn*) die Frage der sozialen Konstruktion auf die Ebene der materiellen, d. h. technischen Grundlagen der Wissensproduktion, um die Wechselwirkungen zwischen Diskurs und Praktik, zwischen sozialer Konstruktionen und den *material constraints* zu untersuchen. Einen entscheidenden Einfluss hatten ethno-methodologisch orien-

---

66 R. STOLLER, Sex and Gender, Bd. 1, New York 1968; M. RUBIN, Corpus Christi. The Eucharist in Late Medieval Culture, Cambridge, New York, Melbourne 1991.

67 C. HAGEMANN-WHITE, Sozialisation. Weiblich – männlich?, Opladen 1984; C. HAGEMANN-WHITE, Wir werden nicht zweigeschlechtlich geboren, in: dies. / M. S. RERRICH, Frauen-MännerBilder. Männer und Männlichkeit in der feministischen Diskussion, hg. v. C. Hagemann-White, Bielefeld 1988.

68 J. BUTLER, Das Unbehagen der Geschlechter, Frankfurt/M. 1991; J. BUTLER, Körper von Gewicht. Die diskursiven Grenzen des Geschlechts, Berlin 1995; R. GILDEMEISTER, Die soziale Konstruktion von Geschlechtlichkeit, in: I. OSTNER / K. LICHTBLAU (Hg.), Feministische Vernunftkritik, Frankfurt/M. 1992; B. VINKEN (Hg.), Dekonstruktiver Feminismus. Literaturwissenschaft in Amerika, Frankfurt/M. 1992; S. BENHABIB u. a. (Hg.), Der Streit um die Differenz. Feminismus und Postmoderne in der Gegenwart, Frankfurt/M. 1993; v. BRAUN / STEPHAN (Hg.), Gender Studien.

69 I. HACKING, Representing and Intervening. Introductory Topics in the Philosophy of Natural Science, Cambridge u. a. 1983.

tierte Feldstudien, die deutlich machen konnten, dass sich die Herstellung und Stabilisierung von wissenschaftlichen Fakten durch eine Vielfalt sozialer Praktiken auszeichnen, die nur durch Akkulturation zu erwerben sind.[70] Mit heuristischen Modellen wie *boundary concept* oder *boundary object* wurde nun versucht, die Bedeutung von wissenschaftlichen Tatsachen als Grenzobjekt und Aushandlungsgegenstand unterschiedlicher sozialer Welten zu erfassen, oder es sollten mit der Rekonstruktion von Wissenshybriden die tradierten Dichotomisierungen relativiert, wenn nicht gar aufgelöst werden.[71]

Diese Überschneidungen in der bislang getrennt verlaufenden Entwicklungsgeschichte der Geschlechter- und Wissenschaftsforschung verweisen nicht nur in die Zukunft eines gemeinsamen Forschungsprogramms, in dem die kritischen Ansätze aus beiden Disziplinen produktiv gebündelt werden können, sondern zugleich zurück auf die Anfänge des abendländischen Denkens, wo die Kategorie des Geschlechts – wenn auch häufig verschlüsselt oder verschwiegen – in den Konstituierungsprozessen des Wissens und der Wissenschaft eine nicht zu unterschätzende Rolle gespielt hat.

Der Begriff der ‚Kategorie‘ geht auf die Anfänge des abendländischen Denkens zurück, in welchem die Aristotelische Lehre von den zehn Kategorien den Schlüssel zum logischen Denken darstellte. Die Kategorienlehre von Aristoteles kennt bekanntlich kein Geschlecht. Wohl aber ist bereits bei Aristoteles das Geschlecht ein Gegenstand der Naturkunde. Es wird vorrangig in seinen naturphilosophischen Schriften in seiner Funktion für die Fortpflanzung thematisiert. Dort findet sich auch jene begriffliche Figur, die mit dem weiblichen Prinzip als passiver Matrix und dem männlichen als aktiver Formgebung das Denken über Geschlecht und die wissenschaftliche Beschäftigung mit diesem bis zur Entstehung der modernen wissenschaftlichen Disziplinen bestimmen sollte. Sie zeigt zugleich, wie eng die naturwissenschaftliche Beschreibung des Geschlechts mit der wissenschaftstheoretischen Reflexion bzw. mit der Kategorienlehre verflochten wurde. Denn für die aristotelische Philosophie war die Fortpflanzung der paradigmatische Fall des Werdens bzw. der Veränderung in der ersten Kategorie des Seins, der Substanz. Das Männliche steht für die Wirkursache, das Weibliche für die materielle Ursache. Was heute als soziale Konstruktion der Geschlechter gilt – dass Männer zur Fortpflanzung die Form, Frauen das Material beisteuern –, galt zur Zeit von Aristoteles als ‚Evidenz der Natur‘.

Bis heute ist Geschlecht Gegenstand der Naturkunde, jener Einzelwissenschaft, die sich auf Aristoteles als ihren Begründer beruft und sich seit Beginn des 19. Jahrhunderts Biologie oder *Life Science* nennt. Geschlecht ist somit als verborgene, aber gleichwohl konstituierende Kategorie des wissenschaftlichen Denkens der abendländischen Wissenschaft ursprünglich. Sie begleitete von der klassischen Antike

---

70 K. KNORR CETINA, Epistemic Cultures. How the Sciences Make Knowledge, Cambridge, Mass. u. a. 1999.
71 B. LATOUR, Die Hoffnung der Pandora.

an das begriffliche Denken und wurde zugleich aus der philosophischen Reflexion der dieses Denken begründenden Grundlagen ausgeschlossen.[72]

Das Denken des Mittelalters war einerseits geprägt von den Traditionen der Antike, andererseits setzten sich aber auch neue wissenschaftliche Denkmuster durch, die sich vornehmlich christlichen Traditionen verdankten. War zunächst das asketische Ideal des Frühchristentums prägend für das Verhältnis von Glauben und Wissen, so wurden allmählich die Gelehrsamkeit der Klöster und dogmatisch-christliche Glaubensinhalte ausschlaggebend für das wissenschaftliche Denken, das alte heidnische Wissensformen überlagerte, integrierte oder verdrängte. In der Mystik des Hochmittelalters bezogen sich ‚Wahrheit' und ‚Wirklichkeit' auf ein transzendentes Wissen, das wiederum das Körperbild des mittelalterlichen Menschen wie das medizinische Wissen beeinflusste.[73] Die ‚christliche' Körperwahrnehmung wirkte sich ihrerseits auf die Geschlechterbilder aus.[74] Die Scholastik unternahm den Versuch, die christlichen Glaubensinhalte mit den Wissenstraditionen der Antike und deren auf der Ratio basierenden Wissensbegriff zu verbinden. Für die Mystik spielten Fragen des Bildes und der Bilderverehrung eine wichtige Rolle, was wiederum in der symbolischen Geschlechterordnung einen Ausdruck fand. War die weibliche Mystik des Mittelalters noch geprägt von dem ‚Wissen' um die ‚weiblichen' Anteile an dem Mensch gewordenen Gott, so sind bildende Darstellungen der Passionsgeschichte, die im Spätmittelalter und der frühen Neuzeit entstanden, Indices für einen neuen Geschlechtercode, der die ‚Männlichkeit' des Erlösers in den Vordergrund rückt.[75]

Mit dieser Entwicklung kündigen sich schon die Renaissance und ein neues wissenschaftliches Denken an, das auch prägend werden sollte für einen Wandel der Geschlechterordnung. Das christliche Denken übte einen tiefen Einfluss auf die säkulare Welt des Mittelalters aus. War im frühen und im Hochmittelalter das höfische Leben, in dem sich sowohl heidnische als auch christliche Traditionen niederschlugen, noch prägend für sowohl das Wissen als auch für die Geschlechterordnung, so setzt sich nun ein Wandel der Körperwahrnehmung wie der Emotionalität durch.[76] Gleich-

72 E. FOX-KELLER, Liebe, Macht und Erkenntnis. Männliche oder weibliche Wissenschaft, München, Wien 1986; E. FOX-KELLER, Refiguring Life. Metaphors of Twentieth-Century Biology, New York 1995; A. FAUSTO-STERLIN, Myth of Gender. Biological Theories about Women and Men, New York 1992; A. FAUSTO-STERLING, Sexing the Body. Gender, Politics and the Construction of Sexuality, New York 2000; D. HARAWAY, Die Neuerfindung der Natur. Primaten, Cyborgs und Frauen, Frankfurt/M. 1995.

73 M. RUBIN, Corpus Christi. The Eucharist in Late Medieval Culture, Cambridge, New York, Melbourne 1991.

74 C. W. BYNUM, Fragmentierung und Erlösung, Frankfurt/M. 1996.

75 L. STEINBERG, The Sexuality of Christ in Renaissance Art and in Modern Oblivion, Chicago, London ²1996.

76 M. FEHER, Fragments for a History of the Human Body, 3 Bde., New York. 1989ff.; W. RÖCKE / H. NEUMANN (Hg.), Komische Gegenwelten. Lachen und Literatur in Mittelalter und Früher Neuzeit, Paderborn 1999; I. KASTEN, Kulturen der Gefühle in Mittelalter und Früher Neuzeit, Stuttgart 2002; R. SCHNELL, Sexualität und Emotionalität in der vormodernen Ehe, Köln, Weimar, Wien 2002.

zeitig entwickelt sich mit technischen Neuerungen wie etwa der mechanischen Uhr sowie einer zunehmenden Geldwirtschaft und der allmählichen Durchsetzung einer Gesellschaft, die nach den Gesetzen der Schrift lebt, eine neue Gesellschaftsordnung, die nicht nur Einfluss auf das Wissen und wissenschaftliches Denken, sondern auch auf die Geschlechterrollen ausübt.[77]

Aus der aristotelischen Philosophie entwickelte sich – befördert durch die Antikenrezeption der Renaissance – im Abendland eine neue Form der Dichotomie, die prägend wurde für fast alle Bereiche der neu entstehenden Wissenschaften: Das hierarchische Geschlechterverhältnis ist präsent im philosophischen Diskurs, dessen Begriffe von Subjektivität und Autonomie, Freiheit und Gleichheit, Universalität und Transzendenz am männlichen Selbst ausgerichtet sind, während die Vorstellungen von Weiblichkeit, Körper und Natur als Kontrast zu diesen Selbstsetzungen fungieren.[78] Ein ähnlicher Prozess vollzog sich mit der Entwicklung der Zentralperspektive auch in der Kunst, der Naturwissenschaft und auf dem Gebiet des Visuellen. Der penetrierende und einseitige männliche Blick imaginiert sich als Schöpfer, der die sichtbare Welt, indem er sie zum Objekt macht, seiner Verfügungsmacht und Kontrolle unterwirft.[79] Dieser penetrierende Blick erzeugte nicht nur die Illusion männlicher Subjektivität, er spielte auch für die Entwicklung der Naturwissenschaften sowie für die Entstehung eines neuen Körperbildes eine entscheidende Rolle. Auch für die Naturkunde, die sich wie die *Philosophia naturalis* auf Aristoteles als ihren Begründer berief, wurde diese geschlechtsspezifische Codierung der Kategorien begründend und bei der Transformation der Naturgeschichte in die modernen Naturwissenschaften umgeschrieben. Sie findet sich heute in den Objektivitäts-, Universalitäts- und Neutralitätsansprüchen moderner Wissenschaftskulturen wieder, wo sie als epistemologische Basis für den wissenschaftlichen Umgang eingelagert wurde und eine kategoriale Vorgabe für die Beschäftigung mit Geschlecht und kultureller Differenz bildet.[80] Dabei ist zu berücksichtigen, dass die Wirkungsmacht der Wissenskategorie Geschlecht stets eine ambivalente war, die in der Dialektik von dynamischen Innovationsschüben und traditionellem Beharrungsvermögen bestand.

---

77 H. WENZEL, Sehen und Hören, Schrift und Bild. Kultur und Gedächtnis im Mittelalter, München 1995; P. DINZELBACHER, Europäische Mentalitätsgeschichte. Hauptthemen in Einzeldarstellungen, Stuttgart 1993; R. SENNETT, Stein und Fleisch. Der Körper und die Stadt in der westlichen Zivilisation, übers. v. L. Meissner, Frankfurt/M. 1997; M. BURCKHARDT, Metamorphosen von Raum und Zeit, Frankfurt/M. 1995; M. BURCKHARDT, Vom Geist der Maschine. Eine Geschichte kultureller Umbrüche, Frankfurt/M. 1999.

78 T. LAQUEUR, Auf den Leib geschrieben. Die Inszenierung der Geschlechter von der Antike bis Freud, Frankfurt/M. 1992.

79 S. SCHADE / S. WENK, Inszenierungen des Sehens. Kunst, Geschichte und Geschlechterdifferenz, in: H. BUßMANN / R. HOF (Hg.), Genus. Zur Geschlechterdifferenz in den Kulturwissenschaften, Stuttgart 1995, S. 340–407.

80 L. SCHIEBINGER, Frauen forschen anders. Wie weiblich ist die Wissenschaft?, München 1999; E. SCHEICH, Naturbeherrschung und Weiblichkeit. Denkformen und Phantasmen der Naturwissenschaften, Pfaffenweiler 1993; v. BRAUN, Versuch über den Schwindel.

In der „Sattelzeit" (Koselleck) um 1800 vollzog sich ein Paradigmenwechsel: Mit der modernen wissenschaftlichen Beschreibung zweier biologischer Geschlechter wurde das Verhältnis der Geschlechter nicht mehr in der Opposition von sozialer Superiorität und Inferiorität gedacht, sondern als das Verhältnis einer Differenz konstruiert. Die Frau galt nun nicht mehr, wie bei Aristoteles, als „verkümmerter Mann", sondern sie wurde zur Repräsentantin des „anderen Geschlechts". In der Epoche der Aufklärung wurde die „Frau" sogar in einer Art „weiblicher Sonderanthropologie" zur Statthalterin der Natur erklärt. In dieser Funktion avancierte sie in der nachrevolutionären bürgerlichen Gesellschaft zur Repräsentantin des moralischen Geschlechts. Der Mann stand für das rationale Geschlecht, das sich durch die Herrschaft über Natur definiert. Die Aufteilung des Menschen in zwei ungleichwertige Teile wurde in einem Zeitalter, das die Gleichheit aller Menschen zum Prinzip erhob, mit genuin aufklärerischen Prinzipien legitimiert. Die Natur bedeutete in den medizinischen, historiographischen, philosophischen und anthropologischen Diskursen für die Frau immer „Einschluss" und „Begrenzung", und Natur nahm – ob als die dem Organischen eigentümliche Produktivität, ob als Seelenleben oder ob als „Konstanz der Kräfte" – immer eine doppeldeutige Funktion ein.[81]

Im Laufe des 19. Jahrhunderts wurde mit der Entstehung und Herausbildung der modernen Disziplinen die traditionelle Hierarchie der Wissenschaften in eine funktionale Ordnung überführt. Dabei wurden auf dem Wege der disziplinären Abgrenzung spezifischer Gegenstandsbereiche tradierte Geschlechtermuster oft aufgehoben und überwunden und doch zugleich in Form disziplinärer Darstellungstechniken, Arbeitspraktiken und Forschungsstrategien wissenschaftlich rekonstruiert, ob in gynäkologischen Aufzeichnungstechniken, obskuren chirurgischen Praxen, psychologischen Deutungsmustern, wie etwa der Hysterie oder medialen Aufschreibesystemen.[82] Auch die Entfaltung wissenschaftlicher *truth claims* überführte traditionelle Männertugenden in eine bürgerliche Werteökonomie, die die Aufspaltung zwischen individueller Subjektivität und wissenschaftlicher Objektivität und die ihr zugrunde liegenden Geschlechtsvorstellungen maskiert und verbirgt.

Ende des 19. Jahrhunderts kam es im Zuge der Auflösung des traditionellen Familienverbandes, veränderter Moral- und Wertvorstellungen, neuer ökonomischer und politischer Verhältnisse und Arbeitsbedingungen sowie eines neuen biomedizinischen Verständnisses von Zeugung und Reproduktion zu einer zunehmenden Entkoppelung von Fortpflanzung und Sexualität. Diese hatte Rückwirkungen auf die soziale und kulturelle Wahrnehmung von Geschlecht. Verstärkt wurde diese Entwicklung durch die Entstehung neuer medialer Techniken wie Photographie und

---

81 Honnegger, Die Ordnung der Geschlechter; L. Steinbrügge, Das moralische Geschlecht; C. Gransee, Grenz-Bestimmungen. Zum Problem identitätslogischer Konstruktionen von „Natur" und „Geschlecht", Tübingen 1999.

82 G. Didi-Huberman, Die Erfindung der Hysterie, München, 1997; E. Showalter, Hystorien. Hysterische Epidemien im Zeitalter der Medien, Berlin 1997; E. Bronfen, Das verknotete Subjekt. Hysterie in der Moderne, Berlin 1998; F. Kittler, Aufschreibesysteme 1800/1900, München 1985.

Film, die ihrerseits auf die Wahrnehmung von Geschlecht und Geschlechterrollen einwirkten.[83]

Geschlecht war mit Beginn des 20. Jahrhunderts sowohl in der Naturgeschichte als auch in der Philosophie zu einem der zentralen Gegenstände der wissenschaftlichen Neugierde geworden – und ist es auf Gebieten wie der gentechnologischen Forschung bis in die Gegenwart geblieben. Wie die etymologische Verwandtschaft von Gen, Genus, Gentechnologie, Gender und Genre verrät, besteht zwischen dem wissenschaftlichen Gegenstand „Geschlecht" und dem wissenschaftlichen Selbstverständnis eine für die wissenschaftliche Praxis konstitutive Verbindung, die mehr als 2000 Jahre lang kaum expliziert wurde.[84] Dabei lässt sich verallgemeinernd sagen, dass die Kategorie Geschlecht in den eher anwendungsorientierten Disziplinen zwar eine bedeutende, jedoch meist kaum reflektierte und damit weithin unsichtbare Rolle spielt. Das gilt auch für die Medizin bis in jüngere Zeit. Hier sind auch die neuen molekular ausgerichteten Lebenswissenschaften zu nennen, deren Forschungsprogramme dazu tendieren, Geschlechtskategorien radikal auf Genanlagen zu reduzieren und zugleich Geschlechtsvorstellungen und Geschlechtszuschreibung im Sinne eines genetischen Determinismus neu zu begründen.[85] Ähnliches gilt auch für die Rechtswissenschaft, in der Geschlecht als normatives Leitbild wirkt und zugleich immer wieder neue Leitbilder des Geschlechts durch juristische Regulierung geformt und über die Strukturen eines staatlichen Gewaltmonopols durchgesetzt werden.[86]

Für die Hinterfragung solcher Normierungsprozesse und die damit einher gehende Wissenschaftsreflexion spielen die sozial- und kulturwissenschaftlichen Fächer eine wichtige Rolle, bieten sie doch das notwendige Instrumentarium, um die Entstehung, Einschreibung und Perpetuierung von Diskursen und Praktiken des Wissens zu untersuchen. Methodisch kann hier auch von einer Wende des Blicks die Rede sein: von den materiellen, ökonomisch/sozialen Verhältnissen zur Wahrnehmung der sprachlichen und medialisierten, bildlichen, insgesamt kulturellen Formen der Konstruktion von Wirklichkeit. Der *genetic turn,* der mit der Verabschiedung der These einer Naturhaftigkeit der Geschlechter einher geht, begleitet so den *linguistic turn* und den *pictorial turn,* die sich zusammen und analytisch orientiert als *discursive turn* fassen lassen.

---

83 T. de LAURETIS, Alice Doesn't. Feminism, Semiotics, Cinema, Bloomington 1984; T. de LAURETIS, Technologies of Gender, Bloomington 1987; G. KOCH, Was ich erbeute, sind Bilder. Zum Diskurs der Geschlechter im Film, Frankfurt/M. 1989; L. WILLIAMS, Viewing Positions. Ways of Seeing Film, New Brunswick 1994.

84 H. BUßMANN / R. HOF (Hg.), Genus. Zur Geschlechterdifferenz in den Kulturwissenschaften, Stuttgart 1995.

85 L. E. KAY, Who Wrote the Book of Life? A History of the Genetic Code, Stanford 2000.

86 C. MACKINNOV, Towards a Feminist Theory of the State, Cambridge 1989; N. LACEY, Unspeakable Subjects. Feminist Essays in Legal and Social Theory, New York 1998; E. KREISKY / B. SAUER (Hg.), Geschlecht und Eigensinn. Feministische Recherchen in der Politikwissenschaft, Wien 1998.

Diese verschiedenen *turns* haben zu einer Dynamisierung der Forschungsdebatten geführt, von der auch der vorliegende Band profitiert. Durch die Interventionen, die aus den einzelnen Fächern heraus entwickelt wurden, sind nicht nur neue inter- und transdisziplinäre Forschungsfelder erschlossen worden, sondern wurde der Blick auch für die geschlechtliche Codierung des Wissens und der Wissensordnung insgesamt geschärft. Die bisherigen Versuche, die Erträge der Geschlechterforschung in systematischer Weise zu erfassen und zu präsentieren, beschränkten sich zumeist auf die Übersicht einzelner Disziplinen oder stellten disziplinäre Entwicklungen oder Erkenntnisse mehr oder minder additiv nebeneinander.[87] Der vorliegende Band zeigt erstmalig, welche bedeutsame Rolle die Kategorie Geschlecht in den theoretischen Debatten der Gegenwart spielt. Wenn hierbei im weitesten Sinne kulturkritische Ansätze wie etwa die Gedächtnisforschung oder neuere Forschungsrichtungen wie z. B. die *Media-Studies* als Paradigmen aufgegriffen werden, so geschieht das vor allem deshalb, weil die „Ansichten der Wissenschaften"[88] bzw. die „Bühnen des Wissens"[89] von eben jener kulturhistorischen Wendung profitiert haben, der auch die Genderforschung am Ende des 20. Jahrhunderts wichtige Impulse verdankt. Die theoretischen Debatten über Identität, Sexualität, Körper und Gewalt etc. haben dabei Rückwirkungen weit über die sich kulturwissenschaftlich verstehenden Disziplinen wie etwa die Literaturwissenschaften oder die *Postcolonial-Studies* hinaus, sie betreffen auch sozialwissenschaftliche, juristische oder medizinische Diskurse und bringen die unterschiedlichen Wissenschaftskulturen in ein neues Gespräch, das die von Snow beklagte Trennung der „zwei Kulturen" in eine literarische und naturwissenschaftliche Intelligenz[90] überwinden kann. Auch wenn der Band keinen Anspruch auf Vollständigkeit erhebt – nicht zuletzt aus pragmatischen Überlegungen bleiben eher anwendungsorientierte, in den politischen Bereich zielende Debatten über „Erfahrung", „Alltag", „Öffentlichkeit" oder „Arbeit" ebenso ausgegrenzt wie komplexe, wissenschaftsübergreifende Überlegungen zu „Genealogie", „Differenz", „Mythos" oder „Rhetorik"[91] – so bietet er doch eine repräsentative Übersicht über aktuelle Diskussionsverläufe und stellt ein Wissen zur Verfügung, das für die Wissenschafts- wie für die Geschlechterforschung gleichermaßen unverzichtbar ist.

---

87 v. BRAUN / STEPHAN (Hg.), Gender Studien.
88 HAGENER, Ansichten der Wissenschaftsgeschichte.
89 H. SCHRAMM u. a. (Hg.), Bühnen des Wissens. Interferenzen zwischen Wissenschaft und Kunst, Berlin 2003.
90 H. KREUZER (Hg.), Die zwei Kulturen. Literarische und naturwissenschaftliche Intelligenz. C. P. Snows These in der Diskussion, München 1987.
91 Verwiesen werden kann hier auf das Graduiertenkolleg „Öffentlichkeiten und Geschlechterverhältnisse. Dimension von Erfahrung", das an der Universität Kassel angesiedelt ist, und auf das neu eingerichtete Forschungsprojekt „Genealogie" am Zentrum für Literaturforschung in Berlin.

Bibliographie

ANDRESKI, Stanislav, 1987: Religion, Science, and Morality. In: The Encounter, Juni 1987, London, S. 63–66.

AUGUSTINUS, Aurelius, 1958: Vom Nutzen des Fastens. Würzburg.

BEAUFAYS, Sandra, 2003: Wie werden Wissenschaftler gemacht? Beobachtungen zur wechselseitigen Konstitution von Geschlecht und Wissenschaft. Bielefeld.

BECKER-SCHMIDT, Regina / KNAPP, Gudrun-Axeli (Hg.), 1995: Das Geschlechterverhältnis in den Sozialwissenschaften. Frankfurt/M., New York.

BENHABIB, Seyla u. a. (Hg.), 1993: Der Streit um die Differenz. Feminismus und Postmoderne in der Gegenwart. Frankfurt/M.

BERGEL, Gary, 1988: When You Were Formed in Secret. National Right to Life Pamphlet. Reston, VA.

BIAGIOLI, Mario (Hg.), 1999: The science studies reader. New York u. a.

BLEIER, Ruth, 1979: Science and Gender. A Critique of Biology and its Theories on Women. New York.

BRAUN, Christina von / STEPHAN, Inge (Hg.), 2000: Gender Studien. Eine Einführung. Stuttgart, Weimar.

BRAUN, Christina von, 2001: Versuch über den Schwindel. Religion, Schrift, Bild, Geschlecht. Zürich.

BRONFEN, Elisabeth, 1998: Das verknotete Subjekt. Hysterie in der Moderne. Berlin.

BRUCH, Rüdiger vom / KADERAS, Brigitte (Hg.), 2002: Wissenschaften und Wissenschaftspolitik. Bestandsaufnahmen zu Formationen, Brüchen und Kontinuitäten im Deutschland des 20. Jahrhunderts. Stuttgart.

BÜHRMANN, Andrea / DIEZINGER, Angelika / METZ-GÖCKEL, Sigrid (Hg.), 2000: Arbeit, Sozialisation, Sexualität. Zentrale Felder der Frauen- und Geschlechterforschung. Bd. 1. Opladen.

BURCKHARDT, Martin, 1995: Metamorphosen von Raum und Zeit. Frankfurt/M.

BURCKHARDT, Martin, 1999: Vom Geist der Maschine. Eine Geschichte kultureller Umbrüche. Frankfurt/M.

BURKE, Peter, 2001: Papier und Marktgeschrei. Die Geburt der Wissensgesellschaft. Berlin.

BUßMANN, Hadumod / HOF, Renate (Hg.), 1995: Genus. Zur Geschlechterdifferenz in den Kulturwissenschaften. Stuttgart.

BUTLER, Judith, 1990: Gender Trouble. Feminism and the Subversion of Identity. New York.

BUTLER, Judith, 1991: Das Unbehagen der Geschlechter. Frankfurt/M.

BUTLER, Judith, 1995: Körper von Gewicht. Die diskursiven Grenzen des Geschlechts. Berlin.

BYNUM, Caroline Walker, 1996: Fragmentierung und Erlösung. Frankfurt/M.

CASTORIADIS, Cornelius, 1990: Gesellschaft als imaginäre Institution. Entwurf einer politischen Philosophie. Übers. v. Horst Brühmann. Frankfurt.

CHAMBERLAND, Dennis, 1986: Genetic Engineering. Promise and Threat. In: Christianity Today, 7.2.1986, S. 20.

CHANDLER, James / DAVIDSON, Arnold / HAROOTUNIAN, Harry, 1991: Questions on Evidence. Proof Practice, and the Persuasion across the Disciplines. University of Chicago Press.

CRAWLEY, Alfred Ernest, 1909: The Idea of the Soul. London.

DARWIN, Charles, 1909: Die geschlechtliche Zuchtwahl. Übers. v. Heinrich Schmidt. Leipzig.

DESCARTES, René, 1870: Philosophische Werke. Übers., erläutert, mit einer Lebensbeschreibung des Descartes versehen v. Julius Hermann von Kirchmann. Berlin.

DIDI-HUBERMAN, Georges, 1997: Die Erfindung der Hysterie. München.

DINZELBACHER, Peter, 1993: Europäische Mentalitätsgeschichte. Hauptthemen in Einzeldarstellungen. Stuttgart.

DOUGLAS, Mary, 1988: Reinheit und Gefährdung. Eine Studie zu Vorstellungen von Verunreinigung und Tabu. Übers. v. Brigitte Luchesi. Frankfurt/M.

DOUGLAS, Mary, 1993: Die zwei Körper. Ritual, Tabu und Körpersymbolik. Sozialanthropologische Studien in Industriegesellschaft und Stammeskultur. Frankfurt/M.

DÜLMEN, Richard van / RAUSCHENBACH, Sina (Hg.), 2004: Macht des Wissens. Die Entstehung der modernen Wissensgesellschaft. Köln, Weimar.

EIFLER, Christine, 1992: Sozialwissenschaftliche Frauenforschung in den neuen Bundesländern. Berlin. Berghof-Stiftung für Konfliktforschung.

ELLIS, Henry Havelock, 1897–1928: Studies in the Psychology of Sex. Kingsport, Tenn. (dt. 1922–1924).

ERB, Ulrike. 1996: Frauenperspektiven auf die Informatik. Informatikerinnen im Spannungsfeld zwischen Distanz und Nähe zur Technik. Münster 1996.

ESCHEBACH, Insa / LANWERD, Susanne, 2000: Säkularisierung, Sakralisierung und Kulturkritk. In: Metis, 9. Jg., H. 18, SP ‚Säkularisierung – Sakralisierung‘. Berlin, S. 10–26.

FAUSTO-STERLING, Anne, 1992: Myth of Gender. Biological Theories about Women and Men. New York.

FAUSTO-STERLING, Anne, 2000: Sexing the Body. Gender, Politics and the Construction of Sexuality. New York.

FEHER, Michel u. a., 1989ff.: Fragments for a History of the Human Body. 3 Bde. New York.

FOX KELLER, Evelyn, 1986: Liebe, Macht und Erkenntnis. Männliche oder weibliche Wissenschaft. München, Wien.

FOX KELLER, Evelyn, 1995: Refiguring Life. Metaphors of Twentieth-Century Biology. New York

FREUD, Sigmund, 1964ff.: Gesammelte Werke. Bd. VII. Frankfurt/M.

FREVERT, Ute, 1994: Historische Frauenforschung. In: Sozialwissenschaftliche Frauenforschung in der Bundesrepublik. Hg. v. der Deutschen Forschungsgemeinschaft. Bonn, S. 157–167.

GAUPP, Otto, 1920: Zur Geschichte des Wortes „rein". Diss. Tübingen.

GILDEMEISTER, Regine, 1992: Die soziale Konstruktion von Geschlechtlichkeit. In: Ilona OSTNER / Klaus LICHTBLAU (Hg.): Feministische Vernunftkritik. Frankfurt/M.

GIPPER, Andreas, 2002: Wunderbare Wissenschaft. Literarische Strategien naturwissenschaftlicher Vulgarisierung in Frankreich. München.

GRANSEE, Carmen, 1999: Grenz-Bestimmungen. Zum Problem identitätslogischer Konstruktionen von „Natur" und „Geschlecht". Tübingen.

HACKING, Ian, 1983: Representing and Intervening. Introductory Topics in the Philosophy of Natural Science. Cambridge u. a.

HAGEMANN-WHITE, Carol, 1984: Sozialisation. Weiblich – männlich? Opladen.

HAGEMANN-WHITE, Carol, 1988: Wir werden nicht zweigeschlechtlich geboren. In: dies. / Maria S. RERRICH: FrauenMännerBilder. Männer und Männlichkeit in der feministischen Diskussion. Bielefeld.

HAGNER, Michael (Hg.), 2001: Ansichten der Wissenschaftsgeschichte. Frankfurt/M.

HARDING, Sandra, 1991: Feministische Wissenschaftstheorie. Zum Verhältnis von Wissenschaft und sozialem Geschlecht. Hamburg.

HARDING, Sandra, 1994: Das Geschlecht des Wissens. Frauen denken die Wissenschaft neu. Frankfurt/M.

HARK, Sabine, 2001: Diszipliniertes Geschlecht. Konturen von Disziplinarität in der Frauen- und Geschlechterforschung. In: Die Philosophin. Forum für feministische Theorie und Philosophie 23, S. 93-116.

HAUSEN, Karin / NOWOTNY, Helga (Hg.), 1986: Wie männlich ist die Wissenschaft? Frankfurt/M.

HAWKING, Stephen, 1988: A Brief History of Time. New York.

HENTIG, Hartmut von, 2003: Wissenschaft. Eine Kritik. München, Wien.

HEYDEBRAND, Renate von (Hg.), 1998: Kanon Macht Kultur. Theoretische, historische und soziale Aspekte ästhetischer Kanonbildung. Stuttgart, Weimar.

HIPPEL, Theodor Gottfried von, 1774: Über die Ehe. Berlin.

HONEGGER, Claudia, 1991: Die Ordnung der Geschlechter. Die Wissenschaften von Menschen und das Weib 1750–1850. München.

HUNTER, Dianne, 1983: Hysteria, Psychoanalysis, and Feminism. The Case of Anna O. In: Feminist Studies, Vol. 9, No. 3.

KALLIR, Alfred, 1961: Sign and Design. The Psychogenetic Sources of the Alphabet. London (dt.: Sign und Design. Die psychogenetischen Quellen des Alphabets. Berlin 2001).

KANTOROWICZ, Ernst H., 1990: Die zwei Körper des Königs. Eine Studie zur politischen Theologie des Mittelalters. Übers. v. Walter Theimer u. Brigitte Hellmann. München.

KASTEN, Ingrid, 2002: Kulturen der Gefühle in Mittelalter und Früher Neuzeit. Stuttgart.

KAY, Lily E., 2000: Who Wrote the Book of Life? A History of the Genetic Code. Stanford.

KEMP, Martin, 2003: Bilderwissen. Die Anschaulichkeit naturwissenschaftlicher Phänomene. Köln.

KITTLER, Friedrich, 1985: Aufschreibesysteme 1800/1900. München.

KNORR CETINA, Karin, 1999: Epistemic Cultures. How the Sciences Make Knowledge. Cambridge, Mass. u. a.

KNORR CETINA, Karin, 2002: Wissenskulturen. Ein Vergleich naturwissenschaftlicher Wissensformen. Frankfurt/M.

KOCH, Gertrud, 1989: Was ich erbeute, sind Bilder. Zum Diskurs der Geschlechter im Film. Frankfurt/M.

KOHLSTEDT, Sally / LONGINO, Helen (Hg.), 1997: Women, Gender, and Science. New Directions. (=Osiris. A research journal devoted to the history of science and its cultural influences; second series Bd. 12) Chicago.

KRAFFT-EBING, Richard von, 1984: Psychopathia Sexualis I. München.

KREISKY, Eva / SAUER, Birgit (Hg.), 1998: Geschlecht und Eigensinn. Feministische Recherchen in der Politikwissenschaft. Wien.

LACEY, Nicola, 1998: Unspeakable Subjects. Feminist Essays in Legal and Social Theory. New York.

LAQUEUR, Thomas, 1992: Auf den Leib geschrieben. Die Inszenierung der Geschlechter von der Antike bis Freud. Frankfurt/M.

LAROFF, Jean, 1989: The Gene Hunt. In: Time 20.3., S. 62–71.

LATOUR, Bruno, 2000: Die Hoffnung der Pandora. Untersuchungen zur Wirklichkeit der Wissenschaft. Frankfurt/M.

LAURETIS, Teresa de, 1984: Alice Doesn't. Feminism, Semiotics, Cinema. Bloomington

LAURETIS, Teresa de, 1987: Technologies of Gender. Bloomington.

LEDERMAN, Leon, 1992: The God Particle. New York.

LEIBNIZ, Gottfried Wilhelm, 1962: Grundwahrheiten der Philosophie (Monadologie). Übers. v. Christian Horn. Frankfurt/M.

LEIBNIZ, Gottfried Wilhelm, 1968: Die Theodizee. Übers. v. Arthur Buchenau. Hamburg.

MACKINNON, Catharine, 1989: Towards a Feminist Theory of the State. Cambridge.

NÄCKE, Paul, 1899: Kritisches Kapitel der Sexualität. Archiv f. Psychiatrie.

NELKIN, Dorothy / LINDEE, M. Susan, 1995: The DNA Mystique. The Gene as a Cultural Icon. New York.

POPENOE, Paul / HILL JOHNSON, Roswell, 1920: Applied Eugenics. New York.

RHEINBERGER, Hans Jörg, 1999: Alles, was überhaupt zu einer Inskription führen kann. In: Ulrich RAULFF / Gary SMITH (Hg.): Wissensbilder. Strategien der Überlieferung. Berlin, S. 265-278.

RÖCKE, Werner / NEUMANN, Helga (Hg.), 1999: Komische Gegenwelten. Lachen und Literatur in Mittelalter und Früher Neuzeit. Paderborn.

RUBIN, Miri, 1991: Corpus Christi. The Eucharist in Late Medieval Culture. Cambridge, New York, Melbourne.

SCHADE, Sigrid / WENK, Silke, 1995: Inszenierungen des Sehens. Kunst, Geschichte und Geschlechterdifferenz. In: Hadumod BUßMANN / Renate HOF (Hg.): Genus. Zur Geschlechterdifferenz in den Kulturwissenschaften. Stuttgart, S. 340-407.

SCHEICH, Elvira, 1993: Naturbeherrschung und Weiblichkeit. Denkformen und Phantasmen der Naturwissenschaften. Pfaffenweiler.

SCHEICH, Elvira (Hg.), 1996: Vermittelte Weiblichkeit. Feministische Wissenschafts- und Gesellschaftstheorie. Hamburg.

SCHELHOWE, Heidi, 2000: Informatik. In: Christina von BRAUN / Inge STEPHAN (Hg.): Gender Studien. Eine Einführung. Stuttgart, Weimar, S. 207–216.

SCHIEBINGER, Londa, 1999: Frauen forschen anders. Wie weiblich ist die Wissenschaft? München.

SCHNELL, Rüdiger, 2002: Sexualität und Emotionalität in der vormodernen Ehe. Köln, Weimar, Wien.

SENNETT, Richard, 1997: Stein und Fleisch. Der Körper und die Stadt in der westlichen Zivilisation. Übers. v. Linda Meissner. Frankfurt/M.

SHOWALTER, Elaine, 1997: Hystorien. Hysterische Epidemien im Zeitalter der Medien. Berlin.

SONNERT, Gerhard / HOLTON, Gerald, 1996: Gender Differences in Science Careers. The Project Access Study. New Brunswick, N. J.

STEINBERG, Leo, ²1996: The Sexuality of Christ in Renaissance Art and in Modern Oblivion. Chicago, London.

STEINBRÜGGE, Lieselotte, 1987: Das moralische Geschlecht. Theorien und literarische Entwürfe über die Natur der Frau in der französischen Aufklärung. Berlin.

STOLLER, Robert, 1968: Sex and Gender. Bd. 1. New York.

TOMKOWIAK, Ingrid (Hg.), 2002: Populäre Enzyklopädien. Von der Auswahl, Ordnung und Vermittlung des Wissens. Zürich.

VINKEN, Barbara (Hg.), 1992: Dekonstruktiver Feminismus. Literaturwissenschaft in Amerika. Frankfurt/M.

VOGT, Annette, 1996: Die Fräulein Doktor werden immer mehr. Berlin (Max-Planck-Institut für Wissenschaftsgeschichte, Preprint, 45).

VOGT, Annette, 1996: Lise Meitner und ihre Kolleginnen. Naturwissenschaftlerinnen in den Instituten der Kaiser-Wilhelm-Gesellschaft zwischen 1912 und 1945. Berlin (Max-Planck-Institut für Wissenschaftsgeschichte, Preprint, 46).

VOGT, Annette, 1999: Wissenschaftlerinnen in Kaiser-Wilhelm-Instituten. A–Z. Berlin.

WENZEL, Horst, 1995: Sehen und Hören, Schrift und Bild. Kultur und Gedächtnis im Mittelalter. München.

WIENER, Max, 1988: Jüdische Religion im Zeitalter der Emanzipation (1933). In: Schalom BEN-CHORIN / Verena LENZEN (Hg.): Jüdische Theologie im 20. Jahrhundert. Ein Lesebuch. München, Zürich, S. 103–132.

WILLIAMS, Linda, 1994: Viewing Positions. Ways of Seeing Film. New Brunswick

WOBBE, Theresa / LINDEMANN, Gesa (Hg.), 1994: Denkachsen. Zur theoretischen und institutionellen Rede von Geschlecht. Frankfurt/M.

WOBBE, Theresa, 1995: Wahlverwandtschaft. Die Soziologie und die Frauen auf dem Weg zur Wissenschaft. Frankfurt/M., New York.

WUNDER, Heide / VANJA, Christina (Hg.), 1991: Wandel der Geschlechterbeziehung zu Beginn der Neuzeit. Frankfurt/M.

2 Themenfelder

IDENTITÄT

von *Claudia Breger*

Einleitung

Der Begriff der Identität ist aus dem lateinischen *idem*: „(ein und) derselbe/dasselbe" abgeleitet. *Meyers Großes Taschenlexikon* definiert ihn allgemein als „vollkommene Gleichheit oder Übereinstimmung (in bezug auf Dinge oder Personen); Wesensgleichheit", „Echtheit" einer Person.[1] Entwickelt worden ist der Begriff zunächst in der antiken Logik, deren Rezeption in der neuzeitlichen Philosophie ihn in die Wissenschaft der Moderne hineingetragen hat. Hier allerdings hat sich die Bedeutung des Begriffes im Laufe der Zeit verschoben: In der aktuellen Diskussion lässt sich Identität vielleicht am besten als Antwort auf die Fragen ‚wer bin Ich? Wer sind Wir?' beschreiben. Dabei geht es nicht um die „absolute Selbstgleichheit" der Logik, sondern um die Herstellung von Kohärenz, sei es historisch bzw. biographisch (als Kontinuität, Gedächtnis etc.) oder horizontal (als Konsistenz des Ich bzw. sozialer Zusammenhang).[2] In diesem Sinne lässt sich die Frage der Identität als zentrale, wenn nicht *die* zentrale Problematik der neuen Frauenbewegung und der aus ihr hervorgegangenen Geschlechterforschung beschreiben. Denn einerseits funktioniert Identität hier als grundlegender Bezugspunkt politischer Aktivität wie wissenschaftlicher Arbeit: Wer / was sind die Frauen und Männer, um die es geht? Andererseits aber ist Identität in der zweiten Hälfte des 20. Jahrhunderts als immer schon problematische, als Medium von Herrschaft und Gewalt diskutiert worden. Zu Beginn des 21. Jahrhunderts allerdings lässt sich konstatieren, dass Identität aktueller denn je zu sein scheint. Dass sich das Wort „in unserer Alltagssprache geradezu epidemisch ausgebreitet" hat,[3] kann im Hinblick auf die (wissenschaftliche wie politische) Kritik des Konzepts in den letzten Jahrzehnten als *backlash* erscheinen: In Reaktion auf die umfassenden Verunsicherungen von Identität durch ‚Postmoderne', Feminismus, Migration und Globalisierung sind individuelle wie kollektive Identitäten augenscheinlich wieder dringlich gefragt, nicht zuletzt in den ‚alten' Formen z. B. ‚starker' Männ-

---

1 Bd. 10, 2., neubearb. Aufl., Mannheim u .a. 1987, S. 163.
2 G. HEINRICHS, Bildung, Identität, Geschlecht. Eine (postfeministische) Einführung, Königstein 2001, S. 21 (im Rekurs auf zahlreiche andere AutorInnen).
3 A. ASSMANN / H. FRIESE, Einleitung, in: dies. (Hg.), Identitäten. Erinnerung, Geschichte, Identität, Frankfurt/M. [2]1999, S. 11–23, hier S. 11.

lichkeit oder nationalen Gedächtnisses. Zugleich ist festzuhalten, dass die gegenwärtige Konjunktur des Identitätsbegriffes teilweise auch als Resultat gerade seiner kritischen Diskussion in der Geschlechterforschung und parallelen Feldern (z. B. den *postcolonial studies*) angesehen werden kann.[4] Sie reflektiert den transdisziplinären Triumphzug eines Themas, das auf komplexe Weise diskutiert wird: Die wissenschaftliche Frage nach Identität schließt heute die nach Differenzen ein. Es geht in der Regel nicht länger um stabile ‚Wesenheiten‘, sondern um Prozesse der Identifizierung und der Herstellung von Zugehörigkeiten, die (z. B. in der kognitivistischen Theorie) wieder verstärkt positiv konturiert, aber auch als nicht-voraussetzbare und oft brüchige gedacht werden.

Vor dem Hintergrund dieses zwiespältigen Aktualitätsbefunds ist die Geschichte des Redens über Identität im Folgenden näher zu beleuchten. Zwei Hinweise sind einleitend noch erforderlich: Erstens sind Geschichten immer ein bißchen zu einfach. Wenn ich davon erzähle, dass Identität in der Theorie der Moderne eher positiv besetzt, in der der Postmoderne kritisiert worden ist – und ‚nach der Postmoderne‘ vielleicht ein *comeback* erfährt, so ist ergänzend festzuhalten: Die gleiche Geschichte lässt sich auch als Geschichte andauernder Verhandlungen zwischen zwei Polen beschreiben. Historisch gesehen, stellt die Wende zum 19. Jahrhundert den Moment dar, in dem Identität auf neue, für die Moderne prägende Weise ins Spiel des Wissens gelangt ist. Die Zeit um 1800 ist die Geburtsstunde des Denkens in ‚Geschlechtscharakteren‘, ‚Rassen‘ usw., die als unveränderlich-‚essentielle‘ gedacht und in der Natur der Menschen begründet wurden.[5] Zugleich aber lässt sich auch der Beginn moderner Identitätskritik auf diesen Moment datieren: Kant, der als Anthropologe selbst an der Aufteilung der Menschen in ‚Rassen‘ beteiligt war, formulierte als Erkenntnistheoretiker, dass Identität erst durch die Konstruktionsleistung eines denkenden Ich entsteht.[6] Ähnliche historische und theoretische Verschlingungen der Bewegungen ‚pro‘ und ‚contra‘ Identität werden auch für die verschiedenen Momente des Nachdenkens über *gender* zu zeigen sein. Leicht zu Irritationen führen kann, zweitens, dass der Identitätsbegriff der Bezeichnung individueller ebenso wie kollektiver Formationen dient (einerseits der „Ich-Identität“, andererseits z. B. der gemeinsamen Identität von Frauen als Frauen). Beide Formen sind analytisch selbstverständlich unterscheidbar, fungieren in den Debatten um Identität über weite Strecken aber auf so eng verflochtene Weise, dass es mir nicht als sinnvoll erschien, sie für den Rahmen dieser Darstellung kategorisch zu trennen. Aufschlussreich ist vielmehr die Art und Weise, in der das ‚Ich‘ und das ‚Wir‘ jeweils miteinander verbunden werden.

Die folgende Kurzdarstellung wichtiger Stationen und Aspekte des Redens über Identität in der Geschlechterforschung schließt jeweils Verweise auf zentrale wissen-

---

4 Vgl. ebd., S. 13.
5 Vgl. z. B. C. HONEGGER, Die Ordnung der Geschlechter. Die Wissenschaften vom Menschen und das Weib, Frankfurt/M. 1991.
6 Vgl. H. FRIESE, Identität. Begehren, Name und Differenz, in: ASSMANN / dies. (Hg.), Identitäten, S. 24–43, hier S. 32.

schaftsgeschichtliche, d. h. hier philosophische und sozialwissenschaftliche Bezugspunkte ein. Sie geht von der Prämisse aus, dass die Identitätsdebatten in der Geschlechterforschung nicht von anderen wissenschaftlichen und politischen Auseinandersetzungen der Zeit getrennt werden können: Auf exemplarische Weise zeigt die Identitätsfrage, wie Gender@Wissen, d. h. als Schnittstelle jeweils aktueller inter / disziplinärer Konfigurationen funktioniert. Nicht weniger eng verflochten sind die Diskussionen um Identität mit den anderen theoretischen Feldern, die die folgenden Beiträge besprechen. So wurde bereits darauf verwiesen, dass Identitäten in der Moderne maßgeblich mit ‚Natur' begründet worden sind und dass Gedächtnisprozesse einen zentralen Aspekt von Identitätsbildung darstellen. Nicht weniger grundlegend ist z. B., dass – vor allem individuelle, aber auch kollektive – Identitäten in der westlichen Tradition maßgeblich im Rekurs auf Körper(bilder) imaginiert worden sind (die wiederum eng mit ‚Natur' zusammengedacht wurden). Die Liste wird fortzusetzen sein: Dieser und die folgenden Beiträge werfen einander ergänzende, unterschiedlich akzentuierte Blicke auf ein theoretisches Feld, auf dem sich die jeweils besprochenen Konzepte in komplexer Weise überlagern.

Das ‚andere Geschlecht' auf dem Weg zur Subjektwerdung: Simone de Beauvoir

Simone de Beauvoirs Klassiker *Das andere Geschlecht. Sitte und Sexus der Frau* (zuerst 1949) wurde Ende der 1960er zu einem zentralen Referenzpunkt der neuen Frauenbewegung. Auch hier kann ein Blick auf ihn helfen zu verstehen, worum es in Sachen Identität in der Geschlechterforschung geht – und woher diese Problemkonfiguration wissenschaftsgeschichtlich kommt. Schon der Titel von Beauvoirs Werk benennt die grundlegende Asymmetrie, die ihr zufolge das Verhältnis der Geschlechter charakterisiert: „Er ist das Subjekt, er ist das Absolute: sie ist das Andere."[7] Diese Begriffe entstammen dem Wortschatz G.W.F. Hegels, des einflussreichsten ‚Identitätsphilosophen' des 19. Jahrhunderts. Bezugnehmend auf die Begriffe der antiken Logik, hat Hegel ein Denk,system' entworfen, in dem Identität, salopp formuliert, der Anfang und das Ende von allem ist. So erweist sich der Mensch, anthropologisch gedacht, im Unterschied zu Natur und Tieren dadurch als Mensch, dass er seine (virtuell immer schon gegebene) Identität als Bewusstsein seiner selbst, sich selbst in der ‚reflektierten' Beziehung auf sich erfasst.[8] Hegels idealistischer Philosophie zufolge besteht auch der Gang der Weltgeschichte in der Entfaltung dieses Selbstbewusstseins, das untrennbar mit ‚Freiheit', Hegels zweitem Lieblingskonzept, verknüpft wird. Dieser Prozess aber erfordert eine Konfrontation des Selbst mit dem Anderen: Durch Differenzierung von ihm suchen das Subjekt wie der ‚Weltgeist' ihre

7 S. BEAUVOIR, Das andere Geschlecht, Gütersloh o.J., S. 11.
8 G. W. F. HEGEL, Enzyklopädie der philosophischen Wissenschaften im Grundrisse; hg. v. F. Nicolin u. O. Pöggeler, Hamburg [7]1969, S. 125.

Selbstidentität zu beweisen. Auf der individuellen Ebene beschreibt Hegel diesen Prozess als Kampf zweier ‚Selbstbewusstseine‘, durch den ein Herr-Knecht-Verhältnis etabliert wird. Beauvoir paraphrasiert: „das Subjekt setzt sich nur, indem es sich entgegensetzt: es hat das Bedürfnis, sich als das Wesentliche zu bejahen und das Andere als das Unwesentliche, als Objekt zu setzen."[9] Sowie: „Keine Gemeinschaft definiert sich jemals als das Eine, ohne sofort das Andere sich entgegenzusetzen."[10]

Die Begriffe des Subjekts und des Anderen aber sind geschlechtlich codiert: Er identifiziert das Weibliche mit dem Anderen (und damit u. a. mit Natur und Körperlichkeit). So wird der ‚Herr‘ durch Unterscheidung von ‚der Frau‘ zum ‚Menschen‘. Beauvoir verweist einleitend darauf, dass der Begriff *homme* im Französischen (wie *man* im Englischen) den „Mann" mit dem „Menschen" gleichsetzt.[11] Ihr Werk ruft zur Überwindung dieser Kopplung auf, die der Frau den Zugang zur ‚menschlichen‘ Kondition verstellt: Auch die Frau muss Subjekt werden. Dass dies möglich ist, begründet Beauvoir, indem sie sich – teilweise – von der Philosophie der Identität abgrenzt: Mit Hegels Worten akzentuiert sie gegen ihn, dass das ‚Sein‘ der Geschlechter nur „geworden sein" ist, Reaktion auf eine „*Situation*" eher als „unbeweglich fixierte[...] Wesenheit".[12] Das heißt nicht, dass die Differenz der Geschlechter in der Gegenwart nicht real wäre. Doch – in den Worten, für die Beauvoir berühmt geworden ist – „Man kommt nicht als Frau zur Welt, man wird es."[13] In diesem Sinne ist Beauvoirs Theorie ‚anti-essentialistisch‘, nur sehr bedingt allerdings in dem Sinne, mit dem dieser Begriff in den Debatten der letzten Jahrzehnte meistens verknüpft worden ist: Die biologistische Argumentation, die seit dem 19. Jahrhundert das ‚Wesen‘ des Geschlechts begründet hat, wird von ihr nicht (wie von vielen *gender*-Theoretikerinnen heute) direkt angegriffen, sondern nur in ihrer Bedeutung relativiert: Die „biologischen Voraussetzungen" bilden kein „unausweichliches Geschick", denn „die Definition des Menschen ergibt, dass er nicht ein gegebenes Wesen ist, sondern eines, das sich zu dem macht, was es ist."[14] Hier zeigt sich Beauvoirs Zugehörigkeit zur Philosophie des Existentialismus (Sartre, Merleau-Ponty und andere). Aus der Perspektive der „existentialistischen Ethik" setzt sich das Subjekt in einem Akt der ‚freien Wahl‘.[15]

Die ‚Wahl‘ macht die ‚biologisch gegebene‘ Geschlechtsidentität des Subjekts irrelevant, indem sie die ihm gegebene „autonome Freiheit"[16] verwirklicht. Diese Freiheit aber bleibt, wie bei Hegel, auch hier mit der Vorstellung von Ich-Identität verknüpft: Die „ursprüngliche Intentionalität" der Selbstsetzung garantiert, dass das

---

9 BEAUVOIR, Das andere Geschlecht, S. 12.
10 Ebd., S. 11.
11 Ebd., S. 9f.
12 Ebd., S. 19, 8.
13 Ebd., S. 344.
14 Ebd., S. 57, 59.
15 Ebd., vgl. S. 70ff.
16 Ebd., S. 25.

„Seelenleben [...] kein Mosaik, sondern „etwas Ganzes in jedem seiner Augenblicke" ist.[17] Das hier formulierte ‚Identitätspostulat' wird in den Debatten der Geschlechterforschung eine zentrale Rolle spielen – ebenso wie die zweite Kopplung, die das ‚Subjekt Ich' mit dem ‚Subjekt Wir' verbindet: Im Vergleich mit der Situation der Schwarzen und Proletarier erklärt Beauvoir die spezifische Problematik der Frauenunterdrückung damit, dass „[d]ie Frauen" nicht „wir" sagen, sich nicht „zu einer Einheit [...] sammeln".[18] Kurz: „sie setzen sich nicht eindeutig als Subjekt."[19]

Auf der Suche nach (weiblicher) Identität: Die neue Frauenbewegung

Die Frauenbewegung der späten 60er und 70er, die sich in den USA nicht zuletzt im Kontext der afro-amerikanischen Bürgerrechtsbewegung, in der Bundesrepublik etwas später aus der Studentenbewegung heraus entwickelte, wird in der feministischen Historiographie in der Regel in zwei Phasen eingeteilt: Zuerst stand (radikale) Gleichheit, dann (radikale) Differenz im Zentrum der Aufmerksamkeit. In beiden Kontexten aber waren Identitätsfragen von zentraler Bedeutung – wenn auch auf unterschiedliche Weise: Während ‚weibliche Identität' zum prägenden Konzept der zweiten Phase werden sollte, waren die Gleichheitsforderungen der ersten Phase – im Anschluss an Beauvoir – eher auf Vorstellungen ‚menschlicher Identität' bezogen. Zu kritisieren aber waren zunächst die ‚gewordenen' Identitäten: In jener Rede von Helke Sanders im September 1968, die als Auftakt der neuen Frauenbewegung in der Bundesrepublik gilt, war von der „Identität" die Rede, die Männer „durch das Patriarchat" gewonnen und durch die Abtrennung des ‚Privaten' vom ‚Politischen' bewahrt haben.[20] ‚Das Private ist politisch': Mit diesem Leitslogan konzentrierte sich die neue Frauenbewegung auf Fragen der Repräsentation, Rollenverteilung und sexistischen Gewalt, der Sexualität und Reproduktion. Einen zentralen theoretischen Referenzpunkt bildeten dabei – neben Beauvoir und anderen frühen Feministinnen – verschiedene Versionen der Kritischen Theorie (Max Horkheimer und Theodor W. Adorno, Herbert Marcuse, Wilhelm Reich etc.). Ihre Verknüpfung marxistischer mit psychoanalytischen Ideen brachte wiederum Hegel ins Spiel – wenn auch in neuer kritischer Wendung. ‚Identität' fungierte dabei als ebenso zentraler wie ambivalenter Begriff.

Berühmt geworden sind Horkheimer und Adorno für ihre scharfe Kritik der Identität: „Furchtbares hat die Menschheit sich antun müssen, bis das Selbst, der identische, zweckgerichtete, männliche Charakter des Menschen geschaffen war, und etwas davon wird noch in jeder Kindheit wiederholt."[21] In der während des Zweiten

---

17 Ebd., S. 70.
18 Ebd., S. 13.
19 Ebd.
20 Zit. n. J. OSINSKI, Einführung in die feministische Literaturwissenschaft, Berlin 1998, S. 28.
21 T. W. ADORNO / M. HORKHEIMER, Dialektik der Aufklärung, in: dies., Gesammelte Schriften, Bd. 5, hg. v. G. Schmid Noerr, Frankfurt/M. 1987, S. 56.

Weltkriegs im amerikanischen Exil geschriebenen *Dialektik der Aufklärung*, die zu erklären versucht, wie Faschismus und Holocaust möglich werden konnten, wird der Prozess der Geschichte ,posthegelianisch' als Herrschaftsprozess beschrieben. Das Selbst erscheint hier als Produkt einer gewaltsamen Unterwerfung von Natur, Körperlichkeit und der mit ihr assoziierten Weiblichkeit (ebenso wie ethnischen Minderheiten). Der ,Zwangseinheit' dieses Selbsts gegenüber besetzen Horkheimer und Adorno das ,Nicht-Identische', Vielfalt und Individualität positiv. Dabei halten sie allerdings auch normativ an dem Begriff einer (,anderen', eben individuellen sowie ,natürlichen') Identität fest.[22] Gegen die „Selbstbehauptung" wird – frei nach Hegel – die (positiv konnotierte) „Selbstbesinnung" gesetzt,[23] und auf der psychologischen Ebene akzentuiert Adorno in *The Authoritarian Personality*, dass ein entwickeltes ,Ich' und ein ,starker Sinn für persönliche Autonomie' Bollwerke gegen Antisemitismus und Rassismus bilden.[24] An dieser Stelle wird ein weiterer theoretischer Einfluss sichtbar: der der zeitgenössischen amerikanischen ,Ich-Psychologie'. Hier wurde die ,(Ich-)Identität', wie paradigmatisch von Erik Erikson ausformuliert, als subjektive „Wahrnehmung der eigenen Gleichheit und Kontinuität in der Zeit"[25] ins Zentrum psychoanalytischer Theorie gestellt. (Freud hingegen arbeitete mit dem Begriff der ,Identifizierung', der den *Prozess* der Identitätsbildung akzentuiert: Durch ihn wird das Ich als „Niederschlag der aufgegebenen Objektbesetzungen" gebildet.[26]) Zusammen mit ähnlichen Entwicklungen in der Soziologie – insbesondere bei Herbert Mead, der in Deutschland z. B. von Habermas rezipiert wurde – hat die Ich-Psychologie dazu beigetragen, dass die Grundannahme, derzufolge es „für menschliche Wesen von grundsätzlichem Interesse" ist, „sich selbst als ,eins' zu verstehen", in weiten Teilen der Sozialwissenschaft auch des späteren 20. Jahrhunderts mehr oder minder explizit vorausgesetzt wurde.[27]

Zusammen mit der Kritik der Identität als Herrschaftsprozess haben diese sozialwissenschaftlichen Neuformulierungen identitätsphilosophischer Grundsätze auch die neue Frauenbewegung geprägt: Sie wurde durch das doppelte Projekt der Kritik ,patriarchaler' Identitäten einerseits, der Entwicklung ,befreiter' Identität von Frauen andererseits geprägt.[28] Mit der Veränderung der politischen Kultur im Laufe der 1970er Jahre – die Studentenbewegung zersplitterte sich; Frieden und Ökologie wurden zu neuen Schwerpunktthemen – verschob sich dabei der Akzent zunehmend vom *,Subjekt* Frau' auf das *,weibliche* Subjekt'. Die ,Neue Subjektivität', die nun

---

22 Vgl. z. B. ebd., S. 52.

23 Ebd., z. B. S. 102.

24 T. W. ADORNO / E. FRENKEL-BRUNSWIK / D. J. LEVINSON / R. NEVITT SANFORD, The Authoritarian Personality, New York 1950, hier S. 759, 762, 781; vgl. auch ADORNO / HORKHEIMER, Dialektik der Aufklärung, S. 229.

25 E. H. ERIKSON, Identität und Lebenszyklus. Drei Aufsätze, übers. v. K. Hügel, Frankfurt/M. 1966, S. 18.

26 S. FREUD, Das Ich und das Es. Metapsychologische Schriften, Frankfurt/M. 1992, S. 268.

27 HEINRICHS, Bildung, S. 22.

28 Für einen Überblick vgl. OSINSKI, Einführung, S. 25ff.

im Zentrum des feministischen Projekts stand, sollte im Zeichen der Differenz von den herrschenden Standards der Zerstörung gesucht werden. So orientierte sich der *cultural feminism* an einer als universal imaginierten – und teilweise biologisch fundierten – Weiblichkeitsvorstellung, derzufolge Frauen friedlicher und mehr im Einklang mit der Natur seien als Männer (z. B. bei Mary Daly). Wie kritisch eingewandt worden ist, beruhten diese Vorstellungen allerdings im Wesentlichen auf einer Aneignung hegemonialer Konzepte, die weibliche Identität schon im 19. Jahrhundert genau so definierten.[29] Anspruchsvollere Versionen dieser Theorieströmung wurden von psychoanalytischen, Moral- und Erkenntnistheoretikerinnen (Nancy Chodorow, Carol Gilligan, Nancy Hartsock) entworfen.[30] In den Literaturwissenschaften prägte sie das Konzept der *gynocritics* (Elaine Showalter) und die frühe deutsche Diskussion um eine ‚weibliche Ästhetik‘.[31] Diese Suche nach ‚der‘ Weiblichkeit macht nicht den ‚ganzen‘ Feminismus der 1970er und frühen 1980er aus: Schon bald protestierten Schwarze und andere minorisierte Frauen gegen die Verallgemeinerungen, die dem Reden von ‚der Frau / den Frauen‘ eingeschrieben waren, und einzelne Autorinnen und Künstlerinnen wandten sich mit ihren Projekten gegen den feministischen *mainstream*. Nichtsdestotrotz ist im deutschsprachigen Raum insbesondere ein – literarischer – Text zum Signum dieser Zeit geworden: Verena Stefans *Häutungen*, die Geschichte einer Frau, die sich in der Erkundung ‚ihres‘ Körpers ‚selbst findet‘.[32]

(Weibliche) Differenz: Der ‚französische‘ Feminismus

Auf etwas andere Weise hat die Vorstellung von Weiblichkeit im Zeichen der Differenz von der männlichen Norm/alität auch den sogenannt ‚französischen‘ Feminismus geprägt, der insbesondere mit den Namen von Hélène Cixous, Luce Irigaray und Julia Kristeva verknüpft ist.[33] Obgleich die wichtigsten Schriften dieser Autorinnen schon in den 1970er Jahren zeitlich parallel zu den eben diskutierten Feminismen entstanden, wurde die Theorierichtung im anglo-amerikanischen und deutschsprachigen Raum erst in den 1980er Jahren auf breiter Basis rezipiert und – in den Literatur-, weniger den Sozialwissenschaften – vorübergehend zum hegemonialen Paradigma. Der grundlegende Unterschied dieser Theorierichtung von den eben besprochenen Ansätzen besteht in der Zugehörigkeit der Autorinnen zum Poststruktu-

---

29 Vgl. z. B. L. ALCOFF, Cultural Feminism versus Poststructuralism. The Identity Crisis in Feminist Theory, in: Signs 13.3 (1988), S. 405–436.
30 Für einen Überblick vgl. z. B. HEINRICHS, Bildung, S. 93ff.
31 Vgl. z. B. OSINSKI, Einführung, S. 71ff. Die deutsche Debatte ist dokumentiert in: Feminist Aesthetics, hg. v. Gisela Ecker, Boston 1985.
32 V. STEFAN, Häutungen, München [12]1978.
33 Kristevas Schriften werden im Folgenden aus raumökonomischen Gründen nicht besprochen; für einen Überblick vgl. z. B. L. LINDHOFF, Einführung in die feministische Literaturtheorie, Stuttgart 1995, S. 110ff.

ralismus. Dieser nimmt erneut Bezug auf die philosophische (eher denn die aktuelle-re sozialwissenschaftliche) Tradition des Nachdenkens über Identität, macht dabei aber die Kritik der Identität als solcher zum Leitmotiv: Im Zeitalter der ‚Postmo-derne' wird die abendländische Philosophiegeschichte auf ihre Identitätsphantasmen hin befragt. Paradigmatisch für dieses Projekt steht insbesondere der Name Jacques Derridas, als eine wichtige Station auf dem Weg zu ihm ist aber zuvor Jacques Lacan zu besprechen.

Lacans Psychoanalyse konstituierte sich in der Mitte des 20. Jahrhunderts in Ab-grenzung von der zeitgenössischen amerikanischen Ich-Psychologie, deren Akzentuie-rung personaler Identität für ihn einem Verrat an Freud gleichkommt. Lacans eigene Theorie ist ihm zufolge eine *Rückkehr zu Freud*[34] – allerdings auf strukturalistischer Grundlage: Anstelle der Biologie tritt die Sprache, anstelle des Penis, der bei Freud die Wahrnehmung der Geschlechterdifferenz prägt, der ‚Phallus' als ein Signifikant (d. h. ein ‚Bezeichnendes', oder: ‚Wortkörper'). Lacan knüpft hier an Ferdinand de Saussures strukturalistisches Zeichenmodell an, das Bedeutung (sprich: ‚Identität') als den Effekt differentieller Anordnung von Signifikanten beschreibt. Dabei verunsi-chert Lacan allerdings den Prozess der Bedeutungskonstitution, indem er den Signi-fikanten anders als Saussure *über* das Signifikat (das ‚Bezeichnete') setzt und die In-stabilität der Beziehung zwischen beiden im – andauernden – Spiel der Signifikation akzentuiert. Identität ist für Lacan auf der Ebene dessen zu verorten, was er ‚das Ima-ginäre' nennt. Frei nach, einmal mehr, Hegel akzentuiert er, dass sich der Mensch nur in der Beziehung zu einem anderen als Einheit wahrnimmt, bzw. in der Lacanschen Radikalisierung: *ver*kennt. Lacan beschreibt diesen Prozess als das ‚Spiegelstadium', wobei in der kleinfamiliären Sozialisation z. B. die Mutter als Spiegel funktioniert. In anderen Worten: Identität ist notwendig phantasmatisch. Das gilt auch für die Ge-schlechtsidentität, die Lacan im Zeichen der ‚Maskerade' bespricht – einerseits. An-dererseits behauptet er, dass die Geschlechterdifferenz im unbewussten Sprechen des Subjekts (wo ihm zufolge dessen ‚Wahrheit' liegt) eine entscheidende Rolle spielt, und schreibt dem Phallus im Spiel der Signifikation eine privilegierte, struktu-rierende Rolle zu. Auch wenn Lacan darauf beharrt, dass der Phallus nicht mit dem Penis zu verwechseln ist, lässt sich dieser ‚Herrensignifikant' doch gedanklich nicht ohne weiteres vom Bild des männlichen Organs lösen.[35] Wie bei Freud spielen so auch bei Lacan Vorstellungen von der biologischen Differenz zwischen den Ge-schlechtern – und die korrespondierenden Identitätsphantasmen des ‚männlichen' Phallusbesitzes – eine entscheidende Rolle für die Struktur unserer Wahrnehmung und unseres Begehrens.

Dass dem Phallus bei Lacan nicht zu entkommen ist, hat Derrida als Ausdruck des ‚abendländischen Phallogozentrismus' kritisiert (*logos*: griech. u. a. ‚Gedanke',

---

34 Vgl. (auch allg. zur Einführung) S. WEBER, Die Rückkehr zu Freud. Jacques Lacans Ent-Stellung der Psychoanalyse, Wien 1990; J. BOSSINADE, Poststrukturalistische Literaturtheorie, Stuttgart 2000.

35 Vgl. J. BUTLER, Körper von Gewicht. Die diskursiven Grenzen des Geschlechts, übers. v. K. Wördemann, Berlin 1995, S. 91ff.

‚Vernunft', auch ‚Wort Gottes'). Seine poststrukturalistische Theorie radikalisiert die Idee des andauernden, nie Bedeutungen fixierenden Spiels der Signifikation im Namen der (mit seinem Kunstwort) *différance*, die jeden Sprechakt markiert.[36] Die abendländische Philosophiegeschichte verbleibt Derrida zufolge demgegenüber im Bann der Identität – oder, wie er auch formuliert, der ‚Metaphysik der Präsenz'. Er untersucht diese Identitätsproduktion als Prozess, der auf einer Reihe binärer, hierarchischer Oppositionen beruht: Begriffspaare wie Mündlichkeit und Schrift sowie – uns mittlerweile vertraut – Geist und Natur bzw. Körper, Selbst und Anderes, Männlichkeit und Weiblichkeit dienen einer Ordnungswut, die bei Derrida allerdings letztlich nicht gegen die überlegene Macht des Spiels der *différance* ankommt. Für seine eigene Praxis der ‚Dekonstruktion' des Identitätsdenkens spielt die Geschlechterdifferenz wiederum eine tragende Rolle: Derrida plädiert für eine strategische Inanspruchnahme des abgewerteten, am ‚anderen' Pol der hierarchischen Oppositionen verorteten Weiblichen. Dieser Vorschlag basiert auf der Annahme, dass dieses ‚Andere' aufgrund seines Ausschlusses aus der ‚phallogozentrischen' Ordnung als ‚Drittes', nämlich Kraft der Zerstörung des oppositionellen Systems funktionieren kann. Derrida entwickelt diese Idee anhand von Nietzsches Weiblichkeitskonzept, wo Weiblichkeit u. a. mit ‚Hysterie' assoziiert wird. Die so charakterisierte ‚weibliche Schreibweise' ist nicht mit dem Schreiben realer Frauen zu verwechseln. Auch Derrida aber arbeitet – unter Verkehrung der Vorzeichen – mit ‚herrschenden' Vorstellungen von Geschlechterdifferenz, die so gedanklich fortgeschrieben werden.

Hélène Cixous knüpft am direktesten an Derrida an. Aus feministischer Perspektive richtet sie den Blick vor allem auf die Opposition ‚Männlichkeit – Weiblichkeit' und akzentuiert die ‚phallogozentrische' Kulturgeschichte derart als Geschichte der Unterdrückung des Weiblichen. Als kritisches Gegenprinzip arbeitet Cixous die Vorstellung einer weiblichen Ökonomie des Begehrens – und Schreibens – aus, die das Regime der Identität destruiert.[37] Charakterisiert durch Sinnlichkeit ebenso wie eine Ethik der Gabe, macht diese Ökonomie im Ich „die Vielheit von Stimmen des Anderen" hörbar.[38] Wie bei Derrida ist diese *écriture féminine* erklärtermaßen nicht mit dem Schreiben realer Frauen zu verwechseln. Zugleich aber wird sie hier doch essentialistisch begründet: Cixous bindet sie eng an weibliche Erfahrung und die ‚dezentrierte' Libido von Frauen zurück.

Luce Irigaray nimmt stärker auf die Psychoanalyse bezug als Cixous, stellt das Denken Freuds und Lacans dabei aber mit Hilfe poststrukturalistischer Überlegungen auf den Kopf: In *Speculum* analysiert sie die psychoanalytische, und allgemeiner: abendländische Ökonomie der Repräsentation als eine, die vom „Begehren nach

---

36 J. DERRIDA, Die différance, in: Randgänge der Philosophie. Wien 1988, S. 29–52. Vgl. (auch zum Folgenden) z. B. LINDHOFF, Einführung, S. 97ff.; BOSSINADE, Literaturtheorie, v. a. S. 78ff.

37 H. CIXOUS, Die unendliche Zirkulation des Begehrens. Weiblichkeit in der Schrift, übers. v. E. Meyer u. J. Kranz, Berlin 1977.

38 LINDHOFF, Einführung, S. 125. Für eine Zusammenfassung vgl. ebd., S. 122ff.; BOSSINADE, Literaturtheorie, S. 74ff.

dem Selben", einem „Traum von Identität" beherrscht ist.[39] In dieser Ökonomie (sprich: unter der Vorherrschaft des Phallus) kann sexuelle Differenz nicht repräsentiert werden; Weiblichkeit erscheint nur im Zeichen des (Penis-/Phallus-)Mangels. Gerade als das ‚Nicht-Repräsentierbare' jedoch wird Weiblichkeit hier, analog zu Derridas und Cixous' Überlegungen, im zweiten Schritt zu einer ‚dritten' Kraft, die die ‚phallogozentrische' Sinnproduktion verstören kann. Im Rekurs auf anatomische Metaphern (‚zwei sich berührende Schamlippen') beschreibt Irigaray das weibliche Geschlecht als ‚das Geschlecht, das nicht eins ist'.[40] Auch diese essentialistische Bestimmung von Weiblichkeit ist als biologistisch kritisiert, von anderer Seite allerdings als ‚strategische' verteidigt worden.[41] In jedem Fall bleibt festzuhalten, dass die (über alle anderen Differenzen privilegierte) Geschlechterdifferenz auch im Zeichen poststrukturalistischer Identitätskritik hier letztlich wieder zur Basis eines „Identitätskonzept[s]"[42] wird.

Differenzen, oder: Zur Genealogie der Identität. *Gender Trouble*

Judith Butler, deren Studie *Gender Trouble* die Geschlechterforschung der 1990er Jahre maßgeblich geprägt hat, kritisiert Irigarays ‚monolithische und monologische männliche Ökonomie' nicht zuletzt dafür, dass sie die kulturelle und historische Spezifizität geschlechtlicher Unterdrückungsmechanismen nicht erfassen kann.[43] An die Stelle solcher ‚totalisierenden feministischen' Gesten soll eine Analyse treten, die danach fragt, wie einander überlagernde Differenzkategorien (neben *gender* z. B. *race* und *class*) soziale Prozesse des Ausschlusses, der Diskriminierung und Hierarchisierung organisieren.[44] Butler rekurriert hier auf die Kritik an den universalisierenden Konzepten des *mainstream*-Feminismus, die schon seit den 1970er Jahren von schwarzen, lesbischen und anderen minorisierten Frauen geäußert worden war. Nicht als erste, aber mit nachhaltigerem Erfolg als ihre Vorgängerinnen, ruft Butler dazu auf, die Kategorie „Frauen", die die feministische Theorie zu lange vorausgesetzt hat, kritisch auf ihre Entstehung und Funktionsweise hin zu befragen. Im Rekurs auf Michel Foucault verwendet Butler für dieses Projekt den Begriff der Genealogie, der ein Gegenmodell zu hegemonialen Formen der Geschichtsschreibung bezeichnet. ‚Genealogie' geht nicht von einer ursprünglichen Identität (z. B. einem geschichtsmächtigen Subjekt oder auch einem abstrakten Funktionsprinzip à la Hegelschem Weltgeist aus), sondern befragt die ‚verstreuten' Ereignisse und Praktiken, Diskurse und institutionellen Bedingungen, durch die Identitätsformationen entste-

---

39 L. IRIGARAY, Speculum. Spiegel des anderen Geschlechts, übers. v. X. Rajewsky u. a., Frankfurt/M. 1980, S. 31f.

40 L. IRIGARAY, Ce sexe qui n'en est pas un, Paris 1977.

41 Vgl. D. J. FUSS, Essentially Speaking, New York 1989.

42 HEINRICHS, Bildung, S. 86.

43 J. BUTLER, Gender Trouble. Feminism and the Subversion of Identity, New York 1990, S. 13.

44 Ebd., S. 13f.

hen.[45] Im Hintergrund dieses Konzepts deutet sich das Modell von Macht an, das Foucault in *Der Wille zum Wissen* ausformuliert hat: Herrschaftsbeziehungen sind nicht die Folge *einer* zentralen, gesetzgebenden Autorität, sondern das – veränderliche, notwendig instabile – Resultat andauernder, vielschichtiger und plural gerichteter Kraftvektoren.[46] Diese ‚produktive' Macht ‚jenseits' der Identität aber strukturiert laut Foucault das gesamte soziale Feld; auch Subjektivitäten sind als ihr Effekt zu beschreiben.

Butler verknüpft diese Foucaultschen Theoreme mit den Modellen der Psychoanalyse und Dekonstruktion, um die von ihr angestrebte ‚radikale Kritik der Kategorien der Identität' zu entwerfen.[47] So gerät *gender* als ein soziosymbolischer Apparat der Produktion von Subjektivität in den Blick.[48] Butler zufolge wird er maßgeblich – aber, siehe die Foucaultsche Komplexitätsvorgabe, nicht allein – von den institutionalisierten Mächten des ‚Phallogozentrismus' und der ‚Zwangsheterosexualität' strukturiert. Die Argumentationsbewegung, mit der Butler die Identität des Geschlechts zersetzt, ist eine doppelte: Erstens problematisiert sie die Voraussetzung notwendiger Kohärenz zwischen den verschiedenen Dimensionen des Geschlechts. Nach den Vorgaben hegemonialer Norm/alität folgt aus *sex* (dem ‚biologischen' Geschlecht) notwendig (ein entsprechendes, sprich: identisches) *gender*, und aus diesen beiden notwendig das Begehren nach einem Objekt entgegengesetzten Geschlechts. Sexualität wird hier also als zentraler Bestandteil des Geschlechts reflektiert. Potentiell ‚subversiver' *Gender Trouble* beginnt, wo die ‚metaphysische' Dreieinigkeit des Geschlechts aufgelöst wird. Zweitens aber greift Butler die Geste der Fundierung an, die *sex* als ‚natürliche' Grundlage des Geschlechts voraussetzt: Im Rekurs auf feministische Forschungen zur Wissenschaftsgeschichte fragt sie, ob die ‚natürliche Zweigeschlechtlichkeit' nicht als ebenso kulturell produzierte zu denken ist wie *gender* – womit die Unterscheidung zwischen *sex* und *gender* potentiell kollabiert. Die Kategorie des Geschlechts insgesamt erweist sich dann als performativ, d. h.: sie erzeugt erst die Identität, die sie vorgibt zu ‚sein'.[49]

Butler-Exegetinnen haben nicht zuletzt darüber gestritten, wie radikal die hier formulierte Auflösung der ‚natürlichen' Grundlage von Identität zu lesen ist. Auch im Hinblick auf die Produktion von Identität selbst aber sind zwei – komplementäre – Lektüren möglich: Einerseits insistiert Butler, u. a. mit Lacan, darauf, dass Identität immer phantasmatisch ist; die Performanz des Geschlechts führt notwendig zu Ef-

---

45 Ebd., ix; vgl. M. FOUCAULT, Von der Subversion des Wissens, hg. u. übers. v. W. Seitter, Frankfurt/M. 1987, S. 69ff.

46 Vgl. ders., Der Wille zum Wissen. Sexualität und Wahrheit, Bd. 1, übers. v. U. Raulff, W. Seitter, Frankfurt/M. ³1989, S. 113f.

47 BUTLER, Gender Trouble, S. ix.

48 Eine diesbezüglich ähnliche Argumentation, die einige von Butlers Thesen vorwegnimmt, findet sich schon bei T. de LAURETIS, Technologies of Gender. Essays on Theory, Film, and Fiction, Bloomington 1986.

49 BUTLER, Gender Trouble, S. 7, 25.

fekten ‚komödiantischen Scheiterns'.[50] Andererseits beschreibt sie, im Anschluss nicht zuletzt an den Freudschen Begriff der Identifizierung, die Zwangsmechanismen, die die Kohärenz und Kontinuität einer Person effektiv herstellen.[51] Die Zielrichtung von *Gender Trouble* jedoch ist eindeutig: Als Gegenentwurf zu den ‚Identitätspolitiken', die feste Einheiten voraussetzen, schlägt Butler vor, gerade die Inkohärenzen und Uneindeutigkeiten unserer Selbstwahrnehmungen und Zugehörigkeiten politisch produktiv zu machen. Auf der kollektiven Ebene kann dies eine Koalitionspolitik bedeuten, die auf der Akzeptanz von Divergenzen und Brüchen beruht, auf der individuellen – aber nicht weniger politischen – Ebene theatralische Inszenierungen von Geschlechts‚identität' (z. B. durch Praktiken des *drag*), die deren Grundlosigkeit und Inkohärenz sichtbar machen.[52]

Butlers *Gender Trouble* ist – nicht zuletzt in Deutschland – kontrovers diskutiert worden: Ihre Auflösung der (‚natürlichen' und vermeintlich auch körperlichen Fundamente von) Identität wurde von vielen Autorinnen als Bedrohung feministischer und anderer fortschrittlicher Politik wahrgenommen. Eine für unseren Zusammenhang zentrale Linie der Debatte ist in dem Band *Der Streit um Differenz* dokumentiert. Seyla Benhabib plädiert hier für das Festhalten an einem Identitätsideal (im Sinne von Kontinuität und Kohärenz), weil nur dieses ihrer Ansicht nach politische Handlungsfähigkeit ermöglicht. Im Anschluss an die besprochene philosophische Tradition von Hegel bis zur Kritischen Theorie werden „Autonomie und [...] Ich-Identität" noch einmal eng verknüpft und mit dem zeitgenössischen Begriff der „Handlungsfähigkeit" zu einer Trias zusammengebunden, die als „regulatives Prinzip" nachgerade angesichts der Zerbrechlichkeit des „Selbstgefühl[s] von Frauen" unverzichtbar sei.[53] In mancher Hinsicht allerdings modifiziert Benhabib das ‚alte' Konzept der Identität auch. Im Rekurs auf – maßgeblich von Paul Ricœur inspirierte – neuere Erzähltheorien schlägt sie vor, „Kohärenz" als „narrative Einheit" zu verstehen: „Ich-Identität" ist nicht nach dem Modell physikalischer Gleichheit, sondern als Leistung des Zusammenfügens jener (vielfältigen) Geschichten zu verstehen, in die wir verstrickt sind.[54] Außerdem visiert sie im Hinblick auf die Identitätskritik der Kritischen wie feministischen Theorie ein Subjektkonzept an, in dem „autonome[...] Individualität" mit „fließenden Ich-Grenzen" vereinbar und ohne „Angst vor der Andersheit" möglich ist.[55]

---

50 Ebd., S. 46.

51 Vgl. z. B. ebd., S. 17, 47ff.; ausführlich dann BUTLER, Bodies that Matter, New York 1993.

52 Ebd., vgl. insbes. S. 14f. und S. 136ff.

53 S. BENHABIB, Feminismus und Postmoderne. Ein prekäres Bündnis, in: dies. / J. BUTLER / D. CORNELL / N. FRASER, Der Streit um Differenz. Feminismus und Postmoderne in der Gegenwart, Frankfurt/M. 1993, S. 9-30, hier S. 14f.

54 S. BENHABIB, Selbst im Kontext. Kommunikative Ethik im Spannungsfeld von Feminismus, Kommunitarismus und Postmoderne, übers. v. I. König, Frankfurt/M. 1995, S. 219f. (im Rekurs auf Hannah Arendt).

55 Ebd., S. 27.

Butler akzeptiert den von Benhabib behaupteten Zusammenhang zwischen Handlungsfähigkeit und Identität nicht: Schon in *Gender Trouble* hatte sie betont, dass die performative Konstruktion des Geschlechts nicht im Gegensatz zu politischer *agency* steht. Dekonstruktion der Identität ist ihr zufolge nicht die Dekonstruktion der Politik, sondern die Voraussetzung neuer Politikformen.[56] In ihrer Antwort auf Benhabibs Vorwürfe akzentuiert Butler dann, dass es ihr nicht um eine Verabschiedung des Subjektbegriffs zu tun ist – auch wenn ihre dekonstruktivistische Rhetorik das zuweilen nahe legen mag.[57] Vielmehr sei das Subjekt als „die stets vorhandene Möglichkeit eines bestimmten Prozesses der Umdeutung (*resignifying process*)" zu verstehen.[58] Was genau damit gemeint ist, hat Butler in späteren Publikationen – insbesondere *Excitable Speech* (1997) – ausgeführt. Hier steht nicht länger das – oft als Kostümspiel missverstandene – Konzept theatralischer Geschlechtsperformanz im Zentrum ihrer Ausführungen, sondern ein linguistisch-rhetorisches Modell der Performativität. Im Anschluss an J. L. Austin wie Derrida betont Butler, dass Sprechakte in der Regel nicht vollständig erfolgreich sind. Dieser Umstand aber macht auch hegemoniale Regimes der Macht ‚verletzlich'; in den ‚Lücken' ihres Funktionierens kann das marginalisierte Subjekt als kritischer Agent Handlungsfähigkeit erlangen. Im Rekurs auf Gayatri Spivak (und in der Sprache der Rhetorik) beschreibt Butler diesen Prozess des ‚Zurücksprechens' als ‚Katachrese', d. h. metaphorische Ersetzung einer fehlenden ‚wörtlichen' Bedeutung bzw. ‚missbräuchliche', d. h. umdeutende Verwendung von (hegemonialen, ausgrenzenden) Identitätskonzepten.[59]

Identität, ‚postdekonstruktiv'? Reformulierungen und Perspektiven

Nicht allein die von Butler genutzte Rhetorik bietet Möglichkeiten identitätskritischer Reformulierung von Subjektivität. So läßt sich z. B. auch Benhabibs Modell der Erzählung über ihre Vorgabe hinaus diesbezüglich weiterdenken:[60] Literaturwissenschaftlerinnen wissen, dass Erzählungen nur streng normativen Ästhetiken zufolge allein im Zeichen der Kohärenz stehen. Ergänzend zu ihren Leistungen identitätsstiftender Verknüpfung lassen sich auch die offenen Fäden und Mehrdeutigkeiten von Erzählungen akzentuieren – ganz besonders im Hinblick auf die Erzählexperimente post/moderner Literatur. Entscheidend aber ist die Frage, ob bzw. in wel-

---

56 BUTLER, Gender Trouble, S. 147f.
57 J. BUTLER, Kontingente Grundlagen. Der Feminismus und die Frage der ‚Postmoderne', in: BENHABIB / BUTLER / CORNELL / FRASER, Der Streit um Differenz, S. 31–58. Als nicht zuletzt sprachliches ‚Missverständnis' zwischen Benhabib und Butler hat N. FRASER die Auseinandersetzung gelesen (Falsche Gegensätze, in: ebd., S. 59–79, insbes. S. 69f.).
58 BUTLER, Kontingente Grundlagen, S. 45.
59 Vgl. J. BUTLER, Excitable Speech. A Politics of the Performative, New York 1997, S. 141ff.
60 Butler selbst nähert sich dem Modell der Erzählung in *Giving an Account of Oneself* an (New York 2005). Für einen Einblick in die andauernde Debatte um Identität und Narration vgl. z. B. D. HUTTO (Hg.), Narrative ans Understanding Persons, Cambridge 2007.

chem Maße das Subjekt der Theorie (und politischen Praxis) weiterhin als kohärentes und kontinuierliches gedacht werden muss.[61] Inwieweit stimmt es, dass Handlungsfähigkeit Kohärenz erfordert, inwieweit ist diese Annahme einfach der philosophischen Tradition verpflichtet, die beide verbindet? Und, andersherum gefragt: Inwieweit muss das Kohärenzparadigma relativiert werden, damit wir die Komplexität unserer Selbstwahrnehmungen und Zugehörigkeiten gedanklich fassen können?

Letztere Überlegung bildet den Ausgangspunkt zahlreicher neuerer Überlegungen zu ,Identitäten'. Ein Großteil von ihnen ist nicht im Rahmen der Geschlechterforschung selbst, sondern in angrenzenden Feldern entwickelt worden, doch – wie z. B. Butlers Bezugnahme auf Spivaks postkoloniale Theorie zeigt – auf vielfältige Weise in Dialog mit dieser getreten und für sie produktiv gemacht worden. Im gegebenen Rahmen kann nur schlagwortartig auf einzelne dieser Überlegungen verwiesen werden:

– Im Rahmen der *queer studies* ist Butlers Kritik der Kohärenz von ,Geschlechtsidentität' z. B. von Eve K. Sedgwick ausgeweitet worden. Sie differenziert die Trias von *sex, gender* und Begehren noch einmal, indem sie u. a. zwischen Selbst- und Fremdwahrnehmung unterscheidet und die ,sexuelle Orientierung' einer Person in Fragen der Objektwahl, der Vorliebe für bestimmte Praktiken und Phantasien aufspaltet. Der Begriff *queer,* der in der Moderne nicht zuletzt als Gegenbegriff zu ,normal' funktioniert hat, bezeichnet das Feld der bei Sedgwick schier unendlichen Möglichkeiten, dass sich im Spiel dieser zahlreichen Ebenen Dissonanzen und Inkohärenzen einschleichen.[62] Neben dieser Multiplikation von Identitätsfacetten akzentuiert der Begriff, der etymologisch zunächst Bewegungen des Durchquerens bezeichnet, auch die Beweglichkeit und Prozessualität von Identität.[63]

– Im Rahmen der *postcolonial studies* ist z. B. von Homi Bhabha die Performativität kollektiver, maßgeblich nationaler und kultureller Identitätsbildung verfolgt worden. Bhabha akzentuiert hier insbesondere das Moment der notwendigen ,Hybridität', d. h. das konflikthafte Ineinander von gegensätzlichen Elementen in ,Identitäts'-formationen.[64] In der kontroversen Diskussion um die Nützlichkeit dieses Begriffes ist auf seine problematische Geschichte verwiesen worden: In den Rassetheorien des 19. Jahrhunderts bezeichnet Hybridität das – in der Regel als unfruchtbar imaginierte – Produkt der Verbindung zweier ,Rassen'.[65] Eine Alternative kann möglicherweise der religionshistorische Begriff des ,Synkretismus'

---

61 Für eine vorsichtige Relativierung des Kohärenzparadigmas vgl. P. V. ZIMA, Theorie des Subjekts. Subjektivität und Identität zwischen Moderne und Postmoderne, Tübingen 2000.

62 E. KOSOFSKY SEDGWICK, Tendencies, Durham 1993, S. 7f. Für die Profilierung von *queer* als Gegenbegriff zu *normal* vgl. M. WARNER, Introduction, in: ders. (Hg.), Fear of a Queer Planet. Queer Politics and Social Theory, Minneapolis 1993, S. xxvi; ders., The Trouble with Normal. Sex, Politics, and the Ethics of Queer Life, Cambridge, Mass. 2000.

63 SEDGWICK, Tendencies, S. xii.

64 H. K. BHABHA, The Location of Culture, New York 1994.

65 R. J. C. YOUNG, Colonial Desire. Hybridity in Theory, Culture and Race, London 1995.

bilden. Mit seinen Konnotationen der ‚Verschmelzung‘ scheint er allerdings wieder in Richtung einer Zielvorgabe von Kohärenz zu führen,[66] der gegenüber Bhabha gerade die Irreduzibilität von Differenz in der ‚Identität‘ zu akzentuieren sucht: Jeglicher Versuch, unsere kollektiven Formationen als einheitlich zu begreifen, erweist sich als Gewalt gegenüber denen, die nicht der (in Deutschland z. B. weißen, christlichen) Norm entsprechen.

– Das bedeutet nicht, dass in den neueren Reformulierungen von ‚Identität‘ *allein* das Moment der Differenz maßgeblich wäre. Im Rahmen der politischen Theorie z. B. hat Chantal Mouffe eine Verknüpfung beider Aspekte vorgeschlagen: Das Funktionieren eines Gemeinwesens erfordert, wie sie betont, Momente einer kollektiven Identität im Sinne von gemeinsamer Identifikation und Konsens (z. B. hinsichtlich der Gültigkeit von ethisch-politischen Grundsätzen moderner Demokratie).[67] Das muss jedoch nicht heißen, dass das Gemeinwesen als homogener oder konfliktfreier Raum zu denken wäre. Im Gegenteil: Die Artikulation konfligierender Interessen sozialer Gruppen ist ein essentieller Bestandteil des von ihr – und Ernesto Laclau – imaginierten (radikal)demokratischen Prozesses.[68]

Fragen lässt sich, inwieweit der Identitätsbegriff noch eine sinnvolle Bezeichnung solcher Rekonzeptualisierungen von Subjektivität und Gesellschaft darstellt. Zu konstatieren ist, dass er in der gegenwärtigen Diskussion nicht nur zur Beschreibung der – relativ – effektiven Schließungsprozesse genutzt wird, mit denen hegemoniale Diskurse Kohärenz und Kontinuität erzeugen, sondern darüber hinaus auch zur Markierung von diversen Spielarten der ‚Nicht-Identität‘.[69] Vielleicht wird dieser – in Butlers Sinne resignifizierende – Gebrauch im Laufe der Zeit dazu beitragen, Identität neu zu definieren, d. h. ihre etymologische Verknüpfung mit Einheits- oder wenigstens Kohärenzvorstellungen zu relativieren. Zu verweisen ist aber auch auf Alternativbegriffe, z. B. den der ‚Positionalität‘, der in der *gender*-Theorie entwickelt wurde und die Vielschichtigkeit wie Veränderlichkeit von Subjektivität und sozialer Zugehörigkeit akzentuiert: In Leslie Adelsons Definition bezeichnet Positionalität das Set spezifischer sozialer und diskursiver Beziehungen, durch das die (verkörperte) *agency* eines Subjekts zu einem gegebenen Zeitpunkt konstituiert wird.[70] Wie dieses – im Rekurs auf die Metaphorik des Raums gewonnene – Konzept für die *world*

---

66 Vgl. die Darstellung der Begriffsgeschichte bei C. B. BALME, Theater im postkolonialen Zeitalter. Studien zum Theatersynkretismus im englischsprachigen Raum, Tübingen 1995, S. 18ff.

67 C. MOUFFE, Democratic Politics and the Question of Identity, in: J. RAJCHMAN (Hg.), The Identity in Question, New York 1995, S. 33-45, hier S. 41.

68 Ebd.; vgl. E. LACLAU / C. MOUFFE, Hegemonie und radikale Demokratie. Zur Dekonstruktion des Marxismus, hg. u. übers. v. M. Hintz, G. Vorwallner, Wien 1991.

69 Vgl. z. B. FRIESE, Identität, S. 42.

70 L. ADELSON, Making Bodies, Making History. Feminism and German Identity, Lincoln 1993, S. 64; vgl. schon ALCOFF, Cultural Feminism, S. 428ff. (im Rekurs auf Teresa de Lauretis).

wide web-Gesellschaft des 21. Jahrhundert ggf. zu reformulieren wäre, ist eine, soweit ich sehe, derzeit noch offene Frage. Untersuchungen zu Internet-Inszenierungen von geschlechtlicher und ethnischer Zugehörigkeit haben allerdings gezeigt, dass die soziosymbolischen ‚Platzzuschreibungen‘ der europäischen Moderne auch unter den Vorzeichen der Virtualität auf komplexe Weise ‚weiterspuken‘.[71]

Wie eingangs angedeutet, kann die Frage nach den Perspektiven von ‚Identität(en)‘ zu Anfang des 21. Jahrhunderts gegensätzliche Antworten provozieren. Im Zuge der europäischen Einigung und der vielbeschworenen Globalisierung scheinen kollektive Identitäten in ihrer klassischen modernen Form, der (ethnisch definierten) Nation, kaum noch eine Zukunft zu haben. Allerdings haben gerade diese im Zuge des Auseinanderfallens des alten Osteuropa nach 1989 eine neue tödliche Konjunktur erlebt. Und die Ereignisse nach dem 11. September 2001 haben gezeigt, dass die moderne Diskursstrategie der Behauptung grundsätzlicher ‚kultureller‘ Gegensätze (zwischen z. B. ‚westlichem Liberalismus‘ und ‚islamischem Fundamentalismus‘) im 21. Jahrhundert weiterhin effektiv funktioniert. Auch hinsichtlich des Geschlechts bietet sich ein zwiespältiges Bild. So sind fortgesetzte – bzw. neue – Orientierungen an Kohärenz (oder sogar Natur als ‚stabiler‘ Ressource von ‚Identität‘) nicht nur in konservativen oder anderweitig hegemonialen Kontexten zu beobachten, sondern z. B. auch in Teilen der aktuellen *transgender*-Bewegungen. Zugleich bietet gerade die hier zu beobachtende Konjunktur von Hormonspritzen einen deutlichen Beleg dafür, dass Identitäten zunehmend im Zeichen ihrer Veränderbarkeit wahrgenommen werden. Auf der anderen Seite finden sich nicht nur in ‚progressiven‘ Kontexten spielerische Inszenierungen inkohärenter Identitäten. In den Texten der Popliteraturgruppe um Christian Kracht und Benjamin von Stuckrad-Barre z. B., die für ein paar Jahre zu Stars der deutschen Kulturszene wurden, wird ein ‚Theater hegemonialer Männlichkeit‘ aufgeführt, das dezidiert misogyne, homophobe und rassistische Vorzeichen hat – freilich nicht ohne massive Selbstironie, die zu seiner Hinterfragung einlädt.[72] Immer deutlicher wird jedenfalls die Komplexität des Feldes der Identität: Die Produktion von ‚Hybriditäten‘ ist – auch wenn man von der rassistischen Geschichte des Begriffs absieht – kein Garant für ‚Subversion‘, sondern u.U. als aktuelle Strategie der Herrschaftssicherung im Raum der Globalisierung zu begreifen.[73] Andererseits akzentuiert das wachsende Bewusstsein solcher Komplexitäten auch die Instabilität von Identitätsformationen – und eröffnet so die Möglichkeit, ihre hegemonialen, noch immer diskriminierenden und ausschließenden Definitionen kritisch zu hinterfragen.

---

71 Vgl. z. B. L. NAKAMURA, Race in/for Cyberspace. Identity Tourism and Racial Passing on the Internet. The Cybercultures Reader, hg. v. D. Bell, B. M. Kennedy, New York 2000, S. 712–720.

72 Vgl. insbesondere *Tristesse Royale. Das popkulturelle Quartett* mit Joachim Bessing, Christian Kracht, Eckhart Nickel, Alexander v. Schönburg und Benjamin v. Stuckrad-Barre. Berlin 1999.

73 Vgl. M. HARDT / A. NEGRI, Empire, Cambridge 2000, S. 150; aber auch schon BHABHA, Location of Culture, für vergleichbare Argumentationen zum kolonialen Herrschaftsraum.

Bibliographie

ADELSON, Leslie, 1993: Making Bodies, Making History. Feminism and German Identity. Lincoln.

ADORNO, Theodor W. / FRENKEL-BRUNSWIK, Else / LEVINSON, Daniel J. / SANFORD, R. Nevitt, 1950: The Authoritarian Personality. New York.

ADORNO, Theodor W. / HORKHEIMER, Max, 1987: Dialektik der Aufklärung. In: ders.: Gesammelte Schriften, Bd. 5, hg. v. Gunzelin Schmid Noerr. Frankfurt/M.

ALCOFF, Linda, 1988: Cultural Feminism versus Poststructuralism. The Identity Crisis in Feminist Theory. In: Signs 13.3, S. 405–436.

ASSMANN, Aleida / FRIESE, Heidrun (Hg.), ²1999: Identitäten. Erinnerung, Geschichte, Identität. Frankfurt/M.

ASSMANN, Jan, ²1999: Das kulturelle Gedächtnis. Schrift, Erinnerung und politische Identität in frühen Hochkulturen. München.

BALME, Christopher B., 1995: Theater im postkolonialen Zeitalter. Studien zum Theatersynkretismus im englischsprachigen Raum. Tübingen.

BEAUVOIR, Simone de, o. J.: Das andere Geschlecht. Sitte und Sexus der Frau, übers. v. Eva Rechel-Mertens / Fritz Montfort. Gütersloh.

BENHABIB, Seyla, 1993: Feminismus und Postmoderne. Ein prekäres Bündnis. In: dies. / Judith BUTLER / Drucilla CORNELL / Nancy FRASER: Der Streit um Differenz. Feminismus und Postmoderne in der Gegenwart. Frankfurt/M., S. 9–30.

BENHABIB, Seyla, 1995: Selbst im Kontext. Kommunikative Ethik im Spannungsfeld von Feminismus, Kommunitarismus und Postmoderne, übers. v. Isabella König. Frankfurt/M.

BHABHA, Homi K., 1994: The Location of Culture. New York.

BOSSINADE, Johanna, 2000: Poststrukturalistische Literaturtheorie. Stuttgart.

BUTLER, Judith, 1990: Gender Trouble. Feminism and the Subversion of Identity. New York (dt. 1991: Das Unbehagen der Geschlechter. Frankfurt/M.).

BUTLER, Judith, 1993: Bodies that matter. New York.

BUTLER, Judith, 1993: Kontingente Grundlagen. Der Feminismus und die Frage der ‚Postmoderne'. In: Seyla BENHABIB / Judith BUTLER / Drucilla CORNELL / Nancy FRASER: Der Streit um Differenz. Feminismus und Postmoderne in der Gegenwart. Frankfurt/M., S. 31–58.

BUTLER, Judith, 1995: Körper von Gewicht. Die diskursiven Grenzen des Geschlechts, übers. v. Karin Wördemann. Berlin.

BUTLER, Judith, 1997: Excitable Speech. A Politics of the Performative. New York.

BUTLER, Judith, 2005: Giving an Account of Oneself. New York.

CIXOUS, Hélène, 1977: Weiblichkeit in der Schrift. Die unendliche Zirkulation des Begehrens. Berlin.

DERRIDA, Jacques, 1988: Randgänge der Philosophie, hg. v. Peter ENGELMANN. Wien, S. 29–52.

ECKER, Gisela (Hg.), 1985: Feminist Aesthetics. Boston.

ERIKSON, Erik H., 1966: Identität und Lebenszyklus. Frankfurt/M.

FOUCAULT, Michel, [3]1989: Der Wille zum Wissen. Sexualität und Wahrheit, übers. v. Ulrich Raulff / Walter Seitter. Bd. 1. Frankfurt/M.

FOUCAULT, Michel, 1987: Von der Subversion des Wissens, hg. u. übers. v. Walter Seitter. Frankfurt/M.

FRASER, Nancy, 1993: Falsche Gegensätze. In: Seyla BENHABIB / Judith BUTLER / Drucilla CORNELL / Nancy FRASER: Der Streit um Differenz. Feminismus und Postmoderne in der Gegenwart. Frankfurt/M., S. 59–79.

FREUD, Sigmund, 1992: Das Ich und das Es. Metapsychologische Schriften. Frankfurt/M.

FRIESE, Heidrun, [2]1999: Identität. Begehren, Name und Differenz. In: Aleida ASSMANN / dies. (Hg.): Identitäten. Erinnerung, Geschichte, Identität. Frankfurt/M., S. 24–43.

FUSS, Diana J., 1989: Essentially Speaking. New York.

GRIFFITH, Melanie, 1995: Feminism and the Self. The Web of Identity. London.

HARDT, Michael / NEGRI, Antonio, 2000: Empire. Cambridge, Mass.

HEGEL, G.W.F., [7]1969: Enzyklopädie der philosophischen Wissenschaften im Grundrisse, hg. v. Friedhelm Nicolin u. Otto Pöggeler. Hamburg.

HEINRICHS, Gesa, 2001: Bildung, Identität, Geschlecht. Eine (postfeministische) Einführung. Königstein.

HONEGGER, Claudia, 1991: Die Ordnung der Geschlechter. Die Wissenschaften vom Menschen und das Weib. Frankfurt/M.

IRIGARAY, Luce, 1977: Ce sexe qui n'en est pas un. Paris (dt. 1979: Das Geschlecht, das nicht eins ist. Berlin).

IRIGARAY, Luce, 1980: Speculum. Spiegel des anderen Geschlechts, übers. v. Xenia Rajewsky u. a. Frankfurt/M.

KAMPER, Dietmar, 1980: Die Auflösung der Ich-Identität. In: Friedrich KITTLER (Hg.): Die Austreibung des Geistes aus den Geisteswissenschaften. München, S. 79–86.

KRISTEVA, Julia, 1980: Das Subjekt im Prozeß. Die poetische Sprache. In: Jean-Michel BENOIST (Hg.): Identität: Ein interdisziplinäres Seminar unter Leitung von Claude Lévi-Strauss. Stuttgart, S. 187–221.

KRISTEVA, Julia, 1978: Die Revolution der poetischen Sprache, übers. v. Reinold Werner. Frankfurt/M.

KRISTEVA, Julia, 1990: Fremde sind wir uns selbst, übers. v. Xenia Rajewski. Frankfurt/M.

LACAN, Jacques, 1975, 1980: Schriften I–III, hg. u. übers. v. Norbert Haas u. a. Olten.

LACLAU, Ernesto / MOUFFE, Chantal, 1991: Hegemonie und radikale Demokratie. Zur Dekonstruktion des Marxismus, hg. u. übers. v. Michael Hintz / Gerd Vorwallner. Wien.

LAURETIS, Teresa de, 1986: Technologies of Gender. Essays on Theory, Film, and Fiction. Bloomington.

LINDHOFF, Lena, 1995: Einführung in die feministische Literaturtheorie. Stuttgart.

MOUFFE, Chantal, 1995: Democratic Politics and the Question of Identity. In: John RAJCHMAN (Hg.): The Identity in Question. New York, S. 33–45.

NAKAMURA, Lisa, 2000: Race in / for Cyberspace. Identity Tourism and Racial Passing on the Internet. In: David BELL / Barbara M. KENNEDY (Hg.): The Cybercultures Reader. New York 2000, S. 712–720.

OSINSKI, Jutta, 1998: Einführung in die feministische Literaturwissenschaft. Berlin.

RAJCHMAN, John (Hg.), 1995: The Identity in Question. New York, NY.

RICŒUR, Paul, 1996: Das Selbst als ein Anderer. München (zuerst 1990).

SEDGWICK, Eve Kosofsky, 1993: Tendencies. Durham, NC.

STEFAN, Verena, [12]1978: Häutungen. München.

STRAUB, Jürgen / RENN, Joachim (Hg.), 2002: Transitorische Identität. Der Prozesscharakter des modernen Selbst. Frankfurt/M.

TAYLOR, Charles, 1994: Quellen des Selbst. Die Entstehung der neuzeitlichen Identität. Frankfurt/M.

Tristesse Royale. Das popkulturelle Quartett, 1999. Mit Joachim BESSING, Christian KRACHT, Eckhart NICKEL, Alexander v. SCHÖNBURG und Benjamin v. STUCKRAD-BARRE. Berlin.

WARNER, Michael (Hg.), 1993: Fear of a Queer Planet. Queer Politics and Social Theory. Minneapolis.

WARNER, Michael, 2000: The Trouble with Normal. Sex, Politics, and the Ethics of Queer Life. Cambridge, Mass.

WEBER, Samuel, 1990: Die Rückkehr zu Freud. Jacques Lacans Ent-Stellung der Psychoanalyse. Wien.

WEIR, Alison, 1996: Sacrificial Logics. Feminist Theory and the Critique of Identity. New York.

YOUNG, Robert J.C., 1995: Colonial Desire. Hybridity in Theory, Culture and Race. London.

ZIMA, Peter V., 2000: Theorie des Subjekts. Subjektivität und Identität zwischen Moderne und Postmoderne. Tübingen.

KÖRPER

von *Irmela Marei Krüger-Fürhoff*

Einleitung

Der Begriff ‚Körper', der vom lateinischen *corpus* abgeleitet ist, bezeichnet einen wahrnehmbaren Gegenstand oder die begrenzte Menge eines bestimmten Stoffes (Physik), eine Körperschaft (Rechtswissenschaft, Politologie), meist jedoch Gestalt und materielle Erscheinung eines Lebewesens (Biologie, Anthropologie). Im Kontext dieses Beitrags bezieht sich ‚Körper' auf die physische und psychosexuelle Konstruktion des Menschen in seiner geschlechtlichen Markierung, eine Konstruktion, die außerhalb diskursiver und sozialer Kontexte weder existiert noch wahrgenommen werden kann. Obwohl der männliche und vor allem der weibliche Körper schon seit den 1960er Jahren zu den zentralen Gegenständen von Feminismus und Geschlechterforschung gehören, zeichnet sich seit Mitte der 1980er Jahre ein regelrechter ‚Körperboom' bzw. – vergleichbar mit dem früheren *linguistic turn* – ein *body turn* in den von unterschiedlichen politischen Zielsetzungen und wissenschaftlichen Theorieansätzen geprägten Gender Studies ab. Dabei gehört es zu den bleibenden Herausforderungen, die Vielfalt ‚des' Körpers (z. B. als junger, behinderter, einer bestimmten Hautfarbe oder Ethnie zugeordneter Körper) ebenso zu reflektieren wie seine Zugehörigkeit zum (historisch, sprachlich und visuell konstruierten) Symbolischen sowie seine Abhängigkeit von physiologischen Phänomenen wie Lust, Schmerz und Sterblichkeit.

Entwicklungsgeschichte des Begriffs

Im Rahmen der Gender Studies erweist es sich als sinnvoll, den Körper in seiner individuell-persönlichen und seiner kollektiven Dimension zu untersuchen, denn auf beiden Ebenen materialisieren sich Vorstellungen von Männlichkeit und Weiblichkeit. Kulturanthropologie und Geschichtswissenschaft haben gezeigt, dass eine Wechselwirkung zwischen der Wahrnehmung von Individual- und Gesellschaftskörper besteht.[1] Die historisch sich wandelnden Körperkonzeptionen prägen die

---

1 Vgl. z. B. M. DOUGLAS, Reinheit und Gefährdung, Frankfurt/M. 1988; dies., Die zwei Körper, Frankfurt/M. 1993; A. KOSCHORKE / S. LÜDEMANN / T. FRANK / E. MATALA DE MAZZA, Der fiktive Staat, Frankfurt/M. 2007.

(geschlechtsspezifische) Selbstwahrnehmung, beeinflussen religiöse, sexuelle und politische Weltbilder und dienen der Herausbildung kollektiver (z. B. nationaler) Identitäten.[2] Dabei wird gerade der weibliche Körper bevorzugt für (allegorische oder symbolische) Darstellungen des Gemeinschaftskörpers eingesetzt,[3] weil er in der (abendländischen) Tradition als ‚natürlich' imaginiert wird und deshalb als privilegierte Matrix kultureller Zu- und Einschreibungen fungieren kann.[4]

Die Assoziation von Weiblichkeit und Natur bedeutet jedoch auch, dass beide zum Objekt der Unterwerfung und Austragungsort (wissenschaftlicher) Macht werden. Zwar richtet sich seit Descartes' Gegenüberstellung von *res extensa* und *res cogitans* die Abwertung des Materiell-Animalischen nicht allein gegen den weiblichen, sondern auch gegen den männlichen Körper, doch kann letzterer in der philosophischen Tradition leichter von der Aufwertung des Geistes profitieren. Vor dem Hintergrund der Auffassung, dass der männliche Körper die Norm darstelle und der weibliche Körper dessen Abweichung, bildet sich im Laufe des 18. und 19. Jahrhunderts eine ‚weibliche Sonderanthropologie' heraus. So wird das so genannte ‚Ein-Geschlecht-Modell', demzufolge der weibliche Körper genauso ausgestattet ist wie der männliche, wenngleich mit nach innen gekehrten Geschlechtsteilen, allmählich vom ‚Zwei-Geschlecht-Modell' abgelöst, das männliche und weibliche Sexualorgane als grundsätzlich unterschiedlich auffasst und in ein hierarchisches Verhältnis zueinander setzt.[5] Auch die philosophisch-moralische Begründung für den Ausschluss von Frauen aus der öffentlichen Wissensproduktion zugunsten ihrer Reduzierung auf Reproduktions- und Familienarbeit wird zunehmend mit biologisch-anatomischen Argumenten geführt, so dass die Vorstellung von je spezifischen „Geschlechtscharakteren"[6] in eine naturwissenschaftlich fundierte „Ordnung der Geschlechter"[7] mündet. Mit Blick auf die Konstruktion des weiblichen Körpers bedeutet dies – um auf ein Begriffspaar zurückzugreifen, auf das im nächsten Abschnitt noch eingegangen wird – dass *gender* zu *sex* gemacht wird.

Zu Beginn des 21. Jahrhunderts kursieren unterschiedliche Körperkonzeptionen in den Gender Studies: Neben der Auffassung, der Körper sei ein quasi-natürlicher Garant für Identität oder Differenz steht die Überzeugung, der Körper müsse nicht nur als Objekt kultureller Überformungen und Einschreibungen verstanden werden, sondern werde überhaupt erst diskursiv hervorgebracht.[8] Die wissenschaftshistorischen und -politischen Hintergründe dieser divergierenden Konzepte werden im Folgenden dargestellt.

---

2 Vgl. den Beitrag von C. BREGER.
3 G. ECKER, Kein Land in Sicht, München 1996; S. WENK, Versteinerte Weiblichkeit, Köln, Wien 1996.
4 C. ÖLSCHLÄGER / B. WIENS, Körper – Gedächtnis – Schrift, Berlin 1997.
5 T. LAQUEUR, Auf den Leib geschrieben, Frankfurt/M., New York 1992.
6 K. HAUSEN, Die Polarisierung der „Geschlechtscharaktere", Stuttgart 1976.
7 C. HONEGGER, Die Ordnung der Geschlechter, Frankfurt/M., New York 1991.
8 Vgl. J. FUNK / C. BRÜCK, Körper-Konzepte, Tübingen 1999, S. 7–17.

Einordnung in die Wissenschaftsgeschichte

Die Frauenbewegung der 1970er Jahre wendet sich in Selbsterfahrungsgruppen, politischen Arbeitskreisen und wissenschaftlichen Diskussionszusammenhängen vor allem dem weiblichen Körper zu. Sie fordert Selbstbestimmung und Verfügungsgewalt über den eigenen Körper (u. a. in der Debatte um die Legalisierung des Schwangerschaftsabbruchs und Alice Schwarzers PorNO-Kampagne), argumentiert gegen die Medikalisierung weiblicher Sexualität (Menstruation, Schwangerschaft, Geburt und Menopause)[9] und widmet sich der Rekonstruktion und Aufwertung weiblicher Körpererfahrungen und Wissensbestände[10] sowie der Suche nach neuen Ausdrucksformen weiblicher Lust jenseits von patriarchalen und heterosexuellen Zuschreibungen.

Vor allem in Frankreich verbinden sich dabei linguistische, philosophische und psychoanalytische Perspektiven, die sich kritisch mit abendländischen Denktraditionen bzw. den Weiblichkeitskonzepten von Sigmund Freud und Jacques Lacan auseinandersetzen.[11] So entlarvt Luce Irigaray in parodistischen Relektüren die logozentrische und spekuläre Logik von westlicher Philosophie und Freud'scher Psychoanalyse und plädiert für eine Feier weiblicher Autoerotik und des mütterlichen Körpers sowie für die Entwicklung eines spezifisch weiblichen Sprechens bzw. Schreibens, das der rhythmisch-klanglichen Seite der Sprache besonderen Raum gibt.[12] Julia Kristeva ergänzt Lacans Konzept des Symbolischen um die Kategorie des Semiotischen, das die prääädipale Mutter-Kind-Dyade mit ihren primären Trieben und pulsierenden Bewegungen bezeichnet; auch nach der Ablösung des sich entwickelnden Kindes vom mütterlichen Körper destabilisiere das Semiotische in Form von rhythmischen und klanglichen Besonderheiten die sprachlichen Sinnbildungsprozesse der symbolischen Ordnung.[13]

Obwohl Theoretikerinnen wie Irigaray und Kristeva die *écriture féminine* nicht ausschließlich an Weiblichkeit binden, stehen sie im Verdacht, naturalistisch-essentialistische Vorstellungen fortzuführen. Ähnliche Vorwürfe richten sich gegen jene Differenz-Feministinnen, die überhistorische weibliche Erfahrungen rekon-

---

9 Allerdings gibt es in den 1970er Jahren auch Feministinnen, die eine mögliche Trennung der biologischen Reproduktion vom weiblichen Körper (z. B. in Form einer künstlichen Gebärmutter) als Befreiung proklamieren. Vgl. S. FIRESTONE, Frauenbefreiung und sexuelle Revolution, Frankfurt/M. 1975.

10 Vgl. zusammenfassend z. B. A. BERGMANN, Die verhütete Sexualität, Hamburg 1992; E. LABOUVIE, Andere Umstände, Köln 1998.

11 J. CHASSEGUET-SMIRGEL (Hg.), Psychoanalyse der weiblichen Sexualität, Frankfurt/M. 1974.

12 L. IRIGARAY, Das Geschlecht, das nicht eins ist, Berlin 1979; dies., Speculum, Frankfurt/M. 1980; vgl. auch H. CIXOUS, Weiblichkeit in der Schrift, Berlin 1980; E. MEYER, Zählen und Erzählen, Wien, Berlin 1983.

13 J. KRISTEVA, Die Revolution der poetischen Sprache, Paris 1978. Für die These, dass der mütterliche Körper für das sich konstituierende Subjekt nicht nur verheißungsvoll, sondern auch bedrohlich und mithin Objekt von Ekel und Verwerfung ist, vgl. dies., Pouvoirs de l'horreur, Paris 1980.

struieren und positiv besetzen, weil sie damit die hierarchischen Dichotomien von Körper und Geist bzw. Natur und Kultur nicht überwinden, sondern eine „Geschlechtermetaphysik mit umgekehrten Vorzeichen" betreiben.[14]

Auch über den französischen Feminismus der 1970er Jahre hinaus erweist sich die kritische Verbindung von Psychoanalyse und Geschlechterforschung gerade für die Körpertheorie als fruchtbar. So verdeutlicht die umfangreiche Forschung zur Hysterie nicht nur die Verknüpfung von Weiblichkeits- und Krankheitsvorstellungen, sondern – über das Moment der ‚Lektüre' uneindeutiger Krankheitssymptome – auch die komplexen Wechselwirkungen zwischen Körper und Zeichen.[15] Grundlegend bleibt auch Lacans Konzept der Subjektkonstitution im sog. Spiegelstadium. Laut Lacan glaubt das Kleinkind, in seinem Spiegelbild bzw. im anerkennenden Blick der Mutter seine eigene Gestalt als Ganzheit zu erkennen, ignoriert dabei jedoch seine tatsächliche Abhängigkeit und motorische Ohnmacht. Die Herausbildung eines Körperbildes qua Identifikation ist also laut Lacan ein Ergebnis von Verkennungen und verweist – trotz der Illusion von Autonomie und Ganzheit – auf den grundsätzlichen Mangel und die unhintergehbare Gespaltenheit des Subjekts, eine These, die in den Gender Studies zur kritischen Hinterfragung idealisierender Körperkonzepte beigetragen hat.[16]

Die Differenzierung in *sex* und *gender*, also in ein biologisches und ein soziokulturell konstruiertes Geschlecht, eröffnet im Verlauf der 1970er Jahre neue Perspektiven auf den Körper.[17] Etwa zeitgleich werden Michel Foucaults Studien rezipiert, die ebenfalls die historische ‚Gemachtheit' körperlicher Kategorien thematisieren. Die Arbeiten des französischen Philosophen untersuchen das Zusammenwirken von Macht und Wissen, durch das der Individualkörper, aber auch der Bevölkerungskörper auf historisch je spezifische Weise sowohl produziert als auch diszipliniert bzw. reguliert werden.[18] Dies bedeutet, dass (Selbst- und Fremd-)Wahrnehmung von Körper und Geschlecht nicht biologisch konstant und mithin geschichtslos bzw. überhistorisch sind, sondern sozial und kulturell wandelbar. In der Folge haben sich die Geisteswissenschaften mit unterschiedlichen Körperkonzeptionen beschäftigt (z. B. der Körper der Säftelehre, der durchlässige bzw. groteske Körper, der Körper als Räderwerk, Maschine, Nervengeflecht oder Netzwerk)[19] sowie mit der historischen

---

14 E. LIST, Denkverhältnisse, Frankfurt/M. 1989, S. 17.

15 C. v. BRAUN, Nicht ich. Logik, Lüge, Libido, Frankfurt/M. 1985; R. SCHAPS, Hysterie und Weiblichkeit, Frankfurt/M. 1992; E. SHOWALTER, Hystorien, Berlin 1997; E. BRONFEN, Das verknotete Subjekt, Berlin 1998.

16 J. LACAN, Das Spiegelstadium, Weinheim, Berlin 1986. Für feministische Relektüren der Körperkonzepte von Freud und Lacan vgl. u. a. E. SEIFERT, Was will das Weib?, Weinheim 1987; J. BENJAMIN, Die Fesseln der Liebe, Frankfurt/M. 1990.

17 K. MILLETT, Sexus und Herrschaft, München 1971.

18 V. a. M. FOUCAULT, Sexualität und Wahrheit, Frankfurt/M. 1977–86; ders., Die Geburt der Klinik, Frankfurt/M. 1988.

19 Vgl. z. B. M. FEHER / R. NADAFF / N. TAZI, Fragments for a History of the Human Body, New York 1989; B. M. STAFFORD, Body Criticism, Cambridge, London 1991; R. v. DÜLMEN, Körpergeschichten, Frankfurt/M. 1996; A. KOSCHORKE, Körperströme und Schriftverkehr, München 1999; M. LORENZ, Leibhaftige Vergangenheit, Tübingen 2000.

und geschlechtsspezifischen Wahrnehmung verschiedener Körperzustände (z. B. der schöne, verführerische, (un)fruchtbare, kranke, verwundete, sterbende Körper).[20]

Weitere Impulse erhält die Körperforschung in den 1980er Jahren durch die Historische Anthropologie, wenngleich gender-Perspektiven dort nicht leitend sind. In frühen Veröffentlichungen erhebt die „Wiederkehr des Körpers" im Namen authentischer Erfahrungen Einspruch gegen die zunehmende Instrumentalisierung und Technisierung des Körpers; spätere, eher kultursemiotisch ausgerichtete Arbeiten untersuchen den Körper v.a. als Gegenstand und Gedächtnis (gewaltsamer) kultureller Einschreibungen.[21]

Andere Wege gehen seit Mitte der 1980er Jahre Studien am Schnittpunkt von Geschichtswissenschaft, Geschlechterforschung und Ethnomethodologie, die mit der Unterscheidung zwischen Körper und Leib arbeiten, welche in der Phänomenologie und philosophischen Anthropologie von Maurice Merleau-Ponty, Helmut Plessner und Hermann Schmitz entwickelt wurde. Dabei steht die Kategorie des Leibes für Innenwahrnehmung, Selbsterfahrung und Ganzheitlichkeit, während der Körper als von außen wahrnehmbar, kulturell überformt, objektiviert und instrumentalisiert aufgefasst wird. Diese begriffliche Unterscheidung und die Rekonstruktion früherer Leibeswahrnehmungen zielen auf die Überwindung des cartesianischen Dualismus sowie auf die Freilegung ehemals unentfremdeter, aber durch Sexualwissenschaft und (Bio-)Medizin verschütteter Wissensbestände.[22] Die Arbeiten der Körperhistorikerin Barbara Duden argumentieren überzeugend gegen die Rückprojektion gegenwärtiger Körperauffassungen auf frühere Zeiten, neigen jedoch dazu, vergangene Leiberfahrungen als ‚eigentlich', ‚‚natürlich' und vordiskursiv zu proklamieren. Die Soziologin Gesa Lindemann entwirft Leib und Körper als gleich ursprünglich, privilegiert in ihrer Studie zur Transsexualität allerdings insofern die Ebene des Leibes, als sie danach fragt, auf welche Weise ein gesellschaftlich-kulturell konstruierter Körper ‚unmittelbar' als geschlechtlicher Leib erfahren wird.[23]

Trotz seiner erkenntniskritischen Stoßkraft läuft das Begriffspaar sex und gender Gefahr, auf unterschwellige Weise überkommene Dichotomien von Natur/Biologie und Kultur fortzuschreiben. Vor diesem Hintergrund erhalten Körpertheorie und

---

20 Vgl. z. B. C. ÖHLSCHLÄGER, Unsägliche Lust des Schauens, Freiburg 1996; C. W. BYNUM, Fragmentierung und Erlösung, Frankfurt/M. 1996; I. M. KRÜGER-FÜRHOFF, Der versehrte Körper, Göttingen 2001; T. NUSSER / E. STROWICK (Hg.), Krankheit und Geschlecht, Würzburg 2002; I. HERMANN, Schmerzarten, Heidelberg 2006.

21 G. MATTENKLOTT, Der übersinnliche Leib, Reinbek 1982; D. KAMPER / C. WULF (Hg.), Die Wiederkehr des Körpers, Frankfurt/M. 1981; dies. (Hg.), Transfigurationen des Körpers, Berlin 1989; S. WEIGEL, Bilder des kulturellen Gedächtnisses, Dülmen-Hiddingsel 1994.

22 B. DUDEN, Geschichte unter der Haut, Stuttgart 1987; dies., Der Frauenleib als öffentlicher Ort, Hamburg 1991; F. AKASHE-BÖHME, Von der Auffälligkeit des Leibes, Frankfurt/M. 1995.

23 G. LINDEMANN, Das paradoxe Geschlecht, Frankfurt/M. 1993. Zur Transsexualität vgl. auch S. HIRSCHAUER, Die soziale Konstruktion der Transsexualität, Frankfurt/M. 1993; A. RUNTE, Biographische Operationen, München 1996.

Gender Studies in den 1990er Jahre wichtige Anregungen durch Judith Butlers radi-
kal-konstruktivistische Infragestellung der Kategorie des biologischen Geschlechts
(*sex*) als ebenso kulturell konstruiert wie *gender*. Butler fordert, den Körper nicht als
(bereits vorhandene) Einschreibefläche kultureller Prägungen und Zurichtungen zu
verstehen, sondern als Effekt, der durch diskursive, also sprachliche und kulturelle
Operationen überhaupt erst produziert wird.[24] Weder die Wahrnehmung von Kör-
perteilen und -grenzen noch die Geschlechtlichkeit des Körpers können demnach
als vorgängig gelten, sondern sie sind Sedimentierungen sozio-kultureller Prozesse
bzw. müssen durch performative Praktiken des Zitierens beständig neu hervorgebracht werden.[25] Dies bedeutet, dass auch die feministische Rede vom Körper keinen Ort unmittelbarer Erfahrung beanspruchen kann.

Vor allem Butlers *Das Unbehagen der Geschlechter* wird aus unterschiedlichen
Richtungen kritisiert. So sehen Seyla Benhabib, Drucilla Cornell und Nancy Fraser
die Handlungsfähigkeit des Subjekts bedroht und politische Perspektiven, z. B. im
Kampf gegen Geschlechterdiskriminierung, Rassismus und Militarismus, vernachlässigt.[26] Einige Körperhistorikerinnen sprechen dagegen von ‚Entkörperung' und ‚Verdrängung des Leibes', weil die Materialität des Körpers sowie die leibliche Selbstwahrnehmung unberücksichtigt blieben.[27] Obwohl Butler in *Körper von Gewicht* das
Verhältnis zwischen Performativität und Materialität des Körpers genauer bestimmt,
hält sich die Kritik der 1990er Jahre zum Teil hartnäckig.[28]

Insgesamt mehren sich jedoch die Versuche, die Polarisierung zwischen essentialistischen und konstruktivistischen Ansätzen zu überwinden, da diese selber an der
Fortschreibung des cartesianischen Dualismus arbeiten.[29] So versuchen Begriffe wie
derjenige der ‚Verkörperung' sowie von Butler ausgehende Forschungen im Kontext
der *Queer Studies*, die Privilegierung von *gender* gegenüber *sex* zu problematisieren,[30]
während andere Arbeiten daran erinnern, dass die Konzepte von Performativität
und Diskursivität nicht auf eine rein sprachliche Ebene reduzierbar sind, sondern
sehr wohl (geschlechterpolitische) Fragen nach regulierenden Normierungen sowie
den Möglichkeiten und Grenzen von *agency*, also der politischen Handlungsmäch-

---

24 J. BUTLER, Das Unbehagen der Geschlechter, Frankfurt/M. 1991; dies., Körper von Ge-
    wicht, Berlin 1995.
25 Zum Begriff der Performativität vgl. den Beitrag von D. v. HOFF.
26 S. BENHABIB / J. BUTLER / D. CORNELL / N. FRASER, Der Streit um Differenz, Frank-
    furt/M. 1993.
27 Vgl. die Debatten in FEMINISTISCHE STUDIEN 11.2 (1993); T. WOBBE / G. LINDEMANN
    (Hg.), Denkachsen, Frankfurt/M. 1994; A. MAIHOFER, Geschlecht als Existenzweise,
    Frankfurt/M. 1995 sowie die Überblicksdarstellung bei I. STEPHAN, Gender, Geschlecht
    und Theorie, Stuttgart, Weimar 2000.
28 Z. B. in der Behauptung, der postmoderne Feminismus bereite Genetik und Körpermani-
    pulation den Weg. Vgl. B. DUDEN, Abschlußbericht, Opladen 2002.
29 A. BARKHAUS / A. FLEIG, Körperdimensionen, München 2002.
30 Vgl. den Beitrag von S. HARK.

tigkeit des Subjekts stellen.[31] Eine vermittelnde Position nehmen auch jene historischen Arbeiten ein, die von der diskursiven Konstruktion des Körpers ausgehen, sich aber zugleich gegen eine Aufgabe der Kategorie des ‚Subjekts der Geschichte' wenden und darauf beharren, dass Erfahrungen wie Lust und Schmerz die Grenzen der Diskursivität überschreiten und damit gewissermaßen widerständige Phänomene darstellen.[32]

Anbindung an allgemeine politische und wissenschaftliche Debatten

Die unterschiedlichen Theoretisierungen des Körpers entsprechen der Entwicklung und Ausdifferenzierung von Feminismus, Geschlechterforschung und Gender Studies. Aus (sozial-)politischer und juristischer Perspektive stehen der weibliche und der männliche Körper weiterhin im Zentrum zahlreicher Debatten (u. a. zur Vergewaltigung in der Ehe, Prostitution von Frauen und Männern, sexuellen Belästigung am Arbeitsplatz und zu den Auswirkungen moderner Medizin- und Reproduktionstechnologien auf Körpervorstellungen und -funktionen) sowie internationaler Problemfelder (u. a. weibliche Beschneidung, Gesundheitsfürsorge und Familienplanung, gezielte Massenvergewaltigungen und andere Kriegsverbrechen, Sextourismus, Migration, Organ- und Menschenhandel).

Im wissenschaftlichen Bereich sind Frauen zunehmend nicht länger nur Objekte, sondern auch Subjekte der (akademischen) Forschung. Eine der Grundlagen der *gender*-orientierten Wissenschaftskritik ist die Aufwertung des (weiblichen) Körpers gegenüber dem (männlichen) Geist. So formulierte bereits der Feminismus der 1970er Jahre den Anspruch, spezifisch weibliche Erfahrungen zum Ausgangspunkt für eigene theoretische Methoden und Forschungsfragen zu machen. Zudem kritisierte er den Androzentrismus bisheriger Wissensbestände und befragte gängige Vorstellungen von Rationalität, Objektivität und Universalität, die die Bildung wissenschaftlichen Wissens beeinflussen, auf die ihnen zugrunde liegenden *gender*-Aspekte.[33] Auf welche Weise feministische Wissenschaftlerinnen im ausgehenden 20. und beginnenden 21. Jahrhundert die vergeschlechtlichten Grundlagen von Erkenntnis und Wissensproduktion aufdecken, *gender*-Perspektiven einbringen und die Bedeutung des Körpers untersuchen, soll an drei Beispielen aus unterschiedlichen Disziplinen erläutert werden.

Ausgangspunkt der kritischen Befragung der *Naturwissenschaften* und ihrer Geschichte ist die Einsicht, dass die Metaphorik von ‚männlicher Kultur' und Körperlosigkeit bzw. männlichem Geist auf der einen und ‚weiblicher Natur' bzw. Kör-

---

31 S. BARZ / S. FUCHS / M. KAUFMANN / A. LAUSER, KörperBilder – KörperPolitiken, in: Kea. Zeitschrift für Kulturwissenschaften 11 (1998).
32 E. SCARRY, Der Körper im Schmerz, Frankfurt/M. 1992; J. TANNER, Körpererfahrung, in: Historische Anthropologie 2 (1994); P. SARASIN, Mapping the Body, in: Historische Anthropologie 7.1. (1999).
33 S. HARK (Hg.), Dis/Kontinuitäten, Opladen 2001, S. 230f.

perhaftigkeit auf der anderen Seite alle Wissensdiskurse prägt und sich in einem hierarchischen Verhältnis zwischen männlichem Forschungs-Subjekt und weiblichem Objekt der Forschung (sei dies die Natur, die Frau oder ihr Körper) niederschlägt.[34] Demgegenüber fordern feministische Wissenschaftlerinnen, die Erzeugung von Wissen als sozialen Prozess zu begreifen, dessen Akteure niemals neutral sind, sondern eine je partiale Perspektive einnehmen; die Chancen und Grenzen dieses ‚situierten Wissens' gelte es zu reflektieren.[35] Dass geschlechtsspezifische Körpervorstellungen auch die so genannten ‚harten Naturwissenschaften' beeinflussen, verdeutlicht z. B. die Wissenschafts- und Technikhistorikerin Nelly Oudshoorn in ihrer Sozialgeschichte der Sexualhormone.[36] In ähnlicher Stoßrichtung zeigt die Medizinanthropologin Margaret Lock in einer kulturvergleichenden Studie zu den weiblichen Wechseljahren, dass der scheinbar universale menopausale Frauenkörper erst im Zusammenspiel zwischen einem westlich-medizinischen Körpermodell und einer durch Medizinkonsum sozialisierten Frauenwahrnehmung entsteht.[37]

In *Rechtswissenschaft* und *Rechtsprechung* stellt sich die Frage nach der vermeintlichen *gender*-Neutralität juristischen Denkens und Handelns z. B. im Kontext von Pornographiedebatten[38] oder bei Strafverfahren in Vergewaltigungsdelikten, die auf kulturelle Vorstellungen einer geschlechtsspezifischen Täter-Opfer-Verteilung zurückgreifen und männlichen und weiblichen Zeugenaussagen (bzw. den darin vermittelten Körpererfahrungen) häufig eine unterschiedliche Glaubwürdigkeit zumessen.[39] Andererseits transportieren und perpetuieren Konzepte vom ‚Rechtssubjekt' oder ‚Bürger', aber auch Vorstellungen von Öffentlichkeit und Privatheit sowie Gleichheit und Freiheit bereits auf der Ebene der Legislative geschlechtsspezifische Vorannahmen.[40]

Die *Literatur-* und *Kulturwissenschaften* wenden sich seit Mitte der 1990er Jahre verstärkt dem Körper als Träger kultureller Erinnerungen, als Material (künstlerischer) Inszenierungen und als Bestandteil der Konstruktion nicht nur von Weiblichkeit, sondern auch von Männlichkeit zu. So thematisiert eine an Foucault und Butler geschulte *gender*-orientierte Gedächtnisforschung den Körper als Medium und Effekt kultureller Einschreibungen, an dem sich individuelle und kollektive Prozesse der

---

34 S. HARDING, Das Geschlecht des Wissens, Frankfurt/M., New York 1994; L. SCHIEBINGER, Am Busen der Natur, Stuttgart 1995; B. ORLAND / E. SCHEICH (Hg.), Das Geschlecht der Natur, Frankfurt/M. 1995.

35 E. F. KELLER, Liebe, Macht und Erkenntnis, München, Wien 1986; D. HARAWAY, Die Neuerfindung der Natur, Frankfurt/M., New York 1995, S. 73–97.

36 N. OUDSHOORN, Beyond the Natural Body, London, New York 1994.

37 M. LOCK, Encounters with Aging, Berkeley 1993.

38 C. MACKINNON, Nur Worte, Frankfurt/M. 1994.

39 C. GRANSEE / U. STAMMERMANN, Kriminalität als Konstruktion von Wirklichkeit, Pfaffenweiler 1992; M. ALTHOFF / S. KAPPELT (Hg.), Geschlechterverhältnisse und Kriminologie, in: Kriminologisches Journal, Beiheft 5 (1995); vgl. auch den Beitrag von C. KÜNZEL.

40 T. S. DAHL, Frauen-Recht, Bielefeld 1992; S. BAER, Würde oder Gleichheit? Baden-Baden 1995; dies., Die Konstruktion des ‚Bürgers' im Verwaltungsrecht, Tübingen 2003.

Erziehung und Sinnstiftung vollziehen.[41] Konzepte körperlicher Inszenierung oder Performativität werden u. a. in Studien zur Theorie des Tanzes, der Fotografie sowie der Video- und Performance-Kunst fruchtbar gemacht, z. B. mit Blick auf die zeitgenössischen Künstlerinnen Marina Abramovic, Valie Export, Orlan und Cindy Sherman, die durch ihre Arbeiten am eigenen Körper traditionelle Vorstellungen von Weiblichkeit, Authentizität und Identität angreifen.[42] Auch die Selbstinszenierungen und -zurichtungen des Körpers z. B. durch *bodybuilding*, Piercing und Tätowierungen werden zum Gegenstand von Analysen. Schließlich verdeutlichen jüngere kultur- und literaturwissenschaftliche Arbeiten, dass nicht nur der Frauenkörper, sondern auch der normstiftende und darin scheinbar unsichtbare Männerkörper – sei es als heroisch-soldatischer, sportlicher, viriler oder kreativer Körper – bzw. die historisch sich wandelnden Vorstellungen von Männlichkeit als Ort und Ergebnis von Rollenzuweisungen, Maskierungsprozessen und Konstruktionsvorgängen verstanden werden müssen.[43]

Querverbindungen zu anderen politischen Feldern

Am Beginn des 21. Jahrhunderts kommen die möglicherweise grundlegendsten Anfragen an herrschende Körper- und *gender*-Vorstellungen aus den Bereichen der Medienwissenschaften sowie der Medizin-, Bio- und Reproduktionstechnologien. Bereits Marshall McLuhans Bestimmung der Medien als Prothesen des menschlichen Körpers hat die Aufmerksamkeit für die visuellen Repräsentationen des Körpers sowie die mediale Erzeugung von (geschlechtsspezifischen) Körperbildern und Leibesempfindungen geweckt. Gegenwärtig werfen digitale Medien und virtuelle Räume des Cyberspace, aber auch medizinische Möglichkeiten der Sichtbarmachung innerer Körpervorgänge sowie – im Kontext des *genetic screening* – potentieller zukünftiger Veränderungen des Körpers neue Fragen nach körperlicher Selbst- und Fremdwahrnehmung auf. So analysiert die Medientheoretikerin Marie-Luise Angerer den Ort des Körpers zwischen Realität und Virtualität und argumentiert, dass trotz der neuen Flexibilität von Identitätsentwürfen die Unterscheidung zwischen männlich und weiblich kulturell weiterhin prägend bleibt.[44]

---

41 Vgl. B. BANNASCH / G. BUTZER (Hg.), Übung und Affekt, Berlin, New York 2007 sowie den Beitrag von C. ÖHLSCHLÄGER.

42 G. BRANDSTETTER, Tanz-Lektüren, Frankfurt/M. 1995; I. BAXMANN, Mythos: Gemeinschaft, München 2000; S. FLACH, Körper-Szenarien, München 2003.

43 L. WEISSBERG (Hg.), Weiblichkeit als Maskerade, Frankfurt/M. 1994; W. ERHART / B. HERMANN (Hg.), Wann ist der Mann ein Mann?, Stuttgart, Weimar 1997; W. ERHART, Familienmänner, München 2001; C. BENTHIEN / I. STEPHAN (Hg.), Männlichkeit als Maskerade, Köln, Weimar 2003; M. DINGES (Hg.), Männer – Macht – Körper, Frankfurt/M., New York 2005.

44 M. L. ANGERER (Hg.), The Body of Gender, Wien 1995; dies., Body Options, Wien 1999.

Jüngere Entwicklungen am Schnittpunkt von Medien-, Informations- und Medizintechnologie haben auch zu einer Auflösung zahlreicher auf den Körper bezogener kultureller Grenzziehungen geführt, sei es die Unterscheidung zwischen Innen und Außen (und deren Veränderung z. B. durch Röntgenstrahlen, Ultraschallaufnahmen oder die Präimplantationsdiagnostik),[45] die Grenzziehung zwischen Tod und Leben (und deren Neudefinitionen z. B. durch das Hirntodkonzept und die Möglichkeiten postmortaler Fertilisation)[46] oder die Abgrenzung zwischen Mensch und Maschine (und deren Unterlaufung z. B. durch Prothesen und Neuroimplantate)[47]. Während Philosophen wie Paul Virilio die technische ‚Kolonisierung des Körpers‘ kritisieren,[48] rufen feministische Wissenschaftshistorikerinnen wie Donna Haraway und Katherine Hayles dazu auf, die Entstehung von ‚Cyborgs‘, also Hybriden zwischen Mensch und Maschine, als Chance zu begreifen, auch andere vergeschlechtlichte Grenzziehungen (wie diejenige zwischen Natur und Kultur, Tier und Mensch, Subjekt und Objekt, Männlichem und Weiblichem) aufzulösen und auf diese Weise jene Herrschaftsstrukturen aufzubrechen, die mit diesen Dichotomien verbunden sind.[49] Die Denkfigur des Cyborg hat sich für die Theoretisierung des Körpers als fruchtbar erwiesen, wenngleich jüngere Arbeiten auch die ökonomischen und epistemologischen Gefahren der damit verbundenen Grenzverwischung bzw. Vereinheitlichung thematisieren und daran erinnern, dass eine Entnaturalisierung von Körper und Geschlecht nicht mit deren Entmaterialisierung einhergehe.[50]

Andere *gender*-orientierte Analysen werfen einen kritischen Blick auf die neu entwickelten Verfahren der *life sciences*.[51] So verdeutlichen z. B. Analysen von naturwissenschaftlich-medizinischen Techniken der digitalen Bilderzeugung (wie Computer- und Kernspintomographie), dass es sich bei den auf diese Weise erzeugten Einblicken in den Körper nicht um Abbilder, sondern um physikalisch-mathematische Konstrukte handelt, deren Erstellung besonderen Selektionsprozessen (z. B. bei der Eliminierung von Streudaten) unterliegen.[52] Gerade weil der Konstruktions- und Kunstcharakter solcher Visualisierungen meist nur unzureichend reflektiert

45 P. A. TREICHLER / L. CARTWRIGHT / C. PENLEY (Hg.), The Visible Human, New York, London 1998; C. WALDBY, The Visible Human Project, London, New York 2000.

46 B. HAUSER-SCHÄUBLIN / V. KALITZKUS / J. PETERSEN / I. SCHRÖDER, Der geteilte Leib, Frankfurt/M., New York 2001; M. SHILDRICK / R. MYKITIUK (Hg.), Ethics of the Body, Cambridge, London 2005.

47 G. KIRKUP (Hg.), The Gendered Cyborg, London, New York 2000.

48 P. VIRILIO, Die Eroberung des Körpers, München 1994.

49 D. HARAWAY, Die Neuerfindung der Natur, Frankfurt/M., New York 1995, S. 33–72; K. HAYLES, How We Became Posthuman, Chicago 1999.

50 M. L. ANGERER / K. PETERS / Z. SOFOULIS (Hg.), Future Bodies, Wien, New York 2003; J. WEBER, Umkämpfte Bedeutungen, Frankfurt/M., New York 2003; dies. / C. BATH (Hg.), Turbulente Körper, soziale Maschinen, Opladen 2003.

51 Vgl. den Beitrag von K. PALM.

52 Vgl. z. B. M. SCHULLER / K. REICHE / G. SCHMIDT (Hg.), BildKörper, Hamburg 1998; B. HEINTZ / J. HUBER (Hg.), Mit dem Auge denken, Zürich, Wien, New York 2001; B. ORLAND (Hg.), Artifizielle Körper – Lebendige Technik, Zürich 2005.

wird, tragen diese Körper-Bilder zur Verwischung der Unterscheidung zwischen ‚Natur' und ‚Kultur' bei und führen dort zu Standardisierung und Stereotypisierung, wo sie beobachtete individuelle Geschlechterdifferenzen zu biologischen Realitäten bzw. Normen erklären.

Die besondere Aufmerksamkeit aktueller transdisziplinärer Untersuchungen gilt den Entwicklungen der Reproduktionsmedizin, die an einer weit reichenden Entkopplung von Fortpflanzung und Sexualität arbeitet und gegenwärtige Körpervorstellungen – z. B. von ‚natürlicher' bzw. ‚technischer' Fortpflanzung, männlicher Zeugungs- und weiblicher Gebärfähigkeit sowie körperlicher Integrität und Identität – grundlegend verändert.[53] Gerade die Reproduktions-, aber auch die Transplantations- und Gentechnologien sind aus *gender*-theoretischer Perspektive weiterhin kritisch darauf zu befragen, welche Körperkonzepte den neuen Forschungsfeldern zugrunde liegen bzw. von ihnen propagiert werden.[54]

Bibliographie

AKASHE-BÖHME, Farideh (Hg.), 1995: Von der Auffälligkeit des Leibes. Frankfurt/M.

ALTHOFF, Martina / KAPPELT, Sibylle (Hg.), 1995: Geschlechterverhältnisse und Kriminologie. Weinheim (= Kriminologisches Journal, Beiheft 5).

ANGERER, Marie-Luise (Hg.), 1995: The Body of Gender. Körper / Geschlechter / Identitäten. Wien.

ANGERER, Marie Luise, 1999: Body Options – Körper. Spuren. Medien. Bilder. Wien.

ANGERER, Marie Luise / PETERS, Kathrin / SOFOULIS, Zoë (Hg.), 2003: Future Bodies. Zur Visualisierung von Körpern in Science und Fiction. Wien, New York.

BAER, Susanne, 1995: Würde oder Gleichheit? Zur angemessenen grundrechtlichen Konzeption von Recht gegen Diskriminierung am Beispiel sexueller Belästigung am Arbeitsplatz in der Bundesrepublik Deutschland und den USA. Baden-Baden.

BAER, Susanne, 2003: Die Konstruktion des ‚Bürgers' im Verwaltungsrecht. Tübingen.

BANNASCH, Bettina / BUTZER, Günter (Hg.), 2007: Übung und Affekt. Formen des Körpergedächtnisses. Berlin, New York.

BARKHAUS, Annette / FLEIG, Anne, 2002: Körperdimensionen oder die unmögliche Rede vom Unverfügbaren. In: dies. (Hg.): Grenzverläufe. Der Körper als Schnitt-Stelle. München, S. 9-23.

---

53 Vgl. z. B. U. BERGERMANN / C. BREGER / T. NUSSER (Hg.), Techniken der Reproduktion, Königsstein 2002 sowie den Beitrag von B. MATHES.
54 S. M. SQUIER, Liminal Lives, Durham, London 2004; C. BREGER / I. M. KRÜGER-FÜRHOFF / T. NUSSER (Hg.), Engineering Life, Berlin 2008.

BARZ, Sabine / FUCHS, Sabine / KAUFMANN, Margit / LAUSER, Andrea, 1998: KörperBilder – KörperPolitiken. In: Kea. Zeitschrift für Kulturwissenschaften, H. 11, S. 1–10.

BAXMANN, Inge, 2000: Mythos: Gemeinschaft. Körper- und Tanzkulturen in der Moderne. München.

BENHABIB, Seyla / BUTLER, Judith / CORNELL, Drucilla / FRASER, Nancy, 1993: Der Streit um Differenz. Feminismus und Postmoderne in der Gegenwart. Frankfurt/M.

BENJAMIN, Jessica, 1990 (Orig. 1988): Die Fesseln der Liebe. Psychoanalyse, Feminismus und das Problem der Macht. Frankfurt/M.

BENTHIEN, Claudia / STEPHAN, Inge (Hg.), 2003: Männlichkeit als Maskerade. Kulturelle Inszenierungen vom Mittelalter bis zur Gegenwart. Köln, Weimar.

BERGERMANN, Ulrike / BREGER, Claudia / NUSSER, Tanja (Hg.), 2002: Techniken der Reproduktion. Medien, Leben, Diskurse. Königstein.

BERGMANN, Anna, 1992: Die verhütete Sexualität. Die Anfänge der modernen Geburtenkontrolle. Hamburg.

BRANDSTETTER, Gabriele, 1995: Tanz-Lektüren. Körperbilder und Raumfiguren der Avantgarde. Frankfurt/M.

BRAUN, Christina von, 1985: Nicht ich. Logik, Lüge, Libido. Frankfurt/M.

BREGER, Claudia / KRÜGER-FÜRHOFF, Irmela Marei / NUSSER, Tanja (Hg.), 2008: Engineering Life. Narrationen vom Menschen in Biomedizin, Kultur und Literatur. Berlin.

BRONFEN, Elisabeth, 1998: Das verknotete Subjekt. Hysterie in der Moderne. Berlin.

BUTLER, Judith, 1991 (Orig. 1990): Das Unbehagen der Geschlechter. Frankfurt/M.

BUTLER, Judith, 1995 (Orig. 1993): Körper von Gewicht. Die diskursiven Grenzen des Geschlechts. Berlin.

BYNUM, Caroline Walker, 1996 (Orig. 1992): Fragmentierung und Erlösung. Geschlecht und Körper im Glauben des Mittelalters. Frankfurt/M.

CHASSEGUET-SMIRGEL, Janine (Hg.), 1974 (Orig. 1964): Psychoanalyse der weiblichen Sexualität. Frankfurt/M.

CIXOUS, Hélène, 1980: Weiblichkeit in der Schrift. Berlin.

DAHL, Tove Stang, 1992: Frauen-Recht. Eine Einführung in feministisches Recht. Bielefeld.

DINGES, Martin (Hg.), 2005: Männer – Macht – Körper. Hegemoniale Männlichkeiten vom Mittelalter bis heute. Frankfurt/M., New York.

DOUGLAS, Mary, 1988 (Orig. 1966): Reinheit und Gefährdung. Eine Studie zu Vorstellungen von Verunreinigung und Tabu. Frankfurt/M.

DOUGLAS, Mary, 1993 (Orig. 1970): Die zwei Körper. Ritual, Tabu und Körpersymbolik. Sozialanthropologische Studien in Industriegesellschaft und Stammeskultur. Frankfurt/M.

DUDEN, Barbara, 1987: Geschichte unter der Haut. Ein Eisenacher Arzt und seine Patientinnen um 1730. Stuttgart.

DUDEN, Barbara, 1991: Der Frauenleib als öffentlicher Ort. Vom Mißbrauch des Begriffs Leben. Hamburg.

DUDEN, Barbara, 2002: Abschlußbericht über die Arbeit des Projektbereichs „Körper". In: dies. / Dorothee NOERES (Hg.): Auf den Spuren des Körpers in einer technogenen Welt. Opladen, S. 403–431.

DÜLMEN, Richard van (Hg.), 1996: Körpergeschichten. Frankfurt/M.

ECKER, Gisela (Hg.), 1996: Kein Land in Sicht. Heimat, weiblich? München.

ERHART, Walter / HERRMANN, Britta (Hg.), 1997: Wann ist der Mann ein Mann? Zur Geschichte der Männlichkeit. Stuttgart, Weimar.

ERHART, Walter, 2001: Familienmänner. Über den literarischen Ursprung moderner Männlichkeit. München.

FEHER, Michael / NADAFF, Ramona / TAZI, Nadia (Hg.), 1989: Fragments for a History of the Human Body. 3 Bde. New York.

FEMINISTISCHE STUDIEN 1993, Kritik der Kategorie ‚Geschlecht'. H. 11.2.

FIRESTONE, Shulamith, 1975 (Orig. 1971): Frauenbefreiung und sexuelle Revolution. Frankfurt/M.

FLACH, Sabine, 2003: Körper-Szenarien. Zum Verhältnis von Körper und Bild in Videoinstallationen. München.

FOUCAULT, Michel, 1977–1986 (Orig. 1976–1984): Sexualität und Wahrheit. 3 Bde. Frankfurt/M.

FOUCAULT, Michel, 1988 (Orig. 1963): Die Geburt der Klinik. Eine Archäologie des ärztlichen Blicks. Frankfurt/M.

FUNK, Julika / BRÜCK, Cornelia (Hg.), 1999: Körper-Konzepte. Tübingen.

GRANSEE, Carmen / STAMMERMANN, Ulla, 1992: Kriminalität als Konstruktion von Wirklichkeit und die Kategorie Geschlecht. Pfaffenweiler.

HARAWAY, Donna, 1995: Die Neuerfindung der Natur. Primaten, Cyborgs und Frauen. Frankfurt/M., New York.

HARDING, Sandra, 1994 (Orig. 1991): Das Geschlecht des Wissens. Frauen denken die Wissenschaft neu. Frankfurt/M., New York.

HARK, Sabine (Hg.), 2001: Dis/Kontinuitäten. Feministische Theorie. Opladen.

HAUSEN, Karin, 1976: Die Polarisierung der „Geschlechtscharaktere". Eine Spiegelung der Dissoziation von Erwerbs- und Familienleben. In: Werner CONZE (Hg.): Sozialgeschichte der Familie in der Neuzeit Europas. Stuttgart, S. 363–393.

HAUSER-SCHÄUBLIN, Brigitta / KALITZKUS, Vera / PETERSEN, Imme / SCHRÖDER, Iris, 2001: Der geteilte Leib. Die kulturelle Dimension von Organtransplantation und Reproduktionsmedizin in Deutschland. Frankfurt/M., New York.

HAYLES, Katherine N., 1999: How We became Posthuman. Virtual Bodies in Cybernetics, Literature, and Informatics. Chicago.

HEINTZ, Bettina / HUBER, Jörg (Hg.), 2001: Mit dem Auge denken. Strategien der Sichtbarmachung in wissenschaftlichen und virtuellen Welten. Zürich, Wien, New York.

HERMANN, Iris, 2006: Schmerzarten. Prolegomena einer Ästhetik des Schmerzes in Literatur, Musik und Psychoanalyse. Heidelberg.

HIRSCHAUER, Stefan, 1993: Die soziale Konstruktion der Transsexualität. Frankfurt/M.

HONEGGER, Claudia, 1991: Die Ordnung der Geschlechter. Die Wissenschaft vom Menschen und das Weib 1750–1850. Frankfurt/M., New York.

IRIGARAY, Luce, 1979 (Orig. 1977): Das Geschlecht, das nicht eins ist. Berlin.

IRIGARAY, Luce, 1980 (Orig. 1974): Speculum. Spiegel des anderen Geschlechts. Frankfurt/M.

KAMPER, Dietmar / WULF, Christoph (Hg.), 1981: Die Wiederkehr des Körpers. Frankfurt/M.

KAMPER, Dietmar / WULF, Christoph (Hg.), 1989: Transfigurationen des Körpers. Spuren der Gewalt in der Geschichte. Berlin.

KELLER, Evelyn Fox, 1986 (Orig. 1985): Liebe, Macht und Erkenntnis. Männliche oder weibliche Wissenschaft? München, Wien.

KIRKUP, Gill (Hg.), 2000: The Gendered Cyborg: A Reader. London, New York.

KOSCHORKE, Albrecht, 1999: Körperströme und Schriftverkehr. Mediologie des 18. Jahrhundert. München.

KOSCHORKE, Albrecht / LÜDEMANN, Susanne / FRANK, Thomas / MATALA DE MAZZA, Ethel, 2007: Der fiktive Staat. Konstruktionen des politischen Körpers in der Geschichte Europas. Frankfurt/M.

KRISTEVA, Julia, 1978 (Orig. 1974): Die Revolution der poetischen Sprache. Frankfurt/M.

KRISTEVA, Julia, 1980: Pouvoirs de l'horreur. Essai sur l'abjection. Paris.

KRÜGER-FÜRHOFF, Irmela Marei, 2001: Der versehrte Körper. Revisionen des klassizistischen Schönheitsideals. Göttingen.

LABOUVIE, Eva, 1998: Andere Umstände. Eine Kulturgeschichte der Geburt. Köln.

LACAN, Jacques, 1986 (Orig. 1966): Das Spiegelstadium als Bildner der Ichfunktion. In: ders.: Schriften I. Weinheim, Berlin, S. 61–70.

LAQUEUR, Thomas, 1992 (Orig. 1990): Auf den Leib geschrieben. Die Inszenierung der Geschlechter von der Antike bis Freud. Frankfurt/M., New York.

LINDEMANN, Gesa, 1993: Das paradoxe Geschlecht. Transsexualität im Spannungsfeld von Körper, Leib und Gefühl. Frankfurt/M.

LIST, Elisabeth (1989): Denkverhältnisse. Feminismus als Kritik. In: dies. / Herlinde STUDER (Hg.): Denkverhältnisse. Feminismus und Kritik. Frankfurt/M., S. 7–34.

LOCK, Margaret, 1993: Encounters with Aging. Mythologies of Menopause in Japan and North America. Berkeley.

LORENZ, Maren, 2000: Leibhaftige Vergangenheit. Einführung in die Körpergeschichte. Tübingen.

MACKINNON, Catherine A., 1994: Nur Worte. Frankfurt/M.

MAIHOFER, Andrea, 1995: Geschlecht als Existenzweise. Macht, Moral, Recht und Geschlechterdifferenz. Frankfurt/M.

MATTENKLOTT, Gert, 1982: Der übersinnliche Leib. Beiträge zur Metaphysik des Körpers. Reinbek.

MEYER, Eva, 1983: Zählen und Erzählen. Zur Semiotik des Weiblichen. Wien, Berlin.

MILLETT, Kate, 1971 (Orig. 1970): Sexus und Herrschaft. Die Tyrannei des Mannes in unserer Gesellschaft. München.

NUSSER, Tanja / STROWICK, Elisabeth (Hg.), 2002: Krankheit und Geschlecht. Diskursive Affären von Literatur und Medizin. Würzburg.

ÖHLSCHLÄGER, Claudia / WIENS, Birgit, 1997: Körper – Gedächtnis – Schrift. Eine Einleitung. In: dies. (Hg.): Körper – Gedächtnis – Schrift. Der Körper als Medium kultureller Erinnerung. Berlin, S. 9–22.

ÖHLSCHLÄGER, Claudia, 1996: Unsägliche Lust des Schauens. Die Konstruktion der Geschlechter im voyeuristischen Text. Freiburg.

ORLAND, Barbara / SCHEICH, Elvira (Hg.), 1995: Das Geschlecht der Natur. Feministische Beiträge zur Geschichte und Theorie der Naturwissenschaften. Frankfurt/M.

ORLAND, Barbara (Hg.), 2005: Artifizielle Körper – Lebendige Technik. Technische Modellierungen des Körpers. Zürich.

OUDSHOORN, Nelly, 1994: Beyond the Natural Body. An Archeology of Sexhormones. London, New York.

RUNTE, Annette, 1996: Biographische Operationen. Diskurse der Transsexualität. München.

SARASIN, Philipp, 1999: Mapping the body. Körpergeschichte zwischen Konstruktivismus, Politik und ‚Erfahrung‘. In: Historische Anthropologie, Nr. 7.1, S. 437–451.

SCARRY, Elaine, 1992 (Orig. 1985): Der Körper im Schmerz. Die Chiffren der Verletzlichkeit und die Erfindung der Kultur. Frankfurt/M.

SCHAPS, Regina, 1992: Hysterie und Weiblichkeit. Wissenschaftsmythen über die Frau. Frankfurt/M.

SCHIEBINGER, Londa, 1995 (Orig. 1993): Am Busen der Natur. Erkenntnis und Geschlecht in den Anfängen der Wissenschaft. Stuttgart.

SCHULLER, Marianne / REICHE, Claudia / SCHMIDT, Gunnar (Hg.), 1998: BildKörper. Verwandlungen des Menschen zwischen Medium und Medizin. Hamburg.

SEIFERT, Edith, 1987: Was will das Weib? Zu Begehren und Lust bei Freud und Lacan. Weinheim.

SHILDRICK, Margit / MYKITIUK, Roxanne (Hg.), 2005: Ethics of the Body. Postconventional Challenges. Cambridge, London.

SHOWALTER, Elaine, 1997 (Orig. 1997): Hystorien. Hysterische Epidemien im Zeitalter der Medien. Berlin.

SQUIER, Susan Merrill, 2004: Liminal Lives. Imagining the Human at the Frontiers of Biomedicine. Durham, London.

STAFFORD, Barbara Maria, 1991: Body Criticism. Imaging the Unseen in Enlightenment Art and Medicine. Cambridge, London.

STEPHAN, Inge, 2000: Gender, Geschlecht und Theorie. In: dies. / Christina von BRAUN: Gender Studien. Eine Einführung. Stuttgart, Weimar, S. 58–96.

TANNER, Jakob, 1994: Körpererfahrung, Schmerz und die Konstruktion des Kulturellen. In: Historische Anthropologie, Nr. 2, S. 489–502.

TREICHLER, Paula A. / CARTWRIGHT, Lisa / PENLEY, Constance (Hg.), 1998: The Visible Human. Imaging Technologies, Gender, and Science. New York, London.

VIRILIO, Paul, 1994 (Orig. 1993): Die Eroberung des Körpers. Vom Übermenschen zum überreizten Menschen. München.

WALDBY, Catherine, 2000: The Visible Human Project. Informatic Bodies and Posthuman Medicine. London, New York.

WEBER, Jutta, 2003: Umkämpfte Bedeutungen. Naturkonzepte im Zeitalter der Technoscience. Frankfurt/M., New York.

WEBER, Jutta / BATH, Corinna (Hg.), 2003: Turbulente Körper, soziale Maschinen. Feministische Studien zur Technowissenschaftskultur. Opladen.

WEIGEL, Sigrid, 1994: Bilder des kulturellen Gedächtnisses. Beiträge zur Gegenwartsliteratur. Dülmen-Hiddingsel.

WEISSBERG, Liliane (Hg.), 1994: Weiblichkeit als Maskerade. Frankfurt/M. 1994.

WENK, Silke, 1996: Versteinerte Weiblichkeit. Köln, Wien.

WOBBE, Theresa / LINDEMANN, Gesa (Hg.), 1994: Denkachsen. Zur theoretischen und institutionellen Rede vom Geschlecht. Frankfurt/M.

ZEUGUNG

von *Bettina Bock v. Wülfingen*

Einleitung (Vom Zeugen und Schaffen)

Ähnlich wie der Begriff Geschlecht ist der deutsche Begriff der Zeugung umfassender und hat in anderen westlichen Sprachen wenig direkte Entsprechung. Er leitet sich vom althochdeutschen „giziogon" für „fertigen" bzw. im Mittelhochdeutschen „ziugunge" ab, was sowohl einerseits auf „Beziehung" und andererseits auf das „Geschaffene" im Sinne von „Zeug" verweist.[1] Der Nominativ Zeug meint in seiner mittelalterlichen Bedeutung metallene Gegenstände wie vor allem Rüstzeug und später Schrifttypen in der Druckerei. Besonders die Verbindung des Begriffs mit der mittelalterlichen Zeugdruckerei,[2] wobei von Modeln aus Holz oder Metall als ‚Zeug' Muster auf Stoffe gebracht wurden, verweist auf die Möglichkeit, dass bereits der damalige Begriff der Zeugung Vorstellungen von Abbilden und Ähnlichkeit implizierte. Eine solche begriffliche Belegung fand nach Jordanova im *Englischen* mit dem aus der Möbelindustrie stammenden Begriff der *reproduction* erst im 19. Jahrhundert statt, als dieser Begriff begann den Begriff der *generation* zu ersetzen.[3]

Im Lateinischen wie Englischen wird die Zeugung, wenn nicht mit Reproduktion bzw. Befruchtung (mit dem Wortteil „fertil-") dann mit „generation" („to generate: 1. to bring into existence; originate; produce: to generate ideas [...]; 4. [...] procreate")[4] übersetzt. In beiden Fällen geht es um die Hervorbringung eines Lebewesens durch Befruchtung. Allerdings meint der lateinische Begriff "generation", eine Übersetzung der aristotelischen Kategorie "genesis",[5] die Überführung vom Nicht-Sein zum Sein – „eine höchst und exklusiv männlich verstandene Zeugung, [...][M]it ‚generatio' ist davon die Rede, dass einer etwas macht – vor allem etwas Lebendi-

---

1   Duden, Deutsches Universalwörterbuch, 6. überarbeitete Auflage, Mannheim 2007.
2   Bibliographisches Institut & FA Brockhaus, Meyers Lexikon, Mannheim 2006.
3   L. JORDANOVA, Interrogating the concept of reproduction in the eighteenth century, in: F. GINSBERG / R. RAPP (Hg.), Conceiving the new world order: The global stratification of reproduction, Berkeley, S. 369–386.
4   Random House, Random House Webster's college dictionary, New York 1996, Artikel "generate", S. 555.
5   K. PHILIPP, Zeugung als Denkform in Platons geschriebener Lehre, Zürich 1980.

ges."[6] Vor allem, aber nicht nur, denn diese Fassung von Zeugung als Schöpfung im kreativen Akt der Befruchtung (wobei die Frucht, die eingesetzt wird, nicht organischer Art sein muss) bezieht sich sowohl auf die göttliche Schöpfung, wie auch die künstlerisch-kreative.[7] Beides könnte kaum deutlicher in Eins fallen als in dem quasi homosexuellen Zeugungsakt von Michelangelo, dem Fresko „Die Schöpfung Adams" in der Sixtinischen Kapelle. So wird die Metapher der Zeugung auch im Umgang mit der Schriftkultur immer wieder, etwa in Literatur und Germanistik, bemüht, wenn es darum geht, die Erschaffung von Werken als ehrenhaft aus der eigenen Kraft heraus darzustellen.[8]

Entsprechend beschrieb die differenz- und symboltheoretische Anlayse die kontinuierliche Aneignung weiblicher Produktivität[9] für die verschiedensten Wissensfelder. Eva Mayers psychoanalytisch angelegte Diskussion der „Selbstgeburt" sieht in solchen Konzepten des Unendlichen „Spiegelns" vor allem das Bannen des Materiellen,[10] eine Überwindung (von Sterblichkeit) durch Aneignung von Generativität, die sich, so auch die Biologin Elvira Scheich, ebenfalls in den naturwissenschaftlichen Traditionen der Theoriebildung fände.[11]

Mit zumindest als solchen diskutierten neuen technischen Möglichkeiten stellt sich zunehmend die Frage, wo denn das Lebendige beginne. Wurde Mary Wollstonecrafts Frankenstein und spätere Monster im 19. Jahrhundert von der industriellen Revolution, immer drängenderen Fragen nach der eigenen Identität und schließlich dem bewegten Bild angeregt, so geschieht dies neuerlich mit den aktuellen Technologieentwicklungen. Oder eher werden im Wechselverhältnis zwischen dem Willen zur „Verlebendigung der Technik"[12] und den entstehenden Möglichkeiten, die Maschine mit dem Digitalen und teils auch dem Biotischen zu vermengen, lebendige

---

6 M. BAADER, Generation: Versuche über eine pädagogisch-anthropologische Grundbedingung, Weinheim 1996.

7 C. BEGEMANN / D. E. WELLBERY (Hg.), Kunst – Zeugung – Geburt. Theorien und Metaphern ästhetischer Produktion in der Neuzeit, Freiburg im Breisgau 2002.

8 L. HARDERS, Wissens- und Geschlechterordnung in den American Studies, in: Zeitschrift für Germanistik, H. 18 (2008), 2, S. 348–356; W. ERHART, Der Germanist, die Dichtung. Wissenschaftshistorische Anmerkungen zum paternalen und die „nicht mehr zeugungsfähigen Mächte". Selbstwertgefühl der deutschen Literaturwissenschaft, in: C. BEGEMANN / D. E. WELLBERY (Hg.), S. 353–379; V. HOFFMANN, Künstliche Zeugung und Zeugung von Kunst im Erzählwerk Achim von Arnims, in: Aurora, 46 (1986), S. 158–167.

9 J. KRISTEVA, Produktivität der Frau, in: Das Lächeln der Medusa. Alternative, 108/109 (1976), S. 167–172, S. 171; L. IRIGARAY, Speculum. Spiegel des anderen Geschlechts, Frankfurt/M. 1980; C. Woesler de Panafieu, Feministische Kritik am wissenschaftlichen Androzentrismus, in: U. BEER (Hg.), Klasse Geschlecht. Feministische Gesellschaftsanalyse und Wissenschaftskritik, Bielefeld 1989, S. 95–131.

10 E. MEYER, Zum Phantasma der Selbstgeburt, in: D. HAMBACH (Hg.), Zukunft als Gegenwart, Berlin 1982, S. 156–190, hier S. 170ff.

11 E. SCHEICH, Naturbeherrschung und Weiblichkeit, Frankfurt am Main 1989, S. 22ff.

12 A. SAUPE, Verlebendigung der Technik, Bielefeld 2002.

Artefakte geschaffen, ohne auf das sterbliche Weibliche der Mutter rekurrieren zu müssen.[13]

Gleichzeitig erzeugen genetische Technologien und neuere Entwicklungen wie die Synthetische Biologie, die sich in der Lage sieht, biologische Zellen aus chemischen Einzelteilen herzustellen (und beschleunigt durch den Versuch des Genetikers Craig Venter, ein synthetisches Chromosom in ein Bakterium einzuführen und ‚zum Leben zu erwecken'), eine analytische Entsprechung. Diese besteht in der sprachlichen Wendung, hier nun endgültig ginge es (zumindest den NaturtechnikerInnen und dem Kapital) um „life itself", das Leben selbst.[14]

In der Geschlechterforschung wird die Zeugung einerseits, beginnend in den 1970er Jahren, vorwiegend in ihren Dimensionen als Problem der künstlichen Befruchtung diskutiert. Andererseits richtet sich das Interesse auf einander historisch ablösende frühe bis aktuelle wissenschaftliche Zeugungstheorien als kulturtheoretisches Phänomen, die auf wechselnde Geschlechter- und Gesellschaftsordnungen verweisen (wie etwa von der Urzeugung bis zum Ein- und Zweigeschlechtermodell oder heutiger Merkantilisierung von Gameten und Embryonen). Wie die Geschlechterforschung seit über drei Jahrzehnten zeigt, sind Konzepte der Naturforschung und jeweilige kulturelle Hintergründe untrennbar über die Jahrhunderte mit Zeugungstheorien verknüpft. Auf diesen Aspekten, der Rolle von Geschlecht in verschiedenen Zeugungstheorien in der Naturforschung bis zur extrakorporalen Befruchtung soll daher im Folgenden der Fokus liegen.

Zeugung in der Naturforschung von der Antike bis zur Moderne: Flüsse und Ökonomie

Die bereits mit der antiken Mythologie einsetzende symbolische Zuschreibung der Geschlechter zu Logos/Geist einerseits und Materie/Körper andererseits findet in den Vorstellungen der frühen Naturforschung zur Zeugung ihre Entsprechung in der Differenz von Form versus Materie sowie von Hitze und Kälte nach der Temperamentenlehre der Humoraltheorie. Platons Interesse galt noch vor allem der Auflösung des Konfliktes zwischen Einheit und Differenz,[15] wie in dem Urmythos von Zeugung und Eros deutlich wird, den er den griechischen Komödiendichter Aristo-

13 G. TREUSCH-DIETER, Von der sexuellen Rebellion zur Gen- und Reproduktionstechnologie, Tübingen 1990; J. WEBER / C. BATH (Hg.), Turbulente Körper und soziale Maschinen. Feministische Studien zur Technowissenschaftskultur, Opladen 2003; C. BATH u.a. (Hg.), Materialität denken. Studien zur technologischen Verkörperung, Bielefeld 2005; C. BATH, De-gendering informatischer Artefakte, im Erscheinen 2009; K. HAYLES, How we became posthuman. Virtual Bodies in Cybernetics, Literature, and Informatics, Chicago 1999.

14 N. ROSE, The politics of life itself. Biomedicine, power and subjectivity in the twenty-first century, Princeton 2006.

15 E. F. KELLER, Liebe, Macht und Erkenntnis, S. 27–39: S. 29ff.

phanes erzählen läßt.[16] So habe es urprünglich 3 Gechlechter gegeben, indem immer zwei miteinander einen Kugelmenschen bildeten, zwei weibliche oder zwei männliche oder eine männlich-weibliche Kugel. Ihre Gesichter waren zueinander gewandt, die Geschlechtsteile nach hinten bzw. außen gerichtet. Da sie sich mit Zeus überwarfen, teilte er sie alle in zwei. Nun aber sehnten sie sich nach einanander und suchten und umarmen sich ständig, und kamen dadurch weder zum Arbeiten noch pflanzten sie sich fort. Zeus zeigte Einsicht und setzte ihre Geschlechter nach vorn. Hier liegt der Ursprung des Eros, bei Platon das Begehren nach Vereinigung gänzlich unabhängig von Zeugungsphantasien. Anders als für Platon stellt sich für Aristoteles hingegen mit der Frage nach der Zeugung auch stärker die Frage nach Differenz. Diese ist graduell und drückt sich nach der Philosophin Ingvild Birkhan in der männlicher Dominanz und Autorschaft aus.[17]

Männlichkeit und Weiblichkeit standen in der Antike nicht in binärer Opposition, und waren auch nicht mit Genitalität verbunden,[18] sondern mit den sich mischenden Temperamenten, wobei dem Männlichen das feurige und aktive zukommt.[19] So wird nach Aristoteles „Über die Zeugung der Geschöpfe" der allein nährende, die Materie darbietende weiblichen Körper, vom männlichen ‚Samen' befruchtet. Dabei sind diese Begriffe in ihrer heutigen Belegung irreführend, denn der dort so bezeichnete Samen ist *reiner Impuls- und Formgeber.*[20] Begleitet wird die in diesem Konzept enthaltene aktiv-passiv-Symbolik zugleich von der Gegenüberstellung männlicher Hitze zu weiblicher Kälte, es sei also die Hitze, die der weiblichen Samen-Materie (für Aristoteles das Menstruationsblut) bei der Zeugung zur Entwicklung verhelfe.[21]

Auch für die erfolgreiche Zeugung im Geschlechtsakt müsse ausreichend koitale Hitze herrschen, indem beide Geschlechter in Wallung sein müssten, heißt es noch in der Spätantike bei Soranus im 2. Jdht. in Rom[22] und bleibt Thema noch im 20. Jahrhundert. Bereits in der Antike gab es zwar mit Anaxagoras, Empedocles, Hippocrates und Parmenides Naturphilosophen, die die materielle Entstehung des Fetus sowohl dem männlichen wie auch weiblichen Samen zuschrieben.[23] Dennoch wird das Aristoteles folgende Ein-Geschlechter- und Zeugungsmodell der Humo-

---

16 PLATON, Sämtliche Werke Bd. 2: Lysis, Symposion, Phaidon, Kleitophon, Politeia, Phaidros. Übersetzung Friedrich Schleiermacher, Reinbek 1986.

17 I. BIRKHAN, Ein philosophisches Paradigma der Geschlechtersymbolik. Aristoteles und seine Zeugungstheorie, in E. MIXA u.a. (Hg.), Körper – Geschlecht – Geschichte. Historische und aktuelle Debatten in der Medizin, Wien 1996, S. 44–59.

18 ARISTOTELES, Über die Zeugung; T. LAQUEUR, Auf den Leib geschrieben. Die Inszenierung der Geschlechter von der Antike bis Freud, Frankfurt/M. 1992.

19 Ebd.

20 ARISTOTELES, Über die Zeugung.

21 N. TUANA, The weaker seed: The sexist bias in reproductive theory, in: N. TUANA (Hg.), Feminism and Science, Bloomington 1989, S. 147–171; BIRKAN, Ein philosophisches Paradigma; LAQUEUR, Auf den Leib geschrieben.

22 LAQUEUR, Auf den Leib geschrieben.

23 TUANA, The weaker seed, S. 147–152.

raltheorie von den griechischen Ärzten Galen und Soranus fortgeführt[24] und trägt sich über Paracelsus hinaus bis in die Aufklärung und damit bis zu den Ansätzen der heutigen Biomedizin.[25] Und auch christliche wie jüdische Theoretiker behielten Aristoteles Verständnis des Männlichen als aktivierendes und formgebendes Prinzip über die Jahrhunderte bei.[26]

Mit der bürgerlichen Revolution gilt ab etwa dem 18. Jahrhundert das wissenschaftliche Interesse ganz der nicht nur graduellen sondern qualitativen Geschlechter*differenz* und dies bezieht sich mit der Entwicklung der „Weiblichen Sonderanthropologie" auch, allerdings leicht verspätet, auf den Prozess der Zeugung.[27] In dem Maße, wie nachrevolutionär, oder im deutschsprachigen eher biedermeierlich Generativität bzw. später Reproduktivität zunehmend dem ‚Weib' und dem Raum des Privaten zugeschrieben wurde,[28] schwand das Interesse an der Suche männlicher Anteile an der Zeugung.[29]

Während in der Antike Spermien und Eizellen nicht bekannt waren, wurde auch nach der Entdeckung der Beteilungung von Gameten *beider* Geschlechter unter dem Mikroskop bis über die zweite Hälfte des 19. Jahrhunderts die Idee des ‚Samens' als Energie- und Bewegungsträgers aufrechterhalten, indem der männliche Beitrag nicht als materiell gesehen wurde. Dieser Haltung nach, die heute als epigenetisch bezeichnet wird, betrachtete die Naturforschung seit Aristoteles und bis zu den Arbeiten des Physiologen William Harvey im 17. Jahrhundert den Embryo als in einer graduellen Entwicklung aus unorganisierter Materie aus dem Blut im Uterus oder durch eine Vermengung der Samenflüssigkeit beider entstanden[30] und durch Gott in allen Lebewesen in der Anlage er-zeugt.[31] Harvey schließlich vertrat eine ganz unzeitgemäße epigenetische These der Befruchtung durch eine (damals noch rein hypothetische) Samen*zelle*. Eine solche heterosexuelle Befruchtung wurde im 18. und 19. Jahrhundert eher zur Ausnahme: Entdeckungen der Naturforscher Japetus Steenstrup, Richard Owen, Theodor von Siebold und Wilhelm Hofmeister zeigten in der Tier- und Pflanzenwelt eine ungeahnte Vielfalt: Generationswechsel von

---

24 Ebd.; LAQUEUR, Auf den Leib geschrieben.
25 G. POMATA Vollkommen oder verdorben? Der männliche Samen im frühneuzeitlichen Europa, in: L'Homme 1997, 6,2, S. 17–23; L. SCHIEBINGER, Am Busen der Natur. Erkenntnis und Geschlecht in den Anfängen der Wissenschaft, Stuttgart 1995, S. 260–282; C. HONEGGER, Die Ordnung der Geschlechter: Die Wissenschaften vom Menschen und das Weib, Frankfurt/M. 1992.
26 BIRKHAN, Ein philosophisches Paradigma.
27 HONEGGER, Die Ordnung der Geschlechter.
28 N. LUHMANN, Liebe als Passion. Zur Codierung von Intimität, Frankfurt/M. 1994.
29 F. VIENNE, Die Umdeutung der Samentiere in der Biologie des 19. Jahrhunderts: Eine neue Perspektive auf den geschlechtlichen Körper in der Moderne, in: Beiträge zur Wissenschaftsgeschichte 2009, im Erscheinen.
30 TUANA, The weaker seed, S. 160ff.; F. CHURCHILL, Sex and the single organism: biological theories of sexuality in mid-nineteenth century, in: W. COLEMAN, C. LIMOGES (Hg.), Studies in History of Biology, Baltimore 1979, Bd. 3, 139–177.
31 Vienne, Die Umdeutung der Samentiere.

sexueller und asexueller Fortpflanzung, Parthenogenese (s.w.u.) und Hermaphroditismus wurden zu anerkannten Reproduktionsmodi,[32] bis hin dazu, dass für Darwin sexuelle Fortpflanzung in keiner Spezies relevant schien.[33]

Weiterhin hielt sich auch nach Oskar Hertwigs Entdeckung von 1876, dass das Spermium im Befruchtungsprozess in die Eizelle gelangt, ein Nachhall Galenscher Säftetheorie in den nun durch die Physiologie geprägten Theorien bis in die 1870er Jahre, in der Annahme,[34] für die Zeugung sei die *Auflösung* eines oder mehrerer Spermien in der Eizelle essentiell.[35] In diesem Kontext verbreitete sich um die 1850er Jahre die Vorstellung, der gezeugte Nachwuchs stelle den berechnebaren[36] materiellen Überschuss dar, der im Laufe des Lebens mit der Nahrungsaufnahme angesammelt würde. So finden sich in den Texten zur Fortpflanzung zwischen 1850 und 1880 etwa bei dem physiologisch ausgebildeten Zoologen Rudolf Leuckart wie auch bei Charles Darwin[37] vielfältige und metaphernreiche Bezüge zur Ökonomie wie die Begriffe Einnahmen, Ausgaben, Konsumption, und Kapital. Diese Bezüge hingen offenbar von der physiologischen Theorie der Flüssigkeiten ab, denn sie wurden mit dem Übergang zu einer späteren morphologischen bzw. mechanischen Theorie der Weitergabe materieller Einheiten obsolet.[38] Leuckart vertrat dabei die im Rahmen der Epigenese plausible und zeitgemäße Theorie,[39] die Geschlechtsentwicklung geschehe graduell entsprechend äußerer Bedingungen. Die zwei Geschlechter seien lediglich ein Ausdruck der Entwicklung gemäß den Gesetzen der Arbeitsteilung.[40]

Mit zunehmender Hinwendung zur mechanistischen Theorie wurde dieses physiologische Konzept herausgefordert durch die bereits genannte und schon im 17. Jahrhundert manifest werdende Idee, die Entwicklung des Embryos von der Zeugung ab stelle eine Entfaltung bereits zuvor angelegter Strukuren dar, die durch einen mechanischen Impuls ,in Gang gesetzt' würde. Dieser Theorie folgte auch die Annahme, notwendigerweise müsse diese Anlage *entweder* in der nun mit dem Mik-

32 F. B. CHURCHILL, From heredity theory to Vererbung. The transmission problem, 1850–1915, in: Isis 1987, 78, S. 337–364, hier S. 341.

33 Ebd., S. 345.

34 Ebd., S. 339.

35 FARLEY, John (1982): Gametes and spores. Ideas about sexual reproduction 1750–1914, Baltimore: John Hopkins University Press, S. 160–188.

36 LEUCKART, Rudolf (1853): Zeugung, in: R. WAGNER (Hg.): Handwörterbuch der Physiologie (1842–1853), Brunswick: F. Vieweg, Vol. IV, S. 707–1000.

37 Darwin setzte alle Reproduktionsprozesse mit Wachstum gleich und sah in den "gemmules" Überschußprodukte der Zellen. Churchill, From heredity theory to Vererbung, S. 345.

38 CHURCHILL, From heredity theory to Vererbung, S. 360.

39 J. MAIENSCHEIN, What determines sex? A study of converging approaches, 1880-1916, Isis 1984, 75, S. 457–480.

40 R. LEUCKART, Zeugung, in: Rudolf Wagner (Hg.): Handwörterbuch der Physiologie (1842–1853), Brunswick 1853, Bd. IV, S. 707–1000, S. 744. Dieses Gesetz der Arbeitsteilung geht wiederum auf Aristoteles zurück: Churchill, From heredity theory to Vererbung, S. 341, FN 12.

roskop beobachteten weiblichen Eizelle oder im männlichen Samen zu finden sein. Hier nun entfaltet sich neben den weiterhin existierenden Epigenesistheorien der Streit zwischen Ovisten und Animaculisten, je nachdem, ob man die vollständigen (also auch geschlechtlichen) Anlagen des Menschen im weiblichen oder männlichen Samen sah.[41]

Naturforschung im 19. und 20. Jahrhundert: Das gezeugte Geschlecht

In einer Fortführung des mechanistischen Konzepts vertraten seit den 1870er Jahren die Embryologen bzw. Entwicklungsmechaniker Wilhelm His, Wilhelm Roux und Eduard Driesch die „Kontakt-Theorie"[42], die auch als „physico-chemische" Theorie firmiert.[43] Der Beginn allen Wachstums läge im Ei begründet, das von einem Stimulus durch das Spermium profitierte: „Nicht die Form ist es, die sich überträgt, [...] sondern die Erregung zum formerzeugenden Wachstum, nicht die Eigenschaften, sondern der Beginn eines gleichartigen Entwicklungsprozesses."[44] Der Präformationstheorie setzte Oskar Hertwig nach seiner Beobachtung der Fusion von Eizelle und Spermium unter dem Mikroskop 1876 eine „morphologische"[45] Theorie entgegen. Die *materielle* Vereinigung der Kerne sowohl der Eizelle wie des Spermiums sei zur Zeugung und Weiterentwicklung nötig und er folgerte (entgegen der Präformationstheorie), alle Körperzellen und Embryonen enthielten die Fähigkeit sich männlich oder weiblich zu entwickeln.[46] Der Zoologe Edouard van Beneden verband diesen zellulären Hermaphroditismus mit der Idee des Energiemoments im Spermium: Er sah in der Befruchtung der Eizelle den Startpunkt eines notwendigen Verjüngungsprozesses der sich dann weiterentwickelnden Eizelle[47] und schloss ebenfalls aus seiner Beobachtung der gleichmäßigen Verteilung von Chromosomen bei der

41 C. PINTO-CORREIA, The ovary of eve. Egg, sperm and preformation, Chicago 1997; G. GARDEN, A discourse concerning the modern theory of generation. Philosophical transactions of the Royal Society 1686, 16, S. 474–483.

42 W. COLEMAN: Cell, nucleus, and inheritance: An historical study, in: Proceedings of the American Philosophical Society 1965, Bd. 109, 3, 124–158, hier S. 134.

43 Ebd., S. 133.

44 W. HIS, Unsere Körperform und das physiologische Problem ihrer Entstehung, Leipzig 1874, hier S. 152.

45 J. FARLEY, Gametes and spores. Ideas about sexual reproduction 1750–1914, Baltimore 1982, S. 160–188.

46 O. HERTWIG, Beiträge zur Kenntnis der Bildung, Befruchtung und Theilung des thierischen Eies, in: Morphologisches Jahrbuch I, S. 347–452, sowie III, 1877, S. 1–86; FARLEY, Gametes and spores.

47 E. VAN BENEDEN, Recherches sur l'embryologie des Mammifères. La formation des feuillets chez le lapin, in: Arch. Biol. 1880, 1, 137–224; G. HAMOIR, The discovery of meiosis by E. Van Beneden, a breakthrough in the morphological theory of heredity, in: International Journal of Developmental Biology 1992, 36, S. 9–15, hier S. 10.

Zellteilung, dass alle Zellen und somit auch der Embryo sowohl männlich als auch weiblich seien.[48]

Grundsätzlich bewirkte die Beobachtung der Chromosomen und die spätere Theorie der Vererbung durch sie, dass der Streit zwischen den verschiedenen Schulen des Präformismus um 1900 in der herkömmlichen Form beigelegt war, denn der materielle Beitrag *beider* Geschlechter in der Zeugung war nun schwer abzuweisen. Dies geschah schließlich auch auf Kosten der Theorie mehrgeschlechtlicher Entwicklungsfähigkeit von Embryonen: In der physiologischen wie ökonomischen Betrachtungsweise der Zeugung konnte der Embryo die verschiedensten Eigenschaften aus einer Anlage entwickeln, die alle Möglichkeiten barg, je nachdem ob eine bestimmtes Phänomen überwog (dies war je nach Theorie das *graduelle* Überwiegens eines Stoffes oder einer chemischen oder physikalischen Bedingung innerhalb oder außerhalb der Zellen). Nach der Theorie der materiegebundenen Eigenschaften dagegen entschieden konkrete Partikel über eine *qualitative* Differenz. Dass diese damit dann nicht mehr auf epigenetische Einflüsse der Umgebung sondern einzig auf Abstammung zurückführbar war, scheint vor dem Hintergrund zunehmender, Kontinente überschreitender Mobilität und rassisierter Klassenkämpfe im die Naturforschung anführenden Vereinten Königreich und Preußen umso relevanter. Die Theorie der Vererbung von Eigenschaften über Chromosomen war nach ihrer Veröffentlichung 1906 relativ schnell akzeptiert. Allerdings war es gerade die Frage, ob und wie Chromosomen Geschlecht vererben, die die Durchsetzung der Theorie der chromosomalen Vererbung erschwerte, da selbst die Vertreter der Theorie Mendels daran festhielten, nicht der Moment der Zeugung entscheide über das Geschlecht, sondern später wirkende Konditionen.[49]

---

48 E. VAN BENEDEN, Recherches sur la maturation de l'œuf et la fécondation. Ascaris megalocephalia, in: Arch. Biol. 1883, 4, 265–640. G. HAMOIR, The discovery of meiosis, S. 13.

49 S. F. GILBERT, The embryological origins of the gene theory. Journal of the History of Biology 1978, 11, S. 307–351; S. E. KINGSLAND, Maintaining continuity through a scientific revolution, in: Isis 2007, 98, S. 468–488; H. SATZINGER, Theodor and Marcella Boveri: Chromosomes and cytoplasm in heredity and development, in: Nature Reviews Genetics 2008, 9, S. 231–238; J. MAIENSCHEIN, What determines sex? A study of converging approaches, 1880–1916, in: Isis 1984, 75, S. 457–480. Zu den heutigen Auseinandersetzungen zur genetischen (eindeutigen) Geschlechtsentwicklung aus der Zeugungskonstellation s. z.B. B. MAUSS, Genomic Imprinting im Kontext feministischer Kritik, in: S. SCHMITZ / B. SCHINZEL (Hg.), Grenzgänge. Genderforschung in Informatik und Naturwissenschaften, Königstein/Taunus 2004, S. 149–163; B. MAUSS, Die kulturelle Bedingtheit genetischer Konzepte. Das Beispiel Genomic Imprinting, in: Das Argument 2001, 43 (242), S. 584–592; A. FAUSTO-STERLING, Sexing the Body – Gender Politics and the Construction of Sexuality, New York 2000.

Zeugung des Lebens aus sich selbst heraus als Akt des Widerstands: Urzeugung, Autopoiese und Parthenogenese in der Moderne

Jenseits der Fragen der Vererbung erlebte die Epigenese-Theorie immer wieder Renaissancen,[50] nicht zuletzt als theoretischer Bestandteil von Konzepten der nichtgeschlechtlichen Zeugung, in den Konzepten der Urzeugung oder später Autopoiese. Theorien der Epigenese, die also die Entwicklung zu Formen, die nicht bereits in einer Anlage vorgegeben wird, voraussetzt, finden sich besonders in Reaktion auf den Mechanizismus des 18. Jahrhunderts im Wechselfeld zwischen Naturforschung und Philosophie. Sie beziehen sich auf Phänomene der Selbstorganisation und meinen die kreative und unvorhersagbar lebendige Hervorbringung von komplexen Strukturen in der Natur ebenso wie durch den Menschen. So wandte Kant beispielsweise das Prinzip der „Selbstgebärung"[51] unseres Verstehens gegen Humes Idee der empirischen Vorprägung unserer Ideen und sprach vom natürlichen Körper als sich selbst organisierendes Wesen[52], während zur gleichen Zeit naturforschende Präformisten und Anhänger der Epigenese-Theorie um die Erklärung der Zeugungsphänomene rangen. Auch Schelling,[53] Fichte und Goethe schreiben der Epigenese das Wort,[54] bei Herder und Humboldt[55] ist sie das Prinzip der Hervorbringung der Sprache selbst und bei Beaumarchais findet sie sich in der Kritik aristokratischen Präformationismus.[56] Neuerlich prägte im 20. Jahrhundert der Neurobiologe Humberto Maturana den Begriff der Autopoiese (altgriech. für Selbsterschaffung)[57] für das Phänomen, dass Lebewesen sich selbst hervorbringen und erhalten könnten,[58] indem „das Produkt ihrer Organisation sie selbst sind, das heißt, es gibt keine Trennung zwischen Erzeuger und Erzeugnis. Das Sein und das Tun einer autopoietischen Einheit sind untrennbar, und dies bildet ihre spezifische Art von Organisation."[59] Das Kon-

---

50 J. FARLEY, The spontaneous generation controversy from Descartes to Oparin, Baltimore 1977.

51 I. KANT, Kritik der reinen Vernunft, Stuttgart 2003, S. 778.

52 I. KANT: Kritik der Urteilskraft, Leipzig 1968.

53 Vgl. M.-L. HEUSER-KEßLER / W. G. JACOBS (Hg.), Selbstorganisation: Schelling und die Sebstorganisation. Neue Forschungsperspektiven. Jahrbuch für Komplexität in den Natur-, Sozial- und Geisteswissenschaften, Band 5, Berlin 1994; A. SAUPE, Selbstreproduktion von Natur. Die Autopoiesistheorie: Herausforderung für eine feministische Theorie der Gesellschaft, Berlin 1997, S. 85ff.

54 H. MÜLLER-SIEVERS, Epigenesis: Naturphilosophie im Sprachdenken Wilhelm von Humboldts, Paderborn 1993.

55 Ebd.

56 H. MÜLLER-SIEVERS, Self-generation. Biology, philosophy, and literature around 1900, Stanford 1997.

57 Bibliographisches Institut & FA Brockhaus, Meyers Lexikon, Mannheim 2006.

58 F. VARELA u.a., Autopoiesis: The organization of living systems, its characterization and a model, in: Biosystems 1974, Bd. 5, S. 187–196.

59 H. R. MATURANA / F. J. VARELA, Der Baum der Erkenntnis, Bern, S. 56.

zept fand schnell Verbreitung auch in anderen wissenschaftlichen Bereichen, so fand etwa Niklas Luhman es rasch anwendbar auch für die Beschreibung gesellschaftlicher Prozesse.[60] Interessant schien dieses Konzept von Selbstzeugung oder Autopoiesis für die feministische Theorie durch einen darin enthaltenen veränderten Lebensbegriff,[61] mit dem eine Veränderung der Vergesellschaftung von Natur reflektiert wird: Produktion und Reproduktion fallen so in eins, Reproduktion wird also aus Produktion nicht mehr ausgeklammert.[62]

Dasselbe gilt auch für die Entstehung des Lebens an sich: Die Theorie der Urzeugung oder Spontanzeugung von Leben aus unbelebter Materie wurde zunächst mit der Sichtung von Maden in faulendem Fleisch, später mit den im Mikroskop entdeckten Bakterien bewiesen.[63] Mit Sterilisierungstechniken wurde sie zwar in dieser Form widerlegt, jedoch wurde gezeigt, dass die chemische Evulotion die Genese von biotischen Zellen aus der sogeannten Ursuppe möglich machte.[64] Von hier aus führt der Weg in die Selbstorganisationstheorie, Chaosforschung und Systemtheorie,[65] an die die Hoffnung geknüpft wird, sowohl das Biotische als auch das Technische weniger mechanistisch und deterministisch fassen zu können.[66] Die binäre Grenzziehung zwischen ‚toter Materie' einerseits und ‚lebendigen Organismen' wurde dabei zunehmend in Frage gestellt.[67] Die Selbstgenerationsfähigkeit und ‚Unbändigkeit' der Natur (teils im Sinne von Organizismus oder Vitalismus) im Kontrast zu Determinismus und Mechanizismus sowie etwa zunehmende Naturausbeutung adäquat beschreiben zu können, war ein grundsätzliches Anliegen feministischer Theo-

60 N. LUHMANN, Soziale Systeme. Grundriss einer allgemeinen Theorie, Frankfurt/M 1984.
61 J. WEBER, Turbulente Körper und emergente Maschinen. Über Körperkonzepte in neuerer Robotik und Technikkritik, in: J. WEBER / C. BATH (Hg.), Turbulente Körper und soziale Maschinen. Feministische Studien zur Technowissenschaftskultur, Opladen 2003, S. 119–136.
62 SAUPE, Selbstreproduktion von Natur, S. 23.
63 W. KÖHLER Entwicklung der Mikrobiologie mit besonderer Berücksichtigung der medizinischen Aspekte, in: Ilse Jahn (Hg.): Geschichte der Biologie, Berlin 2000.
64 W. MARTIN / M. J. RUSSELL, On the origins of cells: a hypothesis for the evolutionary transitions from abiotic geochemistry to chemoautotrophic prokaryotes, and from prokaryotes to nucleared cells, in: Philosophical Transactions of the Royal Society 2003, Bd. 358, S. 59–85.
65 I. PRIGOGINE / I. STENGERS, Dialog mit der Natur, München 1993.
66 Vgl. SCHEICH, Naturbeherrschung und Weiblichkeit, S. 6; S. BURREN / K. RIEDER, Organismus und Geschlecht in der genetischen Forschung, Bern 2000; J. CALVERT, The commodification of emergence: Systems biology, synthetic biology and intellectual property, in: BioSocieties 2008, H. 3, S. 383–398.
67 D. HARAWAY, Ein Manifest für Cyborgs. Feminismus im Streit mit den Technowissenschaften, in: dies.: Die Neuerfindung der Natur, Frankfurt/M. 1995, S. 33–72; B. LATOUR, Wir sind nie modern gewesen, Frankfurt/M. 2002; PRIGOGINE / STENGERS, Dialog mit der Natur.

rie zu Lebenskonzepten in den 1970er und 80er Jahren.[68] Später dagegen überwogen Ansätze, die versuchten, Technik und Natur als miteinander vereinbar zu denken, sie begrüßten daher z.T. die Idee der Selbstorganisation.[69] Elvira Scheichs Untersuchung der historischen Debatten um Selbstorganisation kommt allerdings zu dem Schluss, dass, indem eine übergeordnete, abstrakte Reproduktionseinheit gewählt wird, Geschlechtlichkeit und damit auch die weibliche Rolle in der Generativität ausgeklammert würde, während das Prinzip des Wandels ein männliches bleibe.[70]

Gegenüber der (scheinbar) nicht-geschlechtlichen Zeugung von Lebendigem aus toter Materie, als Autopoiese oder Urzeugung, wurde die Selbstzeugung aus (dann weiblich definierten) Lebenwesen heraus zumindest seit Mitte des 19. Jahrhunderts ein problematisches Politikum. Diese Art der Fortpflanzung, die nach heutigem biologischen Verständnis in allen Tiergruppen vereinzelt oder verbreitet vorkommt und lediglich für Säuge- und Beuteltiere ausgeschlossen wird, war bereits Aristoteles vertraut[71] und Erzählungen von rein weiblicher Fortpflanzung in Mittelmeerraum und Orient, sowie in frühen christlichen Schriften weit verbreitet.[72] Seit den ersten mikroskopischen Beobachtungen der Entwicklung unbefruchteter Eizellen durch Marcello Malpighi 1675 mehrten sich die Berichte von Jungfernzeugungen im Tierreich über die Jahrhunderte.[73] In der Debatte zwischen Ovisten und Animakulisten stärkte die Parthenogenese die Position der Ovisten.[74] Nachdem nicht einmal der Geschlechtsakt als Impuls der Eientwicklung beobachtet wurde, wurde die Parthenogenese einerseits als willkommenes Argument für die Position verwendet, Zellen und Lebewesen seien grundsätzlich hermaphroditisch und eine dichotome Zweigeschlechtlichkeit als These abzulehnen,[75] andererseits wurde sie aus demselben Grund

---

68 S. u.a. B. HOLLAND-CUNZ, Soziales Subjekt Natur. Natur- und Geschlechterverhältnis in emanzipatorischen politischen Theorien, Frankfurt/M. 1994; V. SHIVA (Hg.): ... schließlich ist es unser Leben. Ökofeministische Beiträge aus aller Welt, Darmstadt 1995; vgl. S. SCHULTZ, Feministische Bevölkerungspolitik? Zur internationalen Debatte um Selbstbestimmung, in: Gender Killer, Berlin 1994, S. 11–23.

69 Zur Übersicht siehe Saupe, Verlebendigung der Technik; J. WEBER (2003): Umkämpfte Bedeutungen: Naturkonzepte im Zeitalter der Technoscience, Frankfurt am Main, New York.

70 Dies gilt bei Scheichs Untersuchung zumindest für Selbstorganisationsideen bis hin zu Darwins Konzept der Artenevolution: Scheich, Naturbeherrschung und Weiblichkeit, S. 279ff.

71 ARISTOTELES, Über die Zeugung der Geschöpfe. P. GOHLKE (Hg.), Paderborn 1959.

72 A. PREUSS, Science and philosophy in Aristotle's generation of animals, in: Journal of the History of Biology 1970, 3, 1, S. 1–52; G. KOLLER, Daten zur Geschichte der Zoologie. Band 4, Bonn 1949.

73 P. GEDDES; A. THOMSON, The evolution of sex, London 1914; I. Jahn, Biologiegeschichte, Jena 1998.

74 COLEMAN, Cell, nucleus, and inheritance.

75 R. LEUCKART, Zur Kenntnis des Generationswechsels und der Parthenogenese bei Insekten, Frankfurt/M. 1858.

als eine Bedrohung der Rolle der beiden Geschlechter beschrieben.[76] Die Lösung dieser Bedrohung wurde über die aristotelische Vorstellung der größeren (energetischen) Bedeutung des männlichen Beitrags herbeigeführt: Diese trug zur sexuellen Ordnung der Moderne bei, indem schließlich, in einem nach der Ansicht des Historikers Frederick Churchill grundlegenden Schritt, die sexuelle Fortpflanzung als höherwertig gegenüber der asexuellen gesehen wurde.[77] So beschrieb etwa Johan Japetus Steenstrup 1845 erstmals den Wechsel von sexueller zu asexueller (parthenogenetischer) Generation[78] und begründete die Höherwertigkeit ersterer mit ökonomischen Begriffen des Verbrauchs der spermatischen Kräfte im Lauf der asexuellen Generationen.[79]

Auch Ende des 20. Jahrhunderts reflektieren Theorien zur Parthenogenese sowie die Geschichtsschreibung zu früheren Theorien über sie, wie die Biologin Smilla Ebeling feststellt, die gesellschaftlich aktuellen „diskursiven Aushandlungen um die ‚Fortpflanzungsmacht'".[80] Evolutionsbiologische Texte problematisierten die eingeschlechtliche Fortpflanzung etwa als evolutionäre „Sackgasse",[81] während der zweigeschlechtlichen Zeugung höhere genetische Flexibilität zugeschrieben würde.[82] Wie Ebeling feststellt, diskutierten populärwissenschaftliche Texte zur Parthenogenese die „Freiheitsbestrebungen der Frauen'", die „die Männchen abschaffen".[83] Ein ähnliches Motiv, Frauen könnten mittels künstlicher Befruchtung gänzlich ohne Männer leben, wird zur gleichen Zeit, Ende des 20. Jahrhunderts von manchen wissenschaftlichen Befürwortern der breiten Anwendung von Gen- und Reproduktionstechnologien als emanzipatorisches Argument ebenfalls in die Öffentlichkeit gebracht.[84]

Zeugung jenseits der sterblichen Körper: Re-/Produktion und Biokapital

Für feministische Interpretationen der Befreiung der Frau durch Technologien bietet Simone de Beauvoir eine liberal-feministische Argumentationsfolie, die nicht so sehr die gesellschaftlichen Bedingungen unter denen Reproduktion stattfindet für die

---

76 C. T. E. VON SIEBOLD, Wahre Parthenogenesis bei Schmetterlingen und Bienen. Ein Beitrag zur Fortpflanzungsgeschichte der Thiere, Leipzig 1856, S. 140f.

77 CHURCHILL, Sex and the single organism.

78 J. I. STEENSTRUP, On the alternation of generations. Whitefisch, MT 2008/1848.

79 Ebd.

80 S. EBELING 2002, Die Fortpflanzung der Geschlechterverhältnisse. Das metaphorische Feld der Parthenogenese in der Evolutionsbiologie, Mössingen-Talheim, S. 293.

81 Ebd., S. 284.

82 Ebd., S. 280.

83 Ebd., S. 291.

84 Z.B. C. DJERASSI, Der entmachtete Mann, EMMA 1999, H. 5, S. 50-51; zur Übersicht s. B. BOCK V. WÜLFINGEN, Genetisierung der Zeugung – Eine Diskurs und Metaphernanalyse Reproduktionsgenetischer Zukünfte, Bielefeld 2007, S. 128–136.

‚Unfreiheit' der Frau verantwortlich machte, sondern primär die biologische Bindung der Reproduktion an den weiblichen Körper.[85] Entsprechend forderte Shulamith Firestone in ihrem radikalfeministischen „The Dialectic of Sex" (1970) die Befreiung von Frauen von ihrer Biologie durch neue Reproduktionstechniken.

Spätestens allerdings mit der Realisierung der In-vitro-Fertilisation und der ersten Geburt eines In-vitro gezeugten Kindes, Louise Brown 1978, wurden die technischen Möglichkeiten der Reproduktion und insbesondere der Zeugung außerhalb des Körpers feministisch überwiegend kritisch diskutiert.

Gerade die Entwicklung der biomedizinischen Positionen zu sogenannter künstlicher Befruchtung zeigen die Verwobenheit gesellschaftlicher Prozesse und wissenschaftlicher Erkenntnis: Wie die Historikerin Christina Benninghaus ausführt, wandelte sich die Insemination zwischen dem erstmaligen Bericht über eine „künstliche Befruchtung"[86] einer Frau 1865 und den best verkauften Büchern der Ärzte Herrmann Rohleder und Albert Döderlein 1911 und 1912 über ihre Befruchtungserfolge von einer verpönten Praxis zu einer zwar selten angewandten, aber anerkannten Infertilitätsbehandlung vor dem Hintergrund einer veränderten Wahrnehmung der Bedeutung von Unfruchtbarkeit. „Gesellschaftliche Veränderungen liessen Sterilität zu einem nicht nur individuellen, sondern auch gesellschaftlichen Problem werden. Künstliche Befruchtung erschien einerseits als eine Lösungsstrategie, die gleichermassen dem Rückgang der Bevölkerung entgegenarbeitete und die Geschlechterordnung restaurierte."[87] Eine Parallele lässt sich in den biologischen Zeugungskonzepten aufzeigen, indem die zunehmende Ablehnung hermaphroditischer Konzepte und die Heterosexualisierung des biologischen Zeugungsverständnisses von den etwa 1870er Jahren bis zu den 1920ern politisch begleitet ist von einer auch rechtlichen Festlegung der Geschlechter u.a. mit dem Erlaß eines Personenstandsrechts im Zusammenhang mit der Eheschließung 1875, das das Preußische Landrecht, das den Begriff des Zwitters noch kennt, ersetzte.[88] In einer Zeit, in der die erste Frauenbewegung und der Rückgang der Zeugungswilligkeit als Maskulinisierung problematisiert und medizinisch in Form der „Genitalhypoplasie" gefasst wird,[89] ist die Natur-

---

85 S. BEAUVOIR 2005, Das andere Geschlecht, Reinbek.
86 ... des US-amerikanischen Gynäkologen J. M. SIMS, Klinik der Gebärmutterchirurgie mit besonderer Berücksichtigung der Behandlung der Sterilität. Deutsch herausgegeben von Dr. Hermann Beigel, Erlangen 1870, S. 305.
87 C. BENNINGHAUS, Eine „unästhetische Prozedur". Debatten über „künstliche Befruchtung" um 1910, in: B. ORLAND (Hg.), Artifizielle Körper – lebendige Technik. Technische Modellierungen des Körpers in historischer Perspektive, Zürich 2005, S. 107–128, hier S. 114f.; vgl. C. SCHREIBER, Natürlich künstliche Befruchtung? Eine Geschichte der In-vitro-Fertilisation von 1878 bis 1950, Göttingen 2007.
88 K. Plett, Intersexuelle: Gefangen zwischen Recht und Medizin, in: F. KOHER u.a. (Hg.), Gewalt und Geschlecht. Konstruktionen, Positionen, Praxen, Opladen 2003, S. 21–42.
89 R. BRÖER, Genitalhypoplasie und Medizin. Über die soziale Konstruktion einer Krankheit. Zeitschrift für Sexualforschung 2004, H. 17, S. 213–238.

forschung geradezu besessen von der Geschlechtlichkeit der Zellen.[90] Zugleich beginnt im deutschen Sprachraum der Begriff der „Vererbung" seit den 1880ern die vorherigen, „Erblichkeit" oder „Zeugung", zu ersetzen, sodass ererbte Rechte und Besitz mit der Zeugung fixiert werden, mit Körpermerkmalen in eins fallen und per Blutsverwandtschaft Ein- und Ausschlüsse artikuliert werden.[91]

Auch die verschiedenen geschlechtertheoretischen Perspektiven, die wiederum seit der zweiten Frauenbewegung zur Laborzeugung und anhängigen Möglichkeiten des genetischen Eingriffs entwickelt wurden, spiegeln sowohl die gesellschaftlichen, politischen und technischen Entwicklungen, vor allem aber auch die der Frauen- und Geschlechterforschung insgesamt. Die deutschen feministischen Diskurse zeigten im Kontext der jeweiligen verschiedenen Gesetzgebungsverfahren zur Laborzeugung wie in kaum einem anderen Land eine einhellig kritischer Position gegenüber künstlichen Reproduktionsverfahren (in einer Tradition der Frankfurter Schule in der Haltung zu Exzessen aufklärerischen Rationalismus)[92]. Sie betonten vor allem den Verdacht der Ausbeutung der Frau und ihres Körpers und argumentierten mit inhaltlichen Bezügen auf die einschlägigen feministische Aktivistinnen Maria Mies, Gena Correa oder die internationale Gruppe Finrrage.[93, 94] Ein dominanter liberal-feministischer „Diskurs der Aufklärung"[95] wiederum vertritt dagegen seit den 1990er Jahren jeweils in Parlamenten Großbritanniens, Deutschlands und vor allem den USA ähnlich die Position, dass, da Frauen nicht allein Opfer kapitalistischer Verblendung seien, wie der marxistisch inspirierte feministische Diskurs suggeriere, in jedem Fall selbst entscheiden könnten und können müssten, ob, wann und wie sie Kinder bekommen wollen.[96] Beckmann und Harvey begründen das frühe Erstarken

---

90 H.-J. RHEINBERGER, Biologische Forschungslandschaften um 1900, in: M. L. ANGERER / C. KÖNIG (Hg.): Gender goes Life. Die Lebenswissenschaften als Herausforderung für die Gender Studies, Bielefeld 2008.

91 CHURCHILL, From heredity theory to Vererbung, S. 338, FN 4.

92 P. O'MAHONY / M. S. SCHÄFER, 'The 'book of life' in the press: comparing German and Irish media discourse on human genome research', in: Social Studies of Science 2008, 35, 1, S. 99–130.

93 D. L. STEINBERG, Bodies in glass. Genetics, eugenics and embryo ethics, Manchaster 1997; M. MIES / V. SHIVA, Ökofeminismus. Beiträge zur Praxis und Theorie, Zürich 1995; zur Übersicht s. auch H. HOFMANN, Die feministischen Diskurse über Reproduktionstechnologien. Positionen und Kontroversen in der BRD und den USA, Frankfurt/M. 1999.

94 Über die Grünen und den linken Flügel der SPD gingen diese Positionen im Bundestag in das weiterhin wirksame Embryonenschutzgesetz ein. C. AUGST, Verantwortung für das Denken. Feministischer Umgang mit neuen Reproduktionstechnologien in Großbritannien und der Bundesrepublik, in: Krankheitsursachen im Deutungswandel. Jahrbuch für Kritische Medizin 34, Hamburg 2001, S. 135–156.

95 Ebd. S. 149.

96 AUGST, Verantwortung für das Denken; G. HAIG, Reproduction not a condition of marriage. The Ottawa Citizen 2001, October 16.; R. MACKEY, The way we live now. Expert opinion: Hazing; Join the Club, The New York Times, March 19; R. MAURA, Ethics and economics of assisted reproduction. The cost of longing, Washington D.C. 2001.

einer liberalen feministischen Position zu neuen Reproduktionstechnologien in den USA in ihrer historisierenden Übersicht[97] damit, dass Frauen sich dort früh als Angehörige oder Patientinnen z.T. für Stammzellforschung oder Infertilitätsbehandlungen begannen einzusetzen,[98] oder als Vorreiterinnen im praktischen Umgang mit Gentests am Embryo oder den Gameten fungieren, da sie unter anderem durch die Beratungssituation Hauptverantwortung für die Gesundheit ihrer Kinder auf sich nähmen.[99]

Seit Ende der 1990er Jahre zeigt sich der deutsche Diskurs zu Laborzeugungsverfahren als akademisch etabliert und argumentiert weniger mit der Ausbeutung weiblicher Körper als eher mit gesundheitlichen, technischen und sozialen Risiken;[100] Fragen des internationalen Marktes und dominanten ethischen Debatten.[101] In einer dritten ‚Welle' der vergangenen Jahre wurde Gouvernementalität im Sinne Foucaults stärker als Interpretationsfolie gewählt und AnwenderInnen dabei als im selben Machtfeld sich bewegend wahrgenommen.[102] Seither mehren sich international Interviewstudien und internationale Vergleichsarbeiten, die mit soziologischen, anthropologischen oder ethnologischen Methoden Elemente der Praktiken der Laborzeugungsverfahren, wie etwa die Motivation von Frauen zur Eizellspende, vorgeburtlicher Diagnostik oder IVF untersuchen[103] oder die internationale Bewegung von ‚Biomaterial' wie Spermien und Eizellen verfolgen.[104]

97 L. J. BECKMAN / S. M. HARVEY, Current reproductive technologies: increased access and choice? in: Journal of Social Issues 2005, 61, 1, S. 1–20.

98 Ebd., A. STEVENS, Cloning debate splits women's health movement. Women in Action 2002, March 31, S. 63–64.

99 Ebd., R. RAPP, Chromosomes and communication: the discourse of genetic counselling. Medical Anthropology Quarterly 1988, Bd. 2, H. 2, S. 143–157.

100 I. SCHNEIDER, Embryonen zwischen Virtualisierung und Materialisierung – Kontroll- und Gestaltungswünsche an die technische Reproduktion, in: Technikfolgenabschätzung 2002, Bd. 2, H. 11, S. 45–55.

101 E. KUHLMANN / R. KOLLEK (Hg.), Konfiguration des Menschen. Biowissenschaften als Arena der Geschlechterpolitik, Opladen 2002; E. BECK-GERNSHEIM, Health and responsibility: From social change to technological change and vice versa, in: B. ADAM u.a., The risk society and beyond. Critical issues for social theory, London 2000, S. 122–135; Genethisches Netzwerk / G. PICHLHOFER (Hg.), Grenzverschiebungen: Politische und ethische Aspekte der Fortpflanzungsmedizin, Frankfurt/M. 1999; B. MANHART, Zur Dynamik von Moral und Technik im Bereich der Fortpflanzungsmedizin, in: U. BECK u.a. (Hg.), Der unscharfe Ort der Politik, Opladen 1999, S. 151–183.

102 Z.B. S. GRAUMANN, Germ line ‚therapy': Public opinions with regard to eugenics, in: E. HILDT / S. GRAUMANN (Hg.), Genetics in human reproduction. Ashgate 1999, S. 175-184; U. NAUE, Biopolitik der Behinderung: die Macht der Norm und des „Normalen", Politix 2005, 19, S. 7–12.

103 S. z.B. M. STRATHERN, Reproducing the Future: Anthropology, Kinship, and the New Reproductive Technologies, Routledge 1992; S. BECK u.a. (Hg.), Verwandtschaft machen. Reproduktionstechnologien und Adoption in Deutschland und der Türkei. Berliner Blätter. Ethnographische und ethnologische Beiträge, Bd. 42, Münster 2007; S. FRANKLIN / C. ROBERTS, Born and Made: an ethnography of preimplantation genetic diagnosis,

Die Änderung des feministischen Diskurses, der nun weniger die prekäre Rolle des Frauenkörpers auch in extrakorporalen Zeugungsverfahren unterstreicht, sondern auf diskursive Praktiken scheinbar jenseits eines binären Geschlechtskörpers verweist, wurde mitunter als eine postmodern trendgerechte Entsolidarisierung im Sinne der „Entkörperung der Frauen", als ein Verschwinden von „L/weiblichkeit" kritisiert.[105] Diese Verschiebung reflektiert zugleich die Veränderung im betrachteten Gegenstand, der Zeugungsverfahren und Reproduktionsgenetik.[106] Denn einerseits zeigt sich, dass auch der männliche Körper zunehmend in den Blick der Biopolitiken rückt, wie im Zuge der Erweiterung der Andrologie.[107] Andererseits stellen die Analysen reproduktionswissenschaftlicher und -medizinischer Praktiken seit etwa der Jahrtausendwende eine Abkehr vom Primat der herkömmlichen fordistischen Mehrung, des Vertriebs und der Kontrolle biologischer Güter zu Gunsten einer Hinwendung zur zunehmenden molekularen Wertschöpfung des Körpers oder allein zu Potenzialen des Eingreifens fest: „postmodern approaches to reproduction are centered on *transformation of* reproductive bodies and processes".[108] Dabei wird

---

Princeton 2006; W. DE JONG / O. TKACH (Hg.), Normalising newness of reproductive technologies: social and cultural perspectives from Russia, Switzerland and Germany, Münster, im Erscheinen 2009; M. LOCK, Perfektionierte Gesellschaft: Reproduktive Technologien, genetische Tests und geplante Familien in Japan, in: I. LENZ u.a. (Hg.), Reflexive Körper? Zur Modernisierung von Sexualität und Reproduktion, Opladen 2003; S. M. KAHN, Reproducing Jews: a cultural account of assisted conception in Israel, Durham 2000.

104 C. WALDBY, Women's reproductive work in embryonic stem cell research. New Genetics and Society 2008, Bd. 27, H. 1, S. 19–31; S. BERGMANN, Managing transnational kinship. An ethnographic account of gamete donation in a Spanish IVF clinic, Workshop Paper, Conference: "Past, Present, Future. From Women's Studies to Post-Gender Research", Umeå University, 14.–17.06.2007, www.umu.se/kvf/aktuellt/ppf/sbergmann.pdf (29.04.09).

105 B. DUDEN, Die Frau ohne Unterleib: Zu Judith Butlers Enkörperung. Feministische Studien 1993, H. 2, S. 24–33; B. KRONDORFER, Von Unterschieden und Gleich-Gültigkeiten. Eine Stellungnahme wider die Auflösung der W/Leiblichkeit, in: E. MIXA u.a., Körper – Geschlecht – Geschichte, 1996, S. 60–76, hier S. 60; vgl. C. BATH u.a., Materialität denken – Positionen und Werkzeuge, in: C. BATH u.a. (Hg.), Materialität denken – Studien zur technologischen Verkörperung, Bielefeld 2005, S. 9–30; L.N. TRALLORI, Eugenik – Wissenschaft und Politik als Fortsetzung des Krieges, in: E. MIXA u.a., Körper – Geschlecht – Geschichte, 1996, S. 164–180.

106 Vgl. die Beiträge von G. BERG, I. Schneider und B. DUDEN in: E. KUHLMANN / R. KOLLEK (Hg.), Konfiguration des Menschen. Biowissenschaften als Arena der Geschlechterpolitik, Opladen 2002.

107 T. WÖLLMANN, Die Neuerfindung des Männerkörpers: Zur andrologischen Reorganisation des Apparats der körperlichen Produktion, in: C. BATH u.a., Materialität denken 2005, S. 141–166.

108 A. CLARKE, Disciplining reproduction. Modernity, American life sciences, and „the problems of sex", Berkeley 1998, S. 10, Hervorhebung im Original.

oft die Analyse unterstützt, es gehe hier um „biocapital"[109] im Sinne einer Ausweitung von Möglichkeiten im Zugriff auf das Material und „life itself".[110] Das mit dem Autopoiesiskonzept postulierte Ineinsfallen von Produktion und Reproduktion wird somit ökonomische Realität. Zugleich wird „Leben" von Weiblichkeit entkoppelt und eher mit Molekülen und Einzellern verbunden,[111] das historische Projekt der Überwindung des Todes[112] durch die Entzifferung der DNA, des Textes des Lebens (in einer Gleichsetzung von Bibel, Gott-/Naturerkenntnis und Genom)[113] wird nun auf zellulärer Ebene fortgeschrieben;[114] der durch den Körper symbolisierte zeitliche Verfall im Blick auf die inzwischen weit über das nur Genomische hinaus gehenden Generativität der Zelle systemtheoretisch und biosynthetisch gebändigt und in Wert gesetzt. Auf körperlicher Ebene findet eine Entkopplung nicht nur statt zwischen Sex und Fortpflanzung, sondern auch zwischen Sex und Geschlechtsverkehr, indem Erotik und Begehren längst platonische Ausdrucksformen in musikalischer oder textlicher Extase finden,[115] einerseits und zwischen Zeugung und (Hetero-)Sexualität, die zu einer ausschließlichen Kopplung von Zeugung und (platonischer) Liebe

---

109 K. S. RAJAN, Biocapital: The constitution of postgenomic life. Combined Academic Publication 2006; s. a. C. WALDBY / R. MITCHELL, Tissue economies. Blood, organs and cell lines in late capitalism, Duke 2006; S. Franklin, Dolly mixtures: the remaking of geneology, Duke 2007, S. 46–72; B. BOCK V. WÜLFINGEN, Genetische Kolonisation als Flexibilisierung – warum die Genetisierung der Zeugung keine Medikalisierung ist, in C. WÜRMANN u.a. (Hg.) Welt.Raum.Körper – Globalisierung, Technisierung, Sexualisierung von Raum und Körper, Bielefeld 2007, S. 139–158.

110 N. ROSE, The politics of life itself. Biomedicine, power and subjectivity in the twenty-first century, Princeton 2006.

111 M. O'MALLEY, J. DUPRÉ, Introduction: Towards a philosophy of microbiology. Studies in History and Philosophy of Biological and Biomedical Sciences 2007, Bd. 38, H. 4, S. 775–779; mit besonderem Hinweis auf die biologische Umkehrbarkeit der Zeit in Stammzellen S. FRANKLIN, Dolly mixtures: the remaking of geneology, Duke 2007, S. 19–45.

112 F. BACON, New Atlantis, in: The world's great classics: Ideal commonwealths – Francis Bacon, Thomas More, Thomas Campanelle, James Harrington (1901), New York 1993, S. 103–137, hier S. 111, 118; vgl. A. BERGMANN, Die Verlebendigung des Todes und die Tötung des Lebendigen durch den medizinischen Blick, in: E. MIXA u.a. (Hg.), Körper – Geschlecht – Geschichte, 1996, S. 77–95, hier S. 77.

113 E. R. CURTIUS, Das Buch als Symbol, in: Ders.: Europäische Literatur und lateinisches Mittelalter, Bern 1948, S. 304–351; H. BLUMENBERG, Der genetische Code und seine Leser, in: Ders.: Die Lesbarkeit der Welt, Frankfurt/M. 1983, S. 372–409; E. F. KELLER, Das Leben neu denken, München 1998, S. 105ff; C. BRANDT, Metapher und Experiment. Von der Virusforschung zum genetischen Code, Göttingen 2004, S. 257ff und 14ff; C. VON BRAUN, Versuch über den Schwindel, Zürich 2001.

114 B. BOCK V. WÜLFINGEN, Virulente Perspektiven der Reproduktion. Von der Befruchtung zur entgrenzten Infektion, in: G. ENGEL / N. C. KARAFYLLIS (Hg.), Re-Produktionen, Berlin 2005, S. 115–130.

115 Y. BAUER, Sexualität – Körper – Geschlecht. Befreiungsdiskurse und neue Technologien, Opladen 2003.

wird,[116] die bereits seit dem 17. Jahrhundet in der Legitimation der Zeugungen die Kirche ablöst.[117] Bei allen historischen Veränderungen verweist beides zurück auf Kontinuitäten des ‚Anfangs': für die christliche Kirche scheint kaum etwas so problematisch wie die Reproduktion im gleichgeschlechtlichen Paar[118] und die Liebe erscheint als die sublimierte Hitze, die der Geschlechtsakt zur Zeugung im Rekurs noch auf Aristoteles und Galen bis in das 20. Jahrhnundert hinein benötigte.

Literatur

ADAM, Barbara / BECK, Ulrich / VAN LOON, Joost, 2000: The risk society and beyond. Critical issues for social theory. London.

ANGERER, Marie Luise / KÖNIG, Christiane (Hg.), 2008: Gender goes Life. Die Lebenswissenschaften als Herausforderung für die Gender Studies. Bielefeld.

ARISTOTELES, 1959: Über die Zeugung der Geschöpfe. Übers. v. Paul Gohlke (Hg.). Paderborn.

BAADER, Meike, 1996: Generation: Versuche über eine pädagogisch-anthropologische Grundbedingung. Weinheim.

BATH, Corinna, 2009: De-gendering informatischer Artefakte. Im Erscheinen.

BATH, Corinna / BAUER, Yvonne / BOCK V. WÜLFINGEN, Bettina / SAUPE, Angelika / WEBER, Jutta (Hg.), 2005 Materialität denken – Studien zur technologischen Verkörperung. Bielefeld.

BAUER, Yvonne, 2003: Sexualität – Körper – Geschlecht. Befreiungsdiskurse und neue Technologien. Opladen.

BECK, Stefan / CIL, Nevim / HESS, Sabine / KLOTZ, Maren / KNECHT, Michi (Hg.), 2007: Verwandtschaft machen. Reproduktionstechnologien und Adoption in Deutschland und der Türkei. Berliner Blätter. Ethnographische und ethnologische Beiträge, Bd. 42, Münster.

BEER, Ursula (Hg.), 1989: Klasse Geschlecht. Feministische Gesellschaftsanalyse und Wissenschaftskritik. Bielefeld, S. 95–131.

BEGEMANN, Christian / WELLBERY, David (Hg.), 2002: Kunst – Zeugung – Geburt. Theorien und Metaphern ästhetischer Produktion in der Neuzeit. Freiburg im Breisgau.

BERKEL, Irene (Hg.), 2009: Postsexualität. Zur Transformation des Begehrens. Gießen.

---

116 B. BOCK V. WÜLFINGEN, Platonische Gene. Materialisierung der Liebe in der postsexuellen Fortpflanzung, in: I. BERKEL (Hg.), Postsexualität. Zur Transformation des Begehrens, Gießen 2009, S. 63–78.

117 LUHMANN, Liebe als Passion, S. 140.

118 U. AUGA, „Lasst die Kinder zu mir kommen". Die gleichgeschlechtliche Lebensgemeinschaft mit Kindern - Affront für etablierte christliche (Bio)theologien?, in: D. FUNCKE / P. THORN (Hg.), Die gleichgeschlechtliche Lebensgemeinschaft mit Kindern – Interdisziplinäre Perspektiven, Bielefeld 2009.

BLUMENBERG, Hans, 1983: Der genetische Code und seine Leser. In: Ders.: Die Lesbarkeit der Welt. Frankfurt/M., S. 372–409.

BOCK V. WÜLFINGEN, Bettina, 2007: Genetisierung der Zeugung – Eine Diskurs und Metaphernanalyse Reproduktionsgenetischer Zukünfte. Bielefeld.

BRANDT, Christina, 2004: Metapher und Experiment. Von der Virusforschung zum genetischen Code. Göttingen.

BURREN, Susanne / RIEDER, Katrin, 2000: Organismus und Geschlecht in der genetischen Forschung. Bern.

CALVERT, Jane, 2008: The commodification of emergence: Systems biology, synthetic biology and intellectual property. BioSocieties H. 3, S. 383–398.

CHURCHILL, Frederick B., 1987: From heredity theory to Vererbung. The transmission problem, 1850–1915. Isis, 78, S. 337–364, S. 339.

CLARKE, Adele 1998: Disciplining reproduction. Modernity, american life sciences, and „the problems of sex". Berkeley.

COLEMAN, William, 1965: Cell, nucleus, and inheritance: An historical study. In: Proceedings of the American Philosophical Society, Bd. 109, H. 3, S. 124–158.

DE JONG, Willemijn / TKACH, Olga (Hg.), 2009: Normalising Newness of Reproductive Technologies: Social and Cultural Perspectives from Russia, Switzerland and Germany. Münster, im Erscheinen

EBELING, Smilla, 2002: Die Fortpflanzung der Geschlechterverhältnisse. Das metaphorische Feld der Parthenogenese in der Evolutionsbiologie. Mössingen-Talheim.

ENGEL, Gisela / KARAFYLLIS, Nicole C. (Hg.), 2005: Re-Produktionen. Berlin.

FUNCKE, Dorett / THORN, Petra (Hg.): Die gleichgeschlechtliche Lebensgemeinschaft mit Kindern – Interdisziplinäre Perspektiven. Transcript 2009.

FARLEY, John, 1977: The spontaneous generation controversy from Descartes to Oparin. Baltimore.

FARLEY, John, 1982: Gametes and spores: Ideas about sexual reproduction 1750–1914. Baltimore.

FAUSTO-STERLING, Anne, 2000: Sexing the Body – Gender Politics and the Construction of Sexuality. New York.

FRANKLIN, Sarah / ROBERTS, Celia, 2006: Born and Made: an ethnography of pre-implantation genetic diagnosis. Princeton.

FRANKLIN, Sarah, 2007: Dolly mixtures: the remaking of geneology. Duke.

GEN-ETHISCHES NETZWERK / PICHLHOFER, Gabriele (Hg.), 1999: Grenzverschiebungen: Politische und ethische Aspekte der Fortpflanzungsmedizin. Frankfurt am Main.

GINSBERG, Faye D. / RAPP, Rayna: Conceiving the new world order: The global stratification of reproduction. Berkeley.

HARAWAY, Donna, 1995: Ein Manifest für Cyborgs. Feminismus im Streit mit den Technowissenschaften. In: dies.: Die Neuerfindung der Natur. Frankfurt am Main, S. 33–72.

Harders, Levke, 2008: Wissens- und Geschlechterordnung in den American Studies. Zeitschrift für Germanistik, H. 18, 2, S. 348–356.

HAYLES, Katherine, 1999: How we became posthuman. Virtual Bodies in Cybernetics, Literature, and Informatics. Chicago.

HEUSER-KEßLER, Marie-Luise / JACOBS, Wilhelm G. (Hg.), 1994: Selbstorganisation: Schelling und die Sebstorganisation. Neue Forschungsperspektiven. Jahrbuch für Komplexität in den Natur-, Sozial- und Geisteswissenschaften, Bd. 5. Berlin.

HILDT, Elisabeth / GRAUMANN, Sigrid (Hg.), 1999: Genetics in human reproduction. Ashgate.

HOFMANN, Heidi, 1999: Die feministischen Diskurse über Reproduktionstechnologien. Positionen und Kontroversen in der BRD und den USA. Frankfurt/M.

HOLLAND-CUNZ, Barbara, 1994: Soziales Subjekt Natur. Natur- und Geschlechterverhältnis in emanzipatorischen politischen Theorien. Frankfurt/M.

HONEGGER, Claudia, 1992: Die Ordnung der Geschlechter: Die Wissenschaften vom Menschen und das Weib. Frankfurt/M.

IRIGARAY, Luce, 1980: Speculum. Spiegel des anderen Geschlechts. Frankfurt/M.

JAHN, Ilse, 1998: Biologiegeschichte. Jena.

KAHN, Susan Martha, 2000: Reproducing Jews: a cultural account of assisted conception in Israel. Durham.

KELLER, Evelyn Fox, 1986: Liebe, Macht und Erkenntnis, München.

KELLER, Evelyn Fox, 1998: Das Leben neu denken. München.

KINGSLAND, Sharon E., 2007: Maintaining continuity through a scientific revolution. Isis 98: 468–488.

KOHER, Frauke / PÜHL, Katharina / PLETT, Konstanze (Hg.): Gewalt und Geschlecht. Konstruktionen, Positionen, Praxen. Opladen.

KUHLMANN, Ellen / KOLLEK, Regine (Hg.), 2002: Konfiguration des Menschen. Biowissenschaften als Arena der Geschlechterpolitik. Opladen.

LAQUEUR, Thomas, 1992: Auf den Leib geschrieben. Die Inszenierung der Geschlechter von der Antike bis Freud. Frankfurt/M.

LATOUR, Bruno, 2002: Wir sind nie modern gewesen. Frankfurt/M.

LENZ, Ilse / MENSE, Lisa / ULLRICH, Charlotte (Hg.), 2004: Reflexive Körper? Zur Modernisierung von Sexualität und Reproduktion. Opladen.

LUHMANN, Niklas, 1984: Soziale Systeme. Grundriss einer allgemeinen Theorie. Frankfurt/M.

LUHMANN, Niklas, 1994: Liebe als Passion. Zur Codierung von Intimität. Frankfurt/M.

MAIENSCHEIN, Jane, 1984: What determines sex? A study of converging approaches, 1880–1916. Isis, H. 75, S. 457–480.

MANHART, Barbara, 1999: Zur Dynamik von Moral und Technik im Bereich der Fortpflanzungsmedizin. In: Ulrich Beck / Maarten A. Hajer / Sven Kesselring (Hg.): Der unscharfe Ort der Politik. Opladen, S. 151–183.

MATURANA, Humberto R. / VARELA, Francisco J., 1987: Der Baum der Erkenntnis. Bern.

MAURA, Ryan, 2001: Ethics and economics of assisted reproduction. The cost of longing. Washington D.C.

MIES, Maria / SHIVA, Vandana. 1995: Ökofeminismus. Beiträge zur Praxis und Theorie. Zürich

MIXA, Elisabeth / MALLEIER, Elisabeth / SPRINGER-KREMSER, Marianne / BIRKHAN, Ingvild (Hg.), 1996: Körper – Geschlecht – Geschichte. Historische und aktuelle Debatten in der Medizin. Innsbruck.

MÜLLER-SIEVERS, Helmut 1997: Self-generation. Biology, philosophy, and literature around 1900. Stanford.

ORLAND, Barbara Orland (Hg.), 2005: Artifizielle Körper – lebendige Technik. Technische Modellierungen des Körpers in historischer Perspektive. Zürich.

PHILIPP, Karl, 1980: Zeugung als Denkform in Platons geschriebener Lehre. Zürich.

PINTO-CORREIA, Clara, 1997: The Ovary of eve. Egg, sperm and preformation, Chicago.

POMATA, Gianna, 1997 Vollkommen oder verdorben? Der männliche Samen im frühneuzeitlichen Europa. In: L'Homme, 6,2, S. 17-23

PRIGOGINE, Ilya / STENGERS, Isabelle, 1993: Dialog mit der Natur. München.

RAJAN, Kaushik Sunder, 2006: Biocapital: The constitution of postgenomic life. Combined Academic Publication.

RAPP, Rayna, 1988: Chromosomes and communication: The discourse of genetic counselling. Medical Anthropology Quarterly, 2, 2, S. 143–157.

ROSE, Niklas, 2006: The politics of life itself. Biomedicine, power and subjectivity in the twenty-first century. Princeton, New Jersey.

SAUPE, Angelika, 1997: Selbstreproduktion von Natur. Die Autopoiesistheorie: Herausforderung für eine feministische Theorie der Gesellschaft. Berlin.

SAUPE, Angelika, 2002: Verlebendigung der Technik. Bielefeld.

SCHEICH, Elvira, 1989: Naturbeherrschung und Weiblichkeit. Frankfurt am Main.

SCHIEBINGER, Londa, 1995: Am Busen der Natur. Erkenntnis und Geschlecht in den Anfängen der Wissenschaft. Stuttgart.

SCHMITZ, Sigrid / SCHINZEL, Britta (Hg.), 2004: Grenzgänge. Genderforschung in Informatik und Naturwissenschaften. Königstein/Taunus.

SCHREIBER, Christine, 2007: Natürlich künstliche Befruchtung? Eine Geschichte der In-vitro-Fertilisation von 1878 bis 1950. Göttingen.

SCHULTZ, Susanne, 1994: Feministische Bevölkerungspolitik? Zur internationalen Debatte um Selbstbestimmung. In: Gender Killer. Berlin, S. 11–23.

SHIVA, Vandana (Hg.), 1995: ... schließlich ist es unser Leben. Ökofeministische Beiträge aus aller Welt. Darmstadt.

STEINBERG, Deborah Lynn, 1997: Bodies in glass. Genetics, eugenics and embryo ethics. Manchester.

STRATHERN, Marilyn, 1992: Reproducing the Future: Anthropology, Kinship, and the New Reproductive Technologies.

TREUSCH-DIETER, Gerburg 1990: Von der sexuellen Rebellion zur Gen- und Reproduktionstechnologie. Tübingen.

TUANA, Nancy (Hg.), 1989: Feminism and Science. Bloomington.

VON BRAUN, Christina, 2001: Versuch über den Schwindel. Zürich, München.

VIENNE, Florence, 2009: Die Umdeutung der Samentiere in der Biologie des 19. Jahrhunderts: Eine neue Perspektive auf den geschlechtlichen Körper in der Moderne. In: Beiträge zur Wissenschaftsgeschichte 2009 im Erscheinen.

WALDBY, Catherine, 2008: Women's reproductive work in embryonic stem cell research. In: New Genetics and Society, Bd. 27, H. 1, S. 19–31.

WALDBY, Catherine / MITCHELL, Robert, 2006: Tissue economies. Blood, organs and cell lines in late capitalism. Duke.

WEBER, Jutta, 2003: Umkämpfte Bedeutungen: Naturkonzepte im Zeitalter der Technoscience. Frankfurt/M.

WEBER, Jutta / BATH, Corinna (Hg.), 2003: Turbulente Körper und soziale Maschinen. Feministische Studien zur Technowissenschaftskultur. Opladen.

WÜRMANN, Carsten / SMYKALLA, Sandra / SCHUEGRAF, Martina / POPPITZ, Angela (Hg.), 2007: Welt.Raum.Körper – Globalisierung, Technisierung, Sexualisierung von Raum und Körper. Bielefeld.

REPRODUKTION

von *Bettina Mathes*

Einleitung

Haben Medien ein Geschlecht? Ist Vervielfältigung eine Form der Fortpflanzung? Was verbindet Babys mit Bildern? Will man diese Fragen beantworten, stößt man auf den Begriff der Reproduktion. Aber zugleich stellen sich diese Fragen überhaupt erst, *weil* es den Begriff der Reproduktion gibt. Es liegt also nahe, bei der Wortgeschichte zu beginnen.

Etymologisch ist ‚Reproduktion' eine Zusammensetzung aus dem Lateinischen *producere* (herstellen) und der Vorsilbe *re-* (wieder), wobei *producere* wiederum aus dem Verbstamm *ducere* (ziehen, führen) und dem – Abstraktion anzeigenden – Präfix *pro* (vorwärts) besteht. Reproduktion bezeichnet also die Herstellung einer ‚Wiederholung' von etwas, das man durch ‚Abziehung' von etwas anderem gewinnt bzw. das Produkt dieses Prozesses. Zugegeben, diese Übersetzung klingt kompliziert, sie macht aber darauf aufmerksam, dass die Anfertigung einer Reproduktion auf einem Abstraktionsprozess beruht. Man könnte Reproduktion in diesem Sinne auch mit ‚Abziehbild' übersetzen. Tatsächlich wird das Wort ‚Reproduktion' – anders als ‚Produktion', dessen Verwendung schon im Mittelalter nachgewiesen ist – erst im Laufe des 19. Jahrhunderts bedeutsam – einem Jahrhundert, in dem die Photographie und damit die einflussreichste Technik zur Herstellung von ‚Abziehbildern' erfunden wird.[1] Mit der Photographie, die von einem ihrer Erfinder, dem Briten William Henry Fox Talbot (1800–1877), auch als unverfälschter Pinselstrich der Natur („pencil of nature") bezeichnet wurde, glaubte man eine Technik gefunden zu haben, mit deren Hilfe die Natur sich selbsttätig, ohne Zutun des Menschen reproduzierte, indem sie sich in ein Bild verwandelte.[2] Die Reproduktion, so könnte man sagen, ist die Natur der Natur. Eine Ansicht, die sich auch im Naturverständnis der Philosophie des 19. Jahrhunderts zeigt. So heißt es etwa bei Friedrich Wilhelm von Schelling (1775–1854) in Bezug auf die Natur: „Es ist schlechterdings kein Bestehen eines Produkts denkbar, ohne beständiges Reproducirtwerden. Das Produkt muß

1 R. SCHULZ, Artikel ‚Reproduktion', in: Historisches Wörterbuch der Philosophie, hg. v. J. Ritter, K. Gründe, Bd. 8, Basel 1992, Sp. 853–858.
2 P. GEIMER (Hg.), Ordnungen der Sichtbarkeit. Fotografie in Wissenschaft, Kunst und Technologie, Frankfurt/M. 2002.

gedacht werden als ein in jedem Moment vernichtet, und in jedem Moment neu producirt. Wir sehen nicht eigentlich das Bestehen des Produkts, sondern nur das beständige Reproducirtwerden."[3] Der abstrakte Prozess der Reproduktion wird hier auf die Natur übertragen und damit ‚naturalisiert'. Auch in der Ökonomie, dem zweiten großen Diskursfeld, in dem der Begriff ‚Reproduktion' eine zentrale Stelle einnimmt, geht es um das Verhältnis von biologischer und gesellschaftlicher Fortpflanzung. Karl Marx (1818–1883) und Friedrich Engels (1820–1895) beschreiben mit ‚Reproduktion' die Macht der kapitalistischen Geldwirtschaft, eine ‚zweite Natur', oder genauer: ein „gesellschaftlich vermitteltes Naturverhältnis" zu erzeugen, das die Reproduktion der Gesellschaft gewährleistet.[4] In dieser kurzen Wortgeschichte deutet sich schon an, wie eng mediale Reproduktionstechniken und kulturelle Fruchtbarkeitsvorstellungen miteinander verknüpft sind – eine Tatsache, die heute die Begriffe ‚Reproduktionstechnologie' bzw. ‚Reproduktionstechnik' widerspiegeln, womit sowohl mediale Vervielfältigungstechniken als auch die medizinische und gentechnische Steuerung der Fortpflanzung gemeint sein können.

Die Geschichte dieser Beziehung beginnt jedoch nicht erst mit dem Auftauchen des Wortes ‚Reproduktion' oder der Erfindung der Photographie im 19. Jahrhundert, sondern sie setzt in der Antike mit der Entstehung und Verbreitung der Alphabetschrift ein und steht damit am Anfang der abendländischen Kultur. Der historische Rückblick auf die Antike erlaubt deshalb Einblicke in die Wirkungsmacht, die diese beinahe 3000 jährige Beziehung entfaltete. Im Folgenden möchte ich zwei zentrale Aspekte dieser Geschichte darstellen: 1. die Fruchtbarkeit der Medien, 2. die Reproduktion des Geschlechtskörpers.

Die Fruchtbarkeit der Medien

Medien bringen nicht nur Wissen über Fruchtbarkeit und fruchtbare Körper hervor (das tun sie auch), sie selbst sind aus fruchtbaren Körpern hervorgegangen und ‚haben' ein symbolisches Geschlecht.[5] In den Buchstaben der Alphabetschrift ist die Geschichte dieses Geschlechts des Zeichens bis heute aufgehoben.

Alfred Kallir hat in seiner Untersuchung *Sign and Design* nachgewiesen, dass die Buchstaben des Alphabets eine lange Geschichte besitzen, die von der Trennung des Zeichens vom Körper, der Schrift von der Sprache erzählt.[6] Nach Kallir besteht

---

3 SCHULZ, Reproduktion, Sp. 856.
4 Vgl. H. KURNITZKY, Triebstruktur des Geldes. Ein Beitrag zur Theorie der Weiblichkeit. Berlin 1974, S. 23; H.C. BINSWANGER, Geld und Magie. Deutung und Kritik der modernen Wirtschaft, Stuttgart 1985.
5 C. v. BRAUN, Das Stieropfer, in: Mensch und Tier. Geschichte einer heiklen Beziehung, hg. v. ZDF nachtstudio, Frankfurt/M. 2001, S. 194–227; dies., Versuch über den Schwindel. Religion, Schrift, Bild, Geschlecht, München, Zürich 2001.
6 A. KALLIR, Sign and Design. Die psychogenetischen Quellen des Alphabets, übers. v. R. Hölzl, T. Dietrich, Berlin 2002.

„eine Verbindung zwischen den Objekten, welche durch den Namen [des Buchstabens] bezeichnet werden, und der Gestalt des alphabetischen Symbols".[7] Kallir geht weiterhin davon aus, dass alle Schriftzeichen des Alphabets ursprünglich Fruchtbarkeitszeichen waren. Das Alphabet, so behauptet Kallir, „erzählt die Geschichte von der Erschaffung des Individuums wie auch der Gattung Mensch und bildet zugleich eine magische Kette von Fruchtbarkeitssymbolen, die zur Sicherung der Erhaltung der Art bestimmt ist".[8] Insofern trage das Alphabet bis heute das „Geheimnis vom Ursprung des Lebens in sich".[9] Insbesondere die ersten beiden Buchstaben des Alphabets berichten von dieser neuen Fruchtbarkeit, die zugleich eine neue Geschlechterordnung besagt.

Die Geschichte des Buchstabens ‚A', des ersten Buchstaben im hebräischen, arabischen, griechischen und lateinischen Alphabet, ist auf das Engste mit dem männlichen Genital verbunden. Der Stamm A–L–Ph, so schreibt Kallir, aus dem sowohl das semitische Aleph als auch das griechische Alpha hervorgehen, verweist in seiner metathetischen Form Ph–A–L auf den Phallos *und* auf den Pflug (phala-h (sanskr.) = Pflug).[10] Darüber hinaus stellt die optische Gestalt des Alpha eine Abstraktion des Stierkopfes dar, was auch im Namen des Buchstabens zum Ausdruck kommt, der in allen Sprachen im Mittelmeerraum Stier bedeutet und männliche sexuelle Potenz symbolisiert. In seiner frühen Form zeigten die Längsstriche des Alpha nach oben und symbolisierten die Hörner des Stiers, dann legte es sich seitwärts, wurde durch einen das Joch des Pfluges symbolisierenden Querstrich ergänzt, und im Laufe der Zeit drehte es sich nochmals um 90° in eine ‚aufrechte' Position und symbolisierte nun den aufrecht stehenden männlichen Körper, eine Entwicklung, die Kallir mit der Entstehung des Monotheismus und „dem Übergang von theriomorphen zu anthropozentrischen Konzepten von der Welt" erklärt: „Die Umwandlung von Aleph, dem Stier, in Alpha, das Ebenbild des Menschen, ›versinnbildlicht‹ dieses Ereignis. [...] Der Mensch (Mann) wird zum Herrscher über die Welt. Der mächtige Vierbeiner, der ›haupt‹sächlich zur Seite blickt und sich seitwärts bewegt und ausbreitet, weicht der menschlichen Gestalt, die aufrecht steht und nach oben blickt."[11] Diese „Umwandlung" blieb allerdings nicht ohne Konsequenzen für das männliche Genital. Die Domestizierung des Stiers, seine Verwendung als Zugtier für den Pflug, setzt seine Kastration voraus. Nicht der Stier, sondern der Ochse trägt das Joch des Pfluges und zwar genau an der Stelle, an der der Kopf in den Körper übergeht. Die kulturelle ‚Fruchtbarkeit' des männlichen Rinds beruht mithin auf seiner sexuellen *Un*fruchtbarkeit; die ‚Beschneidung' der Männlichkeit bildet die Voraussetzung für die Berechenbarkeit der Fruchtbarkeit.[12] Zur selben Zeit, als der Ochse für den Acker-

---

7 Ebd., S. 17.
8 Ebd., S. 10.
9 Ebd., S. 10.
10 Ebd., S. 51f.
11 Ebd., S. 80.
12 Vgl. BRAUN, Das Stieropfer; G. TAYLOR, Castration. An Abbreviated History of Western Manhood, New York, London 2002.

bau nutzbar gemacht wird, entsteht der Buchstabe ‚A‘. „Kühe, nicht Ochsen sind auf frühen ägyptischen Darstellungen des Pflügens zu sehen. Die Zähmung des Stiers ist die große Errungenschaft der sich entwickelnden landwirtschaftlichen Zivilisation und wie die Erfindung des Alphabets ein Meilenstein des menschlichen Fortschritts. Die beiden Ereignisse scheinen gleichzeitig stattzufinden, vermutlich zu Beginn des zweiten vorchristlichen Jahrtausends."[13] Ein weiterer Beleg für diese These ist die große Ähnlichkeit, die die ägyptischen Hieroglyphen für Messer und Pflug mit dem Alpha aufweisen. Im Alpha ist die Existenz eines Körpers, dem das Zeichen entzogen (abstrahiert) wurde, aufgehoben. Es erzählt von der Verwandlung sexueller in geistige Fruchtbarkeit und legt zugleich den Grundstein für ein Denkmuster, das den Vorrang des Geistes vor der Materie, des Mannes vor der Frau, der Kultur vor der Natur und dem Einen vor dem Anderen besagt.[14] Bis heute belegen Begriffe wie Seminar (das sich vom Samen ableitet) oder Pinsel/pencil (die mit Penis verwandt sind) die enge Beziehung zwischen der Schriftlichkeit, dem logischen Denken und den männlichen Geschlechtsorganen (Parker 1996, Pittenger 1996).[15] Im Konzept des Phallus hat die Zeugungskraft des Buchstabens Eingang in die psychoanalytische Theorie gefunden und von dort aus auf die Medien- und Geschlechtertheorie gewirkt (Gallop 1982, 1988, Grosz 1995; Mulvey 1994).[16] Jacques Lacan beschreibt den Phallus als Repräsentant der Sprache (des Symbolischen), dessen Macht darin bestehe, Bedeutung, Kultur und geschlechtliche Subjekte erzeugen und kontrollieren zu können. Die ‚Vaterschaft‘ dieses Phallus leitet sich nicht nur metaphorisch von der Fruchtbarkeit des männlichen Geschlechtsorgans ab, vielmehr hat sich der Phallus den Penis zu ‚eigen‘ gemacht: „Man kann sagen, dass die Wahl auf diesen Signifikanten fällt, weil er am auffallendsten von alledem, was man in der Realität antrifft, die sexuelle Kopulation ausdrückt wie auch den Gipfel des Symbolischen im buchstäblichen (typographischen) Sinn dieses Begriffs, da er im sexuellen Bereich der

---

13 KALLIR, Sign and Design, S. 39.

14 Vgl. L. IRIGARAY, Speculum. Spiegel des anderen Geschlechts, übers. v. X. Rajewsky u. a., Frankfurt/M. 1980; C. HONEGGER, Die Ordnung der Geschlechter. Die Wissenschaft vom Menschen und das Weib. 1750–1850, Frankfurt/M. 1991; C. KLINGER, Beredtes Schweigen und Verschwiegenes Sprechen. Genus im Diskurs der Philosophie, in: R. HOF / H. BUßMANN (Hg.), Genus – zur Geschlechterdifferenz in den Kulturwissenschaften, Stuttgart 1995, S. 34–59; v. BRAUN, Versuch über den Schwindel.

15 P. PARKER, Virile Style, in: L. FRADENBURG / C. FRECCERO (Hg.), Premodern Sexualities, New York, London 1996, S. 199–222; E. PITTENGER, Explicit Ink, in: L. FRADENBURG / C. FRECCERO (Hg.), Premodern Sexualities, New York, London 1996, S. 223–242.

16 J. GALLOP, Feminism and Psychoanalysis. The Daughter's Seduction, London 1982; dies., Thinking Through the Body, New York 1988; E. GROSZ, Jacques Lacan. A Feminist Introduction, London 1995; L. MULVEY, Visuelle Lust und narratives Kino, übers. v. K. Gramann, in: L. WEISSBERG (Hg.), Weiblichkeit als Maskerade, Frankfurt/M. 1994, S. 48–65.

(logischen) Kopula entspricht. Man kann auch sagen, dass er kraft seiner Turgeszenz das Bild des Lebensflusses ist, soweit dieser in die (in der) Zeugung eingeht."[17]

Während das Alpha die ‚Vaterschaft' der Schrift repräsentiert, stellt der zweite Buchstabe, das Beth oder Beta, die gebärenden, behausenden und nährenden Eigenschaften der Schrift dar – kurz, die symbolische Mutter. Der Name und die Gestalt des Buchstabens ‚B' leitet sich in den semitischen Sprachen vom „Haus" ab. Das Design des Buchstabens geht auf die ägyptische Hieroglyphe für „Haus" zurück und stellt den Grundriss oder auch die Profilansicht eines Hauses dar.[18] Das ägyptische Phonogramm, d. h. das Lautzeichen, das zur Hieroglyphe „Haus" gehört, ist das „Bein" bzw. das „Gehen". In dieser Verbindung lässt sich der hebräische Buchstabe als Darstellung der Schrift im Sinne eines „portativen Vaterlands" verstehen, als ‚Entbindung' von der ‚mütterlichen' Erde oder dem mütterlichen Schoß, wie die Hieroglyphe „hervorkommen", die eine Verbindung aus „Haus" und „Gehen" darstellt, nahe legt. Im griechischen, kyrillischen und lateinischen Alphabet verändert sich die Gestalt des Buchstabens beträchtlich. Das ‚B' richtet sich auf, die ‚Türöffnung' wird verbreitert und schließlich werden die Ecken abgerundet und nach Innen gezogen. Der Buchstabe verbindet damit die Hieroglyphe für „Haus" mit der ebenfalls aufgerichteten Hieroglyphe ‚Berg' zu einer neuen, anthropomorphisierten Gestalt, die nun sowohl die Lippen, und damit die gesprochene Sprache, als auch die weiblichen Brüste, d. h. die Nahrung symbolisiert. In der Metaphernfolge Haus, Entbindung/Flucht, Berg, Lippen und Brüste kommt eine historische Progression zum Ausdruck, die die Abwendung vom mütterlichen Körper und damit von der Muttersprache besagt: mit dem griechischen Alphabet, das im Gegensatz zum semitischen die Vokale schreibt, eignet sich die Schrift die gesprochene Sprache an und trennt sich damit vollständig vom Leib als Klangkörper: der Buchstabe kehrt seiner Herkunft – dem Leib wie auch den ihm vorausgehenden Buchstaben – gleichsam den Rücken zu. Anders gesagt, das ‚B' erzählt von der Überführung des sprechenden Körpers der Mutter in einen stummen, vereinzelten Schriftkörper. Aus dieser ‚Richtungsänderung' erwachsen der Schrift wiederum nährende Kräfte geistiger Art, die über die Augen beim stummen/stillen Lesen, wie es das Christentum privilegieren sollte, aufgenommen werden können. An der etwa im 4. Jahrhundert einsetzenden Interpunktion der *scriptio continua*, d. h. dem Schreiben ohne Satzzeichen und Pausen, das den geschriebenen Text wie eine fließende Rede erscheinen ließ, dessen Sinn im mündlichen Vortrag hervortrat, lässt sich die ‚Zerstückelung' der Mündlichkeit durch die Schrift – die ‚Penetration' des Sprachbandes durch das Satzzeichen und die Wortrennung – deutlich ablesen.[19]

Die Geschichte, die die Buchstaben des Alphabets erzählen, scheint zunächst sehr abstrakt. Jedoch bringt die im Schriftsystem aufgehobene Fruchtbarkeit nicht

17 J. LACAN, Die Bedeutung des Phallus, in: Schriften, Bd. 2, hg. v. N. Haas, Weinheim, Berlin 1991, S. 119–132, hier S. 128.
18 KALLIR, Sign and Design, S. 85–130.
19 Vgl. M. B. PARKES, Pause and Effect. An Introduction to the History of Punctuation in the West, Berkeley, Los Angeles 1993.

nur Mythen männlicher Kopfgeburten wie etwa die Göttin Athene, die dem Haupt ihres Vaters Zeus entspringt oder der zweimal geborene Gott Dionysos, den Zeus in seinem Schenkel austrägt, hervor, sondern setzt auch Gedanken in Gang, die die Verwirklichung der Utopie berechenbarer, asexuell gezeugter Körper besagen. Der griechische Philosoph Platon (427–347) entwirft einen Idealstaat, in dem der Nachwuchs nicht geboren, sondern nach abstrakten züchterischen Kriterien hervorgebracht, d. h. im Wortsinn reproduziert wird – und auch das zeitgenössische Drama verleiht dieser Vorstellung Ausdruck, etwa wenn es bei Aischylos heißt: „Vater kann man ohne Mutter sein" – Utopien, die heute mit Hilfe der Reproduktionstechnologie Wirklichkeit geworden sind.[20] Mit dem Christentum entsteht eine wirkungsmächtige Schriftreligion, in deren Zentrum die Menschwerdung der Schrift, die unbefleckte Empfängnis und die Jungfrauengeburt stehen.[21]

Die Buchstabenschrift ist nicht das einzige Medium geblieben, dessen Botschaft männlich-geistige Fruchtbarkeit besagt. Neben dem Geld und der Hostie – zwei weiteren Medien, die die im Schriftsystem aufgehobene Fruchtbarkeit zirkulieren – findet sich die Botschaft geistiger Fruchtbarkeit in der Technik der Reproduktionsmedien wieder.[22] So werden die christlichen Vorstellungen des jungfräulich-reinen Körpers und der unbefleckten Empfängnis auf den gerade erfundenen Buchdruck übertragen: es ist vom „Kopf" des Zeichens die Rede und der Druckprozess wird als Übertragung der in der Patrix codierten ‚Vaterbotschaft' in den ‚Schoß' der Matrix imaginiert.[23] Die etwa gleichzeitig wieder entdeckte und verbesserte Zentralperspektive besagt die sichtbare Erzeugung der Welt durch den männlich-voyeuristischen Blick nach den rationalen Prinzipien der Geometrie.[24] Ebenso wie das Alpha entsteht der Blick der Zentralperspektive aus einer symbolischen Kastration des männ-

---

20 G. COREA, Die MutterMaschine. Reproduktionstechnologien – von der künstlichen Befruchtung zur künstlichen Gebärmutter, übers. v. P. Biermann, Nachwort u. dt. Bearb. P. Bradish, Frankfurt/M. 1988; G. TREUSCH-DIETER, Von der sexuellen Rebellion zur Gen- und Reproduktionstechnologie, Tübingen 1990; J. SCHLUMBOHM / B. DUDEN u. a. (Hg.), Rituale der Geburt. Eine Kulturgeschichte, München 1998; U. BERGERMANN / C. BREGER / T. NUSSER (Hg.), Techniken der Reproduktion. Medien, Leben, Diskurse, Königstein 2002.
21 v. BRAUN, Versuch über den Schwindel.
22 J. HÖRISCH, Brot und Wein. Die Poesie des Abendmahls, Frankfurt/M. 1990; ders., Kopf oder Zahl. Die Poesie des Geldes, Frankfurt/M. 1996; B. MATHES, Vom Stieropfer zum Börsenstier. Die Fruchtbarkeit des Geldes, in: B. WREDE (Hg.), Geld und Geschlecht. Tabus, Paradoxien, Ideologien, Opladen 2003.
23 M. BURCKHARDT, Muttergottes Weltmaschine. Über den Zusammenhang von unbefleckter Empfängnis und technischer Reproduktion, in: metis. Zeitschrift für historische Frauenforschung und feministische Praxis 11 (1997), S. 26–44.
24 D. HAMMER-TUGENDHAT, Erotik und Geschlechterdifferenz. Aspekte zur Aktmalerei, in: D. ERLACH / M. REISENLEITNER / K. VOCELKA (Hg), Privatisierung der Triebe. Sexualität in der Frühen Neuzeit, Frankfurt/M. 1994, S. 367–445; S. SCHADE / S. WENK, Inszenierungen des Sehens. Kunst, Geschichte und Geschlechterdifferenz, in: R. HOF / H. BUßMANN (Hg.), Genus. Zur Geschlechterdifferenz in den Kulturwissenschaften, Stuttgart 1995, S. 340–407.

lichen Körpers, die die beweglichen, anfälligen Augen in den einäugigen, stillgelegten, unberührbaren Blick verwandelt.[25] Insofern ist auch die Malerei eine Schrift, aber nicht deshalb, weil die Bedeutung des Gemäldes auf die Hl. Schrift angewiesen wäre – wie dies im Mittelalter der Fall war –, sondern weil die zentralperspektivische Malerei sich anschickt, die Schrift zu ersetzen.[26] Ihr maßgeblicher Theoretiker Leon Battista Alberti beschreibt die Perspektive als Instrument, das es erlaube, durch die Herstellung eines Bildes „den Himmel herabzuziehen", d. h. der Abstraktion der Schrift eine sichtbare, irdische Wirklichkeit zu verleihen.[27] Ablesen kann man diese Technik gewordenen Heilsbotschaften u. a. in zeitgenössischen Darstellungen der Verkündigungsszene, in denen Maria die Botschaft ihrer Empfängnis lesend (und nicht etwa hörend) aufnimmt[28] sowie an Bildern, die den auferstandenen Christus mit einer Erektion zeigen, die die Unterwerfung des Geschlechtsorgans unter den Geist symbolisiert.[29] Jedes auf der Zentralperspektive beruhende, optische Medium (Fernrohr, Mikroskop, Photographie, Film) hat dazu beigetragen, die mit der Buchstabenschrift in die Welt gesetzte Phantasie der Reproduktion sichtbarer und damit wirklicher erscheinen zu lassen. Im 17. und 18. Jahrhundert, mit der zunehmenden Verbreitung der optischen Sehgeräte, gewinnt in der Naturforschung die Auffassung, Zeugung sei die Herstellung eines Bildes, an Plausibilität. Wie Barbara Stafford schreibt, erscheint die Entstehung des Lebens den Forschern als spektrales Ereignis: „It involved the emission of a continous living river of light flowing vertically from the creator to bathe his perishable creations". In diesem Sinne betreiben die visuellen Medien „a sort of artistic birth control [...] preventing the insemination of, and even aborting when necessary faulty and deceptive conceptions".[30] Dabei spielen nicht nur Zeugungs-, sondern auch Mutterschaftsphantasien eine Rolle, wenn etwa die Camera Obscura, das Innere eines Photoapparats oder der Computer als künstliche, kontrollierbare Gebärmutter empfunden werden.[31]

Mit der Erfindung des Computers und der Entwicklung neuer Informationstechnologien entstand zugleich die Vorstellung, die Entstehung des Lebens, die Mechanis-

---

25 B. MATHES, Verhandlungen mit Faust. Geschlechterverhältnisse in der Kultur der Frühen Neuzeit, Königstein 2001.

26 H. WENZEL, Sehen und Hören, Schrift und Bild, Kultur und Gedächtnis im Mittelalter, München 1995; L. SCHMEISER, Die Erfindung der Zentralperspektive und die Entstehung der neuzeitlichen Wissenschaft, München 2002.

27 L. B. ALBERTI, Della Pittura. Über die Malkunst. Lateinisch/Deutsch, hg., eingel., übers., komment. v. O. Bätschmann, S. Gianfreda, Darmstadt 2002, S. 49.

28 BURCKHARDT, Muttergottes Weltmaschine.

29 L. STEINBERG, The Sexuality of Christ in Renaissance Art and Modern Oblivion, Chicago ²1996; B. MATHES / M. LÖW, Ein blaues Wunder erleben. Viagra und der Beginn einer neuen Schöpfung, in: G. HERBERT (Hg.), Frauenforschung im Blick, Darmstadt 2004.

30 B. M. STAFFORD, Body Criticism. Imaging the Unseen in Enlightenment Art and Medicine, Cambridge, London 1993, S. 236.

31 A. BRAUERHOCH, Die gute und die böse Mutter. Kino zwischen Melodrama und Horror, Marburg 1996; M. WERTHEIM, The Pearly Gates of Cyberspace. A History of Space from Dante to the Internet, London 1999.

men der Vererbung und die ‚Natur' des Bewusstseins digital simulieren zu können. Lily E. Kay hat nachgewiesen, dass die moderne Genforschung ohne die gleichzeitigen Entwicklungen im Bereich der Kybernetik und der Informationstechnologie nicht möglich gewesen wäre.[32] Und zwar nicht nur deshalb, weil der Computer die zur Erforschung der genetischen Daten notwendige Rechnerleistung zur Verfügung stellt, sondern auch deshalb, weil die Auffassung darüber, was Leben sei und wie Fortpflanzung und Vererbung vor sich gehen, durch die Logik des digitalen Codes beeinflusst wurden und werden. Gen und DNA sind ‚Verwandte' der bits und bytes. Forschungsbereiche wie Künstliche Intelligenz und Artificial Life beschäftigen sich mit der Entwicklung neuen Lebens im Netz und auf dem Bildschirm und stellen damit zugleich männlich-geistigen Selbstgeburts- und christlichen Auferstehungsphantasien einen virtuellen, aber nichtsdestoweniger wirklichen Raum zur Verfügung.[33] Insbesondere die „Matrix" des Cyberspace verspricht die Erzeugung digitaler, d. h. auf reinen Zeichen beruhender Körper. Nicht zufällig taucht das @ – die bislang letzte Entwicklungsstufe des Alpha – als Signum und Funktionscode der elektronischen Speichermedien auf.

Die Reproduktion des Geschlechtskörpers

Die Fruchtbarkeit der Medien erfüllt nicht nur symbolische Funktionen, sie prägt zugleich auch die Wahrnehmung des Geschlechtskörpers und das Wissen über biologische Fortpflanzungsvorgänge. In der Frauen- und Geschlechterforschung wurden die Neuen Medien/Technologien wie auch die Fortschritte in der Reproduktionsmedizin für neue Gender-Entwürfe herangezogen, die eine Absage an die als essentialistisch kritisierte Gegenüberstellung von Sex und Gender (Natur und Kultur) darstellten zugunsten von Konzepten, die sich an Hybridität, Parodie und Performativität orientierten und die geschlechtliche Körper als Verbindungen von Biologie und Technik, als umhertreibende Zeichen (Cyborgs) oder „Kopie ohne Original" interpretierten.[34] Die gleichzeitig stattfindenden Fortschritte der Genforschung und Reproduktionsmedizin, die das Leben als Buchstabencode betrachten und die Fortpflanzung Schritt für Schritt aus dem weiblichen Körper auslagern, haben jedoch auch zahlreiche kritische Interventionen der Frauen- und Geschlechterforschung hervorgerufen und eine bis heute andauernde Diskussion um die Bedeutung der Kategorie Gender

---

32 L.E. KAY, Who Wrote the Book of Life? A History of the Genetic Code, Stanford 2000.

33 S. TURKLE, Leben im Netz. Identität in Zeiten des Internet, Reinbek 1996; J. WEBER, Umkämpfte Bedeutungen. Naturkonzepte im Zeitalter der Technoscience, Frankfurt/M. 2003.

34 D. HARAWAY, Die Neuerfindung der Natur. Primaten, Cyborgs und Frauen, hg. v. C. Hammer, I. Stiess, Frankfurt/M. 1995; J. BUTLER, Das Unbehagen der Geschlechter, übers. v. K. Menke, Frankfurt/M. 1991; dies., Körper von Gewicht. Die diskursiven Grenzen des Geschlechts, übers. v. K. Wördemann, Berlin 1995.

ausgelöst.[35] Es wurde beispielsweise darauf hingewiesen, dass die Möglichkeiten der
Geburtenkontrolle, die Frauen in den industrialisierten Gesellschaften ohne Zweifel
größere Freiräume eröffnen, zugleich jene bereits in der griechischen Antike entstandene und vor allem von der Gentechnologie vorangetriebene Logik unterstützten, die die Überwindung der weiblichen Gebärfähigkeit besagt.[36] Insbesondere Barbara Duden hat darauf aufmerksam gemacht, dass der „genetische Denkstil" sowohl
die öffentliche Wahrnehmung des Frauenkörpers als auch das leibliche Empfinden
jeder einzelnen Frau bestimme.[37] In diesem Zusammenhang und anlässlich der Veröffentlichung von Judith Butlers *Gender Trouble* (1991) wurde auch die Rezeption
und Weiterentwicklung dekonstruktivistischer Ansätze in der Genderforschung kritisch hinterfragt, da diese dazu tendierten, die Vernachlässigung der weiblichen (und
männlichen) Generativität zum methodischen Prinzip zu erheben und aus der Analyse der Geschlechterverhältnisse auszublenden, womit eben jener, dem männlichen
Logos verpflichtete „genetische Denkstil" befördert werde, dessen Kritik sich die
Geschlechterforschung vorgenommen habe.[38] Gegen den Vorwurf der Diskursonto-
logie beriefen sich die Befürworterinnen des Dekonstruktivismus darauf, dass gerade
die Essentialisierung der weiblichen Generativität zum Kernbestand westlicher Ge-
schlechterstereotype gehöre.[39] Neue Perspektiven kann die historische Forschung
eröffnen, die danach fragt, welche Verwandlungen die Wahrnehmung des Geschlechtskörpers und das Wissen um seine Fruchtbarkeit erfahren haben.

Die feministische Forschung hat schon früh nachgewiesen, dass das scheinbar
objektive Wissen um die biologische Natur der männlichen und weiblichen Fruchtbarkeit seit der griechischen Antike von der *symbolischen* Geschlechterordnung her-

35 B. DUDEN, Geschichte unter der Haut. Ein Eisenacher Arzt und seine Patientinnen um
   1730, Stuttgart 1987; dies., Der Frauenleib als öffentlicher Ort. Vom Mißbrauch des Begriffs Leben, Hamburg 1991; G. COREA, Die Muttermaschine, Frankfurt/M. 1988; G. PAU-
   RITSCH / B. FRAKELE / E. LIST (Hg.), Kinder Machen. Strategien der Kontrolle weiblicher
   Fruchtbarkeit, Wien 1988; E. FLEISCHER / U. WINKLER (Hg.), Die kontrollierte Fruchtbarkeit. Neue Beiträge gegen die Reproduktionsmedizin, Wien 1993; E. F. KELLER, Refiguring Life. Metaphors of Twentieth Century Biology, New York 1995.
36 G. TREUSCH-DIETER, Von der sexuellen Rebellion zur Gen- und Reproduktionstechnologie, Tübingen 1990; L. N. TRALLORI, Die Eroberung des Lebens, Wien 1996.
37 B. DUDEN, Die Gene im Kopf. Zu den Wirkungen eines neuen Denkstils, in: E. FLEISCHER /
   U. WINKLER (Hg.), Die kontrollierte Fruchtbarkeit, Wien 1993, S. 11–22.
38 H. LANDWEER, Generativität und Geschlecht. Ein blinder Fleck in der sex/gender-
   Debatte, in: T. WOBBE / G. LINDEMANN (Hg.), Denkachsen. Zur theoretischen und institutionellen Rede vom Geschlecht, Frankfurt/M. 1994, S. 147–176; Feministische Studien
   11 (1993), H. 2; G.-A. KNAPP, Kurskorrekturen. Feminismus zwischen Kritischer Theorie
   und Postmoderne, Frankfurt/M. 1995.
39 R. GILDEMEISTER / A. WETTERER, Wie Geschlechter gemacht werden. Die soziale Konstruktion der Zweigeschlechtlichkeit und ihre Reifizierung in der Frauenforschung, in: G.-
   A. KNAPP / A. WETTERER (Hg.), Traditionen Brüche. Entwicklungen feministischer Theorie, Freiburg 1992, S. 201–254; D. HARAWAY, Die Neuerfindung der Natur, Frankfurt/M.
   1995; B. ORLAND / E. SCHEICH (Hg.), Das Geschlecht der Natur, Frankfurt/M. 1995.

vorgebracht wird,[40] deren Entstehung wiederum mit der Geschichte der Buchstabenschrift verbunden ist.[41] Exemplarisch lässt sich diese ‚Naturalisierung' der Medien an der Geschichte des Samens und des Eis darstellen, die von Aristoteles bis zu den Verfahren der Gentechnologie und Reproduktionsmedizin reicht. An der Zeugungstheorie des Aristoteles (384–322 v. Chr.) ist diese Biologisierung der symbolischen Geschlechterordnung in besonderer Klarheit abzulesen. In seiner Abhandlung *Über die Zeugung der Geschöpfe* begreift Aristoteles die Fortpflanzung als einen Vorgang, bei dem eine immaterielle, göttliche Zeugungskraft, die so genannte „aura seminalis" den unbeseelten Stoff in Form bringe.[42] Träger dieser Zeugungskraft sei der männliche Same, der seine Fruchtbarkeit von der in ihm enthaltenen göttlichen Vernunft beziehe, welche wiederum die passive mütterliche Materie zur Ausformung eines Embryos anrege.[43] So heißt es bei Aristoteles: „Es spielt sich so ab, wie es vernünftig ist: da das Männchen Gestalt und Bewegungsquelle, das Weibchen Körper und Stoff hergibt, so ist die Arbeit geteilt für Männchen und Weibchen."[44] Im Christentum galt der (materielle) Same seit der frühesten Zeit sogar als Überträger des Bösen und der Erbsünde[45], eine Auffassung, die sich in der christlichen Hochschätzung der Askese spiegelt. Diese vom Logos inspirierte Interpretation des männlichen Samens, die seine materielle Beschaffenheit zugunsten seiner geistigen Fruchtbarkeit abwertete, sollte bis weit ins 19. Jahrhundert für die Medizin bestimmend bleiben. Als die Naturforscher Antoni Leeuwenhoek (1632–1723) und Nicolas Hartsoecker (1656–1725) in der Mitte des 17. Jahrhunderts mit Hilfe eines stark verbesserten Mikroskops das Spermium entdeckten und der italienische Geistliche Lazzaro Spallanzani

---

40 E. FISCHER-HOMBERGER, Krankheit Frau, Bern 1979; dies., Hunger, Herz, Schmerz, Geschlecht. Brüche und Fugen im Bild von Leib und Seele, Bern 1997; G. TREUSCH-DIETER, Von der sexuellen Rebellion zur Gen- und Reproduktionstechnologie, Tübingen 1990; dies., Geschlechtslose WunderBarbie. Oder vom Phänotypus zum Genotypus, in: L. N. TRALLORI (Hg.), Die Eroberung des Lebens, Wien 1996, S. 177–187. Vgl. auch C. HONEGGER, Die Ordnung der Geschlechter, Frankfurt/M. 1991; T. LAQUEUR, Auf den Leib geschrieben. Die Inszenierung der Geschlechter von der Antike bis Freud, übers. v. H. J. Bußmann, Frankfurt/M. 1992; V. FINUCCI / K. BROWNLEE (Hg.), Generation and Degeneration. Tropes of Reproduction in Literature and History from Antiquity through Early Modern Europe, Durham, London 2001; B. MATHES, From Nymph to Nymphomania. ‚Linear Perspectives' on Female Sexuality, in: C. JOWITT / D. WATT (Hg.), The Arts of 17th-Century Science. Representations of the Natural World in European and American Culture, Aldershot, Brookfield 2002, S. 177–196; dies., As Long As a Swans Neck? The Significance of the ‚Enlarged' Clitoris for Early Modern Anatomy, in: E. D. HARVEY (Hg.), Sensible Flesh. On Touch in Early Modern Culture, Philadelphia 2003, S. 103–124.
41 C. v. BRAUN, Nicht ich. Logik, Lüge, Libido, Frankfurt/M. 1985.
42 ARISTOTELES, Über die Zeugung der Geschöpfe, übers. v. P. Gohlke, Paderborn 1959.
43 N. TUANA, Der schwächere Samen. Androzentrismus in der Aristotelischen Zeugungstheorie und der Galenschen Anatomie, in: B. ORLAND / E. SCHEICH (Hg.), Das Geschlecht der Natur, Frankfurt/M. 1995, S. 203–223.
44 ARISTOTELES, Über die Zeugung der Geschöpfe, S. 62.
45 D. FRIEDMAN, A Mind of Its Own. A Cultural History of the Penis, London 2002.

(1729–1799) wenig später die Theorie der „aura seminalis" als Mythos entlarvte, indem er bewies, dass das Spermium einen notwendigen *organischen* Beitrag zur Befruchtung des Eis lieferte, wurden diese Entdeckungen mit großer Zurückhaltung oder sogar mit energischer Ablehnung aufgenommen.[46] Spallanzani, der wahrscheinlich der erste Forscher war, der die Befruchtung einer Eizelle außerhalb des weiblichen Körpers vorgenommen hatte (beim Frosch) und der damit zu den Pionieren der Reproduktionsmedizin gezählt werden muss, beschreibt das Spermium als „Parasit", der in den Fortpflanzungsorganen lebt und beim Geschlechtsverkehr weitergegeben würde.[47] Außerdem ist er, wie viele seiner Kollegen davon überzeugt, dass das Ei, unabhängig von der Befruchtung durch den Samen, das ganze Lebewesen enthalte.[48] Wie Carla Pinto-Correia gezeigt hat, belegen die meisten Naturforscher des 17. und 18. Jahrhunderts den Körper des Samens mit Ekel, indem sie ihn in die Gruppe der Aale, Würmer und Insekten einreihen. Auch der neue Kampf gegen die Masturbation – jene Verschwendung des Samens –, der in der zweiten Hälfte des 18. Jahrhunderts einsetzt, ist von dieser Abneigung gegenüber der Materialität des Samens erfüllt: der Same wird zwar als wertvoll erachtet, aber nur wenn er unsichtbar, mithin ‚unkörperlich' bleibt, wenn er also entweder im Körper des Mannes zurückgehalten oder in den Körper der Frau überführt wird.[49] Mit anderen Worten, in dem Moment, in dem die biologisch-organische Grundlage der männlichen Fruchtbarkeit entdeckt wird, entsteht auch eine Abneigung gegen diesen Körper des Samens. Die Einrichtung von Samenbanken seit den 1970er Jahren, die den Samen anonym aufbewahren, zeigt, wie wenig Männer sich bis heute mit der organischen Natur ihrer Samenzellen und mithin ihrer Vaterschaft identifizieren.

Die Tatsache, dass es mehr als 2000 Jahre dauerte, bis die wissenschaftliche Neugierde sich der Erforschung der organischen Natur des Samens widmete, bringt ein kulturelles Desinteresse an der biologischen Seite der Vaterschaft zum Ausdruck, die nicht nur mit fehlenden optischen Geräten und mangelhafter Laborausstattung begründet werden kann. Vielmehr scheint erst eine (kosmische) Perspektivverschiebung die Beschäftigung mit dem Körper des Samens möglich gemacht zu haben. Der Entdeckung des Spermiums ging die Entdeckung der Sonne als Mittelpunkt des Kosmos im Laufe des 16. Jahrhunderts voraus.[50] Erst nachdem man die Erde-Sonne Beziehung vom ‚Kopf' auf die ‚Füße' gestellt hatte, kommt der Körper des Samens in den Blick.

Das neue Verhältnis zwischen Sonne und Erde spiegelt sich auch in der Bewertung des weiblichen Eis. „Ex ovo omnia" – alles Leben entsteht aus dem Ei – hatte der englische Arzt und Entdecker des Blutkreislaufs William Harvey (1587–1657) 1651 geschrieben. Auf die Renaissance der Künste folgte eine Renaissance des Eis.

---

46 C. PINTO-CORREIA, The Ovary of Eve. Egg, Sperm and Preformation, Chicago 1997.
47 Ebd., S. 195–198.
48 Ebd., S. 202.
49 FRIEDMAN, A Mind of Its Own, S. 69–73.
50 L. SCHMEISER, Die Erfindung der Zentralperspektive und die Entstehung der neuzeitlichen Wissenschaft, München 2002.

Zwar ist die Wertschätzung des Eis als Ursprung des Lebens und des Kosmos sehr alt – sie findet sich in zahlreichen Schöpfungsmythen – jedoch ging dieses Wissen im Laufe der Antike und des Mittelalters verloren. Die im 17. Jahrhundert neu entdeckte und nun naturwissenschaftlich begründete Fruchtbarkeit des Eis unterscheidet sich von den älteren mythologischen Deutungen darin, dass nun das Ei zum Objekt wird, an dessen Erforschung der männliche Verstand seine *geistige* Fruchtbarkeit beweisen kann. Anders gesagt, der Forschergeist des Wissenschaftlers verhält sich zum Ei wie die Sonne zur Erde. Zwischen den Forschern Regnier de Graaf (1641–1673) und Jan Swammerdam (1637–1680) entspinnt sich im 17. Jahrhundert ein regelrechter Streit um die ‚Entdeckung' der Eier (Follikel) in den Eierstöcken. Dabei sehen die „Ovisten" unter den so genannten Präformisten das Ei als Behälter eines voll ausgebildeten Miniaturmenschen an, während für die Anhänger der Epigenese das Ei der Ausgangspunkt eines stets von neuem einsetzenden Entwicklungsvorgangs ist. An der Wende zum 19. Jahrhundert scheint der Streit zwischen Epigenetikern und Präformisten mit der Behauptung des „Bildungstriebes" durch Johann Friedrich Blumenbach (1752–1840) vorerst beigelegt. Darunter verstand man einen Trieb, der – so Blumenbach – „die erste wichtigste Kraft zu aller Zeugung, Ernährung, und Reproduction zu seyn scheint, und den man um ihn von andern Lebenskräften zu unterscheiden, mit dem Namen des Bildungstriebes (nisus formativus) bezeichnet".[51] Der Ausdruck gibt die enge Verbindung zwischen Fortpflanzungswissen und der Herstellung eines Bildes zu erkennen. Und er macht deutlich, dass der gravierendste Unterschied zwischen der Verehrung des Eis in den alten Kulturen und seiner Erforschung durch die moderne Wissenschaft in der Erhellung des Geheimnisses seiner Fruchtbarkeit liegt. Zwar wurden auch in Ägypten, China und Griechenland Eier (von Vögeln) künstlich ausgebrütet, der Wunsch jedoch, die Reifung des Eis in der Gebärmutter bzw. unter der es umgebenden Schale zu beobachten, d. h. dem Leben bei seiner Entstehung zuschauen zu können, ist nicht denkbar ohne das Augenprimat der Schrift und der aus ihr hervorgegangenen optischen Medien. Deren Verbesserungen ermöglichten in der zweiten Hälfte des 19. Jahrhunderts neue Erkenntnisse der Zelltheorie, so etwa Oskar Hertwigs 1876 erbrachten Beweis, dass die Befruchtung der Eizelle durch die Penetration des Spermiums erfolgt. Mit der Verbesserung der Visualisierungstechniken ging zudem die Kontrolle und Manipulation des befruchteten Eis einher: durch In-Vitro Fertilisation, Leihmutterschaft oder den Bau einer künstlichen Gebärmutter.[52]

Während in der Reproduktionsmedizin optische Medien und visuelle Metaphern eine zentrale Rolle spielen, knüpfen Genetik und Molekularbiologie an die Schrift-

---

51 Zit. in S. WEIGEL, Inkorporation der Genealogie durch die Genetik. Vererbung und Erbschaft an Schnittstellen zwischen Bio- und Kulturwissenschaften, in: dies. (Hg.), Genealogie und Genetik. Schnittstellen zwischen Biologie und Kulturgeschichte, Berlin 2002, S. 71–97, hier S. 84.

52 Zum Stand der Technik in der Reproduktionsmedizin vgl. T. M. POWLEDGE, Künstliche Gebärmütter, in: Spektrum der Wissenschaft, H. 4 (1999), Spezial: Der High-Tech-Körper, S. 52–55.

lichkeit, den Buchdruck und die Informationstheorie an, insofern als sie Vererbungs-
vorgänge in Buchstaben und Zahlencodes darstellen.[53] Nach dieser Logik besteht
das „Buch des Lebens" (das Genom) aus 23 „Kapiteln" (den Chromosomen) und
unzähligen „Sätzen", deren „Worte" jedoch mit nur vier Buchstaben auskommen: A,
T, G, C (Kürzel für die Nukleinsäuren). Kombinationen aus je drei dieser Buchstaben bilden den „Code" der DNA, welche Informationen für die Kopie, Replikation
und Übersetzung der Erbinformation enthält und die wiederum ein Buchstabenkür-
zel für „das Molekül des Leben" ist. Die Schriftmetaphern, die zur Beschreibung der
Beschaffenheit der Gene herangezogen werden, zeigen die enge Verzahnung medialer Aufschreibesysteme mit dem Fortpflanzungswissen an. Begriffe wie Buchstabe,
Code oder Information lassen die Vererbung als einen Vorgang erscheinen, der sich
vollständig von der Materie – mithin von der Mutter – losgelöst hat. Darüber hinaus
geben sie aber auch Aufschluss über die Beziehung zwischen den *Zeichen* für die
Fruchtbarkeit und dem fruchtbaren *Körper*. Die DNA erscheint als Symbol *und* Materie zugleich, das Gen als Zeichen *und* Fleisch in einem und knüpft damit an das
christliche Dogma der Transsubstantiation an, die sich in der Hostie vollzieht.[54]
Daneben verbinden sich mit der DNA Vorstellungen, die die Überwindung der End-
lichkeit des menschlichen Lebens sowie die Unabhängigkeit vom Prozess des Gebo-
renwerdens versprechen.[55] Die berühmte Doppelhelix, die sich rasch als Symbol für
die Struktur der DNA durchgesetzt hat, greift die seit dem Paläolithikum bekannte
Form der Spirale auf, die den Mond, die zyklische Zeit und mithin die Gebärfähigkeit der Frau, aber auch die Sterblichkeit symbolisiert.[56] Jedoch handelt es sich bei
der Doppelhelix der DNA um eine *lineare* Spirale, die aus dem Nichts kommt und in
die Unendlichkeit verweist. Die mit Hilfe der Reproduktionstechniken stattgefundene
Überführung weiblicher in männliche Fruchtbarkeit besagt auch das Wort Doppelhelix: Im Griechischen bedeutet *helix* (ελιξ) sowohl Windung einer Schlange (ursprünglich ein Symbol der zyklischen Zeit und des weiblichen Zyklus) als auch die
Kreisbahn der Sonne (Symbol für die lineare Zeit und männliche Rationalität). Mit
dem Ausdruck „Selbst-Replikation" wird zudem suggeriert, dass die DNA in der Lage sei, selbsttätig identische Kopien der in ihr codierten Information herzustellen,
die wiederum die Entwicklung eines Individuums ermöglichten.

---

53 L. E. KAY, Who Wrote the Book of Life, Stanford 2002; U. BERGERMANN, Informationsaus-
    tausch. Übersetzungsmodelle für Genetik und Kybernetik, in: dies. / C. BREGER / T. NUSSER
    (Hg.), Techniken der Reproduktion, Königstein 2002, S. 35–50; S. WEIGEL, Der Text der
    Genetik. Metaphorik als Symptom ungeklärter Probleme wissenschaftlicher Konzepte, in:
    dies. (Hg.), Genealogie und Genetik, Berlin 2002, S. 223–246.

54 v. BRAUN, Versuch über den Schwindel, S. 372–385.

55 D. NELKIN / M. S. LINDEE, The DNA Mystique. The Gene as a Cultural Icon, New York
    1995; B. DUDEN, Die Ungeborenen. Vom Untergang der Geburt im späten 20. Jahrhun-
    dert, in: J. SCHLUMBOHM / B. DUDEN u. a. (Hg.), Rituale der Geburt, München 1998,
    S. 149–168.

56 R. KOLLEK, Metaphern, Strukturbilder, Mythen. Zur symbolischen Bedeutung des
    menschlichen Genoms, in: L. N. TRALLORI (Hg.), Die Eroberung des Lebens, Wien 1996,
    S. 137–153.

Zwar verspricht der Diskurs der Genetik die Erfüllung männlicher Selbstzeugungs-phantasien; gerade das Klonen stellt jedoch zwei der wichtigsten reproduktiven Denk-figuren der Schriftlichkeit in Frage: den Vorrang des Originals vor der Kopie und die Bedeutung von Vaterschaft als Autorschaft. Wenn sich der Klon genetisch in nichts von seinem Original unterscheidet – eine Eigenschaft, die er mit einer digital herge-stellten Kopie gemeinsam hat –, dann wird hier eine Möglichkeit von Fortpflanzung als Imitation entworfen, die den Gedanken der Vaterschaft als Autorschaft, wie er sich in der abendländischen Tradition herausgebildet hat, übersteigt. Kaum zufällig werden derzeit Inzestgesetze und -theorien wieder neu durchdacht.[57] Zwar gehört die Beschäftigung mit dem Inzest – sei es als Neigung, sei es als Verbot – von Beginn an zu den ‚fruchtbarsten' Themen der abendländischen Literatur und Wissenschaft, jedoch sind die mit dem Inzest verbundenen Phantasien historischen Veränderun-gen unterworfen, die stets mit medialen Neuerungen einhergehen, welche wiederum Aufschlüsse geben über die symbolische Ordnung der Epoche, in der sie entstehen.[58] Im Hinblick auf die aktuelle Diskussion über die Gentechnologie lässt sich die Be-schäftigung mit dem Inzest als Ausdruck einer fragwürdig gewordenen Vorstellung von (geistiger) Vaterschaft erklären. Judith Butler beispielsweise nimmt die durch die Reproduktionsmedizin gegebene Möglichkeit homosexueller Elternschaft zum An-lass, das heteronormative Fundament des Inzestverbots – mithin des Ödipuskom-plexes, mithin der Position des Vaters – zu hinterfragen (2003).[59] Bereits in *Das Un-behagen der Geschlechter* hatte sie dem Inzestverbot eine „generative Fähigkeit" im Bezug auf die normative Heterosexualität zugeschrieben, weil es das Begehren nach dem Vater bzw. der Mutter erzeuge und zugleich die heterosexuelle Verschiebung dieses Begehrens erzwinge. Indem es homosexuelles Begehren negiere, wirke das In-zesttabu als Voraussetzung der Zwangsheterosexualität: „Das Inzesttabu ist genau je-nes juridische Gesetz, das angeblich die Inzestbegehren verbietet und zugleich durch die Mechanismen der Zwangsidentifizierung gewisse geschlechtlich bestimmte Sub-jektivitäten hervorbringt."[60] Dagegen hat Gerburg Treusch-Dieter argumentiert, dass in einer historischen Perspektive – die Butler vermeidet – die Einsetzung des Inzest-tabus als *Effekt* – und nicht als Ursache – der symbolischen Geschlechterordnung zu interpretieren sei, und dass mithin das in der Gentechnologie enthaltene inzestuöse Be-gehren nach dem Klon Ausdruck jener heteronormativen Ordnung sei, die das Eine

---

57 J. EMING / C. JARZEBOWSKI / C. ULBRICH (Hg.), Historische Inzestdiskurse. Interdiszipli-näre Zugänge, Königstein 2003.

58 C. v. BRAUN, Die schamlose Schönheit des Vergangenen. Zum Verhältnis von Geschlecht und Geschichte, Frankfurt/M. 1989; A. BRAMBERGER, Verboten Lieben. Bruder-Schwester-Inzest, Pfaffenweiler 1998.

59 J. BUTLER, Ist Verwandtschaft immer schon heterosexuell?, in: J. EMING / C. JARZEBOWSKI / C. ULBRICH (Hg.), Historische Inzestdiskurse, Königstein 2003, S. 304–342; dies., Anti-gones Verlangen. Verwandtschaft zwischen Leben und Tod, übers. v. R. Ansén, Frank-furt/M. 2001.

60 BUTLER, Das Unbehagen der Geschlechter, S. 118.

(Identische) stets vor dem Anderen privilegiert habe.[61] Mit anderen Worten: der Vorstellung, Geschlechtsidentität und Begehrensstrukturen seien „Kopien ohne Original", liegt der Wunsch sowohl nach dem ‚geschlechtslosen Selbst' als auch nach dem ‚Selben ohne Geschlecht' (ohne Anderen) zugrunde, der sich auch als „Begehren nach Klonung" umschreiben ließe.[62] Ob mit oder ohne Klonung – schon heute hat der Einsatz der Reproduktionstechnologie die Geburtenrate von Zwillingen erhöht.

Bibliographie

ALBERTI, Leon Battista, 2002: Della Pittura. Über die Malkunst. Lateinisch/Deutsch. Hg., eingel., übers., komment. v. Oskar Bätschmann, Sandra Gianfreda. Darmstadt.

ARISTOTELES, 1959: Über die Zeugung der Geschöpfe. Übers. v. Paul Gohlke. Paderborn.

BERGERMANN, Ulrike / BREGER, Claudia / NUSSER, Tanja (Hg.), 2002: Techniken der Reproduktion. Medien, Leben, Diskurse. Königstein.

BERGERMANN, Ulrike, 2002: Informationsaustausch. Übersetzungsmodelle für Genetik und Kybernetik. In: dies. / Claudia BREGER / Tanja NUSSER (Hg.): Techniken der Reproduktion. Medien, Leben, Diskurse. Königstein, S. 35–50.

BINSWANGER, Hans Christoph, 1985: Geld und Magie. Deutung und Kritik der modernen Wirtschaft. Stuttgart.

BRAMBERGER, Andrea, 1998: Verboten Lieben. Bruder-Schwester-Inzest. Pfaffenweiler.

BRAUERHOCH, Annette, 1996: Die gute und die böse Mutter. Kino zwischen Melodrama und Horror. Marburg.

BRAUN, Christina von, 1985: Nicht ich. Logik, Lüge, Libido. Frankfurt/M.

BRAUN, Christina von, 1989: Die schamlose Schönheit des Vergangenen. Zum Verhältnis von Geschlecht und Geschichte. Frankfurt/M.

BRAUN, Christina von, 2001: Das Stieropfer. In: Mensch und Tier. Geschichte einer heiklen Beziehung. Hg. v. ZDF nachtstudio. Frankfurt/M., S. 194–227.

BRAUN, Christina von, 2001: Versuch über den Schwindel. Religion, Schrift, Bild, Geschlecht. München, Zürich.

BURCKHARDT, Martin, 1997: Muttergottes Weltmaschine. Über den Zusammenhang von unbefleckter Empfängnis und technischer Reproduktion. In: metis. Zeitschrift für historische Frauenforschung und feministische Praxis 11, S. 26–44.

BUTLER, Judith, 1991: Das Unbehagen der Geschlechter. Übers. v. Kathrina Menke. Frankfurt/M.

---

61 G. TREUSCH-DIETER, Geschlechtslose WunderBarbie. Oder vom Phänotypus zum Genotypus, in: TRALLORI (Hg.), Die Eroberung des Lebens, S. 177–187.

62 Ebd., S. 183.

BUTLER, Judith, 1995: Körper von Gewicht. Die diskursiven Grenzen des Geschlechts. Übers. v. Karin Wördemann. Berlin.

BUTLER, Judith, 2001: Antigones Verlangen. Verwandtschaft zwischen Leben und Tod. Übers. v. Reiner Ansén. Frankfurt/M.

BUTLER, Judith, 2003: Ist Verwandtschaft immer schon heterosexuell? In: Jutta EMING / Claudia JARZEBOWSKI / Claudia ULBRICH (Hg.): Historische Inzestdiskurse. Interdisziplinäre Zugänge. Königstein, S. 304–342.

COREA, Gena, 1988: Die MutterMaschine. Reproduktionstechnologien – von der künstlichen Befruchtung zur künstlichen Gebärmutter. Übers. v. Pieke Biermann. Nachwort und dt. Bearb. Paula Bradish. Frankfurt/M.

DUDEN, Barbara, 1993: Die Gene im Kopf. Zu den Wirkungen eines neuen Denkstils. In: Eva FLEISCHER /Ute WINKLER (Hg): Die kontrollierte Fruchtbarkeit. Neue Beiträge gegen die Reproduktionsmedizin. Wien, S. 11–22.

DUDEN, Barbara, 1987: Geschichte unter der Haut: Ein Eisenacher Arzt und seine Patientinnen um 1730. Stuttgart.

DUDEN, Barbara, 1991: Der Frauenleib als öffentlicher Ort. Vom Mißbrauch des Begriffs Leben. Hamburg.

DUDEN, Barbara, 1998: Die Ungeborenen. Vom Untergang der Geburt im späten 20. Jahrhundert. In: Jürgen SCHLUMBOHM / Barbara DUDEN u. a. (Hg.): Rituale der Geburt. Eine Kulturgeschichte. München, S. 149–168.

EMING, Jutta / JARZEBOWSKI, Claudia / ULBRICH, Claudia (Hg.), 2003: Historische Inzestdiskurse. Interdisziplinäre Zugänge. Königstein.

FEMINISTISCHE STUDIEN, 1993, 11, Heft 2.

FINUCCI, Valeria / BROWNLEE, Kevin (Hg.), 2001: Generation and Degeneration. Tropes of Reproduction in Literature and History from Antiquity through Early Modern Europe. Durham, London.

FISCHER-HOMBERGER, Esther, 1979: Krankheit Frau. Bern.

FISCHER-HOMBERGER, Esther, 1997: Hunger, Herz, Schmerz, Geschlecht. Brüche und Fugen im Bild von Leib und Seele. Bern.

FLEISCHER, Eva / WINKLER, Ute (Hg.), 1993: Die kontrollierte Fruchtbarkeit. Neue Beiträge gegen die Reproduktionsmedizin. Wien.

FRIEDMAN, David M., 2002: A Mind of Its Own. A Cultural History of the Penis. London.

GALLOP, Jane, 1982: Feminism and Psychoanalysis. The Daughter's Seduction. London.

GALLOP, Jane, 1988: Thinking Through the Body. New York.

GEIMER, Peter (Hg.), 2002: Ordnungen der Sichtbarkeit. Fotografie in Wissenschaft, Kunst und Technologie. Frankfurt/M.

GILDEMEISTER, Regine / WETTERER, Angelika, 1992: Wie Geschlechter gemacht werden. Die soziale Konstruktion der Zweigeschlechtlichkeit und ihre Reifizierung in der Frauenforschung. In: Gudrun-Axeli KNAPP / Angelika WETTERER (Hg): Traditionen Brüche. Entwicklungen feministischer Theorie. Freiburg, S. 201–254.

GROSZ, Elizabeth, 1995: Jacques Lacan. A Feminist Introduction. London.

HAMMER-TUGENDHAT, Daniela, 1994: Erotik und Geschlechterdifferenz. Aspekte zur Aktmalerei. In: Daniela ERLACH / Markus REISENLEITNER / Karl VOCELKA (Hg): Privatisierung der Triebe. Sexualität in der Frühen Neuzeit. Frankfurt/M., S. 367–445.

HARAWAY, Donna, 1995: Die Neuerfindung der Natur. Primaten, Cyborgs und Frauen. Hg., eingel. v. Carmen Hammer u. Immanuel Stieß. Frankfurt/M.

HONEGGER, Claudia, 1991: Die Ordnung der Geschlechter. Die Wissenschaft vom Menschen und das Weib. 1750–1850. Frankfurt/M.

HÖRISCH, Jochen, 1990: Brot und Wein. Die Poesie des Abendmahls. Frankfurt/M.

HÖRISCH, Jochen, 1996: Kopf oder Zahl. Die Poesie des Geldes. Frankfurt/M.

IRIGARAY, Luce, 1980: Speculum. Spiegel des anderen Geschlechts. Übers. v. Xenia Rajewsky u. a. Frankfurt/M.

KALLIR, Alfred, 2002: Sign and Design. Die psychogenetischen Quellen des Alphabets. Übers. v. Richard Hölzl, Thomas Dietrich. Berlin.

KAY, Lily E., 2000: Who Wrote the Book of Life? A History of the Genetic Code. Stanford.

KELLER, Evelyn Fox, 1995: Refiguring Life. Metaphors of Twentieth Century Biology. New York.

KLINGER, Cornelia, 1995: Beredtes Schweigen und Verschwiegenes Sprechen. Genus im Diskurs der Philosophie. In: Renate HOF / Hadumod BUßMANN (Hg.): Genus. Zur Geschlechterdifferenz in den Kulturwissenschaften. Stuttgart, S. 34–59.

KNAPP, Gudrun-Axeli, 1995: Kurskorrekturen. Feminismus zwischen Kritischer Theorie und Postmoderne. Frankfurt/M.

KOLLEK, Regine, 1996: Metaphern, Strukturbilder, Mythen. Zur symbolischen Bedeutung des menschlichen Genoms. In: Lisbeth N. TRALLORI (Hg.): Die Eroberung des Lebens. Technik und Gesellschaft an der Wende zum 21. Jahrhundert. Wien, S. 137–153.

KURNITZKY, Horst, 1974: Triebstruktur des Geldes. Ein Beitrag zur Theorie der Weiblichkeit. Berlin.

LACAN, Jacques, 1991: Die Bedeutung des Phallus. In: Schriften. Bd. 2. Hg. v. Norbert Haas. Weinheim, Berlin, S. 119–132.

LANDWEER, Hilge, 1994: Generativität und Geschlecht. Ein blinder Fleck in der sex/gender-Debatte. In: Theresa WOBBE / Gesa LINDEMANN (Hg.): Denkachsen. Zur theoretischen und institutionellen Rede vom Geschlecht. Frankfurt/M., S. 147–176.

LAQUEUR, Thomas, 1992: Auf den Leib geschrieben. Die Inszenierung der Geschlechter von der Antike bis Freud. Übers. v. H. Jochen Bußmann. Frankfurt/M.

MATHES, Bettina, 2001: Verhandlungen mit Faust. Geschlechterverhältnisse in der Kultur der Frühen Neuzeit. Königstein.

MATHES, Bettina, 2002: From Nymph to Nymphomania. ‚Linear Perspectives' on Female Sexuality. In: Claire JOWITT / Diane WATT (Hg.): The Arts of 17th-Century Science. Representations of the Natural World in European and American Culture. Aldershot, Brookfield, S. 177–196.

MATHES, Bettina, 2003: As Long As a Swans Neck? The Significance of the ‚Enlarged' Clitoris for Early Modern Anatomy. In: Elizabeth D. HARVEY (Hg.): Sensible Flesh. On Touch in Early Modern Culture. Philadelphia, S. 103–124.

MATHES, Bettina, 2003: Vom Stieropfer zum Börsenstier. Die Fruchtbarkeit des Geldes. In: Birgitta WREDE (Hg.): Geld und Geschlecht. Tabus, Paradoxien, Ideologien. Opladen.

MATHES, Bettina / LÖW, Martina, 2003: Ein blaues Wunder erleben. Viagra und der Beginn einer neuen Schöpfung. In: Gabriele HERBERT (Hg): Frauenforschung im Blick. Darmstadt.

MULVEY, Laura, 1994: Visuelle Lust und narratives Kino. Übers. v. Karola Gramann. In: Liliane WEISSBERG (Hg.): Weiblichkeit als Maskerade. Frankfurt/M., S. 48–65.

NELKIN, Dorothy / LINDEE, M. Susan, 1995: The DNA Mystique. The Gene as a Cultural Icon. New York.

ORLAND, Barbara / SCHEICH, Elvira (Hg.), 1995: Das Geschlecht der Natur. Frankfurt/M.

PARKER, Patricia, 1996: Virile Style. In: Louise FRADENBURG / Carla FRECCERO (Hg.): Premodern Sexualities. New York, London, S. 199–222.

PAURITSCH, Gertrude / FRAKELE, Beate / LIST, Elisabeth (Hg.), 1988: Kinder Machen. Strategien der Kontrolle weiblicher Fruchtbarkeit. Wien. (Grazer Projekt „Interdisziplinäre Frauenstudien", Bd. 2).

PINTO-CORREIA, Clara, 1997: The Ovary of Eve. Egg, Sperm and Preformation. Chicago.

PITTENGER, Elizabeth, 1996: Explicit Ink. In: Louise FRADENBURG / Carla FRECCERO (Hg.): Premodern Sexualities. New York, London, S. 223–242.

POWLEDGE, Tabitha M., 1999: Künstliche Gebärmütter. In: Spektrum der Wissenschaft, H. 4, Spezial: Der High-Tech-Körper, S. 52–55.

SCHADE, Sigrid / WENK, Silke, 1995: Inszenierungen des Sehens. Kunst, Geschichte und Geschlechterdifferenz. In: Renate HOF / Hadumod BUßMANN (Hg.): Genus. Zur Geschlechterdifferenz in den Kulturwissenschaften. Stuttgart, S. 340–407.

SCHLUMBOHM, Jürgen / DUDEN, Barbara u. a. (Hg.), 1998: Rituale der Geburt. Eine Kulturgeschichte. München.

SCHMEISER, Leonhard, 2002: Die Erfindung der Zentralperspektive und die Entstehung der neuzeitlichen Wissenschaft. München.

SCHULZ, R., 1992: Artikel ‚Reproduktion' in Historisches Wörterbuch der Philosophie. Hg. v. Joachim Ritter, Karlfried Gründe. Bd. 8. Basel, Sp. 853–858.

STAFFORD, Barbara Maria, 1993: Body Criticism. Imaging the Unseen in Enlightenment Art and Medicine. Cambridge, London.

STEINBERG, Leo, [2]1996: The Sexuality of Christ in Renaissance Art and Modern Oblivion. Chicago.

TAYLOR, Gary, 2002: Castration. An Abbreviated History of Western Manhood. New York, London.

TRALLORI, Lisbeth N., 1996: Die Eroberung des Lebens. Technik und Gesellschaft an der Wende zum 21. Jahrhundert. Wien.

TREUSCH-DIETER, Gerburg, 1990: Von der sexuellen Rebellion zur Gen- und Reproduktionstechnologie. Tübingen.

TREUSCH-DIETER, Gerburg, 1996: Geschlechtslose WunderBarbie. Oder vom Phänotypus zum Genotypus. In: Lisbeth N. TRALLORI (Hg.): Die Eroberung des Lebens. Technik und Gesellschaft an der Wende zum 21. Jahrhundert. Wien, S. 177–187.

TUANA, Nancy, 1995: Der schwächere Samen. Androzentrismus in der Aristotelischen Zeugungstheorie und der Galenschen Anatomie. In: Barbara ORLAND / Elvira SCHEICH (Hg.): Das Geschlecht der Natur. Frankfurt/M., S. 203–223.

TURKLE, Sherry, 1998: Leben im Netz. Identität in Zeiten des Internet. Reinbek.

WEBER, Jutta, 2003: Umkämpfte Bedeutungen. Naturkonzepte im Zeitalter der Technoscience. Frankfurt/M.

WEIGEL, Sigrid, 2002: Inkorporation der Genealogie durch die Genetik. Vererbung und Erbschaft an Schnittstellen zwischen Bio- und Kulturwissenschaften. In: dies. (Hg.): Genealogie und Genetik. Schnittstellen zwischen Biologie und Kulturgeschichte. Berlin, S. 71–97.

WEIGEL, Sigrid, 2002: Der Text der Genetik. Metaphorik als Symptom ungeklärter Probleme wissenschaftlicher Konzepte. In: dies. (Hg.): Genealogie und Genetik. Schnittstellen zwischen Biologie und Kulturgeschichte. Berlin, S. 223–246.

WENZEL, Horst, 1995: Sehen und Hören, Schrift und Bild. Kultur und Gedächtnis im Mittelalter. München.

WERTHEIM, Margaret, 1999: The Pearly Gates of Cyberspace. A History of Space from Dante to the Internet. London.

SEXUALITÄT

von *Heike Jensen*

Einleitung

Die theoretische Auseinandersetzung mit Sexualität stellt einen wichtigen Schwerpunkt der Geschlechterforschung dar, beschränkt sich aber keinesfalls auf sie. Seit circa 100 Jahren existiert die Sexualwissenschaft als eigenständige Disziplin. Zudem sind an der Erforschung eine Vielzahl traditioneller wissenschaftlicher Fachbereiche wie Medizin und Ethnologie und neuerer Studienschwerpunkte wie die so genannten Lesbian, Gay, Bisexual and Transgender (LGBT) Studies und die Queer Theory beteiligt. Der Bogen der Institutionalisierung der Wissenschaft von der Sexualität spannt sich von der ersten wissenschaftlichen Vereinigung zur Erforschung von Sexualität, der Internationalen Gesellschaft für Sexualforschung von 1913, bis zur Gründung der European Federation of Sexology (EFS) im Jahre 1989, und von der ersten wissenschaftlichen Zeitschrift über sexuelle Fragen, der italienischen Archivio delle Psicopatie Sessuali von 1896, bis zur Quartalsschrift Sexualities: Studies in Culture and Society, die seit 1998 erscheint.[1] In der wechselvollen Geschichte der Erforschung der Sexualität wurde eine Fülle von Erkenntnissen, aber auch eine Vielzahl von falschen Behauptungen, rassistischem, sexistischem und heteronormativem Gedankengut über die unterschiedlichsten Aspekte von Sexualität produziert.

Basierend auf der konzeptuellen Trennung von Sexualität und Fortpflanzung, die das moderne Verständnis von Sexualität prägt, lässt sich mit folgender Definition beginnen: Unter dem Begriff der menschlichen Sexualität können Gefühle, Bedürfnisse und Verhaltensformen zusammengefasst werden, die auf einen Lustgewinn abzielen und die die sinnliche Erregung der Geschlechtsorgane einschließen können. Ein Teil der menschlichen Sexualität endet in der Lust bzw. im Genuss des Erlebens, während ein anderer Teil der Sexualität, und zwar eine spezifische Form von Geschlechtsakt innerhalb der Heterosexualität, die Fortpflanzung nach sich zieht. Der Charakter der menschlichen Sexualität kann nicht rein biologisch beschrieben werden, denn es sind vielfältige gesellschaftliche Faktoren, die dessen Ausprägungen beeinflussen. Sexualität ist in praktisch allen menschlichen Gesellschaften Normen

---

1 Für einen detaillierten Überblick vgl. z. B. die Chronologie der Sexualforschung im Archiv für Sexualwissenschaft des Magnus-Hirschfeld-Zentrums an der Humboldt-Universität zu Berlin, *online* unter http://www2.hu-berlin.de/sexology/GESUND/ARCHIV/DEUTSCH/ CHRON.HTM.

unterworfen, die die Arten der sexuellen Handlungen, deren Häufigkeit, die in Frage kommenden SexualpartnerInnen, die Dauer der sexuellen PartnerInnenschaft oder andere Aspekte definieren und eingrenzen. In den westlichen Gesellschaften sind die ideologischen, moralischen, medizinischen und vor allem juristisch bedeutenden Facetten der Regelung und Bewertung von Sexualität besonders vielgestaltig und historisch veränderlich.

Die Erforschung der Sexualität im Abendland

Der Bereich der Sexualität stellt seit jeher in den unterschiedlichsten Kulturen ein wichtiges Gebiet der menschlichen (Selbst-)Reflexion dar. Im globalen Norden lässt sich die abstrakte Beschäftigung mit der Sexualität vor allem in Bezug auf die Entwicklung der Wissenschaften historisieren, wobei die in der entsprechenden Literatur vorgeschlagenen Zeitraster teilweise voneinander abweichen. So spricht das Moderne Lexikon der Erotik von der „vorwissenschaftlichen" Phase, die bis Mitte des 19. Jahrhunderts andauerte, und den darauf folgenden Phasen der „präsexologischen" und der „sexologischen" Wissenschaft, zwischen denen kein klares Übergangsdatum angegeben wird.[2] Der Chronologie des Magnus-Hirschfeld-Zentrums zufolge sind die Vorfahren der Sexualwissenschaft bis 1892 zu datieren, die Pioniere von 1896 bis 1936 und die Moderne Sexualwissenschaft ab 1938.[3]

Thematisch erscheinen alle Phasen der Erforschung von Sexualität äußerst breit gefächert, jedoch war der dominante Blickwinkel bis zu den Pionieren des 20. Jahrhunderts ein rein männlicher. In der Antike beschäftigte man sich bereits mit den verschiedenartigsten Fragen des menschlichen Sexualverhaltens, von Fortpflanzung und Verhütung über sexuelle Funktionsstörungen und Therapien bis zur Sexualethik und –politik. Ab der frühen Neuzeit war eine starke Beschäftigung mit der menschlichen Anatomie zu verzeichnen, ab dem 18. Jahrhundert nahm im Zuge der Epoche der Aufklärung die Diskussion von Sexualverhalten im Hinblick auf Bereiche wie Masturbation, Kinder und Erziehung, Krankheitsprophylaxe und Überbevölkerung zu. Gleichzeitig galt zu den verschiedensten Zeiten den sexuellen Sitten unterschiedlicher Völker ein großes Interesse.

Die Biologen des späten 18. und des 19. Jahrhunderts etablierten als zentrale Erkenntnisbereiche die Befruchtung, die Embryogenese, die Vererbungslehre und die Evolution der Arten. Weitere wichtige Forschungsbereiche des 19. Jahrhunderts waren Verhütung, Prostitution, Geschlechtskrankheiten, die Einteilung des menschlichen Lebenszyklus in bestimmte, sexuell bestimmbare Entwicklungsperioden und jegliches sexuelle Verhalten, das von der heterosexuellen Norm abwich. Biologen,

---

2 Das Moderne Lexikon der Erotik von A-Z. München, Wien, Basel 1969, Bd. 9, Eintrag „SEXOLOGIE (Geschichte)", S. 101–112.

3 http://www2.hu-berlin.de/sexology/GESUND/ARCHIV/DEUTSCH/CHRON.HTM. Den in dieser und der vorigen Fußnote genannten Quellen entstammen auch die folgenden Informationen.

Mediziner, Gynäkologen, Pathologen, Ethnologen, Historiker, Soziologen und andere Wissenschaftler fanden also in Bezug auf die Erforschung von Sexualität die unterschiedlichsten Betätigungsfelder.

Folgende Männer gelten als herausragende Impulsgeber für die Sexualwissenschaft und waren zum Teil auch reformerisch auf ethischen, kriminologischen und legislativen Problemfeldern tätig: Richard von Krafft-Ebing (1840–1902) publizierte 1886 seine Sammlung von Fallstudien *Psychopathia sexualis*, in der er die Begriffe Sadismus und Masochismus einführte. Henry Havelock Ellis (1859–1939) begann 1886 eine Publikationsreihe zu verschiedenen Aspekten von Sexualität. Eines seiner Hauptwerke war der Band *Zur Psychologie des normalen Geschlechtslebens* von 1912. Sigmund Freud (1856–1939), der Begründer der Psychoanalyse, veröffentlichte 1905 seine *Drei Abhandlungen zur Sexualtheorie*.

Auguste Forel (1848–1931) verband in seinem Buch *Die sexuelle Frage* von 1905 medizinische und sozio-politische Perspektiven, wobei sein Standpunkt aus heutiger Sicht teilweise sehr progressiv erscheint, teilweise jedoch aufgrund einer Befürwortung der Eugenik diskreditiert ist. Iwan Bloch (1872–1922) forderte in seinem Buch *Das Sexualleben unserer Zeit in seinen Beziehungen zur modernen Kultur* von 1907 die Gründung der Sexualwissenschaft als selbständige Disziplin, die die unterschiedlichsten Wissenschaftszweige vereint. Magnus Hirschfeld (1868–1935) setzte sich für die Rechte homosexueller Männer ein, veröffentlichte 1914 sein Buch *Die Homosexualität des Mannes und des Weibes* und eröffnete 1919 das erste Institut für Sexualwissenschaft in Berlin.

Der historischen Einteilung des Magnus-Hirschfeld-Zentrums zufolge begann die moderne Epoche der Erforschung der Sexualität im Jahre 1938, als Alfred C. Kinsey seine Studien zum menschlichen Sexualverhalten aufnahm. In den Auswertungen seiner groß angelegten statistischen Befragungen in den USA, die er in dem 1948 erschienenen Buch *Das sexuelle Verhalten des Mannes* und dem fünf Jahre später erschienenen *Das sexuelle Verhalten der Frau* publizierte, belegte Kinsey große Unterschiede sowohl zwischen dem sexuellen Verhalten von Frauen und Männern als auch zwischen den moralischen Überzeugungen und dem tatsächlichen Verhalten der Frauen und Männer.

Sexualität stellte auch in der zweiten Hälfte des 20. Jahrhunderts einen wichtigen Forschungsschwerpunkt dar, wobei die Forschung teilweise eng an soziale Bewegungen wie die Frauenbewegung, die Homosexuellenbewegung und zuletzt die Transgender- und Queer-Bewegungen gebunden war. In der neueren geisteswissenschaftlichen Beschäftigung mit Sexualität lassen sich vor allem folgende inhaltliche Schwerpunkte herausarbeiten. Zunächst können Arbeiten mit abstrakter, theoretischer Herangehensweise von konkreten Fallstudien oder Milieu- bzw. Feldforschung unterschieden werden. Die konkreten Untersuchungen befassen sich in der Regel entweder mit Individuen oder mit sozialen Gruppen und deren Konstitution von Identitäten auf der Basis verschiedener Formen von Sexualität. Die abstrakten Ansätze befassen sich mit größeren gesellschaftlichen Zusammenhängen. Dies schließt die philosophischen, ethischen, rechtlichen, politischen, historischen, sozialen, zeichentheoretischen, künstlerischen, massenmedienspezifischen oder kommerziellen Rahmenbedingungen für die Ausprägung oder Repräsentation von Sexualität, aber auch von sexueller Aggression oder Gewalt ein. Viele dieser Themen werden bezüglich verschiedener Kulturkreise, aber auch unterschiedlicher sozialer Abstufungen innerhalb eines Kulturkreises untersucht, also beispielsweise in Bezug auf soziale Klassen, *races*, Ethnizitäten oder Altersgruppen. Seit den 1980er Jahren wurde HIV/AIDS zum dringlichen Thema, das ebenfalls in einer Fülle von Bezügen bearbeitet wurde.[4]

Auf der theoretischen Metaebene ist vor allem auf Michel Foucault und sein Werk *Sexualität und Wahrheit* zu verweisen. Mit dem 1976 erschienenen ersten Band dieses Werkes, der den Titel *Der Wille zum Wissen* trägt, legte Foucault eine der einflussreichsten Theorien über die Bedeutung der abstrakten Beschäftigung mit der Sexualität im Abendland allgemein und der wissenschaftlichen Beschäftigung im Besonderen vor.[5] Der Beitrag Foucaults stellt einen Teil seiner Machttheorie dar, derzufolge Macht nicht rein repressiv wirkt, sondern vor allem überaus produktiv ist.[6] Macht generiert und unterstützt beispielsweise bestimmte Formen des Wissens und der Wahrheit, und dies beinhaltet sowohl eine Reglementierung dessen, was als „wahre" oder als „wissenschaftliche" Aussage gelten kann, als auch die Etablierung von Institutionen, Verfahren und kommerziellen Kreisläufen, die für die Verbreitung und Aneignung dieses Wissens und dieser Wahrheiten in der Bevölkerung sorgen.

In Bezug auf Sexualität versteht Foucault den Wahrheitsdiskurs, den Bereiche wie die Medizin, die Psychiatrie und die Psychoanalyse seit dem 18. und 19. Jahrhundert produzieren, als ein Regime der Lust und Macht. Dieses Regime überlagerte im Zuge seiner Entstehung frühere Regime wie das der religiösen Beichte und Gewissensprüfung und setzte sie fort, indem es sie an die Regeln des wissenschaftlichen Diskurses anpasste. Von dieser Perspektive aus betrachtet, stellt die Wissenschaft von der Sexualität also keineswegs einen „aufklärerischen" Fortschritt dar, sondern steht durch ihre Methoden der Befragung vor allem für eine Vermehrung und neuartige Institutionalisierung von Geständnisprozeduren, die letztendlich vom inquisitorischen Geständnis abstammen.[7]

Foucault zufolge durchzieht der Wille zum Wissen die gesamte abendländische Beziehung zum Sex; und die Logik des Sexes organisiert die Wissenschaft vom Subjekt.[8] Damit hat die Wahrheit über den Sex in unseren Gesellschaften gleichzeitig

---

4 Für eine exzellente Übersicht über die neueren Entwicklungen und Debatten zum Thema Sexualität in unterschiedlichen geisteswissenschaftlichen Disziplinen, vgl. D. C. STANTON, Introduction. The Subject of Sexuality, In: D. C. STANTON (Hg.), Discourses of Sexuality: From Aristotle to AIDS, Ann Arbor 1992, S. 1–46.

5 Alle Quellenangaben zu diesem Buch beziehen sich auf die 1986 in Frankfurt/M. ersch. Übersetzung von Ulrich Raulff und Walter Seitter.

6 Ebd., S. 115.

7 Ebd., S. 75.

8 Die Übersetzung des französischen Wortes „sexe" mit dem deutschen Wort „Sex" ist, wie die Übersetzer anmerken, ein Notbehelf. Sie erläutern, dass in der deutschen Sprache drei Begriffe zur Auswahl stehen, die jeweils Facetten des französischen Wortes „sexe" ausdrücken: „Sex" steht im Deutschen eher für die lustvolle Facette, „Geschlecht" für die natur-

eine der fundamentalsten Machtwirkungen inne: die Subjektbildung, die Prägung des individuellen Selbstverständnisses jedes Menschen. In Foucaults Worten, in denen ein Fünkchen Ironie nicht zu übersehen ist:

> „[Wir haben] es jetzt so weit gebracht, daß wir unsere Selbsterkennung von dem erwarten, was Jahrhunderte hindurch als Wahnsinn betrachtet wurde, daß wir die Fülle unseres Körpers bei dem suchen, was lange Zeit sein Stigma und seine Wunde war, daß wir unsere Identität dort vermuten, wo man nur dunkles namenloses Drängen wahrnahm."[9]

Wie entwickelt Foucault seine Thesen? Den Ausgangspunkt seiner Überlegungen bildet die Beobachtung, dass seit dem 17. Jahrhundert im Abendland eine wahre diskursive Explosion zum Thema Sexualität zu verzeichnen ist, die in eklatantem Gegensatz zur oft geäußerten Einschätzung der Verdrängung von Sexualität in der Gesellschaft steht. Laut Foucault hat das ständige Sprechen über den Sex sowohl den Sex selbst als auch die beteiligten Menschen in ihren Selbsteinschätzungen und Machtbeziehungen verändert. An der Transformation von Sex im Diskurs waren zwei Gruppen von Menschen beteiligt: einerseits diejenigen, die wie bei der Beichte Auskunft gaben, und andererseits die sich neu bildende Riege der Fachleute, die diese Auskünfte wissenschaftlich oder therapeutisch aufarbeiteten. Die Formen des Verlangens selbst wurden durch dieses analytische Vorgehen verlagert und intensiviert. Sowohl Macht als auch Genuss verschoben sich durch fortgesetzte und sich gegenseitig ergänzende Akte des Exhibitionismus und der Überwachung bzw. Therapie zu dem, was wir seither mit dem Begriff Sexualität versehen und was somit in unlösbarer Beziehung zur Produktion von Wahrheit über den Sex steht.[10]

Ein wichtiger Bereich der Produktion von Wahrheit innerhalb der Forschung und Therapie betraf diejenigen Sexualitäten, die nicht der gesellschaftlichen Norm entsprachen. Diese Sexualitäten wurden nun genauer klassifiziert, und die ihnen gegebenen Namen dienten gleichzeitig der Definition der Menschen, die diese Sexualitäten betrieben oder schätzten, und wurden auch zum Teil von diesen zur Selbstdefinition herangezogen.[11] Die intensive Diskussion einer großen Bandbreite nichtnormativer Sexualitäten bewirkte laut Foucault unter anderem, dass Sexualität nun als ein Bereich der schwierigen und unsicheren persönlichen Entwicklung dargestellt wurde und als ein Bereich besonderer Zerbrechlichkeit aller Menschen. Von dort war es nur noch ein kleiner Schritt, bestimmte Formen der Sexualität als Wurzel vieler Übel der Gesellschaft zu sehen und Sexualität politisch im Hinblick auf die Bevölkerung steuern zu wollen. Foucault betont, dass ein Strang dieser politischen

---

hafte Facette, und „Sexus" trifft zwar die im Französischen angelegte inhaltliche Verbindung dieser beiden Facetten, jedoch nicht den umgangssprachlichen Charakter des französischen Wortes „sexe". Ebd., S. 14.

9 Ebd., S. 185.

10 Ebd., S. 127–130.

11 Ebd., S. 123.

Steuerungsversuche von Sexualität über die Nutzung der Vererbungslehre, Entar-
tungstheorien und Eugenik zu den katastrophalen staatspolitischen Rassismen des
19. und 20. Jahrhunderts führte.[12]
    Foucault argumentiert also, dass die Geschichte der Erforschung der Sexualität
sowohl zur Ausformung dieser Sexualität als auch zur Ausformung des Selbstverständnisses der Menschen als durch ihre Sexualität und ihr Geschlecht charakterisierte
Individuen entscheidend beigetragen hat. Was Foucaults Arbeit daher überaus deutlich macht, ist, dass das Phänomen der Sexualität nicht unabhängig von sozialen
und historischen Rahmenbedingungen analysiert und verstanden werden kann, wo-
zu im Abendland auch und vor allem die Geschichte ihrer Erforschung gehört.
    Während Foucault in den Methoden der Erforschung von Sexualität quasi eine
Säkularisierung der katholischen Beichte ausmacht, zeigt Christina von Braun auf,
inwiefern jüdische und christliche Säkularisierungsprozesse einen erheblichen Einfluss darauf hatten, welch unterschiedliche Geschlechterkategorien und Vorstellungen von Sexualität von den Pionieren der Sexualwissenschaft aufgestellt wurden.[13]
Zudem argumentiert von Braun, dass das antisemitische Klima, in dem die Sexualwissenschaft von jüdischen und nichtjüdischen Forschern begründet wurde, von
großer Bedeutung für deren Theoriebildung war. Da sich der Antisemitismus einer
starken Diffamation des Geschlechts und der Sexualität seiner Zielgruppe bediente,
konnte dies nicht ohne Einfluss auf die allgemeinen Theorien zu Geschlecht und
Sexualität bleiben, die sich in diesem Klima bildeten.[14]
    Generell stützten und stützen sich eine Vielzahl sozialer Abstufungen und Aus-
grenzungen, die rassistisch, klassenspezifisch oder gemäß eines anderen Systems sozialer Differenzierung motiviert sein können, auf ideologische Sexualitäts- und Geschlechterbilder. Diese Bilder sind zwar grundsätzlich veränderlich, können aber
auch äußerst langlebig sein.[15] Zudem wirken die unterschiedlichsten Abstufungssys-

---

12 Ebd., S. 142–143, 178.
13 C. v. BRAUN, Ist die Sexualwissenschaft eine „jüdische Wissenschaft"?, in: Zeitschrift für
    Sexualforschung 14.1 (2001), S. 1–17. Fußend auf der Vorstellung des zweigeschlechtli-
    chen, Mensch gewordenen Gottes, ist das duale Geschlechtermodell des säkularisierten
    Christentums von Braun zufolge als komplementäre Einheit angelegt und das Sexualitäts-
    modell als heterosexuelle Symbiose. Demgegenüber ist die jüdische Gottesvorstellung un-
    geschlechtlich und nicht menschlich, und das säkularisierte duale Geschlechtermodell das
    der Differenz, was im Sexualitätsmodell sowohl Differenz als auch Fortpflanzung evoziert
    und Homosexualität verwirft.
14 Die jüdische Bevölkerung wurde, wie v. Braun u. a. mit Hinweis auf den „Rassenforscher"
    Otto Hauser ausführt, als charakterisiert von „Weibmännern" und „Mannweibern", „Mäd-
    chenhändlern" und „Rassenschändern" imaginiert, und ihre mögliche Assimilation wurde
    metaphorisch als Geschlechtsakt ausgedrückt.
15 Um einige weitere Beispiele aus rassistischen Kontexten zu geben: W. D. JORDAN erklärt
    in *White over Black. American Attitudes Toward the Negro, 1550–1812*, Kingsport 1968, dass
    im euro-amerikanischen Kontext schwarzen Männern und Frauen seit Jahrhunderten Hy-
    persexualität von Weißen zugeschrieben wird (S. 32, 43). Demgegenüber ist das System, in
    dem „Orientalen" in den USA imaginiert werden, wie R. FUNG ausführt, sehr differenziert,

teme in komplexer Art und Weise in Geschlechts- und Sexualitätsbildern zusammen. Daher müssen auch heutzutage die neueren Theorien danach befragt werden, inwiefern sie vielfältige ideologische Zuschreibungen geschlechtlich-sexueller Art in sich tragen, die dazu dienen, gesellschaftlich dominante Gruppen durch Eigen- und Fremdbilder von anderen Gruppen abzugrenzen und der Vermischung der Gruppen entgegenzuwirken. Zu beachten ist auch, dass Geschlechts- und Sexualitätsbilder in Bezug auf Männer und Frauen einer Gruppe keinesfalls gleich, analog oder komplementär angelegt sein müssen.

Die Geschlechterforschung nähert sich ihrem Gegenstand, indem sie das Sex-Gender-System in den Mittelpunkt ihrer Untersuchungen stellt. Eine ihrer grundlegenden theoretischen Herausforderungen in Bezug auf Sexualität liegt in der Erörterung des Verhältnisses oder der Verhältnisse zwischen Sexualität und Geschlecht. Dabei ergibt sich zum Beispiel in Kontexten wie Heterosexualität, Homosexualität und Transgender ein äußerst komplexes und widersprüchliches Bild. Werden in den theoretischen Ausführungen die sozial spezifischen Ausprägungen der Konzeptionen von Geschlecht und Sexualität nicht eingehender thematisiert, so bedeutet dies in der Regel, dass von der weißen, erwachsenen Mittelklassenorm ausgegangen wird, die jedoch in der eben dargelegten Weise durch vielfältige Formen der Abgrenzung zustande kommt.

Konzeptionen von Sexualität und Geschlecht

Eingangs können zwei Fragestellungen unterschieden werden, die für die Bearbeitung des Verhältnisses zwischen Sexualität und Geschlecht grundlegend sind. Die eine Frage ist die nach der Entstehung von Sexualität und Geschlecht, und sie beinhaltet, in welcher Abfolge oder Relation Sexualität und Geschlecht sich bilden. Die andere Frage ist diejenige, in welcher Beziehung Sexualität und Geschlecht zueinander stehen, nachdem sie sich gebildet haben. Beide Fragen greifen ineinander, sobald die kontinuierliche gesellschaftliche Reproduktion von Sexualität und Geschlecht erörtert werden soll.

In Foucaults Theoriebildung liegt die Betonung auf einer Erklärung der Entstehung von Sexualität und Geschlecht, die er, wie im vorherigen Abschnitt ausgeführt, vor allem in Relation zu den Wissensgebieten abhandelt, deren Entwicklung sein

---

widersprüchlich und historisch veränderlich. Ein entsprechender Mann könnte z. B. für einen Japaner und daher für mehr oder weniger pervers gehalten werden, oder für einen Filipino und somit sexuell „leicht zu haben". Demselben Mann könnte als Orientale auch Asexualität unterstellt werden oder, im Rahmen eines älteren und immer noch fortwirkenden Stereotyps über Asiaten, eine gefährliche, undisziplinierte Libido (S. 147). Die Stereotypen, mit denen „Orientalinnen" charakterisiert wurden und werden, operieren Fung zufolge mit wiederum anderen Zuschreibungen, vgl. R. FUNG, Looking for My Penis. The Eroticized Asian in Gay Video Porn, in: BAD OBJECT-CHOICES (Hg.), How Do I Look? Queer Film and Video, Seattle 1991, S. 145–160.

Hauptaugenmerk gilt. Terminologisch unterscheidet er nur zwischen „sexualité" und „sexe", wobei letzteres Wort nicht nur für Sex im Sinne von Sexualität steht, sondern auch Geschlecht und Geschlechtlichkeit einschließt. Während Sex historisch je nach Wissensgebiet unterschiedlich und bereits innerhalb einzelner Wissensgebiete widersprüchlich definiert wurde, ermöglichte dieses Konzept es laut Foucault dennoch, folgende unverbundene Aspekte in einen imaginären Zusammenhang zu bringen: „anatomische Elemente, biologische Funktionen, Verhaltensweisen, Empfindungen und Lüste".[16] Dabei stellt Sex für Foucault den abstraktesten Baustein im komplexen, institutionalisierten Gedankengebäude um die Sexualität dar:

> „Der Sex ist das spekulativste, das idealste, das innerlichste Element in einem Sexualitätsdispositiv, das die Macht in ihren Zugriffen auf die Körper, ihre Materialität, ihre Kräfte, ihre Energien, ihre Empfindungen, ihre Lüste organisiert."[17]

Dieser abstrakteste Baustein ist, wie im letzten Abschnitt ausgeführt, laut Foucault so realitätsmächtig, dass er den Grundstein des Selbstverständnisses, des Verständnisses des eigenen Körpers und der eigenen Identität eines jeden (westlichen) Menschen bildet. Dies bedeutet, dass sich das Geschlecht und die Sexualität eines Individuums aus den gesellschaftlichen Vorgaben zur Sexualität ergeben. Eine detaillierte Erklärung der Art und Weise, wie sich dieses individuelle geschlechtlich-sexuelle Selbstverständnis ausprägen kann, bietet Foucault jedoch genauso wenig an wie eine Differenzierung der Ausprägung dieses Selbstverständnisses gemäß spezifischer sozialer Abstufungen oder Regelwerke. Er betont lediglich, dass die Idee der Sexualität zunächst eine bürgerliche war, die sich dann ausbreitete und unterschiedliche Effekte in unterschiedlichen sozialen Klassen zeigte. Foucaults Hinweise auf die mit dieser Entwicklung zusammenhängenden Rassismen machen zudem deutlich, dass es sich anfangs um „weiße" Sexualität handelte. Jedoch bleibt Foucault auch in Bezug auf die weiße Mittelklasse die Erklärungen schuldig, wie es zur Ausprägung oder Verfestigung des hierarchischen Geschlechterverhältnisses und der Heteronormativität kam.

Am Punkt der Heteronormativität setzt Judith Butler in ihrem einflussreichen Buch *Das Unbehagen der Geschlechter* an, das 1990 erschien.[18] Wie viele andere, Foucault folgende TheoretikerInnen versucht sie, seine Konzepte für eine Kritik bestimmter, repressiver Strukturen nutzbar zu machen. Butler akzeptiert Foucaults Theorie, dass Geschlecht sich im Rahmen von gesellschaftlichen Vorgaben zur Sexualität bildet, und sie entwickelt eine Zeichen- bzw. Performanztheorie der Gen-

---

16 FOUCAULT, Der Wille zum Wissen, Frankfurt/M., 1986, S. 184.
17 Ebd., S. 185.
18 Alle Quellenangaben zu diesem Buch beziehen sich auf die dt. Übers. v. Kathrina Menke, die 1991 in Frankfurt/M. erschien. Für eine umfassende Erörterung der von BUTLER in diesem Buch entwickelten Theorien, vgl. meinen Beitrag in M. LÖW / B. MATHES (HG.), Schlüsselwerke der Geschlechterforschung, Wiesbaden 2005, S. 254–266.

der-Identität.[19] Diese besagt, dass das Geschlecht einer Person durch ständige Signalgebung auf den verschiedensten, sozial relevanten Ebenen kontinuierlich erzeugt und interpretiert wird. Gender erscheint laut Butler dann sozial stimmig und verständlich, wenn es glückt, eine augenscheinliche „Kohärenz und Kontinuität" zwischen den Dimensionen des biologischen Geschlechts, des sozialen Geschlechts, der sexuellen Praxis und des sexuellen Verlangens vorzuführen.[20] Scheint dies zu gelingen, so wird der Gesamteindruck eines natürlich gegebenen Geschlechts erzeugt, der laut Butler die entscheidende Basis für gesellschaftliche Heteronormativität bildet:

> „Akte, Gesten, artikulierte und inszenierte Begehren schaffen die Illusion eines inneren Organisationskerns der Geschlechtsidentität (*organizing gender core*), eine Illusion, die diskursiv aufrechterhalten wird, um die Sexualität innerhalb des obligatorischen Rahmens der reproduktiven Heterosexualität zu regulieren."[21]

Das Ziel der Kohärenz und Kontinuität kann jedoch Butler zufolge aus zweierlei Gründen nie wirklich erreicht werden. Zum einen sind bereits diejenigen Zeichen inkohärent, die jede einzelne dieser Dimensionen ausmachen, also zum Beispiel das soziale Geschlecht „Frau".[22] Zum anderen lässt sich auch keine wirkliche Kohärenz zwischen den Dimensionen herstellen, da diese letztendlich unverbunden bleiben. So ergibt sich vom Individuum aus betrachtet das soziale Geschlecht nicht einfach aus dem biologischen Geschlecht; und Lust, Verlangen und Sexualität folgen nicht automatisch aus dem sozialen Geschlecht.[23]

In dieser doppelten Unmöglichkeit liegt für Butler die Chance, die Macht des Gender-Systems zu stören, die in seiner scheinbaren Natürlichkeit liegt. Bereits die vielschichtigen Brüche, die Gender im alltäglichen heterosexuellen Kontext charakterisieren, führten die Annahme ad absurdum, Geschlecht und Sexualität besäßen eine Essenz und müssten deshalb nur ausgedrückt werden. In anderen Kontexten, besonders dem der weiblichen Homosexualität oder dem der Transvestiten, vermehren sich laut Butler diese Brüche noch weiter. Außerdem könne in diesen Kontexten der performative Charakter von Gender durch die Betonung der Imitation, der nachahmenden Qualität von Gender-Aufführungen, noch klarer herausgearbeitet und zum Teil auch ironisiert werden.[24]

---

19 Für eine Kontextualisierung von Butlers Theoriebildung im Rahmen der Queer Studies, vgl. den Beitrag von S. HARK in diesem Band.
20 BUTLER, Das Unbehagen der Geschlechter, S. 38.
21 Ebd., S. 200.
22 Es ließe sich ergänzen, dass das soziale Geschlecht „Frau" sowieso nicht für sich allein darstellbar ist, sondern nur in Verbindung mit anderen Formen der sozialen Abgrenzung. Dementsprechende Konzepte, z. B. „alte Frau" oder „schwarze Frau", greifen wiederum auf unterschiedliche und bruchstückhafte Darstellungsmuster und Bedeutungszuschreibungen zurück.
23 BUTLER, Das Unbehagen der Geschlechter, S. 199–200.
24 Ebd., S. 201–202.

In diesem Zusammenhang ist es hilfreich, den Faktor der Sichtbarkeit oder Sichtbarmachung in Bezug auf Geschlecht und Sexualität genauer zu beleuchten. Eve
Kosofsky Sedgwick weist zu Recht darauf hin, dass sich die geschlechtsbasierte soziale
Differenzierung vor allem auf vermeintlich sichtbare Indikatoren zur Einteilung von
Frauen und Männern beruft, während die sexualitätsbasierte soziale Aufteilung in
heterosexuelle und nichtheterosexuelle Menschen etwas zunächst Unsichtbares betrifft.[25] Butler und viele andere AutorInnen haben jedoch herausgearbeitet, dass bei-
spielsweise im Bereich der Homosexualität spezifische Möglichkeiten bestehen,
(Homo-) Sexualität durch bestimmte Gender-Aufführungen optisch anzudeuten. So
bedienen sich Butch-Lesben und tuntige Schwule verschiedener Aspekte beider
Genders. Für Schwule existiert zudem die Möglichkeit, ein Übermaß an Zeichen der
Männlichkeit zu benutzen und diese Zeichen dadurch aus dem gewohnten heterosexuellen Kontext zu reißen. Eine homosexuelle Genderrolle fällt jedoch vielen
TheoretikerInnen zufolge durch derartige optische Aufführungsmuster, und zwar
die der Femme-Lesbe, der sehr weiblichen Lesbe, die visuell nicht von femininen
heterosexuellen Frauen zu unterscheiden sei.[26]

Die eben angesprochenen Beispiele weisen auf spezifische Zusammenhänge zwischen Sexualität und Gender im Bereich der Homosexualität hin, und Sedgwick hat
die dort existierenden Widersprüchlichkeiten und Brüche genauer analysiert. Sie
führt aus, dass bezüglich der Homosexualität völlig unvereinbare gesellschaftliche
Vorstellungen sowohl in Bezug auf Sexualität als auch in Bezug auf Gender vorherr-
schen. Im Bereich der Sexualitätskonzepte gibt es einerseits die Vorstellung, eine
Minderheit der Menschen sei tatsächlich homosexuell. Demgegenüber steht die
Sichtweise, dass Hetero- und Homosexualität sich nicht klar trennen lassen, weil sie
fließend ineinander übergehen oder weil die eine Form der Sexualität bzw. Objektwahl in der anderen mitschwingen kann.[27]

Im Gender-Bereich existieren die Modelle der Inversion und des Geschlechterseparatismus. Das über 100 Jahre alte Modell der Inversion besagt, dass eine lesbische Frau eine männliche Seele in einem weiblichen Körper besitzt, und entsprechend ein schwuler Mann eine weibliche Seele in einem männlichen Körper
aufweist. Dieses Modell geht Hand in Hand mit der Vorstellung, Lesben wären

---

25 E. K. SEDGWICK, Epistemology of the Closet, in: H. ABELOVE / M. A. BARALE / D. M.
   HALPERIN (Hg.), The Lesbian and Gay Studies Reader, New York, London 1993, S. 45–61
   (auf diesen Artikel beziehe ich mich hier und in der Folge).
26 Zu unterschiedlichen Aspekten dieses Themenkomplexes vgl. M. GARBER, Vested Interests. Cross-Dressing & Cultural Anxiety, New York 1993; S. FUCHS, Lesbische Repräsentation und die Grenzen der „Sichtbarkeit", in: I. HÄRTEL / S. SCHADE (Hg.), Körper und
   Repräsentation, Opladen 2002, S. 47–54.
27 So führt SEDGWICK selbst in ihrem einflussreichen Buch *Between Men. English Literature
   and Male Homosocial Desire*, New York 1985 aus, wie durch die Trope des erotischen Drei-
   ecks zwischen zwei Männern und einer Frau männliche homosoziale Bindungen und homosexuelles Verlangen durch die zwischen den Männern ausgehandelten heterosexuellen
   Beziehungen zur Frau kanalisiert werden können.

männlich und Schwule weibisch, was durch die eben erwähnten Butch-Lesben und tuntigen Schwulen vermeintlich gestützt wird. Sedgwick betont, dass dieses Modell das Ideal der Heterosexualität innerhalb der Form des Begehrens bewahrt, da sich weiterhin die „Gegensätze" anziehen. Dieses Gender-Modell ist vereinbar mit dem Sexualitätsmodell, welches besagt, dass Homosexualität die Sexualitätsform einer Minderheit der Menschen darstellt.

Mit dem Modell der Inversion nicht in Einklang zu bringen, ist die Vorstellung des Geschlechterseparatismus. Dieses Modell verbindet Identifikation und Verlangen, wodurch Lesben und Schwule als zwei klar entgegengesetzte und „reine" Gender-Pole erscheinen, die sich mit ihren jeweiligen GeschlechtsgenossInnen identifizieren und sie auch begehren. Dieses Gender-Modell kann laut Sedgwick mit dem Sexualitätsmodell in Einklang gebracht werden, demzufolge Hetero- und Homosexualität nicht klar zu trennen sind.

Sedgwick zufolge führen die verschiedenen Modelle dazu, dass Homosexuelle unterschiedliche politische Allianzen für möglich halten könnten: Das Modell des Geschlechterseparatismus legt eine genderbasierte Allianz zwischen hetero- und homosexuellen Frauen einerseits und hetero- und homosexuellen Männern andererseits nahe. Das Modell der Inversion spräche hingegen eher für eine Allianz zwischen Lesben und Schwulen sowie außerdem für Identifikationen zwischen schwulen Männern und heterosexuellen Frauen bzw. lesbischen Frauen und heterosexuellen Männern. Sedgwick weist jedoch zu Recht darauf hin, dass in der Praxis diese Vorstellungen von Allianzen durch die sexualitätsbasierte Diskriminierungsform der Homophobie und die geschlechtsbasierte Diskriminierungsform des Sexismus torpediert werden. Dieser Umstand untermauert die Einschätzung von Gayle S. Rubin, dass Gender und Sexualität zwar ineinander greifen, letztendlich jedoch zwei verschiedene soziale Praxen beinhalten.[28] Für die Wissenschaft bedeutet dies, dass die Theoretisierung von Geschlecht und geschlechtsspezifischer Unterdrückung weder gleichbedeutend mit einer Theorie der erotischen Wünsche und der sexuellen Unterdrückung ist, noch letztere Theorie sich aus ersterer Theoretisierung problemlos ableiten lässt.[29]

---

28 G. S. RUBIN, Thinking Sex. Notes for a Radical Theory of the Politics of Sexuality, in: H. ABELOVE u. a. (Hg.), The Lesbian and Gay Studies Reader, S. 3–44, bes. S. 32–33.

29 Innerhalb der Frauen- und Geschlechterforschung stellte diese Erkenntnis den Beginn einer neuen Phase dar. Die ursprüngliche, enge Verbindung zwischen Frauenforschung und Sexualitätsforschung basierte auf Forschungsthemen, die die geschlechtsspezifische Unterdrückung von Frauen auf männliche Machtausübung im Bereich der Sexualität zurückführte. Untersucht wurden z. B. männliche sexuelle Gewalt und sexuelle Ausbeutung von Frauen, die männliche Kontrolle und Definition von weiblicher Sexualität, die Degradierung von Frauen zu männlichen Lustobjekten und die Erotisierung männlicher Macht sowie die Definition von Männlichkeit über sexuelle Gewalt. Politisch ging in den USA aus dieser Forschungsrichtung vor allem die Anti-Pornographiebewegung hervor, der sich „Pro Sex"-Feministinnen wie C. S. VANCE und G. S. RUBIN entschieden entgegenstellten. Für eine Einschätzung dieser feministischen „Sex-Kriege" (Rubin, S. 29) und ihres Einflus-

Die Komplexität des Ineinandergreifens und die Brüchigkeit von Gender- und Sexualitätskonzepten kann weiter anhand des Transgender-Bereichs verdeutlicht werden. In diesem Bereich ist eine Fülle voneinander abweichender Definitionen und neu dazukommender Fachtermini besonders im anglo-amerikanischen Sprachraum zu verzeichnen. Laut Milton Diamond wird der Überbegriff Transgender sehr uneinheitlich verwendet und kann all diejenigen Menschen bezeichnen, die sowohl männliche als auch weibliche Charakteristika aufweisen oder ausleben, worunter Transvestiten, Transsexuelle, Intersexuelle, Homo- und Bisexuelle und etliche andere fallen können.[30]

In Bezug auf Intersexuelle und Transsexuelle lässt sich im Hinblick auf Geschlecht und Sexualität folgendes konstatieren. Intersexuelle, die früher als Hermaphroditen bezeichnet wurden, zeichnen sich dadurch aus, dass sie sowohl männliche als auch weibliche körperliche Merkmale aufweisen. Dies kann laut Diamond bedeuten, dass ein Individuum uneindeutige Genitalien besitzt, aber auch, dass es eindeutig erscheinende männliche oder weibliche Genitalien hat, jedoch nicht die entsprechenden Chromosomen. Transsexuelle besitzen hingegen eindeutige physische Merkmale eines Geschlechts. Ihre Situation ist dadurch gekennzeichnet, dass sie der inneren Überzeugung sind, dem anderen, nicht durch ihren Körper repräsentierten Geschlecht anzugehören, während die Gesellschaft das soziale Geschlecht aus dem biologischen Geschlecht ableitet.[31] Transsexuelle verstehen Diamond zufolge ihre innere Überzeugung als unabänderlich, während ihr Körper durch Hormone und chirurgische Eingriffe dieser Überzeugung angepasst werden könne.

Wie ließe sich nun die sexuelle Orientierung im Bereich von Intersexuellen und Transsexuellen beschreiben? Diamond argumentiert, dass die Begriffe der Heterosexualität und der Homosexualität ungeeignet sind, da sie nicht nur das Geschlecht des Partners/der Partnerin benennen, sondern dies in Relation zum Geschlecht der Person selbst setzen. Bei Intersexuellen wäre dann natürlich die Frage, wie ihr maß-

---

ses auf die weitere Entwicklung vgl. E. GLICK, Sex Positive. Feminism, Queer Theory, and the Politics of Transgression, in: Feminist Review 64 (2000), S. 19–45.

Inzwischen wurden sowohl die Zusammenhänge zwischen Sexualität und Geschlecht als auch die gravierenden Unterschiede und Machtgefälle zwischen verschiedenen gesellschaftlichen Gruppen von Frauen und Männern komplexer theoretisiert. Auf dieser Basis stellt die Erforschung der Zusammenhänge zwischen Geschlecht, Sexualität und Macht eine wichtige Herausforderung dar, wie auch der Beitrag von C. KÜNZEL in diesem Band verdeutlicht. Zum Aspekt der Heteronormativität der früheren feministischen Gender-Konzepte, gegen den sich die Queer Theory, Rubin folgend, absetzte, vgl. den Beitrag von S. HARK in diesem Band.

30 Diese und die folgenden Ausführungen entstammen dem Aufsatz von M. DIAMOND, Sex and Gender are Different. Sexual Identity and Gender Identity are Different, in: Clinical Child Psychology and Psychiatry 7.3 (2002), S. 320–334.

31 Diese eigene, innere Überzeugung bezeichnet Diamond als *sexual identity* im Gegensatz zur *gender identity* als der von außen aufgezwungenen Geschlechtsidentität. Diamond erwähnt jedoch, dass in anderen Kontexten der Terminus *sexual identity* darauf verweist, ob eine Person sich für hetero-, homo- oder bisexuell hält.

gebliches Geschlecht auszuwählen sei, und bei Transsexuellen, ob ihr Geschlecht vor oder nach der Geschlechtsumwandlung zugrunde gelegt wird. Um diese Schwierigkeiten zu umgehen, wurden die Begriffe „androphil", „gynäkophil" und „ambiphil" geschaffen, die respektive die Liebe zu Männern, zu Frauen und sowohl zu Männern als auch zu Frauen bezeichnen und dabei nicht gleichzeitig auf das Geschlecht des Individuums selbst verweisen.

Transsexuelle wie auch Intersexuelle können Diamond zufolge danach streben, sich weitestgehend an die gesellschaftliche Norm anzupassen, die besagt, dass Körper, innere Geschlechtsidentität und Gender (-identität) übereinstimmen müssen und idealerweise durch Heterosexualität gekennzeichnet sein sollten. Es gibt jedoch Diamond zufolge auch eine wachsende Anzahl von Menschen, die diese Norm ablehnen und sich die Bezeichnung Transgender zu Eigen machen. Diese Kategorie kann, wie oben erwähnt, all diejenigen einbeziehen, die Geschlechternormen und/oder Sexualitätsnormen überschreiten, und sie ist daher potentiell geeignet, sehr unterschiedliche Menschen auch im politischen Sinne zu vereinen. Während gleichzeitig in den USA laut Diamond der Terminus *transgender variant* (TGV) gebräuchlicher wird, gewinnt in Großbritannien die Bezeichnung *3rd G*, drittes Geschlecht, bei denjenigen an Popularität, die sich nicht als Mann oder Frau, als transsexuell, Transvestit, lesbisch, schwul oder bisexuell definieren und bezeichnen möchten.[32]

Rubins Warnung sollte jedoch nicht unbeachtet bleiben, dass Transgender-Individuen gesellschaftlich generell wie sexuelle Randgruppen bzw. „Perverse" behandelt werden.[33] Dies verdeutlicht, dass die gesellschaftlich vorherrschenden Vorstellungen von Sexualität und Geschlecht zwar theoretisch betrachtet unlogisch, bruchstückhaft und analytisch trennbar sein mögen, jedoch gleichzeitig im Alltag immer noch fest gefügt und schier unauflösbar erscheinen. Sexualität und Geschlecht sind in unseren Gesellschaften in starke soziale Regelwerke eingebunden, die für kreative Selbstdefinitionen in vielen gesellschaftlichen Zusammenhängen wenig Raum lassen. Außerdem sind die Konzepte so wirkungsmächtig, dass eine Selbstdefinition über sie unvermeidbar erscheint und auch diejenigen Selbstdefinitionen, die in einer Verweigerung der geschlechtlich-sexuellen Eindeutigkeit bestehen, letztendlich durch die Identitätsstiftung der Verneinung in ihrem Bannkreis bleiben.

---

32 Auch der Terminus „queer", der zunächst abschätzig auf Homosexuelle referierte und 1990 durch die Gründung der Homosexuellenorganisation Queer Nation positiv besetzt wurde, findet gelegentlich breitere Anwendung bei all denen, die nicht ins System passen oder passen wollen und die sich z. T. auch als „genderqueers" bezeichnen. In Bezug auf Selbstbezeichnungen führt S. Turner aus, dass seit kurzem eine Verschiebung von „transsexual" über „transgender" zu „transperson" zu verzeichnen war. S. TURNER, Intersex Identities. Locating New Intersections of Sex and Gender, in: Gender & Society 13.4 (1999), S. 457–479.

33 RUBIN, Thinking Sex, S. 14.

Ausblick

Unzählige Studien über Sexualität haben verdeutlicht, wie stark dieser Bereich des menschlichen Empfindens und Verhaltens kulturell und sozial geprägt ist. Ein entscheidendes Charakteristikum der Sexualität in der westlichen Welt kann in ihrer unausgesetzten wissenschaftlichen Erforschung selbst gesehen werden, und es ließe sich mit Foucault argumentieren, dass westliche Sexualität durch das Ineinandergreifen dieser Forschung mit anderen gesellschaftlichen Institutionen, Praxen und kommerziellen Kreisläufen einen zentralen Stellenwert bei der persönlichen Ausformung von Identität erlangt hat. Identität bedeutet also immer auch eine Geschlechtsidentität, die die unterschiedlichsten Komponenten von Sexualität und Geschlecht vereint.

Bei der genaueren Erforschung und Theoretisierung des Ineinandergreifens von Sexualität und Geschlecht wurde deutlich, dass diese Konzepte in komplexe gesellschaftliche Zusammenhänge der ideologischen Differenzierung und sozialen Abstufung eingebunden sind, die durchgängig von den verschiedensten logischen Brüchen und Unvereinbarkeiten charakterisiert werden. Diese Brüche und Unvereinbarkeiten sind allerdings systematischen Charakters je nachdem, ob beispielsweise der Bereich der Heterosexualität, Homosexualität oder Transgender näher beleuchtet wird, und welche anderen Faktoren wie Ethnizität, Klasse oder Alter zum Tragen kommen.

Die kulturpolitische Hoffnung besteht darin, dass die Brüche instrumentalisiert werden können, um die vermeintliche Natürlichkeit des hierarchischen und bipolaren Gendermodells und der Zwangsheterosexualität ad absurdum zu führen und letztendlich abzuschaffen. Wichtige Fragen, die in diesem Kontext jedoch weiterer Klärung bedürften, wären die folgenden: Sind die Brüche vielleicht gerade dem Funktionieren des Geschlechts- und Sexualitätsprinzips zuträglich? Ist dieses Prinzip überhaupt für sich allein abschaffbar, oder ist es nicht dermaßen mit anderen Aspekten der sozialen Abstufung wie der sozialen Klasse, „race", Ethnizität oder Alter verknüpft, dass viel komplexere alternative Entwürfe notwendig wären? Macht sich die neuere Forschung zum Thema eventuell ungewollt zur Komplizin von Institutionen, Strukturen und Geldkreisläufen, die all diese Prinzipien aufrechterhalten?

Bibliographie

ABELOVE, Henry / BARALE, Michèle Aina / HALPERIN, David M. (Hg.), 1993: The Lesbian and Gay Studies Reader. New York, London.

BAD OBJECT-CHOICES (Hg.), 1991: How Do I Look? Queer Film and Video. Seattle.

BEASLEY, Chris, 2005: Gender and Sexuality. Critical Theories, Critical Thinkers. London.

BLOCH, Iwan (Hg.), 1920: Handbuch der gesamten Sexualwissenschaft in Einzeldarstellungen. Berlin.

BLOCH, Iwan, 1908: Das Sexualleben unserer Zeit in seinen Beziehungen zur modernen Kultur. Berlin.

BLOODSWORTH-LUGO, Mary K., 2007: In-Between Bodies. Sexual Difference, Race and Sexuality. New York.

BOLIN, Anne, 1988: In Search of Eve. Transsexual Rites of Passage. New York, Westport, CT, London.

BRAUN, Christina von, 2001: Ist die Sexualwissenschaft eine „jüdische Wissenschaft"? In: Zeitschrift für Sexualforschung 1, S. 1–17.

BROWNMILLER, Susan, 1976: Against Our Will. Men, Women and Rape. New York.

BULLOUGH, Vern L. / BULLOUGH, Bonnie, 1993: Cross Dressing, Sex, and Gender. Philadelphia.

BUTLER, Judith, 1991: Das Unbehagen der Geschlechter. Frankfurt/M.

CRIMP, Douglas (Hg.), 1988: AIDS. Cultural Analysis/Cultural Activism. Cambridge, MA.

D'EMILIO, John / FREEDMAN, Estelle B., 1988: Intimate Matters. A History of Sexuality in America. New York.

DIAMOND, Milton, 2002: Sex and Gender are Different. Sexual Identity and Gender Identity are Different. In: Clinical Child Psychology and Psychiatry. Bd. 7, Nr. 3, S. 320–334.

EKINS, Richard / KING, Dave (Hg.), 1996: Blending Genders. Social Aspects of Cross-Dressing and Sex-Changing. New York, London.

ELLIS, Henry Havelock, 1912: Zur Psychologie des normalen Geschlechtslebens. Leipzig.

FAUSTO-STERLING, Anne, 2000: Sexing the Body. Gender Politics and the Construction of Sexuality. New York.

FOREL, Auguste, 1907: Die sexuelle Frage. Eine naturwissenschaftliche, psychologische, hygienische und soziologische Studie für Gebildete. München.

FOUCAULT, Michel, 1986: Der Wille zum Wissen. Sexualität und Wahrheit. Bd. 1. Frankfurt/M.

FREUD, Sigmund, 2000: Drei Abhandlungen zur Sexualtheorie. In: Alexander MITSCHERLICH / Angela RICHARDS / James STRACHEY (Hg.): Sigmund Freud Studienausgabe. Bd. V: Sexualleben. Frankfurt/M., S. 37–145.

FUNG, Richard, 1991: Looking for My Penis. The Eroticized Asian in Gay Video Porn. In: BAD OBJECT-CHOICES (Hg.): How Do I Look? Queer Film and Video. Seattle, S. 133–149.

GARBER, Marjorie, 1993: Vested Interests. Cross-Dressing & Cultural Anxiety. New York.

GARBER, Marjorie, 2000: Die Vielfalt des Begehrens. Bisexualität von Sappho bis Madonna. Frankfurt/M.

GLICK; Elisa, 2000: Sex Positive. Feminism, Queer Theory, and the Politics of Transgression. In: Feminist Review 64, S. 19–45.

HARTMANN, Jutta, 2007: Heteronormativität. Empirische Studien zu Geschlecht, Sexualität und Macht. Wiesbaden.

HÄRTEL, Insa / SCHADE, Sigrid (Hg.), 2002: Körper und Repräsentation. Opladen.

HERDT, Gilbert (Hg.), 1994: Third Sex, Third Gender. Beyond Sexual Dimorphism in Culture and History. New York.

HIRD, Myra J., 2000: Gender's nature. Intersexuality, transsexualism and the ‚sex'/‚gender' binary. In: Feminist Theory. Bd. 1, Nr. 3, S. 347–364.

HIRSCHFELD, Magnus, 1924: Sexualität und Kriminalität. Überblick über Verbrechen geschlechtlichen Ursprungs. Wien.

HIRSCHFELD, Magnus, 1926: Schuldig geboren. In: Ludwig LEVY-LENZ (Hg.): Sexual-Katastrophe. Bilder aus dem modernen Geschlechts- und Eheleben. Leipzig, S. 1–105.

HIRSCHFELD, Magnus, 1984: Die Homosexualität des Mannes und des Weibes. Berlin, New York.

HIRSCHFELD, Magnus, 1991: Berlins Drittes Geschlecht. Hg. v. Manfred Herzer. Berlin.

JACKSON, Stevi, 1998: Theorizing Gender and Sexuality. In: ders. / Jackie JONES (Hg.): Contemporary Feminist Theories. Edinburgh, S. 131–146.

JENSEN, Heike, 2005: Judith Butler: Gender Trouble. In: Martina LÖW / Bettina MATHES (Hg.): Schlüsselwerke der Geschlechterforschung. Wiesbaden, S. 254–266.

JORDAN, Winthrop D., 1968: White over Black. American Attitudes Toward the Negro, 1550–1812. Kingsport.

KINSEY, Alfred C., 1954: Das sexuelle Verhalten der Frau. Berlin.

KINSEY, Alfred C., 1955: Das sexuelle Verhalten des Mannes. Berlin.

KRAFFT-EBING, Richard von, 1993: Psychopathia sexualis. München.

KRASS, Andreas, 2003: Queer denken. Gegen die Ordnung der Sexualität (Queer Studies). Frankfurt/M.

MAGNUS-HIRSCHFELD-ZENTRUM, Archiv für Sexualwissenschaft: Chronologie der Sexualforschung. http://www2.hu-berlin.de/sexology/GESUND/ARCHIV/DEUTSCH/CHRON.HTM.

MODERNES LEXIKON DER EROTIK VON A–Z, 1969. 10 Bde. München, Wien, Basel.

RICH, Adrienne, 1980: Compulsory Heterosexuality and Lesbian Existence. In: Signs. Journal of Women in Culture and Society. Bd. 5, Nr. 4, S. 631–660.

RICHARDSON, Diane (Hg.), 1996: Theorizing Heterosexuality. Telling it Straight. Buckingham.

RUBIN, Gayle S., 1993: Thinking Sex. Notes for a Radical Theory of the Politics of Sexuality. In: Henry ABELOVE / Michèle Aina BARALE / David M. HALPERIN (Hg.): The Lesbian and Gay Studies Reader. New York, London, S. 3–44.

SCHMIDT, Wolfgang Johann (Hg.), 1983: Jahrbuch für sexuelle Zwischenstufen. Hg. im Namen des wissenschaftlich-humanitären Comitées von Magnus Hirschfeld. Auswahl aus den Jahrgängen 1899–1923. Frankfurt/M., Paris.

SCREEN (Hg.), 1992: The Sexual Subject. A Screen Reader in Sexuality. London, New York.

SEDGWICK, Eve Kosofsky, 1985: Between Men. English Literature and Male Homosocial Desire. New York.

SEDGWICK, Eve Kosofsky, 1993: Epistemology of the Closet. In: Henry ABELOVE / Michèle Aina BARALE / David M. HALPERIN (Hg.): The Lesbian and Gay Studies Reader. New York, London, S. 45–61.

SNITOW, Ann / STANSELL, Christine / THOMPSON, Sharon (Hg.), 1982: Powers of Desire. The Politics of Sexuality. New York.

STANTON, Domna C., 1992: Introduction. The Subject of Sexuality. In: dies. (Hg.): Discourses of Sexuality. From Aristotle to AIDS. Ann Arbor, S. 1–46.

TUIDER, Elisabeth, 2008: QuerVerbindungen. Interdisziplinäre Annäherungen an Geschlecht, Sexualität, Ethnizität. Münster.

TURNER, Stephanie S., 1999: Intersex Identitites. Locating New Intersections of Sex and Gender. In: Gender & Society. Bd. 13, Nr. 4, S. 457–479.

ULRICHS, Karl Heinrich, 1994: Forschungen über das Räthsel der mannmännlichen Liebe. Hg. v. Hubert Kennedy. Bde. 7–10. Berlin.

VANCE, Carole S. (Hg.), 1984: Pleasure and Danger. Exploring Female Sexuality. Boston.

WEEKS, Jeffrey, 1986: Sexuality and Its Discontents. London.

WEININGER; Otto, 1980: Geschlecht und Charakter. Eine prinzipielle Untersuchung. München.

WITTIG, Monique, 1992: The Straight Mind and Other Essays. Hemel Hempstead.

GEWALT/MACHT

von *Christine Künzel*

Einleitung

Im Gegensatz zu anderen, insbesondere den romanischen Sprachen, in denen die beiden Begriffe *Macht* und *Gewalt* seit der Antike deutlich unterschieden werden, stellt sich der Versuch einer scharfen begrifflichen Abgrenzung in der deutschen Sprache problematisch dar. Im deutschsprachigen Raum bezeichnet das Wort *Gewalt* sowohl den körperlichen Angriff (*violentia*) als auch die behördliche Amts- und Staatsgewalt (*potestas*) und auch Kraft im Sinne eines Vermögens (*potentia*).[1] Diese semantische Unschärfe leitet sich nicht zuletzt aus den Ursprüngen des Wortes *Gewalt* her, das sich aus der indogermanischen Wurzel „val" (lateinisch: „valere") entwickelt hat und als Verb („giwaltan", „waldan") sowohl den Besitz einer Verfügungsfähigkeit (Gewalt über jemanden bzw. etwas haben) anzeigt als auch in einem breiteren Sinne für Kraft haben, Macht haben, über etwas verfügen können, etwas beherrschen steht.[2]

Der Begriff *Macht* leitet sich dagegen vom germanischen „mahti", einer Abstraktion des gotischen „magan" (können, vermögen) her und wurde von Beginn an als sinnverwandt, teils sogar synonym mit *Gewalt* verwendet. Doch transportiert der Begriff der *Macht* im Gegensatz zu dem der *Gewalt* doch stärker den Aspekt einer körperlichen oder seelischen Kraft, eines bestimmten Vermögens (im Lateinischen etwa „vis", „facultas", „potentia" oder „virtus").

Stellten *Macht* und *Gewalt* im Deutschen zunächst austauschbare Begriffe dar, so konzentrierte sich die Bedeutung von *Macht* schließlich auf die potentiellen oder realen physischen und seelischen Kräfte einer Sache oder Person, während *Gewalt* auf die Überwindung eines Widerstandes abzielte und sich damit dem Konzept des Zwangs annäherte.[3] In der Gewaltforschung des 20. Jahrhunderts werden die beiden Begriffe stets als aufeinander bezogen dargestellt, so etwa bei Heinrich Popitz, der *Gewalt* als die „direkteste Form von Macht", als „Machtaktion" definiert, „die zur ab-

---

1   Vgl. P. IMBUSCH, Der Gewaltbegriff, in: W. HEITMEYER / J. HAGAN (Hg.), Internationales Handbuch der Gewaltforschung, Opladen 2002, S. 29f.
2   Vgl. ebd., S. 29.
3   Ebd., S. 30.

sichtlichen körperlichen Verletzung anderer führt"[4]. Auch Hannah Arendt argumentierte in ihrer Studie *Macht und Gewalt*, dass Macht und Gewalt gewöhnlich „kombiniert" auftreten und „nur in extremen Fällen in ihrer reinen Gestalt anzutreffen"[5] sind.[6]

Auch wenn die einschlägigen Definitionen des Gewaltbegriffs sich unter dem Anschein wissenschaftlicher Objektivität traditionell Aspekten der Geschlechterdifferenz enthalten, erweist sich das Konzept, das sich dahinter verbirgt, keineswegs als geschlechtsneutral. Bereits die Etymologie des Begriffs der Gewalt, der ursprünglich den rechtmäßigen Umgang mit Besitztum (Personen, Sachen) bezeichnete,[7] ist im Kontext einer Analyse des Geschlechterverhältnisses insofern bedeutsam, als er eine geschlechtsspezifische Zuschreibung von Gewalt beinhaltete, die sich zugleich als eine Ordnung darstellte, in welcher die Gewalt des einen gegenüber dem anderen Geschlecht kulturell festgeschrieben wurde. So war das Privileg, Gewalt auszuüben, zunächst allein dem männlichen Geschlecht vorbehalten, während Frauen und Kinder der (Verfügungs-)Gewalt eines männlichen Familienoberhauptes unterstanden. Das germanische Konzept der „munt"[8] kann in dieser Hinsicht als paradigmatisch für das Gewaltverhältnis der Geschlechter betrachtet werden. Es entspricht einer Form von „Geschlechtsvormundschaft", in der die Frau stets „der Rechtsmacht eines Mannes unterworfen" ist.[9] So lässt sich bereits anhand der Etymologie des Gewaltbegriffs der „konstitutive Charakter geschlechtsbezogener Gewalt für die Konstruktionen der Geschlechterdifferenz und die Reproduktion der bestehenden hierarchischen Geschlechterordnung"[10] aufzeigen. Möglicherweise hat die Tatsache, dass Gewalt zunächst positiv konnotiert war und die Ausübung von Gewalt in diesem Sinne im familialen Kontext als Ordnung stiftende Kraft gewissermaßen „normalisiert"[11] wurde, nicht unwesentlich dazu beigetragen, dass die Familie bis heute

---

4 H. POPITZ, Phänomene der Macht, Tübingen 1986, S. 73.

5 H. ARENDT, Macht und Gewalt, München [14]2000, S. 48. Das Buch war 1969 zunächst unter dem Titel *On Violence* in englischer Sprache erschienen.

6 Einen begrifflichen und konzeptuellen Zusammenhang der beiden Termini legt auch die Behandlung in diversen historischen Lexika nahe, wo Gewalt und Macht – wie auch hier – in einem Artikel behandelt werden. Vgl. den Artikel „Macht, Gewalt" in O. BRUNNER / W. CONZE / R. KOSELLECK (Hg.), Geschichtliche Grundbegriffe, Bd. 3., Stuttgart 1982, S. 817–935.

7 Vgl. IMBUSCH, Der Gewaltbegriff, S. 30.

8 Ähnliche Machtverhältnisse stellten die griechische „kyrieia" und die römische „manus" dar; vgl. G. DUX, Die Spur der Macht im Verhältnis der Geschlechter, Frankfurt/M. 1997, S. 14.

9 Vgl. D. WILLOWEIT, Die Ungleichbehandlung der Frau im mittelalterlichen Recht, in: W. BÖHM / M. LINDAUER (Hg.), Mann und Frau – Frau und Mann, Stuttgart 1992, S. 300ff.

10 R.-M. DACKWEILER und R. SCHÄFER, Gewalt, Macht, Geschlecht – Eine Einführung, in: dies. (Hg.), Gewalt-Verhältnisse. Feministische Perspektiven auf Geschlecht und Gewalt, Frankfurt/M., New York 2002, S. 9.

11 Vgl. C. HAGEMANN-WHITE, Gewalt im Geschlechterverhältnis als sozialwissenschaftlicher Forschungsgegenstand, in: DACKWEILER / SCHÄFER (Hg.), Gewalt-Verhältnisse, S. 35.

einen der problematischsten Orte geschlechtsspezifischer Gewalt darstellt.[12] Forderte die Entwicklung einer modernen Staatsform gerade den Verzicht auf den Einsatz physischer Gewalt im politischen, sprich öffentlichen Bereich, so wurde die Geltung des Rechtes des Stärkeren im familialen, sprich privaten Bereich stillschweigend fortgesetzt.[13]

Während die Gewaltforschung ansonsten bemüht ist, zwischen den Begriffen und Konzepten zu differenzieren, spricht im Hinblick auf die Analyse von Macht und Gewalt im Geschlechterverhältnis einiges dafür, die Relation bzw. das Kontinuum zwischen beiden hervorzuheben, da sich in kaum einer anderen Konstellation der Macht- bzw. Herrschaftsanspruch so deutlich aus dem Moment einer physischen Überlegenheit ableitet, die als (Be-)Drohung in der Geschlechterbeziehung immer aktuell bleibt.[14]

Anfänge in den Sozialwissenschaften

Die Gender-Perspektive auf Gewalt und Macht hat sich aufgrund übergreifender, internationaler wie auch lokal-kultureller Dimensionen in unterschiedlichen Diskursen niedergeschlagen.[15] Thematisiert wurde das Problem der Gewalt im Geschlechterverhältnis zunächst in den Sozialwissenschaften, genauer gesagt in der Familiensoziologie. Zu Beginn der 1970er Jahre wurde Gewalt in Familien zum ersten Mal „benannt und ressourcentheoretisch erklärt, dabei aber eine heute kaum vorstellbare Selbstverständlichkeit des männlichen Machtanspruchs über Frau und Kinder"[16] unterstellt.[17] Die Anfänge der feministischen Bewegung zielten zunächst darauf, auf die Illegitimität der Anwendung von Gewalt im Geschlechterverhältnis, insbesondere in

---

12 Man bedenke, dass Vergewaltigung in der Ehe in der Bundesrepublik Deutschland immerhin erst mit dem Strafrechtsänderungsgesetz von 1997/98 anerkannt wurde.

13 Vgl. u. a. B. SAUER, Geschlechtsspezifische Gewaltmäßigkeit rechtsstaatlicher Arrangements und wohlfahrtsstaatlicher Institutionalisierungen, in: DACKWEILER / SCHÄFER (Hg.), Gewalt-Verhältnisse, S. 91; C. PATEMAN, The Sexual Contract, Stanford 1988, S. 1ff.

14 Vgl. G. SMAUS, Physische Gewalt und die Macht des Patriarchats, in: Kriminologisches Journal, 26. Jg., H. 4 (1994), S. 95.

15 Kontrastierend werden in diesem Zusammenhang insbesondere die Forschung im deutschsprachigen Raum (Bundesrepublik Deutschland, Österreich, Schweiz) und die englischsprachige Literatur diskutiert; vgl. C. HAGEMANN-WHITE, Gender-Perspektiven auf Gewalt in vergleichender Sicht, in: HEITMEYER / HAGAN (Hg.), Internationales Handbuch der Gewaltforschung, S. 125. Zu Aspekten der Gewalt/Macht im Geschlechterverhältnis im Kulturvergleich vgl. die zweibändige Materialsammlung von G. VÖLGER (Hg.), Sie und Er – Frauenmacht und Männerherrschaft im Kulturvergleich, Köln 1997.

16 HAGEMANN-WHITE, Gender-Perspektiven, S. 124.

17 Gewalt wurde vor 1975, sofern sie überhaupt von den Sozialwissenschaften thematisiert wurde, im Wesentlichen als ein nicht hinterfragbares Ordnungsinstrument im Geschlechterverhältnis betrachtet. Vgl. HAGEMANN-WHITE, Gewalt im Geschlechterverhältnis, S. 29.

der Ehe, hinzuweisen und eine solche Gewaltausübung als Bestandteil des Macht-
verhältnisses der Geschlechter zu entlarven. Der Weg zur sozialwissenschaftlichen
Forschung und Theoriebildung auf diesem Gebiet verlief also zunächst über eine
politische Bewusstwerdung. Gewalt wurde nicht mehr „als weltumfassendes Schicksal, sondern als eine lokal verortete Praxis von Dominanz und Unterordnung"[18] verstanden.

Gewalt in Ehe und Familie

Als „Keimzelle"[19] der Gewalt wurde zunächst die bürgerliche Kleinfamilie identifiziert. Dabei stellt sich die familiäre Privatsphäre im Hinblick auf die Ausübung und
Erfahrung von Gewalt als ein höchst heterogener, in sich wiederum geschlechtsspezifisch codierter Raum dar, in dem sich „das Geschlechterverhältnis mit seiner kom-
plementären Struktur von weiblichem und männlichem Arbeitsvermögen kon-
flikthaft konkretisiert"[20]. In der Familie offenbaren sich Strukturen *symbolischer
Gewalt*,[21] die sich im Hinblick auf das Gewaltverhältnis der Geschlechter zunächst
als eine räumliche Codierung im Sinne einer „Geschlechtertrennung" darstellen. Geschlecht wird in diesem Zusammenhang als ein „sozialer Platzanweiser" verstanden,
der Frauen und Männern ihren Ort in der Gesellschaft, ihren Status, ihre Funktionen und Lebenschancen zuweist. Diese *Verortung* nach Geschlechtszugehörigkeit
stellt sich keineswegs als „einfacher Akt unmittelbaren Zwangs, sondern [als] ein
aufwendiges und konfliktträchtiges Zusammenspiel von Zwängen und Motiven, von
Gewalt und ihrer Akzeptanz, von materiellen Bedingungen, ökonomischen Nöti-
gungen und subjektiven Bedürfnissen, von kulturellen Deutungssystemen, normativen Vorschriften, Selbstbildern und Selbstinszenierungen"[22] dar. Aus der Gewaltstruktur der Familie ergeben sich unterschiedliche Implikationen im Hinblick auf
Gewalt*ausübung* und Gewalt*erfahrung*.[23] Aus weiblicher Sicht erweist sich die Familie insofern als ein heterogener Ort der Gewalt, als die Privatsphäre einen scheinbar
sicheren sozialen Schutzraum vor Gewalt von außen darstellt,[24] in dem die Frau lediglich der Gewalt *eines* Mannes – des Vaters oder des Ehemannes – ausgesetzt ist,

---

18 Ebd., S. 31.
19 Vgl. B. WARZECHA, Gewalt zwischen den Generationen und Geschlechtern in der Post-
    moderne, Frankfurt/M. 1995, S. 67, s. auch S. 21.
20 Ebd., S. 60.
21 Vgl. P. BOURDIEU, Die männliche Herrschaft, Frankfurt/M. 2005, S. 63ff.
22 G.-A. KNAPP, Die vergessene Differenz, in: Feministische Studien, Jg. 6, H. 1 (1988), S. 12.
23 Zu den Folgen einer geschlechtsspezifischen Sozialisation im Hinblick auf Verletzungsof-
    fenheit vgl. u. a. K. FLAAKE, Geschlecht, Macht und Gewalt, in: DACKWEILER / SCHÄFER
    (Hg.), Gewalt-Verhältnisse, S. 161–170.
24 Vgl. SMAUS, Physische Gewalt und die Macht des Patriarchats, S. 87.

andererseits aber auch als Ort absoluter sozialer Kontrolle, als eine Art Gefängnis,[25] das die Frau daran hindert, sich zu einer selbständigen Person zu entwickeln.

Sexuelle Gewalt

Einen zweiten Schwerpunkt in der Diskussion um Gewalt im Geschlechterverhältnis bildet(e) die Auseinandersetzung mit sexueller Gewalt.[26] Während die Forschung zu Formen familialer Gewalt auf verschiedenen Ebenen vorangetrieben und unterstützt wurde, wurden Forschung und Theoriebildung im Hinblick auf sexuelle Gewalt lange Zeit vernachlässigt und das Thema zunächst Selbsthilfegruppen wie Notruf- und Beratungsstellen für vergewaltigte Frauen überlassen. Erst im Anschluss an die Studie von Susan Brownmiller (*Against Our Will*, 1975) entstanden – zunächst im anglo-amerikanischen Raum – zahlreiche Arbeiten zum Thema „rape" (Vergewaltigung).[27] Während die Debatte um die Repräsentation sexueller Gewalt in den USA von Beginn an von den Literatur- und Kunstwissenschaften mitgeprägt wurde, hat sich die Diskussion in Europa zunächst (im Anschluss an Foucaults mehrbändige Studie *Sexualität und Wahrheit*, 1976 ff.) in den Geschichtswissenschaften[28] entwickelt, ist dann aber in den späten 80er Jahren zunehmend auch in anderen Disziplinen thematisiert worden. Allerdings setzte eine entsprechende Debatte im deutschsprachigen Raum erst verspätet ein und konzentrierte sich zunächst auf rechtliche Fragen im Rahmen einer Debatte um eine Reformierung des Sexualstrafrechts.[29] Inzwischen sind die Frühe Neuzeit und das 18. Jahrhundert, was den Aspekt der Codierung sexueller Gewalt in rechtlichen[30], medizinischen[31], theologischen[32]

---

25 Vgl. CH. BENARD / E. SCHLAFFER, Die ganz gewöhnliche Gewalt in der Ehe, Reinbek 1978, S. 79 und auch M. LEUZE-MOHR, Häusliche Gewalt gegen Frauen – eine straffreie Zone?, Baden-Baden 2001.

26 Dementsprechend wird das Thema hier einen größeren Raum beanspruchen, da es sich um einen Bereich handelt, der sich sowohl für eine interdisziplinäre Diskussion eignet, als auch an andere gender-relevante Diskurse – wie etwa Körper und Sexualität – anknüpft.

27 So u. a. D. RUSSELLs Studie *The Politics of Rape*, die im selben Jahr (New York 1975) wie Brownmillers Arbeit erschien, und S. ESTRICH, Real Rape, Cambridge, Mass. 1987.

28 Exemplarisch ist hier der Sammelband von A. CORBIN (Hg.), Violences Sexuelles, Paris 1989 (dt. Die sexuelle Gewalt in der Geschichte, Berlin 1992; Frankfurt/M. 1997).

29 Vgl. u. a. B. SICK, Sexuelles Selbstbestimmungsrecht und Vergewaltigungsbegriff, Berlin 1993; M. FROMMEL, Die Reform der Sexualdelikte 1997/98 – Eine Bilanz, in: C. KÜNZEL (Hg.), Unzucht – Notzucht – Vergewaltigung. Definitionen und Deutungen sexueller Gewalt von der Aufklärung bis heute, Frankfurt/M., New York 2003, S. 261–277.

30 Für den deutschsprachigen Raum vgl. A. MEYER-KNEES, Verführung und sexuelle Gewalt, Tübingen 1992; für Frankreich vgl. K. GRAVDAL, Ravishing Maidens. Writing Rape in Medieval French Literature and Law, Philadelphia 1991 und G. VIGARELLO, Histoire du viol. XVIe–XXe siècle, Paris 1998; für England A. CLARK, Women's Silence, Men's Violence. Sexual Abuse in England 1770–1845, London, New York 1987.

31 Vgl. u. a. M. LORENZ, Kriminelle Körper – Gestörte Gemüter, Hamburg 1999.

und literarischen[33] Diskursen betrifft, jedoch auch hierzulande relativ ausführlich erschlossen und in zahlreichen Arbeiten dokumentiert. Das 19. und das 20. Jahrhundert sind in dieser Hinsicht dagegen bis jetzt keineswegs hinreichend erforscht.[34] Auch liegt für den deutschsprachigen Raum bis heute kein vergleichbarer Sammelband vor – wie etwa der von Lynn A. Higgins und Brenda R. Silver herausgegebene Band *Rape and Representation* (1991) –, der Beiträge zur Repräsentation sexueller Gewalt in Kunst und Literatur bündelt. Das ist um so erstaunlicher, als das Interesse an Gewalt und ihren Repräsentationen in unterschiedlichen diskursiven Kontexten in den letzten Jahren eine große Zahl an Publikationen hervorgebracht hat, doch widmet sich kaum eine von diesen dem Thema Gewalt im Geschlechterverhältnis bzw. Gewalt und Geschlecht,[35] geschweige denn explizit dem Thema sexuelle Gewalt.[36]

Nicht nur in den Literatur-, sondern auch in den Kunstwissenschaften findet inzwischen eine kritische Auseinandersetzung mit der Darstellung und Interpretation sexueller Gewaltakte statt.[37] Ähnlich wie in den Literaturwissenschaften wurden Darstellungen sexueller Gewalt im Kontext eines androzentrischen Interpretationsprivilegs bis in das späte 20. Jahrhundert hinein weitgehend unter dem Stichwort „erotische Kunst" abgehandelt, die Gewalthaftigkeit bestimmter Szenen als Teil eines kulturell legitimierten „Liebesspiels" abgetan. In einer feministischen Perspektive der Kunst- und Filmwissenschaften[38] handelt es sich dabei um die konventionelle Inszenierung jenes männlich konnotierten Blickes,[39] der die Frau in ein Objekt männ-

---

32 Vgl. u. a. U. BAIL, Gegen das Schweigen klagen, Gütersloh 1998; M. BAL, Death & Dissymmetry. The Politics of Coherence in the Book of Judges, Chicago, London 1988.

33 Für die Repräsentation sexueller Gewalt in der deutschsprachigen Literatur vgl. u. a. S. H. SMITH, Sexual Violence in German Culture, Frankfurt/M. u. a. 1998; C. KÜNZEL, Vergewaltigungslektüren, Frankfurt/M., New York 2003; G. DANE, „Zeter und Mordio". Vergewaltigung in Literatur und Recht, Göttingen 2005. Für die amerikanische Literatur vgl. S. SIELKE, Reading Rape, Princeton, NJ u. a. 2002.

34 Eine erste interdisziplinäre Annäherung an das Thema in historischer Perspektive im deutschsprachigen Kontext vom 18. bis zum Ende des 20. Jahrhunderts bietet: KÜNZEL (Hg.), Unzucht – Notzucht – Vergewaltigung.

35 Ausnahmen bilden hier die beiden Sammelbände H. EHRLICHER / H. SIEBENPFEIFFER (Hg.), Geschlecht und Gewalt, Köln, Weimar, Wien 2002; A. HILBIG u. a. (Hg.), Frauen und Gewalt, Würzburg 2003 und A. GEIER, ‚Gewalt' und ‚Geschlecht'. Diskurse in deutschsprachiger Prosa der 1980er und 1990er Jahre, Tübingen 2005.

36 Für eine Übersicht der Literatur zum Thema sexuelle Gewalt vgl. die internationale Online-Bibliographie von S. BLASCHKE, The History of Rape: A Bibliography: http://www.geocities.com/history_guide/horb/horb. html. Letztes Update am 28. April 2007.

37 Vgl. insbes. D. WOLFFTHAL, Images of Rape, Cambridge/U.K. 1999; M. BAL, Visual Poetics, in: M. KREISWIRTH / M. A. CHEETHAM (Hg.), Theory Between the Disciplines, Ann Arbor 1990, S. 135–151; G. BREITLING, Der verborgene Eros, Frankfurt/M. 1990; TH. B. HESS / L. NOCHLIN (Hg.), Woman as Sex Object, London 1973.

38 Vgl. M. HASKELL, From Reverence to Rape. The Treatment of Women in Movies, Chicago, London ²1987.

39 Vgl. T. de LAURETIS, Rethinking Women's Cinema. Aesthetic and Feminist Theory, in: dies., Technologies of Gender, Bloomington 1987, S. 133.

licher Begierde verwandelt – ein Blick, der ein Gefühl von Omnipotenz vermittelt und die Blicke der (männlichen) Zuschauer bündelt, die sich mit dieser Perspektive identifizieren.[40]

In den 1990er Jahren setzte vor dem Hintergrund einer Krise der feministischen Forschung und der Entwicklung einer Männerforschung im Rahmen des nun präferierten Konzeptes der Gender-Studies eine Kritik der bisherigen Debatte um (sexuelle) Gewalt ein, die u. a. die Täter- und Opferstereotype – Täter/männlich, Opfer/ weiblich – ins Visier nahm.[41] Insbesondere in der Diskussion um den sexuellen Missbrauch von Kindern, die in den 90er Jahren einen Höhepunkt erreichte, offenbarte sich ein blinder Fleck in der Forschung zu sexueller Gewalt,[42] blieb doch der sexuelle Missbrauch von Jungen und Männern in der feministisch geprägten Auseinandersetzung mit dem Thema weitgehend ausgeblendet.[43] Erste Arbeiten, die sich mit der Vergewaltigung von Männern durch Männer beschäftigen, bieten die Basis für eine gender-theoretische Analyse sexueller Gewalt, in der besonders der symbolische Charakter der Tat hervorgehoben wird. Aus dieser Perspektive betrachtet, handelt es sich bei einer Vergewaltigung (sowohl von Frauen als auch von Männern) weniger um ein *Sexual-* als vielmehr um ein *Gewalt*delikt, das – im Gegensatz zu anderen Gewalttaten – besonders dazu geeignet ist, das Opfer zu erniedrigen, d. h. das Opfer, ob männlich oder weiblich, „zur Frau zu machen"[44].

Eine solche Sichtweise knüpft an feministische Theorien sexueller Gewalt an. So hatte Monique Plaza[45] bereits auf eine Dimension des Vergewaltigungsaktes aufmerksam gemacht, die die (sozio-)strukturelle *Verletzungsoffenheit*[46] der Frau in den Mittelpunkt stellt, der in einem homosozialen Kontext eine situations- und kontext-

---

40 Vgl. L. MULVEY, Visuelle Kunst und narratives Kino, in: G. NABAKOWSKI u. a. (Hg.), Frauen in der Kunst, Bd. 1, Frankfurt/M. 1980, S. 38.

41 Vgl. u. a. M. MEUSER, Doing Masculinity. Zur Geschlechtslogik männlichen Gewalthandelns, in: DACKWEILER / SCHÄFER (Hg.), Gewalt-Verhältnisse, S. 53ff.

42 Vgl. B. KAVEMANN, Täterinnen – Gewaltausübung von Frauen im privaten Raum im Kontext der feministischen Diskussion über Gewalt im Geschlechterverhältnis, in: C. KÜNZEL / G. TEMME (Hg.), Täterinnen und/oder Opfer? Frauen in Gewaltstrukturen, Hamburg 2007, S. 161–174; B. GAHLEITNER, Sexuelle Grewalt und Geschlecht. Hilfen zur Traumabewältigung bei Frauen und Männern, Gießen 2005.

43 Vgl. B. KERCHNER, Sexualdiktatur. Macht und Gewalt in Gerichtsverfahren der Weimarer Republik, in: KÜNZEL (Hg.), Unzucht – Notzucht – Vergewaltigung, S. 145ff.

44 Vgl. MEUSER, Doing Masculinity, S. 68; G. SMAUS, Vergewaltigung von Männern durch Männer, in: KÜNZEL (Hg.), Unzucht – Notzucht – Vergewaltigung, S. 236.

45 M. PLAZA, Our Damages and Their Compensation, in: Feminist Issues I (1981), S. 28f.

46 Zum Thema Verletzungsoffenheit vgl. auch FLAAKE, Geschlecht, Macht und Gewalt; R. SEIFERT, Der weibliche Körper als Symbol und Zeichen, in: A. GESTRICH (Hg.), Gewalt im Krieg, Münster 1996, S. 13–33; C. KÜNZEL, Das gerade wäre der Ort, wo ich am tödlichsten zu verwunden bin! Sexuelle Gewalt und die Konzeption weiblicher Verletzungsoffenheit, in: P. LEUTNER / U. ERICHSEN (Hg.), Das verortete Geschlecht, Tübingen 2003, S. 61–80.

spezifische (z. B. in Gefängnissen oder beim Militär) männliche Verletzungsoffenheit gegenübersteht.[47] Vor dem Hintergrund dieser Erkenntnisse stellt sich eine Vergewaltigung weniger als eine „sexuelle" Handlung dar, sondern vielmehr als ein Akt, in dem sich die Zuschreibung des sozialen Geschlechts auf brutalste Weise als „*process of sexist gendering*"[48] manifestiert. In ihrer Eigenschaft als (gewaltsamer) Akt der Zuschreibung von Weiblichkeit kann Vergewaltigung als eine der extremsten Formen sozio-kultureller „Techniken der Feminisierung" (*techniques of feminization*)[49] betrachtet werden, die das Delikt nach wie vor als *das* geschlechtsspezifische Verbrechen schlechthin erscheinen lassen. Sexuelle Gewalt sei, so Marita Kampshoff, ein konstitutives Merkmal für das Mädchensein, nicht aber für das Jungesein.[50] Bemerkenswerterweise scheint die Gender-Debatte bisher so gut wie keinen Einfluss auf den sexualwissenschaftlichen Diskurs um sexuelle Gewalt (zumindest nicht in Deutschland) zu haben, wo das Sexualstrafrecht nach wie vor als „Moralstrafrecht" betrachtet und sexuellen Handlungen ganz im Sinne populärer psychoanalytischer und biologistischer Theorien[51] ein gewisses „natürliches" Maß an Aggressivität unterstellt wird.[52] So argumentiert auch Rolf Pohl in einer Studie zum Zusammenhang zwischen Gewalt und Sexualität, in der er die triebtheoretischen Grundlagen Freuds bemüht: Der Einfluss von Sexualität, Aggression und Macht auf die Entwicklung der männlichen Geschlechtsidentität führe zur Ausbildung eines individuellen und kollektiven „Feindbildes Frau".[53]

Perspektiven der (feministischen) Politikwissenschaften

Während der Fokus der Sozialwissenschaften eher auf eine Analyse der Formen und Auswirkungen von Gewalt in sozialen Nahbeziehungen (Partnerschaft, Ehe, Familie) gerichtet ist, interessiert sich der gender-theoretisch informierte Zweig der Politikwis-

---

47 Vgl. MEUSER, Doing Masculinity, S. 68.

48 S. MARCUS, Fighting Bodies, Fighting Words, in: J. BUTLER / J. W. SCOTT (Hg.), Feminists Theorize the Political, New York, London 1992, S. 391, H.i.O.; vgl. auch RUSSELL, The Politics of Rape, S. 265; N. NAFFINE, Feminism and Criminology, Cambridge, Oxford 1997, S. 99.

49 MARCUS, Fighting Bodies, S. 393.

50 M. KAMPSHOFF, Sexuelle Gewalt – ein konstitutives Merkmal für das Mädchen- oder Jungesein?, in: U. L. FISCHER u.a. (Hg.), Kategorie Geschlecht? Empirische Analysen und feministische Theorien, Opladen 1996, S. 97–116.

51 Vgl. R. THORNHILL / C. T. PALMER, A Natural History of Rape. Biological Bases of Sexual Coercion, Cambridge/Mass. 2000.

52 In Anlehnung an S. FREUD, Drei Abhandlungen zur Sexualtheorie, in: ders., Studienausgabe, Bd. V: Sexualleben, hg. von A. MITSCHERLICH u. a., Frankfurt/M. 2000, S. 67.

53 R. POHL, Feindbild Frau. Männliche Sexualität, Gewalt und die Abwehr des Weiblichen, Hannover 2004, S. 13.

senschaften für die *Relation* zwischen staatlicher Gewalt und Formen der Gewaltausübung und Erfahrung im privaten Bereich. Gewalt zwischen den Geschlechtern
stellt sich in dieser Perspektive als ein wesentlicher Bestandteil der Entstehung und
Begründung des modernen Staates in einem männlich-hegemonialen Kontext dar, in
dem sich männliche politische Dominanz und institutionalisierte Geschlechtergewalt ergänzen.[54] Die Kritik richtet sich u. a. gegen die Theorie eines „Prozesses der
Zivilisation"[55], die unterstellt, dass im Zuge der zivilisatorischen Affektmodellierung
die direkte körperliche Gewalt zwischen den Menschen abgenommen hätte, nachdem sie in staatlichen Organen monopolisiert worden sei.[56] Vielmehr stellten sich
Gewalt und Bedrohung – so die These aus Sicht der feministischen Forschung – als
„genuine Bestandteile herrschaftlicher Geschlechterverhältnisse" und die „systematische Unsicherheit von Frauen" als „immanente Dimension moderner Staaten"[57] dar,
da das staatliche Gewaltmonopol im sozialen Nahraum der sogenannten Privatsphäre nicht die Sicherheit garantiere, aus der es seine Rechtfertigung beziehe. Das
Geschlechterverhältnis wird in diesem Kontext als ein potentielles Gewaltverhältnis
begriffen, als eine geschlechtliche Gewaltstruktur, die Aspekte direkter physischer,
struktureller und kultureller[58] Gewalt in sich vereint.

Ein enger, nur auf personale, physische, intentionale Gewalt ausgerichteter Gewaltbegriff, wie er insbesondere von der „neueren" Gewaltforschung formuliert worden ist,[59] muss im Hinblick auf die Geschlechterperspektive kritisch betrachtet werden, da sich Formen institutionalisierter Geschlechtergewalt damit nicht erfassen
lassen. Im Kontext einer politikwissenschaftlichen Analyse von Staat und Geschlecht bedarf es einer begrifflich differenzierenden Auseinandersetzung mit Macht,
Herrschaft und Gewalt, um das widersprüchliche Aufeinander-Bezogen-Sein der
drei Begriffe zu durchleuchten. Anknüpfend an die kritische politikwissenschaftliche
Gewaltanalyse der 1970er Jahre und an Johan Galtungs Begriff der „strukturellen" bzw.
„indirekten Gewalt"[60] soll ein „inklusiver geschlechtersensibler Gewaltbegriff"[61] entwickelt werden, der Verletzungen bzw. (Be-)Schädigungen, die sich in erster Linie

---

54 Geschlecht wird in diesem Zusammenhang als eine staatlich-politische Kategorie verstanden. Vgl. G. WILDE, Das Geschlecht des Rechtsstaats, Frankfurt/M., New York 2001.
55 Vgl. N. ELIAS, Über den Prozeß der Zivilisation, 2 Bde., Frankfurt/M. 1976.
56 Vgl. SAUER, Geschlechtsspezifische Gewaltmäßigkeit, S. 92; V. BENNHOLDT-THOMSEN, Zivilisation, moderner Staat und Gewalt, in: Unser Staat? Beiträge zur feministischen Theorie
   und Praxis, Jg. 8, H. 13 (1985), S. 24f; Z. BAUMAN, Gewalt – modern und postmodern, in:
   M. MILLER / H.-G. SOEFFNER (Hg.), Modernität und Barbarei. Soziologische Zeitdiagnose
   am Ende des 20. Jahrhunderts, Frankfurt/M. 1996, S. 38.
57 SAUER, Geschlechtsspezifische Gewaltmäßigkeit, S. 81.
58 Vgl. J. GALTUNG, Kulturelle Gewalt. Zur direkten und strukturellen Gewalt tritt die kulturelle Gewalt, in: Der Bürger im Staat, Jg. 43, H. 1 (1993), S. 106–112.
59 Vgl. B. NEDELMANN, Gewaltsoziologie am Scheideweg, in: T. v. TROTHA (Hg.), Soziologie der Gewalt, S. 61.
60 Vgl. J. GALTUNG, Gewalt, Frieden und Friedensforschung, in: ders., Strukturelle Gewalt.
   Beiträge zur Friedens- und Konfliktforschung, Reinbek 1981, S. 7–36.
61 SAUER, Geschlechtsspezifische Gewaltmäßigkeit, S. 82.

auf die Geschlechtsidentität beziehen, berücksichtigt – insbesondere auch die Dimension symbolischer Gewalt.[62] Der geschlechtersensible Fokus erfordert einen diskurs- und kontextbezogenen Gewaltbegriff, in dem sich Gewalt als soziale Praxis darstellen und analysieren lässt.[63] Ein solcher Gewaltbegriff knüpft an das Foucaultsche Machtkonzept an, in dem *Macht* „die Vielfältigkeit von Kräfteverhältnissen, die ein Gebiet bevölkern und organisieren; [...] die Stützen, die diese Kraftverhältnisse aneinander finden, indem sie sich zu Systemen verketten [...]; und schließlich die Strategien, in denen sie zur Wirkung gelangen und deren große Linien und institutionelle Kristallisierungen sich in den Staatsapparaten [...] und in den gesellschaftlichen Hegemonien verkörpern,"[64] darstellt.[65] Im Anschluss an Foucault hat Robert W. Connell versucht, das Konzept der Hegemonie für die Geschlechterforschung nutzbar zu machen. *Hegemonie* wird hier – im Gegensatz zum Begriff des *Patriarchats* – nicht als eine Form der absoluten Herrschaft verstanden, sondern vielmehr als ein durchlässiges, historisch und kulturell wandelbares System („a state of play"), als eine für männliche und weibliche Mitglieder einer Gesellschaft bestehende Möglichkeit, Macht zu erlangen und auszuüben.[66]

Innerhalb der Queer Theory konzentriert sich die Diskussion von Gewalt in der Geschlechterperspektive im Wesentlichen auf die Kritik eines heterosexistischen Geschlechterdispositivs – Stichwort „Zwangsheterosexualität" – als Produktionsrahmen für Gewalt gegen lesbische Frauen und homosexuelle Männer.[67] Theoretisch orientiert sich die Forschung insbesondere an dem von Foucault formulierten Ansatz, Gewalt- und Diskriminierungsmechanismen im Kontext einer für die Moderne typischen und sie prägenden „Normalisierungsmacht" zu analysieren.[68]

Kriminologie und Rechtswissenschaften

Obwohl es sich bei der Kriminologie und den Rechtswissenschaften um Disziplinen handelt, bei denen eine intensive Auseinandersetzung mit dem Thema Gewalt vorausgesetzt werden darf, wurde auch hier eine Analyse der Gewaltproblematik in der Geschlechterperspektive lange Zeit vernachlässigt. Ähnlich wie das Sonderheft der *Kölner Zeitschrift für Soziologie* enthält auch das Beiheft des *Kriminologischen Journals*

---

62 Vgl. BOURDIEU, Die männliche Herrschaft, S. 63ff.
63 Vgl. SAUER, Geschlechtsspezifische Gewaltmäßigkeit, S. 87.
64 FOUCAULT, Sexualität und Wahrheit, Bd. 1, S. 113.
65 Vgl. auch N. FRASER, Widerspenstige Praktiken. Macht, Diskurs, Geschlecht, Frankfurt/M. 1994, S. 31–55.
66 R. W. CONNELL, Gender and Power, Sydney 1987, S. 184.
67 Vgl. u. a. G. MASON, The Spectacle of Violence. Homophobia, Gender, and Knowledge, London u. a. 2002; S. SOINE, Das heterosexistische Geschlechterdispositiv als Produktionsrahmen für die Gewalt gegen lesbische Frauen, in: DACKWEILER / SCHÄFER (Hg.), Gewalt-Verhältnisse, S. 136–159; C. OHMS, Gewalt gegen Lesben, Berlin 2000.
68 Vgl. dazu den Beitrag zu „Sexualität" von H. JENSEN in diesem Band.

zum Thema „Die Gewalt in der Kriminologie" (ebenfalls im Jahr 1997 erschienen) außer einem Beitrag, der sich den „Gewaltorientierungen und d[er] Bewerkstelligung von ‚Männlichkeit' und ‚Weiblichkeit' bei Jugendlichen der *underclass*"[69] widmet, keinen Text, der sich *grundsätzlich* mit dem Thema Gewalt im Geschlechterverhältnis in kritisch-kriminologischer Perspektive auseinandersetzt. Auch im Vorwort des Bandes findet sich kein Hinweis auf den Aspekt des Geschlechterverhältnisses innerhalb der kriminologischen Gewaltdebatte[70] – und das, obwohl es zwei Jahre zuvor immerhin ein ganzes Beiheft des *Kriminologischen Journals* gegeben hatte, das sich ausschließlich dem Thema „Geschlechterverhältnis und Kriminologie" gewidmet hatte.[71] Die Herausgeberinnen dieses Bandes hatten bereits festgestellt, dass sich die so genannte Kritische Kriminologie „bisher nur vereinzelt der Kategorie ‚Geschlecht' als Forschungsgegenstand gewidmet"[72] hatte.[73] Eine intensivere Auseinandersetzung der Kriminologie mit Formen geschlechtstypischer Gewalt hat erst in den letzten Jahren eingesetzt. Der Sammelband *Geschlecht Gewalt Gesellschaft* (2003) fasst den aktuellen Diskussionsstand zum Thema „Gender and Crime" kritisch zusammen. Die Herausgeber sehen die zunehmende Beschäftigung mit geschlechtstypischer Gewalt als „Teil eines umfassenderen Prozesses von Sensibilisierung gegenüber der Gewalt allgemein".[74] Traditionell werde der Gewalt durch Frauen mehr Akzeptanz entgegengebracht als Gewalt, die von Männern verübt werde. Frauengewalt werde bagatellisiert oder als legitime Gegenwehr dargestellt, während männliche Opfererfahrungen dagegen tabuisiert würden.[75] Inzwischen zeichnet sich sowohl in den Sozialwissenschaften als auch in der Kriminologie eine Tendenz ab, genderspezifische Täter-Opfer-Stereotype aufzubrechen, indem in zunehmendem Maße auch Frauen als Täterinnen und Männer als Opfer von Gewalt Thema wissenschaftlicher Untersuchungen sind.[76]

---

69 So der Titel eines Beitrags von J. KERSTEN, in: S. KRASMANN / S. SCHEERER (Hg.), Die Gewalt in der Kriminologie, Weinheim 1997, S. 103–114.

70 Vgl. KRASMANN / SCHEERER, Die Kritische Kriminologie und das Jahrhundert der Gewalt, in: ebd., S. 3–15.

71 Vgl. M. ALTHOFF / S. KAPPEL (Hg.), Geschlechterverhältnis und Kriminologie, Weinheim 1995.

72 ALTHOFF / KAPPEL, Einleitende Bemerkungen zu „Geschlechterverhältnis und Kriminologie", ebd., S. 3.

73 Das mag u. a. daran liegen, dass sich die Kriminologie historisch betrachtet zunächst vorwiegend mit Tätern beschäftigt hat. Vgl. die Einleitung von G. LÖSCHPER zu dies. / G. SMAUS (Hg.), Das Patriarchat und die Kriminologie, Weinheim 1999, S. 4. Dieser Band versammelt allerdings eine Reihe von Beiträgen, die sich explizit dem Thema Gewalt im Geschlechterverhältnis widmen.

74 M. BOATCĂ / S. LAMNEK, Gegenwartsdiagnosen zu Gewalt im Geschlechterverhältnis, in: dies. (Hg.), Geschlecht Gewalt Gesellschaft, Opladen 2003, S. 14.

75 Vgl. ebd., S. 19f.

76 Vgl. u. a. M. ELLIOT (Hg.), Frauen als Täterinnen. Sexueller Mißbrauch an Mädchen und Jungen, Ruhnmark 1995; J. GEMÜNDEN, Gewalt gegen Männer in heterosexuellen Intimpartnerschaften, Marburg 1996.

Das Recht als Gegenstand der Diskussion um Gewalt im Geschlechterverhältnis ist als eine der drei Staats*gewalten* mindestens in zweierlei Hinsicht relevant: als *Gewalt ausübende* und als *Gewalt sanktionierende* Instanz.[77] Auch in den Rechtswissenschaften sind es zunächst feministische Ansätze der Rechtskritik,[78] die versuchen, Geschlechterfragen im Zusammenhang rechtlicher Diskurse zu diskutieren. Doch ist die kritisch-theoretische Auseinandersetzung mit der Kategorie Geschlecht hier – im Gegensatz etwa zu den Sozialwissenschaften – eine noch junge Debatte, nicht zuletzt bedingt durch die Tatsache, dass sich Rechtsgeschichte „in erster Linie [als] eine Geschichte der Männerrechte oder der ausschließlich auf Männer bezogenen Rechtsfragen"[79] darstellt(e). Mittlerweile liegen jedoch Arbeiten vor, die sich in historischer Perspektive mit dem Thema Frauen im Recht auseinandersetzen.[80] Im Hinblick auf das Thema der Gewalt im Geschlechterverhältnis treten besonders Fragen in den Vordergrund, die das Strafrecht betreffen – insbesondere die rechtliche Definition und Sanktionierung von häuslicher und sexueller Gewalt bzw. sexueller Belästigung. Neuerdings werden diese Fragen auch im Kontext des Diskurses um Menschenrechte diskutiert.[81] Zudem hat sich mit den *Legal Gender Studies* inzwischen eine Disziplin etabliert, die Aspekte des Rechts explizit mit Blick auf Fragen der Geschlechterdifferenz untersucht.[82]

Darüber hinaus spielt der Rechtsdiskurs eine zentrale Rolle im Hinblick auf die *Gewalt* der richterlichen Interpretation, deren performativer Charakter sich in der Koppelung von Wort und Tat[83] – zusammengefasst im Urteilsspruch – manifestiert. In einer Auseinandersetzung mit der Sprechakttheorie ist die Performativität von Sprache in der feministischen Forschung neu thematisiert und im Rahmen der Diskussion um Gewalt im Geschlechterverhältnis nutzbar gemacht worden.[84] Der verletzende Aspekt von Sprache[85] wurde in Bezug auf Geschlecht insbesondere im

77 Vgl. die historische Entwicklung des Gewaltbegriffes: Das Wort „Gewalt", das zuvor der „kontradiktorische Gegensatz von Recht" gewesen war, wurde im liberalen Verständnis des frühen 19. Jahrhunderts (wieder) zum Synonym von Recht. Vgl. K.-G. FABER, Macht, Gewalt, in: BRUNNER / CONZE / KOSELLECK (Hg.), Geschichtliche Grundbegriffe, S. 918.

78 Vgl. u. a. C. A. MACKINNON, Reflections on Sex Equality Under Law, in: The Yale Law Journal, Jg. 100 (1991), S. 1281–1328; L. FRIEDMAN GOLDSTEIN (Hg.), Feminist Jurisprudence, Lanham, MD 1992.

79 S. BAER, Rechtswissenschaft, in: C. v. BRAUN / I. STEPHAN (Hg.), Gender Studien. Eine Einführung, Stuttgart, Weimar 2000, S. 155.

80 Vgl. u. a. U. GERHARD (Hg.), Frauen in der Geschichte des Rechts, München 1997.

81 Vgl. u. a. J. SCHMIDT-HÄUER, Menschenrechte – Männerrechte – Frauenrechte, Münster 2000.

82 Vgl. E. HOLZLEITHNER, Recht Macht Geschlecht: Legal Gender Studies. Eine Einführung, Wien 2002.

83 Vgl. u. a. J. BUTLER, Haß spricht, Berlin 1998, S. 72.

84 Vgl. u. a. S. TRÖMEL-PLÖTZ (Hg.), Gewalt durch Sprache, Frankfurt/M. 1984; T. de LAURETIS, The Violence of Rhetoric, in: N. ARMSTRONG / L. TENNENHOUSE (Hg.), The Violence of Representation, New York 1989, S. 239–258.

85 Vgl. dazu ausführlicher den Beitrag „Sprache/Semiotik" von A. HORNSCHEIDT in diesem Band.

Rahmen der Pornographie-Debatte diskutiert und als eine Form von „hate speech"
(Butler) identifiziert.[86]

Aspekte der Männerforschung

Die Definition und Wahrnehmung von Gewalt als männlich zählt zu den „tradierten
Stereotypen, die Alltagstheorien der Gewalt kennzeichnen und die die öffentliche
und mediale Diskussion nach wie vor prägen"[87]. In der Männerforschung, die sich in
Auseinandersetzung mit der feministischen Theoriebildung im Zuge einer Etablierung der Gender-Studien entwickelt hat, versucht man sich kritisch mit der These
einer geschlechtlichen, d.h. vorwiegend männlichen Konnotation von Gewalt ausei-
nanderzusetzen.[88] Die polizeiliche Kriminalstatistik zeige, dass Gewalt eine Form sozialen Handelns sei, die in erheblich höherem Maße von Männern als von Frauen
gewählt werde.[89] Da Männer nicht nur auf der Seite der Täter, sondern auch auf der
der Opfer überproportional vertreten seien,[90] sei es notwendig, die Geschlechtslogik
männlicher Gewalt bzw. männlichen Gewalthandelns unter zwei Gesichtspunkten
zu betrachten: „als gegen Frauen und als gegen (andere) Männer gerichtete Gewalt,
mithin in einer hetero- und einer homosozialen Dimension"[91]. Im Zentrum des Interesses steht hier die Frage nach dem „sozialen Sinn" männlichen Gewalthandelns.
Aus wissenssoziologischer Perspektive betrachtet, verschiebt sich der Fokus der
Analyse von Erklärungsversuchen, die Gewalt als „Störfall der Zivilisation" (Nedelmann) beschreiben, hin zu einer Sichtweise, die den ordnungsstiftenden und ord-
nungssichernden Aspekt männlichen Gewalthandelns betont.[92] Auch von Seiten der
Männerforschung wird eine Erweiterung der Analyse von Gewalt im Geschlechterverhältnis gefordert, da sowohl das „Patriarchatskonzept" – wie es in Teilen der feministischen Forschung formuliert wurde – als auch die so genannten „men's studies"
sowie sozialisationstheoretische Ansätze die homosoziale Dimension männlichen
Gewalthandelns vernachlässigten und der ordnungsherstellenden Bedeutung von
Gewalt nicht gerecht werden könnten.[93] Michael Kaufman spricht in diesem Zusammenhang von einer „Triade von Männergewalt", in der die Gewalt gegen Frauen

---

86 Vgl. u. a. BUTLER, Haß spricht.
87 BOATCĂ / LAMNEK, Gegenwartsdiagnosen zu Gewalt im Geschlechterverhältnis, S. 13.
88 Zur Entwicklung der Männerforschung vgl. W. WALTER, Gender, Geschlecht und Män-
     nerforschung, in: v. BRAUN / STEPHAN (Hg.), Gender Studien, S. 97–115.
89 Vgl. MEUSER, Doing Masculinity, S. 53.
90 Für eine differenziertere Darstellung vgl. GEMÜNDEN, Gewalt gegen Männer in hetero-
     sexuellen Intimpartnerschaften.
91 MEUSER, Doing Masculinity, S. 53.
92 Vgl. ebd., S. 55.
93 Vgl. ebd.

nur ein „Eckpfeiler" sei.[94] In ihrer Analyse männlicher Gewalt orientiert sich die Männerforschung jedoch weitgehend an dem von der „neueren" Gewaltforschung favorisierten und von feministischer Seite kritisierten *engen* Gewaltbegriff, der den Aspekt der körperlichen Verletzung in den Vordergrund stellt, wodurch wiederum eine Verengung der Perspektive in einem Punkt erfolgt, der für die Analyse der Gewalt zwischen den Geschlechtern relevant ist.[95]

Ausblick

Während in der so genannten „neueren" Gewaltforschung[96] eine grundsätzliche Zurückhaltung gegenüber dem Thema Gewalt in der Geschlechterperspektive auszumachen ist, hat sich die Kriminologie in den letzten Jahren vermehrt dem Thema „Gender and Crime" gewidmet. Als besonders problematisch erweist sich die Tendenz der „neueren" Gewaltforschung, den Gewaltbegriff (wieder) auf den Aspekt intentionaler körperlicher, sprich sichtbarer Verletzung zu beschränken.[97] Sowohl die Praxis als auch kriminologische Studien zeigen, dass ein solch *enger* Gewaltbegriff weder geeignet ist, die vielen unterschiedlichen Phänomene zu umfassen, die heute als Gewalt betrachtet werden, noch dazu angetan ist, die Geschlechtsspezifik bestimmter Gewaltformen entsprechend zu würdigen. Auf der einen Seite ist eine „Enttabuisierung und Kriminalisierung früher gebilligter Gewalttaten"[98] (z. B. Vergewaltigung in der Ehe) zu beobachten; auf der anderen Seite finden neue Verhaltensweisen Aufnahme in das Definitionsfeld von Gewalt (z. B. Stalking). Auch rücken Gewalttaten von Frauen (trotz ihrer geringen statistischen Bedeutung) stärker in das Interesse der Forschung.

Im Zuge dieser Entwicklung geriet auch der Mythos von der „friedfertigen Frau"[99] in die Kritik. Dabei richtet sich der Blick (ähnlich wie in der Männerforschung) durchaus auch auf die positiven Aspekte von Aggression, die (entgegen der Tradition) auch Anerkennung in der *weiblichen* Persönlichkeitsentwicklung finden sollten.[100] Elisabeth Badinter spricht, was das Thema „Frauengewalt" betrifft, von

---

94 M. KAUFMAN, Die Konstruktion von Männlichkeit und die Triade männlicher Gewalt, in: BAUSTEINEMÄNNER (Hg.), Kritische Männerforschung, Berlin, Hamburg 1996, S. 139. Als die anderen beiden Eckpfeiler bezeichnet Kaufman Gewalt gegen andere Männer und Gewalt gegen sich selbst.

95 Vgl. SAUER, Geschlechtsspezifische Gewaltmäßigkeit, S. 85.

96 Vgl. NEDELMANN, Gewaltsoziologie am Scheideweg; T. V. TROTHA, Zur Soziologie der Gewalt; beide in: ders. (Hg.), Soziologie der Gewalt.

97 Vgl. NEDELMANN, Gewaltsoziologie am Scheideweg, S. 61.

98 BOATCĂ / LAMNEK, Gegenwartsdiagnosen zu Gewalt im Geschlechterverhältnis, S. 14.

99 Vgl. M. MITSCHERLICH, Die friedfertige Frau. Eine psychoanalytische Untersuchung zur Aggression der Geschlechter, Frankfurt/M. 1985.

100 So argumentiert u. a. T. MUSFELD, Im Schatten der Weiblichkeit. Über die Fesselung weiblicher Kraft und Potenz durch das Tabu der Aggression, Tübingen 1997.

„Auslassungen"[101]; das Thema sei in der feministischen Debatte lange Zeit tabu gewesen. Inzwischen liegt eine Reihe von Untersuchungen vor, die sich mit Gewalttaten von Frauen, mit Frauen als Täterinnen beschäftigen:[102] Das betrifft u. a. die Rolle von Frauen im Nationalsozialismus, in terroristischen Vereinigungen, im Rahmen häuslicher – und auch sexueller – Gewalt und den Anteil von Frauen an Kriegsverbrechen und an der Jugend- und Gewaltkriminalität allgemein. Im Zuge der Enthüllungen von Kriegsverbrechen bzw. Verbrechen gegen die Menschlichkeit in Bürgerkriegen und im Irak-Krieg geraten Frauen als (Mit-)Täterinnen bzw. als Soldatinnen mehr und mehr in den Fokus der Friedens- und Konfliktforschung.[103] Und auch in der Religionswissenschaft hat man inzwischen die zentrale Bedeutung des Themas „Gewalt und Geschlecht" erkannt.[104]

Bibliographie

ALTHOFF, Martina / KAPPEL, Sibylle (Hg.), 1995: Geschlechterverhältnis und Kriminologie (= Kriminologisches Journal, 5. Beiheft), Weinheim.

ALTHOFF, Martina / KAPPEL, Sibylle, 1995: Einleitende Bemerkungen zu „Geschlechterverhältnis und Kriminologie". In: Geschlechterverhältnis und Kriminologie, S. 3–8.

ARENDT, Hannah, [14]2000: Macht und Gewalt. München (engl. On Violence. New York 1969).

BADINTER, Elisabeth, 2004: Die Wiederentdeckung der Gleichheit. Schwache Frauen, gefährliche Männer und andere feministische Irrtümer. München (frz. Fausse route. Paris 2002).

BAER, Susanne, 2000: Rechtswissenschaft. In: Christina VON BRAUN / Inge STEPHAN (Hg.): Gender-Studien. Eine Einführung. Stuttgart, Weimar, S. 155–168.

BAIL, Ulrike, 1998: Gegen das Schweigen klagen. Eine intertextuelle Studie zu den Klagepsalmen Ps 6 und Ps 55 und der Erzählung von der Vergewaltigung Tamars. Gütersloh.

BAL, Mieke, 1988: Death & Dissymmetry. The Politics of Coherence in the Book of Judges. Chicago, London.

---

101 Vgl. E. BADINTER, Die Wiederentdeckung der Gleichheit. Schwache Frauen, gefährliche Männer und andere feministische Irrtümer, München 2004, Kap. 2, S. 61ff.

102 Einige davon sind versammelt in C. KÜNZEL / G. TEMME (Hg.), Täterinnen und/oder Opfer? Frauen in Gewaltstrukturen, Hamburg 2007.

103 Vgl. J. A. DAVY u. a. (Hg.), Frieden – Gewalt – Geschlecht. Friedens- und Konfliktforschung als Geschlechterforschung, Essen 2005 und zur Rolle von US-Soldatinnen im Irak-Krieg vgl. C. HARDERS, Geschlecht und Gewalt in der Neuen Weltordnung, in: KÜNZEL / TEMME (Hg.), Täterinnen und/oder Opfer?, S. 217–231.

104 Vgl. A. HOLL, Geschlecht und Gewalt in der Religion, Stuttgart 2005.

BAL, Mieke, 1990: Visual Poetics: Reading with the Other Art. In: Martin KREIS-WIRTH / Mark A. CHEETHAM (Hg.): Theory Between the Disciplines: Authority/Vision/Politics. Ann Arbor, S. 135–151.

BAUMAN, Zygmunt, 1996: Gewalt – modern und postmodern. In: Max MILLER / Hans-Georg SOEFFNER (Hg.): Modernität und Barbarei. Soziologische Zeitdiagnose am Ende des 20. Jahrhunderts. Frankfurt/M., S. 36–67.

BENARD, Cheryl / SCHLAFFER, Edit, 1978: Die ganz gewöhnliche Gewalt in der Ehe: Texte zu einer Soziologie von Macht und Liebe. Reinbek bei Hamburg.

BLASCHKE, Stefan (letztes Update am 28.4.2007): The History of Rape: A Bibliography. http://www.geocities.com/history_guide/horb/horb.html.

BOATCĂ, Manuela / LAMNEK, Siegfried, 2003: Gegenwartsdiagnosen zu Gewalt im Geschlechterverhältnis. In: dies. (Hg.): Geschlecht Gewalt Gesellschaft, S. 13–33.

BOURDIEU, Pierre, 2005: Die männliche Herrschaft. Frankfurt/M.

BREITLING, Gisela, 1990: Der verborgene Eros: Weiblichkeit und Männlichkeit im Zerrspiegel der Künste. Frankfurt/M.

BROWNMILLER, Susan, 1975: Against Our Will: Men, Women and Rape. New York (dt. Gegen unseren Willen: Vergewaltigung und Männerherrschaft. Frankfurt/M. 1978).

BRUNNER, Otto / CONZE, Werner / KOSELLECK, Reinhart (Hg.), 1982: Geschichtliche Grundbegriffe. Historisches Lexikon zur politisch-sozialen Sprache in Deutschland. Bd. 3. Stuttgart.

BUTLER, Judith, 1998: Haß spricht. Zur Politik des Performativen. Berlin (engl. Excitable Speech. A Politics of the Performative. New York 1997).

CLARK, Anna, 1987: Women's Silence, Men's Violence: Sexual Abuse in England 1770-1845. London, New York.

CONNELL, Robert W., 1987: Gender and Power. Sydney 1987.

CORBIN, Alain (Hg.), 1989: Violences Sexuelles. Paris (dt. Die sexuelle Gewalt in der Geschichte. Berlin 1992; Frankfurt/M. 1997).

DACKWEILER, Regina-Maria / SCHÄFER, Reinhild (Hg.), 2002: Gewalt-Verhältnisse: Feministische Perspektiven auf Geschlecht und Gewalt. Frankfurt/M., New York.

DACKWEILER, Regina-Maria / SCHÄFER, Reinhild, 2002: Gewalt, Macht Geschlecht – Eine Einführung. In: dies. (Hg.): Gewalt-Verhältnisse, S. 9–26.

DANE, Gesa, 2005: „Zeter und Mordio". Vergewaltigung in Literatur und Recht. Göttingen.

DAVY, Jennifer A. / HAGEMANN, Karen / KÄTZEL, Ute (Hg.), 2005: Frieden – Gewalt – Geschlecht. Friedens- und Konfliktforschung als Geschlechterforschung (= Frieden und Krieg. Beiträge zur Historischen Friedensforschung, Bd. 5). Essen.

DUX, Günter, [1]1997: Die Spur der Macht im Verhältnis der Geschlechter. Frankfurt/M.

EHRLICHER, Hanno / SIEBENPFEIFFER, Hania (Hg.), 2002: Gewalt und Geschlecht: Bilder, Literatur und Diskurse im 20. Jahrhundert (= Literatur – Kultur – Geschlecht, Bd. 23). Köln, Weimar, Wien.

ELLIOT, Michele (Hg.), 1995: Frauen als Täterinnen: Sexueller Mißbrauch an Mädchen und Jungen. Ruhnmark.

ESTRICH, Susan, 1987: Real Rape. Cambridge/Mass.

FLAAKE, Karin, 2002: Geschlecht, Macht und Gewalt. Verletzungsoffenheit als lebensgeschichtlich prägende Erfahrung von Mädchen und jungen Frauen. In: Regina-Maria DACKWEILER / Reinhild SCHÄFER (Hg.): Gewalt-Verhältnisse, S. 161–170.

FOUCAULT, Michel, 1977: Der Wille zum Wissen. Sexualität und Wahrheit. Bd. I. Frankfurt/M. (frz. Histoire de la sexualité, I: La volonté de savoir. Paris. 1976).

FRASER, Nancy, 1994: Widerspenstige Praktiken. Macht, Diskurs, Geschlecht. Frankfurt/M.

FREUD, Sigmund, 2000: Drei Abhandlungen zur Sexualtheorie. In: ders.: Studienausgabe, Bd. V: Sexualleben. Hg. von Alexander Mitscherlich u. a. Limitierte Sonderausgabe. Frankfurt/M.

FRIEDMAN GOLDSTEIN, Leslie (Hg.), 1992: Feminist Jurisprudence. The Difference Debate. Lanham/MD.

FROMMEL, Monika, 2003: Die Reform der Sexualdelikte 1997/98 – Eine Bilanz. In: Christine KÜNZEL (Hg.): Unzucht – Notzucht – Vergewaltigung. Frankfurt/M., New York, S. 261–277.

GAHLEITNER, Silke Birgitta, 2005: Sexuelle Gewalt und Geschlecht. Hilfen zur Traumabewältigung bei Frauen und Männern. Gießen.

GALTUNG, Johan, 1975: Strukturelle Gewalt: Beiträge zur Friedens- und Konfliktforschung. Reinbek bei Hamburg.

GALTUNG, Johan, 1993: Kulturelle Gewalt. Zur direkten und strukturellen Gewalt tritt die kulturelle Gewalt. In: Der Bürger im Staat. Jg. 43, H. 1, S. 106–112.

GEIER, Andrea, 2005: ‚Gewalt' und ‚Geschlecht'. Diskurse in deutschsprachiger Prosa der 1980er und 1990er Jahre. Tübingen.

GEMÜNDEN, Jürgen, 1996: Gewalt gegen Männer in heterosexuellen Intimpartnerschaften. Marburg.

GERHARD, Ute (Hg.), 1997: Frauen in der Geschichte des Rechts. München.

GRAVDAL, Kathryn, 1991: Ravishing Maidens: Writing Rape in Medieval French Literature and Law. Philadelphia.

HAGEMANN-WHITE, Carol, 2002: Gender-Perspektiven auf Gewalt in vergleichender Sicht. In: Wilhelm HEITMEYER / John HAGAN (Hg.): Internationales Handbuch der Gewaltforschung, S. 124–149.

HAGEMANN-WHITE, Carol, 2002: Gewalt im Geschlechterverhältnis als Gegenstand sozialwissenschaftlicher Forschung und Theoriebildung: Rückblick, gegenwärtiger Stand, Ausblick. In: Regina-Maria DACKWEILER / Reinhild SCHÄFER (Hg.): Gewalt-Verhältnisse. Frankfurt/M., New York, S. 29–52.

HARDERS, Cilja, 2007: Geschlecht und Gewalt in der Neuen Weltordnung. In: Christine KÜNZEL / Gaby TEMME (Hg.): Täterinnen und/oder Opfer? Frauen in Gewaltstrukturen. Berlin, S. 217–231.

HASKELL, Molly, [2]1987: From Reverence to Rape: The Treatment of Women in Movies. Chicago, London.

HEITMEYER, Wilhelm / HAGAN, John (Hg.), 2002: Internationales Handbuch der Gewaltforschung. Opladen.

HESS, Thomas B. / NOCHLIN, Linda (Hg.), 1973: Woman as Sex Object: Studies in Erotic Art (1730–970). London.

HILBIG, Antje / KAJATIN, Claudia / MIETHE, Ingrid (Hg.), 2003: Frauen und Gewalt: Interdisziplinäre Untersuchungen zu geschlechtsgebundener Gewalt in Theorie und Praxis. Würzburg.

HOLL, Adolf, 2005: Geschlecht und Gewalt in der Religion. Stuttgart.

HOLZLEITHNER, Elisabeth, (2002): Recht Macht Geschlecht: Legal Gender Studies. Eine Einführung. Wien.

IMBUSCH, Peter, 2002: Der Gewaltbegriff. In: Wilhelm HEITMEYER / John HAGAN (Hg.): Internationales Handbuch der Gewaltforschung. Wiesbaden, S. 26–57.

KAMPSHOFF, Marita, 1996: Sexuelle Gewalt – ein konstitutives Merkmal für das Mädchen- oder Jungesein?. In: Ute Luise FISCHER u. a. (Hg.): Kategorie Geschlecht? Empirische Analysen und feministische Theorien. Opladen, S. 97–116.

KAUFMAN, Michael, 1996: Die Konstruktion von Männlichkeit und die Triade männlicher Gewalt. In: BAUSTEINEMÄNNER (Hg.): Kritische Männerforschung. Neue Ansätze in der Geschlechtertheorie (= Argument-Sonderband 246). Berlin, Hamburg, S. 138–171.

KAVEMANN, Barbara, 2007: Täterinnen – Gewaltausübung von Frauen im privaten Raum im Kontext der feministischen Diskussion über Gewalt im Geschlechterverhältnis. In: Christine KÜNZEL / Gaby TEMME (Hg.): Täterinnen und/oder Opfer? Frauen in Gewaltstrukturen. Berlin, S. 161–174.

KERCHNER, Brigitte, 2003: „Sexualdiktatur": Macht und Gewalt in Gerichtsverfahren der Weimarer Republik. In: Christine KÜNZEL (Hg.): Unzucht – Notzucht – Vergewaltigung. Frankfurt/M., New York, S. 137–163.

KERSTEN, Joachim, 1997: Risiken und Nebenwirkungen: Gewaltorientierungen und die Bewerkstelligung von „Männlichkeit" und „Weiblichkeit" bei Jugendlichen der *underclass*. In: Susanne KRASMANN / Sebastian SCHEERER (Hg.): Die Gewalt in der Kriminologie. Weinheim, S. 103–114.

KNAPP, Gudrun-Axeli, 1988: Die vergessene Differenz. In: Feministische Studien. Jg. 6, H. 1, S. 12.

KRASMANN, Susanne / SCHEERER, Sebastian (Hg.), 1997: Die Gewalt in der Kriminologie (= Kriminologisches Journal, 6. Beiheft). Weinheim.

KRASMANN, Susanne / SCHEERER, Sebastian, Die Kritische Kriminologie und das Jahrhundert der Gewalt. In: dies. (Hg.): Die Gewalt in der Kriminologie, S. 3–15.

KÜNZEL, Christine (Hg.), 2003: Unzucht – Notzucht – Vergewaltigung: Definitionen und Deutungen sexueller Gewalt von der Aufklärung bis heute. Frankfurt/M., New York.

KÜNZEL, Christine, 2003: Vergewaltigungslektüren: Zur Codierung sexueller Gewalt in Literatur und Recht. Frankfurt/M., New York.

KÜNZEL, Christine, 2003: „Das gerade wäre der Ort, wo ich am tödlichsten zu verwunden bin!": Sexuelle Gewalt und die Konzeption weiblicher Verletzungsoffenheit. In: Petra LEUTNER / Ulrike ERICHSEN (Hg.): Das verortete Geschlecht. Tübingen, S. 61–80.

KÜNZEL, Christine / TEMME, Gaby (Hg.), 2007: Täterinnen und/oder Opfer? Frauen in Gewaltstrukturen (= Gender-Diskussion, Bd. 4). Hamburg.

LAMNEK, Siegfried / BOATCĂ, Manuela (Hg.), 2003: Geschlecht Gewalt Gesellschaft (= Otto-von-Freising-Tagungen der Katholischen Universität Eichstätt-Ingolstadt, Bd. 4). Opladen.

LAURETIS, Teresa de, 1987: Technologies of Gender Essays on Theory, Film, and Fiction. Bloomington, Indianapolis.

LAURETIS, Teresa de, 1989: The Violence of Rhetoric: Considerations on Representation and Gender. In: Nancy ARMSTRONG / Leonard TENNENHOUSE (Hg.): The Violence of Representation: Literature and the History of Violence. London, New York, S. 239–258.

LEUZE-MOHR, Marion, 2001: Häusliche Gewalt gegen Frauen – eine straffreie Zone? Baden-Baden.

LÖSCHPER, Gabi / Smaus, GERLINDA (Hg.), 1999: Das Patriarchat und die Kriminologie, (= Kriminologisches Journal, 7. Beiheft). Weinheim.

LORENZ, Maren, 1999: Kriminelle Körper – Gestörte Gemüter: Die Normierung des Individuums in der Gerichtsmedizin und Psychiatrie der Aufklärung. Hamburg.

MACKINNON, Catharine A., 1991: Reflections on Sex Equality Under Law. In: The Yale Law Journal. Jg. 100, S. 1281–1328.

MARCUS, Sharon, 1992: Fighting Bodies, Fighting Words. In: Judith BUTLER / Joan W. SCOTT (Hg.): Feminists Theorize the Political. New York, London, S. 385–403.

MASON, Gail, 2002: The Spectacle of Violence: Homophobia, Gender, and Knowledge. London u. a.

MEUSER, Michael, 2002: „Doing Masculinity" – Zur Geschlechtslogik männlichen Gewalthandelns. In: Regina-Maria DACKWEILER / Reinhild SCHÄFER (Hg.): Gewalt-Verhältnisse. Frankfurt/M., New York, S. 53–78.

MEYER-KNEES, Anke, 1992: Verführung und sexuelle Gewalt: Untersuchung zum medizinischen und juristischen Diskurs im 18. Jahrhundert. Tübingen.

MITSCHERLICH, Margarete, 1985: Die friedfertige Frau. Eine psychoanalytische Untersuchung zur Aggression der Geschlechter. Frankfurt/M.

MULVEY, Laura, 1980: Visuelle Kunst und narratives Kino. In: Gislind NABAKOWSKI / Helke SANDER / Peter GARSEN (Hg.): Frauen in der Kunst. Bd. 1. Frankfurt/M., S. 30–46.

MUSFELD, Tamara, 1997: Im Schatten der Weiblichkeit. Über die Fesselung weiblicher Kraft und Potenz durch das Tabu der Aggression (= Perspektiven, Bd. 4). Tübingen.

NAFFINE, Ngaire 1997: Feminism and Criminology. Cambridge, Oxford.

NEDELMANN, Birgitta, 1997: Gewaltsoziologie am Scheideweg: Die Auseinandersetzungen in der gegenwärtigen und Wege der künftigen Gewaltforschung. In: Trutz von TROTHA (Hg.): Soziologie der Gewalt. Wiesbaden, S. 59–85.

OHMS, Constance, 2000: Gewalt gegen Lesben. Berlin.

PATEMAN, Carol, 1988: The Sexual Contract. Stanford.

PLAZA, Monique, 1981: Our Damages and Their Compensation. In: Feminist Issues 1, S. 25–35.

POHL, Rolf, 2004: Feindbild Frau. Männliche Sexualität, Gewalt und die Abwehr des Weiblichen. Hannover.

POPITZ, Heinrich, 1986: Phänomene der Macht. Tübingen.

RUSSELL, Diana, 1975: The Politics of Rape. New York.

SAUER, Birgit, 2002: Geschlechtsspezifische Gewaltmäßigkeit rechtsstaatlicher Arrangements und wohlfahrtsstaatlicher Institutionalisierungen, in: Regina-Maria DACKWEILER / Reinhild SCHÄFER (Hg.): Gewalt-Verhältnisse. Frankfurt/M., New York, S. 81–106.

SCHMIDT-HÄUER, Julia, 2000: Menschenrechte – Männerrechte – Frauenrechte: Gewalt gegen Frauen als Menschenrechtsproblem (= Geschlecht – Kultur – Gesellschaft, Bd. 6). Münster.

SEIFERT, Ruth, 1996: Der weibliche Körper als Symbol und Zeichen: Geschlechtsspezifische Gewalt und die kulturelle Konstruktion des Krieges. In: Andreas GESTRICH (Hg.): Gewalt im Krieg. Ausübung, Erfahrung und Verweigerung von Gewalt in Kriegen des 20. Jahrhunderts. Münster, S. 13–33.

SICK, Brigitte, 1993: Sexuelles Selbstbestimmungsrecht und Vergewaltigungsbegriff. Berlin.

SIELKE, Sabine, 2002: Reading Rape: The Rhetoric of Sexual Violence in American Literature and Culture, 1790–1990. Princeton/NJ u.a.

SMAUS, Gerlinda, 2003: Vergewaltigung von Männern durch Männer. In: Christine KÜNZEL (Hg.): Unzucht – Notzucht – Vergewaltigung. Frankfurt/M., New York, S. 221–242.

SMAUS, Gerlinda, 1994: Physische Gewalt und die Macht des Patriarchats. In: Kriminologisches Journal. 26. Jg., H. 4, S. 82–104.

SMITH, Sabine H., 1998: Sexual Violence in German Culture: Rereading and Rewriting the Tradition (= Studien zum Theater, Film und Fernsehen, Bd. 26). Frankfurt/M. u.a.

SOINE, Stefanie, 2002: Das heterosexistische Geschlechterdispositiv als Produktionsrahmen für die Gewalt gegen lesbische Frauen. In: Regina-Maria DACKWEILER / Reinhild SCHÄFER (Hg.): Gewalt-Verhältnisse. Frankfurt/M., New York, S. 136–159.

THORNHILL, Randy / PALMER, Craig T., 2000: A Natural History of Rape. Biological Bases of Sexual Coercion. Cambridge/Mass.

TRÖMEL-PLÖTZ, Senta (Hg.), 1984: Gewalt durch Sprache: Die Vergewaltigung von Frauen in Gesprächen. Frankfurt/M.

TROTHA, Trutz von (Hg.), 1997: Soziologie der Gewalt (= Kölner Zeitschrift für Soziologie und Sozialpsychologie, Sonderheft 37). Opladen.

TROTHA, Trutz von, 1997: Zur Soziologie der Gewalt. In: ders. (Hg.): Soziologie der Gewalt. Opladen, S. 9–56.

VIGARELLO, Georges, 1998: Histoire du viol: XVIe–XXe siècle. Paris.

VÖLGER, Gisela (Hg.), 1997: Sie und Er: Frauenmacht und Männerherrschaft im Kulturvergleich. 2 Bde. (= Katalog zur Ausstellung im Rautenstrauch-Joest-Museum). Köln.

WALTER, Willi, 2000: Gender, Geschlecht und Männerforschung. In: Christina von BRAUN / Inge STEPHAN (Hg.): Gender Studien. Eine Einführung. Stuttgart, Weimar, S. 97–115.

WARZECHA, Birgit, 1995: Gewalt zwischen den Generationen und Geschlechtern in der Postmoderne. Eine Herausforderung an die Erziehungswissenschaft. Frankfurt/M.

WILDE, Gabriele 2001: Das Geschlecht des Rechtsstaats: Herrschaftsstrukturen und Grundrechtspolitik in der deutschen Verfassungstradition (= Politik der Geschlechterverhältnisse, Bd. 17). Frankfurt/M., New York.

WILLOWEIT, Dietmar, 1992: Die Ungleichbehandlung der Frau im mittelalterlichen Recht. In: Winfried BÖHM / Martin LINDAUER (Hg.): Mann und Frau – Frau und Mann (= 5. Würzburger Symposium der Universität Würzburg). Stuttgart, S. 300–314.

WOLFTHAL, Diane, 1999: Images of Rape: The „Heroic" Tradition and its Alternatives. Cambridge/U.K.

GLOBALISIERUNG

von *Heike Jensen*

Begriffsbestimmung und Abgrenzungen

Der Begriff der Globalisierung stellt seit den 1990er Jahren sowohl in der Wissenschaft als auch in der öffentlichen Diskussion ein zentrales Schlagwort dar. Mit ihm werden heterogene, die gesamte Welt betreffende Entwicklungen beschrieben, die in vollem Gange sind. Diese Entwicklungen finden in unterschiedlichen Bereichen statt, die nicht notwendiger Weise direkt miteinander verbunden sind, die aber teilweise auch nicht klar gegeneinander abgrenzbar sind. Als Kernbereich und zugleich Antriebskraft der Globalisierung wird meist die (neoliberale) Wirtschaft verstanden, und des Weiteren wird über Globalisierung vor allem im Hinblick auf Politik, Kultur, Informationstechnologie und Ökologie gesprochen.

Spezifische Entwicklungen in all diesen Bereichen werden jeweils für sich als Charakteristika der Globalisierung verstanden. Zu diesen zählen das wirtschaftliche Zusammenwachsen von Märkten für Güter und Kapital sowie die Herausbildung multinationaler Großkonzerne, die Erosion nationaler (Sozial-)Staatlichkeit und die ersten Schritte in Richtung *Global Governance*, ein wachsender wirtschaftlicher Druck zur Vereinheitlichung von Konsumgewohnheiten, die Zunahme verschiedenster Formen von freiwilliger und unfreiwilliger Migration sowie transkultureller Identitäten, eine wachsende Polarisierung von armen und reichen Menschen und ein Erstarken religiöser Fundamentalismen, die informationstechnologische Vernetzung der Welt und die zunehmende Bedrohung der Umwelt durch Phänomene wie den Treibhauseffekt.

Über die Heterogenität dieser Entwicklungen hinaus werden übergreifende Charakteristika benannt, die quasi als Quintessenz von Globalisierung gelten. Dabei handelt es sich vor allem um die wachsende Dichte und Reichweite von überregionalen Beziehungsnetzwerken und um steigende Interdependenzen über nationalstaatliche Grenzen hinweg. AutorInnen wie der Globalisierungstheoretiker Ulrich Beck postulieren, darauf aufbauend, die Ausprägung eines neuen individuellen Verständnisrahmens, den dieser als „das erfahrbare Grenzloswerden alltäglichen Handelns" und als „Selbstwahrnehmung dieser Transnationalität" beschreibt.[1]

Der Begriff der Globalisierung wird von BefürworterInnen, GegnerInnen und bloßen BeobachterInnen der betreffenden Phänomene benutzt und beinhaltet somit nicht per se eine wertende Perspektive. Gleichzeitig lehnen andere VertreterInnen aus dem gesamten Einstellungsspektrum den Begriff ab. Dies geschieht beispielsweise unter Hinweis auf seine Verquickung mit neoliberaler Wirtschaftspolitik und einer

---

1 U. BECK, Was ist Globalisierung? Irrtümer des Globalismus – Antworten auf Globalisierung, Frankfurt/M. 1997, S. 44 und 31 respektive.

angenommenen, darauf basierenden ideologischen Aufladung. Es geschieht aber auch unter Hinweis darauf, dass es um ein Verständnis von Entwicklungen geht, die bereits in früheren Jahrzehnten oder Jahrhunderten begonnen haben, und der Begriff daher zu Unrecht etwas Neues signalisiere. Alternativ zur Ablehnung des Begriffes kann aufgrund historischer Erwägungen dieser Art auch der Beginn der Globalisierung zurückdatiert werden, beispielsweise bis auf das Einsetzen des modernen Kapitalismus im 15. Jahrhundert.[2] Eine andere wissenschaftliche Strategie im Umgang mit dem Schlagwort der Globalisierung ist die der stärkeren terminologischen Ausdifferenzierung, die sich zunächst im angloamerikanischen Wissenschaftsraum herausgebildet hat. So kann beispielsweise eine Dreiteilung in Globalismus, Globalität und Globalisierung vorgenommen werden: Globalismus bezeichnet die neoliberale Ideologie der vermeintlich unausweichlichen Weltmarktherrschaft. Globalität meint den (unterschiedlich wahrgenommenen) Istzustand der transnationalen Verflechtungen; und Globalisierung bezeichnet die Prozesse, die diese Verflechtungen bewirken und vorantreiben.[3] AutorInnen, die den Begriff der Globalisierung vermeiden wollen, sprechen beispielsweise von globaler Umstrukturierung.[4]

Was die Hochkonjunktur des Begriffes der Globalisierung bei aller Unschärfe, möglicher ideologischer Aufladung und Strittigkeit bewirkt hat, ist eine weitreichende und produktive, transnationale Auseinandersetzung mit den jüngsten politischen, wirtschaftlichen, kulturellen, informationstechnologischen, ökologischen und anderen Entwicklungen an verschiedenen Orten und im internationalen Raum.

Globalisierung als Gegenstand der Geschlechterforschung

Die Beiträge der Geschlechterforschung zum Verständnis globaler Entwicklungen sind von grundlegender Bedeutung. Sie sind vor dem Hintergrund zu sehen, dass sowohl im wissenschaftlichen Mainstream, von der Ökonomie über die Politologie bis zur Soziologie, als auch im globalisierungskritischen Mainstream größtenteils geschlechtsblind vorgegangen wird. In der Zusammenschau der Geschlechterforschungsergebnisse zeigt sich, dass globale Entwicklungen auf Geschlecht als einem zentralen strukturierenden Merkmal aufbauen, von der symbolischen über die institutionelle bis zur individuellen Ebene. Gleichzeitig verändern sich durch globale Entwicklungen teilweise sowohl die normativen als auch die tatsächlichen Geschlechterrollen, und die Systeme zu ihrer Aufrechterhaltung verschieben sich. Christa Wichterich formuliert in ihrem Buch *Femme global* das Fazit, dass „Globalisierungsprozesse von Anfang an und strukturell geschlechtlich kodierte Prozesse

---

2 Vgl. J. VARWICK, Globalisierung, in: Handwörterbuch Internationale Politik, hg. v. W. WOYKE, Opladen 2008, S. 169.

3 BECK, Was ist Globalisierung?, S. 26–29.

4 Diese Strategie wählen unter anderem M. H. MARCHAND / A. S. RUNYAN im Titel ihres Sammelbandes: Gender and Global Restructuring. Sightings, Sites and Resistances, London 2000.

sind. Sie haben nicht nur unterschiedliche Auswirkungen auf Männer und Frauen. Vielmehr realisieren sie sich über die Geschlechterordnung und krempeln dabei Geschlechterbeziehungen und die praktizierten Formen von Männlichkeit und Weiblichkeit um."[5] Die Geschlechterforschung macht zudem deutlich, inwiefern andere Systeme sozialer Stratifizierung wie Ethnizität, *race* und Alter sich in komplexer Weise in den jeweiligen Globalisierungsszenarien mit dem des Geschlechts verbinden und in ihrer Gesamtheit sowohl bestätigt als auch teilweise verschoben werden.

Die geschlechtersensiblen Analysen finden sich in vielen Wissenschaftsdisziplinen, beispielsweise der Ökonomie, Politologie, Soziologie, Kulturwissenschaft, *Postcolonial Studies* und Kommunikationswissenschaft. Sie reichen von der Analyse der symbolischen geschlechtlichen Kodierung von globalen Prozessen und Institutionen bis zur Beschreibung der Veränderungen der materiellen Lage von Frauen und Männern in der Welt. Auch schließen sie eine kritische Einschätzung der Erfolge und Grenzen des globalen frauenpolitischen Engagements ein, das sich unter den neuen politischen und informationstechnologischen Partizipationsmöglichkeiten gebildet hat.

Geschlechtersensible Globalisierungsforschung wird größtenteils von Frauen erbracht und nimmt in der Regel Frauen zum zentralen Bezugspunkt der Geschlechteranalyse. Vielen Beiträgen liegt dabei das normative Interesse zugrunde, zum Verständnis von fortbestehenden oder sich neu bildenden Diskriminierungszusammenhängen gegen Frauen beizutragen, und dadurch indirekt oder direkt auf Handlungsbedarf in Richtung Geschlechtergerechtigkeit hinzuweisen. Über Männer und Männlichkeiten in Globalisierungsprozessen liegt vergleichsweise wenig Forschung vor. Diese Forschung zeigt einerseits, inwiefern auch Männer in den unterschiedlichsten Kontexten Auswirkungen der Globalisierung als ambivalent oder negativ erfahren können. Und sie zeigt andererseits, wie sich durch Globalisierung neue Typen von machtvoller und/oder gefährlicher Männlichkeit entwickeln. Sowohl die Frauen- als auch die Männerforschung verfolgt somit eher den Effekt von Globalisierung auf ein Geschlecht als die Bedeutung von Geschlechterverhältnissen für das Zustandekommen von Globalisierungstendenzen.[6] Zukünftig wäre es wünschenswert, stärker die Wechselwirkungen zwischen Geschlecht und Globalisierung herauszuarbeiten und dabei Frauen- und Männerforschung klarer zueinander in Beziehung zu setzen, um somit der Dynamik von Geschlechterverhältnissen besser Genüge zu tun.

---

5 C. WICHTERICH, Femme global. Globalisierung ist nicht geschlechtsneutral, Hamburg 2003, S. 7.

6 Vgl. E. N. CHOW, Gender Matters. Studying Globalization and Social Change in the 21st Century, in: International Sociology 18.3 (2003), S. 443–460.

Die Ideologie der Globalisierung und das „glokale" Denken

Ein grundsätzliches Merkmal der Auseinandersetzung mit Globalisierungsphänomenen innerhalb der Geschlechterforschung liegt in der Zurückweisung von Universalismen und der Einsicht in die Notwendigkeit, jeweils spezifische Zusammenhänge und Kontexte zu untersuchen. Während diese Herangehensweise die Geschlechterforschung generell kennzeichnet, fußt sie im hier behandelten Kontext auf einer expliziten Ablehnung des „globalozentrischen" Denkens. Letzteres wird als Umsetzung einer Globalisierungsideologie verstanden, die abstrakte, unaufhaltsame und homogenisierende Prozesse postuliert und ohne Hinweis auf die Beteiligten und ihre Handlungsstrategien in jeweils spezifischen Kontexten bleibt. Stattdessen wurden die Begriffe des „glokalen" Denkens und der „Glokalität" innerhalb der Globalisierungsforschung und -kritik geschöpft um auszudrücken, dass es um die Konzeptualisierung des Zusammenwirkens von lokalen und weit über das Lokale hinausgehenden, miteinander verwobenen Entwicklungen geht.[7] Das glokale Denken steht für den globalen Süden in der Tradition der kritischen Auseinandersetzung mit einer nördlichen Entwicklungspolitik, die als ebenso marktzentriert, standardisiert und unsensibel für örtliche Gegebenheiten wahrgenommen wurde und ähnlich unwillig schien, NutznießerInnen, Benachteiligte und gesellschaftliche Variationen zur Kenntnis zu nehmen wie die Globalisierungsideologie.

Ein zentrales Erkenntnisinteresse des glokalen Denkens richtet sich auf die Handlungsspielräume der Menschen vor Ort und ihre aktive Ausgestaltung der Verhältnisse und Schöpfung eigener Identitäten. So trägt das Konzept der Glokalität dazu bei, Globalisierung nicht (nur) als Prozess „von oben" zu verstehen, der den Menschen flächendeckend übergestülpt wird, sondern vor allem die Bewegungen sichtbar zu machen, die die Globalisierung „von unten" prägen. Dies eröffnet einen differenzierten Blick auf Orte und Individuen, ihre Verbindungen und die Möglichkeiten und Prozesse der aktiven Gestaltung von Veränderungen und Bedeutungen.[8] Gefahren dieses Ansatzes bestehen in einer Romantisierung von Orten, einer unzureichenden Betonung tatsächlicher Zwänge, einer Überschätzung individueller Handlungsspielräume und einer Darstellungsweise, die durch die Betonung adaptiver Strategien der AkteurInnen den Eindruck ihrer ständigen Kollaboration erweckt.

Sowohl in Bezug auf Geschlechterforschung als auch in Bezug auf Frauenpolitik eröffnet das glokale Denken spezifische Möglichkeiten und Herausforderungen. So stellt die Globalisierungsforschung einen prädestinierten Bereich für den Ansatz der Geschlechterforschung dar, Geschlecht als Beziehungsnetz zu verstehen, welches, wie alle weiteren Systeme sozialer Stratifizierung, in komplexer Art und Weise an

7   Vgl. Globalism and the Politics of Place, Themenheft der Zeitschrift Development. The Journal of the Society for International Development 41.2 (1998), darin den Leitartikel von A. ESCOBAR / W. HARCOURT, Creating 'glocality', S. 3–5.
8   ESCOBAR / HARCOURT, Creating 'glocality', S. 4. Vgl. S. BERGERON, Teaching Globalization through a Gender Lens, in: Review of Radical Political Economics 36.3 (2004), S. 314–320.

bestimmte Orte, Institutionen und Ideologien gebunden ist. Glokales Denken ermittelt dabei zudem komplexe Bezüge zu anderen Orten bzw. der internationalen, geopolitisch differenzierten Ebene und ihrer Geschichte sowie dem dynamischen Zusammenwirken von Orten und Ebenen. In der Globalisierungsforschung spielen daher auch großräumige geopolitische Ideologie- und Identitätszusammenhänge wie der globale Süden und Norden, der Westen und Osten, sowie die Verschiebungen und Hybridisierungen[9] dieser Zusammenhänge durch vielschichtige Veränderungen von der Mikro- bis zur Makroebene eine wichtige Rolle.

So besitzt beispielsweise die Zurückweisung des Konzeptes „Frau" als universalisierender, biologistischer Kategorie im Kontext des glokalen Denkens nicht nur eine epistemologische, sondern auch eine explizit frauenpolitische Komponente, die auf die Geschichte der Einbeziehungs- und Interventionsversuche von Frauen in die Entwicklungspolitik des globalen Nordens rekurriert. In diesem Zusammenhang korrespondiert die Herangehensweise, Gender als Beziehungssystem zu verstehen, das auf der Basis weiterer Variablen der sozialen Strukturierung ausdifferenziert ist, mit dem entwicklungspolitischen Paradigma *Gender and Development* (GAD). GAD verlangt die nuancierte und ortsspezifische Einbeziehung von Gender in alle Entwicklungsstrategien. Es wurde 1995 auf der Vierten Weltfrauenkonferenz in Peking popularisiert und steht unter anderem in Opposition zu verschiedenen, früher ausformulierten Ansätzen des *Women in Development*-(WID)-Paradigmas, in dem die Kategorie Frau eher biologisch gefasst wurde und Frauen durch unterschiedliche Strategien gefördert, emanzipiert und/oder in die Geldwirtschaft integriert werden sollten.[10]

---

9 Der Begriff der Hybridität wurde von dem postkolonialen Theoretiker H. BHABHA eingeführt, um transkulturell zusammengesetzte Identitäten zu bezeichnen; siehe: Das Postkoloniale und das Postmoderne, in: Die Verortung der Kultur, Berlin 2000, S. 253–294.

10 Die hier folgenden Ausführungen zu den entwicklungspolitischen Paradigmen für Frauen basieren auf C. MOSERS Entwurfspapier „Mainstreaming Gender in International Organizations" für die 28. Sitzung der Enquete-Kommission des Deutschen Bundestages „Globalisierung der Weltwirtschaft – Herausforderungen und Antworten" zum Thema „Globalisierung und Gender" am 18.02.2002. Moser baut dort auf ihr Buch Gender Planning and Development. Theory, Practice and Training, New York, London 1993 auf. (Für vertiefende historische Beschreibungen und Diskussionen unterschiedlicher Aspekte und glokaler Erfahrungen, vgl. M. H. MARCHAND / J. L. PARPART (Hg.), Feminism/Postmodernism/Development, London, New York 1995.)
Die früheste Herangehensweise an Frauen, die die Entwicklungs„hilfe" von 1950–1970 kennzeichnete, war die Wohlfahrt (*welfare*). In ihr wurden Frauen als passive Nutznießerinnen gesehen, die vor allem in ihrer Rolle als Mütter unterstützt werden sollten. Auf der Basis der Erkenntnis, dass die Mehrheit der Frauen von Entwicklungs(„hilfe")prozessen nicht nur nicht profitierte, sondern negativ betroffen war, folgte der erste von drei *Women in Development*-(WID)-Ansätzen. Er benutzte Gerechtigkeit als Credo und kennzeichnete die UN-Welt-Frauendekade von 1975–1985. Frauen wurden als aktive Mitwirkende in der Entwicklung gesehen, deren untergeordnete Rolle durch staatliche Interventionen aufgebrochen werden sollte. Der zweite WID-Ansatz, der ab den 1970er Jahren an Bedeutung

Im Kontext der Entwicklungspolitik und des glokalen Denkens zeigt sich die fundamentale Verschränkung von vermeintlich Persönlichem und vermeintlich Politischem, von lokaler bzw. innenpolitischer Ebene einerseits und internationaler bzw. außenpolitischer Ebene andererseits sowie zwischen Politik und Wirtschaft.[11] Für die Geschlechterforschung in Bereichen wie der Politologie und der Ökonomie bedeutete dies, dass wiederum definitorische Demarkationslinien dieser Wissenschaften gesprengt werden mussten. Dies war bereits zu Beginn der westlichen Frauenbewegungen und Frauenforschung notwendig gewesen, um Bereiche wie „das Private" oder Hausarbeit machttheoretisch und ökonomisch analysierbar zu machen. Hatte die US-amerikanische Frauenbewegung ab den späten 1960er Jahren dafür den Slogan „The Personal is Political" geprägt, so drückte Cynthia Enloe, eine der Pionierinnen der feministischen Forschung innerhalb der Internationalen Beziehungen, die nun veränderte Bewußtseinslage mit dem Slogan „The Personal is Global" aus.[12]

Die Notwendigkeit, multiglokale politische und wirtschaftliche Determinanten und Wechselwirkungen in die Überlegungen mit einzubeziehen, korrespondiert mit der bisher im globalen Norden bzw. Westen nicht ausreichend umgesetzten Aufforderung, die Konstituierung der eigenen Ideologie und geopolitischen Identität in ihrer Abhängigkeit von der gleichzeitig erfolgenden Konstituierung des geopolitisch

---

gewann, schwächte die Betonung von Gerechtigkeit ab und widmete sich stattdessen der Armutsbekämpfung. Der dritte WID-Ansatz gewann besonders seit der Schuldenkrise der 1980er Jahre an Durchschlagskraft. Sein Schlagwort war Effizienz, und Frauen sollten zur effektiveren Entwicklung durch wirtschaftliches Handeln beitragen. (MOSER, Mainstreaming Gender, S. 3) Der wirtschaftspolitische Rahmen, in dem dies geschehen sollte, waren die zur Bekämpfung der Schuldenkrise entwickelten Strukturanpassungsprogramme (SAPs), die im globalen Süden die Weichen für die wirtschaftliche Globalisierung der 1990er Jahre stellten. SAPs bildeten schnell einen bedeutenden Schwerpunkt innerhalb der auf den globalen Süden gerichteten Frauenforschung, wodurch Makroökonomie als feministisches Forschungsfeld etabliert wurde. Zu unterschiedlichen Auswirkungen von SAPs auf Frauen und Männer an verschiedenen Orten, siehe H. AFSHAR / C. DENNIS (Hg.), Women and Adjustment Policies in the Third World, Basingstoke 1992; J. VICKERS, Women and the World Economic Crisis, London 1991. Für grundsätzliche Kritiken am Konzept der „Entwicklung" und seinen modernistischen, technokratischen und kapitalistischen Ausrichtungen vgl. MARCHAND / PARPART, Feminism/Postmodernism/Development.

11 Die Verschränkungen dieser Bereiche und Ebenen erschlossen sich besonders im Hinblick auf persönliche Migrations- oder Diaspora-Erfahrungen, durch Kolonisierung und Ent- bzw. Neokolonisierung oder anderweitig bedingte hybride Identitäten oft schon früh. In diesem Erkenntnisbereich haben die *Postcolonial Studies* wichtige Beiträge auch zur Erforschung der Globalisierung erbracht, und zwar vor allem in Bezug auf psychologische und kulturelle Dimensionen. Siehe dazu den Beitrag von G. DIETZE in diesem Band. Mit der Zunahme von Globalisierungstendenzen werden die Koppelungen nun jedoch auch denjenigen Menschen zunehmend deutlich, die sich bis dato in monokulturellen, von souveränen Nationalstaaten begrenzten Kontexten wähnten.

12 Vorwort zur Neuauflage 2000 von: Bananas, Beaches and Bases. Making Feminist Sense of International Politics, Berkeley, S. xi.

und kulturell „Anderen" als ihrem Gegenüber zu begreifen. Im Spannungsfeld zwischen ausdifferenzierter glokaler Forschung, multiglokalen Bezügen und notwendiger Verallgemeinerung ergibt sich ein widersprüchliches Bild der Komplexität von Geschlechterverhältnissen und der Prozesshaftigkeit von Geschlechterordnungen. Im Folgenden wird exemplarisch die diesbezügliche Forschung im Bereich der Ökonomie vorgestellt, der als Kernbereich der Globalisierung gilt. Abschließend wird auf die Forschungsschwerpunkte zu globalisierter, progressiver Geschlechterpolitik eingegangen.

Ökonomische Globalisierung im Blick der Geschlechterforschung

Die transdisziplinäre Geschlechterforschung, die ökonomisch bedingte Veränderungen zum Ausgangspunkt nimmt, trägt maßgeblich dazu bei, die Komplexität und Dynamik der Geschlechterkonzepte in der Globalisierung herauszuarbeiten. Glokales Denken wird in dieser Forschung oft methodologisch differenziert umgesetzt, beispielsweise durch eine Mischung aus abstrakt-statistischen Auswertungen mit Feldforschung bzw. teilnehmender Beobachtung, Umfragen und Interviews. Nichtsdestotrotz ergeben sich auf diesem Forschungsgebiet eine Reihe von Umsetzungsproblemen des glokalen Denkens. So wird manchen Beiträgen vorgeworfen, westlichnördliche Ökonomiekonzepte unhinterfragt auch auf glokale Kontexte anzuwenden, in denen diese Konzepte nicht greifen, bzw. generell dem modernistischen Trugschluss zu unterliegen, die Ökonomie stelle das zentrale Organisationsmerkmal jeder Gesellschaft oder Kultur dar und sei somit auch der monokausale Erklärungszusammenhang für Globalisierung. Zudem ist es teilweise sehr schwierig, Frauen als gewichtige Akteurinnen mit Handlungsspielräumen im Blick zu behalten, wenn auf globale statistische Erhebungen rekurriert wird, die den Schluss nahe legen, dass die meisten Frauen dieser Welt von Globalisierungsprozessen benachteiligt, bedroht oder gar viktimisiert werden. Außerdem besteht das Problem, dass, sobald eine Situierung von glokalen Befunde im Rahmen von makroökonomischen Perspektiven vorgenommen wird, doch der Eindruck nahe zu liegen scheint, dass Globalisierung als unaufhaltsamer Prozess „von oben" voranschreitet, auch wenn dadurch mannigfache Veränderungen der Geschlechterverhältnisse in glokalen Kontexten angestoßen werden. Dieses Problem tritt auch auf, sobald von glokalen Befunden abstrahiert wird, um Zusammenschauen der Forschung zu präsentieren.[13]

Der Großteil der geschlechtersensiblen ökonomischen Globalisierungsforschung beschäftigt sich mit entlohnter und nicht entlohnter Frauenarbeit in Abhängigkeit von Wirtschafts-, Handels- oder Sozialpolitik. Dabei muss daran erinnert werden, dass die Frauenforschung auf dem Gebiet der Wirtschaftswissenschaft in ihren Anfängen die Grenzen der Disziplin zunächst vor allem dadurch sprengte, dass sie dar-

---

13 Zum gegenwärtigen Zeitpunkt ist offen, ob Makroökonomie, Statistik und Abstraktion eine Art negativer und lähmender „großer Erzählung" befördern bzw. wie ihr Spannungsverhältnis zu glokalem Denken aufgelöst werden kann.

auf bestand, auch unentlohnte Arbeit zu berücksichtigen. Damit wurde das Private als reproduktiver Sektor bewertbar, und ein „blinder Fleck" der politischen Ökonomie war aufgedeckt,[14] der in der Tat einen Brennpunkt der ökonomischen Geschlechterhierarchie bildet. Das Neue an der Analyse solcher Gegebenheiten innerhalb der Globalisierungsforschung liegt nun vor allem darin, dass der Fokus nicht mehr nur auf der Mikro- und Mesoebene innerhalb von Sozialstaaten liegt, sondern zunehmend auch auf der Ebene der Makroökonomie bezogen auf unterschiedliche Staatsformen. Damit geraten die Wirtschafts-, Finanz- und Steuerpolitik in den Blickwinkel. Der zunehmende Rückzug der Staaten aus der Verantwortung für Versorgungsarbeit wird so beispielsweise in drei Kontexten verfolgbar: in den westlichen Industrieländern durch die Demontage des Wohlfahrtsstaates keynesianischer Prägung, in den Ländern des Südens durch die Strukturanpassungsprogramme und in den Ländern des Ostens durch den Zusammenbruch der sozialistischen Versorgungsregime.[15]

In Verbindung mit diesem Forschungsschwerpunkt wurden *Gender Budgets* als spezifischer *Gender Mainstreaming*-Ansatz[16] auf der Makroebene bedeutsam, der die systematische Überprüfung aller Strukturanpassungsprogramme oder Staatshaushalte auf ihre geschlechtsspezifischen Wirkungen beinhaltet.[17] Geschieht diese Überprüfung nicht, so legen die bisherigen Einschätzungen der weltweit dominanten neoliberalen Wirtschaftspolitik mit ihrer Privatisierung, Deregulierung und Liberalisierung von Märkten und Dienstleistungen sowie zurückgenommenen Sozialpolitik den Schluss nahe, dass Regierungen mit dieser makroökonomischen Ausrichtung alles andere tun als Geschlechtergerechtigkeit und soziale Gerechtigkeit voranzutreiben.[18]

Es wurde herausgearbeitet, dass Frauen durch die Einsparungen auf dem Gebiet der Sozialausgaben dreifach betroffen sind: als diejenigen, die die soziale Arbeit vermehrt unentgeltlich leisten, als diejenigen, die durch diese Belastung in ihren Chancen auf dem Arbeitsmarkt beschnitten werden und als diejenigen, deren Stellen als soziale Dienstleisterinnen weggekürzt werden. Dennoch sind Frauen nicht alle gleich betroffen: Eine vergleichsweise kleine Gruppe von beruflich etablierten Globalisierungsgewinnerinnen ist in der Lage, ihre Pflegearbeit als Lohnarbeit an andere Frauen zu delegieren. Dabei kommt es zu dem extensiv untersuchten Phänomen der

---

14 C. v. WERLHOF, Frauenarbeit. Der blinde Fleck in der Kritik der Politischen Ökonomie, in: beiträge zur feministischen theorie und praxis 1 (1978), S. 18–32; vgl. M. MIES, Subsistenzproduktion, Hausfrauisierung, Kolonisierung, in: beiträge zur feministischen theorie und praxis 9–10 (1983), S. 115–124.

15 WICHTERICH, Femme global, S. 68.

16 *Gender Mainstreaming* wird im nächsten Abschnitt erklärt und kontextualisiert.

17 B. YOUNG, Widersprüchlichkeiten der Globalisierung, in: C. RANDZIO-PLATH (Hg.), Frauen und Globalisierung. Zur Geschlechtergerechtigkeit in der Dritten Welt, Bonn 2004, S. 22–24.

18 Vgl. vor allem United Nations Research Institute for Social Development (UNRISD), Gender Equality. Striving for Justice in an Unequal World, Paris 2005.

„Ethnisierung" oder Transnationalisierung dieser Arbeit, für die oft Migrantinnen angestellt werden, die ihrerseits ihre Pflegearbeit in der eigenen Familie delegieren müssen.[19]

Während (zeitweilige) Migration und transnationale Mobilität allgemein zunehmen, hat die Geschlechterforschung eine „Feminisierung von Migration" konstatiert. Dieser Begriff verweist einerseits darauf, dass die Zahl migrierender Frauen so stark angestiegen ist, dass diese inzwischen etwa die Hälfte der MigrantInnen ausmachen.[20] Andererseits bezeichnet der Begriff den Umstand, dass frauenspezifische Arten der Migration an Bedeutung gewinnen, für Haushaltshilfen über Sexarbeiterinnen bis zu Heiratsmigrantinnen.[21] Frauenmigration im globalen Süden resultiert oft aus ländlicher Verarmung.[22] Arbeitsmigrantinnen erwartet oft eine informelle Beschäftigung in feminisierten Berufssparten. Diese Entwicklung wird als Teil eines weltweiten Musters der Flexibilisierung, Informalisierung und Feminisierung von Arbeit verstanden. Das bedeutet, dass Frauen überall stärker in den Arbeitsmarkt eingebunden werden, dass dies aber zu einem Zeitpunkt geschieht, an dem Vollzeitarbeitsplätze massiv abgebaut und durch zunehmend unsichere und arbeitsrechtlich ungeschützte Arbeitsplätze ersetzt werden. Der Anstieg an weiblichen Beschäftigungsverhältnissen findet auch in signifikantem Ausmaß auf den Sektoren der Teilzeit- und Gelegenheitsarbeit, der Heimarbeit und Scheinselbständigkeit statt.[23]

Als massenmedial verbreitetes Symbol für den Trend zur globalen Feminisierung von Arbeit dienen die Arbeiterinnen in den Exportproduktionszonen. Sie bilden auch einen Forschungsschwerpunkt, der jedoch wegen seiner Resonanz mit der traditionellen, westlichen bzw. nördlichen Sicht von „Drittweltfrauen" als arme Opfer zum Teil umstritten ist. Exportproduktionszonen werden makroökonomisch durch den neoliberalen Zwang zu hohen Exportquoten im Rahmen der Strukturanpassungsprogramme im globalen Süden erklärt. Durch diesen Zwang entstehen deregulierte Investitionsräume, die von Zöllen und Steuern befreit sind und in denen Arbeitsrechte und Umweltschutz größtenteils außer Kraft gesetzt werden. Diese

---

19 S. HESS, Au Pairs als informalisierte Hausarbeiterinnen. Flexibilisierung und Ethnisierung der Versorgungsarbeiten, in: C. GATHER / B. GEISSLER / M. RERRICH (Hg.), Weltmarkt Privathaushalt. Bezahlte Haushaltsarbeit im globalen Wandel, Münster 2002, S. 103–120; B. ANDERSON, Doing the Dirty Work? The Global Politics of Domestic Labour, London 2000; R. S. PARRENAS, Servants of Globalization. Women, Migration and Domestic Work, Stanford 2001.

20 B. RODENBERG, Geschlechtergerechtigkeit und internationale Frauenbewegungen, in: Stiftung Entwicklung und Frieden, Institut für Entwicklung und Frieden (Hg.), Globale Trends 2007, Bonn 2006, S. 197.

21 M. Le Breton BAUMGARTNER, Die Feminisierung der Migration. Eine Analyse im Kontext neoliberaler Arbeits- und Aufenthaltsverhältnisse, in: R. KLINGEBIEL / S. RANDERIA (Hg.), Globalisierung aus Frauensicht. Bilanzen und Visionen, Bonn 1998, S. 112–134; vgl. RODENBERG, Geschlechtergerechtigkeit, S. 197.

22 Ländliche Verarmung wird ebenfalls in Relation zu Strukturanpassungen gesehen, die Subventionsrückgänge bewirkten und Landarbeit für den Export beförderten.

23 WICHTERICH, Femme global, S. 43, 30; vgl. RODENBERG, Geschlechtergerechtigkeit, S. 195.

Entwicklung verschränkt sich mit der weltweiten geschlechtsspezifischen Arbeitsteilung und der Unterbezahlung von weiblichen gegenüber männlichen ArbeiterInnen. Frauen verrichten in diesem Rahmen arbeitsintensive Tätigkeiten unter denkbar schlechten Arbeitsbedingungen einschließlich sexualisierter Gewalt als Strukturmerkmal.

Das Management, das diese weltweite Arbeitsteilung und geschlechtsspezifische Arbeitszuweisung vorantreibt, ist größtenteils männlich. Es bildet einen kleinen, aber überaus wichtigen Forschungsschwerpunkt der geschlechtersensiblen Globalisierungsforschung. Ergebnisse aus der Bekleidungsindustrie haben beispielsweise gezeigt, dass die Manager eine Ideologie der natürlichen weiblichen Fertigkeiten einsetzen, um zu begründen, warum sie Produktionsstätten so verlegen, dass sie von billigen und arbeitsrechtlich ungeschützten weiblichen Arbeitskräften profitieren.[24] Weit über diese ethnografische Forschung hinausgehend, argumentiert R.W. Connell als eine der führenden TheoretikerInnen in der Männerforschung, dass transnationale Unternehmer-Maskulinität eine neue Form hegemonialer Männlichkeit darstellt.[25] Während das Konzept der hegemonialen Männlichkeit aus verschiedenen Gründen umstritten ist,[26] kann der generelle Ansatz, zentrale ökonomische Entscheider in ihren Geschlechterrollen zu untersuchen und ihre Position zu theoretisieren, für die Globalisierungsforschung nur begrüßt werden. Allerdings ist es wichtig zu bedenken, dass Gender nicht nur innerhalb einer Geschlechtsgruppe relational gebildet wird und so beispielsweise hegemoniale, untergeordnete, marginalisierte und kollaborierende Formen von Männlichkeit bestehen,[27] sondern dass diese wiederum nur relational zu Formen von Weiblichkeit verstanden werden können, was ja im Gender-Begriff angelegt ist.

Geschlechterforschung dieser Art zeigt beispielsweise, dass immer mehr Frauen als Haupternährerinnen ihrer Familien fungieren, während sich das Gros der männlichen Erwerbsformen im Spannungsfeld zwischen einer strukturellen Angleichung an die der Frauen durch Flexibilisierung und Informalisierung einerseits und Arbeitslosigkeit andererseits bewegt. Durch die Verschlechterung der Arbeitsbedingungen und die Feminisierung von Arbeit sowie die steigende Arbeitslosigkeit von Männern wird das vom globalen Westen geprägte Modell des männlichen Familienernährers grundsätzlich in Frage gestellt, und es entstehen an vielen Orten Verschiebungen der Geschlechterordnung. Forschung wie die von Lois Weis zu weißen Männern aus der Arbeiterklasse in den USA deutet darauf hin, dass flexibles Geschlechterrol

---

24 J. L. COLLINS, Mapping a Global Labor Market. Gender and Skill in the Globalizing Garment Industry, in: Gender & Society 16.6 (2002), S. 921–940.

25 R. W. CONNELL, Masculinities and Globalization, in: Men and Masculinities 1.1 (1998), S. 3–23; R. W. CONNELL / J. WOOD, Globalization and Business Masculinities, in: Men and Masculinities 7.4 (2005), S. 347–364.

26 Vgl. J. HEARN, From Hegemonic Masculinity to the Hegemony of Men, in: Feminist Theory 5.1 (2004), S. 49–72.

27 R. W. CONNELL, Masculinities, Berkeley 1995.

lenverhalten unter diesen Umständen zu einem höheren Lebensstandard beiträgt als ein Festhalten an überkommenen Rollenstereotypen.[28]

Einen weiteren Schwerpunkt der geschlechtersensiblen Globalisierungsforschung bilden beruflich gut qualifizierte Frauen, beispielsweise im global verteilten Dienstleistungssektor der computergestützten Datenverarbeitung und Telekommunikationsdienste, der seine Ballungsräume in der Karibik und in Asien hat.[29] Für Europa wurde gezeigt, dass Telearbeitsplätze in Call-Zentren oder zu Hause ebenfalls feminisierte Arbeitsplatzmöglichkeiten bieten, jedoch kann heimische Telearbeit auch prestigeträchtigere männliche Arbeitsfelder beinhalten.[30] Hochqualifizierte ArbeiterInnen sind jedoch ebenfalls von den allgemeinen Trends zur Flexibilisierung und zu diskontinuierlichen Erwerbsbiographien betroffen und müssen sich zunehmend für zum Teil zeitlich begrenzte Tätigkeiten an einem beliebigen Ort bereithalten.

Einerseits konnte nachgewiesen werden, dass sich auf hochprofessionalisiertem Level der Arbeits- und Lebensstil von berufstätigen Männern und Frauen angleicht und dadurch die Ungleichheit zwischen Frauen wächst.[31] Andererseits wurde sowohl das Fortbestehen von geschlechtssegregierten Berufsbranchen konstatiert als auch ein signifikantes Lohngefälle zwischen Männern und Frauen weltweit beobachtet, wobei starke Unterschiede zwischen einzelnen Ländern und Branchen existieren.[32] Zudem wurde auf die weitere Geschlechterspezifik aufmerksam gemacht, dass die überwiegende Mehrzahl derjenigen, die in Ländern wie Deutschland Teilzeit arbeiten, Frauen sind.[33] Letztere Umstände tragen dazu bei, dass auch entlohnt arbeitende Frauen von Altersarmut betroffen sind, während auf globaler Ebene generell von einer Feminisierung von Armut gesprochen wird. Dieser Begriff trägt der Schätzung Rechnung, dass über 70 Prozent der Menschen, die in Armut leben, weiblich sind. Ihre Zahl wächst weltweit schneller als die der in Armut lebenden

---

28 L. WEIS, Masculinity, Whiteness, and the New Economy. An Exploration of Privilege and Loss, in: Men and Masculinities 8.3 (2006), S. 262–272.

29 C. FREEMAN, High Tech and High Heels in the Global Economy. Women, Work, and Pink-Collar Identities in the Caribbean, Durham, London 2000; R. Pearson, Gender and New Technology in the Caribbean. New Work for Women? in: J. MOMSEN (Hg.), Women and Change in the Carribean, London 1993, S. 287–296; C. NG / A. MUNRO-KUA (Hg.), Keying into the Future. The Impact of Computerization on Office Workers, Kuala Lumpur 1994.

30 E. PRÜGL, The Global Construction of Gender. Home Based Work in the Political Economy of the 20th Century, New York 1999.

31 B. ANDERSON spricht in diesem Zusammenhang von „maskulinisierten Beschäftigungsmustern" (Doing the Dirty Work, S. 5).

32 Siehe die Darstellung bei U. RUPPERT, Frauen- und Geschlechterpolitik, in: Stiftung Entwicklung und Frieden (Hg.), Globale Trends 2002. Fakten, Analysen, Prognosen. Frankfurt/M., 2001, S. 115. Für den deutschen Kontext, vgl. RODENBERG, Geschlechtergerechtigkeit, S. 195.

33 WICHTERICH, Femme global, S. 41, basierend auf der Erhebung der Europäischen Kommission Frauen in Europa (Bonn 1998); vgl. RODENBERG, Geschlechtergerechtigkeit, S.195.

Männer, wobei alleinerziehende Mütter am stärksten betroffen sind.[34] Frauen sind jedoch nicht nur zunehmend von Armut als Form von struktureller Gewalt bedroht, sondern auch von physischer Gewalt. In diesem Kontext wird besonders auf die Zunahme von Frauenhandel verwiesen, der einen bedeutenden illegalen Geschäftszweig darstellt.[35] Vor diesem Hintergrund ist besonders die Männer- und Geschlechterforschung gefragt, diese Trends zu untersuchen und zukunftsträchtige Gegenstrategien zu benennen.

Globalisierung und progressive Geschlechterpolitik

Progressive Geschlechterpolitik im Zeitalter der Globalisierung wird überwiegend von Frauen und in Bezug auf Frauen eingefordert und von Frauen erforscht. Dabei beförderten auf globaler Ebene vor allem die Weltkonferenzen der Vereinten Nationen in den 1990er Jahren die Erkenntnis, mit welch unglaublicher Bandbreite von Problemlagen und Strategien die verschiedensten Frauen und Frauengruppen befasst sind und welch unterschiedliche Formen von Selbstverständnis und frauenpolitischem Verständnis sie in diesem Zuge ausbilden. Ein Zwischenergebnis ist in der Problematisierung des Konzepts des Feminismus zu sehen: In vielen glokalen Kontexten gilt dieses Konzept als ein Teil der westlichen Ideologie, der entweder kategorisch abgelehnt wird oder in bestimmte Kontexte eingepasst bzw. nur in Einzelaspekten übernommen.[36] Einer der gravierendsten Unterschiede zwischen einem Feminismus westlicher Prägung und anders geartetem, frauenpolitischen Engagement wird darin gesehen, dass Letzteres in der Regel im größeren Kontext von Emanzipationsbestrebungen für (demokratische) Selbstbestimmung verortet ist.[37]

---

34 RUPPERT, Frauen- und Geschlechterpolitik, S. 117. Zur Kritik an dieser Zahl, vgl. YOUNG, Widersprüchlichkeiten der Globalisierung, S. 20.

35 Vgl. RODENBERG, Geschlechtergerechtigkeit, S. 197.

36 Der Begriff „frauenpolitisch" wäre also dem Begriff „feministisch" vorzuziehen, wenn weiblicher Aktivismus zum Wohle von Frauen gemeint ist, sich die Protagonistinnen jedoch nicht notwendigerweise als Feministinnen verstehen. Paradoxerweise besteht dennoch der Begriff Feminismus auch in diesen Kontexten fort. Vgl. G. DIETZES Ausführungen zu *Third World Feminism* und *Transnational Feminism* in ihrem Artikel über Postkoloniale Theorie in diesem Band; F. FLEW u. a., Introduction. Local Feminisms, Global Futures, in: Women's Studies International Forum, Special Issue Feminism and Globalization 22.4 (1999), S. 394–395; A. BASU (Hg.), The Challenge of Local Feminisms. Women's Movements in Global Perspective, Boulder 1995; E. SHOHAT (Hg.), Talking Visions. Multicultural Feminism in a Transnational Age, New York 1998.

37 Nach wie vor liegt der wissenschaftlichen Aufarbeitung des zeitgenössischen frauenpolitischen Engagements oft eine kritische Abrechnung mit den Blindstellen der hegemonialen europäischen und nordamerikanischen Frauenbewegungen zugrunde. Als einflussreiche frühe Kritik vgl. C. T. MOHANTY, Under Western Eyes. Feminist Scholarship and Colonial Discourses, in: dies. / A. RUSSO / L. TORRES (Hg.), Third World Women and the Politics of Feminism, Bloomington 1991, S. 51–80. Für Revisionen der Geschichtsschreibung über

Für die Frauenbewegungen, Frauen-Nichtregierungsorganisationen (NGOs) und Aktivistinnen, die seit den 1990er Jahren im „Deutungsrahmen' Globalisierung"[38] agiert haben, stellte sich die generelle frauenpolitische Frage, inwiefern die Variable Frau als Kristallisationspunkt für Zusammenschlüsse und emanzipatorische Bestrebungen über Orte hinweg dienen kann, auf spezifische Weise. Es mussten trotz sehr unterschiedlicher Globalisierungserfahrungen und -verständnisse und, damit verbunden, sehr unterschiedlicher glokaler Deutungen von Geschlecht und Geschlechterverhältnissen, gemeinsame Nenner und Strategien gefunden werden. In der historischen, soziokulturellen und politologischen Aufarbeitung der aus dieser Heterogenität resultierenden, unterschiedlichen Formen von frauenpolitischem Engagement und frauenpolitischen Netzwerken liegt ein zentraler Beitrag der Geschlechterforschung.

Die Forschung ist oft soziologisch ausgerichtet und untersucht sowohl Bewegungen, NGOs oder Netzwerke, die ausschließlich bzw. größtenteils aus Frauen bestehen,[39] als auch solche, die lediglich einen Frauenschwerpunkt besitzen, der beispielsweise personell-organisatorischer oder politischer Natur sein kann wie im Bereich der Menschenrechte oder der Umwelt.[40] Forschungsfragen zielen oft auf die ortsgebundenen Strukturen der Bewegungen oder Organisationen und ihre historische Wandelbarkeit, die im Rahmen von Globalisierung vor allem in einer Professionalisierung und strukturellen Einbindung in „etablierte" politische Kontexte von lokal bis global gesehen wird. Dabei trägt die globalisierungszentrierte Bewegungsforschung zunehmend den Veränderungen der (über-)staatlichen Rahmenbedingungen und den daraus entstehenden Wechselwirkungen zwischen Bewegung und Bewegungskontext Rechnung,[41] während frühere Bewegungsforschung eher die Entwicklung einer Bewegung vor dem Hintergrund statischer staatlicher Verhältnisse konstatierte. Ein weiteres Thema sind die Partizipations- und Einflusschancen sowie die

---

Frauenbewegungen, vgl. B. THOMPSON, Multiracial Feminism. Recasting the Chronology of Second Wave Feminism, in: Feminist Studies 28.2 (2002), S. 337–360; R. BAXANDALL, Re-Visioning the Women's Liberation Movement's Narrative: Early Second Wave African American Feminists, in: Feminist Studies 27.1 (2001), S. 225–245.

38 WICHTERICH, Femme global, S. 92.

39 B. HOLLAND-CUNZ / U. RUPPERT (Hg.), Frauenpolitische Chancen globaler Politik. Verhandlungsverfahren im internationalen Kontext, Opladen 2000.

40 Zum Bereich Menschenrechte vgl. J. JOACHIM, NGOs, die Vereinten Nationen und Gewalt gegen Frauen. Agenda-Setting, Framing, Gelegenheits- und Mobilisierungsstrukturen, in: Zeitschrift für Internationale Beziehungen 8.2 (2001), S. 209–241; I. HOLTHAUS / R. KLINGEBIEL, Vereinte Nationen – Sprungbrett oder Stolperstein auf dem langen Marsch zur Durchsetzung von Frauenrechten?, in: R. KLINGEBIEL / S. RANDERIA (Hg.), Globalisierung aus Frauensicht. Bilanzen und Visionen, Bonn 1998, S. 34–65. Zum Bereich Umwelt vgl. B. RODENBERG, Lokale Selbstorganisation und globale Vernetzung. Handlungsfelder von Frauen in der Ökologiebewegung Mexikos, Bielefeld 1999; J. HOFMANN, Gendered Agenda? Partizipation und Geschlechtergerechtigkeit in lokalen Agenda-21 Prozessen, in: femina politica 1 (2001), S. 56–63.

41 Vgl. L. A. BANASZAK / K. BECKWITH / D. RUCHT (Hg.), Women's Movements Facing the Reconfigured State, Cambridge 2003.

Strategien von unterschiedlichen Frauengruppen in struktureller und diskursiver Hinsicht, z. B. auch im Hinblick auf die globalisierungskritische Bewegung.[42] Die Bedeutung der neuen Informations- und Kommunikationstechnologien und ihr struktureller oder situativer Einsatz für frauenpolitisches Engagement bilden einen eigenen Schwerpunkt.[43]

Als eine der neuesten Fortführungen der Frauenbewegungs- und Netzwerkforschung kann Brabandt, Locher und Prügl zufolge die feministische Normenforschung angesehen werden. Diese Forschung fasst die betreffenden kollektiven und individuellen politischen AkteurInnen als „Norm-Entrepreneure" auf, die für die Akzeptanz und Implementierung von internationalen, gender-relevanten Normen eintreten. Gefragt wird, *„welche* Normen *wann* und *unter welchen Bedingungen* Wirkung entfalten".[44] Gleichzeitig geht es natürlich wiederum um die Wechselwirkungen zwischen Orten und Ebenen, in denen die jeweilige Norm kursiert bzw. aufgenommen wird. Mit ihrem Erkenntnisinteresse greift die feministische Normenforschung einen Bereich heraus, auf dem die progressive Geschlechterpolitik besonders von der Sphäre der UN ausgehend einen großen Einfluss zeitigen konnte.

Als erster globaler Meilenstein im Kampf für die Gleichberechtigung der Geschlechter gilt CEDAW, das Übereinkommen der Vereinten Nationen zur Beseitigung jeder Form von Diskriminierung der Frau (*Convention on the Elimination of All Forms of Discrimination Against Women*), das 1981 in Kraft trat. CEDAW ist auf der normativen Ebene von besonderem Interesse für Globalisierungsforscherinnen, weil es ein herausragend breites Verständnis von Diskriminierungszusammenhängen inklusive den Bereichen der Sozioökonomie und der Geschlechterstereotypen kodifizierte und damit für die Weltkonferenzen der 1990er Jahre und des neuen Millenniums einen bedeutenden Maßstab bildete. Inzwischen sind dem Übereinkommen 185 Länder beigetreten,[45] die sich somit verpflichten, Gleichberechtigung zwischen Frauen und Männern in Politik, Wirtschaft und Gesellschaft herzustellen. Unterzeichnerländer müssen dem CEDAW-Ausschuss mindestens alle vier Jahre Rechenschaftsberichte zuleiten, die der Ausschuss untersucht und in einem öffentlichen Prüfbericht kommentiert.[46] Während die Berichtspflicht lange der einzige Implemen-

---

42 Siehe C. ESCHLE, „Skeleton Women". Feminism and the Antiglobalization Movement, in: Signs: Journal of Women in Culture and Society 30.3 (2005): S. 1741–1769.

43 Als Klassiker auf diesem Gebiet gilt der Sammelband von W. HARCOURT, Women @ Internet. Creating New Cultures in Cyberspace, London 1999. Vgl. G. YOUNGS, Women Breaking Boundaries in Cyberspace, in: Asian Women 10 (2000), S. 1–18. Diese Forschung stellt einen Teilbereich des inzwischen riesigen Forschungsschwerpunktes zur Bedeutung der neuen Informations- und Kommunikationstechnologien dar. Vgl. K. PETERS Beitrag zu Medien in diesem Band.

44 H. BRABANDT / B. LOCHER / E. PRÜGL, Normen, Gender und Politikwandel. Internationale Beziehungen aus der Geschlechterperspektive. Eine Einführung, in: WeltTrends 36 (2002), S. 19.

45 Stand: August 2008, siehe http://www.un.org/womenwatch/daw/cedaw/states.htm

46 An die Bundesrepublik Deutschland erging Anfang 2004 ein solcher Prüfbericht, der auch die in sogenannten Schattenberichten zusammengefassten kritischen Kommentare von

tierungsmechanismus von CEDAW war, und das Übereinkommen somit lediglich den Status einer Handlungsanleitung für Frauenpolitik hatte, wurde es 1999 durch ein Fakultativprotokoll aufgewertet, das ein Jahr später in Kraft trat. Nun können Frauen Individualbeschwerde gegen ihre Regierungen einlegen, und der Ausschuss kann auf Basis solcher Beschwerden oder aus eigenem Antrieb ermittelnd tätig werden. Durch die Berichtspflicht und das Fakultativprotokoll eignet sich CEDAW besonders gut für die Analyse der Verschränkungen von nationalen Ebenen mit der UN-Ebene.[47]

Der zweite historische Meilenstein für globale Frauenpolitik, auf den sich Theoretikerinnen wie Aktivistinnen weltweit zurückbeziehen, ist die Vierte Weltfrauenkonferenz der Vereinten Nationen in Peking 1995. Dort wurde eine Aktionsplattform verabschiedet, die Schlüsselkonzepte aus dem Entwicklungszusammenhang in ihrer Bedeutung für geschlechtergerechte Gesellschaften bestätigte, bündelte und globalisierte. Eines dieser Schlüsselkonzepte ist das der „nachhaltigen Entwicklung". Es wurde 1992 auf der UN-Konferenz für Umwelt und Entwicklung in Rio de Janeiro formuliert und beinhaltete dort eine explizite Anerkennung der Rolle von Frauen in diesem Kontext. Ein zweites Schlüsselkonzept ist das der „menschenzentrierten Entwicklung" (*people-centered development*), das 1995 auf dem Weltgipfel für Soziale Entwicklung in Kopenhagen festgeschrieben wurde. Es fasst die – nicht selbstverständliche – Notwendigkeit in Worte, die Mitwirkung und Teilhabe der betroffenen Menschen an Entwicklungsprozessen in den Mittelpunkt zu stellen.

Weitere Konzepte, die auf der Vierten Weltfrauenkonferenz in Peking popularisiert wurden und in der Folge einen so starken Einfluss auch auf den globalen Norden ausgeübt haben, dass ihre Herkunft aus dem globalen Süden und die dortigen Konnotationen im Norden kaum noch mitgedacht werden, sind die des *Empowerment* und des *Gender Mainstreaming*. Das Konzept des *Empowerment* wurde Mitte der 1980er Jahre von Frauen im globalen Süden als Reaktion auf diskriminierende und fehlschlagende Entwicklungs(zusammenarbeits)konzepte aus dem globalen Norden entwickelt. *Empowerment* bedeutet die Stärkung der Selbstbestimmungs-, Entscheidungs- und Einflussmöglichkeiten von Frauen und ihre gleichberechtigte Teilhabe in allen Lebensbereichen. Dabei handelte es sich zunächst um eine sehr pragmatische Geschlechterstrategie „von unten".[48] Der Grundgedanke des *Empowerment* hatte bereits in komplexen Bezügen Eingang in die Agenda 21, das Abschlussdokument

---

Vertreterinnen deutscher Frauenorganisationen zum Regierungsbericht aufgriff. Im Juni 2007 legte die Bundesregierung ihren neuen Bericht vor (Drucksache 16/5807), der wiederum Schattenberichte aus der feministischen Zivilgesellschaft nach sich zog.

47 Vgl. F. PANSIERI, Global Governance for the Promotion of Local Governance. The Case of CEDAW, in: B. HOLLAND-CUNZ / U. RUPPERT (Hg.), Frauenpolitische Chancen globaler Politik. Verhandlungserfahrungen im internationalen Kontext, Opladen 2000, S. 105–116. Zur Handhabung von CEDAW vgl. Vereinte Nationen, Assessing the Status of Women. A Guide to Reporting Under the Convention on the Elimination of All Forms of Discrimination Against Women, New York 2000, S. 4–7.

48 MOSER, Mainstreaming Gender, S. 3.

vom Erdgipfel in Rio 1992, gefunden; und in Peking diente die gesamte Aktionsplattform als „handlungsleitendes Programm zum *Empowerment* von Frauen in der ganzen Welt".[49] *Empowerment* wurde in der Folge oft mit nördlich-individualistischen Emanzipationsbestrebungen in eins gesetzt und unter (zu einseitiger) Berücksichtigung der wirtschaftlichen und politischen Partizipation von Frauen im *Gender Empowerment Measure* (GEM) des Entwicklungsprogramms der Vereinten Nationen gemessen. *Empowerment* sollte aber auch in Bezug auf nichtindividualisierte Zusammenhänge bzw. im Rahmen von Gruppenaktivitäten gedacht werden.[50] Im Kontext von Peking und der dort verabschiedeten Aktionsplattform fiel *Empowerment* zusammen mit der Ausarbeitung des bereits erwähnten *Gender and Development-*(GAD)-Ansatzes und seinem Credo von Gleichheit als Menschenrecht. Geschlechtergerechtigkeit wurde nun als politische, soziale und ökonomische Grundlage für nachhaltige, menschenzentrierte Entwicklung verstanden.[51]

Eine zentrale, globale politische Strategie zur Erreichung von Gleichheit, die ebenfalls 1995 in Peking popularisiert wurde, ist das *Gender Mainstreaming*. *Gender Mainstreaming* wurde für Organisationen und Programme konzipiert und schreibt eine systematische Genderanalyse als Querschnittsaufgabe in allen politischen, ökonomischen und sozialen Bereichen und in allen Projektphasen vor, von der Konzeption über die Implementierung und Beobachtung bis zur Evaluierung. Mit dieser Strategie kann der Mythos der Geschlechtsneutralität von Maßnahmen, Programmen oder Strukturen gesprengt werden. Außerdem dreht sich die Beweislast um, da nun nachgewiesen werden muss, dass in dem betreffenden Bereich tatsächlich keine Wirkungen auf das Geschlechterverhältnis bestehen, während dies früher in geschlechtsblinder Art und Weise einfach behauptet werden konnte und dann im Einzelfall widerlegt werden musste.[52] Der Ansatz des *Gender Mainstreaming* wurde in der Pekinger Aktionsplattform explizit mit der Notwendigkeit verknüpft, auf seiner Basis gezielte Frauenförderung zu betreiben. Beide Ansätze gehören zusammen und dürfen nicht gegeneinander ausgespielt werden. Die Umsetzungserfahrungen mit *Gender Mainstreaming*, von der internationalen Sphäre bis zu den glokalen Ebenen, haben rege theoretische und frauenpolitische Debatten ausgelöst. Dabei geht es unter anderem um eine Bewertung der Bedeutungsverschiebungen, die mit der Verbreitung und Operationalisierung des Konzepts in den verschiedensten Kontexten und Institutionen einhergehen, und die ob ihrer emanzipatorischen und hegemonialen Tendenzen analysiert werden.[53]

49 RUPPERT, Frauen- und Geschlechterpolitik, S. 125.
50 Als breit gefächerten Einstieg in die Thematik vgl. H. B. PRESSER / G. SEN (Hg.), Women's Empowerment and Demographic Processes. Moving beyond Cairo, Oxford 2000.
51 MOSER, Mainstreaming Gender, S. 3.
52 B. STIEGLER, Gender Mainstreaming. Postmoderner Schmusekurs oder geschlechterpolitische Chance?, hg. v. Wirtschafts- und sozialpolitisches Forschungs- und Beratungszentrum der Friedrich-Ebert-Stiftung, Bonn 2003.
53 Vgl. C. MOSER / A. MOSER, Gender Mainstreaming since Beijing. A Review of Success and Limitations in International Institutions, in: Gender & Development 13.2 (2005):

Eine frauenpolitisch gelungene Bedeutungsverschiebung, die ebenfalls in den verschiedensten Bezügen und glokalen Kontexten analysiert wird, liegt in der Ausweitung des Begriffs der Menschenrechte, die die globale Frauenbewegung im Zuge der UN-Menschenrechtskonferenz in Wien im Jahre 1993 erreichte. Dort wurden Formen von Gewalt an Frauen als Menschenrechtsverletzung anerkannt, die vom Familien- oder Kulturkontext ausgehen und davor als private Angelegenheit verstanden wurden. Diese Anerkennung hat auch weitreichende Folgen für nationalstaatliche Asylpolitik bzw. sollte sie haben. Zudem wurden soziale Menschenrechte auf Arbeit, Gesundheit, Bildung und kulturelle Selbstbestimmung auf die gleiche Ebene wie das Recht auf politische Freiheit und den Schutz vor Staatswillkür angehoben.[54]

In der Forschung herrscht Einigkeit darüber, dass die globalen frauenpolitischen AkteurInnen mit Konzepten wie Frauen-Menschenrechten, *Empowerment* und *Gender Mainstreaming* bedeutende Normen auf den Weg gebracht haben, die durchaus auch auf den unterschiedlichsten nationalen Ebenen angekommen sind. Es herrscht aber auch Einvernehmen darüber, dass der gesellschaftliche Wandel, der damit ausgelöst werden sollte, weit hinter den Erwartungen zurückgeblieben ist. Dass diese Normen selbst auf der internationalen Ebene der UN nicht richtig verankert sind, wurde vor allem durch die Millenniumsentwicklungsziele (MDGs) deutlich, die beim UN-Millenniumsgipfel im Jahre 2000 verabschiedet wurden. Geschlechtergerechtigkeit und das *Empowerment* von Frauen stellen lediglich eines der acht Einzelziele dar. Ihre Bedeutung für die weiteren Einzelziele, die insgesamt zu einer Halbierung der Zahl der Armen dieser Welt bis zum Jahr 2015 führen sollen, blieb genauso unausgearbeitet wie die anzuwendenden Strategien zur Erreichung der Ziele. Als besonders besorgniserregend empfinden KritikerInnen, dass die (Frauen-) Menschenrechte nicht als leitender strategischer Referenzrahmen in die MDGs eingearbeitet wurden.[55] Sowohl die Erreichung der MDGs, als auch die Umsetzung der früheren geschlechterpolitischen Normen der UN zeichnet sich folglich nicht sehr deutlich ab. Die bis dato wohl umfangreichsten diesbezüglichen Zusammenschauen der heterogenen Entwicklungen wurden anlässlich des zehnjährigen Bestehens der Pekinger Aktionsplattform im Jahre 2005 präsentiert.[56]

S. 11–22; U. KLEIN, Geschlechterverhältnisse und Gleichstellungspolitik in der Europäischen Union. Akteure – Themen – Ergebnisse, Wiesbaden 2006. Für den deutschen Kontext vgl. M.M. JANSEN / A. RÖMING / M. ROHDE (Hg.), Gender Mainstreaming. Herausforderung für den Dialog der Geschlechter, München 2003.

54 V. J. SEMLER u. a. (Hg.), Rights of Women. A Guide to the Most Important United Nations Treaties on Women's Human Rights, New York 1998.

55 Vgl. Women's International Coalition for Economic Justice, Seeking Accountability on Women's Human Rights. Women Debate the UN Millennium Development Goals, Navi Mumbai 2004.

56 Siehe vor allem United Nations Research Institute for Social Development (UNRISD), Gender Equality. Striving for Justice in an Unequal World, Paris 2005; Women's Environment & Development Organization (WEDO), Beijing Betrayed. Women Worldwide Report that Governments Have Failed to Turn the Platform into Action, New York 2005.

Bei der ungenügenden Umsetzung global entwickelter Normen handelt es sich um ein politikfeldübergreifendes Phänomen, das Hauchler, Messner und Nuscheler als „globale Umsetzungslücke" bezeichnen.[57] Es wird debattiert, inwiefern neue Politikformen wie *Global Governance* diese Umsetzungslücke schließen könnten. *Global Governance* meint eine sich entwickelnde Regierungsform, die über die traditionellen nationalstaatlichen Regierungsapparate und ihre Internationalen Beziehungen hinausgeht. Hier handelt es sich um transnationale Kooperationen auf verschiedenen Ebenen, an denen nicht nur Regierungsvertreterinnen beteiligt sind, sondern auch VertreterInnen der Privatwirtschaft und zivilgesellschaftlicher Verbände. Die genaueren Modalitäten, Möglichkeiten und Grenzen werden in der Sphäre der Internationalen Beziehungen je nach Politikfeld unterschiedlich gefasst.

Auf das Geschlechterverhältnis bezogen könnte *Global Governance* insofern von herausragender Bedeutung sein, als dass es durch die Einbeziehung zivilgesellschaftlicher Verbände einem besonderen Strukturmerkmal internationaler Frauenpolitik Genüge täte: Während es Frauen in den letzten Jahren nur in begrenztem Umfang gelungen ist, in den traditionellen politischen Institutionen stärker Fuß zu fassen, konnten sich politisch tätige Frauenorganisationen und die durch sie geformten Netzwerke als klar erkennbare politische Akteurin etablieren. Inwiefern *Global Governance* jedoch tatsächlich eine reale Chance für die weltweite Umsetzung geschlechterpolitischer Zielsetzungen darstellen könnte, ist stark umstritten.[58] Besonders der zentrale Einbezug der Privatwirtschaft in diesem Politikmodell schafft aus feministischer Sicht Grund zu großer Skepsis.

Neben *Global Governance* bzw. in Verbindung damit beschäftigt Globalisierungstheoretikerinnen auch die zukünftige Ausgestaltung des Konzepts der BürgerInnenschaft (*citizenship*). Dabei geht es um eine mindestens doppelte Revision des Konzeptes. Einerseits soll der nationalstaatliche Kontext überwunden werden, für den das Konzept geschaffen wurde und in dem es bestimmte Menschengruppen marginalisiert und anderen eine hegemoniale Position verschafft. Andererseits gilt es, die fortdauernde Verschränkung des Konzeptes mit männlich und weiß konnotierten Privilegien, Bedürfnissen und Pflichten zu brechen. *Citizenship* in der feministischen Debatte soll Solidarität im Namen von Differenz begründen und an politischer, wirtschaftlicher und sozialer Gerechtigkeit sowie Fürsorge ausgerichtet sein.[59] Es bezieht in umfassender Weise Rechte und Bedürfnisse[60], Status und Praxis ein und richtet

---

57 I. HAUCHLER / D. MESSNER / F. NUSCHELER, Global Governance. Notwendigkeit – Bedingungen – Barrieren, in: Stiftung Entwicklung und Frieden (Hg.), Globale Trends 2002. Fakten, Analysen, Prognosen, Frankfurt/M. 2001, S. 11.

58 Vgl. M. K. MEYER / E. PRÜGL (Hg.), Gender Politics in Global Governance, Lanham 1999.

59 R. LISTER, Citizenship. Feminist Perspectives, London 1997; G. WILDE, Geschlechterforschung im Zeichen politischer Transformation, in: femina politica 2 (2001), S. 9–14.

60 Grundsätzliche Bedürfnisse werden z. Zt. u.a. im Rahmen des Konzeptes Human Security debattiert. Vgl. T. DEBIEL / D. MESSNER / F. NUSCHELER, Globale Verwundbarkeiten und die Gefährdung „menschlicher Sicherheit", in: Stiftung Entwicklung und Frieden, Institut für Entwicklung und Frieden (Hg.) Globale Trends 2007, Bonn 2006, S. 9–36.

sich gegen Formen von struktureller Gewalt, die dem Konzept traditionell eingeschrieben sind oder gegen die es blind ist.

Ein weiteres geschlechterpolitisches und -theoretisches Arbeitsfeld, das sich der Vermeidung von Gewalt auf anderer Ebene widmet, ist die Friedensforschung. In ihr geht es um Konfliktprävention, Friedensverhandlungen, Wiederaufbau, nachhaltige Friedenssicherung und Entwicklung unter Berücksichtigung von geschlechtsspezifischen Ressourcen, Rollen, Beziehungen und Identitäten. Eine bedeutende globale Anerkennung erfuhr dieser Bereich durch den UN-Sicherheitsrat im Jahre 2000, als dieser die Resolution 1325 zu Frauen, Frieden und Sicherheit verabschiedete. In Deutschland besitzt die Friedensarbeit eine lange frauenpolitische Tradition, und sie erscheint im Rahmen von Globalisierung und den derzeit erstarkenden Nationalismen, Fundamentalismen und Terrorismen nötiger denn je. Mit der geschlechtersensiblen Aufarbeitung dieser Radikalisierungstendenzen hat inzwischen die Männerforschung begonnen.[61] Auch hat sie die ersten Schritte unternommen, die globalisierte, progressive Geschlechterpolitik auf Männer als Akteure und Zielgruppe auszuweiten. Sie setzt sich beispielsweise sehr produktiv mit dem ungenügenden Einbezug von Jungen und Männern in den *Gender and Development*-Ansatz auseinander, der in der Praxis meist nur zu Mädchen- und Frauenfördermaßnahmen geführt hat.[62]

Geschlechtersensible Globalisierungsforschung widmet sich vielfältigen aktuellen Veränderungen und Problemlagen. Sie steht vor der Herausforderung, neue Theorieansätze in fieberhafter Eile, oder, wie Lenz und Schwenken dies formulieren, „sozusagen im Dauerlauf begleitend zu den globalen Entwicklungen"[63] zu erarbeiten. Dabei treffen auf diesem Gebiet nicht nur Perspektiven unterschiedlichster Forschungsdisziplinen zusammen, sondern auch differente geo- und identitätspolitische Perspektiven. Dieser Umstand stellt für sich eine Facette der Globalisierung dar und kann gemäß der Methodologie des glokalen Denkens fruchtbar gemacht werden, um Ungleichheits- und Ungerechtigkeitsverhältnisse durchzuarbeiten und auf dieser Basis sinnvoll in die Gestaltung der Globalisierung einzugreifen. Besonders vielversprechend wäre es, wenn sich dafür die unterschiedlichen Traditionen und Forschungsschwerpunkte der Frauen- und kritischen Männerforschung stärker aufeinander beziehen und gegenseitig inspirieren würden.

---

61 M. S. KIMMEL, Globalization and its Mal(e)contents. The Gendered Moral and Political Economy of Terrorism, in: International Sociology 18.3 (2003), S. 603–620.

62 E. ESPLEN / A. GREIG, Politicising Masculinities. Beyond the Personal, Institute of Development Studies 2007 (http://www.realising-rights.org/docs/Masculinities-Report%20Dakar.pdf); F. CLEAVER (Hg.), Masculinities Matter! Men, Gender and Development, New York, 2002; A. GREIG / M. KIMMEL / J. LANG, Men, Masculinities & Development. Broadening our Work towards Gender Equality, Entwicklungsprogramm der UN (Hg.), Gender in Development Monograph Series Nr. 10 (2000).

63 I. LENZ / H. SCHWENKEN, Lokal, national, global? Frauenbewegungen, Geschlechterpolitik und Globalisierung. Einführung in den Themenschwerpunkt, in: Zeitschrift für Frauenforschung und Geschlechterstudien 1–2 (2001), S. 3.

Bibliographie

AFSHAR, Haleh / DENNIS, Carolyne (Hg.), 1992: Women and Adjustment Policies in the Third World. Basingstoke.

ANDERSON, Bridget, 2000: Doing the Dirty Work? The Global Politics of Domestic Labour. London.

BANASZAK, Lee Ann /BECKWITH, Karen / RUCHT, Dieter (Hg.), 2003: Women's Movements Facing the Reconfigured State. Cambridge.

BASU, Amrita (Hg.), 1995: The Challenge of Local Feminisms. Women's Movements in Global Perspective. Boulder.

BAXANDALL, Rosalyn, 2001: Re-Visioning the Women's Liberation Movement's Narrative. Early Second Wave African American Feminists. In: Feminist Studies. Bd. 27, Nr. 1, S. 225–245.

BECK, Ulrich, 1997: Was ist Globalisierung? Irrtümer des Globalismus – Antworten auf Globalisierung. Frankfurt/M.

BERGERON, Suzanne, 2004: Teaching Globalization through a Gender Lens. In: Review of Radical Political Economics. Bd. 36, Nr. 3, S. 314–320.

BHABHA, Homi, 2000: Das Postkoloniale und das Postmoderne. In: ders.: Die Verortung der Kultur. Berlin, S. 253–294.

BRABANDT, Heike / LOCHER, Birgit / PRÜGL, Elisabeth, 2002: Normen, Gender und Politikwandel. Internationale Beziehungen aus der Geschlechterperspektive. Eine Einführung. In: WeltTrends. Nr. 36, S. 11–26.

CHOW, Esther Ngan-ling, 2003: Gender Matters. Studying Globalization and Social Change in the 21st Century. In: International Sociology. Bd. 18, Nr. 3, S. 443–460.

CLEAVER, Frances (Hg.), 2002: Masculinities Matter! Men, Gender and Development. New York.

COLLINS, Jane L., 2002: Mapping a Global Labor Market. Gender and Skill in the Globalizing Garment Industry. In: Gender & Society. Bd. 16, Nr. 6, S. 921–940.

CONNELL, R. W. / WOOD, Julian, 2005: Globalization and Business Masculinities. In: Men and Masculinities. Bd. 7, Nr. 4, S. 347–364.

CONNELL, R. W., 1995: Masculinities. Berkeley.

CONNELL, R. W., 1998: Masculinities and Globalization. In: Men and Masculinities. Bd. 1, Nr. 1, S. 3–23.

DEBIEL, Tobias / MESSNER, Dirk / NUSCHELER, Franz, 2006: Globale Verwundbarkeiten und die Gefährdung „menschlicher Sicherheit". In: Globale Trends 2007. Hg. v. Stiftung Entwicklung und Frieden, Institut für Entwicklung und Frieden. Bonn, S. 9–36.

DIRLIK; Arif, 1998: Globalism and the Politics of Place. In: Development. The Journal of the Society for International Development. Bd. 41, Nr. 2, S. 7–13.

ENLOE, Cynthia, 2000: Bananas, Beaches and Bases. Making Feminist Sense of International Politics. Berkeley (erste Auflage 1989).

ESCHLE, Catherine, 2005: „Skeleton Women". Feminism and the Antiglobalization Movement. In: Signs. Journal of Women in Culture and Society. Bd. 30, Nr. 3, S. 1741–1769.

ESCOBAR, Arturo / HARCOURT, Wendy, 1998: Creating 'glocality'. In: Development The Journal of the Society for International Development. Bd. 41, Nr. 2, S. 3–5.

ESPLEN, Emily / GREIG, Alan, 2007: Politicising Masculinities. Beyond the Personal. Hg. v. Institute of Development Studies (http://www.realising-rights.org/docs/Masculinities-Report%20Dakar.pdf).

FLEW, Fiona u. a., 1999: Introduction. Local Feminisms, Global Futures. In: Women's Studies International Forum, Special Issue Feminism and Globalization. Bd. 22, Nr. 4, S. 393–403.

FREEMAN, Carla, 2000: High Tech and High Heels in the Global Economy. Women, Work, and Pink-Collar Identities in the Caribbean. Durham, London.

GREIG, Alan / KIMMEL, Michael / LANG, James, 2000: Men, Masculinities & Development. Broadening our Work towards Gender Equality." Hg. v. Entwicklungsprogramm der UN, Gender in Development Monograph Series Nr. 10.

HARCOURT, Wendy (Hg.), 1999: Women @ Internet. Creating New Cultures in Cyberspace. London.

HAUCHLER, Ingomar / MESSNER, Dirk / NUSCHELER, Franz, 2001: Global Governance. Notwendigkeit – Bedingungen – Barrieren. In: Globale Trends 2002: Fakten, Analysen, Prognosen. Hg. v. Stiftung Entwicklung und Frieden. Frankfurt/M., S. 11–37.

HEARN, Jeff, 2004: From Hegemonic Masculinity to the Hegemony of Men. In: Feminist Theory. Bd. 5, Nr. 1, S. 49–72.

HESS, Sabine, 2002: Au Pairs als informalisierte Hausarbeiterinnen. Flexibilisierung und Ethnisierung der Versorgungsarbeiten. In: Claudia GATHER / Birgit GEISSLER / Maria RERRICH (Hg.): Weltmarkt Privathaushalt. Bezahlte Haushaltsarbeit im globalen Wandel. Münster, S. 103–120.

HOCHSCHILD, Arlie Russel, 2002: Keine Zeit. Wenn die Firma zum Zuhause wird und zu Hause Arbeit wartet. Opladen.

HOFMANN, Johanna, 2001: Gendered Agenda? Partizipation und Geschlechtergerechtigkeit in lokalen Agenda-21 Prozessen. In: femina politica. Nr. 1, S. 56–63.

HOLLAND-CUNZ, Barbara / RUPPERT, Uta (Hg.), 2000: Frauenpolitische Chancen globaler Politik. Verhandlungsverfahren im internationalen Kontext. Opladen.

HOLTHAUS, Ines / KLINGEBIEL, Ruth, 1998: Vereinte Nationen – Sprungbrett oder Stolperstein auf dem langen Marsch zur Durchsetzung von Frauenrechten? In: Ruth KLINGEBIEL / Shalini RANDERIA (Hg.): Globalisierung aus Frauensicht. Bilanzen und Visionen. Bonn, S. 34–65.

HOOPER, Charlotte, 2000: Masculinities in Transition. The Case of Globalization. In: Marianne H. MARCHAND / Anne Sisson RUNYAN (Hg.): Gender and Global Restructuring. Sightings, Sites and Resistances. London, S. 39–73.

JANSEN, Mechtild M. / RÖMING, Angelika / ROHDE, Marianne (Hg.), 2003: Gender Mainstreaming. Herausforderung für den Dialog der Geschlechter. München.

JOACHIM, Jutta, 2001: NGOs, die Vereinten Nationen und Gewalt gegen Frauen. Agenda-Setting, Framing, Gelegenheits- und Mobilisierungsstrukturen. In: Zeitschrift für Internationale Beziehungen. Bd. 8, Nr. 2, S. 209–241.

KIMMEL, Michael S., 2003: Globalization and its Mal(e)contents. The Gendered Moral and Political Economy of Terrorism. In: International Sociology. Bd. 18, Nr. 3, S. 603–620.

KLEIN, Uta, 2006: Geschlechterverhältnisse und Gleichstellungspolitik in der Europäischen Union. Akteure – Themen – Ergebnisse. Wiesbaden.

LE BRETON BAUMGARTNER, Maritza, 1998: Die Feminisierung der Migration. Eine Analyse im Kontext neoliberaler Arbeits- und Aufenthaltsverhältnisse. In: Ruth KLINGEBIEL / Shalini RANDERIA (Hg.): Globalisierung aus Frauensicht. Bilanzen und Visionen. Bonn, S. 112–134.

LENZ, Ilse / SCHWENKEN, Helen, 2001: Lokal, national, global? Frauenbewegungen, Geschlechterpolitik und Globalisierung. Einführung in den Themenschwerpunkt. In: Zeitschrift für Frauenforschung und Geschlechterstudien. Bd. 19, Nr. 1–2, S. 3–7.

LISTER, Ruth, 1997: Citizenship. Feminist Perspectives. London.

MARCHAND, Marianne H. / PARPART, Jane L. (Hg.), 1995: Feminism/Postmodernism/Development. London, New York.

MARCHAND, Marianne H. / RUNYAN, Anne Sisson (Hg.), 2000: Gender and Global Restructuring. Sightings, Sites and Resistances. London.

MEYER, Mary K. / PRÜGL, Elisabeth (Hg.), 1999: Gender Politics in Global Governance. Lanham.

MIES, Maria, 1983: Subsistenzproduktion, Hausfrauisierung, Kolonisierung. In: beiträge zur feministischen theorie und praxis. Nr. 9–10, S. 115-124.

MOHANTY, Chandra Talpade, 1991: Under Western Eyes. Feminist Scholarship and Colonial Discourses. In: dies. / Ann RUSSO / Lourdes TORRES (Hg.): Third World Women and the Politics of Feminism. Bloomington, S. 51–80.

MOSER, Caroline / MOSER, Annalise, 2005: Gender Mainstreaming since Beijing. A Review of Success and Limitations in International Institutions. In: Gender & Development. Bd. 13, Nr. 2, S. 11–22.

MOSER, Caroline, 1993: Gender Planning and Development. Theory, Practice and Training. New York, London.

MOSER, Caroline, 2002: Mainstreaming Gender in International Organizations. Entwurfspapier (Sachverständigenstellungnahme) für die 28. Sitzung der Enquete-Kommission des Deutschen Bundestages „Globalisierung der Weltwirtschaft – Herausforderungen und Antworten" zum Thema „Globalisierung und Gender" am 18.02.2002.

NG, Cecilia / MUNRO-KUA, Anne (Hg.), 1994: Keying into the Future. The Impact of Computerization on Office Workers. Kuala Lumpur.

PANSIERI, Flavia, 2000: Global Governance for the Promotion of Local Governance. The Case of CEDAW. In: Barbara HOLLAND-CUNZ / Uta RUPPERT (Hg.): Frauenpolitische Chancen globaler Politik. Verhandlungserfahrungen im internationalen Kontext. Opladen, S. 105–116.

PARRENAS, Rhacel Salzar, 2001: Servants of Globalization. Women, Migration and Domestic Work. Stanford.

PEARSON, Ruth, 1993: Gender and New Technology in the Caribbean. New Work for Women? In: Janet MOMSEN (Hg.): Women and Change in the Carribean. London, S. 287–296.

PRESSER, Harriet B. / SEN Gita (Hg.), 2000: Women's Empowerment and Demographic Processes. Moving beyond Cairo. Oxford.

PRÜGL, Elizabeth, 1999: The Global Construction of Gender. Home Based Work in the Political Economy of the 20th Century. New York.

RODENBERG, Birte, 1999: Lokale Selbstorganisation und globale Vernetzung: Handlungsfelder von Frauen in der Ökologiebewegung Mexikos. Bielefeld.

RODENBERG, Birte, 2006: Geschlechtergerechtigkeit und internationale Frauenbewegungen. In: Globale Trends 2007. Hg. v. Stiftung Entwicklung und Frieden, Institut für Entwicklung und Frieden. Bonn, S. 189–207.

RUPPERT, Uta (Hg.), 1998: Lokal bewegen – global verhandeln. Internationale Politik und Geschlecht. Frankfurt/M.

RUPPERT, Uta, 2001: Frauen- und Geschlechterpolitik. In: Globale Trends 2002: Fakten, Analysen, Prognosen. Hg. v. Stiftung Entwicklung und Frieden. Frankfurt/M., S. 112–131.

SASSEN, Saskia, 1998: Globalization and Its Discontents. Essays on the New Mobility of People and Money. New York.

SEMLER, Vicki J. u. a. (Hg.), 1998: Rights of Women. A Guide to the Most Important United Nations Treaties on Women's Human Rights. New York.

SHOHAT, Ella (Hg.), 1998: Talking Visions. Multicultural Feminism in a Transnational Age. New York.

STIEGLER, Barbara, 2003: Gender Mainstreaming. Postmoderner Schmusekurs oder geschlechterpolitische Chance? Hg. v. Wirtschafts- und sozialpolitisches Forschungs- und Beratungszentrum der Friedrich-Ebert-Stiftung. Bonn.

THOMPSON, Becky, 2002: Multiracial Feminism. Recasting the Chronology of Second Wave Feminism. In: Feminist Studies. Bd. 28, Nr. 2, S. 337–360.

UNITED NATIONS RESEARCH INSTITUTE FOR SOCIAL DEVELOPMENT (UNRISD), 2005: Gender Equality. Striving for Justice in an Unequal World. Paris.

UNITED NATIONS, 2000: Assessing the Status of Women. A Guide to Reporting Under the Convention on the Elimination of All Forms of Discrimination Against Women. New York.

VARWICK, Johannes, 2008: Globalisierung. In: Wichard WOYKE (Hg.): Handwörterbuch Internationale Politik. Opladen, S. 166–177.

VICKERS, Jeanne, 1991: Women and the World Economic Crisis. London.

WEIS, Lois, 2006: Masculinity, Whiteness, and the New Economy. An Exploration of Privilege and Loss. In: Men and Masculinities. Bd. 8, Nr. 3, S. 262–272.

WERLHOF, Claudia von, 1978: Frauenarbeit. Der Blinde Fleck in der Kritik der Politischen Ökonomie. In: beiträge zur feministischen theorie und praxis. Nr. 1, S. 18–32.

WICHTERICH, Christa, 2003: Femme global. Globalisierung ist nicht geschlechtsneutral. Hamburg.

WILDE, Gabriele, 2001: Geschlechterforschung im Zeichen politischer Transformation. In: femina politica. Nr. 2, S. 9–14.

WOMEN'S ENVIRONMENT & DEVELOPMENT ORGANIZATION (WEDO), 2005: Beijing Betrayed. Women Worldwide Report that Governments Have Failed to Turn the Platform into Action. New York.

WOMEN'S INTERNATIONAL COALITION FOR ECONOMIC JUSTICE, 2004: Seeking Accountability on Women's Human Rights. Women Debate the UN Millennium Development Goals. Navi Mumbai.

YOUNG, Brigitte, 2004: Widersprüchlichkeiten der Globalisierung. In: Christa RANDZIO-PLATH (Hg.): Frauen und Globalisierung. Zur Geschlechtergerechtigkeit in der Dritten Welt. Bonn, S. 18–24.

YOUNGS, Gillian, 2000: Women Breaking Boundaries in Cyberspace. In: Asian Women. Nr. 10, S. 1–18.

PERFORMANZ / REPRÄSENTATION

von *Dagmar von Hoff*

Entwicklungsgeschichte der Begriffe

Anhand der Termini Performanz und Repräsentation lässt sich ein paradigmatischer Wechsel innerhalb der Debatten um den Begriff Gender aufzeigen. Die Bedeutung des *cultural turns* in den Geisteswissenschaften spielt dabei eine besondere Rolle. Während Repräsentation (lat. repraesentatio: Darstellung, Vertretung) eine philosophisch und politisch tradierte Kategorie ist, die auf Aristoteles wie auch Locke, Leibniz und Cassirer zurückverweist und Problemstellungen wie die der Mimesis, der Abbildung und der Stellvertretung bezeichnet, leitet sich der Begriff der Performanz (engl. performance) aus der Sprachphilosophie und Linguistik sowie aus dem Bereich des Theaters ab. Die Begriffe Repräsentation und Performanz haben in den letzten Jahren teils eine getrennte Entwicklungsgeschichte erfahren, teils wurde aber auch im Rückbezug auf Aristoteles mit dem seit den 80er Jahren einsetzenden *cultural turn* in der Literaturwissenschaft (Wolfgang Iser, 1991; Horst Turk, 2003) und vor allem im Bereich der Theaterwissenschaften mit Erika Fischer-Lichte ihre Verbundenheit aufgezeigt. Wolfgang Iser formulierte dieses Zusammenspiel folgendermaßen: „Das heißt zunächst: es gibt keine Repräsentation ohne Performanz, die in jedem Falle anderen Ursprungs ist als das zu Repräsentierende."[1] Wenn nun aber jede Darstellung oder Repräsentation abhängig von der Performanz ihres Vollzugs ist, bedeutet dies, dass sich die viel umstrittene Mimesis in der fiktionalen Darstellung oder Repräsentation vordringlich gar nicht auf Gegenstände der Referenzwelten bezieht, sondern auf eben den performativen Akt und nur insofern auch auf eine mit ihm verknüpfte Referenzwelt.[2] Hier wird deutlich, dass der Repräsentationsbegriff nicht im Sinne einer reinen Stellvertreterfunktion zu verstehen ist, sondern immer auf Zeichen bezogen erscheint, die performativ vollzogen und hergestellt werden. Erika Fischer-Lichte versucht an den Begriff der Repräsentation den der Präsenz und an den Begriff der Performativität die Ereignishaftigkeit zu koppeln, wenn sie darlegt, wie Theateraufführungen seit den 60er Jahren versuchen, performative Prozesse zu repräsentieren, indem sie performative Akte vollziehen, um aus ihnen Ereignisse hervorgehen zu lassen: „Der Begriff der Repräsentation ist in diesem Sinne

---

1 W. ISER, Das Fiktive und das Imaginäre, Frankfurt/M. 1991, S. 481.
2 Vgl. H. TURK, Philologische Grenzgänge, Würzburg 2003, S. 7.

im Hinblick auf Aufführungen immer auf Performativität und Ereignis bezogen. Denn wenn Aufführungen etwas repräsentieren, dann ist es zuallererst ihre eigene Performativität und Ereignishaftigkeit, [...]."[3] Neben diesem produktiven Zusammenspiel der scheinbar in Opposition befindlichen Begrifflichkeiten deutet sich darüber hinaus sowohl eine vielgestaltige Verwendbarkeit des Repräsentationsbegriffs als auch eine Mehrdeutigkeit des Performanzbegriffs an. Verfolgt man den Begriff Repräsentation seit den 80er Jahren, lassen sich folgende Facetten beschreiben. Während Mitchell (1995) Repräsentation ausschließlich als kritischen Term für die Literaturwissenschaft nutzt, gibt Ginzburg ihm eine historische Dimension, wenn er ihn auf Kantorowiczs *The Kings two Bodies* (1957) bezieht und sich für die kulturellen Terme und die Fragen der Repräsentierbarkeit (zum Beispiel das Bildnis des Königs als Repräsentation; *effigies* aus Wachs, Leder oder Holz) interessiert.[4] Elisabeth Bronfen (1995) schließlich führt den Begriff in den Bereich der Gender Studies ein, wenn sie ihn in Zusammenhang mit der Vorstellung von Weiblichkeit analysiert. Hierbei stellt sich vor allem die Frage, wie Weiblichkeit in einem gegebenen kulturellen Kontext dargestellt, das heißt repräsentiert werden kann. Dabei ist der Begriff der Repräsentation immer schon doppelt zu verstehen. Denn Repräsentation bedeutet einerseits im politischen Kontext das öffentliche Vertreten bestimmter Interessen oder Ansichten einer Gruppe durch eine einzelne Person, oder unter Repräsentation wird andererseits in einem ästhetischen und philosophischen Kontext ein Wiedergegenwärtigmachen als Wiedergeben, als Vergegenwärtigen, Vorstellen und Darstellen von dem, was man unter Weiblichkeit versteht, verstanden.[5] Der Begriff Performanz hat dagegen seine Konjunktur in den 90er Jahren und entwickelt sich im Zusammenhang mit dem *cultural turn*, den die Geisteswissenschaften in den letzten Jahrzehnten erfahren haben. Das ‚Performative' avanciert dabei zum kulturellen Leitbegriff. Auffallend ist hierbei seine vielgestaltige Verwendbarkeit und seine Mehrdeutigkeit. Denn auf die Frage, was unter Performanz eigentlich zu verstehen ist, geben Sprachphilosophen und Linguisten einerseits, Theaterwissenschaftler, Rezeptionsästhetiker, Ethnologen und Medienwissenschaftler andererseits, sehr unterschiedliche Antworten. Performanz kann sich auf das ernsthafte Ausführen von Sprechakten, das inszenierende Aufführen von theatralen oder rituellen Handlungen, das materielle Verkörpern von Botschaften in Form der Schrift oder auf die Konstitution von Imaginationen im Akt des Lesens beziehen.[6] Den Anschluss an die Gender-Theorie hat schließlich Judith Butler vollzogen. Butlers These von der Performativität des Geschlechts bezieht sich v. a. auf die Sprechakttheorie Austins und ihre Weiterentwicklung durch Derrida.[7]

---

3 E. FISCHER-LICHTE u. a. (Hg.), Performativität und Ereignis, Tübingen, Basel 2003, S. 31.

4 Vgl. C. GINSBURG, Repräsentation, in: Freibeuter 53 (1992), S. 20.

5 Vgl. E. BRONFEN, Wirklichkeit und Repräsentation, in: H. BUßMANN / R. HOF (Hg.), Genus, Stuttgart 1995, S. 409.

6 Vgl. U. WIRTH (Hg.), Performanz, Frankfurt/M. 2002, S. 9.

7 Vgl. J. BUTLER, Das Unbehagen der Geschlechter, Frankfurt/M. 1991; dies., Körper von Gewicht, Berlin 1995.

Einordnung in die Wissenschaftsgeschichte und Anbindung an allgemeine und wissenschaftliche Debatten in den Gender Studies

Die Begriffe Repräsentation und Performanz haben sich zu zentralen Termen in den Gender Studies entwickelt, wobei der Performanz-Begriff den der Repräsentation abzulösen scheint. Diese begriffliche Verschiebung verweist nicht zuletzt auf ein gewandeltes Selbstverständnis der Gender Studies in Bezug auf den gesellschaftlichen Kontext. Denn Frauenforschung, feministische Wissenschaft oder Gender Studies waren von Beginn an wie kaum eine andere kulturtheoretische Konzeption eng mit politischen und sozialen Bewegungen bzw. historisch-gesellschaftlichen Veränderungen verbunden. Relevant für die Theoriebildung war dabei weniger die frühe Frauenbewegung zu Beginn des 20. Jahrhunderts, die die rechtliche Gleichstellung einforderte, sondern vielmehr die neue Frauenbewegung, die seit den späten 60er Jahren eine umfassende soziale Emanzipation zum Ziel hatte. Dabei machte es sich die neue Frauenbewegung in Bezug auf Simone de Beauvoirs These vom anderen Geschlecht zur Aufgabe, auf gesellschaftliche Ausschlussmechanismen hinzuweisen und für Frauen einen spezifischen Platz in der Gesellschaft einzufordern. Anfang der 90er Jahre fand ein erneuter Wechsel der Forschungsparadigmen innerhalb der feministischen Theorie statt, den die Philosophin und Politologin Seyla Benhabib als Übergang vom „Standpunktfeminismus" zum „postmodernen Feminismus"[8] beschreibt. Begleitet wurde dieser Wechsel von einer Verlagerung philosophischer Grundlagen. Marxistisch und psychoanalytisch geprägte Analysen wurden durch die Diskursanalyse und Praktiken der Textdekonstruktion ersetzt. Im Bereich der Sozialforschung verlagerte sich der Fokus von der Analyse geschlechtsspezifischer Arbeitsteilung zu Fragen der Identitätskonstruktion und hiermit verbunden zu Problemen kollektiver Repräsentationsformen. Während bei Benhabib deutlich die Vor- und Nachteile diskutiert werden – „Um es klipp und klar zu formulieren: Im Übergang vom Standpunktfeminismus zum poststrukturalistischen Feminismus haben wir das weibliche Subjekt verloren."[9] –, versuchen die Sozialwissenschaftlerinnen Nancy Fraser und Linda J. Nicholson eher, die Koinzidenz von postmoderner Wahrnehmungsschärfe und einer Politik der Differenz zu entwickeln. Sie sprechen daher eher von der Begegnung (encounter) zwischen Feminismus und Postmoderne. Die Juristin Drucilla Cornell wählt einen ebenfalls verbindenden Begriff für das Verhältnis von postmoderner Entwicklung und feministischer Theorie, wenn sie vom feministischen Bündnis mit der Dekonstruktion spricht.[10] Da sich nach Fraser und Nicholson sowohl der Feminismus als auch die Postmoderne mit ähnlichen wichtigen

---

8 S. BENHABIB, Feminismus und Postmoderne, in: dies. u. a. (Hg.), Der Streit um Differenz, Frankfurt/M. 1993, S. 230.

9 Ebd., S. 239.

10 Vgl. D. CORNELL, Gender, Geschlecht und gleichwertige Rechte, in: dies. u. a. (Hg.), Der Streit um Differenz, S. 279.

Problemkreisen befassen, lässt sich aus beiden ein neues Kritikmodell, nämlich der postmoderne Feminismus gewinnen und damit eine Verbindung von Ungläubigkeit gegenüber Metaerzählungen mit der gesellschaftskritischen Kraft des Feminismus.[11] Nach dieser Auffassung enthält der Feminismus eine kritische politische Perspektive, neigt aber zur Ausprägung fundamentalistischer und essentialistischer Ideen, und zu einem vereinheitlichendem Begriff des Subjekts ‚Frau‘, während die Postmoderne antifundamentalistische, metaphilosophische Perspektiven mit der Tendenz zur Methodeneinschränkung und zu schwachen Konzepten im Bereich der Sozialkritik aufweist. Und in der Tat, sowohl der Feminismus als auch Postmoderne und Poststrukturalismus haben an der Dekonstruktion klassischer moderner binärer Oppositionen gearbeitet, wie zum Beispiel an der Aufkündigung der Aufspaltung Natur/ Kultur, die sich in der Geschlechterdichotomie widerspiegelt und in zahlreichen feministischen Studien in Frage gestellt worden sind. Mit dem ‚Paradigmenwechsel‘ oder aber ‚Encounter‘ zwischen Feminismus und Postmoderne wird deutlich, in welche Richtung sich die feministische Theorie bewegt: Sie kreist nämlich zunehmend deutlicher um ein dynamisches Konzept von Performativität und Gender, während das eher starre Repräsentationsmodell in den Hintergrund rückt. Es gibt also zwei Stränge, die in den Gender-Diskursen eine Rolle gespielt haben. Einmal die Diskussion um Postmoderne und Feminismus, wie sie in den 90er Jahren vor allem in den USA geführt worden ist und wie sie mit Namen wie Seyla Benhabib, Nancy Fraser, Drucilla Cornell und Judith Butler verbunden ist. Die andere Debatte berührt die Frage von Natur und Geschlecht, von *sex* und *gender* und mündet in ein Konzept der Performativität des Geschlechts, das v. a. mit der Philosophin Judith Butler verbunden ist. Methodisch greift Butler dabei in ihrem Buch *Gender Trouble* (1990) (dt. *Unbehagen der Geschlechter*, 1991) auf psychoanalytische Theoreme (Lacan, aber auch Freud) zurück, um in einem resignifizierenden Verfahren einer Re-Essentialisierung von Weiblichkeit entgegenzuwirken. Vielmehr geht es ihr um die Dekonstruktion der als binär und in der Regel hierarchisierend angelegten Geschlechterkodierung, die gemeinhin dazu führt, dass jedes Repräsentationsmodell – und sei die Intention noch so kritisch – in identitätslogischen Prämissen befangen bleibt. Denn nach Butler konstituiert der feministische Diskurs letztlich erneut eine vermeintlich vorgängige Identität, die er dann zu repräsentieren vorgibt.[12] Entsprechend verabschiedet sich Butler von ‚den Frauen‘ als einer vorgängigen, definierbaren Kategorie und plädiert für das ständige Durcharbeiten der Strategien von Macht und Wissen, die eine solche politische Position ermöglicht oder ausschließt. In Anlehnung an Foucault begreift Butler das Subjekt als Effekt diskursiv erzeugter Positionsmöglichkeiten. Nicht ein vorgängiges Ich wählt eine Sprecherposition, sondern das Ich ist selbst Durchgangspunkt für ein ständiges Durchspielen unterschiedlicher Positionsmöglichkeiten, die es zuallererst erzeugen. Butler knüpft deshalb konse-

---

11 Vgl. N. FRASER / L. J. NICHOLSON, Social Criticism without Philosophy, in: L. J. NICHOLSON (Hg.), Feminism, Postmodernism, New York 1993, S. 19.
12 Vgl. BUTLER, Das Unbehagen der Geschlechter, S. 17f.

quent an die sprachphilosophische Auseinandersetzung mit dem Performanzbegriff an und versteht die Geschlechterzugehörigkeit als performativen Vollzug, als einen Akt im weitesten Sinn, der die soziale Fiktion seiner eigenen psychologischen Innerlichkeit konstruiert: „Die Realität der Geschlechterzugehörigkeit ist performativ, was ganz einfach bedeutet, dass die Geschlechterzugehörigkeit real nur ist, insoweit sie performiert wird."[13] Mit Judith Butlers 1991 ins Deutsche übersetzter Studie *Das Unbehagen der Geschlechter* setzte eine lebhaft und interdisziplinär geführte Debatte um das Verhältnis von Postmoderne und Feminismus ein. Die hierbei geführten Diskussionen eröffneten neue Fragestellungen zur Subjektkonstitution, zur Funktion imaginärer Weiblichkeitsbilder im herrschenden Repräsentationssystem sowie zur Theoretisierung der Geschlechterdifferenz in Bezug auf die symbolische Ordnung. Ausgehend von Michel Foucault ist für Judith Butler sprachliche Praxis immer schon in einem Feld der Macht eingelassen, welches die Grenzen des Sag- und Denkbaren konstituiert. Vordringlich ist bei ihrem Ansatz, Weiblichkeit oder Frausein nicht etwa neu zu konzeptualisieren, sondern eine Öffnung stereotyper Geschlechtskategorien zu betreiben und eine Subversion hegemonialer heterosexueller Normierungen vorzunehmen. Das bedeutet: die binäre Konstruktion der Geschlechter steht zur Disposition. Die Frage nach dem Subjekt ‚Frau' als Referenzpunkt des Feminismus nimmt hierbei eine Debatte auf, die in den USA bereits in den 80er Jahren begonnen hatte – einer Kritik an einer feministischen Perspektive, die sich allein auf die Geschlechterdifferenz konzentriert und damit andere Differenzen, wie Homosexualität, Ethnizität und Klasse unterordnete. Diese politischen Einsprüche von vielfältigen sozialen Gruppen führten nun in der Rezeption zu einer Infragestellung. Mit der Dekonstruktion der Kategorie ‚Körper' entschleiert Butler das biologische Geschlecht als Effekt einer permanenten Inszenierung von Geschlechtsein innerhalb diskursiv erzeugter Intelligibilitätsmuster. Diese Inszenierung als ein zitatförmiges Verfahren bedarf der permanenten Wiederholung, das bedeutet, Mann- oder Frausein ist nichts, was Mann/Frau hat oder ist, sondern was fortwährend produziert werden muss, um den Anschein der Natürlichkeit aufrechtzuerhalten. Genau in diesem Sinne spricht Butler von der Performativität des Geschlechts. Butler argumentiert, dass alle uns möglichen Aussagen über das Subjekt und das natürliche Geschlecht letztlich durch kulturelle Diskurse bestimmt seien. Danach gibt es keinen neutralen oder unvermittelten Zugriff auf die biologische Realität; unsere Sichtweise, unsere Konstruktion dieser Realität, ist je schon eingeholt durch die historische und kulturelle Kodierung der Geschlechtsidentität. Insofern versteht Butler die Einteilung in Mann und Frau als ein Produkt von Diskursen und nicht als adäquate Repräsentanz einer diesen Diskursen vorgängigen Realität. Folglich macht sie auf die Künstlichkeit unserer Wahrnehmung von Körper und Natur aufmerksam. Nach Butlers Auffassung ist Macht im Kontext des Geschlechts nicht als Austausch zwischen Subjekten oder Gruppen, Männern und Frauen, zu denken. Die Macht ist vielmehr schon in der Produktion

---

13 J. BUTLER, Performative Akte und Geschlechterkonstitution, in: WIRTH (Hg.), Performanz, S. 315.

jener binären Konstruktion von Geschlechtlichkeit im Spiel, welche die Rede über das Geschlecht reguliert. Doch Butlers diskurstheoretische Perspektive reicht noch weiter: Mit ihrem Buch *Bodies that Matter* (1993, dt. 1995) hat sie ihre Position verfeinert. Judith Butlers These von der Performativität des Geschlechts hatte zunächst einige Missverständnisse ausgelöst. Gerade weil Butler in *Das Unbehagen der Geschlechter* das scheinbar Marginale – die Travestie, drag, butch/femme – zum Zentrum ihrer Analyse macht, sahen viele Kritikerinnen hierin einen Relativismus, der das Geschlecht zu einem bunten Kleidertausch bagatellisiere. Butler versucht allerdings vielmehr das Potential der Wiederholbarkeit einer als zeichenhaft gedachten Geschlechterkonstruktion zu nutzen. Hierbei greift sie auf Austins Theorie der Sprechakte zurück. Austin versucht, performative Sprechakte von konstativen Äußerungen zu differenzieren. Als performativ bezeichnet Austin jene sprachlichen Akte, mit denen zugleich eine Handlung vollzogen wird, „[...] den Satz äußern heißt, es tun."[14] Den Vollzug der Handlung nennt Austin auch den illokutionären Akt, und dieser glückt oder glückt nicht. Konstative Äußerungen dagegen sind entweder wahr oder falsch. Diese Unterscheidung von konstativen und performativen Äußerungen ist allerdings eher ein theoretisches Konstrukt, denn letztlich sind auch konstative Äußerungen performativ.[15] Das Gelingen einer performativen Äußerung ist nach Austin nicht von der Intentionalität des Sprechers, sondern von Konventionen abhängig. Sind die Konventionen nicht erfüllt, so muss die performative Äußerung als verunglückt angesehen werden. Dies gilt insbesondere für den Gebrauch einer Äußerung auf der Bühne oder als Zitat, den Austin aus seiner sprachphilosophischen Untersuchung ausschließen möchte. Jacques Derrida hat dagegen in seiner Austin-Lektüre gezeigt, dass die Möglichkeit und Notwendigkeit der Zitation auch für die geglückte performative Äußerung gilt. Die Notwendigkeit der Zitation gerät nur dadurch in Vergessenheit, dass der gewöhnliche Gebrauch in der Regel den konventionellen Gebrauch zitiert. Doch eben diese Notwendigkeit der Zitation und die hiermit verbundene Möglichkeit einer verschiebenden Wiederholung nutzt Butler für eine Subversion binärer Geschlechternormen. Wie Butler darlegt, setzt die Regulierung des binären Geschlechtercodes ein Ausdrucksmodell voraus, das die Linearität von Körpergeschlecht, Geschlechtsidentität und Begehren diskursiv erzeugt. Der Zitation konventioneller Geschlechterinszenierungen, wie sie durch Travestie, drag oder lesbische und schwule Aneignung geschieht, wird innerhalb eines normativen Geschlechterdiskurses allenfalls die Rolle der schlechten Kopie oder aber der pathologisierten Verfehlung eines kohärenten Geschlechterausdrucks zugestanden. Dabei stellen die so marginalisierten Performanzen des Geschlechts – so Butlers Argumente – gerade die Notwendigkeit der performativen Wiederholung auch geschlechtlicher Normen aus. Die Naturalisierung des Geschlechts erweist sich damit lediglich als eine konventionelle Zitation, eine hyperbolische Version von Geschlechternormen. Diese Normen erzeugen die Fiktion eines Innenraums, als dessen

---

14 J. L. AUSTIN, Zur Theorie der Sprechakte, Stuttgart 1972, S. 29.
15 Vgl. J. CULLER, Dekonstruktion, Reinbek 1988, S. 126.

Ausdruck die Inszenierung des Geschlechts in Akten, Gesten, Sprache usw. erscheint. Die verschobene und verschiebende Zitation dieser Normen führt daher den zitierenden Charakter jeder Geschlechtsidentität als eine performative Wiederholung geschlechtlicher Zeichen vor: „Indem die Travestie die Geschlechtsidentität imitiert, offenbart sie implizit die Imitationsstruktur der Geschlechtsidentität als solcher wie auch ihre Kontingenz."[16] Geschlecht ist also nicht, was Mann/Frau hat, sondern was im performativen Akt immer wieder aufs Neue hervorgebracht wird. Der originäre Charakter einer idealisierten Geschlechternorm existiert nur als Effekt regulierter Kopien. Die parodistische Aneignung heterosexueller Geschlechternormen in nicht-heterosexuellen Kontexten vollzieht demnach einen Prozess der De-Regulierung von Bedeutungen, der beständigen Verschiebung von Zeichen, die den normativen Gebrauch irritieren und verworfene Bezeichnungen wie beispielsweise *queer, dyke, fag* etc. durch eine parodistische Wiederholung von ihren abwertenden Bedeutungsinhalten ablösen und reformulieren. Ob performative Wiederholungen subversiv sind oder nicht, bleibt allerdings auch in Butlers Konzept eine Frage des Kontextes und der Rezeption. Die parodistische Wiederholung ist also weniger ein politisches Programm bloßer Pluralisierung, dessen Ziel als immer schon erreicht imaginiert werden kann, sondern eine Frage von strategischen Rhetoriken. Dabei ist der Ort der Subversion, wie Butler in *Körper von Gewicht* deutlich macht, gerade nicht eine Position außerhalb jeglicher Geschlechternormen, denn diese gehen als konstitutiver Zwang jeglicher Subjektwerdung voraus. Butler grenzt daher den Begriff der Performativität von zwei theoretischen Positionen ab: zum einen von einem Begriff der sprachlichen Konstruktion, der einen Determinismus und damit die Konstruktion eines unhintergehbaren Außen impliziert, zum anderen von einem Verständnis der Performanz als Selbstdarstellung eines autonomen Subjekts. Butlers Begriff von Performativität und Performanz ist also gerade kein individualisiertes Spiel von Verkleidung und Crossdressing. Die Wiederholung der Normen ist vielmehr die Bedingung der Möglichkeit für kulturelle Intelligibilität, die das Subjekt konstituiert: „Die ‚performative' Dimension der Konstruktion ist genau die erzwungene unentwegte Wiederholung der Normen. In diesem Sinne existieren nicht bloß Zwänge für die Performativität, vielmehr muss der Zwang als die eigentliche Bedingung für Performativität neu gedacht werden. Performativität ist weder freie Entfaltung noch theatralische Selbstdarstellung, und sie kann auch nicht einfach mit darstellerischer Realisierung [*performance*] gleichgesetzt werden. Darüber hinaus ist Zwang nicht notwendig das, was der Performativität eine Grenze setzt; Zwang verleiht der Performativität den Antrieb und hält sie aufrecht. Auch auf die Gefahr hin, mich zu wiederholen, möchte ich deutlich machen, dass Performativität nicht außerhalb eines Prozesses der Wiederholbarkeit verstanden werden kann, außerhalb einer geregelten und restringierten Wiederholung von Normen. Und diese Wiederholung wird nicht *von* einem Subjekt performativ ausgeführt; diese Wiederholung ist das, was ein Subjekt

---

16 BUTLER, Das Unbehagen der Geschlechter, S. 202.

ermöglicht und was die zeitliche Bedingtheit für das Subjekt konstituiert."[17] Die geschlechtlichen Bezeichnungen als Mann oder Frau, Mädchen oder Junge referieren also nicht auf vorgängige Subjekte, sondern sie bringen diese über die Bezeichnung, die als performative Äußerung fungiert, erst hervor. Dabei zitiert die Instanz beispielsweise der Geschlechtszuweisung bereits konventionale Verfahren der Anrufung und geschlechtlichen Bestimmung, d. h. ihre normierende Kraft ist Effekt einer regulierten Wiederholung einer Kette hegemonialer Konventionen, die heranzitiert und zugleich verdeckt werden müssen. Entsprechend versteht Butler symbolische Positionen wie Mann/Frau nicht als vorhandene räumliche Stellen einer gegebenen Struktur, sondern als zitatförmige Praktiken. Einerseits erzwingt die symbolische Positionierung, die als Anrufung und Benennung das Subjekt erst konstituiert, die Verkörperung einer idealisierten Identifizierung, andererseits ist diese Verkörperung konstitutiv auf das von ihr produzierte Außen verwiesen, durch das sie immer auch angefochten wird. Jenen Überschuss, die Momente der Desidentifizierung, der Verkennung und Fremdheit innerhalb jeder Bezeichnung und Identifizierung gilt es, nach Butler, in der Wiederholung zu mobilisieren. Zum Beispiel durch eine strategisch missbräuchliche Verwendung von Bezeichnungen, durch die die fixierte Verbindung von performativen Signifikanten und Referenten gelöst und in der Wiederholung verschoben wird. Eine solche missbräuchliche Verwendung stellt zum Beispiel das in homosexuellen Kontexten verwendete weibliche ‚sie' als Bezeichnung dar. Worum es Butler in *Körper von Gewicht* vor allem geht, ist die Erweiterung des Performanzkonzepts auf die körperliche Materialität hin. Denn auch die Wahrnehmung von Körpern und die leibliche Inszenierung folgen einer zitatförmigen Praxis. Diese ‚scheinbare' Auflösung des Körpers im Diskurs ist in den Gender Studies kontrovers diskutiert worden. Keinesfalls als ‚anachronistisch' kann die Frage nach der Handlungsfähigkeit insgesamt bezeichnet werden, die nach der Konjunktur des Dekonstruktivismus auch andernorts wieder stärker ins Zentrum der Aufmerksamkeit geraten ist – ein Trend, den nicht zuletzt das neue Interesse am Autobiographischen bezeichnen mag. Auch Judith Butlers Buch *Excitable Speech. A Politics of the Performative* (1997) (dt. *Haß spricht*, 1998), in dem sie die Aufmerksamkeit auf Momente des politischen Sprechens und des politischen Handelns richtet, lässt sich vor dem Hintergrund dieser Verschiebung des kritischen Diskurses lesen. Ausgehend von der Prämisse, dass wir durch Sprache verwundbar sind, weil diese uns als Subjekte erst konstituiert, werden diskriminierende Sprechakte rassistischer und (hetero-)sexistischer Art (*hafte speech*, Pornographie, die U.S.-amerikanische Debatte um Homosexualität im Militär) analysiert. Butlers Projekt ist es, die Macht dieser verletzenden Diskurse einerseits ernst zu nehmen, sie andererseits aber ihres absoluten ‚magischen' Charakters zu entkleiden, indem sie ihr Performativitätskonzept im Rekurs auf John L. Austin als perlokutionäres ausarbeitet: Wenn Sprache zwar als Handlung (nicht zuletzt auf den Körper) wirkt, der Sprechakt aber nicht mit dieser Wirkung zusammenfalle, entstehen ‚Lücken', die als Widerstandsraum konzipierbar

---

17 BUTLER, Körper von Gewicht, S. 133.

sind. Butlers Plädoyer, Fragen der Diskriminierung nicht gesetzlich (z. B. durch Pornographieverbot), sondern über Strategien der Ermächtigung des Diskriminierten, durch ihr *Zurücksprechen*, zu lösen, dürfte gerade im deutschsprachigen Raum erneut Unbehagen auslösen: Soziale Institutionen kommen nun zwar – als nicht zuletzt durch den Ausschluss bestimmter Bevölkerungsgruppen konstituierte – in den Blick, werden durch Butlers ‚Lösungs-‘ bzw. Strategievorschläge aber nur indirekt angegriffen. Die von ihr vorgeschlagene theoretische Begründung der den Unterdrückten zugeschriebenen *agency*, die Bourdieus Konzept sozialer Herrschaft mit Derridas Insistieren auf den jedem Sprechakt inhärenten ‚Bruch‘ konfrontiert, plädiert zwar durchaus dafür, Machtfragen bei der Bestimmung der Bedingungen, unter denen das Zurücksprechen gelingen kann, zu berücksichtigen, bleibt die Konkretisierung dieser Bedingungen aber schuldig. Gerade aufgrund der zentralen Bedeutung des Versuchs, die ‚freie Rede‘ sozial benachteiligter Individuen durch Konzeptualisierung zu befördern (statt in der fortgesetzten Beschwörung ihrer Unfreiheit ihre Verhinderung zu betreiben), ist eine weitere Ausarbeitung dieser Problematik ‚anzumahnen‘. In ihrem Text *Antigone's Claim. Kinship between Life and Death* (2000) (dt. *Antigones Verlangen. Verwandtschaft zwischen Leben und Tod*, 2001) hat Butler mit der Figur der Antigone den sozialkontingenten Charakter der Verwandtschaftsbeziehungen ans Licht gebracht und gezeigt, wie die Handlung überall durch Sprechakte der Protagonisten vollzogen wird. In der Tat ist der mimetische oder repräsentative Charakter Antigones nicht nur in Frage gestellt, weil Antigone eine fiktive Figur ist, sondern auch, weil sie als Figur der Politik in eine ganz andere Richtung weist, nämlich nicht in Richtung Politik als Frage der Repräsentation, sondern in Richtung der politischen Möglichkeit, die sich eröffnet, wenn die Grenzen der Repräsentation und die Grenzen der Repräsentierbarkeit selber zutage treten. Diesem Verständnis von Repräsentation gingen intensive Diskussionen um die Verortung der Vorstellung Frau im Repräsentationssystem voraus.

Teresa de Lauretis (1984) zeigte bereits, dass die Differenz der Geschlechter (*gender*) als konstitutives Merkmal gesellschaftlicher Identität oder Subjektivität nur zu denken ist in Bezug auf die Art der Darstellung (*representation*) von Weiblichkeit in einem gegebenen kulturellen Kontext: „The representation of woman as image (spectical object to be looked at, vision of beauty – and the concurrent representation of the female body as the locus of sexuality, sight of visual pleasure, or lure of the gaze) is so pervasive in our culture that it necessarily constitutes a starting point for any understanding of sexual difference and its ideological effects in the construction of social subjects, its presence in all forms of subjectivity."[18] So, wie die Frau also erscheint, hat sie immer schon eine bestimmte Funktion in einem kulturell tradierten Repräsentationssystem zu übernehmen, etwa wenn sie für Gerechtigkeit, Laster, Kunst oder Stadt einzutreten hat. Der imaginierten Weiblichkeit kommt also die Aufgabe zu, bestimmte Bedeutungen zu repräsentieren. Entsprechend nimmt de Lauretis die Disjunktion zwischen Bezeichnendem (Signifikant) und Bezeichnetem

---

18 T. de LAURETIS, Technologies of Gender, Bloomington 1987, S. 38.

(Signifikat) als Ausgangspunkt für ihren Diskurs und schlägt vor, zwischen Frau (woman) und Frauen (women) zu unterscheiden. Während ‚die Frau' eine notwendige Konstruktion darstellt, die die unterschiedlichsten Referenzpunkte des gesamten westlichen Repräsentationssystems durchdringt, und ‚die Frau' das Andere markiert, kommt dagegen dem Begriff ‚Frauen' eine reale historische und physische Existenz zu, die allerdings nicht außerhalb der kulturellen Diskurse definiert werden kann. Das Besondere aber nun ist, dass ‚die Frau' als das Andere für etwas einsteht – quasi also eine Leerstelle der kulturellen Fiktionen selbst ist – und insofern auf diese Position beliebige Attribute projiziert und appliziert werden können. Zugleich aber entstehen auch umfangreiche fiktionale Konstrukte, die die kulturellen Produkte (Bild, Film, Drama, Prosa oder Lyrik) als auch die Theorien über diese Repräsentation (Semiotik, Psychoanalyse, Anthropologie) durchziehen. Elisabeth Bronfen formuliert dies folgendermaßen: „Der Wert der Frau im Netz der kulturellen Repräsentationen besteht darin, gleichsam Telos und Ursprung des männlichen Begehrens und des männlichen Drängens nach Repräsentation zu sein, gleichsam Objekt und Zeichen seiner Kultur und seiner Kreativität."[19] Die in diesem Diskurs aufgestellte Hypothese von Nichtkoinzidenz von Frauen und Frau hat zur Folge, dass Repräsentationen der Frau oft als Spiegel und Projektionsfläche für den sie erschaffenen Mann dienen. Als Traumbild, imaginierte Phantasie, Fetisch, Deckerinnerungen bringen diese Repräsentationen seine Macht, seine Kreativität und seine Kulturprodukte stellvertretend zum Ausdruck. Das bedeutet nun aber, als Repräsentationsbild ist die Frau anwesend, als repräsentiertes Subjekt und Produzentin ist sie abwesend. Dieses Paradox durchzieht eine Reihe von kritischen und dekonstruktiven Lektüren wichtiger Kunstprodukte, wobei die imaginierte Weiblichkeit (Bovenschen) sowie weibliche Imaginationen (Arbeiten zu Schriftstellerinnen und Malerinnen) zur Disposition stehen. Die feministische Auseinandersetzung mit der geschlechtsspezifischen Komponente von Repräsentationen hat vor allem auch ihren Niederschlag im Bereich einer psychoanalytisch argumentierenden Filmwissenschaft (Mulvey, 1975; de Lauretis, 1987) gefunden. Film wird als Schauplatz des Begehrens interpretiert, in dem die Positionen des Schauenden männlich (der männliche Blick), die des angeschauten Idols (Objekt der voyeuristischen Lust) weiblich besetzt sind. Sowohl Mulvey als auch de Lauretis bezogen sich dabei auf die Psychoanalyse, um die Repräsentation der Frau als Objekt des männlichen Begehrens und des weiblichen Körpers als Ort der Schönheit, als Stellvertreter für Sexualität und Auslöser visueller Lustbefriedigung zu analysieren. Inzwischen ist dieser Repräsentationsbegriff innerhalb der Gender Studies aber weiterentwickelt worden, so dass heute nicht von fixierten, sondern von variablen und symbolischen Repräsentations-Positionen ausgegangen werden muss.

---

19 BRONFEN, Wirklichkeit und Repräsentation, S. 410.

Querverbindungen zu künstlerischen Produktionen und ihre Analyse

Die Geschlechterkonzeption Judith Butlers und die daran geknüpfte Performativität der Körperakte hat Auswirkungen gerade auch auf den Kunstbereich, wird doch deutlich, dass es gerade die Schnittstellen und Uneindeutigkeiten dessen, was man unter Mann und Frau versteht, sind, die nach wie vor Konjunktur haben. Dazu gehören Phänomene wie *drag*,[20] Cindy Shermans Photographien,[21] die Analyse verschiedenster Performances (vgl. Brandstetter, 1998 und Fischer-Lichte, 1998, 2000, 2002), die Analyse von Körperkonstruktionen (Härtel/Schade, 2002) und schließlich Filme wie *Boys don't cry* (1999) von der Amerikanerin Kimberly Peirce, die in ihrem Film die alltägliche Geschlechter-Performanz zum Ausgangspunkt nimmt und zeigt, wie Geschlechtsidentität in Bezeichnungsprozessen hergestellt wird. Dabei versucht der Film mit Hilfe unterschiedlicher inszenatorischer Strategien, die Differenz zwischen Innen und Außen, zwischen biologischer Weiblichkeit und männlicher Maskerade zu verwischen. Dabei spielen zwei Konstruktionen eine Rolle: Parodie und Maskerade. Judith Butler hat gezeigt, dass eine Möglichkeit der Parodie die der Geschlechterparodie ist, bei der es nicht um die Parodie eines Originals geht, sondern um die „Parodie des Begriffs *des* Originals als solchem."[22] Parodierbarkeit des Originals legt die Konstruiertheit des Originals selbst offen. Die Wahrnehmungen des Betrachters werden verunsichert durch Beispiele, die nicht den Kategorien entsprechen, die das Feld der Körper gemäß den kulturellen Konventionen für uns rational begründen und stabilisieren. Daher eröffnet das Fremde, Inkohärente, das, was herausfällt, für uns einen Weg, die als selbstverständlich hingenommene Welt der sexuellen Kategorisierung als eine Konstruktion, die im Grunde auch anders konstruiert sein könnte, zu verstehen.[23]

Ein anderer wichtiger Begriff, den Butler in Anknüpfung an Rivière und Lacan weiterentwickelt, ist das Konzept der Maskerade. Die Faszinationskraft des Strukturmodells der Maskerade dürfte nicht zuletzt darin liegen, dass sich in dem von ihm durchschrittenen Feld von Körper, Schleier, Fetischismus, Ver-Kleidung, Travestie etc. die zentralen Oppositionen westlicher Kulturdiskurse – Sein und Schein, Wahrheit und Täuschung, Identität und ihr ‚Mangel' – überkreuzen. Die Rekonstruktion des Verhältnisses von Maskerade und Geschlechterdifferenz in unterschiedlichen historischen Zeiträumen sowie ihrer Funktion in literarischen Texten ermöglicht die Dechiffrierung kultureller Einschreibeprozesse, die sich in der Maskerade als ordnungsstiftend und irritierend zugleich offenbaren. Neben psychoanalytischen Konzepten, in denen Weiblichkeit auf unterschiedliche Weise mit Maskerade identifiziert wird, existiert eine kulturwissenschaftliche Öffnung des Begriffs auch auf seine anthropologische und seine ökonomische Dimension hin. Die Relektüre der Freudschen und Lacanschen Maskerade- und Fetischtheorie durch M. Garber,

---

20 Vgl. BUTLER, Körper von Gewicht.
21 Vgl. BRONFEN, Wirklichkeit und Repräsentation.
22 BUTLER, Das Unbehagen der Geschlechter, S. 202.
23 Ebd., S. 164.

B. Menke, S. Kofman und J. Derrida eröffnet eine Perspektive der Identifikation von Weiblichkeit und Maskerade als Uneigentlichkeit, die die „Komödie der Geschlechter" in ihrer Instabilität lesbar macht.[24] Vor allem aber ausgehend von Derridas Lacan-Kritik, dem ersterer in seiner Darstellung der Frau als Wahrheit der Kastration vorwirft, der Wahrheit die Herrschaft über die Fiktion zu überlassen, statt den Status der Fiktion zu betrachten, plädiert Butler für die Stärkung des performativen Vermögens des Weiblichen und somit für seine Refiguration und Remetaphorisierung. So definiert Butler Maskerade als „performative Hervorbringung einer sexuellen Ontologie".[25] Damit ist gemeint, dass gerade der Modus der Verhüllung, das Tragen geschlechtlich codierter Zeichen, dazu führt, dass ‚darunter‘ eine scheinbare Authentizität und damit geschlechtliche Identität vermutet wird:[26] „Maskerade als Verhüllung heißt einerseits dasjenige, was sich hinter der Maske verbirgt, erst mit den Attributen des Essentiellen auszustatten, andererseits wird die Verhüllung zum einzig Zugänglichen und Sichtbaren, das Uneigentliche wird zum Modus der (Re-)Präsentation."[27] Das (post)feministische Maskeradekonzept von Butler betont daher den Aspekt des Spielerischen und Parodistischen. In einem „Performing Gender" wird dem Subjekt eingeräumt, kulturelle geschlechtliche Zuschreibungen nicht allein als Repression, sondern auch als Chance zu begreifen, geschlechtliche Zuschreibungen performativ, d. h. im Vollzug ihrer sozialen ‚Aufführung‘, kritisch in Frage zu stellen. Dies gilt sowohl für die *Weiblichkeit als Maskerade*" (Liliane Weissberg, 1994) als auch für die *Männlichkeit als Maskerade* (Claudia Benthien u. Inge Stephan, 2003; Walter Erhart, 2003). Jedwede Geschlechtsidentität kann insofern grundsätzlich als Maskerade, als Verkleidungsspiel und damit als permanente Nachahmung eines nicht vorhandenen Originals gelten – wobei der Zusammenhang von Geschlecht und Maskerade in unterschiedlichen Kulturkreisen zwischen kulturellen Inszenierungspraktiken und verschiedenen Formen der theatralen Repräsentation angesiedelt ist. Das Spiel mit dem Fetisch erweist sich als Spiel mit Rollenstereotypen und macht deutlich, dass ‚Geschlecht‘ letztlich bloß eine teils schrille, teils subtile Maskerade ist.

Querverbindungen zu anderen theoretischen Feldern

Die Wiederentdeckung des Performanzbegriffs durch die Kulturwissenschaften ist durch drei Tendenzen gekennzeichnet: Einmal durch die Tendenz zur Theatralisierung des Performanzbegriffs, welche die Schnittstelle zwischen Ausführen und Aufführen thematisiert. Zum anderen durch die Tendenz zur Iteralisierung des Performanzbegriffs, wodurch das Problem des Zitierens ins Zentrum der Aufmerksamkeit rückt. Beide Tendenzen münden schließlich in eine gemeinsame Fragestellung, nämlich die der Verkörperungsbedingungen, was zu einer Medialisierung des Per-

---

24 Vgl. L. WEISSBERG, Weiblichkeit als Maskerade, Frankfurt/M. 1994, S. 9f.
25 BUTLER, Das Unbehagen der Geschlechter, S. 79.
26 Vgl. C. BENTHIEN / I. STEPHAN (Hg.), Männlichkeit als Maskerade, Köln u. a. 2003, S. 40.
27 E. BETTINGER / J. FUNK, Maskeraden, Berlin 1995, S. 18f.

formativen führt.[28] Was ist nun unter einer Medialität des Performativen zu verstehen? Während die sprachphilosophische Fragerichtung die kommunikative Funktion der Sprechakte thematisiert und insofern die funktionalen Bedingungen der Möglichkeit des kommunikativen Gelingens problematisiert, untersuchen die kulturwissenschaftlichen Performanzkonzepte die Wirklichkeit der medialen Verkörperungsbedingungen. Damit rücken Aspekte der Medialität und der Materialität performativer Akte in den Fokus des Interesses. In diesem Sinne findet der Performanzbegriff Eingang in die Ethnologie (Turner, 1995 und Belliger/Krieger, 1998), in die Theaterwissenschaften (Fischer-Lichte, 2003, 2001, 2000) und in den Umkreis einer Medienwissenschaft (Krämer, 2003). Der ethnologische Performanzbegriff hängt, sowohl was die rituelle Handlung im Kontext der fremden Kultur als auch deren ethnographische Re-Inszenierung im Rahmen der eigenen Kultur betrifft, von korporalen Aspekten ab. Belliger und Krieger betrachten Rituale als „meta-performative kommunikative Handlungen",[29] was bedeutet, dass demnach ritualisiertes Handeln als dem kommunikativen Handeln vorausgehend anzusehen wäre. Turner geht noch einen Schritt weiter. Um spielerisch in die Haut der Mitglieder einer anderen Kultur schlüpfen zu können, propagiert er eine ethnologische Re-Inszenierung ritueller Handlungen. Dies soll helfen, sich fremde Rahmen mit ihren andersartigen Rollen, Repräsentationen und Übergangszuständen zu erschließen. An dieses Konzept nun schließen sich die Postcolonial Studies an, wenn sie die gesellschaftlichen und ökonomischen Aufteilungen der Welt in Frage stellen. Diese korporalen Aspekte stehen auch im Mittelpunkt des theatralen Performanzkonzepts Fischer-Lichtes, das in wechselseitiger Abhängigkeit zu den Begriffen der Theatralität und der Inszenierung steht. Fischer-Lichte entwickelt ihr Theatralitätskonzept im Sinne eines allgemeinen kulturerzeugenden Prinzips – dabei unterscheidet sie zwischen Theatralität als Wahrnehmungsmodus bzw. als rezeptionsästhetischer Kategorie und der von ihr selbst ausgearbeiteten Auffassung von Theatralität als Modus der Zeichenverwendung durch Produzenten und Rezipienten, das heißt als semiotischer Kategorie.[30] Die kulturwissenschaftliche Entdeckung des Performativen liegt also darin, dass sich alle Äußerungen immer auch als Inszenierungen, d. h. als *performances* betrachten lassen. Insofern wird der Begriff der *performance* zu einem *umbrella term* (Umberto Eco), der sowohl performative Akte als auch Inszenierungen einschließt. Gabriele Brandstetter und Gabriele Klein fokussieren die unheimliche Allianz von Tanz und Medien im Blick auf den performativen Darstellungspakt.[31] Auch Hans-Thies Lehmann hat für das postdramatische Theater die Bedeutung der interaktiven Performanz und Produktion von Präsenz hervorgehoben und das Präsens der Performance

---

28 Vgl. WIRTH (Hg.), Performanz, S. 42.

29 A. BELLIGER / D. KRIEGER (Hg.), Ritualtheorie, Opladen 1998, S. 12.

30 Vgl. E. FISCHER-LICHTE, Grenzgänge und Tauschhandel, in: dies., Theater seit den 60er Jahren, Tübingen, Basel 1998, S. 299.

31 Vgl. G. KLEIN, Tanz, Bild, Medien, Hamburg 2000, S. 7; G. BRANDSTETTER u. a. (Hg.), Grenzgänge, Tübingen 1998, S. 13f.

als *das* des postdramatischen Theaters, das ein Theater der Präsenz ist, definiert.[32] Die Debatte über *performance* und *Performativität* in den Kulturwissenschaften zeigt, dass Performativität nicht einfach heißen kann, etwas wird getan, sondern heißt, ein Tun wird *aufgeführt*. Dieses Aufführen aber ist immer auch: Wiederaufführung. Die Wiederholung, also Iterabilität, die zugleich immer ein Anderswerden des Wiederholten einschließt, ist überall da am Werk, wo etwas als eine performative Dimension sprachlich festgelegt werden kann. Der Vollzug der Wiederholung erst bringt das Allgemeine im Sprachgeschehen hervor.

Ebenfalls entwickelt die Philosophin Sibylle Krämer (1998) den Performanzbegriff weiter, wenn sie ihn im Kontext der Medienwissenschaft ausleuchtet. Sie geht von einem Wechsel von der ‚Sinnlichkeit als Erkenntnisform' zur ‚Sinnlichkeit als Performanz' aus. Was ist darunter zu verstehen? Krämer verabschiedet das klassische Fenstermodell und die Zwei-Welten-Theorie, die zwischen Körper und Geist unterscheiden. Sinnliches und Sinn hatten demnach einen je unterschiedlichen Ort, deren Lageverhältnis mit Metaphern wie oben und unten, vorne und hinten, bevorzugt aber mit außen und innen zum Ausdruck gebracht wurde. Dies war zugleich der Lebensnerv der Idee der Repräsentation: nicht Epiphanie, also Gegenwärtigkeit, vielmehr Stellvertreterschaft, also Vergegenwärtigung sollten die Zeichen leisten. Wo immer wir umgehen mit Zeichen – das ist die Konsequenz aus dieser type/token-Relation – begegnen wir einer doppelbödigen Welt: etwas, das unseren Sinnen zugänglich ist, wird interpretiert als raum-zeitlich, situierte Instanz von etwas, das nicht mehr unmittelbar gegeben ist, gleichwohl jedoch der singulären Erscheinung logisch und genealogisch vorausgeht. Mit dem Phänomen des repräsentationalen Zeichens spaltet sich die Welt auf in eine ‚Tiefenstruktur', die ein universelles Muster birgt, und eine ‚Oberfläche', die dieses Muster unter jeweils konkreten – und dabei auch einschränkenden – Umständen aktualisiert.[33] Krämer hingegen hebt nun aber auf eine dritte Dimension ab, wenn sie unter Sinn zuerst einmal nur den sinnlichen Umgang mit etwas, das in Raum und Zeit gegeben ist, versteht: „Sinn ist also Ereignis, ist ‚Performanz'."[34] Demnach wird das Verhältnis von Sinn und Sinnlichkeit also geprägt von der Performanz unseres Medienumgangs, wobei die Medien die historische Grammatik des Verhältnisses von Sinn und Sinnlichkeit prägen. Performativität kann zum Kennwort werden für eine Sprachbetrachtung, die jenseits universalpragmatischer, hermeneutischer und kognitivistischer Tendenz und unabhängig von den methodischen Prämissen des Zwei-Welten-Modells sich mit dem Phänomen der Sprachlichkeit auf eine Weise auseinandersetzt, bei der an die Stelle der Virtualisierung von Sprache und Kommunikation das Leitbild von der „verkörperten Sprache" treten kann.[35]

---

32 Vgl. H.-T. LEHMANN, Postdramatisches Theater, Frankfurt/M. 1999, S. 254f.

33 Vgl. S. KRÄMER, Sprache – Stimme – Schrift, in: U. Wirth (Hg.), Performanz, S. 323f.

34 S. KRÄMER, Sinnlichkeit, Denken, Medien, in: Sinn der Sinne, Ausstellungskatalog, Göttingen 1998, S. 34.

35 Vgl. KRÄMER, Sprache – Stimme – Schrift, S. 344ff.

Zusammenfassend lässt sich sagen, dass der Performanzbegriff sich produktiv auf alle Disziplinen ausgewirkt hat. Beim Performanzbegriff geht es um den Vollzug von performativen Akten, von denen Weltbezüge stets durchdrungen sind. Dies nun dynamisiert einen statischen Repräsentationsbegriff und formuliert rückwirkend den Begriff der Repräsentation um. Dabei geht es nicht um eine Auflösung von Repräsentativem, sondern um die Möglichkeit, anders und neu zu repräsentieren; differente Positionierungen durch Repräsentation zu ermöglichen. Diese Chance zur Pluralisierung eröffnet Freiräume für Prozesse der Sinnkonstituierung gerade auch innerhalb der Gender Studies und ermöglicht es, den Aspekt der Referenz als Differenz, die überhaupt erst Kunst, Literatur und Wissen schafft und formuliert, neu ins Spiel zu bringen.

Bibliographie

ARISTOTELES, 1982: Poetik. Griechisch / Deutsch. Übers. u. hg. v. Manfred Fuhrmann. Stuttgart.

AUERBACH, Erich, 1946: Mimesis. Dargestellte Wirklichkeit in der abendländischen Literatur. Tübingen, Basel.

AUSTIN, John L., 1972: Zur Theorie der Sprechakte. (How to do things with words). Stuttgart.

BELLIGER, Andréa / KRIEGER, David J. (Hg.), 1998: Ritualtheorie. Ein einführendes Handbuch. Opladen.

BENHABIB, Seyla, 1993: Feminismus und Postmoderne. Ein prekäres Bündnis. In: dies. / Judith BUTLER / Drucilla CORNELL / Nancy FRASER (Hg.): Der Streit um Differenz. Feminismus und Postmoderne in der Gegenwart. Frankfurt/M., S. 9–30.

BENJAMIN, Jessica, 1993: Psychoanalyse, Feminismus und die Rekonstruktion von Subjektivität. In: J. HUBER / A. M. MÜLLER (Hg.): Interventionen. Nr. 3. Frankfurt/M.

BENTHIEN, Claudia / STEPHAN, Inge (Hg.), 2003: Männlichkeit als Maskerade. Kulturelle Inszenierungen vom Mittelalter bis zur Gegenwart. Köln, Weimar, Wien.

BERG, Eberhard / FLECHS, Martin (Hg.), 1993: Kultur, soziale Praxis, Text. Die Krise der ethnographischen Repräsentation. Frankfurt/M.

BETTINGER, Elfi / FUNK, Julika (Hg.), 1995: Maskeraden. Geschlechterdifferenz in der literarischen Inszenierung. Berlin.

BRANDOM, Robert B., 2000: Expressive Vernunft. Begründung, Repräsentation und diskursive Festlegung. Frankfurt/M. (amerik. 1994).

BRANDSTETTER, Gabriele / FINTER, Helga / WESSENDORF, Markus (Hg.), 1998: Grenzgänge. Das Theater und die anderen Künste. Tübingen.

BRAUN, Christina von / STEPHAN, Inge (Hg.), 2000: Gender Studien. Eine Einführung. Stuttgart, Weimar.

BRAUN, Christina von, 1990: Nicht ich. Frankfurt/M.

BREGER, Claudia / DORNHOF, Dorothea / HOFF, Dagmar von, 1999: Gender Studies/Gender Trouble. Tendenzen und Perspektiven der deutschsprachigen Forschung. In: Zeitschrift für Germanistik. NF 1, S. 72–113.

BRONFEN, Elisabeth, 1995: Wirklichkeit und Repräsentation – aus der Perspektive von Semiotik, Ästhetik und Psychoanalyse. In: Hadumod BUßMANN / Renate HOF (Hg.): Genus – Zur Geschlechterdifferenz in den Kulturwissenschaften. Stuttgart, S. 408–445.

BRONFEN, Elisabeth, 1994: Nur über ihre Leiche. Tod, Weiblichkeit und Ästhetik. München.

BUBLITZ, Hannelore, 2002: Judith Butler zur Einführung. Hamburg.

BUCHER, André, 2004: Repräsentation als Performance. Walter Serner, Robert Müller, Hermann Ungar, Joseph Roth, Ernst Weiss. München.

BUTLER, Judith, 1991: Das Unbehagen der Geschlechter. Frankfurt/M.

BUTLER, Judith, 1993: Kontingente Grundlagen. Der Feminismus und die Frage der Postmoderne. In: Seyla BENHABIB / Judith BUTLER / Drucilla CORNELL / Nancy FRASER (Hg.): Der Streit um Differenz. Feminismus und Postmoderne in der Gegenwart. Frankfurt/M.

BUTLER, Judith, 1995: Körper von Gewicht. Die diskursiven Grenzen des Geschlechts. Berlin.

BUTLER, Judith, 1998: Haß spricht. Zur Politik des Performativen. Berlin.

BUTLER, Judith, 2001: Antigones Verlangen. Verwandtschaft zwischen Leben und Tod. Frankfurt/M.

BUTLER, Judith, 2002: Performative Akte und Geschlechterkonstitution. Phänomenologie und feministische Theorie. In: Uwe WIRTH (Hg.): Performanz. Zwischen Sprachphilosophie und Kulturwissenschaften. Frankfurt/M., S. 301–323.

BUTLER, Judith, 2003: Kritik der ethischen Gewalt. Frankfurt/M.

BUTLER, Judith, 2008: Die Macht der Geschlechternormen und die Grenzen des Menschlichen. Frankfurt/M.

CARLSON, Maria, 1996: Performance. A Critical Introduction. London, New York.

CORNELL, Drucilla, 1993: Gender, Geschlecht und gleichwertige Rechte. In: Seyla BENHABIB / Judith BUTLER / Drucilla CORNELL / Nancy FRASER (Hg.): Der Streit um Differenz. Feminismus und Postmoderne in der Gegenwart. Frankfurt/M., S. 31–58.

CULLER, Jonathan, 1988: Dekonstruktion. Derrida und die poststrukturalistische Literaturtheorie. Reinbek.

DERRIDA, Jacques, 1972: Die Schrift und die Differenz. Frankfurt/M.

DERRIDA, Jacques, 1974: Grammatologie. Frankfurt/M.

DERRIDA, Jacques, 1976: Signatur, Ereignis, Kontext. In: ders.: Rundgänge der Philosophie. Frankfurt/M., S. 124–155.

DEWEY, John, 1998: Die Suche nach Gewißheit. Eine Untersuchung des Verhältnisses von Erkenntnis und Handeln. Frankfurt/M.

DUDEN, Barbara, 1976: Die Frau ohne Unterleib. Zu Judith Butlers Entkörperung. In: Feministische Studien 2. Kritik der Kategorie „Geschlecht". S. 24–33.

EHLERS, Monika, 2003: Wer bist du? Performanz, Gewalt und Begehren in Kleists Erzählung „Die Verlobung in St. Domingo". In: Eva LEZZI / Monika EHLERS / Sandra SCHRAMM (Hg.): Fremdes Begehren. Transkulturelle Beziehungen in Literatur, Kunst und Medien. Köln, Weimar, S. 132–145.

FISCHER-LICHTE, Erika, 1998: Grenzgänge und Tauschhandel. Auf dem Wege zu einer performativen Kultur. In: dies. u. a. (Hg.): Theater seit den 60er Jahren. Tübingen, Basel, S. 1–20 u. S. 21–91.

FISCHER-LICHTE, Erika / PFLUG, Isabel (Hg.), 2000: Inszenierung von Authentizität. Tübingen, Basel.

FISCHER-LICHTE, Erika / HORN, Christian / WARSTAT, Matthias, 2001: Verkörperung. Tübingen, Basel.

FISCHER-LICHTE, Erika, 2002: Grenzgänge und Tauschhandel. Auf dem Wege zu einer performativen Kultur. In: Uwe WIRTH (Hg.): Performanz. Zwischen Sprachphilosophie und Kulturwissenschaften. Frankfurt/M., S. 277–301.

FISCHER-LICHTE, Erika / HORN, Christian / UMATHUM, Sandra / WARSTAT, Matthias (Hg.), 2003: Performativität und Ereignis. Tübingen, Basel.

FISCHER-LICHTE, Erika, 2004: Ästhetik des Performativen. Frankfurt/M.

FODOR, Jerry A., 1981: Representations. Philosophical Essays on the Foundation of Cognitiv Science. Brighton, Sussex.

FOUCAULT, Michel, 1976: Überwachen und Strafen. Frankfurt/M.

FOUCAULT, Michel, 1977: Der Wille zum Wissen. Sexualität und Wahrheit. Bd. 1. Frankfurt/M.

FRASER, Nancy / NICHOLSON, Linda J., 1993: Social Criticism without Philosophy. An Encounter between Feminism and Postmodernism. In: Linda J. NICHOLSON (Hg.): Feminism/Postmodernism. New York, S. 18–38.

FREUD, Sigmund, 1940: Totem und Tabu. Einige Übereinstimmungen im Seelenleben der Wilden und der Neurotiker. In: ders.: Gesammelte Werke. Bd. IX. Frankfurt/M.

FREUD, Sigmund, 1942: Einige psychische Folgen des anatomischen Geschlechtsunterschieds. In: ders.: Gesammelte Werke. Bd. XIV. Hg. v. A. Freud u. a. Frankfurt/M.

GINZBURG, Carlo, 1992: Repräsentation – das Wort, die Vorstellung, der Gegenstand. In: Freibeuter. Nr. 53, S. 3–23.

HÄRTEL, Ina / SCHADE, Sigrid (Hg.), 2002: Körper und Repräsentation. Opladen.

HOFF, Dagmar von, 1999: Zum Verhältnis von Gender und Geisteswissenschaften. Eine Bestandsaufnahme. In: Hiltrud GNÜG / Renate MÖHRMANN (Hg.): Frauen – Literatur – Geschichte. Schreibende Frauen vom Mittelalter bis zur Gegenwart. Stuttgart, Weimar, S. 603–615.

ISER, Wolfgang, 1991: Das Fiktive und das Imaginäre. Perspektiven literarischer Anthropologie. Frankfurt/M.

KANTOROWICZ, Ernst H., 1957/1990: Die zwei Körper des Königs. Eine Studie zur politischen Theologie des Mittelalters. München.

KRÄMER, Sybille, 1998: Sinnlichkeit, Denken, Medien. Von der ‚Sinnlichkeit als Erkenntnisform' zur ‚Sinnlichkeit als Performanz'. In: Der Sinn der Sinne. Hg. v. Kunst- und Ausstellungshalle der Bundesrepublik Deutschland GmbH. Göttingen, S. 24–39.

KLEIN, Gabriele, 1999: Electronic Vibration. Pop, Kultur, Theorie. Hamburg.

KLEIN, Gabriele (Hg.), 2000: Tanz, Bild, Medien. Hamburg.

KRÄMER, Sybille, 2002: Sprache – Stimme – Schrift. Sieben Gedanken über Performativität als Medialität. In: Uwe WIRTH (Hg.): Performanz. Frankfurt/M., S. 323–346.

LACAN, Jacques, 1991: Encore. Das Seminar XX. Weinheim.

LANDWEER, Hilge / RUMPF, Mechthild, 1993: Kritik der Kategorie „Geschlecht". Streit um Begriffe, Streit um Orientierungen, Streit der Generationen? In: Feministische Studien 2. Kritik der Kategorie „Geschlecht". Weinheim, S. 3–10.

LAPLANCHE, Jean / PONTALIS, Jean-Bertrand, 1972: Das Vokabular der Psychoanalyse. Bd. 1. u. 2. Frankfurt/M.

LAURETIS, Teresa de, 1987: Technologies of Gender. Essays on Theory, Film and Fiction. Bloomington.

LAURETIS, Teresa de, 1996: Die andere Szene. Psychoanalyse und lesbische Sexualität. Berlin.

LEHMANN, Hans-Thies, 1999: Postdramatisches Theater. Frankfurt/M.

LINDEMANN, Gesa, 1993: Wider die Verdrängung des Leibes aus der Geschlechterkonstruktion. In: Feministische Studien 2. Kritik der Kategorie „Geschlecht". S. 44–53.

MERSCH, Dieter, 2002: Ereignis und Aura. Untersuchungen zu einer Ästhetik des Performativen. Frankfurt/M.

MITCHELL, W. J. T., 1995: Representation. In: Frank LENTRICCHIA / Thomas McLAUGHLIN (Hg.): Critical Terms for Literary Study. Chicago, London, S. 11–22.

MULVEY, Laura, 1975: Visual Pleasure and Narrative Cinema. In: Screen 16, S. 6–18.

ROTH, Gerhard, 2001: Fühlen, Denken, Handeln. Wie das Gehirn unser Verhalten steuert. Frankfurt/M.

SIYDE, Nico von der, 1998: Jacques Derrida and the „Mime" of Otherness. In: Bernhard F. SCHOLZ (Hg.): Mimesis. Studien zur literarischen Repräsention / Studies on Literary Representation. Tübingen, Basel, S. 201–212.

STEPHAN, Inge, 1997: Musen & Medusen. Mythos und Geschlecht in der Literatur des 20. Jahrhunderts. Köln, Weimar, Wien.

TAUSSIG, Michael, 1993: Mimesis and Alterity. New York, London.

TURK, Horst, 2003: Philologische Grenzgänge. Zum Cultural Turn in der Literatur. Würzburg.

TURNER, Victor, 1995: Vom Ritual zum Theater. Frankfurt/M., S. 227–250.

VILLA, Paula-Irene, 2003: Judith Butler. Frankfurt/M.

VINKEN, Barbara (Hg.), 1992: Dekonstruktiver Feminismus. Literaturwissenschaft in Amerika. Frankfurt/M.

WEISSBERG, Liliane (Hg.), 1994: Weiblichkeit als Maskerade. Frankfurt/M.

WIRTH, Uwe (Hg.), 2002: Performanz. Zwischen Sprachphilosophie und Kulturwissenschaften. Frankfurt/M.

WRIGHT, Elizabeth (Hg.), 1992: Feminism and Psychoanalysis. A Critical Dictionary. Oxford.

LEBENSWISSENSCHAFTEN

von *Kerstin Palm*

Was sind Lebenswissenschaften?

Der Begriff der Lebenswissenschaften umfasst im heutigen Sprachgebrauch in Anlehnung an die amerikanische Bezeichnung ‚life sciences' den gesamten Bereich der mit ‚lebenden Systemen' befassten Wissenschaften. Dazu gehören neben der Biologie und der Human-, Tier- und Phytomedizin die Agrar- und Forstwissenschaften, die Pharmazie und Pharmakologie, die lebensmittelkundlichen Wissenschaften, die Gesundheitswissenschaften/Public Health Sciences und die Bio-, Gen- und Reproduktionstechnologien. In diesem sehr heterogenen Forschungs- und Praxisfeld versammeln sich mit fachspezifisch verschiedenen Anteilen unterschiedliche thematische und methodische Ausrichtungen. Zum einen ist dies die naturwissenschaftliche Grundlagenforschung, die sich mit der Struktur- und Funktionsaufklärung von Lebewesen bzw. Lebensgemeinschaften beschäftigt und zum zweiten die ingenieurwissenschaftliche Entwicklung und Anwendung technischer Nutzungsweisen bestimmter Stoffwechselleistungen von Organismen oder deren Bestandteilen. Ein dritter, heilkundlich ausgerichteter Strang ist auf die Entwicklung und Anwendung diagnostischer und therapeutischer Verfahren und Theorien zur Behandlung von Krankheiten bei Pflanzen, Tieren und Menschen bezogen, ein viertes Anliegen betrifft die Produktion und Bearbeitung von Nahrungsmitteln und anderen organischen Substanzen, die z. B. als Baumaterial oder Kleidungsgrundstoff verwendet werden. Der relativ junge Forschungsbereich der Gesundheitswissenschaften schließlich zeichnet sich vor allem durch verschiedene sozialwissenschaftlich ausgerichtete Zugangsweisen und Fragestellungen aus.

Sowohl die naturwissenschaftliche als auch die ingenieurwissenschaftliche und die verwertungsbezogene Perspektive der Lebenswissenschaften entwickeln selbst keinen Begriff von Gender, da sie sich im Zuge der epistemologischen Aufspaltung der Wissenschaftskulturen ausschließlich für die empirisch-analytisch basierte nicht-historische Beschreibung des biologischen Geschlechts (sex) bzw. dessen technische und medizinische Handhabung zuständig sehen.

Die Kategorie Gender hingegen ist mit den Forschungsparadigmen der sozial- und kulturwissenschaftlichen Wissenschaftskulturen formuliert und eröffnet ein ganz anders orientiertes Forschungsfeld, das auf die historisch entstandenen geschlechtsspezifischen Positionszuweisungen in einer sozialen bzw. symbolischen Machtordnung bezogen ist. Daher werden die Genderaspekte der lebenswissenschaftlichen

Theoriebildung und Praxis methodisch von diesen metakritischen und historisierenden Zugängen bearbeitet. Zusätzlich befassen sich aber auch interdisziplinär ausgerichtete Teilgebiete der Lebenswissenschaften, denen ein sozial- und kulturwissenschaftliches Begriffsspektrum zur Verfügung stehen, wie z. B. die Geschichte der
Medizin, die Gesundheitswissenschaften oder die Landwirtschaft, mit Genderfragen.

Geschichte der Lebenswissenschaften

Erst seit dem ausgehenden 18. Jahrhundert finden sich in naturkundlichen Schriften
vermehrt Bezeichnungen wie Lebenswissenschaft, Lebenslehre oder auch Biologie,
die in Abgrenzung zu den Wissenschaften des Unbelebten gesetzt wurden. Obwohl
der unter diesen Begriffen fortan gefasste Forschungs- und Theoriebereich schon
Jahrhunderte während wissenschaftliche Bemühungen fortsetzte, ist die ausdrückli-
che Ausrufung einer eigenständigen Wissenschaft vom Leben doch erst auf diesen
historischen Zeitpunkt anzusetzen.

In der Renaissance fand die akademische Beschäftigung mit den Lebewesen und
dem lebenden Körper unter neuer Bezugnahme auf antike Vorstellungen und einer
kritischen Revision vieler mittelalterlicher Konzepte noch vor allem im Rahmen der
Medizin und verschiedener naturphilosophisch orientierter philosophischer Fakultäten statt. In dieser Zeit entstanden in der Naturgeschichte umfangreiche zoologische
Enzyklopädien und Heilkräuteratlanten und eine durch neue chirurgische Praktiken
ermöglichte empirische Anatomie und Physiologie. Letztere wurden unter dem Einfluss der mechanischen Wissenschaften im 17. Jahrhundert in mechanomorphen
Theorien fortgeschrieben (Iatromechanik)[1] und veränderten die medizinischen Behandlungsmethoden wesentlich. Gleichzeitig beförderte die aus der Alchemie
kommende zunehmend naturwissenschaftlich ausgerichtete Iatrochemie das Studium physiologischer Umwandlungsprozesse des Körpers und die Entwicklung neuer
Arzneimittel

Zwei zentrale Themen des 18. Jahrhunderts waren in diesen ‚Prä-Lebenswissen-
schaften' dann die Aufstellung umfangreicher Ordnungssysteme für die enzyklopä-
disch dokumentierten Naturphänomene sowie die Frage nach den Vorgängen bei
der Zeugung, Keimes- und Individualentwicklung. Während z. B. Carl von Linné
mit seinem ‚Systema naturae' 1735 eine neue einflussreiche an den Sexualorganen
der Pflanzen orientierte botanische Taxonomie formulierte und das Tier- und Mine-
raliensystem neu strukturierte, entstand zugleich in der Physiologie eine kontroverse
Diskussion über die formenden Kräfte bei der embryonalen Gestaltbildung und die
Rolle der Geschlechter beim Fortpflanzungsprozess.

Seit Mitte des 18. Jahrhunderts gliederten sich zusehends biologische Teilbereiche aus den medizinischen und philosophischen Fachbereichen aus und wurden zusammen mit den neu in die Universitäten aufgenommenen Fächern der Land- und

---

1   Iatrik = Heilkunst.

Forstwissenschaft zu selbständigen Lehrdisziplinen. Der enge Forschungsverbund und inhaltliche Austausch von Medizin und Biologie blieb aber weiterhin erhalten. Parallel zur Disziplinenbildung der Biologie selbst bzw. dann ihrer Aufspaltung in verschiedene Teildisziplinen setzte eine bedeutende Veränderung in den Konzepten von Lebewesen und Leben ein. Das mechanomorphe Maschinenmodell von Lebewesen wurde von einem biomorphen Organismusmodell abgelöst, auf dessen Grundlage nun die spezifischen lebenswissenschaftlichen Fragestellungen entstehen konnten, die nach Eigengesetzlichkeiten des Lebendigen jenseits der unbelebten Natur zu suchen begannen.

Mit der Zelltheorie im zweiten Drittel des 19. Jahrhunderts, die in der Zelle den Schlüssel für die Entstehung und Gestaltbildung der Lebewesen sah, änderte sich dann der Blick auf den Organismus noch einmal grundlegend. Schon kurz vorher war die Eizelle beim Säugetier gesichtet sowie ein Zellkern für alle pflanzlichen und tierischen Zellen beschrieben worden, dem eine zentrale Rolle bei der Zellbildung zugedacht wurde. Mehr als vierzig Jahre später erfolgte dann erstmals die gezielte Beobachtung des Befruchtungsvorganges und der Verschmelzung von Eizellen- und Spermakern. Die Zelltheorie legte nicht nur den Grundstein für die anschließenden Versuche, die Embryonalentwicklung kausalmaterialistisch ohne Annahme einer Vitalkraft zu erklären, sondern führte auch zusammen mit anderen Forschungsrichtungen der Biologie und Medizin zu einer streng empirischen, experimentellen Forschungspraxis, die sich gegen naturphilosophische und insbesondere vitalistische Spekulationen wandte. Damit entfaltete sich ein intensives und in viele Teilgebiete differenziertes kausal-physiologisches Studium von Einzelzellen, Mikroorganismen, Organen und Entwicklungsvorgängen, aber auch einzelner Phänomene wie der ‚thierischen Electricität‘ (später: Neurophysiologie), der ‚inneren Sekrete‘ (ab 1902: Hormone) oder der pflanzlichen Energetik. Neue Forschungsbereiche wie die Tierpsychologie (später: Verhaltensforschung) und die Ökologie begannen sich zu etablieren.

In der Medizin kam es unter dem Einfluß der Experimentalwissenschaften zu einem zunehmenden Einsatz von physikalisch- und chemisch-diagnostischen Methoden. Durch die neue Physiologie, Zellularpathologie und Bakteriologie entstanden neuartige Krankheitskonzepte und Behandlungsmethoden, unterstützt von der Entwicklung neuer Medikamente durch die aus der Iatrochemie entstandenen Pharmakologie.

Parallel zur Formulierung der Evolutionstheorie durch Charles Darwin, die die Zweckmäßigkeit von Körperformen und physiologischen Prozessen auf naturwissenschaftlich nachvollziehbare Wirkursachen bezog und den Anstoß dazu gab, Vorstellungen von göttlicher Teleologie in der Biologie in Frage zu stellen, wurde in der zweiten Hälfte des 19. Jahrhunderts zugleich die Forschung über die Ontogenese (Individualentwicklung) forciert. In diesem Zusammenhang versuchte z. B. Gregor Mendel in den 1860er Jahren die bis dahin deskriptiv betriebene Tier- und Pflanzenzüchtung auf physiologische und quantitativ formulierbare Vererbungsregeln zurückzuführen. Diese Mendelschen Vererbungsgesetze bildeten dann um 1900 wichtige Grundlagen der entstehenden Vererbungswissenschaft, für die 1906 der Begriff

Genetik geprägt wurde. Um 1910 wurden schließlich die Chromosomen als Träger der Erbanlagen beschrieben, wenig später die Gentheorie als Lehre von distinkten funktionalen Bereichen auf den Chromosomen entwickelt.

Die Integration neuer Theoreme wie die Systemtheorie, die Synergetik, die Kybernetik, die Spieltheorie und die Informationstheorie im 20. Jahrhundert erbrachten ebenso wie die Synthese vormals getrennter biologischer Teilbereiche wie z. B. Evolutionstheorie und Genetik zur Synthetischen Theorie der Evolution neue übergreifende Entwürfe von Leben jenseits von vitalistischen und mechanistischen Vorstellungen. Lebewesen werden heute als selbstorganisierte und selbstregulierte offene Systeme angesehen, welche quantifizierbare Stoff-, Energie- und Informationsmengen mit der Umgebung austauschen und sich in einem chemischen Fließgleichgewicht fernab vom energetischen Gleichgewicht befinden. Insbesondere die in der zweiten Hälfte des 20. Jahrhunderts etablierte Molekularbiologie hat zu diesen umwälzenden Entwicklungen entscheidend beigetragen.

Die heutigen Lebenswissenschaften sind also im Zuge der biomorphen Wende um 1800 aus der Naturphilosophie, der Naturgeschichte und der Medizin der Aufklärung entstanden und haben sich während des 19. Jahrhunderts im Rahmen fachlicher Disziplinierungs- und Institutionalisierungsprozesse der entstehenden modernen Universitätsstruktur in zahlreiche Teilgebiete aufgegliedert. Ihre Auffassung von Leben durchlief während ihrer Formierungsphase im 19. Jahrhundert durch neue Experimentalpraktiken und antimetaphysische Konzepte wie die Evolutionstheorie und die Zelltheorie entscheidende Rationalisierungs- und Positivierungsprozesse, die den postmechanistischen hochformalisierten Organismuskonzepten des 20. Jahrhunderts den Weg bereiteten. Aufgrund der kostenintensiven Forschung wurde und wird sie außerdem inhaltlich bis heute stark durch staatliche und wirtschaftliche Geldgeber bestimmt.

Mit ihren umfangreichen Experimentalsystemen und ihren industriellen Anwendungsbereichen integrieren die Lebenswissenschaften schließlich bedeutende technologische Bereiche in ihr Ressort. Zu den wichtigsten gehören heute die Bio-, Reproduktions- und Gentechnologien.

Die heutige Biotechnologie versteht sich selbst als ein Tätigkeitsfeld, das an eine Jahrtausende währende alltägliche Praxis der Nahrungsmittelgewinnung anschließt und erst mit der Entdeckung von Mikroorganismen im 17. Jahrhundert zusehends verwissenschaftlicht wurde. Seit Mitte der 1980er Jahre ist sie in der BRD als eine eigenständige Ingenieurwissenschaft studierbar oder als Teilbereich anderer Studiengänge wie Verfahrenstechnik, Chemieingenieurwesen oder Biologie belegbar. Im Allgemeinen wird unterschieden zwischen der traditionellen Biotechnologie, die seit ca. 6000 Jahren fermentierende Mikroorganismen ohne Kenntnis ihrer Existenz zur Herstellung von Wein, Bier und später auch Brot, Essig und Käse nutzte, und einer modernen Biotechnologie, die seit Mitte des 19. Jahrhunderts zunehmend eine auf naturwissenschaftlichen Erkenntnissen beruhende gezielte Verwendung lebender Mikroorganismen, pflanzlicher und tierischer Zellkulturen oder daraus gewonnener Bestandteile im Rahmen technischer Verfahren betrieb (neben der Nahrungsmittelherstellung z. B. auch in der mikrobiellen Abwasserreinigung Ende des 19. Jahrhunderts, in der Penicillinherstellung durch Schimmelpilze ab 1941 u. v. m.). Davon wird inzwischen die neue Biotechnologie abgegrenzt, die durch die neuentwickelte Methode der Gentechnik seit den 1970er Jahren eine entscheidende Wandlung vollzogen hat, da sie zusehends mit gentechnisch veränderten Mikroorganismen arbeitet. Auf dieser Grundlage sind die kommerzielle Stoffumwandlung und Gewinnung von synthetischen Stoffen durch Mikroorganismen (Vitamine, Aromastoffe, Medikamente und Impfstoffe, Enzyme als Waschmittelzusatz u.v. a.m.) umfassend ausgebaut worden.[2]

Die Reproduktionstechnologien umfassen alle gezielt in die Reproduktionsvorgänge von Organismen eingreifende Praktiken und bezeichnen zum einen die in der Landwirtschaft angewandten klassischen Zuchtmethoden durch Selektion und Kreuzung von Pflanzen und Tieren, die seit der Entwicklung der Evolutionstheorie und insbesondere der Genetik zusehends verwissenschaftlicht wurden. Im Bereich der Tierzucht wird außerdem schon seit Anfang des 20. Jahrhunderts die künstliche Besamung durchgeführt, die seit den 1950er Jahren durch internationalen Spermahandel, künstliche Ovulation bzw. Zyklussynchronisation, Embryonenteilung (künstliche Zwillingsherstellung) und Embryonentransfer und schließlich die gezielte Eizellengewinnung für die In-Vitro-Fertilisation (IVF)[3] optimiert wurde. Seit den 1970er Jahren werden zusätzlich gentechnische Methoden in diesem Bereich eingesetzt, um in größerem Umfang transgene[4] Pflanzen und, bisher noch experimentell und in kleinem Umfang, auch transgene Tiere herzustellen.

Die Reproduktionsmedizin für den Menschen umfasst neben der Entwicklung und dem Einsatz von Kontrazeptiva vor allem die medizinische Schwangerschaftsbegleitung (z. B. durch Ultraschall) und Geburtshilfe sowie die gynäkologische und andrologische[5] Diagnostik und Behandlung von Sterilität bei Frauen und Männern.

---

2 Eine sehr gute und aktuelle Übersicht über alle Phasen biotechnologischer Praxis bieten S. HEIDEN / C. BURSCHEL / R. ERB, Biotechnologie als interdisziplinäre Herausforderung, Heidelberg, Berlin 2001.
3 IVF = In-Vitro-Fertilisation, extracorporale Befruchtung im Reagenzglas.
4 transgener Organismus = Organismus, der durch DNA-Injektion in die befruchtete Eizelle mit artfremden Genen ausgestattet wird, z. B. ein Bakterium mit menschlichem Insulingen, eine Maus mit menschlichem Brustkrebsgen. Sie dienen z. B. der Erforschung von Erbkrankheiten, der Erprobung von Medikamenten oder auch der Herstellung einer günstigen Merkmalkombination bei landwirtschaftlichen Nutztieren und -pflanzen (Resistenzen gegen Herbizide, Frost etc., Optimierung der Inhaltsstoffe etc.). In der Xenotransplantationsforschung wird außerdem die Zucht transgener Schweine getestet, die durch den Import menschlicher Gene zur Organspende für Menschen ohne Abstoßungsreaktionen genutzt werden sollen.
5 Für diesen recht jungen medizinischen Bereich der Andrologie gibt es bisher nur wenige Übersichtswerke, empfehlenswert z. B. E. NIESCHLAG / H. BEHRE, Andrologie. Grundlagen und Klinik der reproduktiven Gesundheit des Mannes, Berlin, New York u. a. [2]2000.

Dazu werden neben der Präimplantationsdiagnostik (PID)[6] und der Pränataldiagnostik (PND)[7] als gendiagnostische Verfahren auch Techniken der sogenannten assistierten Fertilität gerechnet. Zu der zuletzt genannten medizinischen Praxis gehören z. B. der intratubare Embryonentransfer (EIFT)[8], die In-Vitro-Fertilisation (IVF)[9] und die vor allem bei wenig beweglichen Spermien angewendete intrauterine Insemination (IUI)[10], der Gamete Intrafallopian Transfer (GIFT)[11] sowie die subzonale Insemination (SUZI) bzw. die intrazytoplasmatische Injektion (ISCI)[12]. Neuerdings werden dem Bereich der Reproduktionstechnologien auch Klonierungsverfahren für Säugetiere und die Stammzellenforschung zugerechnet, während die technisch nicht sehr aufwendige Klonierung von Mikroorganismen schon seit über hundert Jahren Bestandteil biotechnologischer Praxis ist. Die dargestellten Verfahren unterliegen länderspezifisch unterschiedlichen juristischen Bestimmungen.

Die Gentechnik[13] ist ein zentrales methodisches Element der heutigen biologischen und medizinischen Grundlagenforschung, Biotechnologie, Reproduktionsmedizin und landwirtschaftlichen Zuchtpraxis und hat einen seit den 1970er Jahren steigenden Anteil an diesen Bereichen. Nachdem 1953 die Doppelhelix-Struktur und der Replikationsmodus der DNA[14] und 1966 der sogenannte ‚genetische Code' beschrieben wurde, entstanden 1972 nach ersten Sequenzierungserfolgen erstmalig rekombinante DNA-Moleküle[15], deren Herstellungsmodus dann 1982 in der Produktion von Humaninsulin durch gentechnisch veränderte Bakterien eingesetzt wurde. Das Zerlegen und die Neukombination von DNA-Fragmenten war durch die Nutzbarmachung von zerschneidenden und verbindenden Enzymen möglich geworden, die neben den DNA-vermehrenden und -modifizierenden Enzymen sowie DNA-einschleusenden Viren zu den wichtigsten Werkzeugen der Gentechnik geworden sind. Es wird im Allgemeinen unterschieden zwischen der Roten Gentechnik (in

---

6 PID = Präimplantationsdiagnostik, dabei wird eine im Reagenzglas befruchtete Eizelle gendiagnostisch untersucht und je nach Ergebnis der Embryo in den Uterus eingepflanzt oder verworfen.

7 PND = Pränataldiagnostik, dabei werden fötale Zellen aus dem Fruchtwasser oder dem mütterlichen Organismus gendiagnostisch untersucht und je nach Ergebnis Abtreibungsentscheidungen getroffen oder auch therapeutische Maßnahmen am Embryo im Mutterleib eingeleitet.

8 EIFT = intratubarer Embryonentransfer, dabei wird ein Transfer extracorporal befruchteter Eizellen in den Eileiter vorgenommen.

9 Vgl. F.n. 5. Durch IVF entstand 1978 das erste ‚Retortenbaby' Louise Brown.

10 IUI = intrauterine Insemination, dabei wird Sperma direkt in den Uterus injiziert.

11 GIFT = Gamete Intrafallopian Transfer, dabei wird Sperma direkt in den Eileiter injiziert.

12 SUZI = subzonale Insemination, ISCI = intrazytoplasmatische Injektion; dabei wird in zwei verschiedenen Weisen Sperma direkt in die Eizelle injiziert.

13 Vgl. dazu die informative Übersicht von W. BEER / E. BREMEKAMP / E. DROSTE / C. WULFF, Gentechnik, Bonn 1999.

14 DNA: Desoxyribonucleinsäure, replikationsfähiges spiralförmiges Makromolekül.

15 Rekombinante DNA: Kombination aus DNA-Versatzstücken verschiedener Organismen, dient der Neukombination von Genmaterial.

Medizin, Pharmakologie und Tierproduktion) und der Grünen Gentechnik (in der pflanzenbezogenen Forschung und Pflanzenproduktion).

Ganz anders als der beschriebene naturwissenschaftlich-technische Bereich behandeln schließlich die sich erst seit den 1970er Jahren herausbildenden Gesundheitswissenschaften/Public Health Sciences die sozial- und verhaltenswissenschaftlichen, organisations- und managementbezogenen, gesundheitsökonomischen und -politischen sowie die ökologischen Aspekte von medizinischer Versorgung. Sie stellen damit eine vielschichtige Begleitforschung zu dem gesellschaftlich bedeutenden biomedizinisch-sozialen Komplex des modernen Gesundheitssystems dar.

Genderforschung zu einzelnen Bereichen der Lebenswissenschaften

Es liegt inzwischen eine sehr reichhaltige Auswahl unterschiedlicher Studien zu Genderaspekten in den Lebenswissenschaften vor, die in umfangreichen Bibliographien dokumentiert[16] und durch inhaltliche Systematiken des Forschungsfeldes geordnet werden[17]. Die meisten Arbeiten konzentrieren sich auf die Biologie und den medizinischen Bereich, für die Land- und Fortwirtschaft sowie Pharmazie und Pharmakologie hingegen stehen die Genderanalysen erst am Anfang.

Die Lebenswissenschaften sind für die Genderforschung deshalb von besonderem Interesse, weil dessen Verständnis von der Natur der Geschlechter als empirisch begründetes Tatsachenwissen große wissenschaftliche Autorität und Glaubwürdigkeit genießt und deshalb einen gravierenden Einfluss auf die Geschlechterverhältnisse ausüben kann. Mit der Genderperspektive greifen, wie anfangs erwähnt, andere Forschungsparadigmen als die der naturwissenschaftlich-technischen Fächer auf die lebenswissenschaftlichen Bereiche zu, um zum einen die wissenschaftlichen Beschreibungen des biologischen Geschlechts zu historisieren und damit an einen bestimmten gesellschaftlichen Entstehungskontext rückzubinden und zum zweiten epistemologisch zu reflektieren als Ergebnis bestimmter erkenntnisgewinnender Praktiken, die wesentlich auch durch institutionelle Machtverhältnisse geprägt werden.

---

16 Vgl. M. MAURER, Frauenforschung in Naturwissenschaft, Technik und Medizin, Wien 1993; M. B. OGILVIE, Women and science. An annotated bibliography, New York, London 1996.

17 Vgl. L. SCHIEBINGER, The history and philosophy of women in science. A review essay, in: Signs 12 (1987), S. 305–332; B. ORLAND / M. RÖSSLER, Women in science – Gender and science. Ansätze feministischer Naturwissenschaftskritik im Überblick, in: B. ORLAND / E. SCHEICH (Hg.), Das Geschlecht der Natur. Feministische Beiträge zur Geschichte und Theorie der Naturwissenschaften, Frankfurt/M. 1995, S. 13–63; E. F. KELLER, Origin, history, and politics of the subject called ‚Gender and science‘. A first person account, in: S. JASANOFF u. a. (Hg.), Handbook of science and technology studies, Thousand Oaks u. a. 1995, S. 80–94; E. SCHEICH, Naturwissenschaften, in: C. v. BRAUN / I. STEPHAN (Hg.), Gender-Studien. Eine Einführung, Stuttgart, Weimar 2000, S. 193–206.

Mit dieser metakritischen Sicht auf Formulierungen von ‚sex' lässt sich darstellen,
dass das gesamte Wissen über Geschlecht, Körper und Leben sowie die lebenswis-
senschaftliche Praxis grundlegend durch Genderauffassungen strukturiert werden,
wie im Folgenden anhand von Beispielen für einzelne Bereiche ausgeführt werden
soll.

Gender organisiert aus dieser Perspektive aber nicht nur die inhaltliche Ebene
der Lebenswissenschaften, sondern ist ebenso in die kognitive Struktur vor allem der
objektivierenden, nicht historisch ausgerichteten Bereiche mit ihrem Anspruch auf
Wertfreiheit, Objektivität, Universalität und reiner empirisch basierter Erkenntnis
eingelassen. Wie inzwischen zahlreiche wissenschaftstheoretische, psychoanalytische und sprachanalytische Studien herausgestellt haben, ist mit dieser im 17. Jahrhundert entstandenen Erkenntnishaltung die Konstitution einer spezifischen männlichen Subjektivität verbunden, deren Selbstverständnis und Naturverhältnis an einer
hierarchischen Geschlechterbeziehung ausgerichtet ist und eine naturalisierte Weib-
lichkeitskonzeption hervorbringt.[18]

Die Genderforschung der Lebenswissenschaften ist Teil einer internationalen
und inzwischen gut ausgearbeiteten Debatte über die sozialen und kulturellen Implikationen der Natur- und Technikwissenschaften, die sich in dem neuen interdisziplinären Forschungsfeld der Wissenschaftsforschung etabliert hat.[19] Die lebenswissenschaftlichen Bereiche mit gesellschaftswissenschaftlichen Anteilen finden darüber
hinaus Anschluss an die elaborierten Ansätze der sozialwissenschaftlichen Frauen-
und Geschlechterforschung.

Biologie

Als die Biologie Anfang des 19. Jahrhunderts als eigenständige Disziplin entstand,
führte sie ein heterogenes und spannungsreiches Spektrum von Geschlechtervorstellungen aus verschiedenen Traditionen weiter und wob es mit neuen bürgerlichen
Natur- und Körperauffassungen zusammen. Zahlreiche Genderstudien beschreiben
diesen Mitte des 18. Jahrhunderts noch in der Medizin einsetzenden Umschlag vom
mechanomorphen zum biomorphen Körpermodell als entscheidende Umbruchphase
im Verständnis von sexueller Differenz, Sexualität und Reproduktion.[20] War Ge-

---

18 Vgl. E. SCHEICH, Naturbeherrschung und Weiblichkeit. Denkformen und Phantasmen der
    modernen Naturwissenschaften, Pfaffenweiler 1993; D. HARAWAY, Die Neuerfindung der
    Natur. Primaten, Cyborgs und Frauen, Frankfurt/M., New York 1995; D. HARAWAY, Mo-
    dest_Witness@Second_Millennium. FemaleMan©_Meets_OncoMouse™, New York, Lon-
    don 1997; C. GRANSEE, Grenz-Bestimmungen. Zum Problem identitätslogischer Konstruk-
    tionen von ‚Natur' und ‚Geschlecht', Tübingen 1999 u. v. m.
19 Eine gute Übersicht über die Geschichte und Systematik der internationalen Wissen-
    schaftsforschung vermitteln U. FELT / H. NOWOTNY / K. TASCHWER, Wissenschaftsfor-
    schung. Eine Einführung, Frankfurt/M., New York 1995.
20 Vgl. z. B. C. HONEGGER, Die Ordnung der Geschlechter. Die Wissenschaften vom Men-
    schen und das Weib, Frankfurt/M. 1991; T. LAQUEUR, Auf den Leib geschrieben. Die

schlechtlichkeit aus mechanistischer Sicht auf die Geschlechtsorgane beschränkt gewesen, durchdrang sie nun im Lichte der organisch-ganzheitlichen Vorstellungen den gesamten menschlichen Körper und betraf nicht nur alle Organe, sondern aufgrund der nun angenommenen Verbindung zwischen Genitalität und Geschlechteridentität auch die moralische und geistige Verfasstheit. Auf diese Weise konnte eine umfassende psycho-physiologische Differenz zwischen den Geschlechtern begründet werden, in der die bürgerliche Geschlechterordnung gespiegelt war und sich damit zugleich eine naturalistische Legitimation verschaffte.

Diese Strukturierung und inhaltliche Ausformung der biologischen Körpertheorien durch die gesellschaftlichen Geschlechterverhältnisse ist inzwischen für die gesamte zweihundertjährige Geschichte der Biologie anhand zahlreicher Beispiele beschrieben worden.[21] Insbesondere die von Charles Darwin Mitte des 19. Jahrhunderts mit den Geschlechterrollen des viktorianischen England ausgestattete Evolutionstheorie war ein ergiebiges Analysefeld[22] ebenso die in den 1970er Jahren entstandene Soziobiologie[23] mit ihrem Versuch, die geschlechtsspezifische Arbeitsteilung und gesellschaftlichen Hierarchieverhältnisse evolutionstheoretisch herzuleiten und dabei die Geschlechterordnung der industrialisierten westlichen Welt in der Struktur der menschlichen Urhorde begründet zu finden. Aber auch die schon seit der Antike diskutierten Zeugungs- und Fortpflanzungstheorien ließen sich als Austragungsorte für die Charakterisierung und gesellschaftliche Positionszuweisung der Geschlechter beschreiben.[24]

Weitere Studien bekunden ebenfalls für Bereiche wie Gehirnforschung, Endokrinologie (Hormonforschung), aber auch für Zellbiologie, Mikrobiologie, Molekularbiolo-

---

Inszenierung der Geschlechter von der Antike bis Freud, München 1996; L. SCHIEBINGER, Schöne Geister. Frauen in den Anfängen der modernen Wissenschaft, Stuttgart 1993; L. JORDANOVA, Sexual visions. Images of gender in science and medicine between the eighteenth and twentieth centuries, Madison, Wisc. 1989; L. JORDANOVA, Nature displayed. Gender, science and medicine 1760–1820, London, New York 1999.

21 Vgl. u. a. R. BLEIER, Science and gender. A critique of biology and its theories on women, Oxford, New York 1984; S. ROSSER, Biology & feminism, New York u. a. 1992; N. TUANA (Hg.), Feminism & science, Bloomington, Indianapolis 1989; R. HUBBARD, The politics of women's biology, London 1990; E. F. KELLER / H. LONGINO, Feminism and science, Oxford, New York 1996; M. LEDERMAN / I. BARTSCH, The gender and science reader, London, New York 2001; A. FAUSTO-STERLING, Sexing the body. Gender politics and the construction of sexuality, New York 2000; G. KIRKUP / L. SMITH / E. F. KELLER (Hg.), Inventing women. Science, technology and gender, Cambridge 1992.

22 Vgl. auch C. RUSSET, Sexual science. The victorian construction of womanhood, Cambridge, London 1989; SCHEICH, Naturbeherrschung und Weiblichkeit.

23 Die Soziobiologie ist ein Syntheseprodukt aus Verhaltensforschung, Genetik und Evolutionstheorie und versucht tierisches und menschliches Verhalten auf evolutiv entstandene genetische Muster zurückzuführen.

24 Vgl. auch N. TUANA, Der schwächere Samen. Androzentrismus in der Aristotelischen Zeugungstheorie und der Galenschen Anatomie, in: ORLAND / SCHEICH (Hg.), Das Geschlecht der Natur, S. 203–223.

gie und Genetik projektive Übertragungen von gesellschaftlichen Geschlechterauffassungen, die beispielsweise Bakterien- und Algenzellen bei sexuellen Vorgängen in Abhängigkeit von ihrer Beweglichkeit und Ausstattung mit geschlechtsspezifischen Bezeichnungen belegen (bewegliche Zellen mit bestimmtem genetischen Material = männliche +Zellen, unbewegliche Zellen ohne bestimmtes genetisches Material = weibliche –Zellen)[25] oder Ei- und Samenzelle während des Befruchtungsvorganges wie die Protagonisten eines Dornröschennarrativs erscheinen lassen.[26] Und auch für die Etablierung bestimmter Hormone als Geschlechtshormone und schließlich maßgebliche Geschlechteressenzen im 20. Jahrhundert konnte eine komplexe Geschichte der Geschlechterzuschreibungen nachgezeichnet werden.[27]

Die Biologie erweist sich aus der Genderperspektive nicht nur als diskursiver Raum für Bestimmungen der Geschlechterdifferenz, sondern auch der Zweigeschlechtlichkeit und Heterosexualität. Dies können beispielsweise Untersuchungen über den Wandel und gesellschaftlichen Einfluss des biologischen Verständnisses von Homosexualität von der pathologischen Einzelabweichung im 19. Jahrhundert bis zur biologisch sinnvollen und im Tierreich weitverbreiteten sexuellen Orientierung[28] im ausgehenden 20. Jahrhundert zeigen.[29] Eine interessante Studie von Jim McKnight beleuchtet das spezielle Problem der Evolutionstheorie mit homosexuellen Lebewesen, die in der auf individuellen Fortpflanzungserfolgen basierenden Stammesgeschichte zunächst keinen Sinn ergaben.[30]

Gendervorstellungen werden inzwischen auch in den Grundstrukturen biologischer bzw. ,präbiologischer' Modelle, Theorien und Praktiken aufgespürt, die nicht unmittelbar auf Geschlecht bezogen sind.

So beschreibt z. B. Londa Schiebinger in zwei aufschlussreichen Studien über die Pflanzen- und Tiersystematik des 18. Jahrhunderts, in welcher Weise Carl von Linné sich in seiner Namensgebung und bei Klassifizierungen von zeitgenössischen Geschlechtervorstellungen leiten ließ. So habe er die von Aristoteles begründete Kategorie der ,Vierfüßler' unter Bezug auf neue gesellschaftliche Positionszuweisungen der

---

25 Vgl. B. SPANIER, Im/partial science. Gender ideology in molecular biology, Bloomington, Indianapolis 1996.

26 Vgl. E. MARTIN, The egg and the sperm. How science has constructed a romance based on stereotypical male-female roles, in: Signs 16 (1991), S. 485–501; THE BIOLOGY AND GENDER STUDY GROUP, The importance of feminist critique for contemporary cell biology, in: N. TUANA (Hg.), Feminism & Science, Bloomington, Indianapolis 1989, S. 172–187.

27 N. OUDSHOORN, Beyond the natural body. An archaeology of sex hormones. London, New York 1994.

28 Vgl. als Anschauungsbeispiel z. B. die ausführliche Übersicht über Homosexualität im Tierreich von B. BAGEMIHL, Biological exuberance. Animal homosexuality and natural diversity, New York 1999.

29 Vgl. u. a. S. LEVAY, Queer science. The use and abuse of research into homosexuality, Cambridge 1997.

30 J. MCKNIGHT, Straight science? Homosexuality, evolution and adaptation, London, New York 1997.

Geschlechter durch die auf die weibliche Brust verweisende Bezeichnung ‚Säugetiere' (lat.: Mammalia) ersetzt, obwohl dieser Begriff durch den Ausschluss männlicher Tiere sachlich problematisch erscheint.[31] Auch für das auf den geschlechtlichen Teilen von Pflanzen beruhende taxonomische System der Botanik habe sich Linné an der Geschlechterordnung orientiert, indem er den männlichen Teilen die Priorität in der Bestimmung des Status einer Pflanze gab.[32]

Ein ganz anderes Beispiel liefert die innovative Studie von Sarah Jansen über die angewandte Entomologie (Insektenkunde) Anfang des 20. Jahrhunderts, in der sie zeigen kann, dass neben vielen anderen Aspekten ein bestimmtes Konzept von Männlichkeit konstitutiv für die symbolischen und materiellen Praktiken dieses Fachgebietes war.[33]

Die genannten und unzählige weitere Beispiele zeigen bestimmte Grundorientierungen des biologischen Wissens auf, die die gesamte Biologiegeschichte prägen. Dies ist zum einen die nachdrückliche Betonung einer heteronormativ und hierarchisch organisierten Geschlechterdifferenz, die in verschiedenen inhaltlichen Variationen immer wieder durch eine Verbindung von Weiblichkeit mit Passivität und Inferiorität und Männlichkeit mit Aktivität und Superiorität hergestellt wird. Haraway hat in diesem Zusammenhang darauf hingewiesen, dass in der Primatologie Bedeutungsverschiebungen einzusetzen beginnen durch die Einflüsse einiger Primatologinnen, die weibliche Tiere als aktive, selbständige und maßgeblich bestimmende Gruppenmitglieder beschreiben und so ein anderes Genderparadigma eröffnen.[34] Zum anderen werden komplexe zeitspezifische Genderszenarios in Arrangements des biologischen Geschlechts transferiert und dadurch zugleich ideologisch mit dem Anschein des Natürlichen versehen. Drittens strukturieren Geschlechtervorstellungen grundlegende biologische Theoriemuster und Modelle. Die Biologie wird auf diese Weise zu einem Aushandlungsfeld für zentrale metaphysische und politische Fragen der westlichen Gesellschaften, die gleichermaßen den Ursprung und die Konstitution des Menschen wie der gesamten sozialen und symbolischen Ordnung betreffen.[35] Inzwischen existiert der holistische Organismus des 19. Jahrhunderts mit seiner umfassenden Geschlechtlichkeit in der Biologie nicht mehr, an seine Stelle ist ein rückkopplungsgesteuertes System mit flexiblen Schnittstellen zur Umgebung und

31 L. SCHIEBINGER, Woher die Säugetiere ihren Namen haben, in: dies., Am Busen der Natur. Erkenntnis und Geschlecht in den Anfängen der Wissenschaft, Stuttgart 1993, S. 67–113.
32 L. SCHIEBINGER, Das private Leben der Pflanzen. Geschlechterpolitik bei Carl von Linné und Erasmus Darwin, in: ORLAND / SCHEICH (Hg.), Das Geschlecht der Natur, S. 245–270.
33 S. JANSEN, Schädlinge. Geschichte eines wissenschaftlichen und politischen Konstrukts 1840–1920, Frankfurt/M., New York 2003.
34 HARAWAY, Die Neuerfindung der Natur.
35 Vgl. ausführlich dazu D. HARAWAY, Primate visions. Gender, race and nature in the world of modern science, New York, London 1989.

wechselnden funktionalen Organisationsstrukturen getreten.[36] Inwieweit dieser heutige kybernetische und informationstechnische Organismusbegriff noch auf die Geschlechterdifferenz bezogen ist, wird kontrovers diskutiert.

Medizin und Gesundheitswissenschaften

Durch den intensiven Austausch zwischen den biologischen und medizinischen Fächern und sich überschneidende Forschungs- und Theoriegebiete können die für die Biologie aufgeführten historischen und aktuellen Genderbezüge auch für die Medizin geltend gemacht werden.

Mit der Analyse fachspezifischer Konzepte wie Gesundheit, Krankheit und Schmerz oder auch der therapeutischen und diagnostischen Praxis der Medizin kann die Genderforschung darüber hinausgehende Aspekte bearbeiten. Die Ver-,Naturwissenschaftlichung' der Medizin zuerst durch die mechanischen und dann biologischen Wissenschaften seit dem ausgehenden Mittelalter stattete die Medizin zunehmend mit einer Deutungsmacht und Behandlungskompetenz zur Normierung und Normalisierung von Geschlechtskörpern aus, die vor allem über Pathologisierungen nicht rollenkonformer Verhaltensweisen und körperlicher Phänomene verliefen.[37] Die gesamte Medizingeschichte hindurch bis heute besteht dabei die Tendenz, den männlichen Körper als Maßstab für den menschlichen Körper einzusetzen und den weiblichen Körper entweder als auf Reproduktionsaufgaben reduzierte Sonderform des Menschen oder insgesamt als krankhaft zu beschreiben.[38] Dies zeigt sich z. B. auch in neuen bildgebenden Verfahren der Medizin wie dem Visible Human Project, das einen im Internet verfügbaren menschlichen Körper liefert, der durch mehrere hundert Feinschnitte und deren photographische und digitale Aufbereitung dreidimensional visualisiert wurde und in einer Animation optisch durchfahren werden kann. Durch Unterschiede bei der Geschlechterdarstellung – z. B. ist der männliche Körper vollständig abgebildet, von der Frau hingegen nur die Beckenregion – sind altbekannte androzentrische und rollenstereotype Lesarten des menschlichen Körpers nahe gelegt, die inzwischen auch in anderen medizinisch-medialen Präsen-

---

36 Vgl. E. F. KELLER, Der Organismus. Verschwinden, Wiederentdeckung und Transformation einer biologischen Kategorie, in: E. SCHEICH (Hg.), Vermittelte Weiblichkeit. Feministische Wissenschafts- und Gesellschaftstheorie, Hamburg 1996, S. 313–334; HARAWAY, Modest_Witness@Second_Millennium.

37 Vgl. K. SCHMERSAHL, Medizin und Geschlecht. Zur Konstruktion der Kategorie Geschlecht im medizinischen Diskurs des 19. Jahrhunderts, Opladen 1998.

38 Vgl. C. v. BRAUN, Nicht Ich. Logik, Lüge, Libido, Frankfurt/M. 1985; C. HONEGGER, Die Ordnung der Geschlechter; LAQUEUR, Auf den Leib geschrieben; M. v. d. WIJNGAARD, Reinventing the sexes. The biomedical construction of femininity and masculinity, Bloomington, Indianapolis 1998; E. MARTIN, Medical metaphors of women's bodies. Menstruation and menopause, in: Internat. Journal of health services 18 (1988), S. 237–254; JORDANOVA, Nature displayed.

tationen aufgezeigt werden konnten.[39] In anderer und mit besonders rigorosen medizinischen Maßnahmen verbundenen Weise unterliegen geschlechtlich uneindeutige Körper wie z. B. Hermaphroditen diesen Normierungsprozessen.[40]

Die Genderforschung in den Gesundheitswissenschaften knüpfen kritisch an diesen ausgeprägten Androzentrismus der Humanmedizin an, durch den biologisch und sozial bedingte geschlechtsspezifische Krankheitsverläufe ignoriert würden, wie z. B. Rosser für verschiedenen Krankheiten, unter anderem AIDS, ausführt.[41] Sexistische Abwertungen und spezifische Pathologisierungen frauenspezifischer körperlicher Umbruchphasen wie Schwangerschaft und Wechseljahre führten darüber hinaus auch heute noch zu einer umfassenden Pathologisierung von Weiblichkeit, der entgegengewirkt werden müsste.[42]

Ähnlich wie in der Biologie werden darüber hinaus in der Medizin Geschlechtervorstellungen als metaphorische Folie verwendet, beispielsweise um einzelne Organe wie das Herz zu charakterisieren[43] oder verschiedene Krankheiten zu beschreiben, wie dies Jordanova[44] anhand der an männlichen Modellen dargestellten Sportverletzungen und an weiblichen Modellen ausgeführten Leiden wie Schlaflosigkeit und Migräne für Medizinbücher des 19. Jahrhunderts darstellt.

Neben der Theoriebildung hat sich die Genderforschung der Medizin auch der medizinischen Praxis zugewandt. Einen der Schwerpunkte bildet hier die Fortpflanzungsmedizin mit ihren neuen reproduktions- und gentechnischen Verfahren, die vor allem anhand der zentralen Frage diskutiert werden, ob diese Praktiken eine größere Kontrolle, Disziplinierung und Normierung speziell für Frauen mit sich brächten oder eher emanzipatorische Effekte einer reproduktiven Selbstbestimmung versprächen[45]. Die Diskussion verlagerte sich seit ihrem Beginn in den 1970er Jah-

39 Vgl. S. SCHMITZ, Neue Körper, neue Normen? Der veränderte Blick durch biomedizinische Körperbilder, in: C. BATH / J. WEBER (Hg.), Turbulente Körper, soziale Maschinen. Feministische Studien zur Technowissenschaftskultur, Opladen (im Erscheinen); P. TREICHLER / L. CARTWRIGHT / C. PENTLEY (Hg.), The visible woman. Imaging technologies, gender and science, New York 1998.

40 Vgl. z. B. A. D. DREGER, Hermaphrodites and the medical intervention of sex, Cambridge, London 1998; FAUSTO-STERLING, Sexing the Body.

41 S. ROSSER, Women's health – missing from U.S. medicine, Bloomington, Indianapolis 1994; vgl. auch F. HASELTINE / B. JACOBSON (Hg.), Women's health research. A medical and policy primer, Washington 1997; U. MASCHEWSKY-SCHNEIDER, Frauen sind anders krank. Zur gesundheitlichen Lage der Frauen in Deutschland, Weinheim, München 1997.

42 Vgl. P. KOLIP (Hg.), Weiblichkeit ist keine Krankheit, Weinheim, München 2000.

43 E. FISCHER-HOMBERGER, Hunger – Herz – Schmerz – Geschlecht. Brüche und Fugen im Bild von Leib und Seele, Bern 1997; L. BIRKE, Feminism and the biological body, Edinburgh 1999.

44 JORDANOVA, Sexual visions.

45 Einen guten Einblick in die verschiedenen Phasen und Debatten der feministischen Kritik an den Gen- und Reproduktionstechnologien seit den 1970er Jahren bieten verschiedene Kongressberichte: DIE GRÜNEN im Bundestag, AK Frauenpolitik & Sozialwissenschaftliche Forschung und Praxis für Frauen e.V. Köln (Hg.), Frauen gegen Gentechnik und Re-

ren, auch anlässlich der zunehmenden Erfahrungen mit diesen Technologien, immer stärker von einer grundsätzlichen Kritik an einer patriarchalen Beherrschung und Aneignung von Leben und Reproduktion hin zur detaillierten Analyse der Risiken und Belastungen verschiedener ausschließlich Frauen betreffender Verfahren wie die eireifungsstimulierende Hormontherapie oder die inkorporalen Transfer- und Befruchtungstechniken wie EIFT, IUI und GIFT. Zugleich werden auf einer übergeordneten Ebene Probleme wie die mit der assistierten Fertilität einhergehenden Pathologisierung von Reproduktion, eugenische Tendenzen der PND und PID oder die Vermarktung von reproduktiven Körpersubstanzen und vieles mehr verhandelt.

Mit diesen Themen schließt sich die Genderdebatte an kritische Diskussionen juristischer, ethischer, theologischer und politischer Ausrichtung zu Reproduktions- und Gentechnologien an und erweitert diese zugleich um den dort selten beachteten Genderaspekt.

Inzwischen werden in einer übergreifenden Reflektion die symbolischen Dimensionen des neuen technizistischen Organismusbegriffes und der biomedizinischen Praxis aufeinander bezogen und insbesondere anhand der Cyborgfigur, eines metaphorisch-materialen Mischwesens, das eine kognitive und zugleich technische Artefaktizität verkörpert, diskutiert. Da es durch die neuen theoretischen und praktischen Zugriffe der Lebenswissenschaften auf den Körper zunehmend unmöglich wird, zwischen Organismus und Maschine, Natur und Kultur und anderen vormals kontradiktorisch gesetzten Bereichen zu unterscheiden, werden hier einerseits Möglichkeiten zur Überwindung geschlechtercodierter Dualismen und emanzipatorischer Gestaltungspotentiale gesichtet. Auf der anderen Seite wird aber darauf hingewiesen, dass sich in der technischen Formulierung und Informatisierung des Lebendigen der identitätslogische und faktische Zugriff auf den Körper und die Aneignung der weiblich konnotierten Bereiche radikalisieren könnte.[46] Viele Studien ar-

---

produktionstechnik. Dokumentation zum Kongreß vom 19.–21.4.1985 in Bonn, Köln 1986; P. BRADISH / E. FEYERABEND / U. WINKLER, Frauen gegen Gen- und Reproduktionstechnologien. Beiträge vom 2. Bundesweiten Kongreß Frankfurt, 28.–30.10.1988, München 1989; Reprokult, Frauen-Forum Fortpflanzungsmedizin, Reproduktionsmedizin und Gentechnik. Frauen zwischen Selbstbestimmung und gesellschaftlicher Normierung. Dokumentation der Fachtagung. 15.–17.11.2001 in Berlin, Köln 2001.

Zur amerikanischen Debatte vgl. S. FIRESTONE, The dialectics of sex, London 1970; G. COREA, Muttermaschine. Reproduktionstechnologien. Von der künstlichen Befruchtung zur künstlichen Gebärmutter, Berlin 1986; M. STANWORTH (Hg.), Reproductive technologies: Gender, motherhood, and medicine, Cambridge 1987; J. G. RAYMOND, Women as wombs. Reproductive technologies and the battle over women's freedom, San Francisco 1993.

46 Vgl. HARAWAY, Modest_Witness@Second_Millennium; GRANSEE, Grenz-Bestimmungen; G. KIRKUP / L. JANES / K. WOODWARD / F. HOVENDEN (Hg.), The gendered cyborg. A reader, London, New York 2000; N. LYKKE / R. BRAIDOTTI (Hg.), Between monsters,

beiten zugleich mit recht unterschiedlichen theoretischen Ausrichtungen patriarchale Schöpfungs- und Unsterblichkeitsphantasien sowie Heilsimaginationen der neuen Entwürfe von Leben heraus.[47]

Aufgrund des zwischen naturwissenschaftlichen und technischen Formulierungen changierenden Lebensbegriffs ist auch die Genderforschung zu diesen Fragen zwischen Naturwissenschafts- und Technikforschung angesiedelt.[48]

Land- und Forstwirtschaft

Während für die Forstwirtschaft noch keine Genderstudien vorliegen, wird inzwischen ähnlich wie in den Gesundheitswissenschaften ein ausgeprägter Androzentrismus der Theoriebildung und Praxis auch der Agrarwissenschaften indiziert und zum Ausgangspunkt für Forschungsarbeiten der gerade erst etablierten Ruralen Frauen- und Geschlechterforschung genommen.[49] Die Ausblendung der bedeutenden Beiträge von Frauen zur agrarischen Produktion, Nahrungsmittelherstellung und Vermarktung führe nicht nur zu verzerrten Darstellungen sozialer Prozesse, der Arbeitsteilung sowie der Macht- und Besitzverhältnisse in ländlichen Räumen, sondern zeige sich auch in einseitig auf Männer abgestellten Programmen der Agrarberatung, Weiterbildung und Entwicklungshilfe. Diese heterogenen Betrachtungsebenen schließen eine umfangreiche kritische Revision bisheriger Entwürfe von Entwicklungs- und Umweltpolitik sowie von landwirtschaftlichen Innovationsvorhaben wie dem Einsatz von Hybridsaatgut, gentechnisch veränderten Organismen, neuen Maschinen und Chemikalien mit ein, um ihre geschlechtsspezifischen Konsequenzen aufzuzeigen und möglichen Benachteiligungen von Frauen entgegenzutreten.[50]

---

goddesses and cyborgs. Feminist confrontations with science, medicine and cyberspace, London, New Jersey 1996.

47 Vgl. auch BRAUN, Nicht Ich. Logik, Lüge, Libido; L. TRALLORI (Hg.), Die Eroberung des Lebens. Technik und Gesellschaft an der Wende zum 21. Jahrhundert, Wien 1996; G. TREUSCH-DIETER, Von der sexuellen Rebellion zur Gen- und Reproduktionstechnologie, Tübingen 1990; S. FRANKLIN, Embodied progress. A cultural account of assisted conception, London, New York 1997.

48 Vgl. zur Verortung der Genderforschung der Lebenswissenschaften auch in der feministischen Technikforschung J. WAJCMANN, Technik und Geschlecht. Die feministische Technikdebatte, Frankfurt/M., New York 1994.

49 Vgl. dazu die bibliographische Zusammenstellung möglicher feministischer Perspektiven auf die Landwirtschaft von M. LANDSCHULZE, Alternativer Landbau und feministische Naturwissenschaftskritik, Frankfurt/M. u. a. 1997 und die informative Übersicht über die Ansätze der Ruralen Frauen- und Geschlechterforschung von P. TEHERANI-KRÖNNER, Agrarwissenschaften, in: BRAUN / STEPHAN (Hg.), Gender Studien, S. 217–230.

50 Vgl. R. BRAIDOTTI / E. CHARKIEWICZ / S. HÄUSLER / S. WIERINGA, Women, the environment and sustainable development. Toward a theoretical synthesis, London 1994; M. MIES / V. SHIVA, Ökofeminismus, Zürich 1995.

Ein weiterer Interpretationsstrang sieht schließlich in Anlehnung an die Argumentation der Bielefelder Schule[51] und deren Weiterführung die technisierte, industrialisierte und biotechnisch optimierte moderne Landwirtschaft und Nahrungsmittelherstellung als Ausdruck eines mit Gendercodierungen aufgeladenen herrschaftsförmigen Naturverhältnisses an, bei dem die reproduktiven Ressourcen (Frauen, Dritte Welt, Natur) einer umfassenden patriarchalen Kontrolle und Ausbeutung unterworfen werden.[52] In diesem Diskussionszusammenhang werden im Rahmen eines alternativen Landbaus neue Wissensformen und -inhalte anzuwenden versucht, die in Korrespondenz mit den Überlegungen der kritischen sozialen Bewegungen gegen die umfassende Ökonomisierung und Biotechnisierung der Landwirtschaft stehen.

Schluss

Die tiefgreifende Strukturierung der Wissensformen und -inhalte wie auch der Praxis der Lebenswissenschaften durch Gendervorstellungen erfordert aus Sicht der Genderforschung einen intensivierten Dialog und Wissensaustausch zwischen den Disziplinen, die bisher getrennt als Gegenstände der Genderforschung (wie die Biologie und größtenteils die Medizin) einerseits und als engagierte Foren der Genderforschung der Naturwissenschaften andererseits bestehen, und zugleich einen größeren Stellenwert der Genderforschung in den interdisziplinären Disziplinen der Landwirtschaft und Gesundheitswissenschaften. Aufgrund der methodologischen Differenz zwischen den naturwissenschaftlich-technischen Fächern und den sozial- bzw. kulturwissenschaftlichen Fächern wird dabei eine Festlegung auf ein gemeinsames Forschungsparadigma nicht möglich sein. Vielmehr erscheint es für eine konstruktive Verständigung unumgänglich, die verschiedenen fachspezifischen Prämissen und Herangehensweisen als konstituierende Bedingungen von Erkenntnis mit zu bedenken und in ein Verhältnis zueinander zu setzen.

Bibliographie

BAGEMIHL, Bruce, 1999: Biological exuberance. Animal homosexuality and natural diversity. New York.

BEER, Wolfgang / BREMEKAMP, Elisabeth / DROSTE, Edith / WULFF, Claudia, 1999: Gentechnik. Bonn.

BIRKE, Lynda, 1999: Feminism and the biological body. Edinburgh.

BLEIER, Ruth, 1984: Science and gender. A critique of biology and its theories on women. Oxford, New York.

---

51 Vgl. C. v. WERLHOF / M. MIES / V. BENNHOLDT-THOMSEN (Hg.), Frauen, die letzte Kolonie, Reinbek 1983.
52 Vgl. LANDSCHULZE, Alternativer Landbau und feministische Naturwissenschaftskritik.

BRADISH, Paula / FEYERABEND, Erika / WINKLER, Ute, 1989: Frauen gegen Gen- und Reproduktionstechnologien. Beiträge vom 2. Bundesweiten Kongreß Frankfurt, 28.–30.10.1988. München.

BRAIDOTTI, Rosi / CHARKIEWICZ, Ewa / HÄUSLER, Sabine / WIERINGA, Saskia, 1994: Women, the environment and sustainable development. Toward a theoretical synthesis. London.

BRAUN, Christina von, 1985: Nicht Ich. Logik, Lüge, Libido. Frankfurt/M.

COREA, Gena, 1986: Muttermaschine. Reproduktionstechnologien. Von der künstlichen Befruchtung zur künstlichen Gebärmutter. Berlin.

DIE GRÜNEN im Bundestag, AK Frauenpolitik & Sozialwissenschaftliche Forschung und Praxis für Frauen e.V. Köln (Hg.), 1986: Frauen gegen Gentechnik und Reproduktionstechnik. Dokumentation zum Kongreß vom 19.–21.4.1985 in Bonn. Köln.

DREGER, Alice Domurat, 1998: Hermaphrodites and the medical intervention of sex. Cambridge, London.

FAUSTO-STERLING, Anne, 2000: Sexing the body. Gender politics and the construction of sexuality. New York.

FELT, Ulrike / NOWOTNY, Helga / TASCHWER, Klaus, 1995: Wissenschaftsforschung. Eine Einführung. Frankfurt/M., New York.

FIRESTONE, Shulamith, 1970: The dialectics of sex. London.

FISCHER-HOMBERGER, Ester, 1997: Hunger – Herz – Schmerz – Geschlecht. Brüche und Fugen im Bild von Leib und Seele. Bern.

FRANKLIN, Sarah, 1997: Embodied progress. A cultural account of assisted conception. London, New York.

GRANSEE, Carmen, 1999: Grenz-Bestimmungen. Zum Problem identitätslogischer Konstruktionen von ‚Natur' und ‚Geschlecht'. Tübingen.

HARAWAY, Donna, 1989: Primate visions. Gender, race and nature in the world of modern science. New York, London.

HARAWAY, Donna, 1995: Die Neuerfindung der Natur. Primaten, Cyborgs und Frauen. Frankfurt/M., New York.

HARAWAY, Donna, 1997: Modest_Witness@Second_Millennium. FemaleMan© _Meets_OncoMouse™. New York, London.

HASELTINE, Florence / JACOBSON, Beverly (Hg.), 1997: Women's health research. A medical and policy primer. Washington.

HEIDEN, Stefanie / BURSCHEL, Carlo / ERB, Rainer, 2001: Biotechnologie als interdisziplinäre Herausforderung. Heidelberg, Berlin.

HONEGGER, Claudia, 1991: Die Ordnung der Geschlechter. Die Wissenschaften vom Menschen und das Weib. Frankfurt/M.

HUBBARD, Ruth, 1990: The politics of women's biology. London.

JANSEN, Sarah, 2003: Schädlinge. Geschichte eines wissenschaftlichen und politischen Konstrukts 1840–1920. Frankfurt/M., New York.

JORDANOVA, Ludmilla, 1989: Sexual visions. Images of gender in science and medicine between the eighteenth and twentieth centuries. Madison, Wisconsin.

JORDANOVA, Ludmilla, 1999: Nature displayed. Gender, science and medicine 1760–1820. London, New York.

KELLER, Evelyn Fox, 1995: Origin, history, and politics of the subject called ,Gender and science'. A first person account. In: Sheila JASANOFF u. a. (Hg.): Handbook of science and technology studies. Thousand Oaks u. a., S. 80–94.

KELLER, Evelyn Fox, 1996: Der Organismus. Verschwinden, Wiederentdeckung und Transformation einer biologischen Kategorie. In: Elvira SCHEICH (Hg.): Vermittelte Weiblichkeit. Feministische Wissenschafts- und Gesellschaftstheorie. Hamburg, S. 313-334.

KELLER, Evelyn Fox / LONGINO, Helen E., 1996: Feminism and science. Oxford, New York.

KIRKUP, Gill / JANES, Linda / WOODWARTH, Kath / HOVENDEN, Fiona (Hg.), 2000: The gendered cyborg. A reader. London, New York.

KIRKUP, Gill / SMITH, Laurie / KELLER, Evelyn Fox (Hg.), 1992: Inventing women. Science, technology and gender. Cambridge.

KOLIP, Petra (Hg.), 2000: Weiblichkeit ist keine Krankheit. Weinheim, München.

LANDSCHULZE, Maren, 1997: Alternativer Landbau und feministische Naturwissenschaftskritik. Frankfurt/M. u. a.

LAQUEUR, Thomas, 1996: Auf den Leib geschrieben. Die Inszenierung der Geschlechter von der Antike bis Freud. München.

LEVAY, Simon, 1997: Queer science. The use and abuse of research into homosexuality. Cambridge.

LEDERMANN, Muriel / BARTSCH, Ingrid, 2001: The gender and science reader. London, New York.

LYKKE, Nina / BRAIDOTTI, Rosi (Hg.), 1996: Between monsters, goddesses and cyborgs. Feminist confrontations with science, medicine and cyberspace. London, New Jersey.

MARTIN, Emily, 1988: Medical metaphors of women's bodies. Menstruation and menopause. In: Internat. Journal of health services 18, S. 237–254.

MARTIN, Emily, 1991: The egg and the sperm. How science has constructed a romance based on stereotypical male-female roles. In: Signs 16, S. 485–501.

MASCHEWSKY-SCHNEIDER, Ulrike, 1997: Frauen sind anders krank. Zur gesundheitlichen Lage der Frauen in Deutschland. Weinheim, München.

MAURER, Margarete, 1993: Frauenforschung in Naturwissenschaft, Technik und Medizin. Wien.

MCKNIGHT, Jim, 1997: Straight science? Homosexuality, evolution and adaptation. London, New York.

MIES, Maria / SHIVA, Vandana, 1995: Ökofeminismus. Zürich.

NIESCHLAG, Eberhard / BEHRE, Hermann (Hg.), [2]2000: Andrologie. Grundlagen und Klinik der reproduktiven Gesundheit des Mannes. Berlin, New York u. a.

OGILVIE, Marilyn Bailey, 1996: Women and science. An annotated bibliography. New York, London.

ORLAND, Barbara / RÖSSLER, Mechtild, 1995: Women in science – Gender and science. Ansätze feministischer Naturwissenschaftskritik im Überblick. In: Barbara ORLAND /

Elvira SCHEICH (Hg.): Das Geschlecht der Natur. Feministische Beiträge zur Geschichte und Theorie der Naturwissenschaften. Frankfurt/M., S. 13–63.

OUDSHOORN, Nelly, 1994: Beyond the natural body. An archaeology of sex hormones. London, New York.

RAYMOND, Janice G., 1993: Women as wombs. Reproductive technologies and the battle over women's freedom. San Francisco.

REPROKULT, Frauen-Forum Fortpflanzungsmedizin, 2001: Reproduktionsmedizin und Gentechnik. Frauen zwischen Selbstbestimmung und gesellschaftlicher Normierung. Dokumentation der Fachtagung. 15.–17.11.2001 in Berlin. Köln

ROSSER, Sue V., 1992: Biology & feminism. New York u. a.

ROSSER, Sue V., 1994: Women's health – missing from U.S. medicine. Bloomington, Indianapolis.

RUSSET, Cynthia E., 1989: Sexual science. The Victorian construction of womanhood. Cambridge, London.

SCHEICH, Elvira, 1993: Naturbeherrschung und Weiblichkeit. Denkformen und Phantasmen der modernen Naturwissenschaften. Pfaffenweiler.

SCHEICH, Elvira, 2000: Naturwissenschaften. In: Christina von BRAUN / Inge STEPHAN (Hg.): Gender Studien. Eine Einführung. Stuttgart, Weimar, S. 193–206.

SCHIEBINGER, Londa, 1987: The history and philosophy of women in science. A review essay. In: Signs 12, S. 305–332.

SCHIEBINGER, Londa, 1993: Schöne Geister. Frauen in den Anfängen der modernen Wissenschaft. Stuttgart.

SCHIEBINGER, Londa, 1993: Woher die Säugetiere ihren Namen haben. In: dies.: Am Busen der Natur. Erkenntnis und Geschlecht in den Anfängen der Wissenschaft. Stuttgart, S. 67–113.

SCHIEBINGER, Londa, 1995: Das private Leben der Pflanzen. Geschlechterpolitik bei Carl von Linné und Erasmus Darwin. In: Barbara ORLAND / Elvira SCHEICH (Hg.): Das Geschlecht der Natur. Frankfurt/M., S. 245–270.

SCHMERSAHL, Katrin, 1998: Medizin und Geschlecht. Zur Konstruktion der Kategorie Geschlecht im medizinischen Diskurs des 19. Jahrhunderts. Opladen.

SCHMITZ, Sigrid, 2003: Neue Körper, neue Normen? Der veränderte Blick durch biomedizinische Körperbilder. In: Corinna BATH / Jutta WEBER (Hg.): Turbulente Körper, soziale Maschinen. Feministische Studien zur Technowissenschaftskultur. Opladen. (im Erscheinen)

SPANIER, Bonnie, 1996: Im/partial science. Gender ideology in molecular biology. Bloomington, Indianapolis.

STANWORTH, Michelle (Hg.), 1987: Reproductive technologies. Gender, motherhood, and medicine. Cambridge.

TEHERANI-KRÖNNER, Parto, 2000: Agrarwissenschaften. In: Christina von BRAUN / Inge STEPHAN (Hg.): Gender Studien. Eine Einführung. Stuttgart, Weimar, S. 217–230.

THE BIOLOGY AND GENDER STUDY GROUP, 1989: The importance of feminist critique for contemporary cell biology. In: Nancy TUANA (Hg.): Feminism & science. Bloomington, Indianapolis, S. 172–187.

TRALLORI, Lisbeth (Hg.), 1996: Die Eroberung des Lebens. Technik und Gesellschaft an der Wende zum 21. Jahrhundert. Wien.

TREICHLER, Paula / CARTWRIGHT, Lisa / PENTLEY, Constance (Hg.), 1998: The visible woman. Imaging technologies, gender and science. New York.

TREUSCH-DIETER, Gerburg, 1990: Von der sexuellen Rebellion zur Gen- und Reproduktionstechnologie. Tübingen.

TUANA, Nancy (Hg.), 1989: Feminism & science. Bloomington, Indianapolis.

TUANA, Nancy, 1995: Der schwächere Samen. Androzentrismus in der Aristotelischen Zeugungstheorie und der Galenschen Anatomie. In: Barbara ORLAND / Elvira SCHEICH (Hg.): Das Geschlecht der Natur. Frankfurt/M., S. 203-223.

WAJCMAN, Judy, 1994: Technik und Geschlecht. Die feministische Technikdebatte. Frankfurt/M., New York.

WERLHOF, Claudia von / MIES, Maria / BENNHOLDT-THOMSEN, Veronika (Hg.), 1983: Frauen, die letzte Kolonie. Reinbek.

WIJNGAARD, Mariane van den, 1997: Reinventing the sexes. The biomedical construction of femininity and masculinity. Bloomington, Indianapolis.

NATUR / KULTUR

von *Astrid Deuber-Mankowsky*

Man kommt nicht als Frau zur Welt

„Man kommt", so beginnt eine der bekanntesten Passagen der philosophischen Literatur der Moderne, „nicht als Frau zur Welt, man wird es."[1] Simone de Beauvoir leitete mit diesem Satz den zweiten Teil ihres 1949 in Paris erschienenen Buchs *Das andere Geschlecht. Sitte und Sexus der Frau* ein. Sie fährt fort:

> „Kein biologisches, psychisches, wirtschaftliches Schicksal bestimmt die Gestalt, die das weibliche Menschenwesen im Schoß der Gesellschaft annimmt. Die Gesamtheit der Zivilisation gestaltet dieses Zwischenprodukt zwischen dem Mann und dem Kastraten, den man als Weib bezeichnet."[2]

In Beauvoirs Aufruf an die Frauen, sich mit ihrem Schicksal nicht abzufinden, das zweite Geschlecht zu sein, ohne Anspruch auf eine eigene Geschichte, gezwungen die Natur zu repräsentieren, kommt nicht nur ein leidenschaftlicher Wille zur Emanzipation zum Ausdruck.[3] Dieser Wille ist vielmehr selbst zugleich Ausdruck bestimmter, zeitgebundener philosophischer Überzeugungen. Simone de Beauvoir war neben Jean-Paul Sartre die führende Vertreterin des französischen Existentialismus.[4] Dessen zentraler Grundsatz lautete, dass das menschliche Sein sich durch die Forderung an das Subjekt auszeichne, die Immanenz und damit die Abhängigkeit von einer als Schicksal auftretenden Natur durch die Realisierung der Freiheit zu überschreiten. So schreibt Simone de Beauvoir in der Einleitung zu ihren Buch dezidiert: „Unsere Perspektive ist die der existentialistischen Ethik."[5] Dies meint die Annahme, dass sich jedes Subjekt „konkret durch Entwürfe hindurch als eine Transzendenz"[6] setze, dass es seine Freiheit nur in einem „unaufhörlichen Übersteigen zu anderen

---

1   S. de BEAUVOIR, Das andere Geschlecht. Sitte und Sexus der Frau, Reinbek 1968, S. 65.
2   Ebd.
3   Zu Wirkung und internationaler Rezeption des Werks vgl. Simone de Beauvoir. 50 Jahre. Das andere Geschlecht, in: Die Philosophin 20 (1999).
4   T. MOI, Simone de Beauvoir. Die Psychographie einer Intellektuellen, Frankfurt/M. 1996.
5   BEAUVOIR, Das andere Geschlecht, S. 21.
6   Ebd.

Freiheiten"[7] erfülle und dass es drittens keine „andere Rechtfertigung der gegenwärtigen Existenz" gäbe als „ihre Ausweitung in eine unendlich geöffnete Zukunft."[8]

Anders als Sartre sah Beauvoir jedoch ihre konkrete Situation durch die Tatsache bestimmt, dass sie eine Frau war. Damit befand sie sich, wie sie bald erkennen sollte, in einer ungleich schwierigeren Ausgangssituation als Sartre. Denn die Situation der Frau zeichnete sich durch eine grundsätzliche Begrenzung ihrer Existenz aus. Diese Begrenzung erfährt sie, wie Beauvoir schreibt, dadurch, dass sie „obwohl wie jedes menschliche Wesen eine autonome Freiheit, sich entdeckt und sich wählt in einer Welt, in der die Männer ihr auferlegen, sich als das Andere zu sehen: man bemüht sich, sie zu einem Ding erstarren zu lassen und sie zur Immanenz zu verurteilen, da ja ihre Transzendenz unaufhörlich von einem anderen essentiellen und souveränen Bewusstsein überstiegen wird."[9] Dieser, durchaus schizophren zu nennende Zwiespalt, welcher die konkrete Situation der Frau nach Beauvoir prägt, ließ sie, statt den Zwiespalt zu verleugnen, diese Situation zum Ausgangspunkt einer neuen Darstellung der Geschichte der Zivilisation wählen. Beauvoir begann, die Welt aus der Perspektive eines mit Freiheit begabten Wesens darzustellen, das sich einerseits seine Freiheit in einem unaufhörlichen Übersteigen zu anderen Freiheiten zu erfüllen strebt und sich andererseits in einer Situation sieht, welche dieses weibliche Menschenwesen als „unwesentlich", als das „andere" Geschlecht konstituiert. Nun wird das Ausmaß der Zumutung, die in dieser Festlegung der Frau auf das Unwesentliche liegt, erst deutlich, wenn man berücksichtigt, dass der „Absturz der Existenz"[10] in die Immanenz aus dem Standpunkt der existentialistischen Ethik ein „moralisches Vergehen"[11] darstellt. Ist er jedoch dem Subjekt, wie in der Situation der Frau, auferlegt, dann nimmt er, wie die Philosophin eindringlich formuliert, die „Gestalt einer Entziehung und eines Drucks"[12] an. *Das andere Geschlecht* ist gegen diesen Druck angeschrieben.

Beauvoir hat die Wertung, die dem Begriffspaar Natur/Kultur eingeschrieben ist und durch deren Überlagerung mit den Kategorien weiblich und männlich festgeschrieben wird, nicht in Frage gestellt. In Verlängerung der Tradition des philosophischen Idealismus bestand für Beauvoir das wesentliche Menschsein in der Transzendierung des Faktischen und damit in der Erfüllung der Freiheit. Die mit dem ewig Weiblichen assoziierte Natur war für die Anhängerin der existentialistischen Ethik Ausdruck der zu überwindenden Immanenz. Deutlich hat sie jedoch formuliert, dass der Gegensatz von Natur und Kultur und seine Anbindung an den Gegensatz der Geschlechter kultureller Provenienz und nicht naturgegeben ist: Das „weibliche Menschenwesen" wird im „Schoß der Gesellschaft" gebildet.[13]

---

7 Ebd.
8 Ebd.
9 Ebd.
10 Ebd.
11 Ebd.
12 Ebd.
13 Ebd., S. 65.

Die Benennung der Natur

In dem 1985 erschienenen, von Beauvoirs Appell an die weibliche Intellektualität inspirierten[14] und sofort in viele Sprachen übersetzten wissenschaftshistorischen Buch *Liebe, Macht und Erkenntnis. Männliche oder weibliche Wissenschaft*[15] beschrieb die Biophysikerin Evelyn Fox Keller die Natur als eine Konstruktion, die aus dem Wechselverhältnis von wissenschaftlicher Tätigkeit und gesellschaftlich und kulturell bedingten Normen, Zielvorstellungen und Vorannahmen entstanden sei:

> „Die Benennung der Natur ist die spezielle Aufgabe der Wissenschaft. Theorien, Modelle und Deskriptionen sind solche ausgearbeiteten Benennungen. In diesem Akt der Benennung konstruiert der Wissenschaftler die Natur [...]"[16]

Die Wissenschaft selbst bezeichnet, wie Fox Keller weiter ausführt, die „Gesamtheit von Verfahrensweisen und einem Wissensbestand, die von einer Gemeinschaft festgelegt worden sind."[17] Wissenschaft ist also nicht mehr nur durch die Erfordernisse logischer Beweisführung und experimenteller Nachprüfbarkeit definiert, sondern wird im Kontext einer langen Geschichte des Wissens als ein Ensemble von kulturellen Techniken gesehen. Damit wird Wissenschaft vergleichbar mit den Kategorien *männlich* und *weiblich*, die auch nicht durch biologische Notwendigkeit bestimmt sind, sondern ihrerseits eingebunden in einen historischen und kulturellen Kontext. Fox Keller schloss aus der komplizierten Überlagerung des Wechselverhältnisses von Wissenschaft und Natur auf der einen und dem Gegenverhältnis der Kategorien männlich und weiblich auf der anderen Seite, dass „Frauen, Männer und Wissenschaft [...] allesamt Schöpfungen einer komplexen Dynamik von kognitiven, emotionalen und sozialen Kräften" seien.[18] Dabei fördere diese Dynamik die historische Verbindung von Wissenschaft und Männlichkeit ebenso, wie sie im Gegenzug die historische Trennung von Wissenschaft und Weiblichkeit vorangetrieben hat.

Die Revolution, welche die feministische Wissenschaftskritik sowohl für das Verständnis der Naturwissenschaften selbst einleitete als auch für deren Gegenstand, die Natur, beruhte auf zwei Ereignissen. Das erste bestand in der an Beauvoir angelehnten Inanspruchnahme der weiblichen Freiheit, die Gesamtheit der Zivilisation aus der konkreten Situation der Frau zu betrachten. Was dies für die Biographie der Wissenschaftlerinnen bedeutete, beschreibt Fox Keller eindrücklich in der Einleitung zu ihrem Buch:

---

14 Zu Beauvoirs Begriff der Intellektualität vgl. U. KONNERTZ, Und ich will alles vom Leben. Ein fiktives Gespräch mit Simone de Beauvoir, in: Die Philosophin 16 (1997), S. 74–90.
15 E. FOX KELLER, Macht und Erkenntnis. Männliche oder weibliche Wissenschaft, München, Wien 1986.
16 Ebd., S. 23.
17 Ebd., S. 10f.
18 Ebd.

„Vor zehn Jahren ging ich völlig auf in meiner Arbeit als mathematische Biophysikerin. [...] Ich glaubte mit voller Überzeugung an die Gesetze der Physik und an ihren Wissen und Erkenntnis krönenden Rang. Irgendwann in den siebziger Jahren – von einem Tag auf den anderen – erhielt eine neue Fragestellung den Vorrang, die mein gesamtes intellektuelles Wertesystem aus dem Gleichgewicht brachte: In welchem Maße ist die Beschaffenheit der Wissenschaft mit Vorstellung von Männlichkeit verknüpft, und was würde es für die Wissenschaft bedeuten, wenn es anders wäre? Lebenslange Einübung hat diese Frage ganz einfach für absurd erklärt; doch als ich sie jetzt tatsächlich ernst nahm, konnte ich sie nicht länger umgehen, nicht als Frau und nicht als Wissenschaftlerin."[19]

Im Zuge der Zweiten Frauenbewegung nahmen Naturwissenschaftlerinnen den „Druck", der die konkrete Situation der Frau als Begrenzung bestimmt und den Beauvoir als Ursache und zugleich als Effekt der Geschlechterhierarchie im Schoss der Zivilisation entdeckte, auch im Schoß der Wissenschaften wahr. Im Verlauf der Diskussionen über die patriarchale – und damit ideologische – Prägung der modernen Naturwissenschaften wurden neue epistemologische Modelle wie etwa die einflussreiche „Standpunkttheorie"[20] entworfen. In diesen Modellen versuchte man, den Einfluss historisch bedingter kultureller Normen und Vorstellungen auf die wissenschaftliche Praxis zu berücksichtigen, um eine wissenschaftliche Praxis zu begründen, die, statt Hierarchien zu schaffen, Hierarchien dekonstruieren sollte.

Das zweite Ereignis, das der feministischen Wissenschaftskritik vorausging, war die Etablierung der sozialgeschichtlichen Wissenschaftsforschung, wie sie vor allem von Thomas Kuhn und vor ihm von Ludwik Fleck ausgearbeitet worden war.[21] Mit der Durchsetzung der Erkenntnis, dass die Annahme einer überhistorischen wissenschaftlichen Neutralität wissenschaftlichen Kriterien nicht standhalten könne, war der Weg frei geworden für neue Forschungsfelder wie die Geschichte des Wissens und der Wissenschaften und die soziologische Untersuchung der unterschiedlichen wissenschaftlichen Kulturen und ihrer Techniken.

Um zu verstehen, in welcher Weise kulturelle Normen die Erlangung wissenschaftlicher Erkenntnisse beeinflussen, musste untersucht werden, „welche Formen vergleichbare Unternehmungen in der Vergangenheit angenommen haben."[22] Dies sollte nicht nur zum Vorschein bringen, „daß unsere Vorstellung davon, wie ein verbindliches Wissen über die natürliche Welt zu erlangen sei, sich über Zeit und

---

19 Ebd., S. 9.
20 Vgl. S. HARDING, Ist die westliche Wissenschaft eine Ethnowissenschaft? Herausforderung und Chance für die Feministische Wissenschaftsforschung, in: Die Philosophin 9 (1994), S. 9–24. Einen guten Überblick über die Geschichte der feministischen Wissenschaftskritik geben B. ORLAND / M. RÖSSLER, Women in Science – Gender and Science. Ansätze feministischer Naturwissenschaftskritik im Überblick, in: B. ORLAND / E. SCHEICH, Das Geschlecht der Natur, Frankfurt/M. 1995, S. 13–63.
21 Vgl. U. FELT / H. NOWOTNY / K. TASCHWER, Wissenschaftsforschung. Eine Einführung, Frankfurt/M. 1995.
22 FOX KELLER, Macht und Erkenntnis, S. 23.

Raum verändert hat, sondern auch, dass unsere Definitionen von Wissen und Natur sich mit ihr verändert haben."[23]

Tatsächlich entstanden die modernen Naturwissenschaften und mit ihnen das moderne Verständnis der Natur erst im 17. Jahrhundert, doch knüpften diese, wie die Forschungen der feministischen Wissenschaftsforschung zeigte, in der Verwendung sexueller Metaphern zur Benennung der Natur und in der Konnotation des Naturverständnisses mit den Kategorien männlich und weiblich an Vorstellungen und einen Wissensapparat an, der bis in die griechische Antike zurückgeht.

Die Sexualisierung der Natur

Das griechische Wort für Natur lautet „Physis" und kommt von „phyein", das „entstehen, geboren werden" bedeutet. Dieselbe etymologische Verbindung findet sich auch in dem lateinischen „natura", das auf das Verb „nasci", „geboren werden", zurückgeht.

Nun stand der Ausdruck „Physis" bereits im vorphilosophischen Kontext bei Homer, Sophokles und Pindar nicht nur für das Wachstum und das Werden, sondern zugleich für die Beschaffenheit, das Wesen eines Dings.[24] „Physis" verband damit in einer spannungsvollen Doppeldeutigkeit Sein und Werden. Diese Doppeldeutigkeit wurde im Lauf der Geschichte der griechischen Philosophie zum Ausgangspunkt unterschiedlicher Modelle der Naturbenennung. So suchten die vorsokratischen Denker den Ursprung und das Prinzip, die Arché aller natürlichen Dinge und Vorgänge in einem alles durchwaltenden Wesensgesetz. Aus diesem Prinzip, bei Thales (625–545) dem Wasser, bei Heraklit (544–483) dem Feuer, wurde sowohl das wahre Wesen als auch die Gesetzlichkeit ihres natürlichen Werdens erklärt. Heraklit, der als erster die Gesetze der Vernunft in der Ordnung der Natur zum Ausdruck kommen sah, ist dafür bekannt geworden, dass er das Wesen der Natur aller Dinge im Werden, im Fließen und in der Gegensätzlichkeit sah. Ihm wird der Satz zugeschrieben, nach dem der Krieg der Vater aller Dinge sei. Im Gegensatz zu Heraklit, der die Natur auf die Seite des Werdens festlegte und die Herausforderung der Philosophie darin sah, den Sinn, das heißt das Gesetz der Vernunft in der Veränderung und Vergänglichkeit zu erkennen, steht der Name Parmenides von Elea (540–480) für eine radikale Abwendung vom Werden und die exklusive Wertschätzung des Seins. Parmenides behält als erster den Ausdruck Physis allein für das Wachstum, Werden und Entstehen vor. Er löste die dem Begriff der Physis innewohnende Doppeldeutigkeit auf, indem er den Bereich des Seins abtrennte und dem Denken zuwies. Mit dieser Trennung der Bereiche des Werdens und Seins entlang der Differenz von Natur und Denken schrieb Parmenides zugleich die Aufwertung des Seins bzw. des

---

23 Ebd.
24 Historisches Wörterbuch der Philosophie, Bd. 6, hg. v. K. Gründer, J. Ritter, Basel, Stuttgart, S. 422.

Denkens gegenüber dem Werden bzw. der Natur fest. So gestand er der Natur keinen Ort im Bereich der Wahrheit zu. Physis gehört nach Parmenides in den Bereich der Doxa, der bloßen Meinung.

Zwar sollte sich Parmenides' Ausschluss der Natur aus dem Bereich der Wahrheit in der philosophischen Diskussion nicht durchsetzten, was jedoch Bestand hatte, war die Minderbewertung des Vergänglichen gegenüber dem Unvergänglichen. Und genau an diesem Punkt überschneidet sich die Philosophie – in deren Rahmen die Griechen die Natur benannten – mit der patriarchalischen Geschlechterordnung. Für die Griechen unterschieden sich die Geschlechter durch die strukturelle Minderwertigkeit des weiblichen Geschlechts. Frauen und Männer waren, wie Giuila Suissa schreibt, „ohne Unterschied zu allem befähigt. Bis auf den Punkt, dass das männliche Geschlecht das weibliche immer übertrifft."[25] Die qualitative Differenzierung der Geschlechter kommt in Aristoteles' (384–322) Bestimmung der Frau als eines „minderwertigen Mannes" zum Ausdruck, die sich durch die Geschichte des Mittelalters hindurch hielt bis zur Neubestimmung der Geschlechterdifferenz im 18. Jahrhundert, wie sie beispielhaft von Rousseau formuliert wurde.[26] Das Weibliche, so spitzt Suissa die Ergebnisse ihrer Untersuchung des Geschlechterunterschieds bei Platon (427–347) und Aristoteles zu, sei der Mangel selbst. So scheint es nur „natürlich", dass die Natur des Weiblichen mit jenem Bereich der Physis korreliert, der den Wuchs, das Wachstum und das Werden – kurz, den gesamten Bereich der Reproduktion – in sich einschließt. Deutlich kommt dies in Platons Symposion zum Ausdruck, in dem die mit der männlichen, homosexuellen Liebe assoziierte Liebe im Schönen der mit der Geschlechterliebe verbundenen Zeugung zur Reproduktion vorgezogen wird, da nur die Zeugung im Schönen zu wahrer Unsterblichkeit führe. Im Fall von Aristoteles floss die kulturell geprägte Vorstellung von der Minderwertigkeit der Frau direkt in die naturphilosophische Deutung des Fortpflanzungsvorgangs selbst ein. Die Überlagerung der Bestimmung der Physis als das Insgesamt aller natürlichen Seienden in ihrem Wesen und dem Gesetz ihres Werdens und Wachsens mit den Kategorien männlich und weiblich wird deutlich, wenn Aristoteles schreibt:

> „Denn vor allem hat man, wie gesagt, das Weibliche und das Männliche als die Prinzipien der Zeugung zu setzen, das Männliche als dasjenige, in dem der Anfang der Bewegung und der Zeugung, das Weibliche als das, worin der Anfang des Stofflichen liegt."[27]

Nun muss man zum besseren Verständnis dieses Satzes berücksichtigen, dass das Männliche von Aristoteles durchgängig mit dem gesetzgebenden, aktiven Prinzip der Form identifiziert wird, während das Weibliche die passive, formbare Materie

---

25 G. SUISSA, Platon, Aristoteles und der Geschlechterunterschied, in: Geschichte der Frauen, Bd. 1, Frankfurt/M., New York 1997, S. 79.

26 Vgl. T. LAQUEUR, Auf den Leib geschrieben. Die Inszenierung der Geschlechter von der Antike bis Freud, Frankfurt/M., New York 1992.

27 ARISTOTELES, Von der Zeugung und Entwicklung der Tiere, 726b.

repräsentiert. Die metaphorische Doppelbenennung der verschiedenen Naturen der Natur – der (männlichen) Form und des (weiblichen) Stoffes – verleiht mit anderen Worten der aristotelischen Naturphilosophie die erforderliche stabilisierende Differenzierung.[28]

Christina von Braun hat auf die Bedeutung aufmerksam gemacht, die der Einführung des phonetischen Alphabets[29] für die Etablierung eines idealen Normkörpers zukam, der seinerseits nach dem Vorbild des männlichen Körpers gebildet war.[30] Tatsächlich ging die Durchsetzung der phonetischen Schrift, welche die Schrift zum Allgemeingut aller Bürger machte und die Entstehung der Polis begleitete mit einer Einschränkung der Rechte der Frauen einher. So kommt Claudine Leduc anhand der Untersuchung der Heiratsregeln im antiken Griechenland zum Schluss, dass der Bewegungsraum der Frauen, der bereits vor der Solonischen Rechtsreform auf den Oikos eingeschränkt war, mit der Entstehung der Polis vollends aus der neu entstehenden Öffentlichkeit verbannt wurde:

> „Mit dem Versuch, den neuen gesellschaftlichen Raum der Polis auf der Grundlage einer verallgemeinerten Zirkulation der Frauen und einer nicht differenzierten Übertragung des *Inhalts des Hauses* zu errichten, wählte Solon ein matrimoniales System, das eine Niederlage der athenischen Frauen, und, vermittelt durch Recht und Literatur, der Frauen der abendländischen Welt darstellt."[31]

Dieser Prozess erinnert in beunruhigender Weise an den Ausschluss der Frauen, der mit der Etablierung der universalen Menschenrechte im Anschluss an die Französische Revolution einherging.[32]

Der im 5. Jahrhundert v.u.Z. geschaffene Normkörper nahm in den Statuen von Polyklet Gestalt an, nachdem der berühmte griechische Bildhauer den Begriff des Kanons auf die ideale Proportionierung des Körpers übertragen hatte. Dabei war, wie Christina von Braun deutlich macht, mit dem

---

28 Vgl. A. DEUBER-MANKOWSKY, Geschlecht als philosophische Kategorie, in: Die Philosophin 23 (2001), S. 11–30.

29 Vgl. auch J.-P. VERNANT, Die Entstehung des griechischen Denkens, Frankfurt/M. 1982, S. 47ff.

30 C. v. BRAUN, Versuch über den Schwindel. Religion, Schrift, Bild, Geschlecht, München, Zürich 2002, S. 93ff.

31 C. LEDUC, Heiraten im antiken Griechenland, in: Geschichte der Frauen, Bd. 1, S. 318.

32 Ausführlich hat C. Honegger den Prozess dargestellt, der zum völligen öffentlichen Verstummen der Frauen im Lauf des 19. Jahrhunderts führte. Sie hat insbesondere gezeigt, welche Rolle für die Konstituierung der neuen „Natur der Frau" die Naturwissenschaften in Form der „weiblichen Sonderanthropologie" spielten. C. HONEGGER, Die Ordnung der Geschlechter, Die Wissenschaft vom Menschen und das Weib. 1750–1850, Frankfurt/M. 1991.

„idealen', d. h. berechenbaren Körper [...] nicht *der* Körper allgemein, sondern der *männliche* Körper gemeint. Nur dieser repräsentierte – im Sinne eines Symbolträgers – die Berechenbarkeit der Schriftlichkeit und des Kanons. Der weibliche Körper hingegen symbolisierte das Unberechenbare, ‚Unreine' und Auszusondernde. Es stand für das A-Normale, das ‚Nicht-A', dessen jeder Kanon bedarf."[33]

Hier klingt die von der medizinischen Literatur beeinflusste Verwendung des Begriffs der Natur als Synonym für den Normalzustand an, wie er vor allen von den Sophisten aufgenommen werden sollte. Sie stellten die „Physis" ins Zentrum eines pädagogischen Diskurses, in dem die Natur als Normalzustand zugleich das Gesetz vorgab, dem es zu folgen galt. Dieses stellten sie unter dem Stichwort des Naturgesetzes den Nomos als dem von den Menschen gesetzten Satzungen entgegen.

So kannten die Griechen zwar den Gegensatz von Physis und Nomos und jenen zwischen Natur und Techné (Kunstfertigkeit), nicht aber den Gegensatz zwischen Natur und Kultur. Dieser Gegensatz sollte die Ordnung des Wissens erst mit der Entstehung des geschichtlichen Denkens durchziehen, wie es von Vico in Italien, Herder in Deutschland und Rousseau in Frankreich zur Erscheinung gebracht worden war. Der Gegensatz Natur/Kultur beginnt erst im 18. Jahrhundert zu einem eigenständigen Gegenstand des Wissens zu werden, zu einem Zeitpunkt, in dem sich, umrahmt von den entstehenden Wissenschaften vom Menschen eine Wissenschaft von der Kultur formiert, deren zentrale Aufgabe – analog zu den Naturwissenschaften – in der Benennung der Kultur und in der Beantwortung der Frage bestehen sollte, worin sich die Kultur von der Natur unterscheide.[34]

Mit der strukturellen Verschränkung der Bestimmung der unterschiedlichen Bedeutungen der Natur, die zugleich das Werden, das Gesetz des Werdens, das Wesen und das Sein bezeichnen konnte, mit den Kategorien männlich und weiblich hatten die Griechen jedoch einen Kanon geschaffen, der ungeachtet der Absetzbewegung der modernen Naturwissenschaften von der Tradition bruchlos in jene eingeflossen ist. Dazu gehört u. a. die strukturelle Minderbewertung des Weiblichen und des Veränderlichen bzw. Vergänglichen, die Identifikation des Weiblichen mit dem Bereich der Reproduktion, die Entgegensetzung von passiver (weiblicher) Natur und aktivem (männlichen) Geist, die Gleichsetzung des Weiblichen mit dem A-Normalen, dem Verrückten und Irrationalen und die gleichzeitige Erhebung des Männlichen zur Norm. Dies kommt besonders deutlich in der Metaphorik zum Ausdruck, in der Francis Bacon, der Gründervater der modernen Naturwissenschaft die Gründung einer, so Bacon wörtlich, „männlichen Wissenschaft" einleitete. In den Fragmenten seines 1602/03 geschriebenen Werks *Temporis Partus Masculus,* (Die männliche Geburt der Zeit) führt der Autor seinen fiktiven Sohn, den er zum männlichen Wissenschaftler ausbilden will, mit der Vision in die virile Wissenschaft ein, die Natur zur Sklavin der Wissenschaft zu machen:

---

33 BRAUN, Versuch über den Schwindel, S. 94.
34 Zur Entstehung der Kulturwissenschaft vgl. F. KITTLER, Eine Kulturgeschichte der Kulturwissenschaft, München 2000.

„Ich bin in der wahrhaftigen Absicht gekommen, die Natur mit all ihren Kindern zu dir zu führen, sie in deine Dienste zu stellen und sie zu Deiner Sklavin zu machen."[35]

Es ist der gleiche historische Moment, in dem Bacon die Natur seinem wissenschaftlichen Nachkommen als „Braut" verspricht, die nach „Zähmung, Formung und Unterwerfung durch den männlichen wissenschaftlichen Verstand"[36] verlange, in dem die Hexenverfolgung in Europa einen Höhepunkt erreichte. In deren Verlauf von 1360 bis 1760 wurden insgesamt 9 Millionen Menschen, davon 80 Prozent Frauen getötet.[37]

Kultur und Mutter Natur

In seinem 1762 veröffentlichten Erziehungsroman *Emile oder Von der Erziehung* stellt Rousseau fest:

„Wir werden sozusagen zweimal geboren: einmal zum Dasein und das andere Mal zum Leben, das eine Mal für die Art und das andere Mal für das Geschlecht. Diejenigen, welche die Frau als einen unvollkommenen Mann ansehen, haben ohne Zweifel unrecht."[38]

Rousseau deutet damit das Ende der seit dem 4. Jahrhundert v.u.Z. vorherrschenden Vorstellung an, nach welcher der Unterschied der Geschlechter sich in der Minderwertigkeit des weiblichen Geschlechts erschöpfe. Thomas Laqueur hat für das bis ins 18. Jahrhundert gültige Modell des Denkens der Geschlechterdifferenz den Begriff des Ein-Geschlecht-Modells geprägt. Er hat den Wechsel zu dem uns vertrauten Modell von zwei unterschiedlichen Geschlechtern detailliert entlang der Veränderung der physiologischen und anatomischen Deutung der Geschlechtsorgane dargestellt. Die Entstehung eines kulturwissenschaftlichen Diskurses über den unterschiedlichen Beitrag der Geschlechter zur Entstehungsgeschichte der Kultur geschah also zeitgleich mit einer Zäsur in der physiologischen Anthropologie und Anatomie. So wurden „Organe, die bislang einen Namen miteinander geteilt hatten – Ovarien und Testikel"[39] nun sprachlich unterschieden und Organe, die nicht durch einen eigenen Namen unterschieden worden waren, etwa die Vulva, erhielten nun einen eigenen Namen. „Statt paradigmatische Resonanzorte einer den ganzen Kos-

35 F. BACON, Temopris partus masculus, zit. n. FOX KELLER, Macht und Erkenntnis, S. 43.

36 Ebd.

37 G. HEINSOHN / O. STEIGER, Die Vernichtung der weisen Frauen. Hexenverfolgung. Menschenproduktion. Kinderwelten. Bevölkerungswissenschaft, Hemsbach, Weinheim 1985, S. 134. Vgl. I. AHRENDT-SCHULTE, Weise Frauen – böse Weiber. Die Geschichte der Hexen in der Frühen Neuzeit, Freiburg, Basel, Wien 1994.

38 J. J. ROUSSEAU, Emile oder Von der Erziehung. Nach der deutschen Erstübertragung von 1762, München 1979, S. 256.

39 Ebd.

mos durchziehenden Hierarchie zu sein, wurden die Reproduktionsorgane", wie Laqueur ausführt, „zur Grundlage des sich dem Vergleich entziehenden Unterschieds: ‚Frauen verdanken ihre Seinsweise den Fortpflanzungsorganen, und besonders dem Uterus', wie es ein Arzt dazumal ausdrückte."[40] Die Frauenkörper wurden fortan zum „Streitplatz für eine Neuformulierung der uralten, intimen und fundamentalen Sozialbeziehung: derjenigen der Frau zum Mann", sie hatten „in ihrer körperlichen, wissenschaftlich zugänglichen Konkretheit ein enormes Gewicht an Bedeutung zu tragen. Anders gesagt", so fasst Laqueur zusammen, „man erfand zwei biologische Geschlechter, um den sozialen eine neue Grundlage zu geben."[41]

Doch weshalb wird es im Jahrhundert der Aufklärung auf einmal so wichtig, den Unterschied der Geschlechter neu zu definieren? Weshalb bedarf es eines aufwendigen Diskurses, um die „Natur" der Frau just in dem Moment neu zu bestimmen, in dem die Entdeckung der Erziehung die Erschaffung eines selbst bestimmten Menschengeschlechts und die Emanzipation von der Natur in Aussicht stellte? Folgen wir Rousseau, dann entspringt die Notwendigkeit einer qualitativen Differenzierung zwischen den Geschlechtern just aus der zentralen Bedeutung, welche der Erziehung im Kontext der neu erfahrenen Freiheit zukommt. So leitet er aus der Natur des weiblichen Geschlechts die Aufgabe der Frauen ab, ein „Bindeglied" zwischen Kindern und Vätern zu sein, was heißt, dass sie die Kleinkinder zu Vaterkindern erziehen sollen, indem er ausführt:

> „Es gibt keine Gleichheit zwischen den beiden Geschlechtern, was die Auswirkungen ihres Geschlechts betrifft. Der Mann ist nur in gewissen Augenblicken Mann; die Frau ist ihr ganzes Leben lang Frau [...]. Alles erinnert sie ohne Unterlass an ihr Geschlecht [...] Sie muß während der Schwangerschaft geschont werden, sie braucht im Kindbett Ruhe, sie braucht eine bequeme und sitzende Lebensweise, um ihre Kinder zu säugen, sie muß, um sie zu erziehen, Geduld und Sanftmut, einen Eifer, eine Hingabe haben, die nichts abschreckt. Sie dient als Bindeglied zwischen ihnen und dem Vater, sie allein läßt sie ihn lieben und gibt ihm das Vertrauen, sie die Seinen zu nennen [...]"[42]

Wie Rousseau nicht nur ahnt, sondern präzise feststellt, ist es in einem Zeitalter, in dem man sich nicht mehr auf Gott als den Schöpfer der menschlichen Ordnung berufen kann, sondern in dem sich die Menschen vielmehr selbst in aller Freiheit zu „Menschen" erziehen, nicht mehr selbstverständlich, dass die Frauen den Vätern weiterhin „Söhne" und „Töchter" gebären. So appelliert er an einer der wenigen Stellen, an denen er nicht stellvertretend für die Natur als Mann über die Frauen spricht, sondern sich direkt an seine Leserinnen wendet, an deren „Verständigkeit", um sie eindringlich zu bitten, ihre Töchter nicht zu Männern zu erziehen:

---

40 LAQUEUR, Auf den Leib geschrieben, S. 172.
41 Ebd., S. 173.
42 ROUSSEAU, Emile, S. 471.

„Folgen Sie mir, verständige Mutter, machen Sie aus Ihrer Tochter keinen rechtschaffenen Mann, als wenn Sie die Natur Lügen strafen wollten; machen Sie eine rechtschaffene Frau aus ihr und seien Sie versichert, das wird besser für sie und für uns sein."[43]

Nun liegen die Vorteile, welche die Männer aus der angeblich natürlichen Ordnung der Geschlechter ziehen, auf der Hand. Sie teilen sich nicht nur die politischen und ökonomischen Rechte, bestimmen über sich, die Frauen und die Kinder, sondern sie sind auch jene Vertreter der Menschheit, welche, statt von der Natur ins Haus verwiesen zu sein, sich die Welt des Geistes und der Öffentlichkeit, der Schrift und der Geschichte teilen.[44] Doch welche Vorteile sollen die Frauen aus einer sie dermaßen einschränkenden und begrenzenden Ordnung der Geschlechter ziehen? Die Vorteile der Frauen bestehen, wie Rousseau versichert, darin, dass sie als Vertreterinnen des „schönen Geschlechts" trotz ihrer physischen Schwäche die heimlichen Herrinnen sowohl über die Männer als auch über die Richtung seien, die der Prozess der Kultivierung der Menschengeschlechts einschlage.[45] Rousseau geht dabei erstens von einer Naturgeschichte der Kultur, d. h. davon aus, dass die Kultur aus der Natur entstanden sei und zweitens, dass sich dieser Entstehungsprozess der Kultur nicht willkürlich ereignet, sondern gemäß den Gesetzen der Natur. Nun leitet sich das Gesetz der Natur, wie er es im Tierreich beobachtete, aus dem Recht des Stärkeren ab. Die Entstehung der Kultur zu erklären, bedeutete entsprechend, zu erklären, wieso sich das gesetzte Recht der Kultur nicht dem natürlichen Recht des Stärkeren beuge.

Und genau hier kommt die Dialektik des sexuellen Begehrens zum Tragen, die Rousseau aus der gesetzten Unterschiedlichkeit der Geschlechter entwickelt. Ausgangspunkt ist die geschlechtliche Vereinigung. Ihr dienen, wie Rousseau festhält, zwar beide Geschlechter, aber eben nicht auf die gleiche Art. So müsse, wie er mit Aristoteles konstatiert, eines aktiv und stark, das andere jedoch passiv und schwach

---

43 Ebd., S. 475.

44 Vgl. M. CRAMPE-CASNABET, Aus der Philosophie des 18. Jahrhunderts, in: Geschichte der Frauen, Bd. 3, Frankfurt/M. 1994, S. 333–367.

45 Die von Rousseau solcherart entworfene sexuelle Dialektik, welche den Männern die vordergründige und faktische Macht zubilligt, den Frauen jedoch die Rolle als heimliche Herrinnen und Hüterinnen der Moral vorbehält, hat innerhalb der feministischen Theorie-Diskussion kontroverse Deutungen erfahren. Dabei stellten sich die Kritikerinnen auf den Standpunkt, dass die „heimliche Macht" der Frauen und die Deutung des weiblichen als „moralischen Geschlechts" nur eine euphemistische Verschleierung der faktischen Machtlosigkeit und Begrenzung der Frau auf die Rolle der Ehefrau und Mutter sei, während freundlichere Leserinnen in Rousseaus Texten die Dialektik der Aufklärung selbst am Werk sahen. Vgl. L. STEINBRÜGGE, Das moralische Geschlecht. Theorien und literarische Entwürfe über die Natur der Frau in der französischen Aufklärung, Weinheim, Basel 1987; C. GARBE, Die ‚weibliche' List im ‚männlichen Text'. Jean Jacques Rousseau in der feministischen Kritik, Stuttgart 1992; H. NAGL-DOCEKAL, Rousseaus Geschichtsphilosophie als Theorie der Geschlechterdifferenz, in: Deutsche Zeitschrift für Philosophie 42.4 (1994); S. KOFMAN, Rousseau und die Frauen, Tübingen 1984.

sein. Es sei mit anderen Worten notwendig, dass das eine „wolle und könne" während das andere „wenig widerstehe".[46] Aus diesem „anerkannten Grundsatz" schließt Rousseau, dass die Frau dazu geschaffen sei, dem Mann zu gefallen, während es umgekehrt nicht nötig sei, dass der Mann der Frau gefalle. Er gefalle dadurch, dass er stark sei. Rousseau geht nun über Aristoteles hinaus, indem er anfügt: „Das ist hier nicht das Gesetz der Liebe, ich gebe es zu; es ist aber das Gesetz der Natur, welches selbst vor der Liebe bestand",[47] um im nächsten Schritt die Entstehung der Kultur aus der Macht der Frauen her zu leiten, die Stärke der Männer mit ihren Reizen – ihrer Sittsamkeit und Scham – zu bezwingen. Die Natur bedient sich in Rousseaus Genealogie der Kultur der Reize des weiblichen Geschlechts, um aus sich heraus die Kultur hervorzubringen. Denn dank dieser Reize gelingt es den Frauen, wie Rousseau fort fährt, die Männer von der unmittelbaren Befriedigung ihrer Lust abzuhalten und sich vor einer Vergewaltigung zu schützen. Dies dient einerseits ihrem eigenen Interesse und dient zugleich dem „Endzweck der Natur"; denn die Vergewaltigung ist, wie Rousseau ausführt, „nicht nur die brutalste Handlung", sondern auch dem Endzweck der Natur zuwider,

„[...]weil die Frau allein den Zustand beurteilen kann, in dem sie sich befindet, und kein Kind einen Vater haben würde, wenn sich jeder Mann dessen Recht anmaßen würde."[48]

Rousseau legt also den Anfangspunkt der Kultur in die Macht des weiblichen Geschlechts, das durch seine Reize die Gefahr einer Vergewaltigung zu bannen und den Geschlechtsakt in ein Netz von kulturellen Regeln einzubinden vermag. Der Anthropologe Claude Lévi-Strauss hat diese kulturellen Regeln 150 Jahre später als Verwandtschaftssystem identifiziert und seinerseits als Kennzeichen von menschlichen Kulturen beschrieben[49].

In ihrem Bahn brechenden Aufsatz *Traffic in Women* hat sich die feministische Anthropologin Gayle Rubin 1974 über die Präzision gewundert, mit der Freud und Lévi-Strauss übereinstimmen, was die Verbindung der Genealogien der Kultur und der Ausbildung der geschlechtlichen Identitäten betrifft. So schreibt sie:

„Verwandtschaftssysteme erfordern die Trennung der Geschlechter. Die ödipale Phase unterscheidet die Geschlechter. Verwandtschaftssysteme schließen eine Menge von Regeln ein, welche die Sexualität regeln. Die ödipale Krise ist die Assimilation dieser Regeln und Tabus. Zwangsheterosexualität ist das Ergebnis des Verwandtschaftssystems. Die ödipale Phase konstituiert das heterosexuelle Begehren. Verwandtschaft besteht auf einer radikalen Differenz zwischen den Rechten der Männer und den Rechten der Frauen. Der Ödipus-

---

46 ROUSSEAU, Emile, S. 467.
47 Ebd., S. 467f.
48 Ebd., S. 469.
49 Vgl. C. LÉVI-STRAUSS, Die elementaren Strukturen der Verwandtschaft, Frankfurt/M. 1985.

Komplex überträgt die Rechte der Männer auf den Jungen und zwingt das Mädchen sich an ihre minderen Rechte zu gewöhnen.[50]

Gayle Rubin hätte Rousseau dazunehmen, und sie hätte den Kreis um Kant erweitern können. Denn dieser vollendete, was Rousseau vorbereitet hatte: die feste Verknüpfung der Herausbildung von zwei sich ergänzenden Geschlechtscharakteren mit der Ziehung der Grenze zwischen Natur und Kultur, wobei die Kultur der Natur ebenso überlegen sein sollte, wie die Männer den Frauen.[51]

Differenz und / oder Egalität

Die Französische Revolution eröffnete eine „Ära der Politisierung aller Lebensbereiche"[52], in deren Folge die „Frauenfrage" das erste Mal in den Mittelpunkt einer explizit *politischen* Verständigung über Gesellschaft rückte. In der *Déclaration des droits du l'homme et du citoyen* von 1789 war jedem Individuum das Recht auf „Freiheit, Eigentum und Widerstand gegen Unterdrückung" zugestanden worden; diese Rechte reklamierten die Frauen, welche sich aktiv an den Kämpfen beteiligt hatten, auch für sich. So legte die Verfassung vom September 1791 die bürgerliche Volljährigkeit für Frauen und Männer in identischer Form fest, Frauen wurde das Recht zuerkannt, standesamtliche Handlungen zu bezeugen und vertragliche Pflichten zu übernehmen, im ersten Entwurf des Code civil von 1793 waren die Mütter den Väter gar in der Ausübung der elterlichen Autorität gleichgestellt. Diese historisch einmalige politische Gleichstellung der Frauen währte jedoch nicht lange; sie kam nicht über den Status eines Entwurfs hinaus. Den aus der Erklärung der Menschenrechte abgeleiteten Forderungen nach gleichen Rechten wurde von den konservativen und revolutionären Gegnern der Revolutionierung der Geschlechterverhältnisse unmittelbar nach der Formulierung der Forderungen das Argument entgegengehalten, der mindere gesellschaftliche Status der Frauen sei ein Körper bedingtes Erfordernis und damit in der Natur und der Natur bedingten Andersheit der Frauen begründet. So sei die Gehorsamkeit der Ehefrauen und Töchter nicht im Sinne einer *politischen*, sondern im Sinne einer *Natur bedingten* Unterwerfung zu verstehen. 1801 verständigte man sich in der Nationalversammlung darüber, dass der Ausschluss der Frauen aus den bürgerlichen Rechten nicht gegen den Grundsatz der Gleichheit verstoße,

---

50 R. GAYLE, The Traffic in Women. Notes on the Political Economy of Sex, in: R. R. REITER (Hg.), Toward an Anthropology of Women, New York 1975, S. 199.

51 Vgl. A. DEUBER-MANKOWKSY, 2. Kant. Eine heilsame Illusion oder wie die Kultur aus der Natur entsteht, in: Praktiken der Illusion. Von Immanuel Kant bis Donna J. Haraway, unveröffentl. Habilitationsschrift, S. 54–79; U. P. JAUCH, Immanuel Kant zur Geschlechterdifferenz. Aufklärerische Vorurteilskritik und bürgerliche Geschlechtsvormundschaft, Wien 1988, S. 203ff.

52 E. G. SLEDZIEWSKI, Die französische Revolution als Wendepunkt, in: Geschichte der Frauen, Bd. 4, 19. Jahrhundert, Frankfurt/M., New York 1994, S. 51.

sondern die Gesellschaft sich nur ihr Recht wiederhole und den Frauen zugleich ihren natürlichen Status zurückgebe, den die Revolution ihnen genommen habe. Der Rückgriff auf die „Natur" der Frau wurde zur Legitimation für die Vorenthaltung von politischen Rechten, für den Ausschluss der Frauen aus der Öffentlichkeit und schließlich deren völlige politische Entmündigung. Dabei wurde, wie Claudia Honegger in ihrer wegweisenden Untersuchung *Die Ordnung der Geschlechter. Die Wissenschaften vom Menschen und das Weib* gezeigt hat, die Behauptung einer natürlichen Andersartigkeit der Frau im Zeitraum von 1750–1850 mit der Ausdifferenzierung der Wissenschaften vom Menschen in eine allgemeine und eine weibliche Sonderanthropologie verbunden.[53] Im Zeitalter der positiven Wissenschaften wurde die natürliche Ungleichheit der Geschlechter ihrerseits „wissenschaftlich" und nicht mehr im Rekurs auf eine gottgegebene Ordnung begründet.

Es gab unter den unterschiedlichen Gesellschaftsentwürfen in der Entstehungszeit der Wissenschaften vom Menschen nur wenige, die sich nicht auf „naturgegebene" Ungleichheiten – des Geschlechts, der Klasse oder der Rasse – stützten. Eine davon war die 1790 erschienene Schrift *Sur l'admission des femmes au droit de cité* des Philosophen und Mathematikers Marquis de Condorcet. Als überzeugter Aufklärer – er war mit Helvetius, Voltaire und d'Alembert befreundet und gehörte zum Kreis der Enzyklopädisten – schloss sich Condorcet der französischen Revolution an und wurde 1791 in die Nationalversammlung gewählt. In seiner Analyse behandelte Condorcet die Frage des Ausschlusses der Frauen aus den staatsbürgerlichen Rechten als einen Sonderfall des allgemeinen Problems der Ungleichheit. Condorcet forderte aus Gründen der politischen Vernunft und als Korrektiv für die Asymmetrie der Geometrie der Verfassung gleiche Rechte für Frauen und verband diese Forderung mit der Forderung der Abschaffung der Sklaverei und der Einführung gleicher Rechte auch für Juden. Condorcet argumentierte konzeptionell und konzentrierte sich auf die juristische Frage. Dabei wies er zwar auf den Zusammenhang zwischen dem Ausschluss der Frauen, der Juden und der Sklaverei hin, verfehlte jedoch, so Elisabeth G. Sledziewski, „die besondere Dimension des Sexismus"[54].

Anders als für Condorcet stellte der Sexismus für die Verfasserin der 1791 veröffentlichten *Déclaration des droits de la femme et de la cityoenne* Olympe de Gouges den Ursprung aller Arten der Diskriminierung und den Grund dafür dar, dass die Revolution nicht gelungen sei. In ihrem politischen Manifest hob Olympe de Gouges die Zweigeschlechtlichkeit der bürgerlichen und politischen Ordnung hervor und forderte für die Frauen die gleichen Privilegien, wie sie der Rechtstaat den Männern zugestand. Dabei demaskierte sie zwar die Zweideutigkeiten des Universalismus, mit dem die Gleichheit aller und zugleich die Ungleichheit der Frauen begründet wurde, doch stellte sie den Ausschluss der Frauen nicht in den Kontext der Klassenfrage, der Sklaverei und des Ausschlusses der Juden.

---

53 HONEGGER, Die Ordnung der Geschlechter.
54 SLEDZIEWSKI, Die Französische Revolution als Wendepunkt, S. 55.

Sowohl Condorcet als auch Olympe de Gouges bezahlten ihr Engagement mit dem Tod. Condorcet starb auf der Flucht, Olympe de Gouges wurde als Girondistin enthauptet.

Eine dritte wichtige Stimme, die sich für die Gleichberechtigung der Frauen stark machte, war jene von Mary Wollestonecraft. Ihre zweibändige *Vindication of Rights of Women* erschien 1792 in London und wurde zu einem Standardwerk des Feminismus.[55] Anders als Condorcet und anders auch als Olympe de Gouges argumentierte Wollestonecraft weder primär juristisch noch primär politisch, sondern moralisch. Sie versuchte die Ideale der französischen Revolution zu verteidigen und mit der Forderung nach einer freien Selbstbestimmung der Frauen zu verbinden. Dabei ging es ihr nicht in erster Linie darum, die Gleichheit von Männern und Frauen zu behaupten, sie forderte in ihrer Auseinandersetzung mit Rousseau vielmehr, dass die Frauen zu ihrer Mutterrolle nicht gezwungen werden, sondern ihre weiblichen Aufgaben selbst formulieren können sollten. Wollestonecraft wies damit auf ein grundsätzliches Problem der Diskurse hin, die mit dem Beginn der französischen Revolution die Frauenfrage in zwei Richtungen spaltete: der eine gruppiert sich um die Theorien der Differenz und beruht auf der Annahme einer natürlichen Verschiedenheit der Geschlechter. Der andere kulminiert in den Theorien der Gleichheit und geht davon aus, dass vermeintliche Unterschiede der Geschlechter nicht natur-, sondern Kultur bedingt und damit veränderbar sind. Das Problem, das beiden Diskursen gemein ist und auf das Wollestonecraft mit ihrer Forderung auf eine Selbstbestimmung der Frauen hinwies, zielt auf die Frage, wie zwischen der Alternative von Gleichheit und/oder Differenz die politische Forderung gleicher Rechte zu formulieren ist.

Einer der ersten, der dieses Problem explizit reflektiert und zu einem Thema der neuen Wissenschaft der Soziologie gemacht hat, war Georg Simmel. Im Rahmen der kulturphilosophischen Debatten um 1900 war das Geschlecht im Kontext der neuen Wissenschaften der Ethnologie, der Psychoanalyse und der Sozialwissenschaft zu einem zentralen Gegenstand geworden. Anders als die meisten seiner Zeitgenossen thematisierte Simmel in seiner Philosophie der Geschlechter das wissenschaftsmethodische Problem, dass die Objektivität des Urteils zwar ihrem Anspruch nach allgemein menschlich, in ihrer „tatsächlichen historischen Gestaltung" jedoch „durchaus männlich" sei.[56] Im Rahmen dieser Erkenntnis machte Simmel darauf aufmerksam, dass zwischen den Repräsentationen des Weiblichen und der realen Situation der Frauen ein signifikanter Unterschied bestehe, ja dass die Repräsentationen des Weiblichen weniger die weibliche Realität als die männliche Imagination repräsentiere. Während Simmel auf diese Situation jedoch mit der Hypostasierung einer „weiblichen Kultur" antwortete, hat erst Sylvia Bovenschen in ihrer 1979 erschienen Untersuchung *Die imaginierte Weiblichkeit* die Schlussfolgerung ge-

---

55 M. WOLLESTONECRAFT, Eine Verteidigung der Rechte der Frau 1792, übers. v. C. G. Salzmann, 2 Bde., Zürich 1975.

56 G. SIMMEL, Zur Philosophie der Geschlechter, in: Philosophische Kultur, Leipzig 1911, S. 65.

zogen, dass der Begriff des Weiblichen seine Substanz nicht aus den sozialen Existenzformen der Frauen, sondern aus der „Wirklichkeit der Imagination"[57] beziehe
und dass die frauen- und geschlechterpolitisch zentrale Frage laute, wie wissenschaftlich angemessen auf diese Situation zu reagieren sei. Denn nur unter der Voraussetzung einer methodologisch angemessenen Antwort auf diese Frage kann vermieden
werden, dass sich die Wirklichkeit der Imagination anstelle der historischen und sozialen Existenzformen der Frauen setzt und damit in einem Fehlschluss aus der
symbolischen Repräsentation des Weiblichen die soziale Realität der Frauen abgeleitet wird. In exemplarischen Untersuchungen des literarischen Diskurses der Aufklärung hat Bovenschen eine Methodologie der Morphogenese der imaginierten
Weiblichkeit entworfen und parallel dazu eine Geschichte des weiblichen Schwei-
gens geschrieben. Der positive Ertrag eines solchen Vorgehens besteht nicht nur in
der geschlechtergerechten Einlösung des Anspruches auf wissenschaftliche Objektivität, sondern zugleich in der Einlösung der von Simone de Beauvoir eingangs zitierten Forderung, die Freiheit, die als Freiheit der Artikulation zu verstehen ist, ge-
schlechterübergreifend zu realisieren.

Dies bedeutet bezüglich der Alternative zwischen Gleichheit und Differenz, dass
keine von beiden eine wirkliche Alternative darstellt, sondern beide auf ihre impliziten Weiblichkeitsimaginationen hin gelesen und entziffert sein wollen. Oder, wie
Bovenschen schreibt:

> „Beide Ansätze durchkreuzen die Geschichte; indem man ihre jeweilige Erscheinung und
> ihre spezifische innere Argumentationsfigur, ihre von historischem Ort zu Ort wechselnde
> Vorherrschaft und ihren Qualitätswandel nachzeichnet, erhält man die Taxonomie des
> Weiblichen."[58]

Das niemals verschwindende Verlangen nach Artikulation

Die US-amerikanische Anthropologin Gayle Rubin, die 1974 das *Sex/gender-System*
als methodologische Kategorie der Forschung entlang der Frage des Geschlechts
einführte, hat aus ihrer Analyse der Freudschen Psychoanalyse und des Kulturbegriffs von Claude Lévi-Strauss den Schluss gezogen, dass der Feminismus sich sowohl
für eine Revolutionierung des Verwandtschaftssystems einsetzen müsse als auch für
eine Lösung der ödipalen Krise, die für die Individuen aller Geschlechter weniger
destruktiv sein sollte. Viele Theoretikerinnen sind ihr gefolgt. Die Filmwissenschaft-

---

57 S. BOVENSCHEN, Die imaginierte Weiblichkeit. Exemplarische Untersuchungen zu kultur-
    geschichtlichen und literarischen Präsentationsformen des Weiblichen, Frankfurt/M. 1979,
    S. 40.
58 Ebd., S. 61.

lerin Teresa de Lauretis und die Philosophin Judith Butler haben auf unterschiedliche Weise versucht, den ödipalen Konflikt umzuschreiben.[59]

Einen anderen Weg hat die Wissenschaftstheoretikerin und Biologin Donna J. Haraway eingeschlagen. Sie hat in radikaler Weise die Frage nach dem Ursprung der patriarchalen Geschlechterordnung mit der Frage nach der Grenzziehung zwischen Natur und Kultur, der Grenzziehung zwischen Mensch und Tier und Mensch und Maschine verbunden. Dabei ging sie konsequent von der wissenschaftstheoretischen Annahme aus, dass „Natur", „Kultur" und die Grenze zwischen beiden geronnene Bedeutungen sind, die aus komplexen wissenschaftlichen und kulturellen Techniken der Benennung entsprungen sind, hinter denen sich unterschiedliche Wissenskulturen, Machstrukturen und Interessen verbergen. So gilt es nach Haraway nicht nur, diese Wissenskulturen zu analysieren, sondern zugleich mit neuen Benennungspraktiken zu experimentieren. Konsequent fordert sie feministische Wissenschaftlerinnen aus allen Disziplinen auf, im Zeitalter der Kultur- und Naturwissenschaften verbindenden Technowissenschaften, bessere, das heißt, genauere und komplexere Darstellungen der Welt zu entwerfen.[60] Damit berührt sie nicht nur das ethische Anliegen von Simone de Beauvoir, sondern trifft sich an einem unerwarteten Ort mit Judith Butler, welche die Geschlechterdifferenz einmal als ein „Verlangen nach erneuter Artikulation" bezeichnet hat, das niemals ganz verschwinde und daraus den Schluss gezogen hat, dass die Geschlechterdifferenz die nie zu beantwortende Frage nach dem Verhältnis von Kulturellem und Biologischem darstelle:

„So wie ich sie verstehe, ist die Geschlechterdifferenz ein Ort, an dem wieder und wieder eine Frage in Bezug auf das Verhältnis des Biologischen zum Kulturellen gestellt wird, an dem sie gestellt werden muss und kann, aber wo sie, streng genommen, nicht beantwortet werden kann. Wenn wir sie als eine Grenzvorstellung verstehen, so hat die Geschlechterdifferenz psychische, somatische und soziale Dimensionen, die sich niemals gänzlich ineinander überführen lassen, die aber deshalb nicht letztlich voneinander abgesetzt sind. Schwankt die Geschlechterdifferenz also hin und her, als eine schwankende Grenze, die eine erneuerte Artikulation dieser Begriffe ohne jede Vorstellung von Endgültigkeit verlangt? Ist sie daher kein Ding, keine Tatsache, keine Vorannahme, sondern vielmehr ein Verlangen nach erneuter Artikulation, das niemals zur Gänze verschwindet – aber das sich ebenso wenig jemals zur Gänze zeigen wird?"[61]

59 T. de LAURETIS, Psychoanalyse und lesbische Sexualität, Frankfurt/M. 1996; J. BUTLER, Körper von Gewicht. Die diskursiven Grenzen des Geschlechts, Frankfurt/M. 1997.

60 D.J. HARAWAY, Situiertes Wissen, in: Die Neuerfindung der Natur. Primaten, Cyborgs und Frauen, Frankfurt/M. 1995, S. 93.

61 J. BUTLER, Das Ende der Geschlechterdifferenz?, übers. v. B. Marius, in: J. HUBER / M. HELLER (Hg.), Interventionen 6. Konturen des Unentschiedenen, Basel, Frankfurt/M. 1997, S. 35.

Bibliographie

AHRENDT-SCHULTE, Ingrid, 1994: Weise Frauen – böse Weiber. Die Geschichte der Hexen in der Frühen Neuzeit. Freiburg, Basel, Wien.

BEAUVOIR, Simone de, 1949: Das andere Geschlecht. Sitte und Sexus der Frau. Reinbek.

BOVENSCHEN, Silvia, 1979: Die imaginierte Weiblichkeit. Exemplarische Untersuchungen zu kulturgeschichtlichen und literarischen Präsentationsformen des Weiblichen. Frankfurt/M.

BRAUN, Christina von, 1989: Nicht Ich. Logik, Lüge, Libido. Frankfurt/M.

BRAUN, Christina von / DIETZE, Gabriele, 1999: Multiple Persönlichkeit. Krankheit, Medium oder Metapher? Frankfurt/M.

BRAUN, Christina von / STEPHAN, Inge, 2000: Gender Studien. Eine Einführung. Stuttgart, Weimar.

BRAUN, Christina von, 2002: Versuch über den Schwindel. Religion, Schrift, Bild, Geschlecht. München, Zürich.

BUßMANN, Hadumad / HOF, Renate, 1995: Genus. Zur Geschlechterdifferenz in den Kulturwissenschaften. Stuttgart.

BUTLER, Judith, 1991: Das Unbehagen der Geschlechter. Frankfurt/M.

BUTLER, Judith, 1997: Das Ende der Geschlechterdifferenz? Übers. v. Benjamin Marius. In: Jörg HUBER / Martin HELLER (Hg.): Interventionen 6. Konturen des Unentschiedenen. Basel, Frankfurt/M., S. 25–43.

BUTLER, Judith, 1997: Körper von Gewicht. Die diskursiven Grenzen des Geschlechts. Frankfurt/M.

CRAMPE-CASNABET, Michèle, 1994: Aus der Philosophie des 18. Jahrhunderts. In: Geschichte der Frauen. Bd. 3. Frankfurt/M.

DEUBER-MANKOWSKY, Astrid, 2001: Geschlecht als philosophische Kategorie. In: Die Philosophin 23 (2001), S. 11–30.

DEUBER-MANKOWSKY, Astrid / RAMMING, Ulrike / TIELSCH, Walesca E. (Hg.), 1989: 1789/1989. Die Revolution hat nicht stattgefunden. Tübingen.

DUBY, Georges / PERROT, Michelle (Hg.), 1993–95: Geschichte der Frauen. 5 Bde. Frankfurt/M.

FAUSTO-STERLING, Anne, 1988: Gefangene im Geschlecht. Was biologische Theorien über Mann und Frau sagen. München.

FELT, Ulrike / NOWOTNY, Helga / TASCHWER, Klaus, 1995: Wissenschaftsforschung. Eine Einführung. Frankfurt/M.

FOUCAULT, Michel, 1979: Der Wille zum Wissen. Sexualität und Wahrheit. Bd. 1. Frankfurt/M.

FOX KELLER, Evelyn, 1986: Liebe, Macht und Erkenntnis. Männliche oder weibliche Wissenschaft? München, Wien.

FRAISSE, Géneviève, 1995: Geschlecht und Moderne. Archäologien der Gleichberechtigung. Frankfurt/M.

FRAISSE, Géneviève, 1996: Geschlechterdifferenz. Tübingen.

GARBE, Christine, 1992: Die ‚weibliche' List im ‚männlichen Text'. Jean Jacques Rousseau in der feministischen Kritik. Stuttgart.

HARAWAY, Donna, 1995: Die Neuerfindung der Natur. Primaten, Cyborgs und Frauen. Frankfurt/M.

HARAWAY, Donna, 1995: Monströse Versprechen. Coyote-Geschichten zu Feminismus und Technowissenschaft. Hamburg.

HARDING, Sandra, 1994: Das Geschlecht des Wissens. Frauen denken die Wissenschaft neu. Frankfurt/M., New York.

HARDING, Sandra, 1994: Ist die westliche Wissenschaft eine Ethnowissenschaft? Herausforderung und Chance für die Feministische Wissenschaftsforschung. In: Die Philosophin 9, S. 26–45.

HARK, Sabine, 1996: Deviante Subjekte. Die paradoxe Politik der Identität. Opladen.

HAUSEN, Karin / NOWOTNY, Helga (Hg.): Wie männlich ist die Wissenschaft? Frankfurt/M.

HEINSOHN, Gunnar / STEIGER, Otto, 1985: Die Vernichtung der weisen Frauen. Hexenverfolgung. Menschenproduktion. Kinderwelten. Bevölkerungswissenschaft. Hemsbach, Weinheim.

HONEGGER, Claudia / ARNI, Caroline (Hg.), 2001: Gender. Die Tücken einer Kategorie. Joan W. Scott. Geschichte und Politik. Zürich.

HONEGGER, Claudia, 1991: Die Ordnung der Geschlechter. Die Wissenschaft vom Menschen und das Weib. 1750–1850. Frankfurt/M.

IRIGARAY, Luce, 1991: Speculum. Spiegel des anderen Geschlechts. Frankfurt/M.

JAUCH, Ursula Pia, 1988: Immanuel Kant zur Geschlechterdifferenz. Aufklärerische Vorurteilskritik und bürgerliche Geschlechtsvormundschaft. Wien.

KITTLER, Friedrich, 2000: Eine Kulturgeschichte der Kulturwissenschaft. München.

KOFMAN, Sarah, 1984: Rousseau und die Frauen. Tübingen.

KOFMAN, Sarah, 1993: Die Kindheit der Kunst. München.

KONNERTZ, Ursula, 1997: Und ich will alles vom Leben. Ein fiktives Gespräch mit Simone de Beauvoir. In: Die Philosophin 20, S. 74–90.

LAQUEUR, Thomas, 1992: Auf den Leib geschrieben. Die Inszenierung der Geschlechter von der Antike bis Freud. Frankfurt/M., New York.

LAURETIS, Theresa de, 1987: Technologies of Gender. Essays on Theory, Film, and Fiction. Bloomington.

LAURETIS, Teresa de, 1996: Die andere Szene. Psychoanalyse und lesbische Sexualität. Frankfurt/M.

LERNER, Gerda, 1993: Die Entstehung des feministischen Bewusstseins vom Mittelalter bis zur Ersten Frauenbewegung. Frankfurt/M., New York.

LÉVI-STRAUSS, Claude, 1985: Die elementaren Strukturen der Verwandtschaft. Frankfurt/M.

LORAUX, Nicole, 1990: Die Trauer der Mütter. Frankfurt/M., New York.

MOI, Toril, 1996: Simone de Beauvoir. Die Psychographie einer Intellektuellen. Frankfurt/M.

NAGL-DOCEKAL, Herta, 1994: Rousseaus Geschichtsphilosophie als Theorie der Geschlechterdifferenz. In: Deutsche Zeitschrift für Philosophie 42.4, S. 571–589.

ORLAND, Barbara / SCHEICH, Elvira, 1995: Das Geschlecht der Natur. Feministische Beiträge zur Geschichte und Theorie der Naturwissenschaften. Frankfurt/M.

ROUSSEAU, Jean-Jacques, 1979: Emile oder Von der Erziehung. Nach der deutschen Erstübertragung von 1762. München.

RUBIN, Gayle, 1975: The Traffic in Women. Notes on the Political Economy of Sex. In: Rayna R. REITER: Toward an Anthropology of Women. New York.

SCHIEBINGER, Londa, 1993: Am Busen der Natur. Erkenntnis und Geschlecht in den Anfängen der Natur. Stuttgart.

SCHIEBINGER, Londa, 1993: Schöne Geister. Frauen in den Anfängen der Naturwissenschaft. Stuttgart.

SCHLESIER, Renate, 1989: Mythos und Weiblichkeit bei Sigmund Freud. Frankfurt/M.

SCHLICHTER, Annette, 2000: Die Figur der verrückten Frau. Weiblicher Wahnsinn als Kategorie der feministischen Repräsentationskritik. Tübingen.

SIMMEL, Georg, 1911: Zur Philosophie der Geschlechter. In: Philosophische Kultur. Leipzig.

STEINBRÜGGE, Lieselotte, 1987: Das moralische Geschlecht. Theorien und literarische Entwürfe über die Natur der Frau in der französischen Aufklärung. Weinheim, Basel.

STEPHAN, Inge, 1997: Musen & Medusen. Mythos und Geschlecht in der Literatur des 20. Jahrhunderts. Köln.

SUISSA, Giulia, 1997: Platon, Aristoteles und der Geschlechterunterschied. In: Geschichte der Frauen. Bd. I. Frankfurt/M., New York, S. 67–105.

VERNANT, Jean-Pierre, 1982: Die Entstehung des griechischen Denkens. Frankfurt/M.

WEIGEL, Sigrid, 1990: Topographien der Geschlechter. Kulturgeschichtliche Studien zur Literatur. Reinbek.

WOLLESTONECRAFT, Mary, 1975: Eine Verteidigung der Rechte der Frau 1792. Übers. v. C. G. Salzmann. 2 Bde. Zürich.

SPRACHE / SEMIOTIK

von *Antje Hornscheidt*

„Das habe ich doch nur so gesagt ..." oder alles nur Worte?

Sprache wird häufig als ein zentrales Kriterium für die Bestimmung, was Menschsein ausmacht, herangezogen. Es wird als ein Grundmittel menschlicher Kommunikation und in der Möglichkeit der Kommunikation über Vergangenes, Fiktionales und nicht direkt Anwesendes als eine spezifisch menschliche Fähigkeit angesehen. Sprache ist in mehrfacher Hinsicht ein Vermittlungsinstrument, ihre an Faktoren wie Schriftlichkeit, grammatisches System und Wortschatz festgemachte Entwicklung wird nicht nur immer wieder zur Feststellung des zivilisatorischen Standes verschiedener Kulturen herangezogen, sondern beispielsweise in christlicher Tradition in der biblischen Erzählung der Sprachverwirrung von Babel auch als Ursprung der menschlichen Verständigung und ihrer Störung angesehen.

Entsprechend dieser angenommenen Stellung von Sprache beschäftigen sich eine ganze Reihe wissenschaftlicher Disziplinen mit sprachlichen Phänomenen. Eine mögliche, wenn auch nicht durchgängige Differenzierung zwischen verschiedenen Disziplinen liegt dabei in den sprachlichen Quellen, die analysiert werden. Die modernen westlichen Wissenschaften sind dabei in mehrfacher Hinsicht von einem Vorrang der Schriftlichkeit gekennzeichnet.[1] Eine andere Abgrenzung, die jedoch auch innerhalb der Disziplinen verläuft, ist die nach der Sichtweise auf Sprache und ihrem Verhältnis zu Kommunikation. Klassische, Sprache auslegende und interpretierende Wissenschaften sind Literaturwissenschaften, Theologie und Rechtswissenschaften, Geschichte und spätestens seit dem *linguistic turn* auch die Kulturwissenschaften. Darüber hinaus nehmen die Philosophie, die moderne Sprachwissenschaft bzw. Linguistik und die Semiotik die wissenschaftliche Beschäftigung mit Sprache für sich in Anspruch. Ein Paradox dieser Forschungen ist es, dass Sprache zugleich Instrument der Analyse und Mittel der Darstellung ist.

Klassischer Ausgangspunkt der wissenschaftlichen Themenstellung zu Sprache ist seit der Antike eine Klärung des Verhältnisses von Sprache und Wirklichkeit, die sich in einer Differenzierung der Auffassungen, ob Sprache Wirklichkeit repräsen-

---

1 Vgl. J. DERRIDA, Die Schrift und die Differenz, Frankfurt/M. 1976.

tiert oder herstellt, zeigt.[2] Die sprachphilosophische Debatte um die Funktion von Sprache im Komplex von Subjekt, Wirklichkeit und Denken dauert dabei bis heute an.[3] In ihr zeigt sich die hinter bestimmten Auffassungen stehende Unterschiedlichkeit im Hinblick auf die Frage, wie Welt, Wirklichkeit und Denken und ihr Verhältnis zueinander gesehen werden. In einer nominalistischen Auffassung ist Sprache das notwendige Mittel zur Fixierung, Erinnerung und Mitteilung sprachlosen Denkens,[4] in einer rationalistischen Zeichen für Begriff, Gedanken und Ideen[5] und in einer humanistischen wirklichkeitserschließend.[6]

In dem alltagspraktisch und lange Zeit auch wissenschaftlich verbreitetsten Verständnis von Sprache ist das Wort die sprachliche Einheit, die als Grundmodus angenommen und dem Bedeutung zugeschrieben wird. Unter Grammatik werden in diesem Fall die Gebrauchsregeln von Sprache gefasst, eine Auffassung, die mittlerweile häufig eine metaphorische Übertragung auf andere Bereiche gefunden hat, u. a. auch auf Gender.[7] Eine Konzeptualisierung von Sprache als Regelsystem ist dabei so grundlegend im Alltagsverständnis, dass es als Metapher dienen kann. Aber auch hinsichtlich der Frage, wie groß eine sprachliche Einheit ist, unterscheiden sich die Zugangsweisen zu dem Phänomen Sprache voneinander. Ist ein sprachliches Zeichen ein einzelner Laut, ein einzelnes Wort, ein Satz, ein Text oder sogar ein Gespräch? Was sprachliche Kommunikation ist und ausmacht, wird zusätzlich dazu in verschiedenen Theorien, die auch quer zu den Abgrenzungslinien von Disziplinen untereinander verlaufen, verschieden ausgelegt: Ist es die gegenseitige Verständlichmachung und wenn ja, was ist dann Verstehen? Ist es eine bestmögliche Informationsübermittlung und was und wo ist Information? Ist es ein Referieren auf einen Gegenstand, eine Ausstattung desselben mit einer bestimmten oder vagen Bedeutung? Was überhaupt und wo ist Bedeutung?

Was unter Sprache in den verschiedenen Forschungsansätzen verstanden wird, bleibt dabei häufig implizit und reproduziert kontinuierlich bestimmte Auffassungen, was Bedeutung und Wirklichkeit sei. Wie alleine die oben angedeuteten Perspektiven jedoch deutlich machen, ist damit eine grundlegende erkenntnistheoretische Unterschiedlichkeit verschiedener Ansätze verbunden. In diesem Artikel werden gängige und grundlegend voneinander unterscheidbare Auffassungen zu Sprache

2 Vgl. die so genannte Sapir-Whorf- oder sprachliche Relativitätshypothese, die bis heute immer wieder zitiert und verworfen wird. B. L. WHORF, Language, thought, and reality, New York 1956.
3 Vgl. die neueren Sammelbände von J. J. GUMPERZ / S. C. LEVINSON (Hg.), Rethinking linguistic relativity, in: Studies in the social and cultural foundations 17 (1999); D. GEERAERTS, Diachronic prototyp semantics. A digest, in: A. BLANK / P. KOCH (Hg.), Historical Semantics and cognition, Berlin, New York 1999, S. 91–107; vgl. die neuere sprachphilosophische Diskussion in J. TRABANT (Hg.), Sprache denken, Frankfurt/M. 1995.
4 Vgl. die Ansätze von Hobbes, Locke, Hume.
5 Vgl. die Ideen von Leibniz.
6 Vgl. Vicos Theorie.
7 Vgl. z. B. den Buchtitel von R. HOF, Die Grammatik der Geschlechter, Frankfurt/M. u. a. 1995.

dargestellt. Die Frage, was jeweils unter Sprache verstanden wird, hat Auswirkungen auf ein Verständnis von Gender. Für die Frage, wie Sprache und Gender in Beziehung stehen, gibt es unterschiedliche wissenschaftliche Sichtweisen:

– Gender kommt sprachlich zum Ausdruck. Unter dieser Annahme wird davon ausgegangen, dass Gender sprachlich abgebildet wird. Dies kann auf verschiedenen sprachlichen Ebenen geschehen. Bezogen auf das Lexikon einer Sprache wäre es die Frage, durch welche sprachlichen Formen auf Frauen und Männer, auf Weiblichkeit und Männlichkeit referiert wird. In Bezug auf schriftsprachliche Quellen jenseits des Lexikons könnte dies u. a. die Frage sein, ob Frauen anders schreiben als Männer, welchen Einfluss die gegenderte Autor_innenschaft auf das Werk hat; und in Bezug auf das Gesprächsverhalten wäre unter dieser Annahme zu untersuchen, welche genderspezifischen Verhaltensweisen festgestellt werden können. Bei allen diesen möglichen Forschungsfragen „ist" Gender damit außerhalb von Sprache, wird aber in und durch Sprache ablesbar. Sprache spiegelt Gender in verschiedenen Formen und auf verschiedenen sprachlichen Ebenen realistisch oder idealistisch wider und ist damit potentiell diskriminierend.[8]
– Gender wird sprachlich hergestellt. Bezogen auf das Lexikon einer Sprache ist die Frage, wie Gender durch sprachliche Benennungspraktiken auf Personen, aber auch Objekte, Institutionen, Eigenschaften usw. hergestellt wird, welche dieser Formen Eingang in das Lexikon einer Sprache finden. Diese Frage kann entsprechend auch auf sprachliche Quellen jenseits des Lexikons erweitert werden: Wo und wodurch wird Gender sprachlich hergestellt, wo nicht? Was wird als Gender hergestellt? Welche Annahmen werden dabei präsupponiert, welches Wissen impliziert? Handelt es sich um die Benennung von Eigenschaften, Rela-tionen, Status usw.? In Bezug auf Gesprächsverhalten wäre dies u. a. die Frage, welche Verhaltensweisen genderspezifizierend zugeschrieben und wahrgenommen werden, inwiefern beispielsweise ein Gesprächsverhalten, ein Schreibstil oder eine Argumentation über Gender erklärt wird. In der Tradition des „Doing gender"-Ansatzes gibt es Gender nicht, außer wenn es sprachlich konstituiert wird. Sprache ist damit nicht Abbild von Gender, sondern Sprache ist herstellende Bedingung für Gender.
– Eine dritte mögliche Sichtweise ist mit den beiden oben unterschiedenen kombinierbar. In dieser wird Gender selbst als eine Sprache oder ein Zeichen(system) aufgefasst, d. h. hier wird eine andere Perspektive an die Betrachtung von Sprache und Gender angelegt, indem Gender Sprache ist. Hier wird nach den durch

---

8 In der früheren feministisch-linguistischen Forschung wurde in diesem Zusammenhang von „Gewalt durch Sprache" gesprochen. Sprache übt in diesem Modell Gewalt aus; vgl. S. TRÖMEL-PLÖTZ, Gewalt durch Sprache, Frankfurt/M. 1984. Für eine Kritik an der Subjektlosigkeit dieses Ansatzes vgl. u. a. K. FRANK, Sprachgewalt, Tübingen 1992; J. BUTLER, Excitable Speech, New York, London 1997. Für die neuere sprachphilosophische Tradition zur Frage des Verhältnisses von Sprache und Gewalt, siehe S. KRÄMER u. a., Verletzende Worte. Die Grammatik sprachlicher Missachtung, Bielefeld 2007; B. LIEBSCH, Subtile Gewalt: Spielräume sprachlicher Verletzbarkeit. Eine Einführung, Weilerswist 2007.

Gender stattfindenden Symbolisierungen und Kategorisierungen in unterschiedlichen Bereichen gefragt. Gender verstanden als Sprache kann dabei sowohl als eine Realität abbildend als auch eine Realität herstellend verstanden werden.

Zwischen diesen verschiedenen Sichtweisen gibt es eine Vielzahl von Übergängen und Zwischenstufen.

Den verschiedenen Kombinationsmöglichkeiten von Sprache und Gender können unterschiedliche Epistemologien zugeordnet werden. Zwischenformen und Übergänge zwischen den beiden grundsätzlichen Annahmen Sprache als Abbild und Sprache als Herstellung von Gender sind feststellbar.

Sprache als Abbild und als Herstellung von Wirklichkeit

> Die Grenzen meiner Sprache sind die Grenzen meiner Welt.
> (Ludwig Wittgenstein: Philosophische Untersuchungen)

Erkenntnistheoretisch ist für eine Bestimmung dessen, was unter Sprache verstanden wird, eine Unterscheidung zwischen einer strukturalistischen und einer konstruktivistischen Auffassung über Disziplinen hinweg hilfreich. Auch wenn es sich bei beiden Auffassungen um wissenschaftsgeschichtlich junge Strömungen handelt – beide sind erst im 20. Jahrhundert als solche manifestiert worden – werden sie für das heutige Verständnis von Sprache und damit auch für die mögliche Relationsbestimmung von Sprache und Gender als zentral angesehen. An ihnen lassen sich grundlegend verschiedene Zugangsweisen ablesen, die ihrerseits weitreichende Konsequenzen für eine sowohl alltagspraktische Konzeptualisierung als auch wissenschaftliche Beschäftigung mit Gender haben.

Die strukturalistische Sprachsicht

> Aber mein Gott – es erinnerte mich trotzdem an etwas so
> Bekanntes, so Vertrautes, daß mir die Worte fehlten, um es
> beim Namen zu nennen.(Die Worte brauchen Abstand,
> um etwas benennen zu können).
> (Olga Tokarczuk: Der Schrank)

Der Strukturalismus ist für die Geschichte der Geisteswissenschaften im 20. Jahrhundert von herausragender Bedeutung. Als theoretischer Begründer des Strukturalismus gilt Saussure, dessen Ansätze zur Herausbildung der modernen Sprachwissenschaften geführt haben.[9]

---

9 Die hier vorgenommene Dichotomisierung von Strukturalismus und Konstruktivismus als zentrale erkenntnistheoretische Positionen in der Frage der Konzeptualisierung von Spra-

Eine grundlegende strukturalistische Sichtweise auf Sprache ist Saussures Auffassung der Sprache als ein System von Zeichen. Werden neben Sprache noch andere Zeichen oder Zeichensysteme betrachtet, so wird dies in der Regel unter Semiotik zusammengefasst.[10] Während in einer strukturalistisch-semiotischen Tradition ein Zeichen als eine komplexe Einheit aus Zeichenträger, Bedeutung und Bezeichnung aufgefasst wird, herrscht im Alltagsverständnis eine Auffassung vor, in der das Zeichen mit dem Zeichenträger gleichgesetzt ist.[11]

Das sprachliche Zeichen ist nach Saussure in der Frage nach dem Zusammenhang von Bezeichnetem und Bezeichnendem unmotiviert, es ist arbiträr. Warum eine Frau *Frau* heißt im Deutschen, *woman* im Englischen, *kvinna* im Schwedischen usw. ist nicht aus einer Relation von der Sprache zu einer außersprachlichen Realität erklärbar, sondern – mit Ausnahme einiger onomatopoetischer Bildungen – im Prinzip willkürlich. Daraus ergibt sich für Saussure die Überlegung, dass sich sprachlicher Sinn sprachintern erklären lassen muss. Bedeutung ergibt sich somit aus sprachinternen Differenzierungen. So heißt eine Frau *Frau*, da sie in Opposition steht zu *Mann*, *woman* zu *man*, *kvinna* zu *man*. Darüber hinaus steht *Frau* in Opposition beispielsweise zu *Mädchen*, zu *Dame*, zu *Lesbe*, zu *Mutter*. Aus diesen paradigmatischen Oppositionen ist die Bedeutung eines Wortes ableitbar, welche so sprachintern und -systematisch erklärt werden kann. In einem strukturalistischen Ansatz zu Sprache wird auf dieser Grundannahme basierend die Differenz zwischen den Zeichen, folglich die Relation der Zeichen zueinander erforscht. Die Bedeutung eines sprachlichen Zeichens ist sein Wert in Relation zu den anderen Zeichen der Sprache.[12] Aus-

---

che und Gender ist keine willkürliche, aber doch nur eine mögliche. So finden sich zahlreiche v. a. auch semiotische Ansätze, die ebenfalls einem strukturalistischen Verständnis gegenübergestellt werden könnten. Aus der hier entwickelten Sichtweise befinden sie sich auf einer fiktiven Linie, an deren Endpunkten ein strukturalistisches sowie ein bestimmtes konstruktivistisches Verständnis von Sprache angesetzt werden. Durch die Gegenüberstellung von zwei in Bezug auf Gender konträrer Ansätze soll die Bandbreite möglicher Sichtweisen auf den Zusammenhang von Sprache und Gender herausgearbeitet werden.

10 Die Grenzziehungen sind hier jedoch in keiner Weise klar und eindeutig, sondern immer auch in Abhängigkeit von epistemologischen Prämissen.

11 Die berühmtesten, heute in den Wissenschaften verwendeten Zeichenmodelle stammen von Bühler, Saussure, Ogden und Richards. In diesen Modellen ist Bedeutung Teil des komplexen Zeichens, die in einer Relation zu den Zeichenbenutzenden stehen. Dieser Relation wird aber für die Bedeutung selbst keine Relevanz beigemessen.

12 Hier kann eine Vielzahl von Bedeutungstheorien unterschieden werden, die sich damit beschäftigen, was die Bedeutung eines Wortes sei, woran sie festgemacht werden kann usw. In einem strukturalistischen Modell wird häufig zwischen der Denotation und Konnotation einer Bedeutung getrennt, wobei unter Denotation die Kernbedeutung verstanden wird, die zum Beispiel durch eine Merkmalsanalyse festgestellt werden kann. So wäre das Wort Mann beispielsweise +belebt, +menschlich, -weiblich, das Wort Frau +belebt, +menschlich, +weiblich. Damit wird feststellbar, dass sich die Kernbedeutung der Wörter nur in einem Charakteristikum, hier Gender, unterscheidet. Unter Konnotation werden in der Regel darüber hinausgehende, assoziative und mit Gefühlswerten verbundene Bedeu-

schließlich die strukturelle Relation zwischen Signifikaten und Signifikanten ist das, was im Zuge einer strukturalistischen Analyse interessiert, kein in der traditionellen Linguistik so bezeichnetes „Referenzobjekt" tritt in der Betrachtung hinzu. Bedeutung entsteht damit nur aus der Relation der Zeichen zueinander und ist nicht „in" einem einzelnen Zeichen vorhanden.

Daneben ist in einer strukturalistischen Vorstellung das Prinzip der Unveränderlichkeit des Zeichens[13] in einer synchronen Perspektive wirksam.

In Saussures Vorstellung ist die Unveränderlichkeit des sprachlichen Zeichens in seiner Relation von Signifikant und Signifikat synchron gültig und sozial bedingt. Er leugnet damit nicht die Veränderlichkeit von Zeichen im (diachronen) Sprachwandel. Das Ziel einer strukturalistischen Wissenschaft ist nach Saussure die Beschreibung allgemeiner sprachlicher Strukturen, was als ein Sprachsystem mit einer synchron gesehen unveränderlichen Objektivität (*langue*) angesehen wird, die er im Gegensatz zur *parole* sieht, der konkreten und individuellen Sprachrealisation einzelner Sprechender. Dieses als in sich geschlossene und aus sich heraus charakterisierbare System gilt es innerhalb eines strukturalistischen Erkenntnisinteresses wissenschaftlich zu *beschreiben*.[14] Die Struktur (der Sprache), das Sprachsystem, ist bei Saussure das dem Sprechen der Einzelnen vorgängige und gegebene, das Sprechen der Einzelnen dient höchstens der Verallgemeinerung auf der Ebene des Sprachsystems und ist an sich nicht von Bedeutung. Das System der Sprache kann seinerseits beschrieben, aber nicht dekonstruiert oder als solches im Hinblick auf Effekte, die es auf Subjekte hat, hinterfragt werden. Es ist damit zugleich unabhängig vom bewussten Wissen der Sprache Benutzenden.

Ausgehend von diesem Erkenntnisinteresse für die Sprache hat schon Saussure selbst die Denkmöglichkeit angelegt, dieses Schema in Form einer Zeichenlehre (Semiologie) auf andere wissenschaftliche Bereiche zu übertragen. Der Strukturalismus kann als ein Ansatz charakterisiert werden, in dem Formen und Strukturen, aufgefasst als ein System überindividueller Zeichen, möglichst objektiv beschrieben werden sollen. Er ist als solcher bis heute für viele wissenschaftliche Disziplinen zentral. Er ist von Lévi-Strauss beispielsweise als strukturale Anthropologie auf Mythen, von Lacan als semiotischer Strukturalismus in der Psychoanalyse und von Barthes u. a. auf literarische Werke übertragen worden.

---

tungsebenen zu einem Wort gefasst. Die systematische Erforschung dieser ist innerhalb eines strukturalistischen Paradigmas umstritten.

13 *Immutabilité*, vgl. F. de SAUSSURE, Cours de linguistique générale (1916), hg. v. C. Bally, A. Sechehaye, Paris 1986, S. 104; zit. u. auf Deutsch übers. in W. NÖTH, Handbuch der Semiotik, Stuttgart 2000, S. 338.

14 Die Grundannahme, Beschreibungen durchführen zu können, ist hingegen eines der von konstruktivistischer Theorie grundsätzlich bezweifelten Theoreme.

Konkretisierungen des Zusammenhangs von Sprache und Gender vor dem Hintergrund einer strukturalistischen Sprachsicht

> Ein Wort nur fehlt! Wie soll ich mich nennen,
> ohne in anderer Sprache zu sein.
> (Ingeborg Bachmann: Wie soll ich mich nennen?)

Ein strukturalistischer Ansatz zeigt zum einen, wie Gender sprachlich zum Ausdruck kommt und zum anderen, wie Gender als ein eigenes Zeichensystem betrachtet und analysiert werden kann.

Die Annahme, dass Gender durch Sprache abgebildet sei, ist lange Zeit in Forschungen, die sich mit sprachlichen Phänomenen beschäftigt haben, vertreten worden. Schriftliche wie mündliche sprachliche Äußerungen werden in dieser Sichtweise als Gender widerspiegelnde Abbildungen angesehen. Diese Auffassung der Zuschreibung von Sprache als ein menschliches Charakteristikum zu Gender findet sich auch schon lange vor dem 20. Jahrhundert in einer Annahme von speziellen Frauensprachen, die Missionare meinten entdeckt zu haben.[15] Sie wurde zu einer Vorstellung genderspezifischer Stile weiterentwickelt. Gender ist in dieser Anschauung eine außersprachliche, natürliche Differenz, die sich in Sprache manifestiert und dadurch sichtbar wird. Gender wird als gegeben und sprachlich vorgängig wahrgenommen und wird so mit Sprache gegen gelesen als Manifestation einer natürlichen Differenz. Dabei wird Gender in der Regel mit dem Sprechen und Schreiben von Frauen gleichgesetzt und Männer damit zur unbenannten, genderlosen, allgemeinmenschlichen Norm.[16] Die Bestimmung von Gender als abweichend Weibliches ergibt sich jeweils aus der Feststellung einer Differenz zum als Norm gesetzten Männlichen. Die Differenz in Bezug auf das sprachliche Verhalten wird dabei aus der sprachsystematischen Gegenüberstellung unterschiedlicher Wortschätze, Stile, Aus-

---

15 Vgl. H. GLÜCK, Der Mythos von den Frauensprachen, in: Osnabrücker Beiträge zur Sprachtheorie 9 (1979), S. 60-95.

16 Schon Jespersen hat 1923 Männer- von Frauensprachen „wissenschaftlich" unterschieden, wobei Frauensprachen in der Regel als eine Abweichung von einer unbenannten Norm dargestellt werden. Jespersens Werk beispielsweise hat ein Kapitel „the woman" – keines aber „the man" –, in dem Besonderheiten des weiblichen Sprechens dargestellt werden, die stereotype Gendervorstellungen reproduzieren: Frauen sprechen schneller, haben einen geringeren und auf andere Bereiche bezogenen Wortschatz, sind normbewusster etc. Gender als Kategorie wird hier als vorgängig angenommen und spiegelt sich in unterschiedlichen sprachlichen Verhaltensweisen, über die ihrerseits die „Andersheit" des Weiblichen bewiesen werden kann. Wie bspw. in A. HORNSCHEIDT, Linguistik und Gender Studies, in: C. v. BRAUN / I. STEPHAN (Hg.): Gender Studien. Eine Einführung. Stuttgart, Weimar 2000 dargestellt wurde, hat diese Auffassung auch in den 70er Jahren innerhalb einer sich etablierenden feministischen Linguistik Nachfolgerinnen gefunden, deren These zum frauenspezifischen Gesprächsverhalten westliche Mittelschichtsstereotype aufgenommen und nachhaltig weiter verfestigt haben; vgl. v. a. R. LAKOFF, Language and women's place, New York 1978.

sprachen usw. abgeleitet, die so festgestellte Differenz als ein Charakteristikum unterschiedlicher Genderzugehörigkeiten interpretiert.

Auch schon lange vor dem Beginn der modernen strukturalistischen Betrachtungsweise in der Nachfolge von Saussure ist Gender als eine so bestimmende Kategorisierung menschlichen Seins aufgefasst worden, dass sie ihrerseits auf andere Kategorisierungen, insbesondere sprachliche, übertragen wurde. Hier wird Gender selbst zum Zeichen. Berühmtheit und eine bis heute fortdauernde Relevanz hat in diesem Zusammenhang Jacob Grimms Behandlung von Genus als sprachlicher Kategorie in Bezug auf Gender in seiner deutschen Grammatik von 1831.[17] Grimm bestimmt den Inhalt der grammatischen Genusunterscheidung wie folgt: „Das masculinum scheint das größere, festere, sprödere, raschere, das thätige, beweglich, zeugende, das femininum das spätere, kleinere, weichere, stillere, das leidende, empfangende."[18] Dieser Grundsatz der Genuszuweisung nach stereotypen, zeitgenössischen Gendervorstellungen wurde bis ins 20. Jahrhundert beibehalten oder wieder aufgenommen und führt bis heute u. a. zu einer terminologischen Vermischung der sprachlichen Kategorie Genus mit Gender. Das zeigt sich u. a. auch in den Begrifflichkeiten feminin und maskulin, die in verschiedenen Sprachen sowohl zur Ausdifferenzierung von Genus als auch Gender benutzt werden.[19] Die Annahme von Sprache als Zeichensystem und Struktur wird zum einen auf Gender übertragen, zum anderen aber kann auch Gender als eine Struktur verstanden werden, die wiederum auf Sprache übertragen wird.

Eine feministische strukturalistische Sprachsicht für die Feststellung von Sexismus in der Sprache ist seit den 70er Jahren des 20. Jahrhunderts in verschiedenen westeuropäischen Ländern und den U.S.A. wichtig. Sexismus wurde auf die Feststellung einer asymmetrischen Art der Benennung von Personen in Texten bezogen, was sowohl verschiedene zur Verfügung stehende Formen betrifft,[20] Ableitungen von genderspezifizierend weiblicher Referenz aus Formen zu genderspezifizierend männlicher,[21] eine Übergeneralisierung genderspezifizierend männlicher zu allgemeinmensch-

---

17 Die bis heute fortdauernde Relevanz wird in diesem Zusammenhang z. B. in der Konzeptualisierung von der grammatischen Kategorie Genus als „das sprachliche Geschlecht" im Alltagsverständnis von Sprecher/inne/n wie auch in grammatischer Darstellung gesehen. Vgl. E. LEISS, Genus und Sexus, New York 1994; R. FORER, Genus und Sexus, Innsbruck 1986.

18 J. GRIMM, Deutsche Grammatik, Bd. 3, London u. a. 1831, S. 358f.

19 Für eine ausführlichere Kritik an dieser terminologischen und inhaltlichen Vermischung und ihren Konsequenzen vgl. A. HORNSCHEIDT, On the limits of language planning, Kopenhagen 1998.

20 So gibt es im Deutschen kein Pendant zur „Krankenschwester", sondern stattdessen einen „Krankenpfleger", aus dem eine „Krankenpflegerin" abgeleitet wird.

21 So wird im Deutschen eine genderspezifizierend weibliche Form in der überwiegenden Zahl der Fälle aus einer genderspezifizierend männlichen Form abgeleitet: Student – Studentin; Handwerker – Handwerkerin.

licher Referenz[22] als auch die Feststellung einer einseitigen Pejorisierung[23] genderspezifizierend weiblicher Referenz.[24] Diese Feststellung hat im deutschsprachigen Raum seit den 80er Jahren des 20. Jahrhunderts in Bezug auf Gesetzestexte beispielsweise zu einer Reihe von Empfehlungen zur Veränderungen der Gesetzessprache geführt,[25] die mehr oder weniger konsequent umgesetzt worden sind. Sprache wird als eine Referenzquelle auf Menschen verstanden und für den in ihr enthaltenen Sexismus kritisiert. Die Forderung einer systematischen Veränderung von Personenreferenzformen baut auf einer Vorstellung von Sprache als systematisch veränderbar auf.[26] Die Idee der Notwendigkeit der Sprachveränderung stellt für diesen Zweig der Feministischen Linguistik die logische Konsequenz aus der zuvor durchgeführten Sprach(system)beschreibung und der sich anschließenden Kritik und Entwicklung einer politischen Strategie dar. Sprachveränderung wird als systematisch, neue Normen schaffen wollende Veränderung des Systems der Personenreferenzen verstanden, welches als solches Einfluss auf den konkreten Sprachgebrauch haben soll. „Feministische Sprachpolitik dient insgesamt der Schaffung einer nicht-sexistischen Sprache, die es Frauen ermöglicht, Realität aus ihrer Perspektive zu benennen."[27] Die Größe „Frauen" wird als gegeben genommen und nicht weiter hinterfragt. Sprache wird synonym mit Sprachsystem verwendet, so dass Sprachveränderung auf eine Änderung des Systems abzielt. Auch wird hier die strukturalistische Annahme der benennenden Wirkung von Sprache auf eine von ihr trennbare (außersprachliche) Realität deutlich.

---

22 Das in der Forschung am meisten behandelte Phänomen ist das so genannte generische *he* im Englischen, welches sich sowohl spezifisch auf einen Mann bezieht als auch ohne Genderspezifizierung benutzt wird. Gleiches kann für die meisten substantivischen Personenreferenzformen im Deutschen angenommen werden: Student kann einen Mann meinen oder eine Person ohne Genderspezifizierung.

23 Diese findet sich beispielsweise bei einer abwertenden Verwendung des Wortes „Weib" für Frau, aber auch in einer Abwertung, wird das Wort „Frau" als Referenz auf einen Mann benutzt.

24 Für entsprechende Darstellungen zu mehr als 30 Sprachen unter diesen Fragestellungen, vgl. M. HELLINGER / H. BUßMANN, Gender across languages, 3 Bde., Amsterdam u. a. 2001–2003. Für einen Einstieg in die Problematik und die deutschsprachige Diskussion zu diesem Thema sind empfehlenswert L. F. PUSCH, Das Deutsche als Männersprache, Frankfurt/M. 1984; dies., Alle Menschen werden Schwestern, Frankfurt/M. 1990.

25 Vgl. v. a. M. GRABRUCKER, Vater Staat hat keine Muttersprache, Frankfurt/M. 1993 für eine ausführliche Übersicht über die einschlägige Diskussion.

26 Für eine Darstellung der unterschiedlichen Sprachansichten in feministischen strategischen Sprachveränderungen, siehe A. HORNSCHEIDT, Die sprachliche Benennung von Personen aus konstruktivistischer Sicht. Genderspezifizierung und ihre diskursive Verhandlung im heutigen Schwedisch, Berlin, New York 2006. Für eine sprachvergleichende Diskussion unterschiedlicher Strategien zur feministisch initiierten Sprachveränderung, vgl. A. PAUWELS, Women changing language, London 1998; dies., Linguistic sexism and feminist linguistic activism, Malen, Oxford 2003.

27 I. SAMEL, Einführung in die feministische Sprachwissenschaft, Berlin 1995, S. 125.

Diese strukturalistische Vorstellung von Sprache mit dem daraus resultierenden Verhältnis zu Gender ist bis heute eine bestimmende Auffassung in der Forschung wie auch in der Sprachpolitik und liegt vielen Richtlinien zu nicht-sexistischer Sprache zugrunde. In dieser Sichtweise gibt es kein aktiv handelndes Subjekt hinter der Sprache, sondern die Sprache kann „an sich" und losgelöst vom Agens und Kontext betrachtet werden. In dieser Vorstellung strategischer Sprachveränderung wird Frauen als jenseits von Sprache zu verortenden genderspezifizierten Subjekten zugleich der Opferstatus eingeschrieben; sie sind Sprache als diskriminierendem Medium ausgeliefert. Ausgehend von einem Gendermodell, welches eine natürliche Zweigeschlechtlichkeit als Grundannahme hat, sind die vorgeschlagenen sprachsystematischen Änderungen nachvollziehbar und haben in der öffentlichen Wahrnehmung auch Veränderungen im Sprachgebrauch bewirken können.

Eine konstruktivistische Sprachsicht

> „When I use a word", Humpty Dumpty said, in rather a scornful tone, „it means just what I choose it to mean – neither more nor less." „The question is," said Alice, „whether you CAN make words mean so many different things." „The question is," said Humpty Dumpty, „which is to be master – that's all."
>
> (Lewis Carroll: Through the looking glass)

Im Rahmen eines konstruktivistischen Grundverständnisses ist Sprache ein Mittel der Herstellung einer inter-kommunikativ angenommenen bzw. gegenseitig unterstellten Wirklichkeit in einem sozial-kommunikativen Prozess. Sprache wird dabei als Mittel der aktiven Herstellung einer bestimmten Wirklichkeitssicht durchgehend als Sprachgebrauch verstanden und entspricht damit einem pragmatischen Verständnis von Sprache als Handlung. Sprachliche Handlungen basieren in ihrer interaktiven Funktion auf einer auch sprachlich hergestellten symbolischen Ordnung, die jedoch der sprachlichen Handlung als nicht vorgängig verstanden wird, sondern in dieser immer erst wieder bestätigt bzw. (re)produziert wird. Eine ständige Wiederholung kann zur Konventionalisierung einer sprachlichen symbolischen Ordnung führen, die ihrerseits wiederum zu einer Verfestigung der Auffassung der Natürlichkeit derselben werden kann. Die Idee der Struktur geht von der Vorstellung eines Zentrums aus, welches gleichzeitig als Fixpunkt Teil dieser Struktur ist und als deren Ableitung außerhalb ihrer steht.[28]

Eine konstruktivistische Sprachsicht impliziert bezogen auf konkrete Benennungspraktiken entscheidende Veränderungen gegenüber einer strukturalistischen: Der Fokus des wissenschaftlichen Interesses verschiebt sich von sprachinhärenten und konkreten Sprechsituationen, übergeordneten Differenzierungen zu einer Be-

---

28 Vgl. DERRIDA, Die Schrift und die Differenz.

trachtung von Sprache als jeweils konkrete sprachliche Handlung. Es wird die Relevanz von Sprache als wirklichkeitskonstruierendes Medium betont. Darüber hinaus spielt die Miteinbeziehung der Aspekte Macht und Status eine entscheidende Rolle. Dies bedeutet für eine linguistische Forschung auch die Involviertheit der Forschenden in das Feld der Macht.

Das Wichtige und Zentrale an Sprache ist die Dynamik der Bedeutungsaushandlung in konkreten Sprechhandlungssituationen. Sprache ist nicht festlegbar auf bestimmte Bedeutungen, sondern diese entwickeln sich durch endlose Verschiebungen auch innersprachlicher Differenzsetzungen – dem Bedeutungskern in strukturalistischer Sicht, der bei Derrida als Mythos eines Ursprungs dekonstruiert wird. Was bei Saussure theoretisch überhaupt nur als diachroner Prozess angelegt war, wird bei Derrida stattdessen als ein fortwährender, immerzu gültiger Prozess charakterisiert. Das grund-legende Charakteristikum der Sprache ist damit gerade ihre bedeutungsmäßige Unschärfe, die eine „Unfassbarkeit" des Systems Sprache impliziert, da dieses als System immer nur sein eigener Mythos des Vorgängigen sein kann. Die Trennung zwischen Signifikat und Signifikant wird bei Derrida in Frage gestellt und letztendlich fallen gelassen.[29]

Damit verbunden ist zugleich ein für den Konstruktivismus charakteristischer Perspektivenwechsel gegenüber dem Strukturalismus, indem die Bedingungen von Theorie offen gelegt werden. Die in der strukturalistischen Auffassung wichtige Annahme der Kontextlosigkeit der Form-Bedeutungs-Zuordnung wird durch die konstruktivistische Sichtweise gebrochen, indem der Kontext als entscheidendes Moment der Bedeutungsaushandlung betont wird. Sprache wird als Sprech-Akt, als aktive Handlung aufgefasst, die als solche nicht entkontextualisiert denkbar ist. Bedeutung ist nichts in der Sprache als Differenz der Zeichen Enthaltenes, sondern etwas Konstruiertes, im Diskurs bzw. im Gebrauch der Sprache Hergestelltes. Die konkrete Sprachanalyse, verstanden als konkreter Sprachgebrauch, ist die einzige „vorhandene" und damit analysierbare Sprachebene, wodurch auch hier die Dichotomie von *langue* und *parole* zugleich in Frage gestellt wird. *Langue* an sich wird so als objektive Größe hinterfragt. Gerade die als vorgegeben aufgefassten Wahrheiten werden mit einem konstruktivistischen Erkenntnisinteresse in Frage gestellt. Sprachliche Kategorisierungen und Benennungen bilden das kommunizierbare Fundament des kollektiven, angenommenen Wissensbestandes, welches durch Konventionalisierungen naturalisiert wird und dem Einzelnen im Sprechen in seiner Konstruiertheit nicht bewusst sein kann. Dadurch aber werden diese historisch sedimentierten Kategorisierungen und Konzeptualisierungen als Wirklichkeit empfunden. Sprache wird als dem Sprechen vorgängig erfahren, die Frage der Macht, die sich in die Konventionalisierung eines Sprachgebrauchs als Norm und System einschreibt, bleibt damit unsichtbar.

---

29 Derrida versteht „Zeichen" hier in dem konventionalisierten Sinne von „Signifikat von", wie es bei Saussure ursprünglich nicht angelegt gewesen ist, der stattdessen in ihm eine Einheit von Signifikat und Signifikant gesehen hat. Diese Sichtweise hat sich in der Rezeption Saussures jedoch bald verändert.

Bourdieu betont 1991 in seiner Kritik des Saussureschen Sprachansatzes die Notwendigkeit der Berücksichtigung von Machtrelationen in einer Sprachanalyse, die er bei Saussure als nicht vorhanden ansieht.

Die Veränderung der erkenntnistheoretischen Perspektive gipfelt bei Bourdieu in der Feststellung, dass Sprache als Manifestation und Symbolisierung und als Repräsentation von Autorität zu untersuchen sei.[30] Die sprachliche Norm steht dabei nicht zur Debatte, sondern ist in das System der Bezugnahme auf sie als Voraussetzung eingeschrieben. Ein in diesem Zusammenhang wichtiges analytisches Instrumentarium ist die Unterscheidung unterschiedlicher Diskursebenen, auf denen Normierungspraktiken vollzogen und wirksam werden. Dem wissenschaftlichen Diskurs wird hier als Ort der Theorieentwicklung eine hohe Autorität zugeschrieben, die es in einer Analyse entsprechend zu berücksichtigen gilt.

Konkretisierungen des Zusammenhangs von Sprache und Gender auf dem Hintergrund eines konstruktivistischen Sprachverständnisses

> How can I write in a language I want to change? Isn't there a contradiction when I use structures I've described as patriarchal?
>
> (Julia Penelope 1990, S. 202)

Aus einem konstruktivistischen Verständnis wird Sprache grundsätzlich als „Text" verstanden, in dem die zeitgebundene, situative Herstellung von Identität eingeschrieben ist und welche so in ihren verschiedenen Realisierungsformen analysiert werden kann.[31] Jegliche Form sprachlicher Manifestationen kann als Text verstanden und hinsichtlich der Vorannahmen zu einer bedeutungsmäßigen Vorgängigkeit, die in diesem zum Ausdruck kommen, analysierbar werden. Dadurch wird auch fragbar, warum Gender häufig in einer Gleichsetzung mit Weiblichkeit hergestellt wird und wie es zu einer Unsichtbarkeit der in Gender enthaltenen weißen, heterosexuellen Mittelschichtsvorstellung kommt. Es kann nicht nur nach dem gefragt werden, was benannt ist, sondern auch danach, was unbenannt bleibt, in die Sphäre eines Unbenennbaren verschoben wird, „entnannt" ist, um etwas Anderes benennbar zu machen.

Dadurch wird zugleich auch sichtbar, dass Gender nicht von anderen Kategorisierungen losgelöst hergestellt wird, sondern immer auch mit diesen verknüpft, d. h. mit diesen interdependent verbunden ist.[32] Die Unsichtbarkeit der Normierungen, die in der Genderdichotomisierung gleichzeitig mit aufgerufen werden, wird durch

---

30 P. BOURDIEU, Language and symbolic power, Cambridge 1991, S. 109.
31 So ist ein Wörterbuch ebenso ein Text wie ein Roman, ein Gespräch wie ein wissenschaftlicher Artikel, eine Internetseite wie ein Rhetorik-Führer.
32 Vgl. K. WALGENBACH u. a. (Hg.), Gender als interdependente Kategorie. Neue Perspektiven auf Intersektionalität, Diversität und Heterogenität, Opladen, Farmingten Hills 2007.

einen konstruktivistischen Ansatz, in dem Sprache als kontinuierliches Konstruktionsmedium verstanden wird, untersuchbar.[33] In Wirklichkeitsvorstellungen, die durch Sprachhandlungen hergestellt und zwischen Menschen ausgehandelt werden, ist das Aufrufen von prototypischen Vorstellungen eingeschrieben, die nur in einem Prozess kontinuierlicher Infragestellungen und Modifikationen bewusst gemacht und verändert werden können. Eine Person wird zu einer Frau durch die Benennung, Anrufung als solche und eine konventionalisierte Konzeptualisierung dieser Anrufung und Akzeptanz dieser Benennungspraxis. Dies geschieht unter einer gleichzeitigen Unbenennung der in dieser Identifikation eingehenden Normen, die durch das Nicht-Sagen sehr viel schwerer wahrgenommen werden können, wodurch sich prototypische Normalvorstellungen zu Frau-Sein im Speziellen und der herausragenden Bedeutung und Loslösbarkeit von Gender als Kategorisierung beispielsweise weiter verfestigen.

Eine konstruktivistische Sprachsicht bedingt ein diskursanalytisches Vorgehen, in dem jede Setzung weiter zu hinterfragen ist und nicht als Endpunkt einer Analyse angesehen werden kann. Dazu sind für verschiedene sprachliche Ebenen in verschiedenen geistes- und kulturwissenschaftlichen Disziplinen Ansätze der Analyse entwickelt worden, die gleichzeitig in Kombination miteinander nutzbar sind.[34]

Die Genderidentität einer Person oder einer Gruppe von Menschen entsteht erst im Akt der Benennung bzw. wird in ihr geschaffen, indem Menschen durch Sprache adressiert, typisiert und kategorisiert werden.[35] So bekommt das Subjekt als gleichzeitig Konstruktion und als Ort des Sprechens auch eine neue Handlungsmächtigkeit.

„If a subject becomes a subject by entering the normativity of language, then in some important ways, these rules precede and orchestrate the very formation of the subject. Although the subject enters the normativity of language, the subject exists only as a grammatical fiction prior to that very entrance."[36]

Statt von der Möglichkeit eines politisch korrekten Sprachgebrauchs auszugehen, wird nach den Konstitutionsbedingungen des Sprechens gefragt. Damit wird das Verhältnis des Sprachzeichens zum Bezeichneten neu verstanden, es wird nicht von

---

33 Siehe A. HORNSCHEIDT, Sprachliche Kategorisierung als Grundlage und Problem des Redens über Interdependenzen. Aspekte sprachlicher Normalisierung und Privilegierung, in: WALGENBACH u. a. (Hg.), Gender als interdependente Kategorie, S. 65–106 zu Prozessen sprachlicher interdependenter Kategorisierungen und ihrer Effekte.

34 Vgl. J. HOLMES / M. MEYERHOFF, Different voices, different views, Malen, Oxford 2003. ECKERT / MCCONNELL-GRINET, Language and gender. Cambridge 2007.

35 Dies wird in HORNSCHEIDT, Die sprachliche Benennung von Personen aus konstruktivistischer Sicht als „Appellation" bezeichnet, um die aktive Handlung der sprachlichen Benennung zu betonen.

36 BUTLER, Excitable Speech, S. 135. Lacan leitet aus dieser Bedingung der Subjektwerdung das „Eingeständnis" der Herstellung eines Nicht-Sprechbaren ab.

Gender als vorgängiger Kategorisierung von Menschen ausgegangen, sondern Gender wird in seinen sprachlichen Konstitutionsbedingungen untersucht.[37]

Stilistische Charakteristika, die weibliches und männliches Sprechen ausmachen, sind durch verschiedene Forschungen in ihrer Kontextlosigkeit widerlegt worden, die zeigen, dass Gender alleine und losgelöst von anderen Faktoren wie *race*,[38] Status, Sexualität,[39] Alter, der aktuellen Interaktionssituation usw. in diesen nicht hergestellt wird,[40] aber Gender häufig eine bestimmende Rolle im Alltagsverständnis zugeschrieben wird, wodurch gleichzeitig der Aspekt der Wahrnehmung eines bestimmten Verhaltens unter einer Annahme einer Vorgängigkeit von Gender aufgezeigt werden konnte.[41] Forschungen im Rahmen der Ethnomethodologie[42] und mit dem Ansatz der *Communities of Practice*[43] haben diese Vorstellung von wissenschaftlicher Seite und in Bezug auf Gesprächsverhalten in zahllosen Studien hinterfragt,[44] ohne dass dies bisher zu einer Neubewertung der Relation von Gender und Sprache im Alltagsverständnis geführt hätte.

Ausblick: Die Begrenzungen einer Fokussierung auf Sprache

Wie deutlich wurde, kann die Frage der Konstitution von Sprache höchst unterschiedlich und widersprüchlich beantwortet werden. Als Forschungsinstrument und

---

37 Strategien sprachlicher Veränderungen, die aus konstruktivistischer Sicht möglich und politisch sinnvoll sein können, sind die Herstellung von VerUneindeutigungen und Umdeutungen. Vgl. A. ENGEL, Wider die Eindeutigkeit, Frankfurt/M. 2002; P.-I. VILLA, Sex Bodies, Opladen 2001; J. BUTLER, Gender Trouble, New York, London 1990.

38 Vgl. N. RÄTHZEL, Gender and racism in discourse, London u. a. 1997.

39 Vgl. K. CAMPBELL-KIBLER u. a. (Hg.), Language and sexuality, Stanford 2002; W. LEAP (Hg.), Beyond the lavender lexicon, Washington 1995; A. LIVIA / K. HALL (Hg.), Queerly phrased, New York, Oxford 1997; P. BAKER, Sexed texts: language, gender and sexuality, London 2008.

40 Vgl. WALGENBACH u. a. (Hg.), Gender als interdependente Kategorie für eine Einführung in diese Thematik.

41 Vgl. für eine frühe und leider wenig rezipierte deutschsprachige Erforschung dieser These K. FRANK, Sprachgewalt.

42 Vgl. E. STOKOE / J. SMITHERSON, Making gender relevant, Conversation analysis and gender categoeries in interaction, in: Discourse and society 12, 2 (2001), S. 217–245.

43 Für eine Einführung in den Ansatz der *Communities of Practice*, vgl. P. ECKERT / S. MC-CONNELL-GINET, Think practically and look locally, Language and gender as community-based practice, in: Annual review of anthropology 21 (1992), S. 461–490; ECKERT / MCCONNELL-GRINET, Language and Gender.

44 Siehe u. a. V. BERGVALL / J. M. BING / A. F. FREED (Hg.), Rethinking language and gender research, New York 1996; M. BUCHOLTZ / A. LIANG / L. A. SUTTON (Hg.), Reinventing identities, New York 1999; K. HALL / M. BUCHOLTZ (Hg.), Gender articulated, London, New York 1995; S. JOHNSON / U. H. MEINHOF (Hg.), Language and masculinity, Oxford 1997. Die ausgesprochene Dominanz eines englischsprachigen Diskurses als auch ein Bezug auf englischsprachige Untersuchungen wird hier deutlich.

Medium der Darstellung von Forschung spielt sie in allen Disziplinen eine Rolle. Die Frage der Wahrnehmung von Sprache ist entscheidend für die Formulierung von Erkenntnisinteressen und Ergebnissen. Auch dieser Artikel ist sprachlich verfasst, auch den hier sprachlich hergestellten Anschauungen liegen unbenannte, aber umso machtvoller hergestellte Präsuppositionen zugrunde, und es werden implizite Annahmen aufgerufen.

Es ist zu sehen, dass die Auffassung dazu, was Sprache ist, wie sie sich manifestiert und konstituiert, zugleich auch immer bestimmend dafür ist, wie Gender verstanden wird. Beides scheint analytisch unlösbar miteinander verbunden. Das Bestehen einer essentialistischen Vorstellung zu Gender ist mit einer strukturalistischen Sprachauffassung verbunden. Dies hat zu so unterschiedlichen Konzeptualisierungen des Zusammenhangs von Sprache und Gender geführt wie auf der einen Seite die Auffassung eigener Frauensprachen und auf der anderen Seite der Erfindung einer Frauensprache aus der Annahme einer Fremdbestimmung durch eine patriarchal geprägte Sprache.[45] Zwischen diesen beiden hier angenommenen Polen finden sich eine große Reihe von Zwischenstufen, wie beispielsweise das Genre „Frauenliteratur", die Annahme eines weiblichen Schreibstils und eine ganze Industrie von Rhetorikkursen und -führern für Frauen.[46]

Eine konstruktivistische Sichtweise auf Sprache bedingt hingegen eine hier als konstruktivistisch bezeichnete Auffassung von Gender. In dieser Sicht ist Sprache jeweils konstitutiv für das Verständnis von Gender. Demnach ist Gender eine Kategorisierung, die erst sprachlich geschaffen wird und nicht sprachlich vorgängig vorhanden ist. Auch hier gibt es eine Bandbreite unterschiedlicher Grundannahmen, die vor allem zwischen radikal-konstruktivistischen und sozial-konstruktivistischen Annahmen einordbar sind. Sie unterscheiden sich hinsichtlich der Konzeptualisierung von Macht und Subjekten.

Es hat sich gezeigt, dass die Frage, wie Sprache konzeptualisiert wird, eng mit der Frage verbunden ist, wie Gender sowohl in verschiedenen wissenschaftlichen Diskursen als auch im Alltagsverständnis aufgefasst wird. Zugleich ist mit der Frage der Definition von Sprache immer auch eine bestimmte Vorstellung, was unter Denken und was unter Wirklichkeit verstanden wird, verbunden. Ein Bewusstmachen der impliziten Vorstellungen zu Sprache im wissenschaftlichen Handeln wird zu einer wichtigen Grundlage einer Reflexion auch von Wissenschaftlichkeit. Während in Bezug auf die Erforschung von Sprache und Gender eine starke Tendenz zu einer konstruktivistischen Auffassung zu beobachten ist,[47] ist das Alltagsverständnis

---

45 Das vielleicht berühmteste Beispiel ist die Kunstsprache Láadan in dem Science-Fiction-Roman *Native Tongue* von Susan Hayden Elgin von 1984.

46 Für eine umfassende feministische Kritik an Rhetorikführern und -kursen für Frauen und die dahinter stehenden Annahmen hinsichtlich Sprache und Gender vgl. D. CAMERON, Verbal hygiene, London, New York 1995.

47 Als Einführungen in die Thematik sind folgende Sammlungen, Handbücher und Monografien besonders zu empfehlen D. CAMERON, Lost in translation, New York, London 1998; C. CHRISTIE, Gender and Language, Edinburgh 2000, A. GODDARD / L. M. PATTERSON,

von sowohl Sprache als auch Gender offenbar nachhaltig von einer strukturalistischen und in Bezug auf Gender essentialisierenden Vorstellung in westlichen Kulturen geprägt.

Eine Fokussierung auf Sprache in der Forschung geht bis heute mit einem Vorrang von Schriftlichkeit einher, was sich u. a. auch in der wissenschaftlichen Handlung der Transkription mündlicher Sprachdaten sowie einem von Schriftlichkeit geprägten Sprachverständnis[48] niederschlägt. Diese Fokussierung bedingt eine weitgehende Vernachlässigung anderer Ebenen von Kommunikation, es wird zwischen einer verbalen und einer nonverbalen Ebene getrennt und so eine Dichotomie der Betrachtung hergestellt, in der Sprache von visuellen, auditiven, olfaktorischen und taktilen Ebenen weitgehend getrennt wird. Weitere, durch diese Sichtweise vollzogene Trennungen sind die zwischen Sprache und Körper, Sprache und Blick, Text und Bild. Hier werden auch zukünftig noch Arbeitsfelder zur Analyse des Verhältnisses von Sprache und Gender liegen.

Bibliographie

BAKER, Paul, 2008: Sexed texts. Language, gender and Sexuality. London, Oakville.

BARON, Dennis E., 1986: Grammar and Gender. New Haven, Conn. u. a.

BARTHES, Roland, 1969: Literatur oder Geschichte. Frankfurt/M. (Französische Erstausgabe 1964 unter dem Titel „Essais critiques". Paris).

BERGVALL, Victoria L. / BING, Janet M. / FREED, Alice F. (Hg.), 1996: Rethinking language and gender research. Theory and practice. New York.

BORUTTI, Sylvana, 1984: Pragmatics and its discontents. In: Journal of pragmatics 8, S. 437–447.

BOURDIEU, Pierre, 1991: Language and symbolic power. Cambridge.

BRAUN, Christina von, 2001: Versuch über den Schwindel. Religion, Schrift, Bild, Geschlecht. Zürich.

BRUGMANN, Karl, 1889: Grundriss der vergleichenden Grammatik der indogermanischen Sprachen. Bd. 2:1, Wortbildungslehre. Straßburg.

BUCHOLTZ, Mary / LIANG, Anita C. / SUTTON, Laurel A. (Hg.), 1999: Reinventing identities. The gendered self in discourse. New York.

BUTLER, Judith, 1990: Gender Trouble. New York, London.

BUTLER, Judith, 1993: Bodies that matter. On the discursive limits of „sex". New York, London.

Language and Gender, London 2000; HOLMES / MEYERHOFF, Different voices; HORNSCHEIDT, Die sprachliche Benennung von Personen aus konstruktivistischer Sicht; dies., Gender resignifiziert. Schwedische Aushandlungen in und um Sprache, Berlin 2008.

48 Vgl. S. KRÄMER, Gibt es eine Sprache hinter dem Sprechen, Berlin, New York 1999 für eine interessante Diskussion dieser These.

BUTLER, Judith, 1997: Excitable Speech. A politics of the performative. New York, London.

CAMERON, Deborah, 1985: Feminism and linguistic theory. London.

CAMERON, Deborah, 1995: Verbal hygiene. London, New York.

CAMERON, Deborah, 1998: Lost in translation. Non-sexist language. In: dies. (Hg.): The feminist critique of language. A reader. New York, London, S. 155–163 (Reprint aus: Trouble & Strife 32, Winter 1995/1996).

CAMPBELL-KIBLER, Kathryn / PODESVA, Robert J. / ROBERTS, Sarah / WONG, Andrew (Hg.), 2002: Language and sexuality. Contesting meaning in theory and practice. Stanford, CA.

CHRISTIE, Christine, 2000: Gender and language. Towards a feminist pragmatics. Edinburgh.

DERRIDA, Jacques, 1976: Die Schrift und die Differenz. Frankfurt/M. (Erstveröffentlichung auf Französisch 1967 unter dem Titel „L'écriture et la différence". Paris).

DERRIDA, Jaques, 1983 [1974]: Grammatologie. Frankfurt/M.

ECKERT, Penelope / MCCONNELL-GINET, Sally, 1992: Think practically and look locally. Language and gender as community-based practice. In: Annual review of anthropology 21, S. 461–490.

ECKERT, Penelope / MCCONNELL-GINET, Sally, 2007 (6th print): Language and gender. Cambridge.

EHRLICH, Susan / KING, Ruth, 1992: Gender-based language reform and the social construction of meaning. In: Discourse & Society 3 (2), S. 151–166.

ENGEL, Antke, 2002: Wider die Eindeutigkeit. Sexualität und Geschlecht im Fokus queerer Politik der Repräsentation. Frankfurt/M.

FRANK, Karsta, 1992: Sprachgewalt. Die sprachliche Reproduktion der Geschlechterhierarchie. Tübingen.

FREED, Alice F., 2003: Epilogue. Reflections on language and gender research. In: Janet HOLMES / Miriam MEYERHOFF (Hg.): The handbook of language and gender. Malen, Oxford, S. 699–721.

FORER, Rosa, 1986: Genus und Sexus. Über philosophische und sprachwissenschaftliche Erklärungsversuche zum Zusammenhang von grammatischem und natürlichem Geschlecht. In: Silvia WALLINGER / Monika JONAS (Hg.): Der Widerspenstigen Zähmung. Studien zur bezwungenen Weiblichkeit in der Literatur vom Mittelalter bis zur Gegenwart. Innsbruck (Innsbrucker Beiträge zur Kulturwissenschaft. Germanistische Reihe Bd. 31), S. 21–41.

GEERAERTS, Dirk, 1999: Diachronic prototype semantics. A digest. In: Andreas BLANK / Peter KOCH (Hg.): Historical semantics and cognition. Berlin, New York, S. 91–107.

GLASERSFELD, Ernst von, 1996: Kleine Geschichte des Konstruktivismus. In: ders. (Hg.): Radikaler Konstruktivismus. Ideen, Ergebnisse, Probleme. Frankfurt/M., S. 9–17.

GLÜCK, Helmut, 1979: Der Mythos von den Frauensprachen. In: Osnabrücker Beiträge zur Sprachtheorie 9, S. 60–95.

GODDARD, Angela / MEÂN PATTERSON, Lindsey, 2000: Language and gender. London.

GRABRUCKER, Marianne 1993: Vater Staat hat keine Muttersprache. Frankfurt/M.

GRIMM, Jacob, 1831: Deutsche Grammatik. Bd. 3. London u. a.

GUMPERZ, John J. / LEVINSON, Stephen C. (Hg.), 1996: Rethinking linguistic relativity. Cambridge (Studies in the social and cultural foundations of language 17).

HABERLAND, Hartmut / MEY, Jacob L., 1977: Journal of Pragmatics. Amsterdam.

HALL, Kira / BUCHOLTZ, Mary (Hg.), 1995: Gender articulated. Language and the socially constructed self. London, New York.

HELLINGER, Marlis / BUßMANN, Hadumod (Hg.), 2001: Gender across languages. The linguistic representation of women and men. Bd. 1. Amsterdam u. a.

HELLINGER, Marlis / BUßMANN, Hadumod (Hg.), 2002: Gender across languages. The linguistic representation of women and men. Bd. 2. Amsterdam u. a.

HELLINGER, Marlis / BUßMANN, Hadumod (Hg.), 2003: Gender across languages. The linguistic representation of women and men. Bd. 3. Amsterdam u. a.

HOF, Renate, 1995: Die Grammatik der Geschlechter. Frankfurt/M. u. a.

HOLMES, Janet / MEYERHOFF, Miriam, 2003: Different voices, different views. An introduction to current research in language and gender. In: dies. (Hg.): The handbook of language and gender. Malden, Oxford, S. 1–17.

HORF, Benjamin Lee, 1956: Language, thought, and reality. New York.

HORNSCHEIDT, Antje, 1998: On the limits of language planning. A comparison of Swedish and German language change. In: Inge Lise PEDERSEN / Jann SCHEUER (Hg.): Sprog, køn – og kommunikation. Rapport fra 3. nordiske konference om sprog och køn. København, 11.–13. Oktober 1997. Kopenhagen, S. 95–112.

HORNSCHEIDT, Antje, 2000: Linguistik und Gender Studies. In: Christina von BRAUN / Inge STEPHAN (Hg.): Gender Studien. Eine Einführung. Stuttgart, Weimar, S. 276–289.

HORNSCHEIDT, Antje, 2002: Die Nicht-Rezeption poststrukturalistischer Gender- und Sprachtheorien der feministischen Linguistik im deutschsprachigen Raum. In.: Germanistische Linguistik 167/168, S. 5–51.

HORNSCHEIDT, Antje, 2006: Die sprachliche Benennung von Personen aus konstruktivistischer Sicht. Genderspezifizierung und ihre diskursive Verhandlung im heutigen Schwedisch. Berlin, New York.

HORNSCHEIDT, Antje, 2007: „Sprachliche Kategorisierung als Grundlage und Problem des Redens über Interdependenzen. Aspekte sprachlicher Normalisierung und Privilegierung. In: Katharina WALGENBACH u. a. (Hg.): Gender als interdependente Kategorie. Neue Perspektiven auf Intersektionalität, Diversität und Heterogenität. Opladen, Farmington Hills, S. 65–106.

HORNSCHEIDT, Antje, 2008: Gender resignifiziert. Schwedische Aushandlungen in und um Sprache. Berlin.

JESPERSEN, Otto, 1923: Language. Its nature, development and origin. London.

JOHNSON, Sally / MEINHOF, Ulrike Hanna (Hg.), 1997: Language and masculinity. Oxford.

KHROSROSHAHI, Fatemeh, 1989: Penguins don't care but women do. A social identity analysis of a Whorfian problem. In: Language in society 18, S. 505-525.

KRÄMER, Sybille, 1999: Gibt es eine Sprache hinter dem Sprechen? In: Herbert Ernst WIEGAND (Hg.): Sprache und Sprachen in den Wissenschaften. Geschichte und Gegenwart. Festschrift für Walter de Gruyter & Co. Anläßlich einer 250jährigen Verlagstradition. Berlin, New York, S. 372-403.

KRÄMER, Sybille / HERRMANN, Steffen Kitty / KUCH, Hannes, 2007: Verletzende Worte. Die Grammatik sprachlicher Missachtung. Bielefeld.

LAKOFF, Robin, 1978: Language and woman's place. New York.

LEAP, William L. (Hg.), 1995: Beyond the lavender lexicon. Authenticity, imagination, and appropriation in lesbian and gay languages. Washington D.C.

LEAP, William L. 2003: Language and gendered modernity. In: Janet HOLMES / Miriam MEYERHOFF (Hg.): The handbook of language and gender. Malden, Oxford, S. 401-422.

LEISS, Elisabeth, 1994: Genus und Sexus. Kritische Anmerkungen zur Sexualisierung von Grammatik. In: Linguistische Berichte 152, S. 281-300.

LEVINSON, Stephen C., 1983: Pragmatics. Cambridge.

LIEBSCH, Burkhard, 2007: Subtile Gewalt. Spielräume sprachlicher Verletzbarkeit. Eine Einführung. Weilerswist.

LIVIA, Anna / HALL, Kira (Hg.), 1997: Queerly phrased. Language, gender, and sexuality. New York, Oxford.

LOVE, Nigel, 1990: The locus of languages in a redefined linguistics. In: Haley G. DAVIS / Talbot J. TAYLOR (Hg.): Redefining linguistics. New York, London, S. 53-117.

LUCY, John, 1992: Language diversity and thought. A reformulation of the linguistic relativity hypothesis. Cambridge.

LUCY, John, 1992: Grammatical categories and cognition. Case study of the linguistic relativity hypothesis. Cambridge.

MORRIS, Charles, 1938: Foundations of the theory of signs. Chicago.

MÜNKER, Stefan / ROESLER, Alexander, 2000: Poststrukturalismus. Stuttgart, Weimar.

NERLICH, Brigitte / CLARKE, David D., 1996: Language, action, and context. The early history of pragmatics in Europe and America, 1780-1930. Amsterdam u. a.

NÖTH, W, 2000: Handbuch der Semiotik. Stuttgart.

NUYTS, Jan, 1992: Aspects of a cognitive-pragmatic theory of language. On cognition, functionalism and grammar. Amsterdam u. a.

PAUWELS, Anne, 1998: Women changing language. London.

PAUWELS, Anne, 2003: Linguistic sexism and feminist linguistic activism. In: Janet HOLMES / Miriam MEYERHOFF (Hg.): The handbook of language and gender. Malen, Oxford, S. 550-570.

PENELOPE, Julia, 1990: Speaking freely. Untying the lies of the fathers tongue. New York.

PUSCH, Luise F., 1984: Das Deutsche als Männersprache. Aufsätze und Glossen zur feministischen Linguistik. Frankfurt/M.

PUSCH, Luise F., 1990: Alle Menschen werden Schwestern. Feministische Sprachkritik. Frankfurt/M.

RÄTHZEL, Nora, 1997: Gender and racism in discourse. In: Ruth WODAK (Hg.): Gender and discourse. London, Thousand Oaks, New Delhi, S. 57–80.

RICH, Adrienne, 1979: On lies, secrets, and silence. Selected prose. New York u. a.

RUBIN, Donald L. / GREENE, Kathryn L., 1991: Effects of biological and psychological gender, age cohort, and interviewer gender on attitudes toward gender-inclusive/exclusive language. In: Sex roles 23, S. 391–411.

SAMEL, Ingrid, 1995: Einführung in die feministische Sprachwissenschaft. Berlin.

SAUSSURE, Ferdinand de, 1986 [1916]: Cours de linguistique générale. Hg. v. Charles Bally, Albert Sechehaye. Paris.

SEIDLER, Herbert, 1963: Allgemeine Stilistik. Göttingen.

STOKOE, Elizabeth H. / SMITHERSON, Janet, 2001: Making gender relevant. Conversation analysis and gender categories in interaction. In: Discourse and society 12(2), S. 217–245.

TAYLOR, Talbot J., 1990; The institutionalisation of authority in the science of language. In: John E. JOSEPH / Talbot J. TAYLOR (Hg.): Ideologies of language. London, New York, S. 9–26.

TRABANT, Jürgen (Hg.), 1995: Sprache denken. Positionen aktueller Sprachphilosophie. Frankfurt/M.

TRÖMEL-PLÖTZ, Senta, 1984: Gewalt durch Sprache. Die Vergewaltigung von Frauen in Gesprächen. Frankfurt/M.

VERSCHUEREN, Jef, 1999: The pragmatic perspective. In: ders. / Jan Ola ÖSTMAN / Jan BLOMMAERT (Hg.): Handbook of Pragmatics (prep. under the scientific auspices of the International Pragmatics Association (IPrA)). Amsterdam, S. 1–19.

VILLA, Paula-Irene, 2001: Sexy Bodies. Eine soziologische Reise durch den Geschlechtskörper. Opladen.

VOLLI, Ugo, 2002: Semiotik. Eine Einführung in ihre Grundbegriffe. Tübingen, Basel.

WALGENBACH, Katharina u. a. (Hg.), 2007: Gender als interdependente Kategorie. Neue Perspektiven auf Intersektionalität, Diversität und Heterogenität. Opladen, Farmington Hills.

WIENOLD, Götz, 1967: Genus und Semantik. Meisenheim.

WITTGENSTEIN, Ludwig, 1953: Philosophische Untersuchungen – Philosophical investigations. Oxford.

GEDÄCHTNIS

von *Claudia Öhlschläger*

Begriffsgeschichte und Tendenzen der Gedächtnisforschung

Der Begriff „Gedächtnis" leitet sich von grch. *mneme* und lat. *memoria* her. Seine Geschichte ist weit verzweigt. Zum einen wird „Gedächtnis" aus psychologisch-medizinischer Perspektive als Fähigkeit lebender Substanz verstanden, „Informationen abrufbar zu speichern". „Grundlage", so verzeichnet der entsprechende Artikel in *Meyers Großem Taschenlexikon* „ist bei Mensch und Tier die Gesamtheit der Nervenzellen. Wie diese die Information aufbewahren, d. h. durch welche Vorgänge, Erregungen zurückbleiben bzw. Spuren hinterlassen, ist noch weitgehend ungeklärt." Verwiesen wird zugleich auf den dem Gedächtnis gegenläufigen Vorgang des Vergessens. Er bedinge, dass Wahrgenommenes bzw. Gelerntes nicht mehr oder nur unvollständig reproduziert werden kann, wobei 1. um so mehr vergessen werde, je größer der zeitliche Abstand zwischen Einspeicherung und Erinnerung sei, 2. sinnarmes, unwichtiges und umfangreiches Material eher vergessen werde und 3. die Art und die Anzahl der auf einen Lernvorgang folgenden Eindrücke das Ausmaß des Vergessens beeinflussten.[1] Auch der Eintrag zu „Gedächtnis" in Ritters *Historischem Wörterbuch der Philosophie* entfaltet psychologische und biologische Bedeutungsvarianten.[2] Gegenüber solchen Erklärungsmodellen haben kulturwissenschaftliche Konzepte schon der 20er und 30er Jahre des 20. Jahrhunderts Kategorien des „kollektiven" und des „sozialen" Gedächtnisses geltend gemacht. Zu denken ist hier zunächst an die soziologische Studie *La mémoire collective* (1950 postum) von Maurice Halbwachs und schließlich an das kulturwissenschaftliche Gedächtnisprojekt Aby Warburgs, wie es in seinem Bilderatlas *Mnemosyne* (1929) zum Ausdruck gelangt.[3] Beide Ansätze verweisen auf die Bedeutung sozialer Bedingungen und kultureller Einflüsse für die historische Tradierung von Erfahrung.[4]

In den frühen 80er Jahren ist das Gedächtnis dann noch einmal unter einer kulturwissenschaftlichen Perspektive ins Zentrum des Interesses gerückt. Gefragt wurde

---

1 Meyers Grosses Taschenlexikon, Bd. 8, Mannheim u. a. ³1990, S. 35.

2 J. RITTER (Hg.), Historisches Wörterbuch der Philosophie, Bd. 3, Darmstadt 1974, S. 35–42.

3 M. HALBWACHS, Das kollektive Gedächtnis, Stuttgart 1967; A. WARBURG, Der Bilderatlas Mnemosyne, in: Gesammelte Schriften II.1, hg. v. M. Warnke, C. Brink, Berlin 2000.

4 Vgl. J. ASSMANN / T. HÖLSCHER (Hg.), Kultur und Gedächtnis, Frankfurt/M. 1988, S. 9.

nach den Mechanismen und Techniken, die bei der Erinnerung, Archivierung und Übermittlung von Wissen wirksam werden. Mehrere Faktoren sind für dieses Interesse verantwortlich. Einerseits eine verstärkte Auseinandersetzung mit technischen Datenverarbeitungs- und Speichersystemen. Während tendenziell gesättigte Gedächtnisformen wie die des Denkmals dazu neigen, das Vergehen von Zeit und damit Zeit im Modus der Dauer zu löschen, bringen, so Schuller, die digitalen Speichertechnologien ein prinzipiell ungesättigtes Gedächtnis hervor.[5] Nicht zuletzt aus der Erfahrung, dass sich durch immer neue Verschaltungen und Vernetzungen nachweisbare Erinnerungsspuren materiell verflüchtigen bzw. nicht mehr nachweisbar sind, erwuchs eine verstärkte Reflexion auf die Funktionsweise des Gedächtnisses. Die Vorstellung der Konstruiertheit von Erinnerung aus der jeweiligen Gegenwart heraus begann zu dominieren.[6] Andererseits ging ein wichtiger Impuls der kulturwissenschaftlichen Gedächtnisforschung von der in den 80er Jahren aufflammenden Debatte über die Inkommensurabilität und Erinnerbarkeit nationalsozialistischer Verbrechen aus. Im Zuge des sogenannten „Historikerstreits"[7] wurde um die Neubestimmung und Aufwertung des Kultur- und Bildungsbegriffs gerungen. Besonders brisant ist bis heute das Problem der Zeugenschaft geblieben, ersetzt doch das Zeugnis die Wahrnehmung durch den Bericht, der den Bedingungen seiner rhetorischen Verfasstheit untersteht: „Der Zeuge kann nicht sehen, zeigen und sprechen zugleich. [...] Keine Verbürgung der Echtheit kann gegenwärtig zeigen, was der sicherste Zeuge sieht, oder vielmehr, was er gesehen hat und im Gedächtnis bewahrt."[8] Der Vorgang des Erinnerns, der sich als Wechsel von Vergegenwärtigung und Abwesenheit vollzieht und damit konstitutiv von vorübergehender Absenz und Unzulänglichkeit bestimmt wird, steht demnach zum Speichersystem der schriftlichen Fixierung in einem Spannungsverhältnis.

Die vom Heidelberger Arbeitskreis um Aleida Assmann, Jan Assmann, Dietrich Harth u. a. ausgehende Gedächtnisforschung der 80er Jahre berief sich auf den Begriff „Kultur", der gefasst wurde als ein durch die Hervorbringung und Veränderung mnemonischer Konzepte und Praktiken sich definierendes offenes System:[9] „Im

5   M. SCHULLER, Unterwegs. Zum Gedächtnis. Nach Aby Warburg, in: S. BAUMGART u. a. (Hg.), Denkräume. Zwischen Kunst und Wissenschaft, 5. Kunsthistorikerinnentagung in Hamburg, Berlin 1993, S. 149–160.

6   H. BIRK, „Das Problem des Gedächtnisses [...] drängt in die Bilder". Metaphern des Gedächtnisses, in: A. ERLL / M. GYMNICH / A. NÜNNING (Hg.), Literatur – Erinnerung – Identität. Theoriekonzeptionen und Fallstudien, Trier 2003, S. 89; in Anlehnung an A. ASSMANN, Erinnerungsräume. Formen und Wandlungen des kulturellen Gedächtnisses, München 1999, S. 158.

7   HISTORIKERSTREIT. Die Dokumentation der Kontroverse um die Einzigartigkeit der nationalsozialistischen Judenvernichtung, München, Zürich ⁴1987.

8   J. DERRIDA, Mémoires d'aveugle. L'auto-portrait et autre ruines, Paris 1990, S. 106. Zit. n. E. WEBER, Zeugnis, Gabe. Jacques Derrida, in: dies. (Hg.), Jüdisches Denken in Frankreich, Frankfurt/M. 1994, S. 63–90, hier S. 79.

9   Vgl. A. HAVERKAMP / R. LACHMANN (Hg.), Memoria. Vergessen und Erinnern, München 1993 (Poetik und Hermeneutik XV), Vorwort 1992.

Zentrum dieser Wissenschaften steht deshalb der Bedeutungen erzeugende Mensch, der *homo significans*, und mit ihm die Kultur als Ensemble von Kodes und Medien, Objekten und Institutionen, durch welche Bedeutungen erzeugt und eliminiert, bewahrt und verändert, durchgesetzt und aufgezwungen, erinnert und vergessen werden."[10] Das kulturelle Gedächtnis fungiert hier als Sammelbegriff für alles Wissen, „das im spezifischen Interaktionsrahmen einer Gesellschaft Handeln und Erleben steuert und von Generation zu Generation zur wiederholten Einübung und Einweisung ansteht."[11] Assmann unterscheidet zwischen dem Menschen der Alltagskultur, der einer Kommunikationsgemeinschaft zugehört, und dem Menschen der Festkultur, der einer Kulturgemeinschaft angehört. Während der lebensweltliche Kontext keinen Beobachter impliziere und nicht auf die Fixierung von Erinnerung ausgerichtet sei, beziehe sich das Monument direkt auf den Adressaten: „Monumentalisierung setzt Zeichen, um mit der Nachwelt zu kommunizieren."[12] Das kommunikative Gedächtnis, so wird gesagt, bleibe auf die Ereignisse der Gegenwart bezogen und zeichne sich durch einen beschränkten Zeithorizont aus, das kulturelle Gedächtnis dagegen über „identitätskonkrete", „objektivierte" Fixpunkte. Unter dieser Voraussetzung werden Schriftquellen, Dokumente und Monumente für diese Art der Gedächtnisforschung zu Garanten einer historisch durchsetzungsfähigen Kultur.[13]

Einen anderen Akzent setzt die poststrukturalistisch orientierte Gedächtnisforschung der 90er Jahre, deren Impuls im Wesentlichen von den Literaturwissenschaftlern Renate Lachmann und Anselm Haverkamp ausging.[14] Man knüpfte hier an die umfassende Studie von Frances A. Yates mit dem Titel *Gedächtnis und Erinnern. Mnemonik von Aristoteles bis Shakespeare* (^{3}1994) an, wo der rhetorische und metaphorische Ursprung der *ars memoriae* erinnert wird. Die Literaturhistorikerin Yates zeigt, dass die antike Mnemotechnik in Kunst, kultureller Wissensorganisation sowie Denksystemen des Mittelalters und der Renaissance eine wesentliche Rolle spielt. Die enge Verwobenheit von Literatur und historischen Ausprägungen der *ars memoriae* beruhe auf der beiden gemeinsamen Affinität zur Bildfindung: „Die Gedächtniskunst erschuf eine Bildwelt, die sicherlich in die schöpferischen Werke der Kunst und Literatur eingeflossen ist."[15]

---

10 A. ASSMANN, Kultur als Lebenswelt und Monument, in: dies. / D. HARTH (Hg.), Kultur als Lebenswelt und Monument, Frankfurt/M. 1991, S. 17.

11 J. ASSMANN, Kollektives Gedächtnis und kulturelle Identität, in: ders. / T. HÖLSCHER (Hg.), Kultur und Gedächtnis, Frankfurt/M. 1988, S. 9.

12 A. ASSMANN, Kultur als Lebenswelt, S. 14. Diese Unterscheidung wird auch schon von J. ASSMANN getroffen: ders., Kollektives Gedächtnis und kulturelle Identität, S. 10ff.

13 J. ASSMANN / HÖLSCHER, Kultur und Gedächtnis; A. ASSMANN / D. HARTH (Hg.), Mnemosyne. Formen und Funktionen der kulturellen Erinnerung, Frankfurt/M. 1991.

14 HAVERKAMP / LACHMANN, Memoria. Vergessen und Erinnern, S. XII; R. LACHMANN, Gedächtnis und Literatur. Intertextualität in der russischen Moderne, Frankfurt/M. 1990.

15 F. A. YATES, Gedächtnis und Erinnern. Mnemonik von Aristoteles bis Shakespeare, Berlin ^{3}1994, S. 88. Vgl. auch A. ERLL /A. NÜNNING, Gedächtniskonzepte der Literaturwissenschaft. Ein Überblick, in: ERLL / GYMNICH / NÜNNING, Literatur – Erinnerung – Identität, S. 5f.

Zur Theoriebildung des Gedächtnisses der Literatur haben schließlich zwei Studien beigetragen, die poststrukturalistische Intertextualitätskonzepte mit dem Konzept eines literarischen Gedächtnisses verbinden. Es handelt sich um Harold Blooms *The Anxiety of Influence* (1973) und schließlich um die Monographie *Gedächtnis und Literatur* (1990) von Renate Lachmann. In beiden Untersuchungen werden dichterische Einbildungskraft und der mnemonische Raum, in dem sich ein Text entfaltet, zueinander ins Verhältnis gesetzt. Literarische Texte, so die grundsätzliche These, weisen eine intertextuelle und damit auch eine mnemonische Struktur auf: Sie zitieren Vorgängertexte, wirken auf Nachfolgetexte und können zu sich selbst in reflexivem Bezug stehen.[16]

Topographie (Raum) und Bild

Die antike Gedächtniskunst ist im System der antiken Rhetorik verankert. Das Training des Gedächtnisses steht an vierter Stelle der Aufgaben des Redners: 1. Stoffsammlung (inventio), 2. Stoffanordnung (dispositio), 3. stilistische Durcharbeitung (elocutio), 4. Einprägung (memoria), 5. Vortrag (actio).[17] Zur Unterstützung des Gedächtnisses dienten dem Redner sogenannte Örter (loci, topoi, sedes) und prägnante Bilder (imagines): „Die Mnemonik beruhte auf der Fähigkeit, die Rede in einen imaginären Raum zu transportieren, indem die Redegedanken zu prägnanten Bildern (imagines agentes) verdichtet und an die festen, den Raum strukturierenden Plätze (loci), geheftet wurden."[18] Einer Anekdote zufolge, die von Cicero in *De oratore* erzählt und von Quintilian in seiner *Institutio oratoria* aufgegriffen wird, um später in verschiedenen Varianten nacherzählt zu werden, ist der Dichter Simonides von Keos (um 557–467 v. Chr.) Erfinder der Mnemotechnik. Simonides trug nach der Erzählung bei einem Festmahl, das von einem thessalischen Edlen namens Skopas veranstaltet wurde, zu Ehren seines Gastgebers ein lyrisches Gedicht vor. Der sparsame Skopas wollte Simonides nur einen Teil der für das Loblied vereinbarten Summe zahlen, weil dieser auch Kastor und Pollux besungen hatte. Wenig später soll Simonides von dem großen Festmahl herausgerufen worden sein, weil ihn zwei Jünglinge zu sprechen wünschten. Der Dichter verließ die Festgemeinschaft, konnte draußen

---

16 H. BLOOM, The Anxiety of Influence. A Theory of Poetry, New York 1973; LACHMANN, Gedächtnis und Literatur. Diese Ansätze sind bis in die 1920er Jahre zurück zu verfolgen, bis auf Michail Bachtins Dialogizitätskonzept, das von Julia Kristeva aufgenommen und weiter entwickelt wurde. Näheres hierzu bei ERLL / NÜNNING, Gedächtniskonzepte der Literaturwissenschaft, S. 8ff.

17 Das System einer historischen Topik, wo es um das Verhältnis von Rhetorik und Mnemotechnik geht, entwickelt E. R. CURTIUS, Europäische Literatur und lateinisches Mittelalter, Bern, München 1978.

18 S. GOLDMANN, Statt Totenklage Gedächtnis. Zur Erfindung der Mnemotechnik durch Simonides von Keos, in: Poetica 21 (1989), S. 43–66, hier S. 43.

aber niemanden vorfinden. Kaum war er über die Schwelle ins Freie getreten, stürzte der Festsaal über den Gästen zusammen und richtete diese so zu, dass die Angehörigen außerstande waren, Gesichter und Gliedmaßen zu identifizieren. Da habe Simonides, weil er die Reihenfolge im Gedächtnis hatte, in der jeder seinen Platz an der Tafel gehabt hatte, den Angehörigen zu ihren Toten verholfen. Diese Erfahrung habe, so erzählt die Geschichte, den Dichter auf die Prinzipien der Gedächtniskunst gebracht: Aufgrund seiner Beobachtung, dass die Leichen von den Verwandten nur deshalb identifiziert werden konnten, weil er sich daran erinnerte, wo die Gäste gesessen hatten, kam er zu der Einsicht, dass eine planmäßige Anordnung entscheidend für die Arbeit des Erinnernden ist. Erinnerung besitzt eine topographische oder auch kartographische Struktur. Bei Cicero heißt es:

> „Wer diese Fähigkeit (des Gedächtnisses) trainieren will, muß deshalb bestimmte Orte auswählen und von den Dingen, die er im Gedächtnis behalten will, geistige Bilder herstellen und sie an die bewussten Orte heften. So wird die Reihenfolge dieser Orte die Anordnung des Stoffs bewahren, das Bild der Dinge aber, die Dinge selbst bezeichnen, und wir können die Orte anstelle der Wachstafel, die Bilder statt der Buchstaben benützen."[19]

Bemerkenswert an der Simonides-Anekdote ist zum einen die Bedeutung der „Örter", die an die Stelle der platonischen Metapher der „Wachstafel" treten,[20] zum anderen aber die enge Wechselbeziehung zwischen Schrift und Bild. Der antike Redner, so hat dies Frances A. Yates formuliert, geht, während er seinen Vortrag hält, im Geist durch sein Erinnerungsgebäude und nimmt an allen erinnerten Orten die dort deponierten Bilder (imagines) ab.[21] Wichtig ist weiterhin, dass Cicero im Zusammenhang mit der Simonides-Geschichte ausdrücklich auf die Bedeutung des Gesichtssinns, respektive die Visualisierung verweist:

> „Damit hat Simonides, oder wer es sonst entdeckt hat, eine kluge Beobachtung gemacht: Wir können uns dasjenige am deutlichsten vorstellen, was sich uns durch die Wahrnehmung unserer Sinne mitteilt und eingeprägt hat; der schärfste von all unseren Sinnen ist aber der Gesichtssinn. Deshalb kann man etwas am leichtesten behalten, wenn das, was

---

19 CICERO, De oratore, II, lxxxvi, 351–354; zit. n. YATES, Gedächtnis und Erinnern, S. 11.
20 A. ASSMANN, Das Gedächtnis der Orte, in: DVjS 1994. Sonderheft: Stimme, Figur. Kritik und Restitution in der Literaturwissenschaft, hg. v. dies. / A. HAVERKAMP, S. 17–35.
21 In der jüngeren Forschung wurde darauf verwiesen, dass in der Tradierung des Simonides-Mythos ein wichtiger Tatbestand ausgeblendet wurde: der nämlich, dass Simonides durch seinen Schwellenübertritt in die Sphäre des Göttlichen gerät und nur deshalb es vermag, „die in die Abwesenheit gestürzte menschliche Zeichenordnung zu restituieren." Der Ordnungsdiskurs der Mnemotechnik, auf den Cicero unhinterfragt rekurriert, vergesse, so M. WEINBERG, die Infragestellungen und Komplexitäten der Gründungslegende, vgl. ders.: Trauma – Geschichte, Gespenst, Literatur – und Gedächtnis, in: E. BRONFEN / B. R. ERDLE / S. WEIGEL (Hg.), Trauma. Zwischen Psychoanalyse und kulturellem Deutungsmuster, Weimar, Wien 1999, S. 173–206, hier S. 201f.

man durch das Gehör oder durch Überlegung aufnimmt, auch noch durch die Vermittlung der Augen ins Bewusstsein dringt."[22]

Der Mythos von der Erfindung der Mnemotechnik durch Simonides von Keos übte auf die poststrukturalistische Gedächtnisforschung eine große Faszination aus. Indem er die für die Erfahrung der Moderne relevanten Kategorien von Raum, Bild und Zeit als Konstituenten des Erinnerns ausweist, verhilft er der Gedächtniskunst im Feld kulturwissenschaftlicher und ästhetischer Reflexion zu neuer Aktualität. Darüber hinaus berichtet die Simonides-Anekdote von einer Transgressionserfahrung, die das Verhältnis der Lebenden zu den Toten betrifft. Weil der Festsaal genau in jenem Augenblick einbricht, da der Dichter die Schwelle überschreitet, wird er zu einem „Schwellenkundigen" (Goldmann), der nicht nur die Grenze von Menschen- und Götterwelt gefahrlos überschreitet, sondern auch die von Tod und Leben. Die Kunst des Erinnerns wird zu einer Handlung, die zwischen Toten und Lebenden nicht nur vermittelt,[23] sondern das Andenken an die Toten garantiert.[24] Da es sich bei Simonides um einen Dichter handelt, wären damit in der Anekdote sogleich Rolle und Bedeutung der Poetik für die Gedächtniskunst bezeichnet. In der doppelten Bedeutung von Geschichte und Erzählung ist die Geschichtsschreibung mit der Poetik auf untrennbare Weise verbunden: Die Poetik hat nicht nur Teil an Formen individueller und kollektiver Erinnerung, sie situiert sich innerhalb der Geschichte der *memoria* selbst. Diese Funktion hervorgehoben zu haben, ist ein wesentliches Verdienst jener Gedächtnisforschung, die vor allem auf die rhetorische Dimension der *ars memoriae* abhebt. Erinnerung hat Methode: Gedächtnisleistungen sind schon immer von den rhetorischen, bildlichen, gestischen Modi abhängig, in die Erinnerungen eingekleidet werden.

Gedächtnis und Geschlecht. Körpergedächtnis

Die bisher aufgeführten Positionen einer kulturwissenschaftlichen oder literaturwissenschaftlichen Gedächtnisforschung sparen den Zusammenhang von Gedächtnis und Geschlecht, wie er vor allem mit dem Aufkommen der angloamerikanischen *Gender Studies* ins Bewusstsein gerückt ist, aus. Von dieser bemerkenswerten Verdrängungsleistung zeugen noch neueste Publikationen zu Themenfeldern wie Literatur, Identität und Gedächtnis.[25]

---

22 CICERO, De oratore, II, lxxxvii, 357, zit. n. YATES, Gedächtnis und Erinnern, S. 13.
23 GOLDMANN zeigt, wie sich hier antiker und Totenkult und schamanistische Tradition mit der Mnemotechnik berühren, vgl. ders., Statt Totenklage, S. 52ff.
24 HAVERKAMP, Memoria, S. XI: „[…] denn die *memoria*, um die es geht, ist das Andenken der Toten, das über deren Identifizierung gerettet wird."
25 Vgl. z. B. den profunden Band von ERLL / GYMNICH / NÜNNING, Literatur – Erinnerung – Identität.

Versucht man hingegen, den Begriff Gedächtnis hinsichtlich der Kategorie *Gender* zu spezifizieren und zu differenzieren, so ist zunächst daran zu erinnern, dass im Wesentlichen drei Memoria-Konzepte des 20. Jahrhunderts Ansätze der Reflexion über geschlechtsspezifisches Erinnern geliefert haben – wenn auch nicht explizit. In historischer Abfolge handelt es sich (1) um das Gedächtniskonzept der klassischen Psychoanalyse Sigmund Freuds, (2) um die Erinnerungstheorie Walter Benjamins und schließlich (3) um das Mnemosyne-Projekt des Kunsthistorikers und Kulturwissenschaftlers Aby Warburg. Die genannten Theoriekonzepte werden wegen folgender Gesichtspunkte für die Modellierung von Gedächtnis und Geschlechterdifferenz wichtig: a) Wegen ihrer Einsicht in die Diskontinuität und Unverfügbarkeit von Erinnerung, b) wegen ihrer Aufmerksamkeit für die Bedeutung von Bildern und Metaphern für die Repräsentation von Erinnerung und c) im Hinblick auf die Bedeutung des Körpers für die Lesbarkeit von Erfahrungen.

Mit dem Begriff *Körpergedächtnis* hat man diesem kulturhistorischen Befund Ausdruck verliehen, wobei zugleich auf ein Desiderat der Gedächtnisforschung verwiesen wurde. „Dieser Verschiebung der Erinnerungsthematik in der Gegenwartsliteratur", schreibt Sigrid Weigel 1994,

> „korrespondiert ein Paradigmenwechsel in der Theorie von der Erinnerung zum Gedächtnis, der in den letzten Jahren mit einer Art Boom der Gedächtnis-Forschung in den Kulturwissenschaften, mit einer Fülle von Publikationen – vor allem zum Bild-Gedächtnis und zum kulturellen Gedächtnis – sichtbar geworden ist. Ein wesentlicher Unterschied zwischen literarischem und theoretischem Diskurs ist aber darin zu beobachten, dass sich die Forschungen zum Gedächtnis zur Zeit ganz auf das imaginäre und vergegenständlichte Bild-Gedächtnis konzentrieren, während von Schriftstellern/innen sehr viel häufiger das Gedächtnis des Körpers ins Spiel gebracht wird."[26]

In einem 1996 erschienenen Band mit dem Titel *Körper-Gedächtnis-Schrift* wurde der Stellenwert des Körpers für geschlechtsspezifisches Erinnern und dessen Bedeutung für die Konzeption des kulturellen Gedächtnisses zur Debatte gestellt. Beiträge unterschiedlicher Fachrichtungen fragen hier nach der Funktion des Körpers als Medium der Erinnerung, der Einschreibung, Speicherung und Transformation kultureller Zeichen und nach medialen Verfahren der schriftlichen Fixierung und Archivierung von Körper-Wissen. Vorausgesetzt wird die These, dass der Körper nicht länger als eine jenseits kultureller Markierungen vorzufindende geistig-leibliche Einheit zu denken sei, sondern vielmehr als ein Träger von Zeichen. Diese Zeichen konstituieren den Körper, weisen ihm geschlechtsspezifische und identifikatorische Eigenschaften zu. Im Sinne Michel Foucaults werden solche Eigenschaften durch institutionalisierte und nicht-institutionalisierte Rede- und Wissensordnungen hervorgebracht. Der Körper unterliegt also den Diskursregeln von Macht, Sexualität, Wahrheit und Wis-

---

26 S. WEIGEL, Bilder des kulturellen Gedächtnisses. Beiträge zur Gegenwartsliteratur, Dülmen-Hiddingsel 1994, S. 11.

sen.[27] Er ist Produkt jener von Foucault beschriebenen *Ordnung des Diskurses*, welche die Techniken und Instrumentarien einer Naturalisierung des Körpers verschleiert und über dessen gesellschaftliche „Intelligibilität" – verstanden als Maß seiner gesellschaftlichen Anerkennbarkeit – entscheidet.[28] Als ein Produkt kultureller Zuschreibungen und Sinnstiftungsprozesse ist der Körper demnach Gegenstand des kulturellen Gedächtnisses, wobei die Trennung von individueller und kollektiver Erinnerung aufgehoben ist. Mit Gebärden und körpersprachlichen Symptomen hat der Körper Teil an der Archivierung und Tradierung eines kulturellen Wissens, das, wenn man so will, in doppelter Weise verborgen ist. In Form des verdrängten Anderen, man könnte auch sagen: des Weiblichen, und in Form eines anderen und sich anders artikulierenden Wissens. Während Monumente und Dokumente, die autorisiert und dokumentiert worden sind, als Garanten einer rekonstruierbaren Erinnerung an vergangene Lebenswelten ins Feld geführt werden, entzieht sich das Gedächtnis des Anderen einer auf den Ursprung und die Wahrheit ausgerichteten Rekonstruktion. Unter der Voraussetzung, dass der Körper kein dem Kulturationsprozess vorgängige Identität besitzt, sondern sich diese erst im Akt der Aneignung erwirbt, bleibt er in die Dynamik der ständigen Umschrift kulturellen Wissens und seiner Erinnerbarkeit involviert. Er befindet sich in einem ständigen Prozess der erinnernden Aneignung bzw. Verwerfung kultureller Normen und vorgegebener Identitätsmuster. Er steuert auf die Vollendung seiner geschlechtlichen Identität zu, die aber, so Judith Butler, aufgrund des unhintergehbaren Potentials an phantasmatischen Wünschen unabschließbar bleibt.[29]

Die Frage nach dem Körpergedächtnis impliziert demnach zugleich die Frage nach jenen Ausschluss- und Verdrängungsmechanismen, die jeder Kanonisierung und Stabilisierung von Wissenssystemen zugrunde liegen. Denn das Gedächtnis ist

> „in den Leib in Form von Dauerspuren eingeschrieben, die durch bestimmte Wahrnehmungen die Wiederholung von Affekten und damit verbundenen Vorstellungsbildern auslösen, wobei diese Wiederholung nie die Wiederholung desselben, sondern immer eine andere Wiederkehr ist, die Wiederkehr eines Anderen."[30]

Der Körper wäre so gesehen als ein „Symbolisierungsfeld" zu betrachten, an dem sich Spuren kultureller Sinn- und Bedeutungsstiftung entziffern lassen, also auch Spuren der Verdrängung, der Unterdrückung, der traumatischen Erfahrung. Aller-

---

27 M. FOUCAULT, Der Wille zum Wissen, Sexualität und Wahrheit, Bd. 1, Frankfurt/M. 1991.

28 M. FOUCAULT, Die Ordnung des Diskurses. Inauguralvorlesung am Collège de France, 2. Dezember 1970, Frankfurt/M. 1994, mit einem Essay von R. Konersmann; J. BUTLER, Das Unbehagen der Geschlechter, Frankfurt/M. 1991, S. 17, 24 u. 38: „Intelligible' Geschlechtsidentitäten sind solche, die in bestimmtem Sinne Beziehungen der Kohärenz und Kontinuität zwischen dem anatomischen Geschlecht (sex), der Geschlechtsidentität (gender), der sexuellen Praxis und dem Begehren stiften und aufrechterhalten."

29 Zum Begriff „Identität" vgl. den Beitrag von C. BREGER in diesem Band.

30 WEIGEL, Bilder des kulturellen Gedächtnisses, S. 49f.

dings entzieht sich solche Entzifferung der Eindeutigkeit. Vielmehr ist davon auszu-gehen, dass der physischen Äußerung einer beispielsweise schmerzhaften Erinne-rung kein psychischer Parallelvorgang entspricht. Vielmehr sind körpersprachliche Artikulationen – die Symptomsprache des Körpers – als „Teil einer Sprache des Unbewussten" zu beschreiben, die sich in verschlüsselter Weise äußert.[31] Die Erinne-rung stellt sich erst in einer resignifizierenden Lektüre her.[32]

Erinnerungsspuren: Freud – Benjamin – Warburg

Die historischen Spuren einer Konzeptualisierung des Körpergedächtnisses führen zu Sigmund Freud, Walter Benjamin und Aby Warburg zurück, deren Gedächtnis-konzepte wie folgt zu skizzieren sind:

(1) Freuds Psychoanalyse liefert keine umfassende Theorie des Gedächtnisses, wohl aber ein topologisches Gedächtnismodell, demzufolge sich sogenannte „Erin-nerungsspuren"[33] in verschiedenen Systemen des psychischen Apparates deponieren. In den *Studien über Hysterie* (1899) wird die Organisation des Gedächtnisses mit Ar-chiven verglichen, in denen die Erinnerungen nach verschiedenen Klassifizierungs-weisen angeordnet sind: chronologische Reihenfolge, Verbindung in Assoziations-ketten, Rücksicht auf Darstellbarkeit etc.[34] In einem berühmten Brief Freuds an Wilhelm Fließ vom 6.12.1896 und im VII. Kapitel der *Traumdeutung* (1900) spezifi-ziert Freud diese Konzeption.[35] Freuds grundsätzliche Frage ging dahin, wie der Vorgang des Bewahrens von Erinnerungsspuren mit dem ihrer Löschung, wenn man so will, das Verhältnis von Wahrnehmungsbewusstsein und Unbewusstem, zu denken sei. Freud rekonstruiert in seiner *Notiz über den Wunderblock* (1925) den psy-chischen Apparat im Schrift-Modell des sogenannten „Wunderblocks". Der Wun-derblock erfüllt zwei grundlegende Funktionen: die unbegrenzte Aufnahme von

---

31 Vgl. hierzu die eindringliche Beschreibung von WEIGEL, ebd., S. 39–57.

32 Die Spuren an einer Arbeit am Gedächtniskonzept reichen bei Benjamin weit zurück. Sie konzentrieren sich zwischen der ersten Arbeitsphase an den *Passagen* (1927–29) und der Wiederaufnahme des Projekts ab 1934. Näheres hierzu bei S. WEIGEL, Entstellte Ähnlich-keit. Walter Benjamins theoretische Schreibweise, Frankfurt/M. 1997, S. 27ff.

33 Der Begriff „Spur" war schon in der Psychologie des 19. Jahrhunderts zum Zentralbegriff der Gedächtnisforschung geworden. Bei Karl Spamer werden Gedächtnis und Spur zu nachgerade synonymen Begriffen: „Man kann [...] von einem Gedächtnis aller organischen Materie, ja der Materie überhaupt, sprechen, in dem Sinne, dass gewisse Einwirkungen mehr oder weniger dauernde Spuren an ihr hinterlassen. Der Stein selbst behält die Spur des Hammers, der ihn getroffen hat." K. SPAMER 1877, S. 86, zit. n. M. SOMMER, Evidenz im Augenblick, Frankfurt/M. 1987, S. 149f.

34 Vgl. J. LAPLANCHE / J.-B. PONTALIS (Hg.), Das Vokabular der Psychoanalyse. Frank-furt/M. [10]1991, S. 138ff.

35 S. FREUD, Briefe an Wilhelm Fließ. 1887–1904, Frankfurt/M. 1986, S. 217; S. FREUD, Die Traumdeutung, in: ders., Studienausgabe, Bd. 2, Frankfurt/M. 1982, S. 491ff.

Dauerreizen einerseits und die Aufbewahrung von Dauerspuren andererseits. Bewusste Wahrnehmung und unbewusste Inskriptionsprozesse schließen sich gegenseitig aus, „Dauerspur" und „Tabula rasa" wirken auf rätselhafte Weise zusammen: Der Wunderblock, ein aus zwei Schichten bestehendes Blatt, das über eine Wachstafel gelegt ist, kann – analog dem System *Wahrnehmung-Bewusstsein* – immer wieder neu beschrieben werden, wobei die Dauerspur des Geschriebenen, nachdem das durchsichtige Blatt von der oberen Fläche der Wachstafel gelöst worden ist, auf dieser erhalten bleibt. Freud schließt daraus, dass sich der momenthafte Kontakt der im Unbewussten gespeicherten Dauerspuren mit der Reizeinwirkung von außen zur Aktivität des Systems Wahrnehmung-Bewusstsein, über das die Reizaufnahme erfolgt, diskontinuierlich verhält: „Denkt man sich, dass während eine Hand die Oberfläche des Wunderblocks beschreibt, eine andere periodisch das Deckblatt desselben von der Wachstafel abhebt, so wäre das eine Versinnlichung der Art, wie ich mir die Funktion unseres seelischen Wahrnehmungsapparats vorstellen wollte."[36] Diese Annahme setzt zum einen voraus, dass sich Bewusstsein und Gedächtnis ausschließen[37] bzw. dass das Bewusstsein an Stelle der Erinnerungsspur entsteht;[38] zum anderen folgt aus der Aktivierung abgelagerter Spuren, welche durch bestimmte Reize von außen die „Wiederholung von Affekten und damit verbundenen Vorstellungsbildern"[39] auslösen, die ent-stellende Struktur von Erinnerungsprozessen: In einer Übersetzung ohne Original erscheint ein zurückliegendes Ereignis oder eine Erfahrung immer schon verschoben, in Differenz zu einem unerreichbaren Ort des Ursprungs.

Vor dem Hintergrund der Freudschen Theoriebildung gewinnt der Funktionszusammenhang von Gedächtnis und Geschlecht an struktureller Evidenz. Zum einen verdeutlicht Freuds These von der Ungleichzeitigkeit von Wissen und Erleben, von Gedächtnis und Wahrnehmung, dass Erinnerung diskontinuierlich verläuft. In dieser Diskontinuität oder auch Unähnlichkeit von Original und Abbild berührt sich die Erinnerungstätigkeit mit der Traumarbeit, in der Mechanismen wie Verdichtung, Verschiebung, Rücksicht auf Darstellbarkeit dazu führen, dass manifeste Inhalte bzw. Bilder nur in entstellter Form lesbar sind: am Ort des Anderen. Unter der Voraussetzung, dass der Ort des Weiblichen in der westlichen Kulturgeschichte mit dem Vergessenen, dem Verdrängten und dem Ausgeschlossenen in Zusammenhang steht,[40] wurde er nicht nur in der poststrukturalistischen *Gender*-Forschung, sondern auch in der Literatur des 20. Jahrhunderts mit dem Ort dieses Anderen als Differenzmoment zusammengedacht. Problematisch kann dies, wie Beispiele der Nachkriegsliteratur zeigen, dann werden, wenn Frauen als Repräsentantinnen einer ande-

---

36 S. FREUD, Notiz über den „Wunderblock", in: ders., Studienausgabe, Bd. 3, Frankfurt/M. 1982, S. 363–369.
37 Vgl. FREUDS Brief an Fließ vom 6.12.1896, in: ders., Briefe an Wilhelm Fließ 1887–1904, S. 217.
38 S. FREUD, Jenseits des Lustprinzips, in: ders.: Studienausgabe, Bd. 3, S. 213–272, hier S. 235.
39 WEIGEL, Bilder des kulturellen Gedächtnisses, S. 49.
40 Ebd., S. 29.

ren Wahrheit in Anspruch genommen oder als das ‚Andere' der Kultur dem so genannten ‚Natürlichen' zugeschlagen werden. Sigrid Weigel hat dazu folgendes bemerkt:

> „Dabei wird sichtbar, daß die Fortschreibung und Zerstörung tradierter Bilder der Ver-
> gangenheit nicht selten mit einer Befragung etablierter Geschlechterverhältnisse verknüpft
> ist, daß die Relektüre der Szenarien aus dem Bilder-Archiv des historischen Gedächtnisses
> also häufig im Medium der Darstellung und Verschiebung bekannter Geschlechtermeta-
> phern und Sexualmythen geschieht und damit gleichzeitig immer auch Teil einer Ge-
> schlechterpolitik ist. [...] Umgekehrt führt die Metaphorisierung historischer Konstellatio-
> nen in Bildern der Geschlechterverhältnisse – wie etwa die Hochzeitsmetapher in den
> „Karibischen Geschichten" [von Anna Seghers] – zu einer Art Naturalisierung von Ge-
> schichte. Als scheinbar natürliche Rede über das Andere dient der Geschlechterdiskurs mit
> seinen variationsreichen Beziehungsfiguren nicht selten der Darstellung nationaler Vorstel-
> lungen und interkultureller Relationen."[41]

In der Perspektive des Differenzdenkens weist der Ort des Weiblichen eine gewisse
Affinität zur Kategorie des Anderen auf: Nur auf verschlungenen Umwegen, in ver-
stellter Form scheint er lesbar. Andererseits birgt die metaphorische Inanspruchnahme des Weiblichen für historische und alltägliche Konstellationen die Gefahr,
das sogenannte ‚Weibliche' mit einer vermeintlichen Natur, mit einer vermeintlichen
Wahrheit zu belegen. Metaphorisierungen führen zu Entschärfung von Differenz,
arbeiten Projektionen einer (von Männern) phantasierten Weiblichkeit zu.

Zieht man in Betracht, dass ausgehend von der Einsicht in die Unverfügbarkeit
von Erinnerung Freuds Erinnerungskonzept auf alternative, jenseits der Schrift zu
denkende Gedächtnisformen zielt, so lässt sich von hier aus der Zusammenhang
von Weiblichkeit und Gedächtnis noch einmal neu überdenken. Wenn davon ausgegangen werden kann, dass sich Erinnerungsspuren nicht nur in bildlicher Form,
sondern auch in physischer manifestieren – man denke an die Gebärde – ließe sich
auch von einem geschlechtsspezifischen Körpergedächtnis sprechen. Spuren erlitte-
ner Traumata bzw. Glückserfahrungen manifestieren sich gestisch, affektiv, mimisch.
Schon Friedrich Nietzsche sprach davon, dass nichts furchtbarer und unheimlicher
an der ganzen Vorgeschichte des Menschen sei als seine Mnemotechnik: „Man
brennt etwas ein, damit es im Gedächtnis bleibt: nur was nicht aufhört, weh zu thun,
bleibt im Gedächtnis."[42] Indem Nietzsche den körperlichen Schmerz zum „mächtigs-
ten Hülfsmittel der Mnemonik" erklärt, wird letzthin deutlich, dass der Körper in
den Vorgang von Erinnern und Vergessen involviert ist. Sowohl physische wie psychische Erfahrungen hinterlassen ihre Spuren, die in Form von Körperzeichen lesbar
werden. Und diese Körperzeichen sind unweigerlich geschlechtlich codiert.

---

41 Ebd., S. 14f.
42 F. NIETZSCHE, Zur Genealogie der Moral. Eine Streitschrift, in: ders., Sämtliche Werke.
   Kritische Studienausgabe in 15 Einzelbänden, hg. v. G. Colli, M. Montinari, Bd. 5, München [3]1993, S. 245–412, hier S. 295.

(2) Walter Benjamins Gedächtnistheorie weist Affinitäten zu Freuds psychoanalytischem Gedächtniskonzept auf. Am explizitesten wird sie entwickelt in den Abschnitten I bis IV von *Über einige Motive bei Baudelaire* (1939).[43] Benjamin setzt sich hier mit verschiedenen Gedächtnismodellen auseinander: Mit Henri Bergsons *Matière et mémoire* und dessen Erfahrungsbegriff, wie er von Proust in *A la recherche du temps perdu* aufgegriffen und weiter entwickelt wird. Bergsons „mémoire pure" stellt Proust die „mémoire involontaire", das unwillkürliche Gedächtnis, als zutreffenderes Modell gegenüber. Ein kleiner fragmentarischer Text mit dem Titel *Aus einer kleinen Rede über Proust, an meinem vierzigsten Geburtstag gehalten* (1932) bestätigt Benjamins Faszination für die von Proust geltend gemachte Unverfügbarkeit und Zufälligkeit einer reaktivierten Erfahrung. Es heißt dort:

> „Ihre Bilder kommen nicht allein ungerufen, es handelt sich vielmehr in ihr um Bilder, die wir nie sahen, ehe wir uns ihrer erinnerten. Am deutlichsten ist das bei jenen Bildern, auf welchen wir – genau wie in manchen Träumen – selber zu sehen sind. Wir stehen vor uns, wie wir wohl in Urvergangenheit einst irgendwo, doch nie vor unserm Blick, gestanden haben."[44]

Deutlich wird hier, dass Erinnerung nicht konzipiert wird als das Wiederaufrufen vergangener Ereignisse, sondern als eine konstruktive und kreative Tätigkeit, als die Erzeugung von Bildern. In Benjamins Essay *Über den Begriff der Geschichte* heißt es entsprechend: „Das wahre Bild der Vergangenheit *huscht* vorbei. Nur als Bild, das auf Nimmerwiedersehen im Augenblick seiner Erkennbarkeit eben aufblitzt, ist die Vergangenheit festzuhalten."[45] Benjamins Gedächtnismodell lehnt sich damit an Freuds These von der Unverträglichkeit von Bewusstsein und Gedächtnisspur an. In Freuds Abhandlung *Jenseits des Lustprinzips* (1921), auf die sich Benjamin im Baudelaire-Aufsatz ausdrücklich bezieht, hatte dieser den entscheidenden Satz geprägt, dass das Bewusstsein an der Stelle der Erinnerungsspur entstehe:

> „Das System *Bw* wäre also durch die Besonderheit ausgezeichnet, dass der Erregungsvorgang in ihm nicht wie in allen anderen psychischen Systemen eine dauernde Veränderung seiner Elemente hinterlässt, sondern gleichsam im Phänomen des Bewusstwerdens verpufft."[46]

Daraus folgt für Benjamin, dass zu einer unwillkürlichen Erinnerung nur das werden kann, was sich dem Subjekt als Erlebnis entzieht. Das Bewusstsein ist nicht Träger von Gedächtnisspuren, sondern übernimmt die Funktion eines Reizschutzes, der das Subjekt vor dem zerstörenden Einfluss der „übergroßen, draußen arbeitenden Energien" bewahrt. Im Fall einer Durchbrechung des Reizschutzes spricht die Psycho-

---

43 W. BENJAMIN, Gesammelte Schriften, hg. v. R. Tiedemann, H. Schweppenhäuser, Frankfurt/M. 1974, Bd. I/2, S. 605–653.
44 BENJAMIN, Gesammelte Schriften II/3, S. 1064.
45 BENJAMIN, Gesammelte Schriften, I/2, S. 691–704, hier S. 695.
46 FREUD, Jenseits des Lustprinzips, S. 211.

analyse von „Chock". Der Chock wird für Benjamin in dem Maß zu einem Erlebnis, je „unablässiger das Bewusstsein im Interesse des Reizschutzes" arbeitet.[47] Der Erfahrungswert aber sinkt mit der Erlebbarkeit von Erinnerung.

Poetisch umgesetzt hat Benjamin sein an Freud und Proust orientiertes Gedächtnismodell in der *Berliner Kindheit um neunzehnhundert*, wo das Auffinden der Orte, an denen sich etwas ereignet hat, wichtig wird. In den Aufzeichnungen und Denkbildern der *Berliner Chronik* (1932) wird dem Auffinden der Spur, den Suchwegen eine größere Bedeutung beigemessen als den Funden und damit auch der Funktionsweise des Gedächtnisses. Die Metapher des Ausgrabens, die von Freud herrührt, verstärkt das Argument der Zeit neben dem des Raumes. Freud hat die Arbeit des Psychoanalytikers mehrfach mit derjenigen des Archäologen verglichen. In einer späten, 1937 verfassten Arbeit mit dem Titel *Konstruktionen in der Analyse* schreibt dieser: „Wie der Archäologe aus stehengebliebenen Mauerresten die Wandungen des Gebäudes aufbaut, aus Vertiefungen im Boden die Anzahl und Stellung der Säulen bestimmt, aus den im Schutt gefundenen Resten die einstigen Wandverzierungen und Wandgemälde wiederherstellt, genauso geht der Analytiker vor, wenn er seine Schlüsse aus Erinnerungsbrocken, Assoziationen und aktiven Äußerungen des Analysanden zieht."[48] Betont werden nicht die Gedächtnisinhalte, sondern der Prozess des Erinnerns selbst. Das Gedächtnis, so Benjamin, sei nicht ein Instrument für die Erkundung des Vergangenen, sondern vielmehr das Medium.

> „Wer sich der eignen verschütteten Vergangenheit zu nähern trachtet, muß sich verhalten wie ein Mann, der gräbt. Vor allem darf er sich nicht scheuen, immer wieder auf einen und denselben Sachverhalt zurückzukommen – ihn auszustreuen wie man Erde ausstreut, ihn umzuwühlen, wie man Erdreich umwühlt. Denn ‚Sachverhalte' sind nicht mehr als Schichten, die erst der sorgsamsten Durchforschung das ausliefern, um dessentwillen sich die Grabung lohnt. Die Bilder nämlich, welche, losgebrochen aus allen früheren Zusammenhängen, als Kostbarkeiten in den nüchternen Gemächern unserer späten Einsicht – wie Torsi in der Galerie des Sammlers – stehen. [...] So müssen wahrhafte Erinnerungen viel weniger berichtend verfahren als genau den Ort bezeichnen, an dem der Forscher ihrer habhaft wurde. Im strengsten Sinne episch und rhapsodisch muß daher wirkliche Erinnerung ein Bild zugleich von dem der sich erinnert geben, wie ein guter archäologischer Bericht nicht nur die Schichten angeben muß, aus denen seine Fundobjekte stammen, sondern jene andern vor allem, welche vorher zu durchstoßen waren."[49]

Entscheidend an dieser Passage ist nicht nur, dass die archäologische Aneignung von Vergangenheit weder chronistisch noch vollständig erfolgt; sie verläuft diskontinuierlich, und zwar nach dem Modell des Freudschen Wunderblocks, das als Me-

47 BENJAMIN, Gesammelte Schriften, I/2, S. 615.
48 S. FREUD, Konstruktionen in der Analyse, in: ders.: Studienausgabe. Ergänzungsband, Frankfurt/M. 1982, S. 395–406, hier S. 397.
49 W. BENJAMIN, Ausgraben und Erinnern, in: ders., Denkbilder, Frankfurt/M. 1994, S. 100f. Dazu D. SCHÖTTKER, Erinnern, in: M. OPITZ / E. WIZISLA (Hg.), Benjamins Begriffe, Bd. 1, Frankfurt/M. 2000, S. 60–298, hier S. 266.

tapher eines Palimpsest gelesen werden kann. Das Vergangene ist uneinholbar, teilt sich nur in entstellter Form mit. „Nie wieder", schreibt Benjamin an anderer Stelle, „können wir Vergessenes ganz zurückgewinnen. Und das ist vielleicht gut. Der Chock des Wiederhabens wäre so zerstörend, dass wir im Augenblick aufhören müssten, unsere Sehnsucht zu verstehen." [50]

Benjamins Gedächtnistheorie wirft die Frage nach dem Zusammenhang von Medium und Gedächtnis auf. Dieser stiftet sich nicht allein darüber, dass Speicherungs- und Artikulationsformen Hilfsmittel des Memorierens sind; vielmehr verhält es sich so, dass das Wissen über Vergangenheit durch das Medium des Ausdrucks bestimmt wird. [51] In historischer Perspektive ließe sich auch sagen: Medien des Erinnerns beeinflussen Gedächtniskonzepte. Die Schrift als Medium der Aufzeichnung und Fixierung von Spuren korreliert mit der platonischen Metapher der Wachstafel, das Bild als Erinnerungsträger mit dem Konzept des Bildgedächtnisses, der Körper als Erinnerungsmedium mit dem Konzept des Körpergedächtnisses als eines Archivs der Gebärdensprache. Eine diachrone Betrachtungsweise von Metaphern als Modellen von Gedächtnis zeigt, wie sehr die Entfaltung von Gedächtnisbildern abhängig ist von der technologischen Entwicklung der Medien. [52] Betrachtet man den Körper als ein Medium des Erinnerns und als Schauplatz einer Symbolsprache, so wird evident, dass seine Beschaffenheit, seine Gebärdensprache, sein Affektmodus Erinnerungswerte zuallererst formt, auch in geschlechtsspezifischer Hinsicht.

3) Im Zuge der Diskussion über das Verhältnis von Geschlechterdifferenz und Gender fand Aby Warburgs kulturhistorisches Mnemosyneprojekt, aus dem der Bilderatlas *Mnemosyne* (1929) hervorging, große Beachtung. Dieser Atlas sollte, so der unvollendete Plan, 79 Tafeln versammeln, um die Gültigkeit antiker „Ausdruckswerte bei der Darstellung bewegten Lebens in der Kunst der europäischen Renaissance" nachzuweisen. [53] Es ging um den Entwurf eines Bildgedächtnisses der europäischen Kunstgeschichte, das als Gedächtnis der Gebärden- und Körpersprache lesbar werden sollte. Die von Warburg geltend gemachte Wiederkehr künstlerischer Formen – seien es Gewandmotive antiker Fresken in der Renaissancemalerei oder gar auf Briefmarken der 20er Jahre – wurde weniger als Ergebnis einer bewussten Aneignung der Antike durch Künstler späterer Epochen, sondern als Ausdruck der Erinnerungen

---

50 W. BENJAMIN, Berliner Kindheit um neunzehnhundert. Gießener Fassung, hg. u. mit Nachwort v. R. TIEDEMANN, Frankfurt/M. 2000, S. 70.

51 V. BORSÒ, Gedächtnis und Medialität. Die Herausforderung der Alterität. Eine medienphilosophische und medienhistorische Perspektivierung des Gedächtnis-Begriffs, in: dies. / G. KRUMEICH / B. WITTE (Hg.), Medialität und Gedächtnis. Interdisziplinäre Beiträge zur kulturellen Verarbeitung europäischer Krisen, Stuttgart, Weimar 2001, S. 23–54.

52 N. PETHES, Mnemographie. Poetiken der Erinnerung und Destruktion nach Walter Benjamin, Tübingen 1999; A. ASSMANN, Erinnerungsräume. Formen und Wandlungen des kulturellen Gedächtnisses, München 1999; A. ASSMANN / M. WEINBERH / M. WINDISCH (Hg.), Medien des Gedächtnisses. DVjs Sonderheft, Stuttgart, Weimar 1998; D. DRAAISMA, Die Metaphernmaschine. Eine Geschichte des Gedächtnisses, Darmstadt 1999.

53 A. WARBURG, Der Bilderatlas Mnemosyne, Berlin 2000.

auslösenden Kraft kultureller Symbole gedeutet. Warburg prägte den Begriff der „Pathosformel" und bezeichnete damit kulturelle „Engramme" oder „Dynamogramme", die mnemische Energie speichern und unter den jeweiligen historischen Bedingungen wieder entladen.[54]

Der Begriff „Mnemosyne", den Warburg über den Eingang seines Hamburger Forschungsinstituts hat setzen lassen, ist in einem doppelten Sinne zu verstehen: Als Hinweis darauf, dass der Forscher, indem er Werke der Vergangenheit deutet, sich mit den in diesen niedergelegten Erfahrungen auseinander zu setzen hat, und als Aufforderung, diese Erfahrung selbst zum Gegenstand wissenschaftlicher Forschung zu machen.[55] Warburgs ausdrücklich historisch verstandenes Projekt zielte auf die Rekonstruktion eines sozialen Gedächtnisses, wobei die „mnemische Energie" der in den Bildern aufbewahrten kollektiven Erinnerung der Bewältigung von Angst durch Kontemplation dienen sollte.[56]

Zunächst zeigt sich Warburgs Konzept an literaturwissenschaftliche Theorien der Intertextualität anschließbar, an Theorien, die Literatur und Prozesse kultureller Sinnstiftung semiotisch begreifen: „Das Gedächtnis der Literatur basiert auf Resemiotisierung von Zeichen, auf einem Wieder-Aufladen von Elementen überlieferter

---

54 Warburgs Terminologie stammt von dem Gedächtnispsychologen Richard Semon. Vgl. ERLL / NÜNNING, Gedächtniskonzepte der Literaturwissenschaft, S. 7.

55 Vgl. E. WIND, Warburgs Begriff der Kulturwissenschaft und seine Bedeutung für die Ästhetik, in: Zeitschrift für Ästhetik und allgemeine Kunstwissenschaft 25 (1931) Beiheft, zit. n. M. DIERS, Mnemosyne oder das Gedächtnis der Bilder. Über Aby Warburg, in: O. G. OEXLE (Hg.), Memoria als Kultur, Göttingen 1995, S. 79–94, hier S. 91.

56 DIERS, Mnemosyne, S. 92. Zu Warburg als Kunsthistoriker bleibt zu sagen, dass sich sein Mnemosyne-Projekt als ein dezidiert kulturwissenschaftliches verstand. Abzulesen ist dies nicht nur an seinen interdisziplinär ausgerichteten Publikationen, sondern an seiner umfangreichen Bibliothek, die 1933 von Hamburg nach London gerettet werden konnte. Für Warburg reduzierte sich Ikonologie nicht auf ikonographische Motivforschung, sondern bezog sozialgeschichtliche, sozialpsychologische, gesellschaftliche und politische Fragestellungen mit ein. Kunst galt ihm als Teil eines die Weltanschauung, den Glauben, soziale und politische Rituale einer Epoche einbeziehendens Systems: „Warburgs systematische Frage ‚nach der Bedeutung des Einflusses der heidnischen Antike auf die europäische Geisteshaltung' wurzelt in der Idee der Aufklärung, genauer in der Sorge um die gefährdete Aufklärung und die Preisgabe der „Sophrosyne", was gleichzusetzen ist mit dem Verlust des ‚Distanzgefühls zwischen Subjekt und Objekt' und dem Rückfall des Menschen ‚in mythisch-fürchtende Orientierung'. Von dieser Gefährdung des Menschen legt nach Warburg die Kunst als ein Inventar gerade auch des Gefühlshaushaltes der jeweiligen Epoche Zeugnis ab. Den Bildsymbolen, die die Geschichte der Kunst überliefert, ist das Lebensgefühl einer Zeit eingeschrieben [...]. Kunstwerke gelten Warburg als Ausgleichszeugnisse, sie sind ‚Produkte der unausweichlichen Dialektik zwischen den Ausdrucksenergien einer fernen Vergangenheit und den rationalen Orientierungen der jeweiligen Gegenwart.'" B. BUSCHENDORF, „War ein sehr tüchtiges gegenseitiges Fördern". Edgar Wind und Aby Warburg, in: IDEA IV (1985), S. 165–209, hier S. 187, zit. n. DIERS, Mnemosyne, S. 88.

Texte mit Bedeutung."[57] In dieser Perspektive ist Warburgs Gedächtniskonzept auch für die Frage nach der literarischen Modellierung eines geschlechtsspezifischen Gedächtnisses fruchtbar zu machen. Der 1994 erschienene, von Sigrid Weigel herausgegebene Band *Bilder des kulturellen Gedächtnisses* führt anhand von Einzelanalysen zur deutschsprachigen Gegenwartsliteratur vor, inwiefern Freuds Einsicht in die Diskontinuität der Erinnerungstätigkeit, Benjamins Konzept des dialektischen Bildes und Warburgs Theorem der Pathosformel einfließen in die poetische Reflexion und Umsetzung einer Sprache des/der Anderen, die sowohl der Illusion körperlicher Einheit als auch der vollständigen Entzifferbarkeit von Gedächtnisspuren widersteht. Weigel kann zeigen, dass die Entzifferung erfahrener Traumata in Texten von Ingeborg Bachmann und Christa Wolf an den in der Schriftkultur verdrängten Körper geknüpft wird, der in der „Materialität der Sprache" wiederkehrt: in Form einer Symptomsprache des Körpers, von Leibmetaphern, von Redewendungen, die auf den Körper Bezug nehmen. Die Gebärde, so Weigel, fungiert als eine symbolische Form, deren Bedeutung sich nicht in einer Übersetzung in Sprache erschließt, sondern nur über die Erinnerung der darin aktualisierten Form und Erfahrung. In ihr verkörpern sich Leid und Leidenschaft gleichermaßen.[58]

In historischer Hinsicht bezeugen Warburgs Bilderreihen, dass sich Geschlechterverhältnisse bzw. geschlechtsspezifisches Erinnern in die Pathosformeln der jeweiligen Epochen eingeschrieben haben.[59] Entscheidend ist dabei, dass die in der Körpergebärde aufbewahrte Erfahrung nicht unmittelbar zu entziffern und zu deuten ist. Denn unter der Prämisse, dass die Beziehung zwischen Erfahrung und ihrer Repräsentation, zwischen Psychischem und Physischem von einem unhintergehbaren Differenzmoment bestimmt ist, handelt es sich bei der Gebärde um eine Ausdrucksform der Entstellung, der Unähnlichkeit, der Übersetzung ohne Original, um eine Artikulationsform des Unbewussten.

Geschlecht und Geschichte: Erinnerung und Repräsentation – Geschlechtermythen und Geschichtsschreibung

Bemerkt worden ist zu Recht, dass sich in einer historischen Perspektive Erinnerungsmodi von Männern und Frauen unterscheiden. So stehen beispielsweise den auf Repräsentation ausgerichteten Memoirenbänden von Herrschern und Dichtern private Aufzeichnungen und Briefe von Frauen gegenüber, die häufig erst aus dem

---

57 ERLL / NÜNNING, Gedächtniskonzepte der Literaturwissenschaft, S. 7 in Anlehnung an R. LACHMANN, Kultursemiotischer Prospekt, in: HAVERKAMP / LACHMANN, Memoria, S. XVIII.

58 WEIGEL, Bilder des kulturellen Gedächtnisses, S. 45f. Vgl. auch S. WEIGEL (Hg.), Leib- und Bildraum. Lektüren nach Benjamin, Köln, Weimar, Wien 1992.

59 Vgl. hierzu C. v. BRAUN / I. STEPHAN (Hg.), Gender Studien. Eine Einführung, Stuttgart, Weimar 2000, S. 84ff.

Nachlass veröffentlicht wurden. Auch hängt die Entscheidung, ob eine Lebensgeschichte nur aufgeschrieben oder veröffentlicht wird, häufig vom Geschlecht und der an dieses geknüpften sozialen Position ab.[60] Was geschieht, wenn aufgrund herrschender Redeweisen und Wissensmodi keine Ausdrucksmedien zur Verfügung stehen, weil die betroffenen ‚Subjekte‘ im Sinne Judith Butlers nicht intelligibel, nicht anerkennbar sind – sei es wegen ihrer geschlechtlichen, nationalen oder ethnischen Zugehörigkeit? Ein 2001 erschienener Sammelband mit dem Titel *Geschlechter-Räume* hat sich in Einzelstudien der Frage zugewendet, in welcher Weise das Verhältnis von Raum (verstanden als sozialer und als Handlungsraum) und *gender* im historischen Verlauf und in unterschiedlichen Wissenskontexten konzipiert und verstanden wurde. Verfahren der Ein- und Ausgrenzung bedingen die historisch-soziale und kulturelle (Selbst)positionierung der Geschlechter. Hier rückt zwangsläufig der Machtaspekt in den Blick.[61]

Eine andere Frage, die das Verhältnis von Geschlecht und Geschichte betrifft, ist die nach der Erinnerbarkeit eines undarstellbaren, eines traumatischen Ereignisses. Gibt es Formen der geschlechtsspezifischen Trauer und welche Aspekte stehen hier im Vordergrund? Affektsprache, Inszenierung, das Spannungsverhältnis zwischen Privatheit und Öffentlichkeit sind etwa solche Differenzierungsmomente, die im Zuge des literarischen oder auch kulturwissenschaftlichen Umgangs mit Trauer an der Grenze der Repräsentation wichtig werden. Es wurde darauf verwiesen, dass empirisch gesehen das Trauern immer noch als eine spezifisch weibliche Tätigkeit aufgefasst und praktiziert wird: „Die arbeitsteilige Übernahme von Trauer findet sich über die Jahrhunderte hinweg in unterschiedlichen Manifestationen, in einer Vielzahl von sozialen und ästhetischen Praktiken."[62] Zwischen sozialen Praktiken des Trauerns und ihrer ästhetischen Präsentation bestehen vielfältige Interpendenzen. Literatur, Kunst und Medien wirken an der geschlechtsspezifischen Symbolisierung von Trauer und an der Stabilisierung von Rollenmustern mit. Bilder und Mythen sind gerade dann besonders wirkungsmächtig, wenn andere Ausdrucksformen versagen. Die Verwendung von Geschlechtermetaphern stößt dort auf große Beliebtheit, wo Darstellungsmodi des Erinnerns in Frage stehen.[63]

Was die Wechselwirkung von Geschlecht und Geschichte im Hinblick auf Mythen anbelangt, kamen entscheidende Impulse aus der Frauenforschung der 70er Jahre.[64] Liebes- und Geschlechtermythen prägen seit jeher die Vorstellungen von

---

60 I. STEPHAN, Gender, Geschlecht und Theorie, in: BRAUN / STEPHAN, Gender Studien, S. 58–115, hier S. 85.

61 M. HUBRATH (Hg.), Geschlechter-Räume. Konstruktionen von „gender" in Geschichte, Literatur und Alltag, Köln, Weimar, Wien 2001.

62 G. ECKER (Hg.), Trauer tragen – Trauer zeigen. Inszenierungen der Geschlechter. München 1999, S. 11.

63 Hierzu grundsätzlich WEIGEL, Bilder des kulturellen Gedächtnisses.

64 In kulturhistorischer Perspektive einschlägig S. BOVENSCHEN, Die imaginierte Weiblichkeit. Exemplarische Untersuchungen zu kulturgeschichtlichen und literarischen Präsentationsformen des Weiblichen, Frankfurt/M. 1979.

den Geschlechtern. Historische Projektionen von Weiblichkeit und Männlichkeit ziehen das Problem nach sich, dass die Differenz zwischen den Geschlechtern auch im Hinblick auf ihren epistemologischen Status getilgt wird.[65] Sexualbilder sind wie Modellierungen von Geschlechterbeziehungen historischen Denkmustern unterworfen. Während die abendländische Geschichte bis zur Aufklärung an Geschlechtermythen der christlichen Religion festhält, werden mit dem Prozess der Säkularisierung zunehmend Geschlechtermythen und Weiblichkeitsbilder realitätsstiftend, die von Literatur, Kunst und Film bereit gestellt werden.[66] Bilder unterschiedlichster medialer Provenienz sind inzwischen massgeblich an der Verbreitung von Geschlechtermythen beteiligt. Sie wirken bis in die Literatur und Geschichtsschreibung der Zeit hinein. So ist etwa die Geschichte von Begriffen wie etwa der der „Nation" oder der des „Staates", wie Christina von Braun bemerkt, untrennbar mit Sexualbildern und Mythen der abendländischen Geschichte verknüpft.[67]

Im Zuge der sozial- und mentalitätsgeschichtlichen Öffnung der Geschichtswissenschaften wurde insbesondere die historische Forschung zum Nationalsozialismus für die Bedeutung von Geschlechterbildern sensibilisiert. „Angesichts der Verbrechen des Nationalsozialismus", so wird in der Einführung eines jüngst erschienenen Bandes zu *Gedächtnis und Geschlecht* gesagt, „mag vielen die Frage nach der Bedeutung der Geschlechterdifferenz für das Erinnern und Gedenken unwesentlich, nebensächlich oder gar verfehlt erscheinen. [...] Doch bei genauerem Hinsehen wird erkennbar, dass gerade diese – häufig und zumeist unausgesprochen – die Wahrnehmung, Beschreibung und Bewertung des historischen Genozids bestimmen."[68] Unter den Leitbegriffen „Verleugnungen", „Sakralisierungen", „Sexualisierungen" und „Verschiebungen" zeigen die interdisziplinären Beiträge, inwiefern Vorstellungen von der Natur des „Weiblichen" und des „Männlichen" die Tradierung von Geschichten, deren Verdrängung oder Verleugnung bestimmen. Zum anderen wird deutlich, in welcher Weise gerade im Gedächtnis an die nationalsozialistischen Verbrechen Metaphern von Geschlecht und Sexualität „die Funktion nicht nur einer Naturalisierung oder Universalisierung des historischen Ereignisses innehaben können, sondern auch die einer Besänftigung und Beruhigung, wo weiterhin Beunruhigung angesagt wäre."[69]

An das grundsätzliche Problem, dass Repräsentationen von Geschichte zu einer „Wirklichkeit" des kollektiven Gedächtnisses werden können,[70] lässt sich die Frage

---

65 Dazu grundlegend B. VINKEN (Hg.), Dekonstruktiver Feminismus. Literaturwissenschaft in Amerika, Frankfurt/M. 1992.

66 Vgl. C. v. BRAUN, Die schamlose Schönheit des Vergangenen. Zum Verhältnis von Geschlecht und Geschichte, Frankfurt/M. 1989.

67 Ebd., S. 72.

68 I. ESCHEBACH / S. JACOBEIT / S. WENK (Hg.), Gedächtnis und Geschlecht. Deutungsmuster in Darstellungen des nationalsozialistischen Genozids, Frankfurt/M. 2002.

69 ESCHEBACH / JACOBEIT / WENK, Gedächtnis und Geschlecht, S. 15.

70 S. WENK /I. ESCHEBACH, Soziales Gedächtnis und Geschlechterdifferenz. Eine Einführung, in: ESCHEBACH / JACOBEIT / WENK, Gedächtnis und Geschlecht, S. 13–38, hier S. 17.

anknüpfen, ob nicht der Versuch, geschlechtsspezifische Erinnerungsmuster zu bestimmen, seinerseits Ausdruck einer nachträglichen, zuweilen auch nur rhetorisch abgesicherten Zuweisung von Geschlechterbildern darstellt.[71] Das kulturelle Gedächtnis ist immer von den Formen seiner Repräsentation abhängig. Das heißt aber auch, dass Geschichtsschreibung von herrschenden Geschlechterbildern und Geschlechtermythen kontaminiert bleibt. An der Figur der Pietà lässt sich beispielsweise die kulturgeschichtliche Konstanz eines Geschlechterstereotyps ablesen, wenn es darum geht, der Schmerzerfahrung einer Nation Ausdruck zu verleihen. Geschlechterbilder partizipieren an der Rekonstruktion von Vergangenheit, die immer schon Interpretation ist. Mit „Feminisierungen" wird man nicht nur in literarischen Holocaust-Darstellungen, sondern auch in Verfilmungen konfrontiert, wobei Metaphern des Geschlechts keineswegs nur auf die Opfer des NS-Genozids übertragen (die ‚jüdische Heroine'), sondern für die Charakterisierung des nationalsozialistischen Systems funktionalisiert wurden (die Frau als die durch Hitler Verführte und/oder Vergewaltigte).[72] Aus dieser skizzierten Problematik folgt, dass Geschichtsschreibung und Geschichtsabbildung jeweils partizipieren an historisch wirksamen Modellierungen des Geschlechterverhältnisses. Sprechen und Schreiben über Geschichte sollten aus diesem Grund an die Reflexion über soziale, nationale, kulturelle und geschlechterpolitische Bedingungen gebunden bleiben.

Bibliographie

ASSMANN, Aleida, 1991: Kultur als Lebenswelt und Monument. In: dies. / Dietrich HARTH (Hg.): Kultur als Lebenswelt und Monument. Frankfurt/M., S. 11–25.

ASSMANN, Aleida / HARTH, Dietrich (Hg.), 1991: Mnemosyne. Formen und Funktionen der kulturellen Erinnerung. Frankfurt/M.

ASSMANN, Aleida, 1994: Das Gedächtnis der Orte. In: dies. / Anselm HAVERKAMP (Hg.): Kritik und Restitution in der Literaturwissenschaft. DVjS. Sonderheft: Stimme, Figur. Stuttgart, Weimar, S. 17–35.

ASSMANN, Aleida / WEINBERG, Manfred / WINDISCH, Martin (Hg.), 1998: Medien des Gedächtnisses. DVjS. Sonderheft. Stuttgart, Weimar.

ASSMANN, Aleida, 1999: Erinnerungsräume. Formen und Wandlungen des kulturellen Gedächtnisses. München.

ASSMANN, Aleida, 2007: Geschichte im Gedächtnis. Von der individuellen Erfahrung zur öffentlichen Inszenierung. München.

ASSMANN, Jan / HÖLSCHER, Tonio (Hg.), 1988: Kultur und Gedächtnis. Frankfurt/M.

---

71 Hierzu auch S. FELMAN / D. LAUB, Testimony. Crises of Witnessing in: Literature, Psychanalysis, and History, New York, London 1992.

72 WENK / ESCHEBACH, Soziales Gedächtnis und Geschlechterdifferenz, S. 25f. Grundsätzlich E. FUCHS (Hg.), Women and the Holocaust. Narrative and Representation, Lanham 1999.

ASSMANN, Jan, 1988: Kollektives Gedächtnis und kulturelle Identität, in: ders. / Tonio HÖLSCHER (Hg.): Kultur und Gedächtnis. Frankfurt/M.

BENJAMIN, Walter, 1974: Gesammelte Schriften, hg. von Rolf Tiedemann / Hermann Schweppenhäuser. Frankfurt/M.

BENJAMIN, Walter, 1994: Ausgraben und Erinnern. In: ders.: Denkbilder. Frankfurt/M.

BENJAMIN, Walter, 2000: Berliner Kindheit um neunzehnhundert. Gießener Fassung. Hg. und mit einem Nachwort von Rolf Tiedemann. Frankfurt/M.

BIRK, Hanne, 2003: „Das Problem des Gedächtnisses [...] drängt in die Bilder." Metaphern des Gedächtnisses. In: Astrid ERLL / Marion GYMNICH / Ansgar NÜNNING (Hg.): Literatur-Erinnerung-Identität. Theoriekonzeptionen und Fallstudien. Trier, S. 79–101.

BLOOM, Harold, 1973: The Anxiety of Influence. A Theory of Poetry. New York.

BORSÒ, Vittoria, 2001: Gedächtnis und Medialität. Die Herausforderung der Alterität. Eine medienphilosophische und medienhistorische Perspektivierung des Gedächtnis-Begriffs. In: dies. / Gerd KRUMEICH / Bernd WITTE (Hg.): Medialität und Gedächtnis. Interdisziplinäre Beiträge zur kulturellen Verarbeitung europäischer Krisen. Stuttgart, Weimar, S. 23–54.

BOVENSCHEN, Silvia, 1979: Die imaginierte Weiblichkeit. Exemplarische Untersuchungen zu kulturgeschichtlichen und literarischen Präsentationsformen des Weiblichen. Frankfurt/M.

BRAUN, Christina von, 1989: Die schamlose Schönheit des Vergangenen. Zum Verhältnis von Geschlecht und Geschichte. Frankfurt/M.

BRAUN, Christina von / STEPHAN, Inge (Hg.), 2000: Gender Studien. Eine Einführung. Stuttgart, Weimar.

BUSCHENDORF, Bernhard, 1985: „War ein sehr tüchtiges gegenseitiges Fördern". Edgar Wind und Aby Warburg. In: IDEA IV, S. 165–209.

BUTLER, Judith, 1991: Das Unbehagen der Geschlechter. Frankfurt/M.

CURTIUS, Ernst Robert, 1978: Europäische Literatur und lateinisches Mittelalter. Bern, München.

DERRIDA, Jacques, 1990: Mémoire d'aveugle. L'auto-portrait et autre ruines. Paris.

DIERS, Michael, 1995: Mnemosyne oder das Gedächtnis der Bilder. Über Aby Warburg. In: Otto Gerhard OEXLE (Hg.): Memoria als Kultur. Göttingen, S. 79–94.

DRAAISMA, Douwe, 1999: Die Metaphernmaschine. Eine Geschichte des Gedächtnisses. Darmstadt.

ECKER, Gisela (Hg.), 1999: Trauer tragen – Trauer zeigen. Inszenierungen der Geschlechter. München.

ERLL, Astrid / GYMNICH, Marion / NÜNNING, Ansgar (Hg.), 2003: Literatur – Erinnerung – Identität. Theoriekonzeptionen und Fallstudien. Trier.

ERLL, Astrid, 2005: Kollektives Gedächtnis und Erinnerungskulturen. Eine Einführung. Stuttgart.

ERLL, Astrid / NÜNNING, Ansgar (Hg.), 2004: Medien des kollektiven Gedächtnisses. Konstruktion – Historizität – Kulturspezifität. Berlin.

ERLL, Astrid / NÜNNING, Ansgar (Hg.), 2005: Gedächtniskonzepte der Literaturwissenschaft: theoretische Grundlegung und Anwendungsperspektiven. Berlin.

ESCHEBACH, Insa / JACOBEIT, Sigrid / WENK, Silke (Hg.), 2002: Gedächtnis und Geschlecht. Deutungsmuster in Darstellungen des nationalsozialistischen Genozids. Frankfurt/M.

FOUCAULT, Michel, 1991: Der Wille zum Wissen. Sexualität und Wahrheit. Bd. 1. Frankfurt/M.

FOUCAULT, Michel, 1994: Die Ordnung des Diskurses. Inauguralvorlesung am Collège de France. 2. Dezember 1970. Mit einem Essay von Ralf Konersmann. Frankfurt/M.

FELMAN, Shoshana / LAUB, Dori, 1992: Testimony. Crises of Witnessing in Literature, Psychoanalysis, and History. New York, London.

FREUD, Sigmund, 1986: Briefe an Wilhelm Fließ. 1887–1904. Frankfurt/M.

FREUD, Sigmund, 1982: Die Traumdeutung. In: ders.: Studienausgabe. Bd. 3. Frankfurt/M.

FREUD, Sigmund, 1982: Jenseits des Lustprinzips. In: ders.: Studienausgabe. Bd. 3. Frankfurt/M., S. 213–272.

FREUD, Sigmund, 1982: Notiz über den „Wunderblock". In: ders.: Studienausgabe. Bd. 3. Frankfurt/M., S. 363–369.

FREUD, Sigmund, 1982: Konstruktionen in der Analyse. In: ders.: Studienausgabe. Ergänzungsband. Frankfurt/M., S. 395–406.

FUCHS, Esther (Hg.), 1999: Women and the Holocaust. Narrative and Representation. Lanham.

HALBWACHS, Maurice, 1967: Das kollektive Gedächtnis. Stuttgart.

HAVERKAMP, Anselm / LACHMANN, Renate (Hg.), 1993: Memoria. Vergessen und Erinnern. München (Poetik und Hermeneutik XV).

„HISTORIKERSTREIT". Die Dokumentation der Kontroverse um die Einzigartigkeit der nationalsozialistischen Judenvernichtung. München, Zürich [4]1987.

HUBRATH, Margarete (Hg.), 2001: Geschlechter-Räume. Konstruktionen von „gender" in Geschichte, Literatur und Alltag. Köln, Weimar, Wien.

GOLDMANN, Stefan, 1989: Statt Totenklage Gedächtnis. Zur Erfindung der Mnemotechnik durch Simonides von Keos. In: Poetica 21, S. 43–66.

LACHMANN, Renate, 1990: Gedächtnis und Literatur. Intertextualität in der russischen Moderne. Frankfurt/M.

LAPLANCHE, JEAN / PONTALIS, Jean-Bertrand (Hg.), [10]1991: Das Vokabular der Psychoanalyse. Frankfurt/M.

MEYERS GROSSES TASCHENLEXIKON, 1990. 3. aktual. Aufl. Mannheim u. a.

NIETZSCHE, Friedrich, [3]1993: Zur Genealogie der Moral. Eine Streitschrift. In: ders.: Sämtliche Werke. Kritische Studienausgabe in 15 Einzelbänden. Hg. von Giorgio Colli / Mazzino Montinari. Bd. 5. München, S. 245–412.

PETHES, Nicolas, 1999: Mnemographie. Poetiken der Erinnerung und Destruktion nach Walter Benjamin. Tübingen.

RITTER, Joachim (Hg.), 1974: Historisches Wörterbuch der Philosophie. Darmstadt.

SCHÖTTKER, Detlev, 2000: Erinnern. In: Michael OPITZ / Erdmut WIZISLA (Hg.): Benjamins Begriffe. Bd. 1. Frankfurt/M., S. 260–298.

SCHULLER, Marianne, 1993: Unterwegs. Zum Gedächtnis. Nach Aby Warburg. In: Silvia BAUMGART u. a. (Hg.): Denkräume. Zwischen Kunst und Wissenschaft. 5. Kunsthistorikerinnentagung in Hamburg. Berlin, S. 149–160.

SOMMER, Manfred, 1987: Evidenz im Augenblick. Frankfurt/M.

VINKEN, Barbara (Hg.), 1992: Dekonstruktiver Feminismus. Literaturwissenschaft in Amerika. Frankfurt/M.

WARBURG, Aby, 2000: Der Bilderatlas Mnemosyne. In: Gesammelte Schriften. Hg. von Martin Warnke unter Mitarbeit von Claudia Brink. Bd. II.1. Berlin.

WEBER, Elisabeth, 1994: Zeugnis, Gabe. Jacques Derrida. In: dies. (Hg.): Jüdisches Denken in Frankreich. Frankfurt/M.

WEIGEL, Sigrid (Hg.), 1992: Leib- und Bildraum. Lektüren nach Benjamin. Köln, Weimar, Wien.

WEIGEL, Sigrid, 1994: Bilder des kulturellen Gedächtnisses. Beiträge zur Gegenwartsliteratur. Dülmen-Hiddingsel.

WEIGEL, Sigrid, 1997: Entstellte Ähnlichkeit. Walter Benjamins theoretische Schreibweise. Frankfurt/M.

WEINBERG, Manfred, 1999: Trauma-Geschichte, Gespenst, Literatur – und Gedächtnis. In: Elisabeth BRONFEN / Birgit R. ERDLE / Sigrid WEIGEL (Hg.): Trauma. Zwischen Psychoanalyse und kulturellem Deutungsmuster. Köln, Weimar, Wien, S. 173–206.

WIND, Edgar, 1931: Warburgs Begriff der Kulturwissenschaft und seine Bedeutung für die Ästhetik. In: Zeitschrift für Ästhetik und allgemeine Kunstwissenschaft 25, Beiheft.

YATES, Frances A., [3]1994: Gedächtnis und Erinnern. Mnemonik von Aristoteles bis Shakespeare. Berlin.

3 Abgrenzungen / Überschneidungen

POSTMODERNE

von *Dorothea Dornhof*

Postmoderne im Zeichen globaler Differenz

Der schillernde und vielfach kontrovers diskutierte Begriff der Postmoderne[1] fokussiert divergierende Deutungen radikaler Umbrüche in Ökonomie und Kultur, Produktions- und Kommunikationsprozessen westeuropäisch-nordamerikanischer Gesellschaften. Als diskursives Ereignis ist die Postmoderne ein Bestandteil von Globalisierung und Feminismus, von Informatisierung und Telematisierung und vereint unterschiedliche Theorien und Denkströmungen sowie ästhetische und politische Praktiken.[2] In diesem Sinne signalisiert die Postmoderne als Zustand einen kulturellen Wandel seit den

---

1 Zur Genealogie des Begriffs und zur literaturtheoretischen, soziologischen, architekturtheore- tischen und philosophischen Diskussion zur Postmoderne vgl. W. WELSCH, Unsere Postmo- derne Moderne, Weinheim ³1991; W. WELSCH (Hg.), Wege aus der Moderne. Schlüsseltex- te der Postmoderne, Weinheim 1988; A. HUYSSEN / K. R. SCHERPE (Hg.), Postmoderne. Zeichen eines kulturellen Wandels, Reinbek 1984; P. ENGELMANN (Hg.), Postmoderne und Dekonstruktion. Texte französischer Philosophen, Stuttgart 1990; T. DOCHERTY (Hg.), Postmodernism. A Reader. New York 1993. Zur kulturhistorischen Verortung der Postmoderne in den Vereinigten Staaten und in Europa vgl. K. J. MILICH, Feminismus und Postmoderne. Zur Notwendigkeit einer kulturhistorischen Verortung, in: A. HORNSCHEIDT / G. JÄHNERT / A. SCHLICHTER (Hg.), Kritische Differenzen. Geteilte Perspektiven. Zum Verhältnis von Feminismus und Postmoderne, Opladen, Wiesbaden 1998, S. 42–73; C. CONRAD / M. KESSEL (Hg.), Geschichte schreiben in der Postmoderne, Stuttgart 1994; H. WHITE, Postmodernism, Textualism and History, in: E. GOEBEL / W. KLEIN (Hg.), Litera- tur-Forschung heute, Berlin 1999; U. RIESE / K. H. MAGISTER, Postmoderne/postmodern, in: K. BARCK u. a. (Hg.), Ästhetische Grundbegriffe, Bd. 5, Stuttgart, Weimar 2003, S. 1–39.
2 Vgl. N. MEDER, Der Sprachspieler. Der postmoderne Mensch und das Bildungsideal im Zeitalter der Neuen Technologien, Köln 1989; S. BENHABIB, Selbst im Kontext. Ge- schlecht, Gemeinschaft und Postmoderne in der zeitgenössischen Ethik. Frankfurt/M. 1992; E. LIST / E. FIALA (Hg.), Leib Maschine Bild. Körperdiskurse in der Moderne und Postmoderne, Wien 1997; L. SCHMUCKLI, Differenzen und Dissonanzen. Zugänge zu fe- ministischen Erkenntnistheorien in der Postmoderne, Königstein 1996; A. GÜNTER (Hg.), Feministische Theologie und postmodernes Denken. Zur theologischen Relevanz der Ge- schlechterdifferenz, Stuttgart 1996; A. NEGRI / M. HARDT, Die Arbeit des Dionysos. Ma- terialistische Staatskritik in der Postmoderne, Berlin 1996. P. V. ZIMA, Theorie des Sub- jekts: Subjektivität und Identität zwischen Moderne und Postmoderne, Stuttgart 2007.

60er Jahren und ist die Reflexion, die sich auf diesen Zustand kritisch einlässt, die radikalisierte Form einer „Dialektik der Aufklärung".[3]

Im Zeitalter weltweiter Vernetzung und Differenzierungen ist die Postmoderne als ein heterogenes und widersprüchliches Gebilde zugleich global und different und in der Koexistenz unterschiedlicher Kulturen somit Ausdruck der Gleichzeitigkeit des Ungleichzeitigen. Im Reflexionshorizont der Postmoderne geht es vor allem um ein kritisches Durcharbeiten moderner Auffassungen von Autorität und Geschichte, Subjekt und Körper. So gilt als ein postmodernes Phänomen der alltägliche und von Theoretikern beklagte Verlust unmittelbarer Körpererfahrungen, der sich daran zeigt, dass der Körper sich in dem Maße entzieht, wie man ihn unmittelbar erfahren will. Andererseits – so wird befürchtet – stellt sich die Unmittelbarkeit der Körpererfahrung gerade da wieder ein, wo sie bedrohlich ist; die Angst vor Aids hat eine „neue Promiskuität" in kürzester Zeit aufgehoben und dem Hunger fallen – bei steigender Weltbevölkerung – heute jährlich Millionen Menschen zum Opfer, während neue Techniken der Schönheits- und Schlankheitschirurgie die Rückkehr zur Körperlichkeit teuer verkaufen.[4]

Schon das komplex verwobene Verhältnis von Moderne und Postmoderne geht über grobe Alternativ-Raster[5] hinaus und zeugt von ebenso unterschiedlichen Moderne-Versionen wie Postmoderne-Konzepten.[6] Bereits an den beiden kontradiktorischen und zugleich zutreffenden Thesen, Postmoderne als radikalisierte Moderne, die sich im Entscheidenden treu bleibt und Postmoderne als Verrat am Entscheidenden der Moderne, zeigt sich das Scheitern der Eindeutigkeit, des Sinns einer endgültigen menschlichen Geschichte.[7]

Alle Synthese und Vereinheitlichungsversuche, so Jean-Francois Lyotard, der den Begriff Postmoderne 1979 mit seiner Schrift „La Condition Postmodern" in der Philosophie prominent machte, laufen auf die Unterdrückung des Partikularen hinaus und zielen darauf, Abgründiges, Brüche und Nicht-Darstellbares zu eliminieren. Lyotards Postulat, „Die Moderne redigieren" wendet sich gegen verbreitete Klischees der Entgegensetzung von Postmoderne und Moderne, indem er jede Periodisierung kultureller Geschichte – in Form von prä oder post, vorher, nachher – für verfehlt erklärt, weil sie die Position des „Jetzt" unhinterfragt lässt. „Weit davon entfernt, die Moderne wirklich zu redigieren – vorausgesetzt, dass das überhaupt mög-

3 K. BARCK, Richtungs-Wechsel. Postmoderne Motive einer Kritik der politischen Vernunft. Jean-Francois Lyotard, in: R. WEIMANN / H. U. GUMBRECHT (Hg.), Postmoderne – globale Differenz, Frankfurt/M. 1991, S. 166–181.

4 H. U. GUMBRECHT, nachMODERNE ZEITENräume, in: WEIMANN / GUMBRECHT (Hg.), Postmoderne, S. 66.

5 Vgl. I. HASSAN, Pluralismus in der Postmoderne, in: D. KAMPER / W. v. REIJEN (Hg.), Die unvollendete Vernunft. Moderne versus Postmoderne. Frankfurt/M. 1987, S. 157–184.

6 Vgl. W. WELSCH, Einleitung, in: ders. (Hg.), Wege aus der Moderne. Schlüsseltexte der Postmoderne-Diskussion, Weinheim 1988, S. 1ff.

7 Vgl. D. KAMPER, Nach der Moderne. Umrisse einer Ästhetik der Posthistorie, in: WELSCH, Wege aus der Moderne, S. 172.

lich ist – schreibt und realisiert man sie bloß weiter. Sie schreiben heißt immer, sie umzuschreiben, sie zu re-digieren. Die Moderne schreibt sich selbst, schreibt sich in einem immer während Re-digieren über sich selbst ein."[8] Gegen das Verständnis von Postmoderne als einer Epoche und gegen jegliche Einheitsoptionen ist Lyotard bemüht, der Vielfalt von Sprach-, Denk- und Lebensformen gerecht zu werden, und sie einer „strengen Prüfung zu unterziehen, die die Postmoderne dem Denken der Aufklärung auferlegt, der Vorstellung eines einheitlichen Ziels der Geschichte und eines Subjekts."[9] Lyotard betont mit der kritischen, die Moderne redigierenden Aufgabe die politische Dimension der Postmoderne und verwirft postmoderne Ideologien der Beliebigkeit und der Affirmation einer technologischen Spätmoderne. „Der Konsens ist ein veralteter und suspekter Wert geworden, nicht aber die Gerechtigkeit"[10], Redigieren (réécrire) orientiert sich an der psychoanalytischen Technik des Durcharbeitens, die das zur Sprache bringt, was an Ereignis und Sinn verborgen bleibt.

„Das Postmoderne wäre dasjenige, das im Modernen in der Darstellung selbst auf ein Nicht-Darstellbares anspielt; das sich dem Trost der guten Formen verweigert, dem Konsensus eines Geschmacks, der ermöglicht, die Sehnsucht nach dem Unmöglichen gemeinsam zu empfinden und zu teilen; das sich auf die Suche nach neuen Darstellungen begibt, jedoch nicht, um sich an deren Genuß zu verzehren, sondern um das Gefühl dafür zu schärfen, dass es ein Undarstellbares gibt. Ein Postmoderner Künstler ist in der selben Situation wie ein Philosoph: Der Text, den er schreibt, das Werk, das erschafft, sind grundsätzlich nicht durch bereits festgelegte Regeln geleitet und können nicht nach Maßgabe eines bestimmten Urteils beurteilt werden, indem auf einen Text oder auf ein Werk nur bekannte Kategorien angewandt würden. Die Regeln und Kategorien sind vielmehr das, was der Text oder das Werk suchen. Künstler und Schriftsteller arbeiten also ohne Regeln, sie arbeiten, um die Regel dessen zu erstellen, was gemacht worden sein wird. Daher rührt, dass Werk und Text den Charakter eines Ereignisses haben. Daher rührt auch, dass sie für ihren Autor immer zu spät kommen, oder, was auf dasselbe führt, dass die Arbeit an ihnen immer zu früh beginnt. Postmodern wäre also als das Paradox der Vorzukunft (postmodo) zu denken."[11]

Weder Moderne noch Postmoderne sind somit klar umrissene historische Entitäten. Die moderne Temporalität enthält einen ständigen Antrieb zur Überschreitung, insofern ist die Postmoderne bereits in der Moderne indiziert, wie es die utopischen oder politischen Projekte der Moderne aufweisen. Vor allem Raum- und Zeitdimensionen sind für die Strukturen neuzeitlicher Subjektivität von entscheidender Bedeutung gewesen, für die Realisierung der Ansprüche von Objektivität, Wahrheit und

---

8 J.-F. LYOTARD, Die Moderne redigieren, in: WELSCH, Wege aus der Moderne, S. 208.
9 J.-F. LYOTARD, Postmoderne für Kinder. Briefe aus den Jahren 1982–1985, Wien 1996, S. 14.
10 Ebd., S. 29.
11 Ebd.

Konsens. Die Zeitkonstruktion[12] der Moderne war die einer „offenen Zukunft", in die aus der Gegenwart handelnd hinein geschritten werden konnte. Dieses „Offene" ist einer neuen Struktur von Zeitlichkeit des Simultanen[13] gewichen. Das postmoderne Negieren der linearen Zeitlichkeit, sich ins Verhältnis zu anderen Epochen setzend, entspricht nicht den Grundstrukturen des historischen Bewusstseins.[14]

In der Bundesrepublik Deutschland galt Postmoderne lange Zeit als eine Figur des Gegensatzes zwischen Ideologiekritik und Dekonstruktion, mit der bis Ende der 80er Jahre die Überschneidungen und Verbindungen zwischen beiden ausgeblendet blieben. Erst die feministische Forschung richtete den Blick auf Korrespondenzen zwischen Kritischer Theorie und Poststrukturalismus, auf verborgene Entsprechungen und Anschlussstellen.[15] Die Rezeption deutscher Tradition bei französischen Denkern wie Jacques Derrida, Julia Kristeva, Roland Barthes, Michel Foucault war zunächst an Nietzsche, Husserl, Heidegger orientiert, die Rezeption der Kritischen Theorie hingegen wurde erst verspätet, mit dem großem Benjamin Kongress 1983 in Paris begonnen. Die Verspätung der Rezeption von Dekonstruktion und struktu-raler Psychoanalyse in Deutschland lag unter anderem auch daran, dass französische Autoren wie Derrida erst über deren Bedeutung im anglo-amerikanischen Raum ge-lesen wurden.[16] Die Gründe für die bis in die 80er Jahre während Ablehnung ge-

---

12 Vgl. zum Zusammenhang von der Geschichte der Schrift und der Geschichte der Zeit C. v. BRAUN, Versuch über den Schwindel. Religion, Schrift, Bild, Geschlecht, Zürich 2001, S. 322 ff.

13 Vgl. J. BAUDRILLARD, Simulacres et Simulation, Paris 1981.

14 H. U. GUMBRECHT, Die Postmoderne ist (eher) keine Epoche, in: WEIMANN / GUM-BRECHT (Hg.), Postmoderne, S. 369. Vgl. R. KOSELLECK, Vergangene Zukunft. Zur Se-mantik geschichtlicher Zeiten, Frankfurt/M. 1979.

15 Vgl. G. ECKER, Poststrukturalismus und feministische Wissenschaft, in: R. BERGER u. a. (Hg.), Frauen-Weiblichkeit-Schrift, Berlin 1985; G. ECKER, Spiel und Zorn. Zu einer femi-nistischen Praxis der Dekonstruktion, in: A. PELZ u. a. (Hg.), Frauen-Literatur-Politik, Ber-lin 1986; I. STEPHAN / S. WEIGEL, Weiblichkeit und Avantgarde, Berlin 1987; M. SCHUL-LER, Im Unterschied. Lesen, Korrespondieren, Adressieren, Frankfurt/M. 1990; M. BRÜGMANN / M. KUBLITZ-KRAMER (Hg.), Testdifferenzen und Engagement. Feminismus, Ideologiekritik, Poststrukturalismus, Pfaffenweiler 1993; J. BOSSINADE, Einige Überlegun-gen des differenztheoretischen Sprachkonzepts von Jacques Derrida für eine feministisch orientierte Literaturkritik, in: M. BRÜGMANN / M. KUBLITZ-KRAMER (Hg.), Textdifferen-zen und Engagement, Pfaffenweiler 1993; G. ECKER, Essays zu Weiblichkeit und Kultur, Dülmen-Hiddingsel 1994; S. WEIGEL, Flaschenpost und Postkarte. Korrespondenzen zwi-schen kritischer Theorie und Poststrukturalismus, Köln u. a. 1995; M. SCHULLER, Moder-ne. Verluste, Basel 1997; G.-A. KNAPP, Kurskorrekturen. Feminismus zwischen kritischer Theorie und Postmoderne, Frankfurt/M., New York 1998.

16 WEIGEL, Flaschenpost und Postkarte. Vorwort, in: dies. (Hg.), Flaschenpost und Postkarte, S. 4. Vgl. auch S. WEIGEL, Kommunizierende Röhren. Michel Foucault und Walter Ben-jamin, in: ebd., S. 25–48.

genüber „Französischer Theorie" liegen in der Vorherrschaft soziologisch orientierter Reformulierungen der Kritischen Theorie durch die Frankfurter Schule und in der Erprobung materialistischer Methoden in den Geisteswissenschaften nach 1968. Durch diese spezifischen Traditionslinien blieben Korrespondenzen zwischen Kritischer Theorie und Poststrukturalismus zunächst ausgeblendet.[17] Das bezieht sich vor allem auf die vernunftkritischen Aspekte und den Bruch mit dem Anspruch universeller Begriffe, aber auch auf grundlegende psychoanalytische und sprachtheoretische Momente und die Dimension der Ästhetik als Theorie sinnlicher Wahrnehmung. Die von Jürgen Habermas zum Anstoß genommene Einebnung des Gattungsunterschiedes zwischen Philosophie und Literatur, die vorgeworfene Wahrheits-Unfähigkeit und Emanzipations-Untauglichkeit zeugen von der Widerständigkeit eines „Anderen", dessen Ausgrenzung tiefer liegende, abgespaltene Motive verdeckt.[18] In den Kontroversen über behauptete unversöhnliche Gegensätze zwischen Kritischer Theorie und Poststrukturalismus waren es vor allem feministische Theoretikerinnen mit differenztheoretischen Ansätzen und Begriffen wie Aufschub und Nachträglichkeit, die den Blick auf Korrespondenzen und Überschneidungen richteten, um die unproduktiven Polarisierungen aufzuheben.[19]

Mit dem Begriff Postmoderne werden also sehr unterschiedliche Aspekte gesellschaftlicher und kultureller Entwicklung gefasst, deren kleinster gemeinsamer Nenner ein Plädoyer für das Nicht-Darstellbare und die Aktivierung von Differenzen darstellt. Eine einheitliche Theorie der Postmoderne ist deshalb ebenso wenig möglich, wie es einen einheitlichen Begriff von Feminismus und Gender gibt. Es handelt sich dabei um jeweils spezifische historisch semantische Felder mit unterschiedlichen Merkmalsbeschreibungen. Postmoderne als auch Feminismus und Gender sind keine deskriptiven Kategorien, sondern konstituierende und evaluierende Begriffe, die je nach theoretischen Verortungen, die Praktiken, die sie zu beschreiben versuchen, zugleich prägen und definieren. „Als Kategorien der Gegenwart entwerfen sie Denkmodelle der Zukunft und Bewertungen der Gegenwart."[20]

Auf einer Tagung zum Thema „Feminism and Postmodernism" am Greater Philadelphia Philosophy Consortium diskutierten im Jahre 1990 die amerikanischen Philosophinnen Seyla Benhabib, Nancy Fraser, Judith Butler und die Juristin Drucilla Cornell mit kontroversen Perspektiven über neue Allianzen oder Messallianzen von Feminismus und Postmoderne. Für Seyla Benhabib handelt es sich um ein „prekäres

---

17 Ebd., S. 5.
18 Ebd., S. 13. Vgl. M. FRANK, Die Unhintergehbarkeit von Individualität. Reflexionen über Subjekt, Person und Individuum aus Anlaß ihrer „postmodernen" Toterklärung, Frankfurt/M. 1986; J. HABERMAS, Die Moderne – ein unvollendetes Projekt, in: ders., Kleine Politische Schriften I–IV, Frankfurt/M. 1981, S. 444–464.
19 Vgl. WEIGEL, Flaschenpost.
20 S. BENHABIB, Feminismus und Postmoderne. Ein prekäres Bündnis, in: dies. / J. BUTLER / D. CORNELL / N. FRASER (Hg.), Der Streit um Differenz. Feminismus und Postmoderne in der Gegenwart, Frankfurt/M. 1993, S. 9f.

Bündnis", eine die „Frau" erneut auslöschende Messalianz, jedoch sieht sie auch Berührungspunkte:

> „Betrachtet man die intellektuelle und universitäre Kultur der westlichen kapitalistischen Demokratien, so haben sich der Feminismus und das postmoderne Denken zu den beiden führenden Gedankenströmungen unserer Zeit entwickelt. Im Kampf gegen die großen Erzählungen der westlichen Aufklärung und Moderne haben sie ihre Affinitäten zueinander entdeckt."[21]

Ihr Verständnis von Postmoderne entwickelt sie an den Thesen vom „Tod des Menschen", vom „Tod der Geschichte" und vom „Tod der Metaphysik". Als Pendants dazu nennt sie die feministische „Entmystifizierung des männlichen Subjekts der Vernunft", „die Einschreibung der Geschlechterdifferenz in die historische Erzählung" und die „feministische Skepsis gegenüber den transzendentalen Ansprüchen der Vernunft".[22] Der Feminismus und das postmoderne Denken sind in diesem Ansatz homogene Entitäten, in denen das von postmodernen TheoretikerInnen entwickelte Differenzdenken nicht zum Tragen kommt. Benhabibs Ausgangspunkt ist die Kritische Theorie der Frankfurter Schule mit ihrem Verständnis von Kritik und Utopie. Judith Butler wirft diesem Verständnis von Postmoderne, meines Erachtens zurecht, Begriffs-Imperialismus vor, eine Homogenisierung komplexer und widersprüchlicher Theorien und Konzepte.

> „Zweifellos ist die Frage nach der „Postmoderne" wirklich eine Frage, denn gibt es überhaupt so etwas, was man Postmoderne nennt? Und handelt es sich um eine geschichtliche Bestimmung oder um eine theoretische Position? Was bedeutet es, wenn ein Begriff, der ursprünglich eine bestimmte ästhetische Praxis beschrieb, nun auf die Gesellschaftstheorie, besonders auf die feministische Gesellschafts- und Politiktheorie bezogen wird? Wer sind diese Postmodernen? Ist ‚postmodern' ein Name, den man sich selbst zulegt, oder wird dieser Titel eher jemandem zugeschrieben, wenn er oder sie eine Kritik des Subjekts oder eine Diskursanalyse vorlegt oder auch die Kohärenz der totalisierenden Gesellschaftsbeschreibungen in Frage stellt?"[23]

Der Streit um Differenz markiert einen Wendepunkt feministischer Theoriebildung, der unter dem Einfluss poststrukturalistischer Ansätze eher dazu veranlasst, von Postfeminismus zu sprechen.[24] Denn parallel zur postmodernen Dekonstruktion klassischer moderner Oppositionen und Differenzen von Natur und Kultur, Subjekt –

---

21 Ebd., S. 9.
22 Ebd., S. 12.
23 Ebd., S. 31.
24 Vgl. J. FLAX, Thinking Fragments. Psychoanalysis, Feminism & Postmodernism in the Contemporary West, Berkeley u. a. 1990; A. KREIS-SCHINCK, Feministische/„Postfeministische" Spurensuche. Oder wie eine Gefahr zur Chance mutiert, mutieren soll, in: Frauen in der Literaturwissenschaft. Postfeminismus. Rundbrief 43, Dez. 1994, S. 9–10. Vgl. den Eintrag „Postfeminismus" in KROLL 2002, S. 313f.

Objekt, Rationalität – Irrationalität, Hochkultur – Massenkultur, Mensch – Maschine, Körper – Geist haben sich innerhalb des Feminismus Verschiebungen und kritische Selbstreflexionen ereignet, die grundlegende Kategorien, wie Körper, Identität, Geschlecht sowie rassische, ethnische und sexuelle Differenz betreffen. Was zu Beginn der 90er Jahre als Kontroverse um Differenzen verhandelt wird, ist bereits das historisch gewachsene Konglomerat vielfältiger Deutungen in unterschiedlichen Theorien und Praxen, die in ihrer anglo-amerikanischen, französischen und deutschen connection nur zu entwirren sind, wenn die gegenseitigen Korrespondenzen und Verwerfungen rekonstruiert werden sollen.

Ein wesentliches Merkmal postmodernen Denkens ist die besondere Rolle der Sprache bei der Konstituierung gesellschaftlicher Wirklichkeit. In der psychoanalytischen Ethik Jacques Lacans stellt die differenzielle Struktur der Sprache und das Spiel der Differenzen, Sinn und Wissen in ständiger Wiederholung mit ihrer Kehrseite aus. In Lacans sprachtheoretisch reformulierter Psychoanalyse ist das Subjekt dem Signifikanten unterworfen, es ist nicht mehr autonomer Urheber von Bedeutungen, sondern ein Moment in einem dialektischen Prozess sprachlicher Signifikation, durch den es hervorgebracht wird. Die gesamte „Natur der Dinge, die die Natur der Wörter ist", ist nach Lacan phallisch, weil sie sprachlich autonome Identitäten setzt, wo es nur Interaktion und Differenz gibt.[25]

Die Absage Jacques Derridas an die Metaphysik der Präsenz und an identifizierendes Denkens steht in der Tradition der Kritik am metaphysischen logozentrischen Denken Nietzsches, Heideggers und Wittgensteins.[26] Derrida radikalisiert Nietzsches Denken der Ambivalenz zum Denken der grundsätzlichen Nicht-Arretierbarkeit des Sinns in einer Philosophie der Differenz im Singular. Dekonstruktion als philosophischer Topos geht in den Texten den Spuren, dem „Pharmakon" (Gift- und Heilmittel) und den Polysemien nach, um einer totalisierenden formalisierenden Praxis des Sprechens, Schreibens und der Lektüre entgegenzuwirken. „Dekonstruktionen" stellen „seit jeher die zumindest notwendige Bedingung dar, um die totalitäre Gefahr in all den bereits erwähnten Formen zu identifizieren und zu bekämpfen."[27] Mit dem Dekonstruktions-Projekt geht es Derrida vorrangig darum, das phonozentristische Modell der Sprache zu dezentrieren, indem die Aufmerksamkeit auf sichtbare materielle Spuren der Schrift gelenkt wird.[28] Der Blick auf die semiotische Dimension der Sprache erhellt das Spiel der Differenzen und Ambiguitäten in einem Wechselspiel der An- und Abwesenheit. Bedeutung ist somit nie wahrhaftig präsent, sondern wird erst durch den endlosen Prozess der Bezugnahme auf andere, abwesende Signifikanten konstruiert. Sprache als eine Zeichenkette differenzieller Relationen stellt sich als unabgeschlossener Signifikationsprozess dar, in dem sich Repräsentationen über Ausschlüsse und Differenzen konstituieren. Bei aller Verschiedenheit der Begriffe

25 J. LACAN, Encore. Das Seminar XX, Weinheim, Berlin 1991, S. 80.
26 J. HABERMAS, Der philosophische Diskurs der Moderne, Frankfurt/M. 1985.
27 J. DERRIDA, Wie Meeresrauschen auf dem Grund einer Muschel. Paul de Mans Krieg. Memoires 2, Wien 1988, S. 108.
28 J. DERRIDA, Die Schrift und die Differenz, Frankfurt/M. 1989.

Dekonstruktion, Semanalyse, Diskursanalyse und postfreudianische Psychoanalyse, die unter dem Schlagwort Poststrukturalismus zusammengefasst werden, betonen sie alle die aktive Rolle der Sprache – „eine zirkuläre Infragestellung der Sprache durch sich selbst" – bei der Konstituierung von Wirklichkeit als einer sozialen Praxis, die das erst konstituiert, was sie zu entdecken beansprucht.[29] Für Ursula Link-Heer ist es vor allem der Perspektivenwechsel von der struktural-funktionalen Beschreibung von Differenzen im Plural zum Denken der Differenz schlechthin, der die Affinität zwischen Dekonstruktion und Feminismus begründet, da zuallererst die Geschlechterdifferenz ein Unterschied ohne Sinnpräsenz verkörpert.[30]

Repräsentationskritik – Interventionen in die symbolische Ordnung der Geschlechter

Da die feministischen Debatten in der Bundesrepublik unter dem prägenden Einfluss der Kritischen Theorie der Frankfurter Schule und deren Auseinandersetzung mit dem Marxismus standen, war die feministische Repräsentationskritik zunächst auch in diesem Umfeld situiert. Die bahnbrechende Studie von Silvia Bovenschen über die „Imaginierte Weiblichkeit"[31] ist eine ideologiekritische Sichtung der Weiblichkeitskonstrukte in der klassischen deutschen Philosophie und in der Kunstproduktion. Bereits das 1976 erschienene Heft „Die Stimme der Medusa. Frauenbewegung, Sprache, Psychoanalyse" der von Johanna Wördemann herausgegebenen Zeitschrift *alternative* war der erste Versuch eines Transfers von Begriffen der Dekonstruktion, der Diskursanalyse und der postfreudianischen Psychoanalyse in den deutschen Raum.[32]

Die hier publizierten Texte französischer poststrukturalistischer TheoretikerInnen wie Julia Kristeva, Hélène Cixous, Luce Irigaray, Jacques Lacan und Jacques Derrida richteten ihre Kritik auf – gerade in feministischer Theorie und Praxis – verbreitete Essentialisierungen des Weiblichen und auf eine falsche „Unmittelbarkeit des Schreibens". Die Interventionen gegen das Gesetz, die symbolische Ordnung als

---

29 M. FOUCAULT, Vorrede zur Überschreitung, in: M. FOUCAULT (Hg.), Von der Subversion des Wissens, Frankfurt/M. 1987, S. 51; vgl. R. RORTY (Hg.), The Linguistic Turn, Chicago 1967.

30 „Nur im Rahmen je spezifischer biologischer und kultureller Gegenstandsmodellierungen mit ihren je besonderen Rahmenbedingungen [...] können (tendenziell) Aussagen über ‚distinctive features' über Männlichkeit und Weiblichkeit gemacht werden." U. LINK-HEER, Das Zauberwort „Differenz" – Dekonstruktion und Feminismus, in: H. BUBLITZ (Hg.), Das Geschlecht der Moderne. Genealogie und Archäologie der Geschlechterdifferenz, Frankfurt/M., New York 1998, S. 50.

31 S. BOVENSCHEN, Die imaginierte Weiblichkeit. Exemplarische Untersuchungen zu kulturgeschichtlichen und literarischen Präsentationsformen des Weiblichen, Frankfurt/M. 1979.

32 Alternative. Das Lächeln der Medusa. Frauenbewegung. Sprache. Psychoanalyse. 108/109 (1976).

Denk- und Sprachordnung, zielten auf eine Verstärkung der Geschlechterdifferenz, jedoch nicht im Sinne einer nun positiv umgedeuteten Weiblichkeit, sondern auf den weiblichen Körper und die weibliche Sexualität als verkannte Grundlagen männlicher Produktivität[33] und auf die Solidarität zwischen Logozentrismus (wertordnende Konstante: Oppositionen Aktivität/Passivität, Geist/Körper) und Phallozentrismus (die Unterordnung des Weiblichen unter männliche Ordnung als Voraussetzung des Funktionierens des abendländischen Denkens) als Rechtfertigung der männlichen Ordnung. Das doppelgestaltige Geschlecht der Frau, das Geschlecht, das nicht eins ist, kann bei der Übernahme des Herrschaftsdiskurses diesen mit Strategien von „Effekt Frau"[34] und „parler femme"[35] unterwandern. „In eben solchen Zeit leben wir, da die begriffliche Grundlage einer tausendjährigen Kultur von Millionen Maulwürfen einer noch nie gekannten Art untergraben wird."[36] Die nichtidentifizierende Nachahmung, die Mimesis männlicher Diskurse, ermöglicht Verschiebungen und paradoxe Verknüpfungen, die subversiv die symbolische Ordnung unterlaufen. Für Irigaray waren das in der Geschichte die Mystik und die Hysterie. Die feministische Rezeption der Lacanschen Semantik-Kritik, mit der die Metonymie gegenüber der Metapher privilegiert wurde, favorisierte ein Schreiben, das nicht repräsentiert, sondern teilnimmt. Metonymisches Schreiben beruht auf der Entgrenzung und Auflösung geronnener Sinnsysteme, indem der *eine* Sinn, der in Sinnhierarchien verankert ist, brüskiert wird. In der Neubewertung des theoretischen Diskurses als eine kreative Form, sah Kristeva die Entwicklung eines „polylogischen Feldes"[37] entstehen, das sich aus der Revision der bestehenden wissenschaftlichen Modelle der Humanwissenschaften freilegen lässt[38] und das an die Stelle des Dualismus Ambivalenz und Polyvalenz setzt. Die Auseinandersetzungen mit den Sprachformen, den Zeichensystemen und den Bildwelten, den Symbolen und den Formen des Verhaltens und der Kommunikation implizierten eine unabschließbare Analyse, die den „Grundkategorien unserer Kultur" zu gelten hätte.[39]

Am französischen Poststrukturalismus orientierte Theorien von Luce Irigaray, Julia Kristeva oder Hélène Cixous verbinden die Betonung einer fundamentalen Mehrdeutigkeit und Unabgeschlossenheit des Zeichenprozesses mit einer eher literarisch kreativen Weise Texte zu schreiben. Diese Ansätze wurden erst in den 80er Jahren für feministische Theoretikerinnen und hier speziell für Literatur- und Kulturwissenschaftlerinnen in Deutschland relevant. Die Bielefelder Tagung 1983 „Frauen – Weiblichkeit – Schrift" des von Inge Stephan und Sigrid Weigel etablierten For-

33 L. IRIGARAY, Neue Körper, neue Imaginationen, in: ebd., S. 124.

34 J. KRISTEVA, Produktivität der Frau, in: ebd., S. 167.

35 L. IRIGARAY, Das Geschlecht, das nicht eins ist. Berlin 1979, S. 125ff; vgl. auch L. IRIGARAY, Speculum. Spiegel des anderen Geschlechts, Frankfurt/M. 1980.

36 H. CIXOUS, Schreiben, Feminität, Veränderung, in: Alternative 108/109, S. 136.

37 J. KRISTEVA, Polylogue, Paris 1970.

38 R. LACHMANN, Thesen zu einer weiblichen Ästhetik, in: C. OPITZ (Hg.), Weiblichkeit oder Feminismus?, Konstanz 1984, S. 189.

39 KRISTEVA, Polylogue, S. 84.

schungsschwerpunktes an der Universität Hamburg „Frauen in der Literaturwissenschaft" widmete sich dem Zusammenhang von Poststrukturalismus und Feminismus, einer „heimlichen oder unheimlichen Allianz". Gisela Ecker leitet als Konsequenz der poststrukturalistischen Zweifel an der Einheit des Zeichens und der prinzipiellen Heterogenität, der Brüche und Widersprüche als konstitutive Textelemente, zweierlei Anregungen für feministische Untersuchungen ab: ein Forschungsprogramm zur Intertextualität weiblicher Texte, das diachron ausgerichtet ist und Untersuchungen von Einzeltexten als dialogische.[40] Auch die Bücher von Eva Mayer *Zählen und Erzählen. Zu einer Semiotik des Weiblichen* (1983) und die 1989 in deutscher Übersetzung erschienene Ausgabe von Toril Moi *Sexual/Textual Politics. Feminist Literary Theory*, mit der in Deutschland zum ersten Mal ein fundierter Überblick und zugleich eine kritische Bestandsaufnahme der anglo-amerikanischen Kritik und der französischen Theorie vorlag, leisteten wichtige Beiträge zur Rezeption des französischen postmodernen Denkens.

Auch für die Historische Frauenforschung waren die historisch konkreten Repräsentationen der Geschlechterdifferenz ein konstitutives Element abendländischer Kulturgeschichte. Die Kritik galt traditionellen Repräsentationsmustern, denen die Vorstellung eines aufgeklärten, zielgerichteten, geschlechtsneutralen, universalen und emanzipatorischen Geschichtsprozesses zugrunde lag. Die ungeschriebene Geschichte der Frauen als verdrängte und zugleich als ungeschriebene Geschichte der „anderen Seite" der abendländischen Rationalität wurde aufgearbeitet. In den Untersuchungen der Repräsentationen des Weiblichen ging es zunächst um Unterdrückung, Verschwinden und Auslöschen von etwas „authentisch" Weiblichem, so die von der bildmächtigen Sphäre ausgeschlossene „reale Frau", die vergessene Künstlerin oder matriarchalische Gesellschaften.

„Durch den Ausgang vom je eigenen Frausein würde vor allem auch die Diversität von Frauen, ihre verschiedenen sozialen und geographischen Herkünfte, ihre unterschiedlichen Situationen, Intentionen, Ambitionen, zugelassen (vielleicht auch erst) problematisch werden. ‚Die Frau' als ‚das Andere' ist so einheitlich nur in bezug auf ‚den Mann' als ‚das Eine'. Aus dieser Fixierung freigelassen, ist sie anderes und anderes und anderes [...]"[41]

Mit der postfeministischen Kritik am Feminismus besteht eine bis heue anhaltende Spannung innerhalb der Theoriebildung zwischen einem Vorhaben, Frauen mit eigener Stimme sprechen zu lassen und der fortwährenden Dekonstruktion des Geschlechts. Es handelt sich dabei nicht um sich ausschließende Strategien, sondern eher um kontrastierende Theoriemodi als einflussreiche Macht/Wahrheitspraxen, die verschiedene und aufeinander bezogene Wissens- und Politikmöglichkeiten ermöglichen. Die Vorhaben, mit weiblicher Stimme die Dinge zu benennen und zu handeln, können als Varianten des hermeneutischen Projekts in der politischen

---

40 ECKER, Poststrukturalismus, S. 18.
41 C. KLINGER, Die Reflexion von Frauen auf die Philosophie, in: K. HAUSEN / H. NOVOTNY (Hg.), Wie männlich ist die Wissenschaft?, Frankfurt/M. 1986, S. 80.

Theorie betrachtet werden, deren Ziel darin besteht, die Erscheinungen zu interpretieren, um eine ihnen zugrunde liegende Bedeutung aufzudecken. Die Versuche einer Dekonstruktion des sozialen Geschlechts erweisen sich als unterschiedliche Ausdrucksformen des genealogischen Projekts. Hier werden Bedeutungsansprüche dekonstruiert, um die von ihnen gestützten Machtmechanismen sichtbar zu machen und einen Raum für Gegenbedeutungen zu schaffen.[42] Das Dekonstruktionsprojekt richtet sich gegen den sexuellen Dualismus überhaupt, im Namen einer Vielheit sexuell geprägter Stimmen jenseits des binären Unterschieds, der bestimmt, was sich für alle Codes gehört und was nicht. Mit der Dekonstruktion wird die metaphysische Frage, „was ist die Frau" verworfen und statt unter der Oberfläche eine tieferliegende Realität zu suchen, ist die Oberfläche das zu Entziffernde, das Spiel der Körper und Lüste wird als ein „ver-rückter Exzeß" innerhalb der Meisterdiskurse inszeniert.[43] Die Dezentrierung aller sozialen Identitäten[44] bewegt sich im Spannungsfeld von Inanspruchnahme eines prozessierenden Subjekts – eines strategischen Essentialismus[45] – und seiner gleichzeitigen Infragestellung.

Für das genealogische Projekt ist das Bestreben nach Befreiung selbst in die Machtstrukturen verwickelt, die es zu beseitigen beabsichtigt. Es ermöglicht, die Ansprüche derer geltend zu machen, die in den vorherrschenden Kategorien bisher marginalisiert wurden. Es geht um neue Formen der Subjektivität, die den Disziplinierungszwängen der Moderne widerstehen können. So wie das hermeneutische feministische Projekt und das genealogische postfeministische sich korrespondierend aufeinander beziehen, sind beide in das postmoderne Durcharbeiten der Moderne verwoben. Damit werden die politischen Ziele des Feminismus nicht überholt, auch dann nicht, wie Barbara Vinken schreibt, wenn erkannt wurde, dass die Dichotomie „männlich"/„weiblich" Metaphysik und Ideologie ist. Denn es ändere nichts an dem „Faktum, dass wir geschlechtliche Identitäten ausbilden und als Männer und Frauen, als biologische Kasten, in der damit einhergehenden Hierarchisierung wahrgenommen werden. Und in einer faktisch vom homosozialen Begehren geprägten Gesellschaft führt kein Weg um die alten Forderungen des Feminismus herum."[46]

An den Verknüpfungen ideologiekritischer engagementorientierter Positionen mit dekonstruktiven Projekten lässt sich eine postmoderne ambivalente kritische Haltung zur Moderne ablesen. Es geht vor allem darum, die Naturalisierung der symbolischen Ordnung zu entziffern, und die in dieser Ordnung verdrängten Differenzen ins Spiel zu bringen. Ebenso wenig wie die Postmoderne einen Bruch mit der Moderne bedeutet – obwohl häufig so missverstanden – sondern eher eine Kritik

---

42 K. E. FERGUSON, Politischer Feminismus und Dekonstruktionstheorien, in: Das Argument 196 (1992), S. 874.

43 L. IRIGARAY, Das Geschlecht, das nicht eins ist, Berlin 1979, S. 80.

44 J. KRISTEVA, Die Revolution der poetischen Sprache, Frankfurt/M. 1978.

45 G. C. SPIVAK, The Post-Colonial Critic. Interviews, Strategies, Dialogues, New York, London 1990.

46 B. VINKEN, Dekonstruktiver Feminismus. Eine Einleitung, in: dies. (Hg.), Dekonstruktiver Feminismus. Literaturwissenschaft in Amerika, Frankfurt/M. 1992, S. 26.

und Revision, ein Weiterschreiben der Moderne in der Radikalisierung der in ihr angelegten Widersprüche, so ist postmoderner Feminismus in seiner Vielfalt nicht im Gegensatz zu anderen Feminismen zu sehen. Mit der Ablehnung von Einheitskonzepten und Letztbegründungen geht es um ein kritisches Durcharbeiten bisheriger Konzepte und Kategorien. In diesem Sinne fragt Gundrun-Axeli Knapp aus sozialwissenschaftlicher Perspektive in ihrer Auseinandersetzung mit dem Diskursereignis Postmoderne, ob es zutrifft, dass feministische Theorie unter dem Einfluss des „postmodernism" entpolitisiert und ihres Kritikpotentials beraubt wird oder ob feministische Herrschaftskritik profitieren kann von den Analysen und Zugangsweisen, die unter dem Namen Postmoderne zusammengefasst sind. Sie kommt zu dem Ergebnis, dass feministische Theorie – international gesehen – von postmodern genannten Theorieansätzen mehr profitiert hat, als von Theorien der Postmoderne. Die mit der Rezeption poststrukturalistischer Ansätze erfolgte Intensivierung der Selbstreflexion feministischer Theorie auf ihre epistemologischen und politischen Prämissen hält sie für ebenso unverzichtbar wie die gestiegene Sensibilität für Machtpotentiale im Bereich von Sprache und Diskurs.[47]

In poststrukturalistischen feministischen Ansätzen steht das Subjekt der Repräsentation im Zentrum kritischer Reflexionen, es wird nicht preisgegeben, sondern in seiner Diskursfunktion als einheitlich, weiß, heterosexuell und männlich definiert. Mit Michel Foucaults diskursanalytischem Ansatz konnte danach gefragt werden, unter welchen Bedingungen und in welcher Form eine Einheit wie das Subjekt in der Ordnung des Diskurses auftaucht, welche Stellung es einnimmt, welche Funktionen sich darin äußern und welchen Regeln es in jedem Diskurstyp folgt.[48] Joan W. Scott sieht den Erkenntnisgewinn postmoderner Theoriebildung in der Betonung von Dekonstruktion als Methode und Denkform: „Weiterhin impliziert diese Theorie einen fortdauernden Prozess der Konstruktion des Subjekts und bietet eine systematische Methode der Interpretation von bewussten und unbewussten Wünschen, in dem die Sprache als angemessener Ort der Analyse angegeben wird."[49] Gleichzeitig wird das postmoderne Insistieren auf Differenz kritisiert, weil die ausschließliche Fixierung auf Fragen des Subjekts und die Verallgemeinerung der Kategorien Mann/ Männlichkeit und Frau/Weiblichkeit als zentrale Erscheinungsformen des sozialen Geschlechts andere Hierarchisierungs- und Herrschaftsmechanismen ausgrenzt. Die von Lyotard mit dem Postmoderne-Begriff begründete Kritik an den diskursiven Strategien der Moderne – die Ausgrenzung der Heterogenität – wird mit der Reproduktion der traditionellen Dichotomie von männlich und weiblich verfehlt. In

---

47 G.-A. KNAPP, Hunting the dodo. Anmerkungen zum Diskurs der Postmoderne, in: A. HORNSCHEIDT u. a. (Hg.), Kritische Differenzen und geteilte Perspektiven, Opladen, Wiesbaden 1998, S. 197f.

48 M. FOUCAULT, Schriften zur Literatur, Frankfurt/M. 1991.

49 J. W. SCOTT, Gender eine nützliche Kategorie der historischen Analyse, in: N. KAISER (Hg.), SelbstBewußt. Frauen in den USA, Leipzig 1994, S. 46. Vgl. dies., Die Zukunft von *gender*. Fantasien zur Jahrtausendwende, in: C. HONEGGER / C. ARNI (Hg.), Gender. Die Tücken einer Kategorie, Zürich 2001.

seinem Schlüsseltext „Das Postmoderne Wissen" schlägt Lyotard als Methode der Analyse des sozialen Zusammenhangs die Theorie der Sprachspiele vor und konstatiert für die gegenwärtige Gesellschaft und für die postmoderne Kultur, dass die großen Erzählungen, die spekulative Erzählung oder die Erzählung der Emanzipation ihre Glaubwürdigkeit verloren haben. Mit den Mitteln der analytischen Sprachphilosophie versucht er eine nicht auf Ausgrenzung des Heterogenen beruhende Diskursivität zu begründen und Gerechtigkeit anstelle von Konsens zu setzen.

„Man muss also zu einer Idee und einer Praxis der Gerechtigkeit gelangen, die nicht an jene des Konsens gebunden ist. Das Erkennen der Heteromorphie der Sprachspiele ist ein erster Schritt in diese Richtung. Es impliziert offenkundig den Verzicht auf den Terror, der ihre Isomorphie annimmt und zu realisieren trachtet. ... Denn die Spieleinsätze werden dann durch Erkenntnisse – oder, wenn man will, Informationen – konstituiert sein, und der Vorrat an Erkenntnissen, der der Vorrat der Sprache an möglichen Aussagen ist, ist unerschöpflich. Es zeichnet sich eine Politik ab, in der der Wunsch nach Gerechtigkeit und der nach Unbekanntem gleichermaßen respektiert sein werden."[50]

Hatte bereits die Moderne die Krise des Subjekts der Repräsentation diagnostiziert und die Autonomie des Signifikanten verkündet, seine Befreiung von der „Tyrannei des Signifikats", so attackieren die postmodernen Denker die Tyrannei des Signifikanten, die Gewalt seines Gesetzes.[51] Die Postmoderne operiert im Grenzbereich von Darstellbarem und Nicht-Darstellbarem. Sie deckt Machtsysteme auf, die bestimmte Repräsentationsweisen autorisieren, andere ausschließen.[52] Mit der Annahme der Instabilität der Zeichen, die nicht eindeutig dennotieren und sich in einer doppelten Bewegung der différance befinden, sind nach Derrida die binären Oppositionen in eine Krise geraten, weil es sich um keine neutralen Gegensätze, sondern hierarchische Beziehungen handelt, die in den Oppositionen männlich/weiblich, Subjekt/Objekt, Erscheinung/Wesen, Materie/Geist ihre Unschuld verloren haben. Gisela Ecker plädiert für eine feministische Praxis der Dekonstruktion, die das Spiel der Dekonstruktion ebenso aufnimmt wie den Zorn der politischen Praxis und zielt mit Nancy Miller auf eine Verbindung der scheinbar unvereinbaren Positionen. „Das bedeutet, die Forderung nach einer dezentrierten Perspektive in der Theorie und im Gegensatz dazu nach einer zentrierten Aktion, die nicht erneut die Unsichtbarkeit

---

50 J.-F. LYOTARD, Das Postmoderne Wissen. Ein Bericht, Wien 1986, S. 193. Einer der namhaftesten Denker der italienischen Postmoderne, G. VATTIMO, erklärte in seinem jüngsten Buch, dass Religion in der Postmoderne nicht verschwinde, sondern neue Formen außerhalb der alten Institutionen annehme, als Synthese zwischen Christentum und pluraler postmetaphysischer Kultur, vgl. G. VATTIMO, Jenseits des Christentums. Gibt es eine Welt ohne Gott?, München 2004.

51 J. LACAN, Das Drängen des Buchstabens im Unbewussten oder die Vernunft seit Freud, in: ders., Schriften II, Olten 1975.

52 C. OWENS, Der Diskurs der Anderen. Feministinnen und Postmoderne, in: HUYSSEN / SCHERPE (Hg.), Postmoderne, S. 174.

der Frauen zur Folge hat."[53] Gerade angesichts der Tatsache, dass die Vertreter und Kritiker des Poststrukturalismus, wie Manfred Frank in Deutschland, den Anteil der feministischen Theoretikerinnen an dieser Denkrichtung unterschlagen – Sarah Kofman, Shoshana Felman, Gayatri Spivak, Hélène Cixous, Barbara Johnson, Ann Wordsworth, Nancy Miller u. a. – ist es oberstes Gebot mit der postmodernen Kritik am Logo-, Phono- und Ethnozentrismus die geschlechtsspezifischen Verkürzungen des pluralen Subjekts, dessen Phallozentrismus aufzuzeigen.[54]

Frauen sind als Subjekte aus den Repräsentationssystemen ausgeschlossen und werden zugelassen im Modus des Objekts der Darstellung des Undarstellbaren, Natur, Wahrheit, Nation. Zeitgleich mit dem feministischen Diskussionszusammenhang von Geschlecht, Wahrnehmung und Kreativität, der durch französische Theoretikerinnen wie Irigaray, Cixous, Clément, und in Deutschland durch Bovenschen, Gorsen, Sander, Nabakovski dazu beitrug, Denk- und Wahrnehmungsgewohnheiten traditioneller Geschlechterdifferenz sowie stereotype Blicke und vertraute Lustökonomien zu ver-rücken,[55] entfaltete sich auf künstlerischem Gebiet international ein Prozess der Dekonstruktion von Weiblichkeit. Bereits in den 70er Jahren begannen Künstlerinnen Weiblichkeit einer kritischen Revision zu unterziehen und aufzuzeigen, wie das „Weibliche" jeweils konstruiert ist und immer dem Status eines Artefacts unterliegt. Künstlerinnen wie Valie Export, Cindy Sherman, Mary Kelly, Laurie Anderson, Ulrike Rosenbach, Orlean zeigten mit ihren Arbeiten, dass „Weiblichkeit" nicht darstellbar ist und markierten damit den patriarchalen, die sexuelle Differenz ausklammernden Gestus westlicher Repräsentationspraktiken.[56] Die Künstlerinnen inszenierten „Weiblichkeit als Maskerade" und produzierten Vexierbilder des Weiblichen, die durch den Verweischarakter ihre Inszeniertheit ausstellen. Mit den Korrespondenzen zwischen feministischem postmodernem Denken und ästhetischen Praktiken veränderte sich die ästhetische Dimension der Repräsentation von Weiblichkeit. Die Geschlechterdifferenz selbst wurde zum Ort ästhetischen Denkens und Handelns.[57]

53 N. MILLER, The Text Heroine. A Feminist Critic And Her Fictions, in: diacritics 12 (1982), S. 53.
54 ECKER, Spiel und Zorn, S. 14.
55 F. J. HASSAUER / P. ROOS (Hg.), Notizbuch. VerRückteRede. Gibt es eine weibliche Ästhetik? Berlin 1980.
56 Vgl. S. EIBLMAYR, Die Frau als Bild. Der weibliche Körper in der Kunst des 20. Jahrhunderts. Berlin 1993; M.-L. ANGERER, The Body of Gender. Körper. Identitäten. Geschlechter, Wien 1995.
57 K. SYKORA, Verletzung-Schnitt-Verschönerung. Filmische Freilegungen, in: I. LINDNER u. a. (Hg.), Blick-Wechsel. Konstruktionen von Männlichkeit und Weiblichkeit in Kunst und Kunstgeschichte, Berlin 1992; S. LUMMERDING, „Weibliche" Ästhetik? Möglichkeiten und Grenzen einer Subversion von Codes, Wien 1994.

Differenzen – Machtkritik – virtuelle Räume

Seit Mitte der 80er Jahre artikulieren „andere" Frauen, farbige, lesbische Frauen verschiedener ethnischer Herkunft rassische, ethnische und sexuelle Differenzen und stellen den einen „möglichen feministischen Meisterdiskurs" in Frage, so dass sich der Fokus von den „Frauen" innerhalb feministischer Theorie zunehmend auf Differenzen zwischen und unter Frauen und auf andere Hierarchisierungsmechanismen zu verschieben beginnt. „Die Frage der Frau im allgemeinen, ist ihre Frage, nicht unsere."[58] Mit der dekonstruktiven „grundsätzlichen Achtung vor dem Heterogenen, die in postmodernen Theorieentwürfen als Widerstand gegen totalisierendes Denken geäußert wird,"[59] geht eine kritische Reflexion feministischer Subjekt- und Politikkonzeptionen einher, die essentialistische Einheiten wie „Frau", „Rasse", „Klasse", aber auch „Geschlecht" und „Heterosexualität"[60] fragwürdig erscheinen lassen.

Die für den Feminismus einflussreiche Theorie der Dekonstruktion von Derrida wird gerade in ihrer ethischen Dimension relevant, denn es geht letztendlich darum, Verantwortung „auch für die Regeln" zu übernehmen, als „Achtung dessen, was in jedem Text heterogen bleibt".

„Gibt es eine systematische Gesamtheit von Themen, Begriffen, Philosophemen, Aussageformen, Axiomen, Bewertungen, Hierarchien, die die geschlossene und identifizierbare Kohärenz dessen ausmachen, was wir Totalitarismus, Faschismus, Nazismus, Rassismus, Antisemitismus nennen und die niemals außerhalb ihrer selbst erschienen, vor allem niemals auf dem gegenüber liegenden Ufer?"[61]

Heterogenität und ein Geflecht von Differererenzierungen ergeben sich als Konsequenzen aus einer Preisgabe totalisierender Vorstellungen und Analysen und damit verbundener Ausschlüsse.[62] Das polititische Ziel des Feminismus ist damit nicht preisgegeben, nur sind die Ansprüche nicht mehr auf der Basis der universellen Kategorien „Frau" und „Heterosexualität" zu erreichen. Donna Haraway betont Allianzen, die auf begrenzte und partikulare politische Ziele gerichtet sind. „Der feministische Traum einer gemeinsamen Sprache ist wie alle Wunschträume nach einer absolut wahren Sprache und einer absolut wirklichkeitsgetreuen Wiedergabe von

---

58 G. C. SPIVAK, Verschiebung und der Diskurs der Frau, in: B. VINKEN (Hg.), Dekonstruktiver Feminismus, Frankfurt/M. 1992, S. 184; J. BUTLER, Das Unbehagen der Geschlechter, Frankfurt/M. 1991; dies., Körper von Gewicht, Berlin 1995.

59 ECKER, Spiel und Zorn, S. 68f.

60 Vgl. A. SCHLICHTER, Gender/Heterosexuality. What's the Difference? Überlegungen zu einer kritischen Analyse der Heterosexualität, in: Die Philosophin. Intersex und Genderstudies. 14.28 (2003), S. 50–66.

61 DERRIDA, Wie Meeresrauschen auf dem Grund einer Muschel, S. 104f.

62 W. BROWN, Feminist Hesitations. Postmodern Exposures, in: differences. A Jounal of Feminist Cultural Studies 3.1 (1992), S. 79.

Erfahrung ein totalisierender und imperialistischer Traum."[63] Haraway analysiert angesichts massiver gesellschaftlicher Umstrukturierungen im Gefolge von Informations- und Biotechnologien neue Formen der Informatik der Herrschaft und damit verbundener weltweiter Feminisierung der Armut und entwirft eine anti-essentialistische, antirassistische und multikulturelle Theorie. Im Zentrum dieser Konzeption steht der politische und ironische Mythos des/der Cyborg als Erzählfigur und die Verbindung ungleicher scheinbar getrennter Bereiche. Die Figur des Cyborg steht für eine Welt nach den Geschlechtern, für eine Gesellschaft, in der Geschlechtsidentitäten nicht mehr auf der Folie der Heterosexualität dominant gebildet werden und für die Künstlichkeit und Hybridität des Körpers, der angesichts neuer Medientechnologien in unterschiedlichen Realitäten und Geschlechterpositionen leben kann. Gleichzeitig ist der Cyborg-Mythos eine ironische Provokation. Die Ironie hat sich in postmodernen Theorien als auch in der politischen Praxis zu einer beliebten Erzählstrategie entwickelt. Sie stellt eine untergrabende Erzählweise dar und ist eng verbunden mit den Zusammenbrüchen der großen gesellschaftlichen Utopien des 20. Jahrhunderts, wie zum Beispiel des Marxismus oder des Feminismus. Haraway schlägt einen Perspektivwechsel vor, der neue Möglichkeiten eröffnet „für Bedeutungen und auch andere Formen von Macht und Lust in technologisch vermittelten Gesellschaften zu kämpfen."[64] Es handelt sich dabei nicht um literarische Dekonstruktionen, sondern um noch kaum wahrnehmbare gesellschaftliche Transformationen. Mit dem anti-ontologischen Impetus des Denkens verknüpft sind eurozentrische Selbstkritik, Aufwertung des Peripheren gegenüber dem Zentrum, neue Disziplinen wie Science Studies, Gender Studies, Queer Studies, Minority Studies, Postcolonial Studies, Ethnic Studies, Men Studies, kulturelle Hybridität und Wertepluralismus, mit denen die Kontingenz bestimmter Begriffe betont und somit neue Perspektiven auf Ungleichheit und Gewalt eingenommen werden. Die eurozentrische weiße männliche heterosexuelle Subjektposition wird durch ein Spektrum ethnischer, regionaler und geschlechtlicher Subjektpositionen ersetzt, denen ein strategisch produktives Machtverständnis zugrunde liegt. Die von den Post-Colonial Studies ausgehende Frage kultureller Differenzen kann analog zu „Gender" nicht nur als Pluralität kultureller Identität gelesen werden, sondern als Prozessualität hierarchischer Differezierung, die sich vor allem in den „Minoritätsdiskursen" und in der „Multikulturalismusdebatte" niederschlagen.

> „Wenn wir in antirassistischen feministischen multikulluellen Forschungen zu Technowissenschaft Netzwerken nachspüren und Agenzien/Akteure/Aktanten entwerfen, könnten wir zu ganz anderen Orten gelangen als zu jenen, die in einem weiteren Kriegsspiel im Aufspüren von Akteuren und Aktanten durch Netzwerke hindurch entdeckt wurden. Für mich ist das *Abnehme-Spiel* eine Aktor-Netzwerk-Theorie. Hier geht es nicht um ‚bloße'

---

63 D. HARAWAY, Ein Manifest für Cyborgs. Feminismus im Streit mit den Technowissenschaften, in: dies., Die Neuerfindung der Natur. Primaten, Cyborgs und Frauen, Frankfurt/M., New York 1995, S. 42.

64 Ebd., S. 40.

Metaphern und Geschichten; hier geht es um die Semiose der Verkörperung, oder, mit Judith Butlers (1993) schönem Wortspiel, um ,Körper, die uns angehen'"[65]

Mit der Analyse vielfältiger Kräfteverhältnisse und Netzwerke wird ein repressives Machtverständnis problematisiert, das sich ausschließlich in Institutionen und Gesetzen manifestiert. Machtverhältnisse als allgegenwärtig sind in die neuen virtuellen Welten ebenso eingeschrieben wie in die in ihnen produzierten Geschlechterverhältnisse.

In ihrem Buch *Körper von Gewicht* macht Judith Butler in der Beschreibung der Funktionsweisen heteronormativer Gesetze – die ,normgerechte' Körper erzwingen, indem sie zugleich andere ausschließen – die Aspekte von Zeitlichkeit und Materialisierung des Körpers zum Thema.[66] Eingebunden in ihre machttheoretische Position wird der Akzent allerdings vom – dezisionistisch deutbaren – Maskeradekonzept auf ein Modell sprachlicher Performativität (als Zitationalität) verschoben. Die Konstruktion geschlechtlicher Identität wird hier als Geschichte der Aushandlung sexueller Differenz(en), der Zuweisung und Aneignung von Subjektivität lesbar.[67] Dass auch jede noch so genaue Differenz-Analyse ihren eigenen Festschreibungen nicht entgeht, verdeutlicht das paradox klingende Konzept des „strategischen Essentialismus".[68] So erfasst Teresa de Lauretis die politische Frage von Repräsentation in der Spannung von Darstellung und Vertretung als eine „Technologie des Geschlechts" im Sinne von Dekonstruktion und Refiguration.

„[…] that is to say, by any discourse feminist or otherwise, that would discard it as ideological misrepresentation. For gender, like the real, is not only the effect of representation but also its excess, what remains outside discourse as a potential trauma which can rupture or destabilize, if not contained, any representation."[69]

Mit der postmodernen Revision moderner Grundannahmen von Subjekt, Identität, Geschlecht ist ein neues Interesse an Geschichte sichtbar geworden, dass bemüht ist, die historische Kontinuität systematisch aufzubrechen und Körper nicht außerhalb der Geschichte zu verorten. Nicht als Natur in Opposition zur Kultur sind Körper zugleich Matrix und Austragungsort von Geschichte und an die Medien ihrer Reproduktion gebunden.[70] Ansätze zur Bestimmung des kulturellen Gedächtnisses und der Techniken seiner Archivierung werden mit dem Stellenwert des Körpers im

---

65 D. HARAWAY, Das Abnehme-Spiel, in: dies., Monströse Versprechungen. Coyote-Geschichten zu Feminismus und Technowissenschaften, Hamburg 1995, S. 148.
66 BUTLER, Körper von Gewicht.
67 Vgl. C. BREGER / D. DORNHOF / D. v. HOFF, Gender Studies. Gender Trouble. Tendenzen und Perspektiven der deutschsprachigen Forschung, in: Zeitschrift für Germanistik 1 (1999), S. 72–113.
68 BUTLER, Körper von Gewicht.
69 T. de LAURETIS, Technologies of Gender. Essays on Theory, Film and Fiction, Bloomington 1987, S. 3.
70 BRAUN, Versuch über den Schwindel, S. 55ff.

kulturellen Gedächtnis und in den Medien seiner Speicherung verknüpft. Geschlechtliche Identitäten und Differenzen können kulturhistorisch auch als Metapher für Erinnerungsarchive in die Analyse einbezogen werden.[71] In der aktuellen Diskussion um das Verschwinden des Subjekts gehören Geschichte und Handlungsfähigkeit untrennbar zusammen, denn der kulturelle Kontext ist immer schon da, als der unartikulierte Prozess der Konstruktion des Subjekts. Butler weist darauf hin, dass genau dieser Prozess durch eine Denkstruktur verschleiert ist, die ein fertiges Subjekt in ein äußerliches Netz kultureller Bedingungen einsetzt.

„Die Foucaultsche Kritik am Subjekt zu vertreten bedeutet nicht, das Subjekt abzutun oder den Tod des Subjekts zu verkünden, sondern lediglich, dass bestimmte Versionen dieses Subjekts eine politisch hinterhältige List sind. ... Das Subjekt dekonstruieren heißt nicht, es zu verneinen oder zu verwerfen. Im Gegenteil: die Dekonstruktion beinhaltet lediglich, dass wir alle Bedingungen an das, worauf sich der Terminus ‚Subjekt' bezieht, suspendieren und dass wir die sprachlichen Funktionen betrachten, in denen es bei der Festigung und Verschleierung von Autorität dient. Dekonstruieren meint nicht verneinen oder abtun, sondern in Frage stellen und – vielleicht ist dies der wichtigste Aspekt – einen Begriff wie das ‚Subjekt' für eine Wieder-Verwendung oder einen Wieder-Einsatz öffnen, die bislang noch nicht autorisiert waren."[72]

Bibliographie

ANGERER, Marie-Luise (Hg.), 1995: The Body of Gender. Körper. Identitäten. Geschlechter. Wien.

BAISCH, Katharina / KAPPERT, Ines / SCHULLER, Marianne / STROWICK, Elisabeth / GUTJAHR, Ortrud (Hg.), 2002: Gender Revisited. Subjekt- und Politikbegriffe in Kultur und Medien. Stuttgart.

BARCK, Karheinz, 1991: Richtungs-Wechsel. Postmoderne Motive einer Kritik politischer Vernunft: Jean-Francois Lyotard. In: Robert WEIMANN / Hans Ulrich GUMBRECHT (Hg.): Postmoderne – globale Differenz. Frankfurt/M., S. 166–181.

BAUDRILLARD, Jean, 1981: Simulacres et Simulation. Paris.

BAUMAN, Zygmunt, 1992: Imitations of Postmodernity. London, New York.

BENHABIB, Seyla / BUTLER, Judith / CORNELL, Judith / FRASER, Nancy (Hg.), 1993: Der Streit um Differenz. Feminismus und Postmoderne in der Gegenwart. Frankfurt/M.

---

71 I. STEPHAN, Musen & Medusen. Mythos und Geschlecht in der Literatur des 20. Jahrhunderts. Köln u. a. 1997; C. ÖHLSCHLÄGER / B. WIENS (Hg.), Körper-Gedächtnis-Schrift, Berlin 1997; C. v. BRAUN / G. DIETZE (Hg.), Multiple Persönlichkeiten. Krankheit. Medium. Metapher, Frankfurt/M. 1999.

72 J. BUTLER, Kontingente Grundlagen. Der Feminismus und die Frage der ‚Postmoderne', in: S. BENHABIB u. a. (Hg.), Der Streit um Differenz. Feminismus und Postmoderne in der Gegenwart, Frankfurt/M. 1993, S. 46, 48. Vgl. C. HAUSKELLER, Das paradoxe Subjekt. Widerstand und Unterwerfung bei Judith Butler und Michel Foucault, Tübingen 2000.

BENHABIB, Seyla, 1993: Feminismus und Postmoderne. Ein prekäres Bündnis. In: Seyla BENHABIB u. a. (Hg.): Der Streit um Differenz. Feminismus und Postmoderne in der Gegenwart. Frankfurt/M., S. 9–30.

BENHABIB, Seyla, 1992: Selbst im Kontext. Geschlecht, Gemeinschaft und Postmoderne in der zeitgenössischen Ethik. Frankfurt/M.

BERGER, Renate / HENGSBACH, Monika / KUBLITZ, Maria / STEPHAN, Inge / WEIGEL, Sigrid (Hg.), 1985: Frauen – Weiblichkeit – Schrift. Berlin, Hamburg.

BOSSINADE, Johanna, 1993: Einige Implikationen des sprachtheoretischen Differenzkonzepts von Jacques Derrida für die feministisch orientierte Literaturkritik. In: Margret BRÜGMANN / Maria KUBLITZ-KRAMER (Hg.): Textdifferenzen und Engagement. Feminismus – Ideologiekritik – Poststrukturalismus. Pfaffenweiler, S. 81–92.

BOVENSCHEN, Silvia, 1979: Die imaginierte Weiblichkeit. Exemplarische Untersuchungen zu kulturgeschichtlichen und literarischen Präsentationsformen des Weiblichen. Frankfurt/M.

BRAIDOTTI, Rosi, 1991: Patterns of Dissonance. A Study of Women in Contemporary Philosophie. Cambridge.

BRAUN, Christina von, 2001: Versuch über den Schwindel. Religion, Schrift, Bild, Geschlecht. Zürich.

BRAUN, Christina von / DIETZE, Gabriele (Hg.), 1999: Multiple Persönlichkeit. Krankheit, Medium, Metapher?, Frankfurt/M.

BREGER, Claudia / DORNHOF, Dorothea / HOFF, Dagmar von, 1999: Gender Studies. Gender Trouble. Tendenzen und Perspektiven der deutschsprachigen Forschung. In: Zeitschrift für Germanistik 1, S. 72–113.

BROWN, Wendy, 1991: Feminist Hesitations, Postmodern Exposures. In: differences. A Journal of Feminist Cultural Studies 3.1, S. 63–84.

BRÜGMANN, Margret / KUBLITZ-KRAMER, Maria (Hg.), 1993: Textdifferenzen und Engagement. Feminismus. Ideologiekritik. Poststrukturalismus. Pfaffenweiler.

BUTLER, Judith, 1991: Das Unbehagen der Geschlechter. Frankfurt/M.

BUTLER, Judith, 1993: Kontingente Grundlagen. Der Feminismus und die Frage der Postmoderne. In: Seyla BENHABIB u. a. (Hg.): Der Streit um Differenz. Frankfurt/M., S. 31–58.

BUTLER, Judith, 1995: Körper von Gewicht. Über die diskursiven Grenzen des Geschlechts. Berlin.

CIXOUS, Hélène, 1976: Schreiben, Feminität, Veränderung. In: Alternative 108 + 109. Das Lächeln der Medusa. Frauenbewegung, Sprache, Psychoanalyse. S. 135–147.

CIXOUS, Hélène, 1977: Die unendliche Zirkulation des Begehrens. Weiblichkeit in der Schrift. Berlin.

CONRAD, Christoph / KESSEL, Martina (Hg.), 1996: Geschichte schreiben in der Postmoderne. Stuttgart.

DERRIDA, Jacques, 1988: Wie Meeresrauschen auf dem Grund einer Muschel. Paul de Mans Krieg. Memoires 2. Wien.

DERRIDA, Jacques, 1989: Die Schrift und die Differenz. Frankfurt/M.

DOAN, Laura (Hg.), 1994: The Lesbian Postmodern. New York.

DOCHERTY, Thomas (Hg.), 1993: Postmodernism. A Reader. New York.

ECKER, Gisela, 1985: Poststrukturalismus und feministische Wissenschaft. In: Renate BERGER / Monika HENGSBACH / Maria KUBLITZ / Inge STEPHAN / Sigrid WEIGEL (Hg.): Frauen. Weiblichkeit. Schrift. Berlin, S. 8–19.

ECKER, Gisela, 1988: Spiel und Zorn. Zu einer feministischen Praxis der Dekonstruktion. In: Annegret PELZ / Marianne SCHULLER / Inge STEPHAN / Sigrid WEIGEL / Kerstin WLHELMS (Hg.): Frauen – Literatur – Politik. Berlin, Hamburg, S. 8–22.

ECKER, Gisela, 1994: Differenzen. Essays zu Weiblichkeit und Kultur. Dülmen-Hiddingsel.

EIBLMAYR, Silvia, 1993: Die Frau als Bild. Der weibliche Körper in der Kunst des 20. Jahrhunderts. Berlin.

ENGELMANN, Peter (Hg.), 1990: Postmoderne und Dekonstruktion. Texte französischer Philosophen der Gegenwart. Stuttgart.

FERGUSON, Kathy E., 1992: Politischer Feminismus und Dekonstruktionstheorien. In: Das Argument 196, S. 873–885.

FERGUSON, Margaret / WICKE, Jennifer (Hg.), 1994: Feminism and Postmodernism. Durham.

FLAX, Jane, 1990: Thinking Fragments. Psychoanalysis, Feminism & Postmodernism in Contemporary West. Berkeley, Los Angeles, Oxford.

FOUCAULT, Michel, 1987: Vorrede zur Überschreitung. In: ders. (Hg.): Von der Subversion des Wissens. Frankfurt/M., S. 28–45.

FOUCAULT, Michel, 1991: Schriften zur Literatur. Frankfurt/M.

FRANK, Manfred, 1986: Die Unhintergehbarkeit von Individualität. Reflexionen über Subjekt, Person und Individuum aus Anlaß ihrer „postmodernen" Toterklärung. Frankfurt/M.

GIROUX, Henry (Hg.), 1991: Postmodernism, Feminism and Cultural Politics. Redrawing Educational Boundaries. New York.

GÜNTER, Andrea (Hg.), 1996: Feministische Theologie und postmodernes Denken. Zur theologischen Relevanz der Geschlechterdifferenz. Stuttgart.

GUMBRECHT, Hans Ulrich, 1991: Die Postmoderne ist (eher) keine Epoche. In: Robert WEIMANN / Hans Ulrich GUMBRECHT (Hg.): Postmoderne – globale Differenz. Frankfurt/M., S. 366–380.

GUMBRECHT, Hans Ulrich, 1991: nachMODERNE ZEITENräume. In: Robert WEIMANN / Hans Ulrich GUMBRECHT (Hg.): Postmoderne – globale Differenz. Frankfurt/M., S. 54-70.

HAAS, Erika (Hg.), 1995: Verwirrung der Geschlechter. Dekonstruktion und Feminismus. München.

HABERMAS, Jürgen, 1968: Erkenntnis und Interesse. Frankfurt/M.

HABERMAS, Jürgen, 1981: Die Moderne – ein unvollendetes Projekt. In: ders., Kleine Politische Schriften I–IV. Frankfurt/M., S. 444–464.

HABERMAS, Jürgen, 1985: Der philosophische Diskurs der Moderne. Frankfurt/M.

HARAWAY, Donna, 1995: Das Abnehme-Spiel. In: dies.: Monströse Versprechungen. Coyote-Geschichten zu Feminismus und Technowissenschaften. Hamburg, S. 123–148.

HARAWAY, Donna, 1995: Ein Manifest für Cyborgs. Feminismus im Streit mit den Technowissenschaften. In: dies.: Die Neuerfindung der Natur. Primaten, Cyborgs und Frauen. Frankfurt/M., New York, S. 33–72.

HASSAN, Ihab, 1987: Pluralismus in der Postmoderne. In: Dietmar KAMPER / Willem van REIJEN (Hg.): Die unvollendete Vernunft. Moderne versus Postmoderne. Frankfurt/M., S. 157–184.

HASSAUER, Friederike J. / ROOS, Peter (Hg.), 1980: Notizbuch. VerRückteRede. Gibt es eine weibliche Ästhetik? Berlin.

HAUSKELLER, Christine, 2000: Das paradoxe Subjekt. Widerstand und Unterwerfung bei Judith Butler und Michel Foucault. Tübingen.

HEKMAN, Susan, 1992: Gender and Knowlegde. Elements of a Postmodern Feminism. Boston.

HOFF, Dagmar von u. a. (Hg.), 1994: Postfeminismus. Special Issue of Frauen in der Literaturwissenschaft. 43. Hamburg.

HORNSCHEIDT, Antje / JÄHNERT, Gabriele / SCHLICHTER, Annette (Hg.), 1998: Kritische Differenzen – Geteilte Perspektiven. Zum Verhältnis von Feminismus und Postmoderne. Opladen, Wiesbaden.

HUYSSEN, Andreas, 1986: After the Great Divide. Modernism, Mass Culture, Postmodernism. Bloomington.

HUYSSEN, Andreas / SCHERPE, Klaus R. (Hg.), 1986: Postmoderne. Zeichen eines kulturellen Wandels. Reinbek.

IGNATOW, Assen, 2000: Ist Osteuropa „postmodern"? Der Begriff der Postmoderne und die Osteuropaforschung. Köln.

IRIGARAY, Luce, 1976: Neue Körper, neue Imaginationen. Interview mit Marine Storti. In: Alternative. Das Lächeln der Medusa. Frauenbewegung, Sprache, Psychoanalyse. 108 + 109, S. 123–126.

IRIGARAY, Luce, 1980: Speculum. Spiegel des anderen Geschlechts. Frankfurt/M.

IRIGARAY, Luce, 1979: Das Geschlecht, das nicht eins ist. Berlin.

JAMESON, Frederic, 1991: Postmodernism, or, The Cultural Logic of Late Capitalism. London, New York.

JOHNSON, Barbara, 1994: The Wake of Deconstruction. Cambridge.

KAISER, Nancy (Hg.), 1994: Selbst Bewusst. Frauen in den USA. Leipzig.

KAMPER, Dietmar, 1988: Nach der Moderne. Umrisse einer Ästhetik der Posthistoire. In: Wolfgang WELSCH (Hg.): Wege aus der Moderne. Schlüsseltexte der Postmoderne-Diskussion. Weinheim, S. 163–192.

KEMPER, Peter (Hg.), 1988: Postmoderne oder Der Kampf um die Zukunft. Kontroversen in Wissenschaft, Kunst und Gesellschaft. Frankfurt/M.

KLINGER, Cornelia, 1986: Die Reflexion von Frauen auf die Philosophie. In: Karin HAUSEN / Helga NOWOTNY (Hg.): Wie männlich ist die Wissenschaft? Frankfurt/M.

KNAPP, Gudrun-Axeli, 1998: Hunting the dodo. Anmerkungen zum Diskurs der Postmoderne. In: Antje HORNSCHEIDT u. a. (Hg.): Kritische Differenzen – Geteilte Perspektiven. Zum Verhältnis von Postmoderne und Feminismus. Opladen, Wiesbaden, S. 195–228.

KNAPP, Gudrun-Axeli (Hg.), 1998: Kurskorrekturen. Feminismus zwischen kritischer Theorie und Postmoderne. Frankfurt/M., New York.

KOLESCH, Doris, 2002: Postmoderne. In: Renate KROLL (Hg.): Metzler-Lexikon. Gender Studies – Geschlechterforschung. Ansätze – Personen – Grundbegriffe. Stuttgart, Weimar, S. 315–317.

KOSELLECK, Reinhart, 1979: Vergangene Zukunft. Zur Semantik geschichtlicher Zeiten. Frankfurt/M.

KREIS-SCHINCK, Annette, 1994: Feministische/„Postfeministische" Spurensuche. Oder wie eine Gefahr zur Chance mutiert, mutieren soll. In: Frauen in der Literaturwissenschaft. Postfeminismus. Rundbrief 43, S. 9–10.

KRISTEVA, Julia, 1970: Polylogue. Paris.

KRISTEVA, Julia, 1976: Produktivität der Frau. In: Alternative. Das Lächeln der Medusa. Frauenbewegung, Sprache, Psychoanalyse. 108 + 109, S. 166–173.

KRISTEVA, Julia, 1978: Die Revolution der poetischen Sprache. Frankfurt/M.

KROLL, Renate, 2002: Metzler Lexikon Gender Studies. – Geschlechterforschung. Ansätze – Neuinterpretationen. Stuttgart, Weimar.

LACAN, Jacques, 1975: Das Drängen des Buchstabens im Unbewußten oder die Vernunft seit Freud. In: Jacques LACAN: Schriften II. Olten.

LACAN, Jacques, 1991: Encore. Das Seminar XX. Weinheim, Berlin.

LACHMANN, Renate, 1984: Thesen zu einer weiblichen Ästhetik. In: Claudia OPITZ (Hg.): Weiblichkeit oder Feminismus? Konstanz, S. 181–193.

LAURETIS, Teresa de, 1987: Technologies of Gender. Essays on Theory, Film and Fiction. Bloomington.

LINK-HEER, Ursula, 1998: Das Zauberwort „Differenz" – Dekonstruktion und Feminismus. In: Hannelore BUBLITZ (Hg.): Das Geschlecht der Moderne. Genealogie und Archäologie der Geschlechterdifferenz. Frankfurt/M., New York. S. 49–70.

LIST, Elisabeth / FIALA, Ernst (Hg.), 1997: Leib Maschine Bild. Körperdiskurse der Moderne und Postmoderne. Wien.

LUMMERDING, Susanne, 1994: „Weibliche" Ästhetik? Möglichkeiten und Grenzen einer Subversion von Codes. Wien.

LYOTARD, Jean-Francois, 1986: Das postmoderne Wissen. Wien.

LYOTARD, Jean-Francois, 1988: Die Moderne redigieren. In: Wolfgang WELSCH (Hg.): Wege aus der Moderne. Schlüsseltexte der Postmoderne-Diskussion. Weinheim, S. 204–214.

LYOTARD, Jean-Francois, 1996: Postmoderne für Kinder. Briefe aus den Jahren 1982-1985. Wien.

MCCORMICK, Richard W., 1991: Politics of the Self. Feminism and the Postmodern in West German Literature and Film. Princeton NJ.

MEAGHAN, Morris, 1990: The Pirate's Fiancé. Feminism, Reading, Postmodernism. London.

MEDER, Norbert, 1989: Der Sprachspieler. Der postmoderne Mensch oder das Bildungsideal im Zeichen der Neuen Technologien. Köln.

MEUSSINGER, Anja, 1996: Der Streit um die Differenz. Zur Reproduktion und Dekonstruktion der Kategorien weibliches Subjekt, weibliche Identität und weiblicher Körper in aktuellen Diskussionen feministischer Theorien in der BRD und den USA. In: Rüdiger SCHOLZ / Klaus-Michael BOGDAL (Hg.): Literaturtheorie und Geschichte. Zur Diskussion materialistischer Literaturwissenschaft. Opladen, S. 90–111.

MEYER, Eva, 1983: Zählen und Erzählen. Für eine Semiotik des Weiblichen. Wien, Berlin.

MILICH, Klaus J., 1998: Feminismus und Postmoderne. Zur Notwendigkeit einer kulturhistorischen Verortung. In: Antje HORNSCHEIDT / Gabriele JÄHNERT / Annette SCHLICHTER (Hg.): Kritische Differenzen – Geteilte Perspektiven. Zum Verhältnis von Feminismus und Postmoderne. Opladen, Wiesbaden, S. 42–73.

MILLER, Nancy, 1982: The Text Heroine. A Feminist Critic And Her Fictions. In: diacritics 12, S. 48–53.

MODLESKI, Tania, 1991: Feminism without Women. Culture and Criticism in a „Postfeminist" Age. New York.

MOI, Toril, 1985: Sexual/Textual Politics. Feminist Literary Theory. London. (dt. 1989: Sexus-Text-Herrschaft. Feministische Literaturwissenschaft. Bremen.)

NEGRI, Antonio / HARDT, Michael, 1996: Die Arbeit des Dionysos. Materialistische Staatskritik in der Postmoderne. Berlin.

NICHOLSON, Linda (Hg.), 1990: Feminism/Postmodernism. New York.

ÖHLSCHLÄGER, Claudia / WIENS, Birgit (Hg.), 1997: Körper-Gedächtnis-Schrift. Berlin.

OWENS, Craig, 1986: Der Diskurs der Anderen. Feministinnen und Postmoderne. In: Andreas HUYSSEN / Klaus R. SCHERPE (Hg.): Postmoderne. Zeichen eines kulturellen Wandels. Reinbek, S. 172–195.

PELZ, Annegret / SCHULLER, Marianne / STEPHAN, Inge / WEIGEL, Sigrid / WIL-HELMS, Kerstin (Hg.), 1988: Frauen – Literatur – Politik. Berlin, Hamburg.

RIESE, Utz / MAGISTER, Karl Heinz, 2003: Postmoderne/postmodern. In: Karlheinz BARCK / Martin FONTIUS / Dieter SCHLENSTEDT / Burkhart STEINWACHS / Friedrich WOLFZETTEL (Hg.): Ästhetische Grundbegriffe. Bd. 5 (Postmoderne-Synästhesie). Stuttgart, Weimar, S. 1–39.

RORTY, Richard (Hg.), 1967: The Linguistic Turn. Chicago.

SCHLICHTER, Annette, 2003: Gender/Heterosexuality. What's the Difference? Überlegungen zur kritischen Analyse der Heterosexualität im Rahmen *queerer gender studies*. In: Die Philosophin. Forum für feministische Theorie und Philosophie 28. Intersex und Genderstudies.

SCHMUCKLI, Lisa, 1996: Differenzen und Dissonanzen. Zugänge zu feministischen Erkenntnistheorien der Postmoderne. Königstein.

SCHULLER, Marianne, 1990: Im Unterschied. Lesen. Korrespondieren. Adressieren. Frankfurt/M.

SCHULLER, Marianne, 1997: Moderne. Verluste. Basel, Frankfurt/M.

SCOTT, Joan W., 1994: Gender. Eine nützliche Kategorie der historischen Analyse. In: Nancy KAISER (Hg:): Selbst Bewußt. Frauen in den USA. Leipzig, S. 27–75.

SCOTT, Joan W., 2001: Die Zukunft von Gender. Fantasien zur Jahrtausendwende. In: Claudia HONEGGER / Caroline ARNI (Hg.): Gender – die Tücken einer Kategorie. Zürich, S. 39–64.

SPIVAK, Gayatri Chakravatory, 1990: The Post-Colonial Critic. Interviews, Strategies, Dialogues. New York, London.

SPIVAK, Gayatri Charkavorty, 1992: Verschiebung und der Diskurs der Frau. In: Barbara VINKEN (Hg.): Dekonstruktiver Feminismus. Literaturwissenschaft in Amerika. Frankfurt/M., S. 183–218.

STEPHAN, Inge, 1997: Musen & Medusen. Mythos und Geschlecht in der Literatur des 20. Jahrhunderts. Köln, Weimar, Wien.

STEPHAN, Inge / WEIGEL, Sigrid (Hg.), 1987: Weiblichkeit und Avantgarde. Berlin, Hamburg.

SYKORA, Katharina, 1989: Verletzung – Schnitt – Verschönerung. Filmische Freilegungen. In: Ines LINDNER / Sigrid SCHADE / Silke WENK / Gabriele WERNER (Hg.): Blick-Wechsel. Konstruktionen von Männlichkeit und Weiblichkeit in Kunst und Kunstgeschichte. Berlin, S. 359–368.

VATTIMO, Gianni, 2004: Jenseits des Christentums. Gibt es eine Welt ohne Gott? München.

VINKEN, Barbara (Hg.), 1992: Dekonstruktiver Feminismus. Frankfurt/M.

WAUGH, Patricia, 1989: Feminine Fictions. Revisiting the Postmodern. New York.

WEIGEL, Sigrid, 1995: Flaschenpost und Postkarte. Vorwort. In: dies. (Hg.): Flaschenpost und Postkarte. Korrespondenzen zwischen kritischer Theorie und Poststrukturalismus. Köln, Weimar, Wien, S. 1-6.

WEIGEL, Sigrid, 1995: Kommunizierende Röhren. Michel Foucault und Walter Benjamin. In: dies. (Hg.): Flaschenpost und Postkarte. Korrespondenzen zwischen kritischer Theorie und Poststrukturalismus. Köln, Weimar, Wien, S. 25–48.

WEIMANN, Robert / GUMBRECHT, Hans-Ulrich (Hg.), 1991: Postmoderne – globale Differenz. Frankfurt/M.

WELSCH, Wolfgang (Hg), 1988: Wege aus der Moderne. Schlüsseltexte der Postmoderne-Diskussion. Weinheim.

WELSCH, Wolfgang, 1991: Unsere postmoderne Moderne. Weinheim.

WHITE, Hayden, 1999: Postmodernism, Textualism and History. In: Eckard GOEBEL / Wolfgang KLEIN (Hg.): Literatur-Forschung heute. Berlin.

QUEER STUDIES

von *Sabine Hark*

Einleitung

Queer Studies bzw. Queer Theory bezeichnet einen interdisziplinären Korpus von Wissen, der Geschlecht(skörper) und Sexualität als Instrumente und zugleich als „Effekte bestimmter moderner Bezeichnungs-, Regulierungs- und Normalisierungsverfahren"[1] begreift, d. h. Geschlecht und Sexualität liegen der Kultur nicht voraus, sondern sind gleichursprünglich mit ihr. Eine zweite zentrale Annahme von Queer Studies ist die These, dass die Zwei-Geschlechter-Ordnung und das Regime der Heterosexualität in komplexer Weise koexistieren, sich bedingen und wechselseitig stabilisieren. Insbesondere garantieren sie wechselweise jeweils ihre „Naturhaftigkeit" und beziehen ihre affektive Aufladung voneinander. Damit lenken die Queer Studies die theoretische Aufmerksamkeit darauf, dass die – im Sinne eines expressiven, mimetischen oder gar kausalen Verhältnisses gedachte – Kohärenz von *sex, gender,* Begehren und Identität sozial gestiftet ist. Anders formuliert: Queer Theory betont die radikale Diskontinuität der Kette *sex – gender –* Begehren – Identität. Die theoretisch entscheidende Leistung von Queer Theory ist es, Heterosexualität analytisch als ein Machtregime rekonstruiert zu haben, dessen Aufgabe die Produktion und Regulierung einer Matrix von hegemonialen und minoritären sozio-sexuellen Subjektpositionen ist. Das bedeutet, dass das Regime der Heterosexualität nicht allein Subjektivitäten, Beziehungsweisen und Begehrensformen organisiert, vielmehr strukturiert es auch gesellschaftliche Institutionen, wie Recht, Ehe, Familie und Verwandtschaft oder wohlfahrtsstaatliche Systeme, es ist eingeschrieben in (alltags-)kulturelle Praxen, wie Photos in der Brieftasche tragen, Familienpackungen einkaufen, Gäste empfangen, Weihnachten feiern, eine Waschmaschine kaufen, ein Formular ausfüllen oder Diät halten, und es organisiert schließlich ökonomische Verhältnisse, etwa in der geschlechtlichen Arbeitsteilung.

Queer – Das politische Projekt

Politisch signalisiert queer die kritische Befragung von Aktionsformen und sozialen Bewegungen, die grundlegende Gemeinsamkeiten oder Identitäten als Vorausset-

---

1 S. HARK, Queer Interventionen, in: Feministische Studien 11.2 (1993), S. 104.

zung für kollektives Handeln begreifen. Queer befragt die Grenzen von lesbisch-schwulen Minderheitenpolitiken, die daran festhalten, Lesben und Schwule eindeutig zu definieren und zu klassifizieren, um dann auf Basis dieser Merkmale Schutz oder Gleichstellung im Recht für diese Gruppen zu erwirken.[2] In dieser Weise identitätspolitisch agierende Bewegungen, so die queere Kritik, übersähen allzu oft, dass Forderungen, die ‚im Namen' einer Differenz erhoben würden, diese Differenz als dann zu regulierende erst mit hervorbringen und weiterhin stabilisieren:

> „Queere TheoretikerInnen haben die Sicht kritisiert, Homosexualität sei ein Persönlich-keits- oder Gruppenmerkmal, gleich ob dieses mit einem natürlichen oder sozialen Ur-sprung erklärt wird. Sie argumentieren, dass diese Perspektive die Binarität von Heterose-xualität/Homosexualität als Meisterrahmen für die Konstruktion von Selbst, sexuellem Wissen und sozialen Institutionen intakt lasse. Ein theoretisches und politisches Projekt, das ausschließlich darauf zielt, Homosexualität zu normalisieren und Lesben und Schwule als soziale Minderheit zu legitimieren, stellt jedoch keine Herausforderung dar für ein Re-gime, das Körper, Begehren, Verhalten und soziale Beziehungen definiert im Rahmen ei-ner binär organisierten Begrifflichkeit von sexueller Präferenz."[3]

Queer – Das akademische Projekt

Als *akademisches* Unternehmen entsteht Queer Theory zunächst in den USA ab An-fang der Neunziger Jahre in kritischer Fortführung lesbischer, lesbisch-feministischer und schwuler Forschungen und Theoriebildungen sowie im Kontext einer sich an-gesichts der AIDS-Epidemie erneut radikalisierenden schwul-lesbischen Bewegung. In den akademischen Kontext eingeführt wird *queer* im Jahr 1991 durch ein von Te-resa de Lauretis herausgegebenes Heft der Zeitschrift *differences. A Journal of Femi-nist Cultural Studies* zum Thema „Queer Theory. Lesbian and Gay Sexualities".[4] De Lauretis begründet in der Einleitung zu diesem Band die Entscheidung für den Be-griff queer mit der Hoffnung, dieser könnte geeignet sein, kategoriale und identitäts-orientierte Begrenzungen, die die Begriffe lesbisch bzw. schwul historisch begleiten, zu überwinden. Mit Queer Theory sei daher eine doppelte Schwerpunktsetzung verbunden: „Queer Theory betont zweierlei – die konzeptionelle und spekulative Arbeit neuer Diskursproduktion sowie die notwendig kritische Arbeit der De-konstruktion dieser Diskurse und dessen, was diese verschweigen."[5] Queer Theory versteht sich folglich als Projekt der Erzeugung selbst-reflexiven Wissens.

---

2   Die Fokussierung auf das Dreieck Geschlecht – Sexualität – soziale Bewegung spiegelt der erste Themenschwerpunkt zu Queer der Zeitschrift *Socialist Review* (22.1, 1992), der dem-entsprechend „Queer Innovation. Transforming Gender, Sexuality, and Social Movements" lautet.
3   S. SEIDMAN, Deconstructing Queer Theory, Cambridge 1995, S. 126 (eigene Übers.).
4   Queer Theory. Lesbian and Gay Sexualities, in: differences. A Journal of Feminist Cultural Studies, 3.2 (1991).
5   T. de LAURETIS, Queer Theory. Lesbian and Gay Sexualities, in: ebd., S. iv (eigene Übers.).

Institutionell konnte sich Queer Theory in den USA zumindest partiell schnell etablieren. Auf die vielerorts bereits existierenden *Lesbian and Gay Studies* aufbauend, werden Queer Studies innerhalb kurzer Zeit in Form von einzelnen Kursen oder gar Programmen an mehreren US-amerikanischen Colleges und Universitäten angeboten, z. B. in New York, Los Angeles und Berkeley. Ab Mitte der Neunziger Jahre ist deutlich eine programmatische Abkehr von *Lesbian and Gay Studies* zu Queer Theory bzw. Studies festzustellen.[6] Entsprechend einer Konzentration auf Fragen von (kultureller) Repräsentation weisen Queer Studies ein stark kultur-, film- und medien- sowie literaturwissenschaftliches Profil auf.[7] Aber auch sozialtheoretische Perspektiven sowie Fragen politischer Theorie[8] stellen bis heute ein zentrales Feld queerer Theoriebildung dar.

Queer und Feminismus: Die Frage der Sexualität

Queer Theory schließt unter anderem an die lesbisch-feministischen Problematisierungen von Heterosexualität an. Denn hier lagen bereits Ansätze vor, die Heterosexualität als Institution, Norm oder produktive Matrix konzipierten und die Verschränkung von (Hetero-)Sexualität und Geschlecht untersuchten.[9] Allerdings

---

In einer Anmerkung zu dieser Einleitung grenzt de Lauretis ihre Verwendung von queer deutlich ab von der politischen Artikulation von queer, Anfang der Neunziger Jahre besonders repräsentiert durch die Gruppe *Queer Nation*. De Lauretis schreibt: „My ‚queer‘ had no relation to the Queer Nation group, of whose existence I was ignorant at the time. As the essays will show, there is in fact very little in common between Queer Nation and this queer theory." (ebd., S. xvii).

Schon wenige Jahre später revidiert de Lauretis ihre Haltung zum theoretischen Nutzen von queer. De Lauretis kehrt zur Bezeichnung „lesbisch" zurück, da queer ihres Erachtens zu schnell ein „konzeptuell entleertes Gebilde der Publikationsindustrie" geworden sei. T. de LAURETIS, Habit Changes, in: differences. A Journal of Feminist Cultural Studies, 6.2 + 3 (1997), S. 297.

6 Dies ist auch an den Titeln einschlägiger Publikationen ablesbar: Seit 1994 erscheint die explizit queeren theoretischen Perspektiven verpflichtete Zeitschrift GLQ. A Journal of Gay and Lesbian Studies. Vgl. auch Titel wie S. SEIDMAN, Queer Theory/Sociology, Cambridge 1996; E. K. SEDGWICK, Novel Gazing. Queer Readings in Fiction, Durham 1997; W. PINAR, Queer Theory in Education, Mahwah 1998; C. THOMAS / J. AIMONE, Straight with a Twist. Queer Theory and the Subject of Heterosexuality, Urbana 2000.

7 Für einen guten Überblick vgl. insbes. C. GENSCHEL u. a., Anschlüsse, Berlin 2001, S. 167–194; A. KRASS, Queer Studies. Eine Einführung, Frankfurt/M. 2003, S. 7–30.

8 Für einen Überblick zu queerer politischer Theorie vgl. S. PHELAN, Playing With Fire, New York, London 1997; S. PHELAN, Queer Liberalism, in: American Political Science Review 94/2 (2000), S. 431–442.

9 Vgl. A. RICH, Zwangsheterosexualität und lesbische Existenz, Berlin 1983, S. 138–169; M. WITTIG, The Straight Mind, Boston 1992.

grenzte sich Queer Theory zumindest anfangs auch deutlich vom Feminismus ab. Da letztlich, so der Vorwurf, *gender* implizit als heteronormativ verfasst begriffen würde, stelle die feministische Theorie keine adäquaten Instrumente für die Analyse von Sexualität bereit. Im direkten Anschluss an die von Gayle Rubin erstmals 1984 in *Thinking Sex. Notes for a Radical Theory of the Politics of Sexuality*[10] vertretene Position, dass die feministische Theorie nicht den privilegierten Rahmen für eine Analyse von Sexualität darstelle, plädierten queere TheoretikerInnen folglich dafür, Sexualität und Geschlecht analytisch zu unterscheiden, um deren distinkte soziale Existenz präziser verstehen zu können.[11] In Konsequenz dieser Kritik rückt Queer Theory die hierarchische Figur der hetero/homo-Binarität ins Zentrum. Denn, so die queere Generalthese, „das Verständnis jeglichen Aspekts moderner westlicher Kultur wird unvollständig, wenn nicht gar substantiell beschädigt sein, sofern eine kritische Analyse der modernen Definition von homo/heterosexuell unterbleibt."[12] Queer Theory fragt daher, wie in der Moderne diese Binarität soziale Institutionen und politische Gebilde sowie Wissensfelder und kulturelle Bedeutungssysteme, die Subjektivitäten, soziale Verhältnisse und Normen konfiguriert, strukturiert und ferner, wie Heterosexualität als *Heteronormativität* grundlegend in Gesellschafts- und Geschlechterverhältnisse eingeschrieben ist. Denn „Heterosexualität geht als Dispositiv in die Geschlechterverhältnisse ein, stützt sie materiell als Regulativ der Wissensproduktion, als Normalisierungsmodell, als Anrufungsverhältnis und als Zuweisungsmodus in der Arbeitsteilung".[13]

Sexualität ist in einer queeren Perspektive folglich zunächst eine Kategorie der Macht – und nicht ein Moment des Privaten, etwa ein „Persönlichkeitsmerkmal" oder ein „privater Lebensentwurf". Queer Theory konzipiert Sexualität als herrschaftskritische, analytische Kategorie, die – ebenso wie Geschlecht, geopolitische Positionierung, „Rasse" oder Klasse – als Kategorie sozialer und politischer Strukturierung fungiert. Als regulative Praxis und als gesellschaftliches Ordnungsprinzip positioniert sie Individuen an der sozialen Peripherie oder im Zentrum; platziert sie in einer bestimmten und bestimmenden Relation zu institutionellen und ökonomischen Ressourcen, zu sozialen Möglichkeiten, rechtlichem Schutz und sozialen Privilegien sowie in Relation zu einer Bandbreite von Formen sozialer Kontrolle, die

---

10 G. RUBIN (dt. Übers.), Sex denken. Anmerkungen zu einer radikalen Theorie der sexuellen Politik, in: A. KRASS, Queer denken. Queer Studies, Frankfurt/M. 2003, S. 31–79.

11 Für eine Kritik an diesem Versuch, eindeutige und getrennte Wissensobjekte zu demarkieren, vgl. J. BUTLER, Against Proper Objects, in: differences. A Journal of Feminist Cultural Studies, 6.2 + 3 (1994), S. 1–26 (dt. Uneigentliche Objekte, in: G. DIETZE / S. HARK, Gender kontrovers. Genealogien und Grenzen einer Kategorie, Königstein/Ts. 2006, S. 181–213; S. HARK, Umstrittene Wissensterritorien. Feminismus und Queer Theory – Reflexivität als Programm, in: U. Ferdinand u. a. (Hg.), Verquere Wissenschaft?, Münster 1998, S. 13–24.

12 E. K. SEDGWICK, Epistemology of the Closet, Berkeley 1990, S. 1.

13 P. WAGENKNECHT, (Hetero-)Sexualität in einer Theorie der Geschlechterverhältnisse, in: Das Argument 243 (2001), S. 816.

vom Ein- bzw. Ausschluss aus Bürgerrechten bis zu verbaler Verhöhnung und physischer Gewalt reichen.

Butler und die Folgen: Deutschsprachige Queer Studies

Im deutschsprachigen Raum wurde Queer Theory zunächst durch Judith Butlers Buch *Gender Trouble. Feminism and the Subversion of Identity*[14] wahrgenommen.[15] Mit ihrer These, dass *sex* immer schon *gender* gewesen ist, provozierte Butler eine vehement und erbittert geführte Kontroverse in der deutschsprachigen Frauen- und Geschlechterforschung.[16] Die Rezeption blieb allerdings zunächst fokussiert auf die geschlechtertheoretischen Implikationen, vor allem auf die Dekonstruktion der *sex/gender*-Differenz sowie auf die These, Geschlecht sei nicht expressiv, sondern performativ.[17] Darüber hinaus wurde Butlers Infragestellung der Identitäts-Kategorie „Frau" als Fundament feministischer Politik zum Gegenstand der Kritik. Die heterosexualitätskritischen Perspektiven, namentlich ihr Argument, dass Geschlecht innerhalb einer „heterosexuellen Matrix"[18] hervorgebracht wird, diese die „Matrix der Intelligibilität"[19] von Geschlecht darstelle, blieben dagegen im *mainstream* der Frauen- und Geschlechterforschung zunächst weitgehend ausgeblendet.

Dabei kann das Konzept der „heterosexuellen Matrix" zweifellos als einer der zentralen Beiträge Butlers sowohl für die Gender Studies als auf für die Queer Studies gelten. Es ist diese Matrix, die die Einheit von Geschlecht, Identität und Sexualität organisiert und aufrechterhält. Allerdings ist diese selbst ein Ergebnis ständig wiederholter performativer Akte, durch die diejenigen Handlungen und Subjektpositionen, die mit einer heterosexuellen Geschlechtsidentität nicht übereinstimmen, ausgeschlossen und verworfen werden. Deshalb erscheinen Geschlechts- und sexuelle Positionen, die nicht den Normen der kulturellen Erkennbarkeit entsprechen, als Fehlentwicklungen oder logische Unmöglichkeiten. Butler fragt dagegen nach den Möglichkeiten einer Wieder-Einsetzung solcher verworfener Subjekt-Positionen, danach, was es bedeutet, verworfene Positionen wieder ins Symbolische einzuführen.

---

14 J. BUTLER, Gender Trouble, London, New York 1990 (dt. Das Unbehagen der Geschlechter, Frankfurt/M. 1991).

15 Zum Werk J. Butlers liegen mittlerweile eigene Einführungen vor, weshalb hier auf eine ausführliche Darstellung verzichtet wird. Vgl. H. BUBLITZ, Judith Butler zur Einführung, Hamburg 2002; P.-I. VILLA, Judith Butler, Frankfurt/M. 2003.

16 Exemplarisch für diese frühe Butler-Rezeption vgl. Feministische Studien, Themenschwerpunkt „Kritik der Kategorie ,Geschlecht'", H. 11.2 (1993). Für eine kritische Diskussion der deutschsprachigen Butler-Rezeption vgl. S. HARK, Disputed Territory, in: Amerikastudien/American Studies 46.1 (2001), S. 87–103.

17 Siehe hierzu den Beitrag „Sexualität" von H. JENSEN in diesem Band.

18 BUTLER, Das Unbehagen der Geschlechter, S. 63.

19 Ebd., S. 39.

Allerdings spielt der Begriff queer in *Gender Trouble* – entstanden vor der politischen und theoretischen Re-Artikulation von queer – noch keine Rolle. Erst in *Bodies That Matter*[20] setzt sich Butler im Schlusskapitel zu *Critically Queer*[21] explizit mit der subversiven Aneignung von queer auseinander. Im Kontext der Kritik an Identitätspolitik warnt sie eindringlich davor, queer als fest umrissene Identitätskategorie zu verstehen oder gar zu gebrauchen. Denn kein Begriff, keine Identitätskategorie, so auch queer nicht, könne vollständig angeeignet werden. Das kritische Potential von queer bestehe im Gegenteil gerade darin, Fixierungen immer wieder zu durchkreuzen und die Begriffe für das aus ihnen Ausgeschlossene zu öffnen:[22]

> „Wenn der Begriff ‚queer‘ ein Ort kollektiver Auseinandersetzung sein soll, Ausgangspunkt für eine Reihe historischer Überlegungen und Zukunftsvorstellungen, wird er das bleiben müssen, was in der Gegenwart niemals vollständig in Besitz ist, sondern immer nur neu eingesetzt wird, umgedreht wird, durchkreuzt wird [*queered*] von einem früheren Gebrauch her und in die Richtung dringlicher und erweiterungsfähiger politischer Zwecke."[23]

Insbesondere an diese identitätskritischen Perspektiven sowie die Dekonstruktion von (lesbischer bzw. lesbisch-feministischer) Identitätspolitik schließen die ersten deutschsprachigen Arbeiten an, die im Feld von Queer Studies verortet werden können.[24] Weitere im Laufe der Jahre hinzu kommende Schwerpunkte deutschsprachiger Queer Studies sind dann vor allem Repräsentationskritiken[25], kulturwissenschaftliche Studien zu geschlechtertransgressiven Subkulturen[26], Studien zur politischen Regulierung von Zweigeschlechtlichkeit und Heteronormativität[27] sowie

---

20 J. BUTLER, Bodies That Matter, London, New York 1993 (dt.: Körper von Gewicht, Berlin 1995).

21 BUTLER, Körper von Gewicht, S. 293–322.

22 Butler vertritt hier also eine ähnliche Position wie de Lauretis bezüglich des kritischen Potentials von queer.

23 BUTLER, Körper von Gewicht, S. 301.

24 Vgl. S. HARK, deviante Subjekte, Opladen [2]1999; dies. (Hg.), Grenzen lesbischer Identitäten, Berlin 1996.

25 A. ENGEL, Wider die Eindeutigkeit, Frankfurt/M., New York 2002 sowie die Beiträge in: E. HASCHEMI YEKANI / B. MICHAELIS (Hg.), Quer durch die Geisteswissenschaften. Perspektiven der Queer Theory, Berlin 2005 und in: M HAASE u. a. (Hg.), Outside. Die Politik queerer Räume, Berlin 2005.

26 Z. B. J. FUNK, ‚Butch‘ und ‚Femme‘ – Original oder Kopie?, in: W. HÄRLE u. a. (Hg.), Ikonen des Begehrens, Stuttgart 1997, S. 41–63; S. HARK, Parodistischer Ernst und politisches Spiel, in A. HORNSCHEIDT u. a. (Hg.), Kritische Differenzen, Opladen, Wiesbaden 1998, S. 115-139; C. BREGER, Queens und Kings, oder Performing Power, in: Amerikastudien/American Studies 46.1 (2001), S. 105–122; M. HAASE, Das Regime der Parodie, in: Potsdamer Studien zur Frauen- und Geschlechterforschung 5.1–2 (2001), S. 31-40.

27 Vgl. C. GENSCHEL, Von medizinischen Objekten zu politischen Subjekten, in: U. FERDINAND u. a. (Hg.), Verqueere Wissenschaft?, Münster 1998, S. 309–320; dies., Wann ist ein Körper ein Körper mit (Bürger-)Rechten?, in: QUAESTIO (Hg.), Queering Demokratie, Berlin 2000, S. 113–129 sowie die Beiträge in: POLYMORPH (Hg.), (K)ein Geschlecht oder viele?

gesellschaftstheoretische[28] und rechtspolitische Analysen[29]. Dabei ist ein deutliches Charakteristikum deutschsprachiger im Unterschied zu einem Großteil der anglo-amerikanischen Queer Studies, dass queere und feministische Perspektiven aufeinander bezogen und nicht als sich wechselseitig ausschließende begriffen werden. Allerdings spiegelt sich dies bisher nicht in der institutionellen Situation wieder. In den mittlerweile etablierten Geschlechter- bzw. Gender-Studiengängen sind Queer Studies nur marginal integriert.

Queer time: Der Moment der Artikulation von queer

Queer Studies entstehen in und reagieren auf eine gesellschaftliche Situation, die im US-amerikanischen Kontext wiederholt als *queer time* bzw. als *queer moment* beschrieben worden ist.[30] Die politische und theoretische Re-Artikulation von queer ab Ende der Achtziger Jahre des Zwanzigsten Jahrhunderts erfolgte zu einem Zeitpunkt, da in der US-amerikanischen Gesellschaft ein spezifisches Set von Produktionsverhältnissen sowie von ökonomischen, politischen und kulturellen Formen aufgebrochen war und verschiedene antagonistische Kräfte um eine neue Artikulation des Sozialen rangen.[31] Aufgrund der Erfolge des lesbischen Feminismus und von *Gay Liberation* in den Siebziger Jahren traten nun erstmals auch Lesben und Schwule in signifikanter Zahl als politische AkteurInnen auf und beteiligten sich an diesen Kämpfen um eine neue Artikulation von Gesellschaft.

Doch die lesbisch-schwulen Communities sahen sich auch mit einer aggressiven homophoben und sexistischen Mobilisierung konfrontiert, in der christliche und

---

Transgender in politischer Perspektive, Berlin 2002. Zu Heteronormativität siehe die Beiträge in: J. HARTMANN u. a. (Hg.), Heteronormativität. Empirische Studien zu Geschlecht, Sexualität und Macht, Wiesbaden 2007 und in: P. BAUER u. a. (Hg.), Unbeschreiblich männlich. Heteronormativitätskritische Perspektiven, Hamburg 2007.

28 Vgl. C. GENSCHEL, Umkämpfte sexualpolitische Räume, in: S. ETGETON / S. HARK (Hg.), Freundschaft unter Vorbehalt, Berlin 1997, S. 77–98; S. HARK / C. GENSCHEL, Die ambivalente Politik von Citizenship, in: G.-A. KNAPP u. a. (Hg.), Achsen der Differenz, Münster 2003, S. 134–169.

29 Vgl. besonders die Beiträge in QUAESTIO, Queering Demokratie.

30 Vgl. E. K. SEDGWICK, Tendencies, Duke 1993, S. xi, Hervorhebung sh: „It feels queer, and good when the wave of a broadly based public movement somehow overtakes and seems to amplify the little, stubborn current of an individual narrative or obsession, an individual wellspring of narrow, desiring cathexis and cognition. On the scene of national gay/lesbian activism, in the *Village Voice*, in the ‚zines, on the streets and even in some classrooms, I suppose this must be called *the moment of Queer*.“

31 Artikulation meint hier das Herstellen einer neuen Beziehung aus einer anderen: „Die Praxis der Artikulation besteht [...] in der Konstruktion von Knotenpunkten, die Bedeutung teilweise fixieren. Der partielle Charakter dieser Fixierung geht aus der Offenheit des Sozialen hervor.“ (E. LACLAU / C. MOUFFE, Hegemonie und radikale Demokratie, Wien 1991, S. 165).

rechte Bewegungen die Thematisierung sozialer und ökonomischer Probleme an Homosexualität, Feminismus, Pornographie und „Unmoral" knüpften. In einer Serie politischer und kultureller Kämpfe um die Repräsentation von Sexualität, die reproduktiven Rechte von Frauen und die juristische Absicherung von Lesben und Schwulen wurde Sexualität zum Schauplatz der Verhandlung der gesellschaftlichen Krise, von kulturellen Ängsten und sozialen Konflikten.

Die „Verursacher" der gesellschaftlichen Unordnung waren also schnell ausgemacht – und in der so genannten AIDS-Krise fand sich ein geeignetes Politikfeld. Die Verknüpfung von AIDS mit männlicher Homosexualität und das insbesondere Schwulen zugeschriebene promiske, unmoralische (sexuelle) Verhalten wurde zum Zeichen des Niedergangs US-amerikanischer Macht. Als Bollwerk gegen diese – die US-amerikanische Schwäche signalisierende – „abscheuliche", degenerierte schwule Kultur setzte der rechte Diskurs auf grenzsichernde Re-Ideologisierungen von monogamer Heterosexualität. In Verbindung mit der moralischen Aufladung von Kleinfamilie und familiärer Reproduktion konnte Heterosexualität so zum Symbolträger gesellschaftlicher, gar nationaler Stabilität werden.

Den lesbisch-schwulen Communities verdeutlichte die politische Neuordnung des gesellschaftlichen Feldes, dass ein Teil der US-amerikanischen Bevölkerung, nämlich sie selbst, als durchaus „verzichtbar" angesehen wurde. Gleichzeitig zeigte sich in der AIDS-Krise aber auch – qua Geschlechter- und Klassenpolitik sowie Politiken der Rassisierung – die von Ungleichheiten bestimmte Heterogenität der *Gay and Lesbian Community*. Die Idee einer homogenen Gemeinschaft von Schwulen und Lesben hatte sich so nicht nur als Fiktion erwiesen, sondern war auch als effektives Moment marginalisierender Grenzziehungen innerhalb der lesbisch-schwulen Communities sichtbar geworden.

Damit war eine Politik, die die Integration einer „Minderheit" in die Mehrheitsgesellschaft fordert, im Angesicht einer Krise, in der es um Leben und Tod ging,[32] an ihre Grenze gestoßen. Dies ist der Moment von queer. AIDS hatte deutlich gemacht, dass diese Herausforderung nur mit neuen gesellschaftlichen Bündnissen, neuen Aktionsformen und neuem Wissen zu bestehen war. „Die AIDS-Krise", kommentiert Douglas Crimp, „hat uns direkt mit den Konsequenzen von Separatismus und Liberalismus konfrontiert. Und in genau dieser politischen Krise wurde der Begriff queer wieder beansprucht, um neue politische Identitäten zu entwerfen".[33] In Gruppen wie *ACT UP* und *Queer Nation* arbeiten folglich erstmals wieder in großer Zahl Lesben

---

32 D. CRIMP beschreibt die Herausforderung von AIDS wie folgt: „AIDS intersects with and requires a rethinking of all culture: of language, of science and medicine, of health and illness, of sex and death, of the public and private realms. AIDS is a central issue for gay men, of course, but also for lesbians. AIDS is an issue for women generally, but especially poor or minority women, for child-bearing women, for women working in the health care system. AIDS is an issue for drug users, for prisoners, for sex workers." (D. CRIMP, AIDS: Cultural Activism/Cultural Criticism, Cambridge 1989, S. 12)

33 D. CRIMP, Right On, Girlfriend!, in: M. WARNER (Hg.), Fear of a queer planet, Minneapolis 1993, S. 314 (eigene Übers.).

und Schwule zusammen. Sie machen den Staat auf nationaler, bundesstaatlicher und kommunaler Ebene zum Adressaten und zur Arena politischer Auseinandersetzung, bekämpfen die staatlich forcierte Diskursivierung von AIDS als „Schwulenseuche" sowie die Intensivierung der juridischen und disziplinären Regulierung gleichgeschlechtlichen Begehrens, versuchen jedoch zugleich den Staat in die Pflicht zu nehmen, etwa mit der Forderung nach besserer medizinischer Versorgung, nach staatlich unterstützten Präventionskampagnen oder nach Unterstützung von Selbsthilfenetzwerken.

Dass die AIDS-Epidemie auch zum Motor für ein neues Wissensprojekt wird, ist wohl vor allem darin begründet, dass sich in ihr der Kollaps des westlichen Wissens materialisierte. Die „materiellen Auswirkungen von AIDS", beobachtet Thomas Yingling, nehmen uns so viele „unserer kulturellen Gewißheiten über Identität, Gerechtigkeit, Begehren und Wissen", dass es manchmal scheine, „als sei das gesamte westliche Denken bedroht – das eben, was die Gesundheit und den Schutz unserer Epistemologie aufrecht erhält".[34] Dabei sei das Tempo von AIDS derart, dass unsere etablierten Raster von Intelligibilität fortlaufend untergraben und „unsere gewohnten akademischen Praktiken sorgfältiger und abwägender Analyse vereitelt" würden.[35]

Heteronormativität

Der zentrale von Queer Theory geprägte Begriff ist *Heteronormativität*. Was wird nun in den Queer Studies darunter verstanden? Nehmen wir zunächst ein Standardwörterbuch zur Hand, so belehrt uns etwa die Ausgabe von Wahrigs Deutschem Wörterbuch aus dem Jahr 1991 sehr buchstäblich, was unter Heterosexualität zu verstehen ist: „Andersgeschlechtlichkeit, (normales) Empfinden für das andere Geschlecht."[36] Schon in den Begriff der Heterosexualität ist also die Assoziation mit „Normalität" und mit „Empfinden" eingewoben. Die Definition verdunkelt insofern die „Unnatürlichkeit" der Heterosexualität, d. h. ihre „soziale Natur", ihre konstitutive Abhängigkeit nicht nur von der zweigeschlechtlichen Ordnung, sondern auch von der Produktion von etwas, was als nicht-normale Sexualität, als nicht-normales Empfinden gilt. Das bezeichnet im eigentlichen Sinne, was Carol Hagemann-White als das „Tabusystem Heterosexualität"[37] bezeichnet hat, nämlich die gesellschaftliche

---

34 T. YINGLING, AIDS in America, in: D. FUSS (Hg.), Inside/Out, New York, London 1991, S. 292 (eigene Übers.).

35 Ebd. (eigene Übers.).

36 *Wahrig. Deutsches Wörterbuch*, 1991, S. 642. In leicht modernisierter Diktion definiert das *Deutsche Universalwörterbuch* (2001) der DUDEN-REDAKTION Heterosexualität als „sich auf das andere Geschlecht richtendes sexuelles Empfinden und Verhalten" (S. 763). Unter dem Eintrag „Heterosexuelle" findet sich die opake Erklärung „heterosexuell veranlagte männliche bzw. weibliche Person: der H. verhält sich in solchen Fällen (welchen?) genauso wie der Homosexuelle" (ebd.).

37 C. HAGEMANN-WHITE, Sozialisation: Weiblich — männlich? Opladen 1984, S. 81.

Übereinkunft, weder von der „sozialen Natur" der Heterosexualität noch von ihrer Abhängigkeit von Homosexualität und von Zweigeschlechtlichkeit zu sprechen. Denn die heterosexuell organisierte Kultur begreift sich selbst als die elementare Form menschlicher Vergemeinschaftung, angefangen bei Adam und Eva im Para-dies. Sexuelle und emotionale Anziehung, so weiß es (nicht nur) das Alltagswissen, ist im Koordinatensystem der Zweigeschlechtlichkeit immer schon als heterosexuelle Anziehung organisiert. Die Heterosexualitätsnorm, aber auch die Produktion schwulen und lesbischen Begehrens als Abweichung von dieser Norm, lassen die gegengeschlechtliche Anziehung immer wieder als natürlich und menschlich erscheinen.[38] Heterosexualität und Humanität erscheinen daher als synonym: Das heterosexuelle Paar ist die ultimative Rationale menschlicher Beziehungen, die unteilbare Basis jeglicher Gemeinschaft, die scheinbar unhintergehbare Bedingung der Reproduktion, ohne die, so das kulturelle Selbstverständnis, es überhaupt keine Gesellschaft gäbe. Heterosexualität etabliert sich so, wie David Halperin argumentiert, „als privilegierte Form von Subjektivität – als die unbedingte Bedingung des Wissens, die dadurch verhindert, selbst ein Objekt des Wissens, ein Ziel von Kritik zu werden".[39]

Mit dem Begriff der *Heteronormativität* sucht Queer Theory nun genau diese Übereinkunft zu brechen und Heterosexualität als Norm, Institution und Matrix sichtbar zu machen. In den Blick gerückt werden die Reproduktionsmechanismen, Vernetzungen und institutionellen Zwänge, die dafür sorgen, dass die Institution Heterosexualität als zeitlos, unveränderbar und ohne Geschichte erscheint. Analysiert wird, wie Heterosexualität in die soziale Textur unserer Gesellschaft, in Geschlechterkonzeptionen und in kulturelle Vorstellungen von Körper, Familie, Individualität, Nation, in die Trennung von privat/öffentlich eingewoben ist, ohne selbst als soziale Textur bzw. als produktive Matrix von Geschlechterverhältnissen, Körper, Familie, Nation sichtbar zu sein. Denn die soziale „Natur" von Heterosexualität wird gerade durch die Denkgewohnheit, Sexualität mit dem Privaten, mit Empfinden, zu assoziieren, geleugnet: Wo es um ein solches „Empfinden" geht, kann von Sozialität und Historizität nicht die Rede sein. „Heterosexualität historisch sichtbar zu machen, ist deshalb so schwierig, weil es der Heterosexualität unter ihren verschiedenen instiutionellen Pseudonymen wie Erbschaft, Heirat, Dynastie, Familie, Domestizität oder Bevölkerung erlaubt wurde, sich vollständig als die Geschichte selbst zu maskieren."[40]

---

38 Dagegen hat J. KATZ gezeigt, wie Heterosexualität als Normalform der Sexualität im Laufe des 20. Jahrhunderts erst durchgesetzt werden musste. Zunächst als Begriff einer als Perversion gekennzeichneten Leidenschaft eingeführt, nämlich sexuelles, nicht auf Fortpflanzung gerichtetes Begehren für beide Geschlechter, konnte sich Heterosexualität als normale Form der Sexualität erst mit der zunehmenden Entkoppelung von Sexualität und Fortpflanzung und der moralischen Aufwertung nicht-fortpflanzungsbezogener sexueller Lust durchsetzen (J. KATZ, The Invention of Heterosexuality, New York 1995).

39 D. HALPERIN, Saint Foucault, New York 1995, S. 47 (eigene Übers.).

40 E. K. SEDGWICK, Tendencies, S. 10f. (eigene Übers.).

Der Begriff der Heteronormativität zielt daher gerade auf die naturalisierte Objektivität und Systematizität von Heterosexualität, das heißt, auf die Weisen, in denen Heterosexualität selbstverständlich als normale und unhinterfragte Praxis sozialen Lebens produziert wird. Die Stabilität von Heterosexualität ist insofern gerade nicht in einer ahistorischen „Natürlichkeit" begründet oder darin, dass sie die Geschichte selbst ist; sie resultiert vielmehr aus dem Dispositiv kontinuierlich durchgesetzter und wechselseitig miteinander verschränkter, vielfältiger normativer, gesetzlicher, kultureller und sozialer Regulierungen, die die heteronormativ organisierte, zweigeschlechtliche symbolische Ordnung als das Medium der Verständigung über sexuelle und geschlechtliche Identität hervorbringt.[41] Als Norm ist Heterosexualität deshalb „unentrinnbar" – und dies gilt auch für diejenigen, die nicht heterosexuell leben.

Normalisierungskritik

Mit dem Begriff der Hetero*normativität* positionieren sich Queer Studies im Kontext normalisierungstheoretischer Perspektiven.[42] Die theoretisch wie politisch motivierten Verwendungsweisen von queer rekurrieren auf und operieren mit dem historisch komplexen Archiv der Bedeutungen von queer. Diese gehen einerseits weit über dessen homophobe Verwendungsweisen hinaus, sind andererseits jedoch eng mit diesen verknüpft. Queer referiert im amerikanischen Englisch auf das, was „vom Normalen oder Gewöhnlichen abweicht".[43] Es bezeichnet zugleich das Bekannte – insofern es dem Vertrauten, dem Normalen gegenübergestellt ist und ihm eine feste homophobe Definition zugewiesen wird – und das Unbekannte – insofern die verschiedenen Bedeutungen von queer im Bereich des Dubiosen, Undurchsichtigen und Irreführenden angesiedelt sind. Insbesondere die norm-destabilisierenden Elemente – seltsam, sonderbar, leicht verrückt, gefälscht, fragwürdig, jemanden irreführen, etwas verderben oder verpfuschen, Falschgeld – spielen hier eine besondere Rolle. Denn sie verweisen auf den spezifischen Einsatz queeren Denkens und Akti-

---

41 Vgl. hierzu C. GENSCHEL, Erstrittene Subjektivität, in: Das Argument 243 (2001), S. 821–833; S. HARK, Technologien – Disziplinierung – Subjektivierung, in: kea 11 (1998), S. 99–112.

42 Zu Queer als Projekt von Denormalisierung und Enthierarchisierung vgl. v. a. A. ENGEL, Wider die Eindeutigkeit.

43 *Webster's New World Dictionary* von 1988 verzeichnet unter *queer* als Adjektiv folgende Bedeutungen: 1. differing from what is usual or ordinary; odd; singular; strange, 2. slightly ill; qualmish or giddy, 3. doubtful; suspicious, 4. having mental quirks; eccentric, 5. counterfeit; not genuine, 6. homosexual: term of contempt or derision. Als Verb werden folgende Bedeutungen genannt: 1. to spoil the smooth operation or success of, 2. to put oneself into an unfavorable position. Als Nomen kann es verwendet werden für: 1. counterfeit money; 2. a strange or eccentric person, 3. A homosexual: term of contempt or derision (ebd., S. 1101f.).

vismus': die Infragestellung und Zerbröselung jeglicher (naturalisierter) Normalität – „gründlicher Widerstand gegen Regime des Normalen"[44] – sowie bestimmter, für unsere Kulturen und soziale Ordnungen relevanter Unterscheidungen, etwa wahr/falsch, natürlich/künstlich oder privat/öffentlich.

Queer Theory ebenso wie der queere politische Aktivismus operieren mit diesen „anomischen" Bedeutungen, sie nehmen die Positionierung am Rand der heteronormativen Kultur, als sonderbar und seltsam, als das Falschgeld zur offiziellen Währung geschlechtlicher und sexueller Repräsentationen an, und suchen von hier aus die dominante Ordnung von Geschlecht und Sexualität zu verpfuschen und den Effekt des „Natürlichen" zu destruieren.

Auf die verstärkten hegemonialen ebenso wie die minoritären Anstrengungen, moralisch aufgeladene, geschlechtliche und sexuelle Ordnungen zu rekonstruieren, reagiert Queer Theory mit einem, um Claude Lévi-Strauss' Begriff zweckzuentfremden, „wilden Denken"[45]: Ein Denken, das sich nicht nur dem Willen zur Normalisierung widersetzt, sondern insbesondere die Ungleichheit und Ausschluss produzierenden Momente der hegemonialen heteronormativen Ordnung zu analysieren sucht.[46]

Ein Denken aber auch, dass sich damit bewusst dem Risiko aussetzt, den eigenen ontologischen Status zu riskieren, ja gerade daraus seine theoretische Kraft bezieht:

> „Wie kann die hetero/homo Opposition in den Kollaps getrieben werden? Wie können wir sie bis zum kritischen Punkt der Erschöpfung durcharbeiten und welche Effekte – materiell, politisch, sozial – wird ein solches Unterfangen, die konzeptuelle Basis unserer Identitäten zu reorganisieren, auf unsere sexuellen Praktiken und unsere Politik haben?"[47]

Zur Genealogie von queer

Wie bereits die Skizzierung des *queer moments* deutlich machte, hat das queere Projekt, nach den wechselseitig konstitutiven Verbindungen von Sexualität und Macht zu fragen, eine weitverzweigte und komplexe Genealogie. Neben denjenigen Strö-

---

44 M. WARNER, Introduction, in: ders. (Hg.), Fear of a queer planet, Minneapolis 1993, S. xxvii (eigene Übers.).

45 C. LÉVI-STRAUSS, Das wilde Denken, Frankfurt/M. 1968.

46 Im Licht der Einsicht, dass die identitätspolitischen schwul-lesbischen Strategien heterogene und ungleiche soziale Lagen innerhalb der lesbisch-schwulen Communities verdeckten, war es in diesem Zusammenhang von Anfang an ein besonderes Anliegen des queeren Theorieprojektes, einen diskursiven Raum zu schaffen, in dem die Differenzen und Verwerfungen innerhalb lesbischer und schwuler Subkulturen untersucht werden können. In einer queeren Perspektive wird hier etwa danach gefragt, wie Sexualitäten mit anderen Matrizen von Macht, wie Geschlecht, „Rasse" oder Klasse, verknüpft sind und so differente „Homosexualitäten" produziert werden und welche Bedeutung Sexualität für die Konstruktion von gender, „Rasse" oder Klasse hat.

47 FUSS, Inside/Out, S. 1 (eigene Übers.).

mungen der Lesben- und Schwulenbewegungen, die auf eine radikale Transformation bestehender Geschlechter- und Sexualverhältnisse zielten,[48] zählen die radikalfeministischen Bewegungen und Theoriebildung, die Heterosexualität zum politischen Skandalon zu machen suchten, sowie insbesondere Michel Foucaults Projekt einer theoretischen Historisierung der Sexualität zu diesen Herkünften.

Die radikalfeministische Thematisierung von Sexualität beginnt mit Kate Millett, die mit ihrem Buch *Sexual politics* dafür den Begriff prägen sollte:

> „Obwohl der Koitus eine rein biologische und körperliche Tätigkeit zu sein scheint, ist er doch so tief im größeren Zusammenhang der menschlichen Handlungsweisen verankert, dass man ihn als Mikrokosmos einer großen Anzahl von Haltungen und Werten betrachten kann, die zusammen die Kultur ausmachen. Unter anderem dient der Koitus als Modellfall für Sexualpolitik auf intimster Basis".[49]

Gleichwohl Millett einräumt, dass es „von persönlichen Intimitäten bis zum politischen Trend ein großer Schritt"[50] sei, weshalb der Ausdruck „Sexualpolitik" nicht umstandslos verwendet werden könne, ist ihr Ziel gerade der Nachweis, „dass Sex eine Rangkategorie mit politischem Unterton darstellt"[51].

Beginnend mit Milletts Buch wurde *sexual politics* weltweit zum Namen für die Politik der feministischen, lesbischen und schwulen Emanzipationsbewegungen, die für eine Politisierung der Sexualität eintraten und das vermeintlich Private als von Macht- und Gewaltverhältnissen durchzogene Sphäre sichtbar machten. *Sexual politics* zielte auf die Skandalisierung gesellschaftlicher Verhältnisse, in denen Sexualität der privaten Sphäre zugeschlagen und damit politisch tabuisiert war. Weltweit forderten feministische, lesbische und schwule AktivistInnen deshalb eine neue Sichtweise und Analyse von (Zwangshetero-)Sexualität nicht nur als dem Kernstück der Unterdrückung von Frauen, sondern auch von Lesben und Schwulen.

Die im Umfeld der so genannten Sexuellen Revolution entstandenen feministischen, aber auch die frühen lesbischen und schwulen Analysen dachten das Verhältnis von Sex und Macht als eines der Repression. Mit der Herausbildung der kapitalistischen Ökonomie, so hatte es die linke Kritik gelehrt, sei der Sex immer nachhaltiger unterdrückt und zugleich nahezu vollständig aus der Sprache verdrängt worden. Der lesbische, feministische und schwule Aktivismus war daher in seinen Anfängen stark davon bestimmt, die gesellschaftlichen Institutionen und Normen radikal in Frage zu stellen. Nicht die Forderung nach Anerkennung durch die Gesellschaft, sondern die Transformation oder gar Abschaffung herrschaftsförmig organisierter Verhältnisse war das Ziel.

---

48 Vgl. A. JAGOSE, Queer Theory, hg. u. übers. v. C. Genschel u. a., Berlin 2001, S. 46ff., S. 62 ff.
49 K. MILLETT, Sexus und Herrschaft, München 1974, S. 37.
50 Ebd.
51 Ebd.

Diese frühen Thematisierungen von Sexualität initiierten, wie wir gesehen haben, eine später auch für Queer Theory entscheidende Verschiebung: Sexualität wird als Moment gesellschaftlicher Ordnung und Macht gedacht. Die Beziehung zwischen dem Sex und der Macht wurde dabei allerdings als Beziehung der Äußerlichkeit gedacht: Die Sexualität ist unterdrückt und muss befreit werden. Noch dort, wo sie als Instrument der Unterdrückung analysiert wurde, existier(t)e ein Gegenbild der befreiten Sexualität, an dem die schlechten Verhältnisse sich zu messen hätten.

Doch bereits Mitte der Siebziger Jahre des. 20. Jahrhunderts kritisierte Michel Foucault die repressionstheoretisch orientierte Perspektive und erteilte der Hoffnung, mit einer Befreiung der Sexualität auch eine repressionsfreie Gesellschaft schaffen zu können, eine deutliche Absage:

> „Vielleicht aber gibt es einen anderen Grund dafür, warum es für uns so erträglich ist, die Beziehungen des Sexes und der Macht in Begriffen der Unterdrückung zu formulieren: das, was man den Gewinn des Sprechers nennen könnte. Wenn der Sex unterdrückt wird, wenn er dem Verbot, der Nichtexistenz und dem Schweigen ausgeliefert ist, so hat schon die einfache Tatsache, vom Sex und seiner Unterdrückung zu sprechen, etwas von einer entschlossenen Überschreitung. Wer diese Sprache spricht, entzieht sich bis zu einem gewissen Punkt der Macht, er kehrt das Gesetz um und antizipiert ein kleines Stück der künftigen Freiheit."[52]

Der Sex, hielt Foucault dagegen, sei der Macht gerade nicht äußerlich, nicht ihr ultimativer Widerpart, vielmehr sei sie der perfekte Knotenpunkt für die neue biopolitische Machtkonstellation, da sie sowohl den Zugang zum Leben des Körpers wie der Gattung ermöglicht:

> „Sex eröffnet den Zugang zum Leben des Körpers wie zum Leben der Gattung. Er dient als Matrix der Disziplinen und als Prinzip der Regulierungen ... Allgemein wird also der Sex am Kreuzungspunkt von ‚Körper' und ‚Bevölkerung' zur zentralen Zielscheibe für eine Macht, deren Organisation eher auf der Verwaltung des Lebens als auf der Drohung mit dem Tode beruht."[53]

Wie über die Beziehungen zwischen Sexualität und Macht nachzudenken sei, wurde mit diesem Verdikt von Foucault in eine grundlegend neue Richtung gelenkt.[54] Sex ist gleichsam im Innern der Macht. Diese lebt vom Sex, und umgekehrt wird der Sex nicht zensiert, sondern angestachelt und angereizt. Die Macht und der Sex stehen nicht in einem Verhältnis des gegenseitigen Ausschlusses, und sie stehen auch nicht in einem Verhältnis konstitutiver Immanenz. „Glauben wir nicht, dass man zur Macht nein sagt, indem man zum Sex ja sagt; man folgt damit vielmehr dem Lauf

---

52 M. FOUCAULT, Der Wille zum Wissen. Sexualität und Wahrheit, Bd. 1, Frankfurt/M. 1977, S. 15.

53 Ebd., S. 174f.

54 Für eine ausführlichere Rekonstruktion von Foucault siehe den Beitrag „Sexualität" von H. JENSEN in diesem Band.

des allgemeinen Sexualitätsdispositivs", schrieb Foucault den modernen Gesellschaften ins Stammbuch.[55]

Entscheidend in Foucaults Analyse ist mithin die Erkenntnis, dass Sexualität nicht einfach unterdrückt, sondern als Feld von Regulierung erst hervorgebracht wird. Wie Geschlecht ist Sexualität eine politische Kategorie. Als Gegenstand des Wissens ist sie insofern nicht von Fragen der Macht zu trennen, das heißt vor allem von Fragen nach Normalität und Devianz einerseits und nach der biopolitischen Regulierung von Fortpflanzung andererseits. Dadurch wird es möglich, nicht nur Sexualität als Schauplatz der Herstellung gesellschaftlicher Ordnung zu begreifen, sondern noch die intimsten Verbindungen zwischen Individuen zu verstehen als welche, die situiert sind innerhalb einer komplexen Matrix von Machtbeziehungen, von rechtlich organisierten, sozialen und politischen Arrangements, die diese Verbindungen einschränken, aber auch unterstützen.

Herausforderungen: Queer Studies und die Frauen- und Geschlechterforschung

Was sind nun mögliche Herausforderungen aus den Queer Studies für die Frauen- und Geschlechterforschung? Offensichtlich ist *erstens*, dass Heterosexualität eine bisher nur sehr unzureichend untersuchte Machtkonfiguration ist. Begründet ist dies, wie wir gesehen haben, in ihrer umfassenden und systematischen Naturalisierung, weshalb sie nur schwer als Institution, produktive Matrix und als Identitätsposition sichtbar zu machen ist.[56] Die deutschsprachige Frauen- und Geschlechterforschung hat es darüber hinaus bis heute versäumt, die kritischen Analysen sowohl aus der Lesbenforschung als auch der Queer Theory zur modernen Dichotomie hetero/homo systematisch mit einzubeziehen. Ein Verständnis der spezifisch modernen Konstruktion von Zweigeschlechtlichkeit, ihrer Reproduktion, aber auch der Möglichkeiten ihrer Transformation wird jedoch ohne eine Analyse dessen, wie Geschlecht durch das Regime der Heterosexualität organisiert ist, nicht möglich sein. *Zweitens* sind Ansätze, die Geschlecht und Sexualität als soziale Konstruktionen begreifen, zwar mittlerweile Konsens in der Frauen- und Geschlechterforschung, hier könnten allerdings die Anstöße aus den Queer Studies, nach den (diskursiv organisierten) Normalisierungsverfahren zu fragen, in denen Geschlecht und Sexualität hervorgebracht und reguliert werden, zu einer komplexeren Analyse der Herstellung und Stabilisierung geschlechtlicher Realität und Normalität beitragen. *Drittens* wäre

---

55 FOUCAULT, Der Wille zum Wissen, S. 187.
56 C. SCHMERL u. a. konstatieren, dass die „Implikationen der sogenannten ‚normalen' Sexualität in ihrer Bedeutung für das gesellschaftliche Verhältnis der Geschlechter zueinander kaum thematisiert wurden"; vgl. C. SCHMERL u. a. (Hg.), Sexuelle Szenen. Inszenierungen von Geschlecht und Sexualität in modernen Gesellschaften, Opladen 2000, S. 5.

Geschlecht zu begreifen als nur in und durch Kontexte gegeben. Denn es gibt keine Fragen des Geschlechts, die nicht immer auch Fragen der Organisation von Begehren sind. Dies würde eine vielschichtigere Analyse der Überschneidungen und wechselseitigen Konstituierung von Geschlecht und Sexualität, aber auch von „Rasse", Klasse, Kultur oder Ethnizität ermöglichen, die über ein bloß additives Verständnis der Mechanismen von Unterdrückung und Assimilation hinausgeht. Die Fokussierung auf Geschlecht und Geschlechterverhältnisse hat es dagegen tendenziell erschwert, wenn nicht gar verunmöglicht, die Komplexität von Macht und Modi etwa von Subjektformierung zu verstehen.

Im Sinne eines queerens von Theorie, d. h. im Sinne eines Wissensprojektes, für das die notwendig kritische Arbeit der Dekonstruktion der eigenen Diskurse und dessen, was diese verschweigen, essentieller Bestandteil ist, scheint es daher vor allem entscheidend zu sein, im Befragen der *differentia specifica* von Geschlecht versus Sexualität zugleich präsent zu halten, dass dies selbst ein Akt der Produktion der Differenz ist. Und da die Gefahr, in dieser Befragung die Differenz zu hypostasieren, nie vollständig gebannt werden kann, stellt sie letztlich den fortwährenden Anlass dar, die ‚Anstrengung des Begriffs' niemals aufzugeben.

Bibliographie

BAUER, Robin / HOENES, Josch / WOLTERSDORFF, Volker (Hg.), 2007: Unbeschreiblich männlich. Heternormativitätskritische Perspektiven. Hamburg.

BREGER, Claudia, 2001: Queens und King, oder. Performing Power. In: Amerikastudien/American Studies 46.1, S. 105–122.

BUBLITZ, Hannelore, 2002: Judith Butler zur Einführung. Hamburg.

BUTLER, Judith, 1990: Gender Trouble. Feminism and the Subversion of Identity. London, New York (dt. Das Unbehagen der Geschlechter. Frankfurt/Main 1991).

BUTLER, Judith, 1993: Bodies That Matter. On the discursive Limits of Sex. London/New York (dt. Körper von Gewicht. Die diskursiven Grenzen des Geschlechts. Berlin 1995).

BUTLER, Judith, 1994: Against Proper Objects. In: differences. A Journal of Feminist Cultural Studies, 6.2+3, S. 1–26 (dt. Uneigentliche Objekte. In: Gabriele DIETZE / Sabine HARK (Hg.): Gender kontrovers. Genealogie und Grenzen einer Kategorie, Königstein/Ts. 2006, S. 181–213).

CRIMP, Douglas (Hg.), 1989: AIDS. Cultural Analysis/Cultural Activism. Cambridge.

CRIMP, Douglas, 1993: Right On, Girlfriend! In: Michael WARNER (Hg.): Fear of a queer planet. Queer politics and social theory. Minneapolis, S. 300–320.

ENGEL, Anke, 2002: Wider die Eindeutigkeit. Sexualität und Geschlecht im Fokus queerer Politik der Repräsentation. Frankfurt/M., New York.

FEMINISTISCHE STUDIEN, 1993: Kritik der Kategorie ‚Geschlecht'. 11.2.

FOUCAULT, Michel, 1977: Der Wille zum Wissen. Sexualität und Wahrheit. Bd. 1. Frankfurt/M.

FUNK, Julika, 1997: „Butch" und „Femme" – Original oder Kopie? Ver-Führung zu einer lesbischen Ikonographie. In: Wolfgang HÄRLE / Wolfgang POPP / Annette RUNTE (Hg.): Ikonen des Begehrens. Bildsprachen der weiblichen und männlichen Homosexualität in Literatur und Kunst. Stuttgart, S. 41–62.

FUSS, Diana, 1991: Inside/Out. In: dies. (Hg.): Inside/Out. Lesbian Theories, Gay Theories. New York, London, S. 1–12.

GENSCHEL, Corinna, 1997: Umkämpfte sexualpolitische Räume. Queer als Symptom. In: Stefan ETGETON / Sabine HARK (Hg.): Freundschaft unter Vorbehalt. Chancen und Grenzen lesbisch-schwuler Bündnisse. Berlin, S. 77–98.

GENSCHEL, Corinna, 1998: Von medizinischen Objekten zu politischen Subjekten. Die Formierung der Transgender Bewegung in den USA. In: Ursula FERDINAND u. a. (Hg.): Verqueere Wissenschaft? Zum Verhältnis von Sexualwissenschaft und Sexualreformbewegung in Geschichte und Gegenwart. Münster, S. 309–320.

GENSCHEL, Corinna, 2000: Wann ist ein Körper ein Körper mit (Bürger-)Rechten? In: QUAESTIO (Hg.): Queering Demokratie. Berlin, S. 113–129.

GENSCHEL, Corinna, 2001: Erstrittene Subjektivität. Diskurse der Transsexualität. In: Das Argument 243, S. 821–833.

GENSCHEL, Corinna / LAY, Caren / WAGENKNECKT, Nancy / WOLTERSDORFF, Volker 2001: Anschlüsse. In: Annamarie JAGOSE: Queer Theory. Eine Einführung. Berlin, S. 167–194.

HAASE, Matthias, 2001: Das Regime der Parodie Oder. Zu wem spricht die ‚Performativität' der Performance? In: Potsdamer Studien zur Frauen- und Geschlechterforschung 5/1+2, S. 31–40.

HAASE, Matthias / SIEGEL, Marc / WÜNSCH, Michaela (Hg.) 2005: Outside. Die Politik queerer Räume. Berlin.

HAGEMANN-WHITE, Carol, 1984: Sozialisation: Weiblich – männlich? Opladen.

HALPERIN, David, 1995: Saint Foucault. Towards a Gay Hagiography. New York.

HARK, Sabine, 1993: Queer Interventionen. In: Feministische Studien 11.2, S. 103–109.

HARK, Sabine (Hg.), 1996: Grenzen lesbischer Identitäten. Berlin.

HARK, Sabine, 1998: Technologien – Disziplinierung – Subjektivierung. Politik der KörperBilder. Stone Butch Blues. In: Kea: Zeitschrift für Kulturwissenschaften 11, S. 99–112.

HARK, Sabine, 1998: Umstrittene Wissensterritorien. Feminismus und Queer Theory – Reflexivität als Programm. In: Ursula FERDINAND u. a. (Hg.): Verqueere Wissenschaft? Zum Verhältnis von Sexualwissenschaft und Sexualreformbewegung in Geschichte und Gegenwart. Münster, S. 13–24.

HARK, Sabine, 1998: Parodistischer Ernst und politisches Spiel. Zur Politik in der GeschlechterParodie. In: Antje HORNSCHEIDT / Gabi JÄHNERT / Annette SCHLICHTER (Hg.): Kritische Differenzen – geteilte Perspektiven. Zum Verhältnis von Postmoderne und Feminismus. Opladen, Wiesbaden, S. 115–139.

HARK, Sabine, [2]1999: Deviante Subjekte. Die paradoxe Politik der Identität. Opladen.

HARK, Sabine, 2001: Disputed Territory. Feminist Studies in Germany and its Queer Discontent. In: Amerikastudien/American Studies 46/1, S. 87–103.

HARK, Sabine / GENSCHEL, Corinna, 2003: Die ambivalente Politik von Citizenship und ihre sexualpolitische Herausforderung. In: Gudrun-Axeli KNAPP / Angelika WETTERER (Hg.): Achsen der Differenz. Gesellschaftstheorie und feministische Kritik II. Münster, S. 134–169.

HARTMANN, Jutta / KLESSE, Christian / WAGENKNECHT, Peter / FRITSCHE, Bettina / HACKMANN, Kristina (Hg.), 2007: Heteronormativität. Empirische Studien zu Geschlecht, Sexualität und Macht. Wiesbaden

HASCHEMI YEKANI, Elahe / MICHAELIS, Beatrice (Hg.), 2005: Quer durch die Geisteswissenschaften. Perspektiven der Queer Theory. Berlin.

JAGOSE, Annamarie, 2001: Queer Theory. Eine Einführung. Hg., übers. v. Corinna Genschel, Caren Lay, Nancy Wagenknecht, Volker Woltersdorff. Berlin.

KATZ, Jonathan, 1995: The Invention of Heterosexuality. New York.

KRASS, Andreas (Hg.), 2003: Queer denken. Queer Studies. Frankfurt/M.

KRASS, Andreas, 2003: Queer Studies. Eine Einführung. In: ders. (Hg.): Queer denken. Queer Studies. Frankfurt/M., S. 7–30.

LACLAU, Ernesto / MOUFFE, Chantal 1991: Hegemonie und radikale Demokratie. Zur Dekonstruktion des Marxismus. Wien.

LAURETIS, Teresa de (Hg.), 1991: Queer Theory. Lesbian and Gay Sexualities. In: differences. A Journal of Feminist Cultural Studies 3.2.

LAURETIS, Teresa de, 1991: Queer Theory. Lesbian and Gay Sexualities. In: differences. A Journal of Feminist Cultural Studies 3.2, S. iii–xviii.

LAURETIS, Teresa de, 1994: Habit Changes. In: differences. A Journal of Feminist Cultural Studies 6.2+3, S. 296–313.

LAURETIS, Teresa de, 1996: die andere szene. Psychoanalyse und lesbische Sexualität. Berlin.

LÈVI-STRAUSS, Claude, 1968: Das wilde Denken. Frankfurt/M.

MILLETT, Kate, 1974: Sexus und Herrschaft. Die Tyrannei des Mannes in unserer Gesellschaft. München.

PHELAN, Shane (Hg.), 1997: playing with fire. queer politics, queer theories. New York, London.

PHELAN, Shane, 2000: Queer Liberalism? In: American Political Science Review 94/2, S. 431–442.

PINAR, William F. (Hg.), 1998: Queer Theory in Education. Mahwah.

POLYMORPH (Hg.), 2002: (K)ein Geschlecht oder viele? Transgender in politischer Perspektive. Berlin.

QUAESTIO (Hg.), 2000: Queering Demokratie. Sexuelle Politiken. Berlin.

QUAESTIO, 2000: Sexuelle Politiken. Politische Rechte und gesellschaftliche Teilhabe. In: Queering Demokratie. Sexuelle Politiken. Berlin, S. 9–27.

RICH, Adrienne, 1983: Zwangsheterosexualität und lesbische Existenz. In: Dagmar SCHULTZ (Hg.): Macht und Sinnlichkeit. Ausgewählte Texte von Adrienne Rich und Audre Lorde. Berlin, S. 138–169.

RUBIN, Gayle, 1984: Thinking Sex. Notes on a Radical Theory of the Politics of Sexuality. In: Carola S. VANCE (Hg.): Pleasure and Danger. Exploring Female Sexuality. New York, London (dt. Sex denken. Anmerkungen zu einer radikalen Theorie der sexuellen Politik. In: Andreas KRASS, 2003: Queer denken. Queer Studies. Frankfurt/M., S. 31–79).

SCHMERL, Christiane / SOINE, Stefanie / STEIN-HILBERS, Marlene / WREDE, Birgitta (Hg.), 2000: Sexuelle Szenen. Inszenierungen von Geschlecht und Sexualität in modernen Gesellschaften. Opladen.

SEDGWICK, Eve Kosofsky, 1990: Epistemology of the Closet. Berkeley.

SEDGWICK, Eve Kosofsky, 1993: Tendencies. Duke.

SEDGWICK, Eve Kosofsky, 1997: Novel Gazing. Queer Readings in Fiction. Durham.

SEIDMAN, Steven, 1995: Deconstructing Queer Theory or the Under-theorization of the Social and the Ethical. In: Linda NICHOLSON / ders. (Hg.): Social Postmodernism. Beyond Identity Politics. Cambridge, S. 116–141.

SEIDMAN, Steven, 1996: Queer Theory/Sociology. Cambridge.

SOCIALIST REWIEV, 1992: 22/1: Queer Innovation. Transforming Gender, Sexuality, and Social Movements.

THOMAS, Calvin / AIMONE, Joseph (Hg.), 2000: Straight with a Twist. Queer Theory and the Subject of Heterosexuality. Urbana.

VILLA, Paula-Irene, 2003: Judith Butler. Frankfurt/M.

WAGENKNECHT, Nancy, 2001: „(Hetero-)Sexualität" in einer Theorie der Geschlechterverhältnisse. In: Das Argument 243, S. 811–820.

WARNER, Michael, 1993: Introduction. In: ders. (Hg.): Fear of a queer planet. Queer politics and social theory. Minneapolis, S. vii-xxxi.

WATNEY, Simon, 1987: Policing Desire. Pornography, AIDS, and the Media, Minneapolis.

WATNEY, Simon, 1993: The Spectacle of AIDS. In: Henry ABELOVE / Michèle BARALE / David HALPERIN (Hg.): The Lesbian and Gay Studies Reader. London, New York, S. 202–211.

WITTIG, Monique, 1992: The Straight Mind. Boston.

YINGLING, Thomas, 1991: AIDS in America. Postmodern Governance, Identity, and Experience. In: Diana FUSS (Hg.): Inside/Out. Lesbian Theories, Gay Theories, New York, London, S. 291–310.

POSTCOLONIAL THEORY

von *Gaby Dietze*

Postkolonialität – Terminus und Gegenstandsbereich

Homi Bhabha, einer der führenden Denker von Postkolonialität, definierte den Geltungsbereich der Theorie folgendermaßen: „Postkoloniale Perspektiven entstehen aus den kolonialen Zeugnissen von Ländern der Dritten Welt und Diskursen von ‚Minoritäten' innerhalb der geopolitischen Aufteilung von Ost und West und Nord und Süd. Sie intervenieren in jene Diskurse der Moderne, die versuchen, der ungleichmäßigen Entwicklung und den differierenden, oft von Benachteiligung gekennzeichneten Geschichten von Nationen, Ethnien, Gemeinschaften und Völkern eine hegemoniale ‚Normalität' zu verleihen. Sie formulieren ihre kritischen Revisionen im Umkreis von Fragen der kulturellen Differenz, der sozialen Autorität und der politischen Diskriminierung, um die antagonistischen und ambivalenten Momente innerhalb der ‚Rationalisierungen' der Moderne bloßzulegen."[1]

Der Terminus postkolonial hat sowohl eine chronologische wie eine epistemische Dimension. Als postkolonial wird die zeitliche Periode *nach* dem Kolonialismus verstanden. Sie ist durch zwei Epochenzäsuren bedingt: einerseits der Aufklärung und damit der Durchsetzung eines universalistischen Denkens, das einen europäischen Fortschrittsbegriff zur Perspektive der Weltbetrachtung machte[2] und zweitens der industriellen Revolution, die Europa zu einem technologischen Vorsprung verhalf, der im Hochimperialismus der zweiten Hälfte des 19. Jahrhunderts zu einer „formalen Kolonisierung beinahe der gesamten Erdoberfläche führte"[3]. Auf der zweiten, der epistemischen Ebene, meint das ‚post' im Begriff postkolonial ein Denken *jenseits* des Kolonialismus, das über den Kolonialismus hinausgeht,[4] ihn gleichwohl aber als ein ‚Labor der Moderne' versteht.[5] Postkolonialität beschreibt

---

1 H. BHABHA, Das Postkoloniale und das Postmoderne (1992), in: Die Verortung der Kultur, Berlin 2000, S. 171–242, bes. S. 171.
2 Vgl. R. YOUNG, White Mythologies. Writing History and the West, New York 1990.
3 S. CONRAD / S. RANDERIA (Hg.), Jenseits des Eurozentrismus. Postkoloniale Perspektiven in den Geschichts- und Kulturwissenschaften, Frankfurt/M. 2002, S. 24.
4 S. HALL, Wann gab es ‚das Postkoloniale'?, in: CONRAD / RANDERIE, Jenseits des Eurozentrismus, S. 217–246, bes. S. 236f.
5 L. STOLER, Between Metropole and Colony, in: L. STOLER u. a. (Hg.), Tensions of Empire. Colonial Cultures in a Bourgeois World, Berkeley 1997, S. 1–56, bes. S. 5.

also koloniale und nach- und neokoloniale Verflechtungen von kolonisierenden Gesellschaften mit ökonomisch, kulturell und territorial ehemals kolonisierten Bevölkerungen.[6] Auch die USA sind als eine ehemalige Kolonie Englands, eine Siedlergemeinschaft, eine *Post-Sklaverei* Gesellschaft[7] und als imperiale Macht mehrfach mit dem Begriff der Postkolonialität verbunden.[8]

Der Geltungsbereich postkolonialer Theorie ist weit gestreut. Begonnen hat das Paradigma mit Edward Said als diskursanalytisch wissenschaftskritisches und wissenschaftshistorisches Unternehmen, das einen starken Bezug zur schönen Literatur hatte. Literatur- und später auch Filmwissenschaft[9] sollte in der Folge ein privilegiertes Feld der Untersuchung bleiben. Einerseits wurde der koloniale Diskurs selbst etwa an Fiktionen von Joseph Conrad, Rudyard Kipling oder Jane Austen rekonstruiert, andererseits eröffneten sich neue Lektüren postkolonialen ‚Dazwischen-Seins‘ bei Autoren wie etwa Salman Rushdie, Jamaica Kincaid, Michael Ondaatje oder Toni Morrison.[10] Ein weiteres Feld postkolonialer Kritik eröffnete sich in Disziplinen wie Ethnologie, Anthropologie, den Religionswissenschaften und Afrika- und Asienwissenschaften. Hier wurde postkoloniale Theorie häufig als Vehikel kritischer Revision der Fachtradition eingesetzt, um deren elitäres Selbstbild, das sich der Nähe zu den nationalen Kolonialismen und unreflektierten Phantasmen abendländischer weißer Überlegenheit verdankt, zu korrigieren.[11] Auch auf die Sozialwissenschaften haben postkoloniale Theorien Einfluss genommen, insbesondere in Themenkreisen, die mit Entwicklungspolitik, Globalisierung und Multikulturalismus in den Metropolen beschäftigt sind, wie Urbanistik, Politikwissenschaft und Medien-

---

6 S. RANDERIA, Geteilte Geschichte und verwobene Moderne, in: J. RÜSSEN (Hg.), Zukunftsentwürfe, Frankfurt/M. 1999, S. 87–96.

7 Es ist umstritten, Post-Sklaverei Gesellschaften als ‚postcolonial‘ zu bezeichnen. R. FRANKENBERG / L. MANI z. B. sprechen von ‚post-civil-rights-societies‘. Vgl. dies., Crosscurrents, Crosstalk. Race, ‚Postcoloniality‘ and the Politics of Location (1993), in: K. BHAVNANI (Hg.), Feminism & ‚Race‘, Oxford 2002, S. 479–491.

8 P. GILROY hat in *Black Atlantic* das Kolonialreich England mit den kolonisierten Gebieten Afrikas und der Karibik in Beziehung gesetzt und als dritte Achse die Territorien einbezogen, in die unter der Herrschaft des weißen Mannes Sklaven exportiert wurden, also ebenfalls die Karibik und die Vereinigten Staaten. Vgl. ders., Black Atlantic. Modernity and Double Consciousness, Cambridge 1993. Zu den USA als postkoloniale Gesellschaft vgl. auch R. KING, Postcolonial America, Urbana 2000.

9 A. E. KAPLAN, Looking for the Other. Feminism, Film, and the Imperial Gaze, London 1997.

10 Vgl. u. a. B. ASHCROFT u. a. (Hg.), The Empire Writes Back. Theory and Practise of Postcolonial Literature, London 1998. E. BOEHMER, Migrant Metaphors. Colonial and Postcolonial Literatures, Oxford 2005. Und die deutsche Veröffentlichung in englischer Sprache: P. CHILDS / J. WEBER / P. WILLIAMS, Post-Colonial Theory and Literatures, Trier 2006.

11 Vgl. J. CLIFFORD, The Predicaments of Culture, Cambridge 1988; N. THOMAS, Colonialism's Culture, Anthropology, Travel, and Government, Oxford 1994. V. ARGYROU, Anthropology and the Will to Meaning. A Postcolonial Critique. London 2002.

theorie.[12] Generell ist postkoloniale Theorie somit eine transdisziplinär wirkende Erkenntnisperspektive, die sich in den letzen Jahren in internationalen Curricula auch als eigenständige Transdisziplin etabliert hat.

In der deutschen Diskussion führten postkoloniale Perspektiven auf die eigene Kolonialvergangenheit zunächst ein „Mauerblümchendasein".[13] Es entstanden aber in jüngerer Zeit, – auch angeregt durch amerikanische Studien – einige Arbeiten, die den deutschen kolonialen Diskurs retrospektiv im Zusammenhang mit nationalen Rasse-Theorien lesen und die einen neuen Blick auf Diaspora Kulturen in Deutschland nach dem Holocaust und nach der Wiedervereinigung werfen.[14]

Politische Genealogien von Postkolonialität und Gender

Postkoloniale Theorie hat im Gegensatz zu den *Cultural Studies*, die eine Selbstverpflichtung eingegangen sind, *Race-Class-Gender* als erkenntnisleitende Untersuchungsfilter zu nutzen,[15] keine integrierte Gender-Perspektive. Zwar hat eine der zentralen Theoretikerinnen des postkolonialen Paradigmas, die indische Literaturwissenschaftlerin Gayatri Spivak, eine feministische Agenda, und es erschienen einzelne bahnbrechende Monographien, wie *Women, Native, Other. Writing Postcoloniality and Feminism* von Trinh Minh Ha (1989), die eine Verbindung zwischen Feminismus und postkolonialer Theorie herzustellen bemüht waren. Generell überwogen aber aus der Gender-Perspektive eher skeptische Anthologien über die Problematik der Verbindung von bisheriger postkolonialer- und Gender-Theorie wie Ann McClintocks und Mufti Amirs *Dangerous Liaisons. Gender, Nation, and Postcolonial Perspectives* (1997). Mitte der Achtziger Jahre gewann eine Gender-Perspektive größeres Ge-

---

12 Vgl. A. HOGVELT, Globalization and the Postcolonial World. The New Political Economy of Development, Baltimore 2001. Für einen deutschen Ansatz siehe: I. JUNGWIRTH, Zum Identitätsdiskurs in den Sozialwissenschaften. Eine postkolonial und queer informierte Kritik an George H. Mead, Erik. H. Eriksson und Ervin Goffman, Bielefeld 2007.

13 Vgl. den Überblicksartikel A. ECKERT / A. WIRZ, Wir nicht, die anderen auch. Deutschland und der Kolonialismus", in: CONRAD / RANDERIE, Jenseits des Eurozentrismus, S. 372–392, bes. S. 376.

14 Zu einflussreichen amerikanischen Studien zählen R. A. BERMAN, Enlightenment or Empire. Colonial Discourse in German Culture, Lincoln 1998; S. FRIEDRICHSMEYER u. a., The Imperialist Imagination. German Colonialism and its Legacy, Ann Arbor 1998; L. WILDENTHAL, German Women for Empire, 1884–1945, Durham 2001. Hervorzuheben unter den deutschen Publikationen sind hier B. KUNDRUS, Moderne Imperialisten. Das Kaiserreich im Spiegel seiner Kolonien, Köln 2003; F. EL-TAYEB, Schwarze Deutsche. Der Diskurs um ‚Rasse' und nationale Identität, Frankfurt 2001; P. GROSSE, Kolonialismus, Eugenik und bürgerliche Gesellschaft in Deutschland, Frankfurt/M. 2000. Einen Überblick zu deutscher und sie inspirierender amerikanischer Kolonialismusforschung bietet B. KUNDRUS, Phantasiereiche. Zur Kulturgeschichte des deutschen Kolonialismus, Frankfurt/M. 2003.

15 G. DIETZE, Race, Class Gender. Differenzen und Interdependenzen am Amerikanischen Beispiel, in: Die Philosophin, Gender Studies und Interdisziplinarität, 23 (2001), S. 30–50.

wicht. Allerdings tauchte sie meistens in Gestalt von Kritik auf, die postkoloniale Feministinnen am Eurozentrismus des weißen Feminismus äußerten. Erst im Jahre 2003 fühlte man sich berechtigt, eine erste Anthologie unter dem Titel *Feminist Postcolonial Theory* zusammenzustellen, die beide Paradigmen zusammenführt.

Sowohl postkoloniale- wie auch Gender-Theorien sind Ergebnisse einer politischen Emanzipationsgeschichte: Postkoloniale Theorien sind auf dem Hintergrund der Befreiungsbewegungen der südlichen Hemisphäre gegen die Kolonialmächte entstanden.[16] Gender Theorien basieren auf den Kulturrevolutionen der zweiten mehrheitlich weißen Frauenbewegungen in der nördlichen Hemisphäre. Gender- wie postkoloniale Theorie nehmen eine strukturelle Machtdifferenz zum Ausgang ihrer Überlegung und suchen aus der Position der Unterdrückten, Marginalisierten und Ausgebeuteten nach neuen Epistemologien. Postkoloniale Theorie greift den Ethno- und Eurozentrismus des abendländischen Denkens an, seinen Okzidentalismus,[17] und feministische Gender-Theorie zielt auf ein andro- und phallogozentrisches Weltbild und attackiert patriarchale Macht und andere Formen ‚männlicher Herrschaft'. Beiden Ansätzen geht es um die Dezentrierung bisheriger Weltbetrachtung. Sie gehen von dem Konstruktionscharakter von Hierarchien und sozialer Verhältnisse aus, d. h. sie halten die herrschenden Verhältnisse nicht für naturgegeben, sondern für im Herrschaftsinteresse naturalisierte Phänomene.

Sowohl postkoloniale wie Gender- Theorien stehen ob ihrer politischen Herkunft sowohl intern wie auch gegeneinander in einem Spannungsverhältnis von identitätspolitischen Vorstellungen des zu befreienden Subjekts, das sich seiner unterdrückten Lage bewusst ist einerseits und poststrukturalistischer und postmoderner Skepsis gegenüber den Möglichkeiten eines handlungsfähigen Subjektes und dessen Widerstandswillen und -bewusstsein andererseits. Diese Dilemmata führen zu einer keineswegs abgeschlossenen Debatte zwischen den konkurrierenden Anforderungen an nationale Befreiung versus Internationalismus, Essentialismus versus Hybridität, Solidarität versus Antagonismus, der Politik von Struktur und Totalität versus der Politik des Fragmentes.[18] Auch ist das Bezugspublikum beider Theorien unterschiedlich: Während der politische Feminismus auf Frauen und somit Weiblichkeit – als physische Essenz, Differenz oder Konstruktion verstanden – zielt, und Gender-Studies in der Folge Geschlechts- und Sexualitätsdifferenzen als soziale Apparate zur Herstellung von Ungerechtigkeit verhandeln, sind die Adressaten des postkolonialen Paradigmas weniger eindeutig zu definieren. Wie andere in der Nachfolge der westlichen Kulturrevolutionen um 1968 entstandene neuen Humanwissenschaften (*New Humanities*) wie *Cultural-, Women-, Gender-, Gay-, Lesbian-, Queer-, Ethnic-, Race-* und *Black-Studies* wollen postkoloniale Studien auf eine Erweiterung von Wissensperspektiven durch die vormals Ausgeschlossenen hinaus. Produzenten und Publikum des postko-

---

16 Vgl. R. YOUNG, Postcolonialism. An Historical Introduction, London 2001.

17 Zur Definition des Begriff des Okzidentalismus vgl. F. CORONIL, Jenseits des Okzidentalismus. Unterwegs zu nichtimperialen geohistorischen Kategorien, in: CONRAD / RANDERIE, Jenseits des Eurozentrismus, S. 176–219, bes. S. 186.

18 L. GANDHI, Postcolonial Theory. A Critical Introduction, New York 1998, S. IX.

lonialen Paradigmas finden sich allerdings weniger unter den betroffenen Bevölkerungen der Ex-Kolonialstaaten, sondern eher unter Diaspora-Intellektuellen ehemals kolonisierter Völker in der Ersten Welt. Diese problematische Erkenntnissituation wird sowohl begrüßt – so Stuart Halls berühmt ‚schadenfrohes' Diktum ‚We are here because you were there' – als auch mit Kritik bedacht, wie von Aijaz Ahmad, der das postkoloniale Theorie-Unternehmen als Luxus einiger privilegierter Söhne und Töchter von Kompradoren-Bourgeoisien der Dritten Welt angreift.[19]

Trotz vieler struktureller Gemeinsamkeiten sind Postkolonialitäts- und Gender-Paradigmen also nicht in selbstverständlichen Allianzen verbunden und verstehen sich im Allgemeinen auch nicht als ergänzende Theorien. Die meist aus der weißen Mittelklassen stammenden theoretischen Erbinnen des politischen Feminismus haben in der Vergangenheit selten falsche Universalismen und ihre Race-,*Whiteness'*-Position problematisiert.[20] Die Vordenker der Befreiungsbewegungen gegen die Kolonialmächte wie etwa Frantz Fanon, Aimée Cesaire, Amical Cabral und Mahatma Ghandi setzten das revolutionäre Subjekt implizit als das männliche Subjekt voraus,[21] eine Konstellation, die auch bei den Gründervätern des postkolonialen Paradigmas, Edward Said und Homi Bhabha, nicht wirklich aufgehoben ist.[22]

Theorien von Postkolonialität

Edward Said

Als Gründungsmoment postkolonialer Theorie gilt das 1978 erschienene Buch des US-amerikanisch-palästinensischen Intellektuellen Edward Said *Orientalism. Western Concepts of the Orient*. Das Verdienst dieser Studie als Wendepunkt der Betrachtung des Kolonialismus liegt auf zwei Ebenen. In der Nachfolge Foucaults wies Said bei scheinbar neutralen Universitätsdisziplinen wie den Orientwissenschaften in einer detaillierten Wissensarchäologie nach, dass diese ihre Erkenntnisse zum einen in enger Zusammenarbeit mit kolonialer Ausbeutung geschöpft haben und zum anderen mit ihrer Theoriebildung das koloniale Unternehmen legitimiert haben.[23] Auf einer

---

19 A. AHMAD, The Politics of Literary Postcoloniality, in: Race and Class 36/3 (1995), S. 1–20. Vgl. A. DIRLIK, The Postcolonial Aura. Third World Criticism in the Age of Global Capitalism, in: Critical Inquiry 20 (1994), S. 328–356.

20 E. SPELMAN, Inessential Woman. Problems of Exclusion in Feminist Thought, London 1988.

21 Zur Problematik des geschlechtneutralen Essentialismus etwa von Aimée Cesaire vgl. M. TRINH, When the Moon Waxes Red, New York 1991, S. 157f.

22 Zu Saids verkürztem Gender-Verständnis vgl. A. MCCLINTOCK, Imperial Leather. Race, Gender, and Sexuality in the Colonial Contest, New York 1995, S. 14; zu Homi Bhaba ebd., S. 62f.

23 Vgl. P. WILLIAMS / L. CHRISMAN (Hg.), Colonial Discourse, Postcolonial Theory, New York 1994.

zweiten Ebene entfaltete Said, wie stark die Produktion einer Idee vom ‚orientalischen Anderen' – z. B. exotische Sensualität, feminisierte Maskulinität und weibliche Fügsamkeit – auf der „ontologischen und epistemologischen Unterscheidung zwischen dem ‚Orient' und dem ‚Okzident' basierte."[24]

Der Begriff Orientalismus wurde im Folgenden zu einem Schlüsselwort dafür, dass die Figur des kolonisierten Anderen eine europäische Erfindung ist, die als Negativfolie zur Konstruktion einer weißen Zivilisationsmission diente. Diese radikale Perspektiv-Umkehr ermöglichte der postkolonialen Intelligenz, dem westlichen Wissenskomplex die Definitionsmacht über ihr eigenes Sein zu entziehen. In der Folge konnte das doppelte Bewusstsein (*Double Consciousness*) aufgeschlüsselt werden, von dem schon der afroamerikanische Intellektuelle W. E. B. Du Bois in *Soul of Black Folks* (1903) und der Befreiungstheoretiker Frantz Fanon aus Martinique in *Peau Noir, Masques Blanc* (1952) gesprochen hatten, die jedes Bemühen um Selbstreflektion auch immer im weißen oder imperialen Blick des herrschenden Diskurses gespiegelt sahen.[25]

Der Einfluss von Eward Saids Orientalismus-These auf angloamerikanische Gender Theorie, den internationalen Feminismus und feministische postkoloniale Theorie ist vielfältig. Einen direkten und sehr produktiven Bezug nimmt die feministische Naturwissenschaftshistorikerin Donna Haraway auf Saids Werk. In ihrer Fundamentalkritik moderner Primatologie als anthropozentrischer Märchenstunde von Ursprungsgeschichten und Selbstentwürfen über Geschlecht und das Natur/Kultur Verhältnis griff sie auf die Wortprägung ‚Orientalismus' zurück und bezeichnete die Primatologie als den Orientalismus der Anthropologie.[26]

Homi Bhabha

Während Edward Saids Aufmerksamkeit sich auf die soziale Praxis der Kolonisierenden richtete, konzentriert sich der in Indien geborene und wie Said an angloamerikanischen Universitäten lehrende Theoretiker Homi Bhabha auf das Verhältnis zwischen den Kolonisierenden und den Kolonisierten. Bhabhas einflussreichster Beitrag zum postkolonialen Diskurs ist sein Konzept der Hybridität, das transkulturelle Formen von ‚Dazwischen-Sein' (*in-betweeness*) im nachkolonialen ‚Dritten Raum' (*third space*) etwa in Metropolen der ersten Welt, wo sich Diaspora Bevölkerungen

---

24 E. SAID, Orientalism. Western Concepts of the Orient, New York 1978, S. 1.
25 Zum weißen Blick vgl. J. GAINES, White Privilege and Looking Relations. Race and Gender in Feminist Film Theory, in: Screen 29/4 (1998), S. 12–29. Zum *Imperial Gaze* vgl. E. KAPLAN, Looking for the Other. Für die Unfähigkeit und den Unwillen westlicher Eliten, den orientalischen Wissenschaftler als Spezialisten in eigener Sache anzuerkennen, vgl. T. MITCHELL, Die Welt als Ausstellung, in: CONRAD / RANDERIE, Jenseits des Eurozentrismus, S. 148–177.
26 D. HARAWAY, Primatologie ist Politik mit anderen Mitteln, in: E. SCHEICH u. a. (Hg.), Das Geschlecht der Natur, Frankfurt/M. 1995, S. 136–198, bes. S. 141.

mit schon länger Einheimischen vermischen (ohne zu verschmelzen) und sowohl in kulturellen Austausch treten als auch sich gegenseitig zu prägen beginnen.[27] Der Begriff der Hybridität hat eine Doppelfunktion, einerseits erlöst er die ‚Dritte Welt' innerhalb und außerhalb der Ersten Welt aus dem Status eines Objektes von Wissen, Entwicklung und Hilfe, und andererseits erkennt er der Diaspora die Produktivkraft zur Schaffung eines dritten ‚postkolonialen' Subjektes zu. Damit sind die postkolonialen Intellektuellen als Gestalter der ‚*Postmodern Condition*' eingesetzt. Eine Theorie der Hybridität entlarvt damit die monokulturell aufgefasste Reinheit westlicher Selbstwahrnehmung als Fiktion.

Im Zusammenhang mit Homi Bhabhas Autorisierung des ‚Dritten Raumes' und damit der Möglichkeit einer Sprechposition steht die Weigerung einer Reihe feministischer postkolonialer Theoretikerinnen wie Trinh Minh-ha, Ian Ang, Rey Chow und Lisa Lowe, im westlichen Blick weiterhin die kolonisierte ‚Andere' oder die ‚Eingeborene' (*native*) zu verkörpern und Autorität dieser Theoretikerinnen, einen eigenen ‚hybridisierten' Theorieentwurf dagegen zu setzen.[28] Das Konzept der Hybridität als Vorstellung von zusammengesetzten Identitäten ist ein Korrektiv gegenüber möglichen Fallen von Identitätspolitik und Essentialismus. Die lesbische Chicana Autorin Gloria Anzaldua z. B. spricht von ihrer kulturellen Lokalität zwischen den USA und Mexiko als einem *Borderland*. Anzaldua legt ihre politische Hoffnung in die Entwicklung eines *Mestiza Consciousness*, das die zugemuteten Dualitäten von Erster und Zweiter Welt, männlich und weiblich, weiß und ‚colored', heterosexuell und homosexuell, traditionell und emanzipiert dekonstruiert.[29]

Ambivalenz ist einer der Zentralbegriffe von Bhabhas theoretischem Kosmos. Sein Hauptaugenmerk gilt, in enger geistiger Verwandtschaft mit dem Afrokariben Frantz Fanon aus Martinique, der eine Zeit lang Psychiater in französischen Kolonialdiensten war, den psychosozialen Auswirkungen des Kolonialismus auf die Kompradoren-Bourgeoisien. Kolonisierte Oberklassen schwanken nach Bhabha zwischen Widerstand und Komplizentum. Die Kolonialmacht ist zwar daran interessiert, dass westliche Sitten und Wertsysteme übernommen werden, allerdings nicht bis zur Ununterscheidbarkeit. Die Kolonisierten sollten „almost the same but not quite (white)" sein, weil die Differenz des kolonisierten Anderen für die weiße Selbstwahrnehmung essentiell blieb. Eine daraus entstehende ‚Mimikry' imitiert in einem gewissen Maße den Habitus der Herrschenden, gleichzeitig eröffnet sich da-

---

27 H. BHABHA, Das Postkoloniale und das Postmoderne (1992), in: Die Verortung der Kultur, Berlin 2000, S. 253–294.

28 C. MOHANTY, R. CHOW und I. ANG beziehen sich in den oben zitierten Aufsätzen direkt auf Bhabha und Trinh Minh-ha, vermittelt über Fanon.

29 G. ANZALDUA, Borderlands/La Frontera, San Francisco 1987, S. 37. Für eine Einordnung der Theorien Anzalduas in einen postmodernen Kontext vgl. I. GREWAL, Autobiographic Subjects and Diasporic Locations. „Meatless Days" and „Boderlands", in: ders. / C. KAPLAN, Scattered Hegemonies, Minneapolis 1997, S. 231–254.

bei ein Raum für Umdeutung, Variation und Parodie, kurz ein Feld der Subversion.[30] Diese Begriffsbildung ist in der postkolonialen Theorie sehr weiträumig adaptiert worden, wenngleich, wie Ann McClintock bemerkt, dass lediglich männliche Protagonisten, nämlich ‚Mimic Men' angesprochen sind und selbst die Inanspruchnahme des Mimikry-Konzept für unterdrückte Menschen als solches keine geistige Urheberschaft beanspruchen kann, da Luce Irigaray mit ‚Weiblichkeit als Mimikry' die Haltung dominierter Menschen als nachahmende Anpassung schon zuvor beschrieben hatte.[31]

Gayatri Spivak

Im Zentrum einer Gender-Perspektivierung von postkolonialer Theorie steht die in Indien geborene und ausgebildete und heute in den USA lehrende Theoretikerin Gayatri Spivak. Trotz ihrer notorisch dunklen Texte und häufig weiten Assoziationsketten ist die an der Dekonstruktion geschulte Wissenschaftlerin – sie hat eine kanonische Übersetzung von Derridas *Grammatologie* ins Englische vorgelegt – die Richtgröße, an der sich feministische postkoloniale Theorie und Politik orientiert. Neben ihrer theoretischen Verortung in poststrukturalistischer Theorie, wo sie sich insbesondere um eine Verbindung von Derridas Kritik am eurozentrischen Phallogozentrismus und Foucaults diskursanalytischen Beschreibung von ‚epistemischer Gewalt' bemüht, nimmt sie für sich selbst in Anspruch, sowohl Marxistin wie auch Feministin zu sein. Mit ihrer Referenz zum Marxismus verpflichtet sich Spivak dem Projekt der ökonomischen Kapitalismus- und Imperialismuskritik und der Verteilungsgerechtigkeit zwischen den Welten. Mit ihrer Bezugnahme auf Feminismus spricht sie gegen die historische und gegenwärtige Unterdrückung von Frauen im sozialen Raum, wobei sie allerdings wie viele Theoretikerinnen eines transnationalen

---

30 H. BHABHA, Von Mimikry und Menschen. Die Ambivalenz des kolonialen Diskurses (1984), in: ders., Die Verortung der Kultur, S. 125–137. Bhabas Konzept der Mimikry hat Parallelen zu H. L. GATES' Begriff von ‚Signifying', der Widerstandsgeste des Sklaven durch Übertreibung des Habitus seines Masters subversiven Widerstand zu äußern und J. BUTLERS Vorstellung der parodistischen Resignifikation von Zuschreibungen etwa im Aufsatz „Auf kritische Weise *queer*". Vgl. H. GATES, The Signifying Monkey. A Theory of Afro American Criticism, New York 1988; J. BUTLER, Körper von Gewicht. Die diskursiven Grenzen des Geschlechts (1993), Frankfurt/M. 1997, S. 305–333. Für einen Versuch einer Verbindung zwischen *queer*- und postkolonialer Theorie vgl. J. CAMPBELL, Arguing with the Phallus. Feminist, Queer and Postcolonial Theory, London 2000. Für eine deutsche Auseinandersetzung mit ‚Queer Diaspora' – ein Buch gleichen Titels wurde 2000 von C. PATTON u. B. SANCHEZ herausgebracht – vgl. F. EL-FAYEB, Begrenzte Horizonte. Queer Identity in der Festung Europa, in: H. STEYERL / E. GUITÉRREZ RODRÍGUEZ, Spricht die Subalterne deutsch. Migration und postkoloniale Kritik, Münster 2003, S. 129–146.

31 A. MCCLINTOCK, Imperial Leather, New York 1995, S. 62; vgl. auch L. IRIGARAY, This Sex which is not One (1977), Ithaca 1985, S. 141.

Feminismus vor einer Universalisierung der Kategorie Frau warnt. Trotz dieser klaren politischen Positionierung ist es nicht zu vermeiden, dass sich mit der Dekonstruktion des Subjektes die Frage der politischen Handlungsfähigkeit stellt. In Reaktion auf die Kritik, dass man ohne ‚Subjekte' keine Politik machen könne,[32] entfaltet sie den Begriff des ‚strategischen Essentialismus', der zwar dekonstruktive Skepsis gegenüber Subjekten und Gründungsnarrationen als Gefahr von Essentialismen und Universalismen teilt, aber ‚von Zeit zu Zeit' zugunsten politischer Bündnisse strategisch auf unterdrückte ‚Identitäten' rekurriert.[33]

Dennoch bleibt auch mit einer solchen Positionierung die Frage der Repräsentation und der Repräsentierbarkeit offen, nämlich wer für wen oder wie für sich selbst spricht. Hat das ‚postkoloniale Subjekt' per se ein Bewusstsein seiner Unterdrückung? Sollen und können postkoloniale Intellektuelle oder andere progressive Radikale für die Dominierten der Dritten Welt sprechen? Mit ihrem berühmt provokanten Essay „Can the Subaltern Speak?" stellt sich Gayatri Spivak der Frage der Repräsentierbarkeit.[34] Nach ihrer Auffassung entzieht sich die Lage der Subalternen – damit sind neben kolonialisierten Bevölkerungen im Allgemeinen z. B. in Indien indigene Bevölkerungen, städtisches Subproletariat, analphabetische Bauern zwischen globalisiertem Neokolonialismus und nationalen Eliten gemeint – sowohl des Selbstausdrucks wie auch der Repräsentation. Denn das ‚für sie sprechen' verbietet sich als Aneignung und erneute Entmündigung der Sprechposition, und die Vorstellung, dass die Subalternen ‚für sich sprechen' wird durch die Macht des herrschenden Diskurses, der auch Eingang in das Denken der Beherrschten gefunden hat, erschwert. Auch subversive Formen von Widerstand verfehlen nach Spivak meist die Adressaten, weil sie weder verstanden noch ‚gehört' werden können und wollen.

---

32 Vgl. B. PERRY, Problems of Current Discourse Theory, in: Oxford Literary Review 9 (1987), S. 27–58.

33 G. SPIVAK, Criticism, Feminism, and the Institution. Interview mit Elizabeth Grosz, in: Thesis Eleven 1984-1985, 10/11, November/März, S. 157–187, bes. S. 183. Zit. nach dem Stichwort ‚Essentialismus' in B. ASHCROFT u. a. (Hg.), Post-Colonial Studies. The Key Concepts, New York 2000, S. 79.

34 G. SPIVAK, Can a Subaltern Speak? Speculations on Widow Sacrifice, in: L. GROSSBERG u. a. (Hg.), Marxism and the Interpretation of Culture, Urbana 1988, S. 271–315. Eine kommentierte Übersetzung in G. SPIVAK, Can a Subaltern Speak?, Wien 2007. Die Begriffsbildung der ‚Subalternität' beruft sich auf A. GRAMSCIS Bezeichnung für unterdrückte Unterklassen, die von einer Gruppierung postkolonialer Wissenschaftler, der *Subaltern Study Group*, wieder aufgenommen wurde, um nach-koloniale Herrschaftsverhältnisse „class, caste, age, gender and office" in Südasien zu thematisieren. Vgl. R. GUHA / G. SPIVAK (Hg.), Selected Subaltern Studies, Oxford 1988. Obwohl auch Spivak dieser Gruppierung angehört, hat sie ihre Kollegen immer mit produktiver Kritik begleitet und eine sorgfältigere Beachtung der ‚gendered subaltern' verlangt, vgl. z. B. G. SPIVAK, Subaltern Studies. Deconstructing Historiography, in: dies. (Hg.), In Other Worlds. Essays in Cultural Criticism, New York 1987, S. 215–221.

Spivak beantwortet in der ersten Fassung ihres berühmten Artikels die selbst gestellte Frage demnach mit ,Nein'.[35]

Die These von dem Nicht-sprechen-Können des Subalternen wird an einem Beispiel von ,gendered Subalternität' erläutert, an der Praxis der Witwenverbrennung. Als England sich von einer Schutzmacht für Handelsgesellschaften zu einer territorialen Kolonialmacht entwickelte, verbot die britische Verwaltung die Witwenverbrennung. Spivak beschreibt mit der sprichwörtlich gewordenen Formulierung das daraus entstehende Dilemma: „White men are saving brown women from brown men."[36] (Der paradigmatische Wert dieser Formulierung für die Beschreibung postkolonialer Zusammenhänge lässt sich an den Debatten über Klitorisbeschneidung und die afghanische Burka aktualisieren.) Während die Kolonialmacht mit ihrem ,humanitären' Einsatz ihre zivilisatorische Mission zu beweisen sucht, finden sich in Diskursen nationaler Befreiung Argumente für die Geste der Witwenverbrennung als Raum ,freien Willens' und antikolonialem Widerstandes.[37] Gegen eine solche Interpretation hält Spivak, dass diese Äußerungsform nicht jenseits von Tradition und Patriarchat verstanden werden konnte und deshalb weder ,frei' gewesen ist noch der ,epistemischen Gewalt' des kolonialen Diskurses entkommen konnte.[38]

In einem früherer Essay „Three Women's Texts and a Critique of Imperialism" (1985) entdeckt Spivak das Verschwinden der Figur des *gendered Subaltern* auch in Gründungstexten weißer feministischer Literaturwissenschaft. Sandra Gilbert und Susan Gubar z. B. wirft sie vor, dass sie in ihrer berühmten Studie „The Mad Woman in the Attic" unkritisch Axiome des Imperialismus reproduziert hätten. Die beiden Literaturwissenschaftlerinnen hatten in ihren inzwischen kanonisierten Lektüren ,hochfeministischer' (high feminist) Primärtexte wie Charlotte Brontes *Jane Eyre* eine Standardfigur englischer Literatur des 19. Jahrhunderts, die verrückte Frau auf dem Dachboden, als dunkle Schatten, weibliche Unterdrückung und Widerstand diagnostiziert.[39] Spivak weist im Gegenzug darauf hin, dass die weißen Feministinnen übersehen haben, dass die verrückte Frau z. B. in *Jane Eyre* aus den Kolonien

---

35 SPIVAK relativierte diese Position ihres viel diskutierten und kritisierten Aufsatzes in einer späteren Fassung, vgl. dies., A Critique of Postcolonial Reason. Toward a History of the Vanishing Present, Cambridge 1999, S. 308. Vgl. auch eine systematische Nachlektüre des Aufsatzes von S. SHETTY u. a., Postcolonialisms Archive Fever, in: Diacritcs 30/1 (2000), S. 25–48. Spivaks Frage bezogen auf deutsche Verhältnisse und die Frage von Arbeitsmigration und Postkolonialität aktualisieren für die deutsche Diskussion STEYERL / GUTIÉRREZ RODRÍ-GUEZ, Spricht die Subalterne deutsch?.

36 G. SPIVAK, The Postcolonial Critique, New York 1990, S. 284–290.

37 Vgl. eine aktuelle Zusammenfassung der Diskussion um Witwenverbrennung in kolonialen und postcolonialen Diskursen in A. LOOMBA, Dead Women Tell no Tales. Issues on Female Subjectivity, Subaltern Agency and Tradition in Colonial and Postcolonial Writings on Widow Immolation in India (1993), in: R. LEWIS / S. MILLS (Hg.), Feminist Postcolonial Theory, New York 2003, S. 241–262.

38 SPIVAK, A Critique of Postcolonial Reason, S. 266f.

39 S. GILBERT / S. GUBAR, The Madwoman in the Attic. The Woman Writer and the Nineteeth Century Imagination, New Haven 1979, S. 360–62.

stammt. Der aufkeimende feministische Individualismus der weißen Frau habe sich an der Konstrastfigur der fremden Verrückten, die in Janes Eyres Worten ‚weder Tier noch Mensch' zu sein scheint, entfaltet und damit selbst produktiv zum kolonialen Diskurs beigetragen.[40]

Gayatri Spivak führt mit ihrer sowohl dekonstruktivistischen wie feministischen wie postkolonialen Theorie einen Vielfrontenkrieg. Sie wirft europäischen poststrukturalistischen Meistertheoretikern wie Foucault Eurozentrismus und Blindheit gegenüber kolonialen Diskursen vor.[41] Weiße „hegemoniale Radikale"[42] der neomarxistischen *Cultural Studies* weist sie darauf hin, dass sie in ihrem Bemühen um Dritt-Welt-Subjektivität ihre eigene Subjektposition aufwerten und dabei in einem von ihr sogenannten Drittweltismus (*Third-Worldism*) subalterne ‚Subjekte' erfinden, die nicht selbst sprechen können, sondern für die sie sprechen müssen. Vielen weißen – nach ihrer Aussage ebenfalls – ‚hegemonialen Feministinnen'[43] hält sie entgegen, dass sie entweder unreflektiert selbst im imperialen Projekt denken und die eigene Subjektposition unbewusst am exotischen ‚Anderen' aufrichten oder dass der politische Feminismus in ‚The Woman from the South'[44] eben jenes nicht-emanzipierte ‚Andere' konstruiert, das ihre eigene Politik als entwickelt und führend erscheinen lässt. Die nationalen Eliten postkolonialer Staaten kritisiert sie als abhängig vom Neokolonialismus, ausbeutend und maskulinistisch. Und in der Position der Subalternität entdeckt sie weder eine natürliche ‚Identität' noch einen automatischen Widerstandswillen. Spivaks Werk, von dem hier nur einige für Gender-Studies wichtige Einzelaspekte wiedergegeben werden konnten, entzieht sich damit durch den eigenen Gestus jeder Kanonisierung. Es wirkt als produktiver beweglicher Widerspruch und Intervention in alle Richtungen und wird damit zu einer Allegorie selbstreflexiver Kritik.

Postkoloniale Theorie und Feminismus

Kritik am eurozentrischen Feminismus

Während der Versuch, eine Gender-Perspektive in den Meister-Theorien des postkolonialen Paradigmas zu integrieren, außer bei Spivak nur begrenzten Erfolg hatte

---

40 G. SPIVAK, Three Women's Texts and a Critique of Imperialism (1985), in: LEWIS / MILLS, Feminist Postcolonial Theory, S. 306-324, bes. S. 313.

41 Ebd., S. 277. Diese Kritik erweitert SPIVAK auch auf den französischen poststrukturalistischen Feminismus. Vgl. dies., French Feminism in an International Frame, New York 1987, darin wirft Spivak J. KRISTEVAS Text *Die Chinesin* vor, Kristeva nutze die Figur einer archetypischen ‚Drittweltfrau' nicht zur Erkundung von deren Lage, sondern zu einer Reflexion über ihre eigene Identität.

42 SPIVAK, A Critique of Postcolonial Reason, S. 248.

43 SPIVAK, Three Women's Texts, S. 306.

44 SPIVAK, A Critique of Postcolonial Reason, S. 200.

und hat, sind die Gender-Studies selbst nicht unerheblich von postkolonialen Herausforderungen beeinflusst worden. Kritik an einer sogenannten ‚hegemonialen feministischen Theorie' begann 1984 mit dem Einspruch von Valerie Amos und Pratibha Parmars „Challenging Imperial Feminism", die den Alleinvertretungsanspruch des weißen Mittelklasse Feminismus für alle Frauen zu sprechen, bestritten, ihre Erfahrungen als schwarze und Drittweltfrauen in England weder geachtet und gewertschätzt sahen und beklagten, dass, wenn sie einmal zum Thema gemacht werden, das Sprechen über sie nicht frei von Rassismen sei. Eine der bedeutendsten postkolonial denkenden Feministinnen, Chandra Talpade Mohanty, beschrieb ebenfalls 1984 in ihrem grundlegenden Artikel „Under Western Eyes" feministischen ‚Rassismus' als ein Set von Annahmen und Vorurteilen gegenüber Frauen aus der Dritten Welt. Aus der Vorstellung, ‚sexuelle Differenz' und ‚Patriarchat' sei transkulturell übertragbar, entstünde ein einheitliches Bild der ‚normalen Frau aus der Dritten Welt' ohne die Besonderheit von ‚Race', Ethnizität, Klassensituation und örtlichen Gegebenheiten zu berücksichtigen.

Der zentrale Kritikpunkt ist dabei die Universalisierung der Kategorie Frau. Frau-Sein werde im ‚weißen' Feminismus der nördlichen Hemisphäre auf die Formel der sexuellen Unterdrückung reduziert und auf die Binarität männlich-weiblich verkürzt.[45] ‚Dritte Welt' bedeute in diesem Zusammenhang unwissend, arm, ohne Ausbildung, lokalen Traditionen verpflichtet, familienorientiert und viktimisiert.[46] Dieser ‚ethnozentrische Universalismus' leide unter den eurozentrischen Vorannahmen einer „Global Sisterhood", wie sie Robin Morgan proklamiert habe.[47] Jene Denkweise bezeichnen Jacqui Alexander und Chandra Mohanty als *center-periphery-modell*.[48] Frauen der Dritten Welt wollen nicht mehr länger die ‚Bürde der Differenz' verkörpern[49] oder wie Sara Suleri prägnant formuliert als „Otherness Machine" fungieren.[50] Die australische Chinesin Ian Ang schreibt 1995, eine solche Haltung sei eine Universalisierung der Lebenserfahrung weißer Mittelklassefrauen, die ihr Leben als prototypisch für alle Geschlechtserfahrungen missverstehen.[51] Eine ‚Politik der Diffe-

---

45 R. CHOW, Violence in the Other Country. China as Crisis, Spectacle, and Woman, in: C. MOHANTY u. a. (Hg.), Third World Women and the Politics of Feminism, Bloomington 1991, S. 83.

46 C. MOHANTY, Aus westlicher Sicht: Feministische Theorie und koloniale Diskurse (1988), in: Beiträge zur feministischen Theorie und Praxis 11 (1988), S. 149–162.

47 Ebd., S. 216. Vgl. R. MORGAN, On Woman as a Colonized People (1977), in: Radical Feminism. A Documentary Reader, New York 2000, S. 471–472.

48 J. ALEXANDER / C. MOHANTY (Hg.), Feminist Genealogies, Colonial Legacies, Democratic Futures, New York 1997, S. 497. Das Zentrum-Peripherie-Modell stammt von I. Wallersteins einflussreichem Begriff des *world system*, I. WALLERSTEIN, The Modern World System, 3 Bde., New York 1974–1989.

49 J. ALEXANDER / C. MOHANTY (Hg.), Feminist Genealogies, S. 497.

50 S. SULERI, zit. n. A. MCCLINTOCK u. a. 1997 (Hg.), Dangerous Liasons, Minneapolis 1997, S. 11.

51 I. ANG, ‚I'm a Feminist but ...' (1995), in: BHAVNANI (Hg.), Feminism & ‚Race', S. 394–410, bes. S. 395.

renz' gerate an Grenzen, wenn sie Unterschiede mit einer totalisierenden Inklusion egalisiere.[52] Der weiße feministische Diskurs sei als Meister-Diskurs abzulehnen,[53] oder wie Ruth Frankenberg und Lata Mani formulieren, der „mistress narrative of gender domination"[54]. Die hier diagnostizierten Irrtümer seien darauf zurückzuführen, dass zu Unrecht davon ausgegangen werde, wie Rey Chow formuliert, alle Frauen bewohnten denselben sozialhistorischen Raum (*sociohistorical space*). Inzwischen haben sich jedoch über die Kritik am weißen Feminismus hinaus weitere Anwendungsfelder entwickelt, z.b. in der Wissenschaftsgeschichte,[55] zum Sozialstaat.[56]

Race und Weiss-Sein

Sowie der Begriff Okzidentalismus das implizite Souveränitätsgefühl und die Hegemonie der (nord-)westlichen Hemisphäre benennt, so beschreibt Weiße Suprematie (*White Supremacy*) die implizite und explizite Vorstellung von der kulturellen Überlegenheit weißhäutiger Menschen. Okzidentalismus und Weiße Suprematie sind verwandte Ausgrenzungsprinzipien, zielen aber auf unterschiedliche Gegenstandsbereiche. Während Okzidentalismus einen sozioökonomischen und vor allem kulturellen Komplex betrifft, nimmt ‚Weiße Suprematie‘ visuell wahrnehmbare körperliche Unterschiede zum Anlass für Diskriminierung. ‚Weiße Überlegenheit‘ wurde bis zum 18. Jahrhundert noch religiös legitimiert, z. B. mit der Vorstellung Gott habe den dunkelhäutigen Sohn Noahs, Ham, zur Sklaverei verflucht.[57] Im 19. Jahrhundert wurde Rassismus durch vergleichende Anthropologie biologisiert und durch den sogenannten ‚wissenschaftlichen Rassismus‘ untermauert, die die koloniale und imperiale Weltherrschaft des weißen Mannes sozialdarwinistisch als ‚Überleben des Tüchtigsten‘ deklarierte.[58] In der zweiten Hälfte des 20. Jahrhunderts unter zuneh-

52 Ebd., S. 307. Vgl. für die deutsche Diskussion E. GUTIÉRREZ RÓDRIGUEZ, Fallstricke des Feminismus. Das Denken ‚kritischer Differenzen‘ ohne geopolitische Kontextualisierung. Einige Überlegungen zur Rezeption antirassistischer und postkolonialer Kritik, in: polylog, Zeitschrift für interkulturelles Philosophieren 4 (1999), S. 13–24.
53 CHOW, Violence in the Other Country, S. 93, 98.
54 FRANKENBERG / MANI, Crosscurrents, Crosstalk, S. 479–491, bes. S. 488.
55 S. Harding, Science and Social Inequality. Feminist and Postcolonial Issues, Champaign 2006
56 G. LEWIS, 'Race', Gender, Social Welfare. Encounters in a Postcolonial Society, Oxford 2000.
57 W. SOLLORS, Neither Black Nor White, Yet Both. Thematic Explorations of Interracial Literature, Cambridge 1997, S. 78–112.
58 Zum ‚wissenschaftlichen Rassismus‘ N. STEPAN / S. GILMAN, Appropriating the Idiom of Science. The Rejection of Scientific Racism, in: D. LACAPRA (Hg.), The Bounds of Race. Perspectives on Hegemonie ans Resistance, Ithaca 1991, S. 73–103. Zu Ähnlichkeiten und Unterschieden von Okzidentalismus- und „Whiteness"-Kritiken in Bezug auf Gender siehe: G. DIETZE, ‚Critical Whiteness Theory‘ und kritischer Okzidentalismus. Zwei Figuren hegemonialer Selbstreflexion, in: M. TISSBERGER u. a. (Hg.), Weiss – Whiteness – Weissein. Kritische Studien zu Gender und Rassismus, Berlin 2006, S. 232–250.

mend postkolonialen Bedingungen, Globalisierung und weltweiter Migration gewannen kulturalistische Konzepte der Differenz die Überhand, was zwar die Vorstellung von ‚Race' als biologische Entität zurückdrängte, aber ‚kulturelle Unterschiede' ebensowenig für veränderbar hielt und deshalb zu ähnlichen Rassismen fand. Gegenwärtig hat sich in den *New Humanities* und in progressiven Sozialwissenschaften eingebürgert, ‚Race' als soziale Konstruktion oder ‚Formation' zu betrachten.[59] Rassismus als sozialpsychologisches Phänomen der Ausgrenzung ist allerdings durch die wissenschaftliche Relativierung der Bedeutung der Kategorie keineswegs aus dem kollektiven Unbewussten getilgt.

Auch Denkformen vorwiegend weißer Emanzipationsbewegungen wie der Feminismus der siebziger Jahre unterliegen impliziten Rassismen. Afroamerikanische, afrokaribische und andere postkoloniale Stimmen haben auf mehreren Ebenen solche Phänomene deutlich gemacht: Erstens wurde im Feminismus ein Nicht-Wahrnehmen von Race-bedingten Unterschieden im sozialen und mentalen Status nicht-weißer Frauen festgestellt. Das führte zu einem Unsichtbarwerden von *Women of Color*. Der Titel eines berühmten Manifestes schwarzer Frauen bringt, wie Kimberlé Crenshaw treffend formuliert, die „Intersektionalität der schwarzen Frau"[60] auf den Punkt: „All the Women are White. All the Blacks are Men. Some of us are Brave." Zweitens wurde ein Verdrängen von politischen Leistungen von *Women of Color* in Geschichte und Gegenwart gerügt,[61] und damit, wie Adrien Rich sagt, ‚weißen Solipsismus' angeprangert, der die Machtverhältnisse einer privilegierten weißen Position fortschreibt. Auch in Deutschland haben schwarze und jüdische Feministinnen auf die Kontinuität von historischen Rassismen hingewiesen und gegen ihr unreflektiertes Fortleben im weißen Feminismus gefochten.[62]

Im angloamerikanischen weißen Feminismus hat man versucht, auf diese Kritik mit Selbstreflexion zu reagieren. Als eine der ersten weißen Feministinnen kritisierte die Dichterin und Essayistin Adrien Rich den Eurozentrismus, falschen Universalis-

---

59 Zu ‚Race' als soziale Konstruktion vgl. D. GOLDBERG (Hg.), Anatomy of Racism, Minneapolis 1990; L. BACK / J. SOLOMOS (Hg.), Race and Racism. A Reader, New York 2000. Zu Race als „social formation" vgl. M. OMI / H. WINANT, Racial Formation in the United States. From 1960–1980, London 1986.

60 K. CRENSHAW, Mapping the Margins. Intersectionality, Identity Politics, and Violence against Women of Color, in: Stanford Law Review 43.6 (1991), S. 1241–1299.

61 Vgl. A. DAVIS, Women, Race & Class, New York 1983; P. GIDDINGS, When and Where I Enter. The Impact of Black Women on Race and Sex in America, New York 1984; B. HOOKS, Ain't I a Woman, Boston 1981 (dt. B. HOOKS, Sehnsucht und Widerstand. Kultur, Ethnie, Geschlecht, Berlin 1996.

62 K. OGUNTOYE u. a., Farbe bekennen. Afrodeutsche Frauen auf den Spuren ihrer Geschichte, Berlin 1986. Siehe M. EGGERS / G. KILOMBA /P. PIESCHE / S. ARNDT (Hg.), Mythen, Masken und Subjekte: Kritische Weißseinsforschung in Deutschland, Münster, 2006. Für eine Zusammenfassung früher dissidentischer Stimmen (*of color*, jüdisch, handicapped) siehe K. WALGENBACH, Gender als interdependente Kategorie, in: dies. u. a. (Hg.), Gender als interdependente Kategorie. Neue Perspektiven auf Intersektionalität, Diversität und Heterogenität, Opladen 2006, S. 23–64.

mus und impliziten ‚Rassismus' des weißen Feminismus. Sozialhistorisch unterschiedliche Räume könne man nur begreifen, wenn man konsequent eine *Politics of Location* betreibe. Sie wendet sich gegen jede Art von Verallgemeinerung einer Position von Frauen und schaltet allen Überlegungen eine Eingangsfrage vor: „Where, when and under what conditions have women acted and been acted on as women?"[63] Adrien Rich greift in ihrer Selbstkritik auf Interventionen afroamerikanischer Frauen zurück, die darauf hingewiesen hatten, dass ein antirassistischer Standpunkt ihre Unterdrückung als Frau nicht thematisiert und der anti-sexistische Kampf ihre Diskriminierung als schwarze Menschen nicht einrechne. Die Auseinandersetzungen zwischen *Women of Color* und weißen Frauen in den angloamerikanischen Frauenbewegungen haben sehr viel dazu beigetragen, dass die weißen Frauen zum ersten Mal Weiß-Sein als Gruppenzugehörigkeit problematisiert haben[64] und sie sich der Anmaßung bewusst geworden sind, mit falschem Universalismus für alle Frauen zu sprechen.[65] In den letzten Jahren hat sich auch in deutschen Zusammenhängen eine Diskussion um Weiß-Sein als politische profitable Illusion der Unmarkiertheit entwickelt,[66] die auch Eingang in feministische Betrachtungen deutscher Kolonialgeschichte gefunden hat.[67]

---

63 A. RICH, Notes Towards a Politics of Location (1984), in: LEWIS / MILLS, Feminist Postcolonial Theory, S. 29–43, bes. S. 31. Neuere Kritik der feministischen *politics of location* als Reproduktion des Zentrum-Peripherie-Modells in C. KAPLAN, The Politics of Location as Transnational Feminist Space, in: GREWAL / KAPLAN, Scattered Hegemonies, S. 137–153.

64 R. FRANKENBERG und V. WARE protokollierten selbstkritisch Rassismen insbesondere der (weißen) Frauenbewegung, vgl. R. FRANKENBERG, White Women, Race Matters, Minneapolis 1993; dies., Displacing Whiteness. Essays in Social and Cultural Criticism, Durham 1997; V. WARE, Beyond the Pale. White Woman Racism and History, London 1992; V. WARE / L. BACK (Hg.), Out of Whiteness. Color, Politics, and Culture, Chicago 2002. Für eine Gesamtdarstellung der historischen Wurzeln, v. a. des (weiß)feministischen Rassismus in den USA vgl. L. NEWMAN, White Woman's Rights. The Racial Origin of Feminism in the United States, New York 1999. Eine deutsche Studie untersucht den ‚unfreiwilligen' Rassismus antirassistischer Gruppen: A. WEISS, Rassismus wider Willen, Wiesbaden 2001.

65 M. FRYE, On Being White. Thinking toward a Feminist Understanding of Race and Race Supremacy, in: dies. (Hg.), The Politics of Reality. Essays in Feminist Theory, Old Westbury 1983, S. 110–127. Für das wachsende Feld der Studien über ‚Whiteness' vgl. M. HILL (Hg.), Whiteness. A Critical Reader, New York 1997; R. DELGADO / J. STEFANIC (Hg.), Critical White Studies. Looking behind the Mirror, Philadelphia 1997; B. RASSMUSSEN / E. KLINENBERG (Hg.), The Making and Unmaking of Whiteness, Durham 2001. An der Psychoanalyse orientiert ist: K. SHESHDARI-CROOKS, Desiring Whiteness. A Lacanian Analysis of Race, New York 2000.

66 Vgl. U. WACHENDORFER, Weiß-Sein in Deutschland. Zur Unsichtbarkeit einer herrschenden Normalität, in: S. ARNDT (Hg.), Afrikabilder. Studien zu Rassismus in Deutschland, Münster 2001, S. 87–101. Im Jahr 2002 hat sich ein überregionales Wissenschaftsnetzwerk zu Weiß-Sein und Geschlecht gebildet. TISSBERGER u. a. (Hg.), Weiß – Whiteness – Weissein und E. WOLLRADT, Weissein im Widerspruch. Feministische Perspektiven auf Rassismus, Kultur und Religion, Koenigstein 2005.

67 Vgl. M. MAMOZAI, Schwarze Frau, Weiße Herrin. Frauenleben in deutschen Kolonien, Reinbek 1989; K. WALGENBACH, Zwischen Selbstaffirmation und Distinktion. Weiße Identität,

Third-World und Transnational Feminism

Postkoloniale Feministinnen begrüßen zwar Einsichten innerhalb des weißen Feminismus, wollen sich aber in Zukunft nicht mit der Hinzufügung einiger kritischer Parameter zu den Gender-Studies und der sporadischen Berücksichtigung von Geschlechterfragen in der postkolonialen Theorie begnügen. Sie verlangen nach einem gründlicheren Perspektivwechsel und einem neuen Etikett. Sabine Broeck formulierte dieses Anliegen paradigmatisch in ihrem Artikel „Can White Feminism Surrender the Default Position". *Third-World-Feminism* nennt Chandra Mohanty einen durch *Race*- und *Postcolonial Studies* revidierten Feminismus, von dem sie eine Neubetrachtung von Geschichte, veränderten Epistemologien und die Rekonzeptualisierung der Ideen von Widerstand, Gemeinschaft und alltäglichem Leben erwartet. Sie stellt sich eine nach der Terminologie Benedict Andersons formulierte ‚imaginäre Gemeinschaft‘[68] von Frauen aller Farben vor, die sich nicht deshalb verbunden fühlen, weil sie Geschlecht, eine *Race* oder eine Nation teilen, sondern weil sie politischen Widerstand gegen systemische Unterdrückung leisten wollen, die mit ihrer (unterschiedlich konstruierten) Weiblichkeit in Beziehung steht.[69] Dabei wird von einer Faktorenvielfalt der Unterdrückung ausgegangen, die die Geschichte von Rassismus und Imperialismus und die Rolle eines ‚hegemonialen Staates‘ einrechnet, d. h. feministische, antirassistische und nationale Befreiungsdiskurse werden als verbundene politische Aktionsformen betrachtet.[70] In einer solchen Perspektive entwickeln sich *Race*, Gender, Sexualität, Nation und Klasse zu relationalen oder, wie Ann McClintock formuliert, ‚artikulierten Kategorien‘,[71] die in der jeweiligen Lokalität je gesondert analysiert werden müssen. In der deutschen Diskussion wird diese Fragestellung in den letzten Jahren entweder über den Begriff ‚Intersektionalität‘ oder ‚Interdependenz‘ der Kategorien der Marginalisierung bearbeitet.[72] Nach Rey Chow

---

Geschlecht und Klasse in der Zeitschrift ‚Kolonie und Heimat‘, in: C. WINTER u. a., Medienidentitäten – Identität im Kontext von Globalisierung und Medienkultur, Köln 2003.

68 Vgl. B. ANDERSON, Imagined Communities. Reflections on the Origin and Spread of Nationalism, London 1991. Zu Dritt-Welt-Feminismus und Sozialwissenschaften vgl. A. BULBECK, Re-orienting Western Feminism. Women's Diversity in a Postcolonial World, Cambridge 1998. Mit der medialen Vermittlung eines multikulturellen Feminismus beschäftigt sich E. SHOHAT, Talking Visions. Multicultural Feminism in a Transcultural Age, Cambridge 2001.

69 MOHANTY u. a., Third World Women, S. 3.

70 Ebd., S. 10.

71 MCCLINTOCK, Imperial Leather, S. 5.

72 Siehe eine Zusammenfassung der deutschsprachigen Diskussion zu Intersektionalität bei I. LOREY, Kritik und Kategorie. Zur Begrenzung politischer Praxis durch neuere Theoreme der Intersektionalität, Interdependenz und Kritischen Weißseinsforschung, http://eipcp.net/transversal/0806/lorey/de. Für eine postkolonial dekonstruktive Lektüre des Intersektionalitätbegriffs siehe: G. DIETZE, Intersektionalität und Hegemonie(selbst)kritik, in: W. GIPPERT (Hg.), Transkulturalität: Gender und bildungshistorische Perspektiven, Bielefeld 2008, S. 27–45.

geht es darum, das Verhältnis (Erstwelt-)Forscherin und (Drittwelt-)Forschungs-
objekt aufzulösen: „A productive use of Feminism in the non-Western context
would imply Feminisms capacity to respond to the ways these other Feminist subjects speak."[73]

Third World Feminism legt den Schwerpunkt seiner Analyse auf die jeweilige Lokalität, bemüht sich um handlungsfähige Subjekte und neigt somit auch einer Politik
des ‚strategischen Essentialismus‘ zu. Bis auf Ausnahmen wie den Theoretikerinnen
Gayatri Spivak, Trinh Minh-ha, Rey Chow war das Verhältnis Diaspora- oder
Drittweltfeminismus zu postmoderner Theorie immer delikat, wie an Polemiken der
Afroamerikanerinnen Barbara Christian und bell hooks zu ersehen ist, die sich fragen, warum zu Zeiten, die minoritären und dominierten Bevölkerungsgruppen zum
ersten Mal eine Stimme ermöglichten, plötzlich Theorien aus der europäischen Philosophie von Derrida und Foucault Platz greifen, die von der Unmöglichkeit des
Subjekts berichten.[74]

So berechtigt die Skepsis zu sein scheint, so fruchtbar sind auf der anderen Seite
gerade jene Grenzgänge, wo politische mit epistemologischer Radikalität zusam-
menfinden. In der Wissensformation *Transnational Feminism* sieht man die postkolonialen weiblichen Subjekte verstreuten Hegemonien ausgesetzt, die von globalisierter Ökonomie, nationalen Patriarchaten, ‚authentischen‘ Traditionen und staatlich-
juristischer Unterdrückung ausgehen.[75] In der programmatischen Anthologie *Scattered Hegemonies. Postmodernity and Transnational Feminist Practises* bemühen sich die
Herausgeberinnen Inderpal Grewal und Cora Kaplan um eine Synthese von feministischem, postkolonialem und postmodernem Denken. Genauso notwendig wie
eine Dezentrierung des Erkenntnisstandpunktes ist Theoretikerinnen eines transnationalen Feminismus eine gedankliche Deterritorialisierung der Analyse von Herrschaftsformen. Während eine *Politics of Location* von einem zwar genau verorteten,
aber geschlossenen Subjekt ausgeht, setzt der Begriff von den ‚Verstreuten Hegemonien‘ fragmentierte Identitäten voraus und ermöglicht deshalb (weiß)-westlichen
und postkolonialen Theoretikerinnen unter der Vielzahl der Herrschaftsformen,
gemeinsame, unterschiedliche und sich berührende Hegemonien herauszudifferen-
zieren und in unterschiedlicher Lokalität zwischen sozialen Formationen der Unterdrückung, Komplizenschaft oder der Machtteilhaberschaft zu unterscheiden, wie sie
möglicherweise zur gleichen Zeit in einer einzigen Person repräsentiert sind.

---

73 CHOW, Violence on the Other Country, S. 95. Vgl. die Analyse zur ‚eingeborenen Frau‘
    (*Native Woman*) als Forschungsobjekt auch der feministischen Anthropologie von M.
    TRINH, Women, Native, Other. Writing Postcoloniality and Feminism, Bloomington 1989.

74 Vgl. B. CHRISTIAN, The Race for Theory, in: D. LLOYD / A. JANMOHAMMED (Hg.), The
    Nature and Context of Minority Discourse, Oxford 1990; B. HOOKS, Postmodern
    Blackness, in: dies. Yearning. race, gender, and cultural politics, Boston 1990.

75 GREWAL / KAPLAN, Scattered Hegemonies, S. 17. Für einen ähnlichen Versuch, postmo-
    dernes Denken mit einer privilegierten Erkenntnisposition von Frauen der Dritten Welt zu
    verbinden, vgl. C. SANDOVAL, Methodology of the Oppressed, Minneapolis 2000.

Im Unterschied zum subjektorientierten Dritt-Welt-Feminismus ermöglicht das deterritorialisierte Herrschaftskonzept des transnationalen Feminismus punktuelle Allianzen zwischen ‚weißen' und ‚braunen' Frauen. In Verbindung mit der Selbstreflexion von Weiss-Sein als unmarkiertem Privileg eröffnen somit Paradigmen der Postkolonialität die Möglichkeit einer produktiven Dezentrierung von Gender Studies, ohne den kritischen Hebel einer – allerdings jeweils unterschiedlich lokalisierten – diskriminierten Geschlechtsposition aufgeben zu müssen.

Bibliographie

ALEXANDER, Jacqui / MOHANTY, Chandra Talpade, 1997: Feminist Genealogies, Colonial Legacies, Democratic Futures. New York.

AMOS, Valerie / PARMAR, Pratibha, 1984: Challenging Feminist Imperialism. In: Feminist Studies 17, S. 3–19.

ANG, Ian, 2001: ‚I'm a Feminist but ...' (1995). In: Kum-Kum BHAVNANI (Hg.): Feminism & ‚Race'. Oxford, S. 394–410.

ANZALDUA, Gloria, 1987: Borderlands/La Frontera. San Francisco.

ARGYROU, Vassos, 2002: Anthropology and the Will to Meaning. A Postcolonial Critique. London.

ASHCROFT, Bill / GRIFFITH, Garreth / TIFFIN, Helen (Hg.), 1989: The Empire Writes Back. Theory and Practise of Postcolonial Literature. London.

ASHCROFT, Bill / GRIFFITH, Garreth / TIFFIN, Helen (Hg.), 2000: Post-Colonial Studies. The Key Concepts. New York.

BACK, Les / SOLOMOS, John (Hg.), 2000: Race and Racism. A Reader. New York.

BERMAN, Russel A., 1998: Enlightenment or Empire. Colonial Discourse in German Culture. Lincoln.

BHABHA, Homi, 2000: Das Postkoloniale und das Postmoderne (1992). In: Die Verortung der Kultur. Berlin, S. 171–242.

BHABHA, Homi, 2000: Das theoretische Engagement (1988). In: Die Verortung der Kultur. Berlin, S. 29–59.

BHABHA, Homi, 2000c: Die Frage der Identität. Frantz Fanon und das postkoloniale Privileg (1990). In: Die Verortung der Kultur. Berlin, S. 29–59.

BHABHA, Homi, 2000d: Von Mimikry und Menschen. Die Ambivalenz des kolonialen Diskurses (1984). In: Die Verortung der Kultur. Berlin, S. 125–137.

BOEHMER, Elleke, 2005. Migrant Metaphors, Colonial and Postcolonial Literatures. Oxford.

BROECK, Sabine, 2003: Can White Feminism Surrender the Default Position. Gender Studies and Ethnozentrism. In: Insa HAERTEL / Sigrid SCHADE (Hg.): Körper und Repräsenation. Opladen.

CAMPBELL, Jan, 2000: Arguing with the Phallus. Feminist, Queer and Postcolonial Theory. London.

CHILDS, Peter / WEBER, Jean / WILLIAMS, Patrick, 2006: Postcolonial Theory and Literatures. Trier.

CHOW, Rey, 1991: Violence in the Other Country. China as Crisis, Spectacle, and Woman. In: Chandra Talpade MOHANTY u. a. (Hg.): Third World Women and the Politics of Feminism. Bloomington.

CHRISTIAN, Barbara, 1990: The Race for Theory. In: David LLOYD / Abdul JANMO-HAMMED (Hg.): The Nature and Context of Minority Discourse. Oxford.

CONRAD, Sebastian / RANDERIA, Shalini (Hg.), 2002: Jenseits des Eurozentrismus. Postkoloniale Perspektiven in den Geschichts- und Kulturwissenschaften. Frankfurt/M.

DERRIDA, Jacques, 1974: White Mythology. Metaphor in the Text of Philosophy. In: New Literary History 6/1, S. 7–74.

DIETZE, Gabriele, 2006: ‚Critical Whiteness Theory' und Kritischer Okzidentalismus. Zwei Figuren hegemonialer Selbstreflexion. In: Martina TISSBERGER u. a. (Hg.): Weiss – Whiteness – Weissein. Kritische Studien zu Gender und Rassismus. Berlin, S. 232–250.

DIETZE, Gabriele, 2008: „Intersektionalität und Hegemonie(selbst)kritik", in: GIPPERT, Wolfgang (Hg.) Transkulturalität: Gender und bildungshistorische Perspektiven. Bielefeld S. 27–45.

DIRLIK, Arif, 1994: The Postcolonial Aura. Third World Criticism in the Age of Global Capitalism. In: Critical Inquiry 20, S. 328–356.

DONALDSON, Laura E., 1993: Decolonizing Feminisms. London.

EGGERS, Maisha / KILOMBA, Grada / PIESCHE, Peggy / ARNDT, Susan, 2006: Mythen, Masken und Subjekte: Kritische Weisseinsforschung in Deutschland. Münster.

FRANKENBERG, Ruth, 1993: White Women, Race Matters. Minneapolis.

FRANKENBERG, Ruth (Hg.), 1997: Displacing Whiteness. Essays in Social and Cultural Criticism. Durham.

FRANKENBERG, Ruth / MANI, Lata, 2001: Crosscurrents, Crosstalk. Race, ‚Postcoloniality' and the Politics of Location (1993). In: Kum-Kum BHAVNANI (Hg.): Feminism & ‚Race'. Oxford, S. 479–491.

FRIEDRICHSMEYER, Sara / LENNOX, Sara / ZANTOPP, Susanne, 1998: The Imperialist Imagination. German Colonialism and its Legacy. Ann Arbor 1998.

GANDHI, Leela, 1998: Postcolonial Theory. A Critical Introduction. New York.

GIDDINGS, Paula, 1984: When and Where I Enter. The Impact of Black Women on Race and Sex in America. New York.

GOLDBERG, David T. (Hg.), 1990: Anatomy of Racism. Minneapolis.

GREWAL, Inderpal / KAPLAN, Caren, 1997: Scattered Hegemonies. Postmodernity and Transnational Feminist Practices. Minneapolis.

GREWAL, Inderpal / KAPLAN, Caren / WIEGMAN, Robyn (Hg.) 2005: Transnational America: Feminisms, Diasporas, Neoliberalisms. Durham.

GROSSE, Pascal, 2000: Kolonialismus, Eugenik und bürgerliche Gesellschaft in Deutschland. Frankfurt/M.

HALL, Stuart, 2002: Wann gab es ‚das Postkoloniale'? In: Sebastian CONRAD u. a. (Hg.): Jenseits des Eurozentrismus. Postkoloniale Perspektiven in den Geschichts-und Kulturwissenschaften. Frankfurt/M., S. 217–246.

HARDING, Sandra, 2007: Science and Social Inequality. Feminist and Postcolonial Issues. Champaign.

HILL, Mike (Hg.), 1997: Whiteness. A Critical Reader. New York.

HOGVELT, Ankie, 2001: Globalization and the Postcolonial World. The New Political Economy of Development. Baltimore.

HOOKS, Bell, 1996: Sehnsucht und Widerstand, Kultur, Ethnie, Geschlecht. Berlin.

HULL, Gloria T. / SCOTT, Patricia Bell / SMITH, Barbara (Hg.), 1982: All the Women are White, All the Blacks are Men, and Some of us are Brave. Old Westbury.

KAPLAN, Ann E., 1997: Looking for the Other. Feminism, Film, and the Imperial Gaze. London.

KAPLAN, Caren, 1997: The Politics of Location as Transnational Feminist Space. In: Inderpal GREWAL / Caren KAPLAN (Hg.): Scattered Hegemonies. Postmodernity and Transnational Feminist Practices. Minneapolis, S. 137–153.

KUNDRUS, Birthe, 2003: Phantasiereiche. Zur Kulturgeschichte des deutschen Kolonialismus. Frankfurt/M.

LEWIS, Reina / MILLS, Sara (Hg.), 2003: Feminist Postcolonial Theory. New York.

LOOMBA, Ania / KAUL, Suvir / BURTON, Antoinette, (Hg.), 2005: Postcolonial Studies and Beyond. Durham.

MARCINIAK, Katarzyna / IMRE, Aniko / O'HEALY, Aine (Hg.), 2007: Transnational Feminism in Film and Media: Visibility, Representation, and Sexual Differences. London.

MCCLINTOCK, Ann, 1995: Imperial Leather. Race, Gender, and Sexuality in the Colonial Contest. New York.

MCCLINTOCK, Ann / MUFTI, Amir / SHOHAT, Ella (Hg.), 1997: Dangerous Liasons. Gender Nation and Postcolonial Perspectives. Minneapolis.

MOHANTY, Chandra Talpade, 2000: Under Western Eyes. Feminist Scholarship and Colonial Discourses (1988). In: Les BACK / John SOLOMOS (Hg.): Theories of Race and Racism. London, S. 302–323 (dt. Übers.: Aus westlicher Sicht. Feministische Theorie und Koloniale Diskurse. In: beiträge zur feministischen theorie und praxis 11, S. 149–162).

MOHANTY, Chandra Talpade / RUSSO, Ann / TORRES, Lourde (Hg.), 1991: Third World Women and the Politics of Feminism. Bloomington.

MORGAN, Robin, 2000: On Woman as a Colonized People (1977). In: Radical Feminism. A Documentary Reader. New York, S. 471–472.

NEWMAN, Louise M., 1999: White Woman's Rights. The Racial Origin of Feminism in the United States. New York.

OMI, Michael / WINANT Howard, 1986: Racial Formation in the United States. From 1960–1980. London.

PERRY, Benita, 1987: Problems of Current Discourse Theory. In: Oxford Literary Review 9, S. 27–58.

RASSMUSSEN, Birgit Brander / KLINENBERG, Eric (Hg.), 2001: The Making and Unmaking of Whiteness. Durham.

RICH, Adrien, 2003: Notes Towards a Politics of Location (1984). In: Reina LEWIS / Sara MILLS (Hg.): Feminist Postcolonial Theory. A Reader. New York, S. 29–43.

SAID, Edward, 1978: Orientalism. Western Concepts of the Orient. New York.

SAID, Edward, 1993: Culture and Imperialism. London.

SANDOVAL, Chela, 2000: Methodology of the Oppressed. Minneapolis.

SHOHAT, Ella (Hg.), 2001: Talking Visions. Multicultural Feminism in a Transcultural Age. Cambridge.

SPELMAN, Elizabeth V., 1988: Inessential Woman. Problems of Exclusion in Feminist Thought. London.

SPIVAK, Gayatri, 1984–85: Criticism, Feminism, and the Institution. Interview mit Elizabeth Grosz. In: Thesis Eleven 10/11, November/März, S. 157–187.

SPIVAK, Gayatri, 1987: French Feminism in an International Frame. In: Gayatri SPIVAK (Hg.): In Other Worlds. Essays in Cultural Criticism. New York, S. 134–153.

SPIVAK, Gayatri, 1987: Subaltern Studies. Deconstructing Historiography. In: Gayatri SPIVAK (Hg.): Other Worlds. Essays in Cultural Criticism. New York, S. 197–221.

SPIVAK, Gayatri, 1988: Can a Subaltern Speak? Speculations on Widow Sacrifice. In: Lawrence GROSSBERG / Gary NELSON (Hg.): Marxism and the Interpretation of Culture. Urbana, S. 271–315. (Eine kommentierte Übersetzung in G. SPIVAK, Can a Subaltern Speak? Wien 2007.)

SPIVAK, Gayatri, 1990: The Postcolonial Critique. New York.

SPIVAK, Gayatri, 1999: A Critique of Postcolonial Reason. Toward a History of the Vanishing Present. Cambridge.

SPIVAK, Gayatri, 2003: Three Women's Texts and a Critique of Imperialism (1985). In: Reina LEWIS / Sara MILLS (Hg.): Feminist Postcolonial Theory. A Reader. New York, S. 306–324.

STEYERL, Hito / GUTIÉRREZ RODRIGUEZ, Encarnacíon, 2003: Spricht die Subalterne Deutsch? Migration und postkoloniale Kritik. Münster.

STOLER, Laura Ann / COOPER, Frederick, 1997: Between Metropole and Colony. Rethinking a Research Agenda. In: Laura Ann STOLER / Frederick COOPER (Hg.): Tensions of Empire. Colonial Cultures in a Bourgeois World. Berkeley, S. 1–56.

SULERI, Sara, 1992. Woman Skin Deep. Feminism and the Postcolonial Condition. In: Critical Inquiry 18.4, S. 756–69.

TRINH, Minh-ha, 1989: Women, Native, Other. Writing Postcoloniality and Feminism. Bloomington.

TRINH, Minh-ha, 1991. When the Moon Waxes Red. New York.

VARELA, Maria Do Mar Castro / DHAWAN, Nikita, 2005: Postkoloniale Theorie. Eine kritische Einführung. Bielefeld.

WACHENDORFER, Ursula, 2001: Weiß-Sein in Deutschland. Zur Unsichtbarkeit einer herrschenden Normalität. In: Susan ARNDT (Hg.): Afrikabilder. Studien zu Rassismus in Deutschland. Münster, S. 87–101.

WALGENBACH, Katharina, 2006: Die weiße Frau als Trägerin deutscher Kultur. Frankfurt.

WALGENBACH, Katharina / DIETZE, Gabriele / HORNSCHEIDT, Antje / PALM, Kerstin 2008, Geschlecht als interdependente Kategorie. Neue Perspektiven auf Intersektionalität, Diversität und Heterogenität. Opladen.

WARE, Vron, 1992: Beyond the Pale. White Woman Racism and History. London.

WARE, Vron / BACK, Les (Hg.), 2002: Out of Whiteness. Color, Politics, and Culture. Chicago.

WILLIAMS, Patrick / CHRISMAN, Laura (Hg.), 1994: Colonial Discourse, Postcolonial Theory. New York.

YOUNG, Robert, 1990: White Mythologies. Writing History and the West. New York.

YOUNG, Robert, 2001: Postcolonialism. An Historical Introduction. London.

ZANTOP, Susanne, 2001: Kolonialphantasien im vorkolonialen Deutschland. Berlin.

MEDIA STUDIES

von *Kathrin Peters*

„Ihre Beine sind nicht direkt Ausdruck ihres Geschmacks oder ihrer Individualität, sondern lediglich Ausstellungsstücke wie der Kühlergriff eines Autos."[1]

In seinem ersten, 1951 erschienen Buch *The Mechanical Bride* analysiert der Literaturwissenschaftler Marshall McLuhan, der einige Jahre später als Medientheoretiker bekannt werden sollte, eine Reihe von Werbungen und Zeitungsseiten. Unter einem ebenso amüsierten wie kulturpessimistischen Blickwinkel stellt er eine „Durchdringung von Sex und Technik" (McLuhan 1996, S. 14) fest. Die Sphären des Mannes und der Frau seien streng getrennt, wobei die eine in McLuhans Diagnose nicht erfreulicher als die andere ist. In der Welt der „Seifenopern" führe die zwangsdomestizierte Hausfrau ein einsames Leben zwischen Unabhängigkeit verheißenden Gerätschaften wie Waschmaschine, Telefon und Staubsauger, während der Mann in der Welt der „Pferdeopern" (Western) seine destablisierte Existenz mit brutalem und heillosem Erfolgsstreben ummantele. McLuhans Pointe liegt darin, dass er nicht bloß auf den ordinären Sexismus in der Auto- und Strumpfhosenwerbung der 1940er Jahre hinweist, sondern auf einen weitreichenderen Zusammenhang: Beine und andere Körperteile von Frauen würden als technische Gerätschaften phantasmiert, die ggf. ausgewechselt und erneuert werden könnten – vergleichbar dem Auto, das zur Ausstaffierung des Mannes nicht nur unverzichtbar gehöre, sondern dessen Erfolgsstreben geradezu verkörpere. Dinge, Geräte und Techniken setzen sich, so McLuhan, am Körper fest oder *er*setzen sogar ganze Körperpartien. Man kann darin die Antizipation seiner 1964 in *Understanding Media* nun medienoptimistisch ausformulierten These sehen, dass Medien die Erweiterung der physischen Leistungsfähigkeit und der Sinnesorgane des Menschen seien, „the Extensions of Man".[2] Diese These hat zusammen mit anderen prägnanten Formulierungen McLuhans – ‚das Medium ist die Botschaft' und ‚der Inhalt eines Mediums ist immer ein anderes' – medientheoretische Perspektiven eröffnet. Jenes Projekt aber, zu dem im letzten Satz von *The Mechanical Bride* aufgefordert wird, hat es nicht in den Kanon der Medienwissenschaft geschafft, nämlich McLuhans Mahnung, die Bedeutung von Technik könne nur verstehen, wer die für die westliche Kultur grundsätzliche Trennung zwi-

---

1 M. McLuhan, Die mechanische Braut, Dresden, Basel 1996, S. 132.
2 M. McLuhan, Die magischen Kanäle, Dresden, Basel 1994 (Original: Understanding Media. The Extension of Man, 1964).

schen den Sphären der Seifenoper und der Pferdeoper – die Geschlechterdifferenz – zur Kenntnis nimmt.

Betrachtet man die in den letzten Jahren anwachsende Menge medienhistorischer und -wissenschaftlicher Einführungsbände, kann man den Eindruck gewinnen, dass sich die Frage nach dem Verhältnis von Geschlechterdifferenz und Technologie bzw. Medialität nicht durchgesetzt hätte. Die sich derzeit vollziehende Kanonisierung der ‚Medienwissenschaft als Kulturwissenschaft‘, in der McLuhan neben Walter Benjamin, Paul Virilio, Jean Baudrillard, Vilém Flusser und Friedrich Kittler einen festen Platz inne hat[3], nimmt bis auf wenige Ausnahmen kaum Notiz von feministischen und genderorientierten Diskussionssträngen.[4] Ausgeblendet werden damit zahlreiche Untersuchungen und Theoriebildungen, die sich seit den 1970er Jahren in den Bereichen Frauen und Film, Feminismus und Kunst, Weiblichkeit und Technologie intensiv mit dem Verhältnis von Gender und Medialität befasst haben.[5] Während Medien – in einem ganz allgemeinen Sinn – als Mittel zur Speicherung und Herstellung von Wissen verstanden werden können, fokussiert Gender als Analysekategorie die Produktion und Aufrechterhaltung bzw. Verfestigung geschlechtsspezifischer Zuschreibungen. Zusammengenommen haben diese beiden Ansätze eine Fülle aufschlussreicher und anschlussfähiger Studien hervorgebracht, die nicht zuletzt die Rolle von Genderpositionen bei der kulturellen Durchsetzung neuer Tech-

---

3 Vgl. D. KLOOCK / A. SPAHR, Medientheorien. Eine Einführung, München 1997; H. SCHANZE (Hg.), Handbuch der Mediengeschichte, Stuttgart 2001; M. FAßLER / W. HALBACH (Hg.), Geschichte der Medien, Stuttgart 1998. – Parallel zur Institutionalisierung des Fachs ist seit der Erstauflage dieses Bandes die Menge medienwissenschaftlicher Einführungs- und Überblicksbände mit kulturwissenschaftlicher Ausrichtung enorm angewachsen, z. B.: A. KÜMMEL / L. SCHOLZ / E. SCHUMACHER (Hg.), Einführung in die Geschichte der Medien, Paderborn 2004; D. MERSCH, Medientheorien zur Einführung, Hamburg 2006; H. WINKLER, Basiswissen Medien, Frankfurt/M. 2008. Der Befund einer Ausblendung von genderorientierten Themen und auch Theoretiker*innen* muss allerdings nicht revidiert werden; Ausnahmen: S. WEBER (Hg.), Theorien der Medien, Konstanz 2003; C. LIEBRAND / I. SCHNEIDER u.a. (Hg.), Einführung in die Medienkulturwissenschaft, Münster 2005; U. BERGERMANN / M. STAUFF, Kulturwissenschaft und Medienwissenschaft, in: K. STIERSTORFER / L. VOLKMANN (Hg.), Kulturwissenschaft – Interdisziplinär. Tübingen 2005, S. 83–107.

4 *Das Kursbuch Medienkultur*, das durch seine theoretische Position und problemorientierte Textanordnung besticht, führt zumindest D. HARAWAYS *Manifest für Cyborgs* (1985) an, vgl. C. PIAS / J. VOGL u. a. (Hg.), Kursbuch Medienkultur, Stuttgart 1999 (5. Aufl. 2004).

5 Als Beispiele für den deutschsprachigen Raum (wo die Diskussion mit einiger Verspätung zur anglo-amerikanischen einsetzte) seien exemplarisch einige frühe Projekte genannt: Die Zeitschrift „Frauen und Film" (seit 1974), die Ausstellung „Kunst mit Eigen-Sinn. Aktuelle Kunst von Frauen, Texte und Dokumentation" (Wien 1985, organisiert u. a. von V. Export und S. Eiblmayr, Kat.), die Publikationen C. v. BRAUN, Nicht Ich. Logik, Lüge, Libido, Frankfurt/M. 1985; G. KOCH, „Was ich erbeute, sind Bilder", Basel 1988; G. J. LISCHKA (Hg.), Feminismus und Medien, Basel 1991 (Publikation z. gleichnamigen Symposium, Städelschule Frankfurt/M. 1990).

niken beleuchtet haben, wie etwa die Feminisierung des Romans, das weibliche Publikum des frühen Films,[6] die Frau als Allegorie für Elektrizität[7] und als Medium der Parapsychologie sowie die damit einhergehenden Frauenberufe Sekretärin, Telefonistin oder Röntgenassistentin.

Begriffsbestimmungen

Gender Studies und Medienwissenschaft ist gemeinsam, dass sie zunächst an den Rändern traditioneller Fachdisziplinen entstanden sind und deren Grenzen ausgedehnt und überschritten haben. Während Gender Studies sich allerdings als Querschnittsressort zu institutionalisieren begonnen haben, beansprucht die Medienwissenschaft einen eigenen systematischen Ort. Aus einer Bindestrichwissenschaft – ‚Film- und Medienwissenschaft' oder ‚Kommunikations- und Medienwissenschaft' – ist eine eigene Fachdisziplin geworden[8], über deren eigentlichen Gegenstand sich wenig Definitives sagen lässt. Was „Medien" sind, wird je nach fachlicher Herkunft unterschiedlich, wenn nicht kontrovers bestimmt. Im Folgenden werden einige Ansätze, die das Spektrum der aktuellen Positionen (der deutschsprachigen Medienwissenschaft) punktuell beleuchten, vorgestellt und nach ihrer Relevanz für die Gender Studies befragt.

Medien als Mittel der Kommunikation

In starker Abgrenzung von postmodernen Theorien beansprucht die Kommunikations- und Medienwissenschaft recht genau zu wissen, was ein Medium ist. In diesem seit den 1970er Jahren auch universitär verankerten Forschungsfeld ist, wie Werner Faulstich formuliert, ein Medium ein „institutionalisiertes System um einen organisierten Kommunikationskanal von spezifischem Leistungsvermögen mit gesellschaftlicher Dominanz"[9]. Ausgangspunkt und Untersuchungsgegenstand dieses Forschungsgebiets, das sich aus der Publizistik und Literatursoziologie speist, sind die Massenmedien: Theater, Zeitung, Buch, Fotografie, Hörfunk, Telefon, Computer

---

6 H. SCHLÜPMANN, Unheimlichkeit des Blicks, Basel, Frankfurt/M. 1990.

7 J. GOODALL, Unter Strom, in: M.-L. ANGERER u. a. (Hg.), Future Bodies, Wien, New York 2002, S. 301–320.

8 Beispiele: Die Neugründung eines Seminars für Medienwissenschaft an der Fakultät für Kunst- und Kulturwissenschaft der Humboldt-Universität zu Berlin; der Aufbau eines Instituts für Medienwissenschaft an der Ruhr-Uni-Bochum, das sowohl die Kommunikationswissenschaft und Publizistik als auch die Film- und Fernsehwissenschaft beerbt. Siehe auch die Gesellschaft für Medienwissenschaft. Zum Versuch, genderorientierter Medienwissenschaft den Status einer Disziplin zu verleihen: H. WAGNER (Hg.), GenderMedia Studies. Zum Denken einer neuen Disziplin, Weimar 2008.

9 W. FAULSTICH, Einführung in die Medienwissenschaft, München 2002, S. 26.

usw. Die Liste dieser „Einzelmedien" ist für Ergänzungen offen, wobei Medien im Unterschied zum *face-to-face*, das als idealer Nullpunkt gedacht wird, vermittelte Kommunikationsformen herstellen, da sie eine Botschaft zwischen Sender und Empfänger kanalisieren.

„Die Frau" steht in Faulstichs *Einführung in die Medienwissenschaft*[10] als originäres Reproduktionsmedium am Anfang jeglicher Kultur- und Menschheitsgeschichte. Abgesehen von dieser mythischen Ursprungsfigur taucht in den zahlreichen Einführungsbänden das Stichwort „Frau" lediglich in Zusammenhang mit empirischen Untersuchungen zu „Frauenzeitschriften" und „Frauenromanen" auf, in denen in überwiegend empirischer Vorgehensweise die Rollenangebote diverser Publikationsorgane und deren Wirkung auf die Realität festgestellt werden.[11] Unter dem Einfluss der feministischen Kommunikations- und Medienwissenschaft, die sich seit den 1980er Jahren in eigenen Überblicksbänden[12] intensiv mit den britischen Cultural Studies und der Filmtheorie auseinandergesetzt hat, haben sich im Teilbereich Medieninhaltsforschung vereinzelt auch die Begriffe „Gender" und „Hegemonie" durchgesetzt.[13]

Materialität der Medien

Der technisch-materialistische Medienbegriff, wie er im deutschsprachigen Raum besonders von Friedrich Kittler geprägt wurde, knüpft ausdrücklich an Marshall McLuhan an. Ausgehend von dessen These, dass Medien immer auf sich selbst bzw. auf andere Medien verweisen, dementiert Kittler die Trennung von Inhalt und Technologie.[14] Medien werden hier nachrichtentechnisch (und d. h. in den meisten Fällen kriegstechnisch) bestimmt: Sie müssen sowohl speichern als auch übertragen und verarbeiten können.[15] Daraus ergibt sich eine endliche Reihe von Medien: zum einen die Schrift und zum anderen technische Medien wie Telegrafie, Fotografie, Film, Grammophon, Fernsehen und schließlich der Computer. Die „Universalmaschine" Computer schließt diese Geschichte der Medien ab, weil alle anderen in ihm aufgehen. Weiterhin werden technische Medien von Techniken der Künste unterschieden: Während Künste illusionieren und fiktionalisieren (konnten) – wie z. B. die Zentralperspektive –, können optische Medien simulieren, d. h. die Trennung

---

10 Ebd., S. 199.

11 W. FAULSTICH, Grundwissen Medien, München 1994; K. HICKETHIES, Einführung in die Medienwissenschaft, Stuttgart 2003.

12 Es handelt sich dabei um Publikationen österreichischer Autorinnen: M.-L. ANGERER / J. DORER (Hg.), Gender und Medien, Wien 1994; J. DORER / B. GEIGER (Hg.), Feministische Kommunikations- und Medienwissenschaft, Wiesbaden 2002.

13 H. BONFADELLI, Medieninhaltsforschung, Konstanz 2002.

14 F. KITTLER, Optische Medien, Berlin 2002, S. 25.

15 F. KITTLER, Geschichte der Kommunikationsmedien, in: J. HUBER / A. MÜLLER, Raum und Verfahren, Basel 1993, S. 169–188.

von Realität und Medialität aufheben, weil sie direkt am Körper, genauer an der Wahrnehmungsphysiologie ansetzen.[16]

Diese Diskursanalyse der Medien ist keineswegs blind für die Bedeutung der Geschlechterverhältnisse. Da laut Kittler Medien das, was Geist oder Seele des Menschen heißt, unter ihre je eigenen Bedingungen stellen,[17] prägen sie auch Geschlechterordnungen – sei es die Verbindung von Mütterlichkeit und Alphabetisierung um 1800 oder der Beruf der Sekretärin für emanzipierte Frauen um 1900, der diese mit Schreibmaschinen gleichsam verschmelzen lässt, oder sei es der Unterhaltungsfilm als Frauenkino, gegen den der (männliche) Autorenfilmer ankämpft(e).[18]

Eigensinnigkeit der Medien

Solange Medien am Vorbild des menschlichen Körpers und dessen Funktionen bestimmt würden – der Computer als Künstliche Intelligenz, die Kamera als Auge – bleibe das Fremdartige medialer Apparate unberücksichtigt, so der Einwand gegen einen Medienbegriff, den Sybille Krämer und Christoph G. Tholen – beide vor dem Hintergrund der Philosophie – anthropomorph nennen.[19] Anthropomorph sei ein Medienbegriff dann, wenn entweder Medien als bloße Werkzeuge der Fernkommunikation oder Leistungssteigerung des Menschen gedacht werden oder als „historische Apriorris"[20], was in der Vorstellung münde, Medien könnten an die Stelle des Subjekts treten.[21] Beide Positionen – die Ermächtigung oder Entmächtigung des Menschen – ließen die „Eigensinnigkeit" von Medien, so die Philosophin Sybille Krämer, gerade nicht in den Blick geraten.[22] Als eigensinnig könnten sie gelten, insofern sie einerseits in die Botschaft, die sie übermitteln, unbeabsichtigt einen Überschuss an Sinn eintragen und andererseits, insofern sie im Gegensatz zu Werkzeugen menschliches Tun nicht effektivieren, sondern etwas ermöglichen, das „es ohne Apparaturen nicht etwa abgeschwächt, sondern überhaupt nicht gibt".[23] Das heißt auch, dass ein Medium nicht einfach *ist*, sondern im Gebrauch seine Medialität erst entfaltet: Ein Computer kann z. B. sowohl als Schreibwerkzeug genutzt werden als

---

16 „Technische Medien, mit anderen Worten, sind eben deshalb Modelle des sogenannten Menschen, weil sie zur strategischen Überrollung seiner Sinne entwickelt worden sind.", KITTLER, Optische Medien, S. 31.

17 Ebd., S. 167.

18 F. KITTLER, Aufschreibesysteme, München 1985; ders., Grammophon Film Typewriter, Berlin 1986.

19 S. KRÄMER, Das Medium als Spur und als Apparat, in: dies. (Hg.), Medien – Computer – Realität, Frankfurt/M. 1998; G. C. THOLEN, Die Zäsur der Medien, Frankfurt/M. 1994.

20 KITTLER, Grammophon Film Typewriter, S. 167.

21 Einspruch erhebt hier (mit dem Verweis auf eine Gleichsetzung von Automation und Subjektivität bei Kittler) THOLEN, Die Zäsur der Medien, S. 29f.

22 S. KRÄMER, Das Medium als Spur und als Apparat, S. 84f.

23 Ebd., S. 85.

auch im Netzwerk eine interaktive Kommunikation ermöglichen und damit etwas bisher Ungekanntes hervorbringen. Medialität ist in dieser Hinsicht etwas, das sich ereignet, den Benutzern widerfährt, ohne dass der Sinn-Überschuss kontrolliert werden könnte. Dies sei schon ein Charakteristikum des direkten Gesprächs, weil z. B. die Stimme geschlechtliche Konnotationen in das Sprechen einträgt und somit Sprache an Körper bindet, so dass es schlechthin nicht möglich ist, unvermittelt zu kommunizieren. Dieses sinnstiftende Potenzial des Medialen, das den Inhalt immer schon übersteigt, birgt die Möglichkeit einer (nicht-intentionalen) Umdeutung dessen, was übermittelt werden soll. Inwiefern eine solche „Performativität als Medialität"[24] für ein Denken von Gender als Performanz gewinnbringend sein könnte, bleibt noch zu erörtern.[25]

Unbestimmbarkeit von Medien

Vor diesem Hintergrund erscheint es weniger sinnvoll danach zu fragen, welche Geräte und Verfahren als Medien bezeichnet werden können, als vielmehr, welche Effekte diese zeitigen. Anstatt ontologische Definitionen anzustreben, kann das, was Medien sind, auch strategisch unbestimmt belassen werden. Wie Lorenz Engell und Joseph Vogl meinen, könne „ein erstes medientheoretisches Axiom daher lauten, daß es keine Medien gibt, keine Medien jedenfalls in einem substanziellen und historisch stabilen Sinn".[26] Erst über die Effekte auf Wahrnehmungsprozesse, Identitätskonstruktionen und Wissensformationen könnten Apparate, Artefakte, Codes und Symbole als Medien dechiffrierbar werden. Medien sind also nicht einfach schon da, sie stellen sich erst in spezifischen, eben medienwissenschaftlichen Lesarten als solche heraus, indem sie als Ereignisse verstanden werden, die in dem, was sie kommunizieren, sich selbst mitkommunizieren.[27]

Anschlüsse an eine feministische Medientheorie ergeben sich hier aus der Überlegung, dass es auch für die Frage nach Geschlechtszuschreibungen nicht ausschlaggebend ist, was Techniken ihrem Wesen nach *sind*, sondern was sie *machen* – ob dies im Hinblick auf die Zeichenlogik der Alphabetschrift ist, die Geist mit Männlichkeit assoziiert,[28] oder die Fotografie, die neue Figurationen des Körpers und der Sexualität einführt.[29]

---

24 S. KRÄMER, (Hg.), Performativität und Medialität, München 2004; vgl. A. SEIER, Remediatisierung. Die performative Konstitution von Gender und Medien, Münster 2007.
25 Zum Begriff der „Performativität" vgl. den Beitrag von D. v. HOFF in diesem Band.
26 L. ENGELL / J. VOGL, Vorwort, in: PIAS / VOGL u. a. (Hg.), Kursbuch Medienkultur, S. 8–11, hier S. 10.
27 Ebd., S. 11. Der Ereignischarakter des Medialen – in Abgrenzung zu Repräsentation – wäre auch im Hinblick auf Gender zu präzisieren.
28 C. v. BRAUN, Versuch über den Schwindel. Religion, Schrift, Bild, Zürich 2001.
29 A. SOLOMON-GODEAU, Reconsidering Erotic Photography, in: dies., Photography at the Dock, Minneapolis 1997, S. 220–237.

Es lässt sich festhalten, dass ein Medienbegriff, der für Gender Studies operabel sein will, den Anteil des Medialen an dem, was vermittelt und zu wissen gegeben wird, mitdenken muss. Eben weil „Gender" nicht *ist*, sondern in Diskursen allererst *wird*, und diese Diskurse nicht außerhalb von Medien erfahrbar sind, greift ein rein inhaltliches oder instrumentelles Verständnis von Medien zu kurz. Hier zeigt sich eine weitere Gemeinsamkeit von Media Studies und Gender Studies: Beide beschäftigen sich mit den blinden Flecken in Bildern, Texten und Tönen. Denn so wie der Fernsehapparat beim Betrachten einer Fernsehsendung in den Hintergrund tritt, sind auch die in jede ‚Sendung' eingelassenen Genderpositionen zunächst unsichtbar. Es ist geradezu eine Bestimmung von Medialität, dass diese sich nicht im Funktionieren, sondern erst in der Störung offenbart;[30] vergleichbar der Geschlechterdifferenz, deren regulierende und formierende Bedeutung sich erst zeigt, wenn etwas oder jemand *nicht* passt. Die mediale und die Gender betreffende Ebene jeder Aussage herauszuarbeiten und beide aufeinander zu beziehen, ist der Kern des Forschungsfeldes ‚Gender und Medien'.

Gender und Medien

Nicht alles kann „Medium" sein. Eine derartig weite Verwendung des Begriffs käme seiner Suspension gleich. Ein avancierter Medienbegriff jedoch kann sich nicht auf den Rahmen der so genannten Massenmedien beschränken, sondern erlaubt es auch, Stimme oder Schrift medial zu begreifen. Diese nicht-technischen Äußerungsmöglichkeiten bzw. Übertragungswege stellen einen ersten Einsatzpunkt für gender-orientierte Medienwissenschaft dar. Als Medium des Sprechens offenbart die Stimme über die Sprechenden mehr oder anderes als das, was gesprochen wird. So gesehen fallen in dieser „Lautmaterie"[31] Bedeutung und Selbstausdruck zusammen, weil sie an die Körper der Sprechenden und deren Anwesenheit gebunden sind; eine Konstellation, die sich unter Bedingungen des Telefons oder Radios signifikant verschiebt. Spätestens mit dem dekonstruktiven Feminismus, der an Jacques Derridas Kritik des von ihm so bezeichneten „Phallogozentrismus"[32] anknüpft, gerät die in der okzidentalen Tradition selbstverständliche Annahme, die Schrift sei bloßer Träger von Bedeutung und Intention, ins Wanken. Während Schrift traditionell als Ausdruck des männlichen Geistes im Gegensatz zu einem weiblich vorgestellten Körper (und der „Muttersprache") erscheint, kann – in einer dekonstruktivistischen Wendung – die Materialität der Schrift als „graphische Spur" verstanden werden und

---

30 Vgl. A. KÜMMEL / E. SCHÜTTPELZ, Signale der Störung, München 2003.

31 S. KRÄMER, Sprache, Sprechakt, Kommunikation, Frankfurt/M. 2001, S. 229.

32 Damit bezeichnet DERRIDA eine „Komplizenschaft okzidentaler Metaphysik mit einer Unterstellung männlicher Erstrangigkeit" (zit. n. B. VINKEN (Hg.), Dekonstruktiver Feminismus, Frankfurt/M. 1992, S. 288).

damit in die Sphäre des ‚Weiblichen' einrücken.[33] Dass die Schriftzeichen bzw. die typografische Gestalt des griechischen Alphabets selbst nicht bar geschlechtlicher Konnotationen sind und als Medien der Geschlechterdifferenz analysiert werden können, haben jüngst kulturhistorische Studien, insbesondere die von Christina von Braun, deutlich gemacht.[34]

Seit den 1970er Jahren dominieren Untersuchungen zu audio-visuellen bzw. visuellen Medien die Debatte zum Wechselverhältnis von medialer Inszenierung und Geschlechtsidentität, weswegen dieser im Folgenden ausführlich Raum gegeben wird. Auch wenn in diesen Texten zumeist von „Medien" nicht die Rede ist, verweisen sie auf die prägende Rolle, die Technologien und Apparate in der Bedeutungsgenese einnehmen. Diese Ansätze fokussieren die geschlechtsspezifischen Dimensionen von Bild und Blick und sondieren Möglichkeiten, wie sich „dem Blickregime begegnen"[35] ließe. Bei allen Vorbehalten gegen eine Kanonisierung auch der feministischen Wissenschaften ist es notwendig, zentrale Positionen immer wieder ins Gedächtnis zu rufen, gerade dann, wenn sie in einer ‚offiziellen' Medienwissenschaft nicht auftauchen.[36]

Bild – Apparat – Geschlecht

Film

Mit der Frauenbewegung standen zunächst geschlechtsstereotype Darstellungen von Frauen in der Kritik. Filmemacherinnen und Künstlerinnen bemühten sich um eine „weibliche Ästhetik", um nicht-patriarchale, authentische Bilder von Frauen. Die Hinwendung zu der Überlegung, ob nicht die Produktionsweisen und Bildtechnologien selbst ideologisch überfrachtet seien, kann rückblickend als eine mediale Wende begriffen werden.

Laura Mulvey hat in ihrem berühmten Aufsatz *Visual Pleasure and Narrative Cinema* (1975) am Beispiel des Hollywood-Kinos argumentiert, dass die Vergeschlechtlichung der ZuschauerInnen nicht allein durch den Inhalt der Filme hervorgebracht werde, sondern Effekt der apparativen Anordnung des Kinos selbst sei.[37] Mit Bezug-

---

33 Vgl. VINKEN, Dekonstruktiver Feminismus (darin bes. D. CORNELL, Das feministische Bündnis mit der Dekonstruktion, S. 279–316).

34 BRAUN, Versuch über den Schwindel (bes. Kap. II: Der Körper des Alphabets); vgl. hierzu auch den Beitrag „Reproduktion" von B. MATHES in diesem Band.

35 K. SILVERMAN, Dem Blickregime begegnen, in: C. KRAVAGNA (HG.), Privileg Blick, Berlin 1997, S. 41–64.

36 Vgl. hierzu: A. SEIER / E. WORTH, Perspektivverschiebungen: Zur Geschlechterdifferenz in Film- und Medienwissenschaft, in: H. BUßMANN / R. HOF (Hg.), Genus, Stuttgart 2005, S. 234–265.

37 L. MULVEY, Visuelle Lust und narratives Kino (1975), in: L. WEISSBERG (Hg.), Weiblichkeit als Maskerade, Frankfurt/M. 1994, S. 48–65.

nahme auf psychoanalytische Theoreme Jacques Lacans und die Apparatusdebatte[38] stellt sie heraus, wie im Kino die Zuschauer – Männer und Frauen – durch den Kamerablick mit einer männlichen Position ausgestattet werden, während die Darstellerin zum Objekt des Blicks wird – bevor die Narration überhaupt beginnt. Mulveys Thesen legen nahe, dass mit dem kinematografischen Apparat gar keine andere als eine bipolare Geschlechterordnung hervorzurufen sei. Dies müsste streng genommen nicht nur für das von ihr untersuchte und für schlecht befundene Genre „Hollywood-Kino" gelten, sondern für Kinofilme im Allgemeinen, da das Kino-Dispositiv jedes Publikum geschlechtsspezifisch organisiere. Aus diesem Grund ist gegen Mulvey der Vorwurf des Essentialismus vorgebracht worden, der in Folge dazu führte, ihre Überlegungen zwar zu einem Meilenstein feministischer Filmtheorie zu erklären, den man allerdings längst hinter sich gelassen habe. Doch bleibt zu überlegen, ob Mulveys Vorschlag, Kino als technisch-materielles Dispositiv zu denken, überhaupt ausgeschöpft ist.[39] Gerade weil die jüngere Filmtheorie sich dem Kino als Ereignis und Erfahrung zugewendet hat, ließe sich mit und über Mulvey hinaus fragen, wie sich das an einem Analogmedium entlang beschriebene Blickregime verschiebt, wenn Charaktere digital animiert und Bilder gar nicht mit einer Kamera, sondern mit dem Computer hergestellt werden; oder wie eine Filmrezeption außerhalb des Kinosaals – Fernseher, Video, DVD mit den impliziten Möglichkeiten des Vorspulens, Wiederholens und Überspringens – zu beschreiben ist.

Mulvey selbst hat als Mittel gegen ein hegemoniales Blickregime und die Fetischisierung des Schauspielerinnenkörpers experimentelle Filmpraktiken angeführt (und umgesetzt). Dass aber der Avantgardefilm nicht an sich schon frei von Weiblichkeitsmythen ist, darauf hat die Filmwissenschaftlerin Teresa de Lauretis hingewiesen. Vielmehr schrieben sich im Avantgardefilm normative Definitionen von Kunst bzw. Filmkunst fort, die traditionell um das männliche Künstlersubjekt kreisen. De Lauretis schlägt vor, „den Frauenfilm neu [zu] denken",[40] und zwar als Film, der sich unabhängig von Genreklassifikationen an den „Zuschauer als Frau richtet".[41] Hintergrund für de Lauretis „Re-Vision" ist die von ihr getroffene Unterscheidung zwischen ‚Frau' und ‚Frauen'. Während ‚Frauen' empirisch-historische Wesen bezeichnet, ist ‚die Frau' ein fiktionales Konstrukt, sowohl Gegenstand als auch Bedingung jeglicher Repräsentation.[42] So vollzieht sich die soziale Geschlechterkonstruktion – Gender – notwendig innerhalb eines Zeichenzusammenhangs, der sie sowohl

38 Die Protagonisten der französischen Apparatusdebatte waren u. a. Jean-Louis Baudry und Christian Metz. Siehe die Apparatustheorie im Kontext von Gender Studies bei M.-L. ANGERER, body options, Wien 2000.
39 Darauf weist hin A. SEIER, Remediatisierung. Vgl. auch S. NESSEL, Kino und Ereignis. Das Kinemotografische zwischen Text und Körper, Berlin 2008.
40 T. de LAURETIS, Ästhetik und feministische Theorie, in: N. KAISER (Hg.), Selbstbewußt. Frauen in den USA, Leipzig 1994, S. 96–132 (entspricht dem letzten Kapitel von T. de LAURETIS, Technologies of Gender, Bloomington 1987).
41 Ebd., S. 104.
42 Vgl. LAURETIS, Technologies of Gender, S. 10.

zur Darstellung bringt als auch repräsentativ werden lässt. Kurz gesagt: „Gender is (a) representation"[43] mit der Pointe, dass sich der Konstruktionsprozess fortwährend vollzieht, gerade auch dort, wo ihm (ideologiekritisch) begegnet wird, nämlich in feministischen und dekonstruktiven Lektüren. Es gibt daher weder eine klärende Position, die dem Prozess des *gendering* äußerlich wäre, noch ein Ende dieses Prozesses. Kino ist auch für de Lauretis zweifellos eine „Technology of Gender", insofern es Zuschauerschaft und Identifizierungen strukturiert. Allerdings meint „Technologie" hier kein mediales Setting, sondern im Foucault'schen Sinne ein Ensemble sozialer, politischer und kultureller Praktiken, unter denen das Kino nur eine ist.

Fernsehen

Eine weitere einflussreiche Gender-Technologie stellt zweifellos das Fernsehen dar. Untersuchungen zum Fernsehen kommen zumeist aus dem Bereich der Kommunikations- und Medienwissenschaft bzw. Publizistik, die sich traditionell mit Massenmedien beschäftigen und deren methodisches und theoretisches Vorgehen von dem der Filmtheorie stark abweicht. Während in der anglo-amerikanischen Filmtheorie die psychoanalytische Theorie, insbesondere Lacans Spiegelstadium (1949/1966), eine große Schubkraft entwickelt hat, sind in der feministischen Kommunikationswissenschaft Ansätze der britischen Cultural Studies wirksam geworden.[44] Eine der zentralen Interventionen der Cultural Studies ist die Zurückweisung der Annahme, dass sich im *flow* (Raymond Williams) der Fernsehprogramme Medienbotschaften wie Stempel auf die ZuschauerInnen aufdrückten. Damit rücken Überlegungen zu Vergnügen (*pleasure*) und Aneignung (*appropriation*) in den Mittelpunkt sowie das Konzept der *agency*, mit dem die Möglichkeit gemeint ist, Handlungsfähigkeit trotz oder gerade anhand von Mediendarstellungen zu entwickeln, die in Hinblick auf Geschlecht, soziale und ethnische Herkunft normativ und stereotyp sind. Untersuchungen, auch empirischer Art, zu Popstars und deren Fans, zu Soap Operas, Talkshows und andere Themen der Populärkultur werden im Zuge der Cultural Studies ohne den kulturpessimistischen Duktus möglich, der mit der Tradition der Kritischen Theorie (in Deutschland) unumgänglich verbunden schien. Das ist für Gender Studies nicht zuletzt deswegen anschlussfähig, weil die Herabsetzung der ‚Trivial-‘ und ‚Massen‘-Kultur mit der Vermutung verknüpft ist, diese richte sich primär an ein weibliches Publikum. In der Unterscheidung zwischen U- und E-Kultur wird die geschlechtsspezifische Konnotierung ganzer kultureller Felder deutlich, die „Unterhaltung" verspielt und ‚weiblich‘, „Ernst" aber gebildet und ‚männlich‘ klingen lässt.

Bei allem Gewinn, den die Cultural Studies für Medien- und Kulturanalysen darstellen, indem sie Kategorien wie Ideologie, Kontext und Situierung hervorgehoben

---

43 Ebd., S. 3.
44 Die (deutsche) Kulturwissenschaft ist mit den (britischen und amerikanischen) Cultural Studies nicht deckungsgleich. Vgl. hierzu den Beitrag von C. BENTHIEN / H. R. VELTEN in diesem Band.

haben, bleibt ihr Medienbegriff merkwürdig unterbestimmt. Das mag einen Grund darin haben, dass weniger technische Apparate und ästhetische Formen im Vordergrund der Untersuchungen stehen, als Fragen nach Macht und Hegemonie von Medieninstitutionen und die mit diesen verbundene Bedeutungsproduktion.[45]

Bildende Kunst

Während Film und Fernsehen in jeder Begriffsbestimmung als Medien gelten können, ist es Auslegungssache, ob die Bildende Kunst diesen Anspruch erheben kann. Können Leinwand oder Pigment als Medien durchgehen? Mit der Inbetriebnahme welcher und wie vieler Apparate wird aus Kunst Medienkunst?

Medien – soweit damit mehr als nur Verfahren zur Herstellung von Bildern oder Objekten gemeint sind – lassen sich nicht bruchlos in einen ästhetischen Diskurs einfügen. Vielmehr ist das Verhältnis von Medien und Kunst in sich schon problematisch, weil Bildende Kunst traditionell in einem Abgrenzungskonflikt zu technischen Apparaten und Aufzeichnungsmedien gedacht wird. Denn die Sprengkraft trivialer, ‚unkünstlerischer' Techniken wie Fotografie und Video liegt darin, dass sie als automatische und reproduktive Verfahren die Grundpfeiler der Kunstdefinition – Autorschaft, Werk und Originalität – subvertieren. Optische Techniken und technische Medien eröffnen zwar historisch spezifische Sichtbarkeiten und schaffen neue Blickordnungen, wie dies z. B. Jonathan Crary für die optischen Geräte des frühen 19. Jahrhunderts herausgearbeitet hat[46], haben ihre Hauptanwendungs- und Entwicklungsbereiche aber *außerhalb* der Kunst, nämlich in militärischen, physiologischen, wissenschaftlichen oder kommerziellen Kontexten, auf die in der Kunst der Moderne gleichwohl immer wieder mehr oder weniger explizit Bezug genommen wurde. Mit der Eingemeindung ehemals von kunstwissenschaftlicher Betrachtung ausgeschlossener Bereiche wie Fotografie, Video, Film oder auch Typografie geht die Etablierung der „Bildwissenschaft"[47] sowie neuer Gattungsbegriffe wie „Medienkunst" einher. Um das Verhältnis zwischen Kunst und Medien nicht überschwänglich nach der einen Seite

---

45 Eine guten Einblick in die vielfältigen Debatten zu Status und Funktionsweise des Fernsehens liefert R. ADELMANN / J.-O. HESSE / J. KEILBACH u. a. (Hg.), Grundlagentexte zur Fernsehwissenschaft, Konstanz 2002. Zu Cultural Studies im Kontext einer feministischen Medienwissenschaft vgl. ANGERER, body options.

46 J. CRARY, Techniken des Betrachters, Dresden, Basel 1996.

47 Von der Bildwissenschaft als Neukonturierung der (deutschen) Kunstgeschichte (H. BELTING, Bild-Anthropologie, München 2001) sind die Visual Studies, ein im angloamerikanischen Raum bedeutendes Forschungsfeld, zu unterscheiden. Während erstere sich auf ikonografische Verfahren beruft, die die ‚gesamte' Bildkultur berücksichtigen, fokussieren letztere das Verhältnis von Subjekt und Bild unter postkolonialen, gendertheoretischen und subkulturellen Blickwinkeln. Vgl. H. LORECK, Bild-Andropologie? – Kritik einer Theorie der visuellen Kultur, in: S. v. FALKENHAUSEN u. a. (Hg.), Medien der Kunst? Geschlecht, Metapher, Code, Marburg 2004, S. 12–26; N. MIRZOEFF (Hg.), The Visual Culture Reader, London, New York 1998.

– ‚alle Kunst war schon immer Medienkunst' – oder anderen Seite – ‚Künste sind in technischen Medien aufgegangen' – ausschlagen zu lassen, ist es zudem notwendig, auch die medialen Verfahren der Kunstgeschichte selbst und deren konstitutive Bedeutung zu berücksichtigen; dazu gehören die Dia(doppel)projektion, die fotografische Reproduktion von Kunstwerken und die Katalogisierung und Archivierung mittels digitaler Medien.[48]

Einigkeit herrscht in der feministischen Kunstgeschichte darüber, dass die Zentralperspektive als technisches Dispositiv die geschlechtsspezifische Blickordnung der Bildenden Kunst organisiert (hat). Sie positioniert den männlichen Künstler außerhalb des Bildraums, der von einem weiblichen Körper bzw. von Gegenständen, die allegorisch mit Weiblichkeit verknüpft sind, ausgefüllt wird.[49] In Anlehnung an Konzepte der Filmtheorie erscheint „die Frau als Bild":[50] Der weibliche Körper ist einerseits die Projektionsfläche eines begehrenden Blicks und tritt andererseits, in der Kunst des 20. Jahrhunderts, als materieller Bildträger in Erscheinung.

Körperbilder stellen daher den zentralen Gegenstand feministischer Kunstgeschichte dar, zumal bereits seit den späten 1960er Jahren einige Künstlerinnen ihren paradoxen Status als Sujet *und* Produzentin von Kunst bearbeitet haben: Joan Jonas, Valie Export, Gina Pane und Hannah Wilke sind Beispiele für eine Reflexion des eigenen weiblichen Körpers als medial verfasstem, von Bildvorstellungen durchzogenem Körper. Insbesondere die Künstlerin Cindy Sherman steht im Rampenlicht zahlreicher feministischer bzw. gendertheoretischer Untersuchungen. Da der Kunstdiskurs sowohl die künstlerischen Arbeiten als auch kunsthistorische Texte, Kunstkritiken und Ausstellungspraktiken umfasst, kann man von einem Wechselverhältnis sprechen, in dem Cindy Shermans Fotografien und die Ausformulierung eines gendertheoretischen Performativitätskonzepts stehen. Dass sich bei dem Sujet „Sherman" mittlerweile Ermüdungserscheinungen bemerkbar machen, hat nicht allein mit der Kanonisierung dieser Künstlerin zu tun, sondern auch damit, dass ihre Arbeit zum reinen Anschauungsmaterial bestimmter Theoriebildungen zu werden droht. Zwar lässt sich an Shermans Vorgehen mit großer Plausibilität die These darlegen, dass Weiblichkeit selbst medial sei. Allerdings schließt eine solche Lektüre die Medialität der fotografischen Bilder, die all das erst zu sehen geben, nicht automatisch ein. Das Fotografische selbst trägt Verweise auf Reproduzierbarkeit, Indexikalität und Nicht-Echtheit in die Bilder ein, die deren Bedeutung auch im Hinblick auf das Kunstsystem steuern. In einer um medientheoretische Ansätze ergänzten Gender-Perspektive müsste es, so Andrea Seier, darum gehen, „die filmische/mediale Performativität nicht in einer übergeordneten Gender-Performativität aufgehen zu lassen, und stattdessen den Blick auf das jeweils spezifische Ineinandergreifen der verschiedenen Performativitätsebenen zu lenken."[51]

48 Vgl. Ebd., S. 274f.
49 S. SCHADE / S. WENK, Inszenierung des Sehens, in: H. BUßMANN / R. HOF, Genus, Stuttgart 2005. Vgl. A. ZIMMERMANN (Hg.), Kunstgeschichte und Gender, Berlin 2006.
50 S. EIBLMAYR, Die Frau als Bild, Berlin 1993.
51 SEIER, Remediatisierung, S. 111.

Ähnlich ist die jüngst formulierte Mahnung zu verstehen, sich in der Analyse von Kunst (von Frauen) wieder mehr dem Material und der Form zuzuwenden und nicht in Gender-Paradigmen leerlaufend, künstlerische Arbeiten in erster Linie auf deren identitätspolitischen Einsatz hin zu befragen.[52] Außerdem wäre es gewinnbringend, die Frage nach dem Verhältnis von Repräsentation bzw. Medien und Geschlecht an Sujets zu stellen, die nicht in direkter Weise mit Geschlechterinszenierungen in Zusammenhang stehen. Untersuchungen zu Dingen und Gebrauchsgegenständen erweitern die Zugänge ebenso wie die Analysen geschlechtsspezifischer Konnotationen von Raumkonzepten und modernistischer Architektur.[53] In den Bereichen Film und Fernsehen wären die zunehmende Bedeutung der Postproduktion, der Einsatz computergenerierter Bilder[54] und digitaler Sounddesigns mögliche Forschungsfelder von ‚Gender und Medien‘, zumal die akustische Ebene audiovisueller Medien bzw. akustische Medien insgesamt mehr Aufmerksamkeit verdiente. Auch die Unterscheidung der Filmgenres Spielfilm, Dokumentarfilm, Experimentalfilm und Animationsfilm könnte zur Disposition gestellt werden und damit der Vorrang des Spielfilms, den dieser auch in der feministischen Filmwissenschaft einnimmt. Neuere Arbeiten, die sich mit dem Vorspann,[55] Fernsehtestbildern[56] oder Sound[57] beschäftigen, weisen in eine solche Richtung.

Wissen – Körper – Technologie

Es ist eine Grundthese der Gender Studies, dass es *den* Körper nicht gibt. Wie Körper wahrgenommen, wie sie gebraucht werden und wie man sich im Körper fühlt, dies alles unterliegt historischen und kulturellen Kodierungen. Insbesondere Judith Butler hat nachdrücklich darauf hingewiesen, dass Geschlecht nicht auf einer ‚inneren Wahrheit‘ beruhe, sondern sich diese Wahrheit erst als Effekt von Diskursen und Wissensformationen erzeuge.[58] Dieser zunächst einmal theoretische Befund über die rhetorische Verfasstheit des Geschlechts lässt sich auch historisch nachvollziehen:

---

52 B. SÖNTGEN, Gender in trouble, in: Texte zur Kunst 42 (2001), S. 32–41.
53 Vgl. B. COLOMINA (Hg.), Sexuality and Space, New York 1992; I. NIERHAUS, Raum, Geschlecht, Architektur, Wien 1999.
54 U. BERGERMANN, Reproduktionen, in: K. BAISCH / I. KAPPERT u. a (Hg.), Gender Revisited, Stuttgart, Weimar 2002, S. 149–171.
55 R. HÜSER, Found-Footage-Vorspann, in: C. LIEBRAND / I. SCHNEIDER, Medien in Medien, Köln 2002, S. 198-217.
56 B. SCHNEIDER, Die kunstseidenen Mädchen, in: S. ANDRIOPOULOS / B. DOTZLER (Hg.), 1929. Beiträge zur Archäologie der Medien, Frankfurt/M. 2002, S. 54–79.
57 N. A. RAHMAN, ‚larger-than-life‘ oder wie real ist das Kino?, in: Nach dem Film, No. 2 (2000), www.nachdemfilm.de/no2/rah02dts.html.
58 J. BUTLER, Körper von Gewicht, Berlin 1995. Vgl. auch P. SARASIN, Reizbare Maschinen, Frankfurt/M. 2001, S. 15f. Der Historiker Sarasin hat die Bedeutung der feministischen Denksätze für eine Geschichtsschreibung des Körpers noch einmal nachdrücklich hervorgehoben.

Als unhinterfragbar erscheint die biologische Substanz erst im Licht der Biologie und der wissenschaftlichen Medizin. Ende des 19. Jahrhunderts wird das biologische Geschlecht zum Faktum und dies maßgeblich mittels Techniken der Sichtbarmachung, Systematisierung und Archivierung von Wissen – also durch und mit mediale(n) Anordnungen. An die Einsicht der neueren Wissenschaftsgeschichte, dass Bilder Wissen nicht nur formieren, sondern Sachverhalte auch hervorbringen,[59] knüpfen sich gendertheoretische Perspektiven an: Auf welche Weise tritt ‚Sex als Referent von Gender‘[60] in Erscheinung? Mit welchen Techniken, Graphemen und Bildern wird der ‚Sachverhalt‘ der Geschlechterdifferenz evident? Wie bedingen gar Ordnungssysteme und Archivgegenstände das, was man wissen kann?

Die Verschränkung von medizinischem Wissen und medialen Arrangements wird am Beispiel der „Hysterikerinnen" besonders deutlich, denn der Einsatz fotografischer und anderer Aufzeichnungsapparate hat Hysterie und Weiblichkeit allererst zu einem Bild von Weiblichkeit, Lüge und Schauspiel verschnürt. Dieser Umstand hat das Krankheits*bild* Hysterie nicht nur für feministische WissenschaftlerInnen immer wieder zum Thema werden lassen.[61] Signifikant für die fotografischen Aufnahmen hysterischer Anfälle, die in den 1870er Jahren an der Salpêtrière in Paris unter deren Leiter Jean-Martin Charcot veröffentlicht wurden, ist die Überlagerung medizinischwissenschaftlicher und ästhetischer Anliegen. Den Fotografien wurde sowohl die Aufgabe zuteil, klinische Symptome zu beglaubigen, als auch an ikonografische Traditionen anzuschließen, Personen auf historischen Darstellungen gar retrospektiv zu ‚hysterisieren‘, so dass Frauenkörper zu Vehikeln (oder Medien) einer männlichen Meisterschaft geronnen.

Erst später setzte sich ein wissenschaftlich-systematischer Aufzeichnungsmodus durch, der Standards für die medizinische Fotografie setzte. Standards, die mit eigens entwickelten fotografischen Apparaten und Lehrbüchern einhergingen und die Fotografien vom Ausdruckswillen – sowohl der Fotografen als auch der PatientInnen – zu bereinigen suchten. Diese ‚De-Inszenierung‘[62] und Konzentration auf den physiologischen Körper, dessen Funktionieren in Bildreihen, Tabellen, Kurven und anderen Spurensicherungsverfahren ablesbar werden sollte, stellt die Frage nach der Geschlechterdifferenz in veränderter Weise: Augenfällig ist zunächst die Wahl bestimmter Posen und geschlechtsstereotyper Arrangements wie sie auch in Eadward Muybridges fotografischen Bewegungsstudien *Animal Locomotion* aus den 1880er Jahren zu finden sind. Die Filmwissenschaftlerin Linda Williams hat diese fotografischen Studien zu Urszenen des pornografischen Films erklärt, indem sie ihnen zuschreibt,

---

59 P. GEIMER, Ordnungen der Sichtbarkeit, Frankfurt/M. 2002, S. 7–25, hier S. 7.

60 B. VINKEN, Der Stoff, aus dem die Körper sind, in: Die Neue Rundschau 104.4 (1993), S. 9–22.

61 Vgl. BRAUN, Nicht Ich; G. DIDI-HUBERMAN, Die Erfindung der Hysterie, München 1997.

62 Dank an S. Holschbach für den Begriff. Vgl. zu Fotografie, Geschlecht und Pose: S. HOLSCHBACH, Vom Ausdruck zur Pose. Theatralität und Weiblichkeit in der Fotografie des 19. Jahrhunderts, Berlin 2006; K. SYKORA u. a. (Hg.), Fotografische Leidenschaften, Marburg 2006.

einen neuartigen, sexualisierten Körper sowie Fetischismus und Voyeurismus optisch implementiert zu haben.[63] Das Verhältnis von medialem Apparat und Körper lässt sich jedoch noch aus einer anderen Richtung aufrollen: Da dem in Versuchsanordnungen eingebundenen Körper zugetraut wurde, die Faktizität des Körperlichen lesbar zu machen, schließt sich die Überlegung an, ob sich das Wissen vom Geschlecht nicht selbst allererst als Medieneffekt konstituiert. In einer medienhistorischen Perspektive wäre weniger von Interesse, wie Frauen und Männer auf medizinischen und physiologischen Bildern dargestellt werden, sondern welche Vorannahmen in das „Bild der Objektivität"[64] eingeschrieben sind. Versteht man Medien als ein Zusammenspiel von Techniken, Diskursen und Darstellungsweisen, wäre zu untersuchen, wie mit einem medizinischen auch ein kulturelles Bild von männlichen und weiblichen Körpern konzipiert wird.[65]

Die Vorstellung, mit wissenschaftlichen Bildern – Röntgenografien, Mikro- oder Momentfotografien, Elektronenmikroskopaufnahmen u. a. – werde ‚Unsichtbares sichtbar' gemacht, trifft das Verhältnis von Körper und Visualisierung jedenfalls nicht. Gerade digitalen Visualisierungstechniken kann eine Referenz auf ein im Bild repräsentiertes ‚natürliches' Objekt gar nicht mehr unterstellt werden. Einzeluntersuchungen zu 3D-Animationen fötaler Entwicklungsstadien[66] oder zu den ‚lebenden' Bildern des Visible Human Project,[67] aber auch zu Schaubildern und Diagrammen für genetische Modelle,[68] haben gezeigt, wie mittels (populärer) Visualisierungsstrategien vor allem die Plausibilität der jeweiligen Modelle beglaubigt werden soll.

Paradoxerweise sind es die der Evidenzproduktion inhärenten Unstimmigkeiten und Unschärfen, die einen Spielraum für feministische Interventionen bieten. ‚Spielraum' ist hier in ganz wörtlichem Sinne gemeint, denn wenn sich wissenschaftliche

---

63 L. WILLIAMS, Hard Core, Basel, Frankfurt/M. 1995, S. 65–92. In späteren Texten korrigiert sie ihre Thesen teilweise und spricht in Anlehnung an J. CRARY von einem körperlichen, subjektiven Sehen (L. WILLIAMS, Pornografische Bilder und die ‚körperliche Dichte des Sehens', in: C. KRAVAGNA (Hg.), Privileg Blick, Berlin 1997, S. 65–97). Die Frage nach der Verbindung von Medientechnik und Obszönität bleibt weiterhin offen, vgl. K. PETERS, Die obszöne Fotografie, in: Metis 13 (1998), S. 17–30.

64 L. DASTON / P. GALISON, Das Bild der Objektivität (1992), in: GEIMER, Ordnungen der Sichtbarkeit, S. 29–99.

65 Vgl. M. SCHULLER / C. REICHE / G. SCHMIDT (Hg.), BildKörper, Hamburg 1998. Zur medialen und wissenschaftshistorischen Konstitution von Sex und Gender vgl. auch: C. HANKE, Zwischen Auflösung und Fixierung. Zur Konstitution von ‚Rasse' und ‚Geschlecht' in der physische Anthropologie um 1900, Bielfeld 2007; K. PETERS, Rätselbilder des Geschlechts. Körperwissen und Medialität um 1900, Zürich/Berlin (erscheint 2009).

66 N. LYKKE / M. BRYLD, Cyborg in Drag?, in: ANGERER u. a., Future Bodies, S. 49–70.

67 C. REICHE, ‚Lebende Bilder' aus dem Computer, in: SCHULLER u. a. (Hg.), Bildkörper, S. 125–165; dies., Digitaler Feminismus, Bremen 2006.

68 U. BERGERMANN, Das graue Rauschen der Schafe, in: ANGERER u. a. (Hg.), Future Bodies, S. 109–127.

Modelle, wie z. B. das der genetischen Schrift, selbst unterhöhlen[69], bietet sich die Gelegenheit, deren Elemente neu zusammenzusetzen. Dass angesichts der Möglichkeiten Neuer Medien- und Biotechnologien die Geschlechterordnung durcheinander geraten könnte, ist daher für Cyberfeministinnen eine begrüßenswerte Tendenz. Donna Haraways hybrides Mischwesen „Cyborg" ist gewissermaßen die Patin dieses Vorgehens; ein Vorgehen, das sowohl die Gestalt eines theoretischen Textes, eines Kunstprojekts als auch einer interventionistischen Praxis annehmen kann.[70] In teils ironisch, teils affirmativ zu lesenden Texten haben Autorinnen wie Sadie Plant und Sherry Turkle den ‚Cyberspace' – nach Abklingen der Euphorie wohl treffender ‚digitales Netz' genannt – als genuin weiblich bezeichnet, als einen Raum, der für die Besetzung mit neuen Subjektentwürfen prädestiniert sei.[71] Damit ist trotz aller Essentialismen und Waghalsigkeiten, die in den Texten zum Ausdruck kommen, eine Position bestimmt, die quer steht zu einer in den 1980er Jahren vehement geführten, inzwischen etwas ermatteten Neue-Technologien-Debatte. Während in dieser Debatte Skeptiker die Gefahr einer Denaturalisierung des Menschen heraufkommen sahen, war für die Optimisten die Virtualisierung des Körpers geradezu eine Option auf die Zukunft.[72] In cyberfeministischen Argumentationen geht es demgegenüber weder um Bewahrung noch um Entmaterialisierung, nicht um die Erfindung eines ‚neuen Menschen' oder den Erhalt eines ‚alten',sondern eher darum, andere Formen der Verkörperlichung ausfindig zu machen, zu denken und zu gestalten.[73]

Marshall McLuhan war in seinen Analysen zum Körperlich-Werden technischer Geräte bestrebt, die Trennungen zwischen der Sphäre des Männlichen und des Weiblichen zu benennen, um sie schließlich „vernähen"[74] zu können. GendertheoretikerInnen haben an solchen Vernähungen kein Interesse, denn ihnen geht es nicht um das humanistische, nie eingelöste Projekt der Gleichheit, sondern um die Löcher im Netz, die Vervielfältigung von Differenzen.[75] Vielleicht ist dann das Frauenbein als Kühlergriff eines Autos nicht eine unlautere Mechanisierung des weiblichen Körpers im Zeichen des Fordismus und Konsumismus, sondern – positiv gewendet – das Werden einer Cyborg.

---

69 Vgl. S. RUF, Elemente einer Genealogie der Cyborgs, in: A. KECK / N. PETHES (Hg.), Mediale Anatomien, Bielefeld 2001, S. 267–286, in Bezugnahme auf die Wissenschaftshistorikerin Lily E. Kay.

70 Vgl. hierzu den Beitrag von A. DEUBER-MANKOWSKY in diesem Band und die Aktivitäten des Old Boys Network: www.obn.org.

71 S. TURKLE, Leben im Netz, Reinbek 1998; S. PLANT, Nullen und Einsen, Berlin 1998.

72 Vgl. meine Einleitung in: ANGERER u. a. (Hg.), Future Bodies, S. 1–20.

73 C. REICHE, Digitaler Feminismus.

74 MCLUHAN, Die mechanische Braut, S. 203.

75 In diesem Sinne ist auch die Verbindung von Queer Studies und Medienwissenschaft ein wichtiges neues Forschungsfeld; vgl. hierzu den Beitrag von S. HARK in diesem Band.

Bibliographie

ADELMANN, Ralf / HESSE, Jan-Otmar / KEILBACH, Judith / STAUFF, Markus / THIELE, Matthias (Hg.), 2002: Grundlagen der Fernsehwissenschaft. Konstanz.

ANGERER, Marie-Luise, 2000: body options. körper.spuren.medien.bilder. Wien.

ANGERER, Marie-Luise / DORER, Johanna (Hg.), 1994: Gender und Medien. Theoretische Ansätze, empirische Befunde und Praxis der Massenkommunikation. Ein Textbuch zur Einführung. Wien.

ANGERER, Marie-Luise / PETERS, Kathrin / SOFOULIS, Zoë (Hg.), 2002: Future Bodies. Zur Visualisierung von Körpern in Science und Fiction. Wien, New York.

BAISCH, Katharina / KAPPERT, Ines / SCHULLER, Marianne / STROWICK, Elisabeth / GUTJAHR, Ortrud (Hg.), 2002: Gender Revisited. Subjekt- und Politikbegriffe in Kultur und Medien. Stuttgart, Weimar.

BELTING, Hans, 2001: Bild-Anthropologie. Entwürfe für eine Bildwissenschaft. München.

BERGERMANN, Ulrike, 2002: Das graue Rauschen der Schafe. Grafiken für die Übertragung von Nachrichten und Genen. In: Marie-Luise ANGERER u. a. (Hg.): Future Bodies, S. 109–127.

BERGERMANN, Ulrike, 2002: Reproduktionen. Digitale Bilder und Geschlechter in Alien. In: Katharina BAISCH u. a. (Hg.): Gender Revisited, S. 149–171.

BERGERMANN, Ulrike / STAUFF, Markus, 2005: Kulturwissenschaft und Medienwissenschaft. In: Klaus STIERSTORFER / Laurenz VOLKMANN (Hg.): Kulturwissenschaft – Interdisziplinär. Tübingen, S. 83–107.

BONFADELLI, Heinz, 2002: Medieninhaltsforschung. Konstanz.

BRAUN, Christina von, 1985: Nicht Ich. Logik, Lüge, Libido. Frankfurt/M.

BRAUN, Christina von, 2001: Versuch über den Schwindel. Religion, Schrift, Bild, Geschlecht. Zürich.

BUßMANN, Hadumod / HOF, Renate (Hg.), 2005: Genus. Geschlechterforschung/ Gender Studies in den Sozial- und Kulturwissenschaften. Stuttgart (erweiterte Neuauflage).

BUTLER, Judith, 1995: Körper von Gewicht. Die diskursiven Grenzen des Geschlechts. Berlin (Orig. 1993).

COLOMINA, Beatriz (Hg.), 1992: Sexuality and Space. New York.

CRARY, Jonathan, 1996: Techniken des Betrachters. Sehen und Moderne im 19. Jahrhundert. Dresden, Basel (Orig. 1990).

DASTON, Lorraine / GALISON, Peter, 2002: Das Bild der Objektivität (1992). In: Peter GEIMER (Hg.): Ordnungen der Sichtbarkeit. Frankfurt/M., S. 29–99.

DIDI-HUBERMAN, Georges, 1997: Die Erfindung der Hysterie. Die photographische Klinik von Jean-Martin Charcot. München (Orig. 1982).

DORER, Johanna / GEIGER, Brigitte (Hg.), 2002: Feministische Kommunikations- und Medienwissenschaft. Ansätze, Befunde und Perspektiven der aktuellen Entwicklung. Wiesbaden.

EIBLMAYR, Silvia, 1993: Die Frau als Bild. Der weibliche Körper in der Kunst des 20. Jahrhunderts. Berlin.

ENGELL, Lorenz / VOGL, Joseph, 1999: Vorwort. In: Claus PIAS u. a. (Hg.): Kursbuch Medienkultur. Stuttgart, S. 8–11.

FALKENHAUSEN, Susanne von / FÖRSCHLER, Silke / REICHLE, Ingeborg / UPPENKAMP, Bettina (Hg.), 2004: Medien der Kunst. Geschlecht, Metapher, Code. Marburg.

FAßLER, Manfred / HALBACH, Wulf (Hg.), 1998: Geschichte der Medien. Stuttgart.

FAULSTICH, Werner, 1994: Grundwissen Medien. München.

FAULSTICH, Werner, 2002: Einführung in die Medienwissenschaft. München.

GEIMER, Peter, 2002: Einleitung. In: ders. (Hg.): Ordnungen der Sichtbarkeit. Frankfurt/M., S. 7–25.

GOODALL, Jane, 2002: Unter Strom. Zukünftige Körper und das Fin de Siècle. In: Marie-Luise ANGERER u. a. (Hg.): Future Bodies, S. 301–320.

HANKE, Christine, 2007: Zwischen Auflösung und Fixierung. Zur Konstitution von ‚Rasse‘ und ‚Geschlecht‘ in der physischen Anthropologie um 1900. Bielefeld.

HICKETHIER, Knut, 2003: Einführung in die Medienwissenschaft. Stuttgart.

HOLSCHBACH, Susanne, 2006: Vom Ausdruck zur Pose. Theatralität und Weiblichkeit in der Fotografie des 19. Jahrhunderts. Berlin.

HÜSER, Rembert, 2002: Found-Footage-Vorspann. In: Claudia LIEBRAND / Irmela SCHNEIDER (Hg.): Medien in Medien. Köln, S. 198–217.

KITTLER, Friedrich, 1985: Aufschreibesysteme 1800–1900. München.

KITTLER, Friedrich, 1986: Grammophon Film Typewriter. Berlin.

KITTLER, Friedrich, 1993: Geschichte der Kommunikationsmedien. In: Jörg HUBER / Alois MÜLLER, A. (Hg.): Raum und Verfahren. Basel, S. 169–188.

KITTLER, Friedrich, 2002: Optische Medien. Berliner Vorlesungen 1999. Berlin.

KLOOCK, Daniela / SPAHR, Angela: (Hg.), 1997: Medientheorien. Eine Einführung. München.

KOCH, Gertrud, 1988: „Was ich erbeute, sind Bilder". Zur filmischen Repräsentation der Geschlechter im Film. Basel.

KRÄMER, Sybille, 1998: Sprache – Stimme – Schrift. Sieben Thesen über Performativität als Medialität. In: Paragrana 7.1, S. 33–57.

KRÄMER, Sybille, 2001: Sprache, Sprechakt, Kommunikation. Sprachtheoretische Positionen des 20. Jahrhunderts. Frankfurt/M.

KRÄMER, Sybille, (Hg.) 2004: Performativität und Medialität. München.

KÜMMEL, Albert / SCHÜTTPELZ, Erhard (Hg.), 2003: Signale der Störung. München.

KÜMMEL, Albert / SCHOLZ, Leander / SCHUMACHER, Eckhard (Hg.), 2004: Einführung in die Geschichte der Medien. Paderborn.

LAURETIS, Teresa de, 1987: The Technologies of Gender, Bloomington.

LAURETIS, Teresa de, 1994: Ästhetik und feministische Theorie. Den Frauenfilm neu denken (1985). In: Nancy KAISER (Hg.): Selbstbewußt. Frauen in den USA. Leipzig, S. 96–132.

LIEBRAND, Claudia/ SCHNEIDER, Irmela / BOHNENKAMP, Björn / FRAHM, Laura (Hg.), 2005: Einführung in die Medienkulturwissenschaft. Münster.

LISCHKA, Gerhard J. (Hg.), 1991: Feminismus und Medien. Bern.

LORECK, Hanne, 2004: Bild-Andropologie? – Kritik der visuellen Kultur. In: Susanne von FALKENHAUSEN u.a. (Hg.): Medien der Kunst, S. 12–26.

LYKKE, Nina / BRYLD, Mette, 2002: Cyborg in Drag? Lennart Nilssons ,Faszination Liebe'. Der wissenschaftliche Dokumentarfilm zwischen Dekonstruktion und Naturalisierung. In: Marie-Luise ANGERER u. a. (Hg.): Future Bodies, S. 49–70.

MCLUHAN, Marshall 1996: Die mechanische Braut (1951). Volkskultur des industriellen Menschen. Dresden, Basel.

MCLUHAN, Marshall, 1994: Die magischen Kanäle. Understanding Media (1964). Dresden, Basel.

MERSCH, Dieter, 2006: Medientheorien zur Einführung. Hamburg.

MIRZOEFF, Nicholas (Hg.), 1998: The Visual Culture Reader. London, New York.

MULVEY, Laura, 1994: Visuelle Lust und narratives Kino (1975). In: Liliane WEISSBERG (Hg.): Weiblichkeit als Maskerade. Frankfurt/M., S. 48–65.

NESSEL, Sabine, 2008: Kino und Ereignis. Das Kinematografische zwischen Text und Körper. Berlin.

NIERHAUS, Irene, 1999: Raum, Geschlecht, Architektur. Wien.

PETERS, Kathrin, 1998: Die obszöne Fotografie. Einige Fragen. In: metis. Zeitschrift für historische Frauenforschung und feministische Praxis. Medien und Gender. Heft 13, 7. Jg., S. 17–30.

PETERS, Kathrin, 2009: Rätselbilder des Geschlechts. Körperwissen und Medialität um 1900. Zürich/Berlin (in Vorbereitung).

PIAS, Claus / VOGL, Joseph / ENGELL, Lorenz / FAHLE, Oliver / NEITZEL, Britta (Hg.), 1999: Kursbuch Medienkultur. Die maßgeblichen Theorien von Brecht bis Baudrillard. Stuttgart.

PLANT, Sadie, 1998: Nullen und Einsen. Berlin.

RAHMAN, Nora Abdel, 2000: ,larger-than-life' oder wie real ist das Kino? In: Nach dem Film, No 2: show reality | reality shows, www.nachdemfilm.de/no2/rah02dts.html.

REICHE, Claudia, 1998: ,Lebende Bilder' aus dem Computer. Konstruktionen ihrer Mediengeschichte. In: Marianne SCHULLER u. a. (Hg.): BildKörper, S. 125–165.

REICHE, Claudia, 2006: Digitaler Feminismus. Bremen.

RUF, Simon, 2001: Elemente einer Genealogie der Cyborgs. In: Annette KECK / Nicolas PETHES (Hg.): Mediale Anatomien. Menschbilder als Medienprojektionen. Bielefeld, S. 267–286.

SARASIN, Philipp, 2001: Reizbare Maschinen. Eine Geschichte des Körpers 1765–1914. Frankfurt/M.

SCHADE, Sigrid / WENK, Silke, 2005: Inszenierung des Sehens. Kunst, Geschichte und Geschlechterdifferenz. In: Hadumod BUßMANN / Renate HOF (Hg.): Genus.

SCHADE, Sigrid, 1999: Zur verdrängten Medialität der modernen und zeitgenössischen Kunst. In: dies. / Georg Christoph THOLEN (Hg.): Konfigurationen. Zwischen Kunst und Medien. München, S. 269–291.

SCHANZE, Helmut (Hg), 2001: Handbuch der Mediengeschichte. Stuttgart.

SCHLÜPMANN, Heide, 1990: Unheimlichkeit des Blicks. Das Drama des frühen deutschen Kinos. Basel, Frankfurt/M.

SCHNEIDER, Birgit, 2002: Die kunstseidenen Mädchen. Test- und Leitbilder im frühen Fernsehen. In: Stefan ANDRIOPOULOS / Bernhard J. DOTZLER (Hg.): 1929. Beiträge zur Archäologie der Medien. Frankfurt/M., S. 54–79.

SCHULLER, Marianne / REICHE, Claudia / SCHMIDT, Gunnar (Hg.), 1998: BildKörper. Verwandlungen des Menschen zwischen Medium und Medizin. Hamburg.

SEIER, Andrea / WARTH, Eva, 2005: Perspektivverschiebungen: Zur Geschlechterdifferenz in Film- und Medienwissenschaft. In: Hadumod BUßMANN/ Renate HOF (Hg): Genus, S. 234–265.

SEIER, Andrea, 2007: Remediatisierung. Die performative Konstitution von Gender und Medien. Münster.

SILVERMAN, Kaja, 1997: Dem Blickregime begegnen. In: Christian KRAVAGNA (Hg.): Privileg Blick. Kritik der visuellen Kultur. Berlin, S. 41–64.

SOLOMON-GODEAU, Abigail, 1997: Reconsidering Erotic Photography. Notes for a Project of Historical Salvage. In: dies.: Photography at the Dock. Essays on Photographic History, Institutions, and Practices. Minneapolis, S. 220–237.

SÖNTGEN, Beate, 2001: Gender in trouble. In: Texte zur Kunst 42, S. 32–41.

SYKORA, Katharina/ DERENTHAL, Ludger/ RUELFS, Esther (Hg.), 2006: Fotografische Leidenschaften. Marburg.

THOLEN, Georg Christoph, 1994: Platzverweis. Unmögliche Zwischenspiele von Mensch und Maschine. In: Norbert BOLZ / Friedrich KITTLER / Georg Christoph THOLEN (Hg.): Computer als Medium. München, S. 111–135.

THOLEN, Georg Christoph, 2002: Die Zäsur der Medien. Kulturphilosophische Konturen. Frankfurt/M.

TURKLE, Sherry, 1998: Leben im Netz. Identität in Zeiten des Internets (1997). Reinbek.

VINKEN, Barbara, 1993: Der Stoff, aus dem die Körper sind. In: Die Neue Rundschau 104.4. Frankfurt/M., S. 9–22.

VINKEN, Barbara (Hg.), 1992: Dekonstruktiver Feminismus. Literaturwissenschaft in Amerika. Frankfurt/M.

WAGNER, Hedwig (Hg.), 2008: GenderMedia Studies. Zum Denken einer neuen Disziplin. Weimar.

WEBER, Stefan (Hg.), 2003: Theorien der Medien. Konstanz.

WILLIAMS, Linda, 1995: Hard Core. Macht, Lust und die Traditionen des pornographischen Films (1989). Basel, Frankfurt/M.

WILLIAMS, Linda, 1997: Pornografische Bilder und die ‚körperliche Dichte des Sehens'. In: Christian KRAVAGNA (Hg.): Privileg Blick. Kritik der visuellen Kultur. Berlin, S. 65–97.

WINKLER, Hartmut, 2008: Basiswissen Medien. Frankfurt/M.

ZIMMERMANN, Anja (Hg.), 2006: Kunstgeschichte und Gender. Berlin.

CULTURAL STUDIES

von *Claudia Benthien* und *Hans Rudolf Velten*

Dass die Konstruktion von Geschlecht untrennbar mit dem kulturellen und sozialen Wandel verbunden ist, dürfte inzwischen eine verbreitete Einsicht sein. So ist es kaum erstaunlich, wenn zwischen Gender Studies und Cultural Studies eine Fülle von Überschneidungen, gemeinsamen theoretischen Überzeugungen und Themenfeldern existieren. Die Kulturalität von Geschlechterbeziehungen ist eines der Axiome der Genderforschung; sie beruft sich dabei auf Methoden und Felder der Erforschung der Gegenwartskultur, etwa wenn der von Roger Lancaster und Micaela di Leonardo herausgegebene *Gender / Sexuality Reader* von 1997 mit folgenden Worten eingeleitet wird: „Our contributors draw on the best insights of what is today articulated under the generic name of ‚cultural theory'".[1] Umgekehrt gehört Gender inzwischen zu den wichtigsten Analysekategorien für die Untersuchung der Gegenwartskultur, wie schon ein oberflächlicher Blick in die Programme der seit 1996 stattfindenden internationalen *Crossroads in Cultural Studies Conferences* verdeutlicht.[2] Gerade der theoretische *cultural turn* des letzten Jahrzehnts des 20. Jahrhunderts hat die Aktualität beider Wissenschaftsfelder befördert und ihr gemeinsames Interesse an der Verbindung von Kultur und Sozialstruktur deutlich gemacht. So finden sich heute in den Cultural Studies-Studiengängen vieler englischsprachiger Universitäten Gender-Schwerpunkte bzw. starke Vernetzungen von kulturwissenschaftlichen und Gender-Curricula oder es kommt sogar zur Zusammenlegung beider in *Gender and Cultural Studies*-Programmen.

Diese Beispiele veranschaulichen ein offensichtlich großes Interesse beider Studien- und Forschungsbereiche aneinander, sie weisen auf eine Nähe bei bestimmten Themengebieten und Forschungsmethoden hin, ja fast suggerieren sie ein Ineinanderlaufen, eine Vermischung. Doch so ist es freilich nicht: die Eigenständigkeit beider Bereiche steht nicht zur Debatte, und die wissenschaftlichen Erkenntnisziele sind durchaus unterschiedlicher Art. Aber es ist legitim zu fragen, was beide verbindet und was sie trennt. Um dieses Verhältnis zwischen Gender- und Cultural Stu-

---

1   R. N. LANCASTER / M. DI LEONARDO (Hg.), The Gender / Sexuality Reader. Culture, History, Political Economy. New York, London 1997, S. 5.

2   Bemerkenswert ist, dass dort Gender häufig mit anderen Bereichen der Gegenwartskultur (Medien, Ethik, Migration, Rasse und Globalisierung) kombiniert wird. Die Konferenz im Jahr 2008 fand in Kingston in Jamaika statt: http://www.crossroads2008.org; zwei Jahre zuvor in Istanbul und 2004 in Champaign-Urbana (USA).

dies, seine Schnittstellen und Gegensätze präziser zu fassen, ist zuvor eine kurze Begriffbestimmung der Cultural Studies notwendig, vor allem in Abgrenzung zur Kulturwissenschaft, sowie eine Skizze der wissenschaftsgeschichtlichen Herausbildung der Cultural Studies in Großbritannien und den USA.

Cultural Studies und Kulturwissenschaft(en)

Im deutschsprachigen Wissenschaftsdiskurs werden die Termini ‚Cultural Studies' und ‚Kulturwissenschaft' bisweilen synonym gebraucht, wie etwa der entsprechende Artikel im *Metzler Lexikon Gender Studies* zeigt.[3] Diese Gleichsetzung ist jedoch problematisch, denn beide kommen – trotz zahlreicher Gemeinsamkeiten – aus unterschiedlichen Wissenschafts- und Forschungstraditionen mit jeweils anderen Zielsetzungen und Erkenntnisinteressen. So sind, um nur einige Differenzen anzusprechen, die Cultural Studies wesentlich stärker interventionistisch, sozial und politisch orientiert und auf die Gegenwartskultur bezogen, während das Paradigma der Kulturwissenschaften auf eine methodisch-wissenschaftliche Erneuerung abzielt und Gegenwart und Vergangenheit gleichermaßen untersucht.[4]

Der Begriff der Kulturwissenschaft zeichnet sich durch eine extreme Unschärfe aus; dennoch lassen sich *grosso modo* vier Bedeutungsdimensionen erkennen.[5] In dem Maße, wie ‚Kultur' in den letzten Jahren zu einem Leitbegriff wissenschaftlicher Reflexion und Theoriebildung avancierte, ist die kulturwissenschaftliche Orientierung als Artikulation einer grundlegenden Strukturveränderung der Wissenschaften zu erkennen, bei der sich auch die Frage der Transformation der bisherigen Geisteswissenschaften in Kulturwissenschaften stellt.[6] Gerhard von Graevenitz zufolge beschäftigen sich die Kulturwissenschaften mit Fragen der Materialität und Medialität sowie der Strukturen und Geschichte von Kulturellem und Kulturen, um Erkenntnisse darüber zu erhalten, wie Geistiges produziert und konstruiert wird. Dagegen machen die Geisteswissenschaften Zeugnisse von Kultur und Kulturen zu Objekten, die

---

3 Vgl. M. HOHLENRIED, Kulturwissenschaften / Cultural Studies, in: KROLL, R. (Hg.), Metzler-Lexikon Gender Studies / Geschlechterforschung, Stuttgart 2002, S. 220–22.

4 Vgl. L. MUSNER, Kulturwissenschaft und Cultural Studies. Zwei ungleiche Geschwister?, in: KulturPoetik 1.2 (2001), S. 261–71. Musner spricht von der „Enthistorisierung" der Cultural Studies und der „Entgesellschaftung" der Kulturwissenschaft. Ebd. S. 270.

5 Das Folgende greift auf eine andernorts bereits publizierte Argumentation zurück. Vgl. C. BENTHIEN / H. R. VELTEN, Einleitung, in: dies. (Hg.), Germanistik als Kulturwissenschaft. Eine Einführung in neue Theoriekonzepte, Reinbek 2002, S. 7–34.

6 Doch kommt die damit verbundene Offenheit wissenschaftsgeschichtlichen und - politischen Entwicklungen entgegen: So etwa der in der einflussreichen Denkschrift *Geisteswissenschaften heute* aufgestellten Forderung, die traditionellen Fächer kulturwissenschaftlich zu reformieren. Vgl. W. FRÜHWALD u. a., Geisteswissenschaften heute. Eine Denkschrift, Frankfurt/M. 1991; siehe auch P. M. LÜTZELER, Die kulturalistische Wende in den Geisteswissenschaften, in: Akademie-Journal (2000) 1, S. 16–19.

als Erscheinungsweisen des Geistes zu deuten und zu verstehen sind.[7] Der Kulturbegriff wird gegenüber dem des Geistes privilegiert, insofern er eine stärkere Berücksichtigung anthropologischer und materieller Gegebenheiten impliziert. Dies lässt sich auch etymologisch herleiten, bedeutet doch das lateinische Verb *colere* sowohl anbauen, bearbeiten, Ackerbau betreiben und die ‚Kultivierung' der Natur, als auch pflegen, anbeten und feiern, mithin den menschlichen Umgang mit dem Heiligen und den Göttern.[8] Das Substantiv *cultus* beinhaltet also sowohl materielle als auch geistig-spirituelle Anteile. Daraus ergibt sich die methodische Konsequenz, dass die Untersuchungsgegenstände der Kulturwissenschaften nicht als autonome, isolierte Gegenstände anzusehen sind, sondern im Kontext ihrer sozialen, historischen und kulturellen Gebrauchsformen erforscht werden müssen. Daher beinhaltet der Kulturbegriff eine Kritik an der Autarkie von Forschungsobjekten.

Als zweite Bedeutungsdimension ist die der Kulturwissenschaft als Fach zu nennen, das neben die tradierten Fächer der Philosophischen Fakultät tritt und sich als solches in Deutschland an einigen Universitäten etabliert hat.[9] Das Selbstverständnis des Faches knüpft an die kulturphilosophischen Debatten und Traditionen des frühen 20. Jahrhunderts in Deutschland an (Heinrich Rickert, Georg Simmel, Max Weber, Ernst Cassirer, Aby Warburg etc.), die ihre Arbeiten theoretisch und praktisch als kulturwissenschaftlich, d.h. die vom Menschen geschaffene Gesamtkultur einer Epoche betreffend – im Gegensatz zur Natur – begriffen.[10] Die Kulturwissenschaft übt somit „eine Form der Moderation" aus, eine „Kunst der Multiperspektivität", „um die heterogenen, hochspezialisierten, gegeneinander abgeschotteten Ergebnisse der Wissenschaften zu ‚dialogisieren'".[11] Es ist vor allem eine derartige Kulturwissenschaft im Singular mit dem hier anklingenden großformatigen Anspruch, die in den Medien sowie bei konservativen Geisteswissenschaftlern auf Kritik stößt.[12]

---

7 G. v. GRAEVENITZ, Literaturwissenschaft und Kulturwissenschaften. Eine Erwiderung, in: Deutsche Vierteljahrsschrift für Literaturwissenschaft und Geistesgeschichte, 73.1 (1999), S. 94–115, hier S. 98.

8 Vgl. H. BÖHME, Vom Cultus zur Kultur(wissenschaft). Zur historischen Semantik des Kulturbegriffs, in: GLASER, R. / LUSERKE, M. (Hg.), Literaturwissenschaft – Kulturwissenschaft. Positionen, Themen, Perspektiven, Opladen 1999, S. 48–68, hier S. 51 f.

9 Vgl. H. BÖHME / P. MATUSSEK / L. MÜLLER, Orientierung Kulturwissenschaft. Was sie kann, was sie will, Reinbek 2000, S. 212–231.

10 Vgl. R. vom BRUCH / F. W. GRAF / G. HÜBINGER (Hg.), Kultur und Kulturwissenschaften um 1900. Krise der Moderne und Glaube an die Wissenschaft, Stuttgart 1989.

11 Vgl. H. BÖHME / S. SCHERPE (Hg.), Literatur und Kulturwissenschaften. Positionen, Theorien, Modelle, Reinbek 1996, S. 14.

12 „Es besteht die Gefahr, dass ‚Kulturwissenschaft' sich als ein Sammelsuriumbecken präsentiert, in dem alles und jegliches seinen Platz findet, was irgendwie den Rahmen eines geisteswissenschaftlichen Einzelfachs überschreitet." W. HAUG, Literaturwissenschaft als Kulturwissenschaft?, in: Deutsche Vierteljahrsschrift für Literaturwissenschaft und Geistesgeschichte 73.1 (1999), S. 69–93, hier S. 73.

Drittens gibt es zwei Varianten von Kulturwissenschaft, welche die Einzeldisziplinen betreffen und als solche innerhalb der Fächer, insbesondere in den Philologien, diskutiert werden. Eine innovative Literaturwissenschaft etwa versteht sich insofern als kulturwissenschaftlich, als sie weit über die Grenzen der Textphilologie hinausgeht und diese Überschreitung zu einem neuen, mit normativem Anspruch auftretenden ‚Globalparadigma' macht. Eine andere Auffassung erkennt in der ‚kulturwissenschaftlichen Literaturwissenschaft' lediglich eine zusätzliche methodische Option, die neben andere, bereits bestehende tritt.[13] Da es gegenwärtig jedoch nicht mehr um klar abgrenzbare Einzelmethoden geht, die auf einen literarischen Text appliziert werden, ist eine kulturwissenschaftliche Literaturwissenschaft keine konkurrierende ‚Methode' unter anderen, sie tendiert vielmehr dazu, zu einem umfassenden Paradigma zu werden und somit die Beschreibung der ersten Variante zu erfüllen. Dieses Paradigma ist allerdings nicht ‚normativ', sondern offen. Klassische Einzeltext- oder Motivanalysen sind damit nicht obsolet. Denn genauso wie „Transund Interdisziplinarität nur auf der Grundlage von Fachkompetenz sinnvoll sein kann"[14], zielt eine so verstandene kulturwissenschaftliche Orientierung „nicht auf Aufhebung der Grenzen wissenschaftlicher Disziplinen", sondern „auf ihre Überschreitung im Dienste einer wechselseitigen Erhellung."[15]

Die vierte Variante sind die dem anglo-amerikanischen Kontext entstammenden Cultural Studies, welche häufig eine fälschliche Gleichsetzung mit den übrigen Varianten von Kulturwissenschaft erfahren. Beide Wissenschaftskulturen unterscheiden sich jedoch methodisch, ideologisch sowie von ihren Gegenständen her in vieler Hinsicht. Die Cultural Studies demokratisieren den Kulturbegriff in radikaler Weise, indem sie die Unterscheidung in Hoch- und Populärkultur eliminieren und alle kulturellen Ausdrucksformen zu ihrem Gegenstand erklären, ein besonderes Augenmerk aber auf die *popular* und *mass culture* legen. Die explizit politische, marxistisch inspirierte Forschungsrichtung besteht auf dem Recht der eigenen Stimme insbesondere marginalisierter Gruppen und Klassen – wobei die Frage, in wessen Name der oder die Forscher/in sich artikuliert, wenn er oder sie über sie spricht, unter dem Stichwort der *agency* (Handlungsfähigkeit) zu problematisieren ist.[16]

Doch auch hier existiert ein breites Spektrum: in den USA etwa wird auch das Studium anderer Kulturen und Länder unter dem Begriff der Cultural Studies gefasst, so dass sich in den letzten Jahren z.B. viele germanistische Institute, die sich durch schwindende Studierendenzahlen in Legitimationskrisen befanden, von *German Literatures and Languages* in *German Cultural Studies* umbenannt haben. Dabei

---

13 M. ENGEL, Kulturwissenschaft/en – Literaturwissenschaft als Kulturwissenschaft – kulturgeschichtliche Literaturwissenschaft, in: KulturPoetik 1.1 (2001), S. 9.

14 GRAEVENITZ, Literaturwissenschaft und Kulturwissenschaften, S. 103.

15 J.-D. MÜLLER, Überlegungen zu einer mediävistischen Kulturwissenschaft, in: Mitteilungen des deutschen Germanistenverbandes 46.4 (1999), S. 574–585, hier S. 577.

16 Vgl. V. BITI, Cultural Studies, in: ders., Literatur- und Kulturtheorie. Ein Handbuch gegenwärtiger Begriffe, Reinbek 2001, S. 116–130, hier S. 128.

bezeichnet ‚Kultur' im Gegensatz zu ‚Literatur und Sprache' nicht nur ein erweitertes Gegenstandsfeld, sondern überdies eine Orientierung am oben beschriebenen *cultural turn*. An den deutschsprachigen Universitäten gilt die Amerikanistik als Modellfall einer solchen Umorientierung.[17] Insofern spaltet sich das Feld der Cultural Studies bereits in seiner englischen Bedeutung in zwei Bereiche auf: in die Dimensionen Populär- und Volkskulturforschung einerseits und in die der Wissenschaft von Kulturen – oder, altmodischer formuliert, in die Kultur- und Landeskunde – andererseits.[18] Erstere wird hierzulande auch als ‚Europäische Ethnologie' und als ‚empirische Kulturwissenschaft' bezeichnet, letztere als Kulturwissenschaft oder eben als Cultural Studies. Dabei ist festzuhalten, dass als basale Einheit zumeist die Nationalkultur gilt, welche zwar konzeptuell in Frage gestellt wird, sich faktisch aber auf die einschlägigen Monographien oder Reader nicht auswirkt, die sich in der Regel einer nationalen Monokultur widmen.[19]

Geschichte, Gegenstände und Konzepte der Cultural Studies

Auch wenn sich Cultural- und Gender Studies ungefähr zeitgleich seit den 1960er-Jahren langsam herausbildeten, liefen feministische Ansätze der Gesellschafts- und Literaturanalyse neben jenen der Untersuchung von populär- und massenkulturellen Phänomenen, ihren Medien und sozialen Praktiken nebeneinander her, ohne sich zu berühren oder gar zu beeinflussen. Den Vertretern der Cultural Studies ging es um die Entwicklung eines neuen Kulturbegriffes, um die politisch motivierte Analyse von Macht- und Herrschaftsstrukturen und den Umgang mit ihnen in Alltag und Medien. So verwundert es nicht, wenn Stuart Hall, der langjährige Leiter des 1964 gegründeten Centre for Contemporary Cultural Studies (CCCS) an der Universität Birmingham, das Aufeinandertreffen mit dem Feminismus als *rupture* (Einbrechen)

---

17 Vgl. A. HELLER, Cultural Studies im Wandel. Zur Modellfunktion der American Studies, in: LIST, E. / FIALA, E. (Hg.), Grundlagen der Kulturwissenschaften. Interdisziplinäre Kulturstudien, Tübingen, Basel 2004, S. 39–54.

18 Vgl. etwa K. P. HANSEN, Kultur und Kulturwissenschaft. Eine Einführung, Tübingen 1995.

19 Ein kursorischer Überblick: R. SOMMER, Grundkurs Cultural Studies / Kulturwissenschaft Großbritannien, Stuttgart 2003; D. MORLEY / K. ROBINS (Hg.), British Cultural Studies. Geography, Nationality and Identity, Oxford 2001; R. BURNS, German Cultural Studies. An introduction, Oxford 1995; R. A. BERMAN, Cultural Studies of Modern Germany. History, Representation, and Nationhood, Madison 1993; A. CHABRAM-DERNERSESIAN (Hg.), The Chicano/a Cultural Studies Reader, London 2002; N. CAMPBELL / A. KEAN, American Cultural Studies. An Introduction to American Culture, London 1997; J. FORBES (Hg.), French Cultural Studies, Oxford 1995; W. KIDD / S. REYNOLDS (Hg.), Contemporary French Cultural Studies, Oxford 2000; C. KELLY / D. SHEPHERD (Hg.), Russian Cultural Studies. An Introduction, Oxford 1998; J. KRAMER, British Cultural Studies, München 1997 oder Zeitschriften wie *Indian Cultural Studies* oder *German Linguistic and Cultural Studies*. Diese Liste ließe sich beliebig erweitern.

in der Arbeit des Zentrums bewertet, nach dem nichts wieder zu war wie zuvor: „For cultural studies, the intervention of feminism was specific and decisive. It was ruptural. It reorganized the field in quite concrete ways".[20]

Hall nennt verschiedene Konsequenzen dieses Aufeinandertreffens: zunächst eröffnete der Feminismus die Frage des Politischen im Persönlichen, was in einer Veränderung der Forschungsobjekte zum Ausdruck kam. Zweitens konnte der Begriff der Macht, dessen Anwendung bisher auf die Sphäre des Öffentlichen, aus der heraus er entwickelt wurde, begrenzt war, auf andere Bereiche wie die Geschlechterbeziehungen angewendet werden. Geschlecht und Sexualität wurden zu zentralen Fragestellung für das Verständnis von Macht überhaupt. Drittens öffnete der Feminismus die Tür zu einer bereits verloren geglaubten Relation zwischen sozialer Theorie und der Theorie des Unbewussten, der Psychoanalyse.[21] Hall schildert das ‚Einbrechen' des Feminismus in die Arbeiten der Cultural Studies als plötzliches, unrechtmäßiges und gewaltsames Ereignis: „As the thief in the night, it broke in, interrupted, made an unseemly noise, seized the time, crapped on the table of cultural studies."[22] Mit dieser Wendung spielt Hall auf die Wissenschaftlerinnen des Centers an, die den Band *Women Take Issue. Aspects of Women's Subordination* (1978)[23] betreuten und damit eine Methodendebatte initiierten: „ for they took issue in both senses – took over that year's book and initiated a quarrel".[24]

Somit wird nicht nur ein Hinweis darauf gegeben, wie konfliktreich die Durchsetzung feministischer Ansätze in der von Männern dominierten Wissenschaft in den 1970er-Jahren war. Hall unterstreicht mit der Metapher des *rupture* überdies die Bedeutung der feministischen Forschung für die spätere Entwicklung. Denn bis weit in die 1970er Jahre hatte man sich nicht mit Fragestellungen der Geschlechterdifferenz beschäftigt: feministische Studien und der Feminismus als gesellschaftliche Bewegung wurden als irrelevant für die Untersuchung der Produktion und Rezeption

---

20 S. HALL, Cultural Studies and its Theoretical Legacies, in: GROSSBERG, L. / NELSON, C. / TREICHLER, P. (Hg.), Cultural Studies, New York, London 1992, S. 277–295, hier S. 282.
21 Vgl. PENLEY, C., Feminism, Psychoanalysis, and the Study of Popular Culture, in: ebd., S. 479–495.
22 HALL, Cultural Studies and its Theoretical Legacies, S. 282.
23 Die Aufsatzsammlung erschien im Rahmen der *Working Papers* des CCCS und untersuchte Lebensverhältnisse von Frauen und Mädchen der Arbeiterklasse, Bedingungen innerhalb ihrer Familien und in den Schulen, ihre Ausbildungschancen und Freizeitgestaltung. Im Mittelpunkt standen die Entwicklung eigenständiger Praktiken und Selbstdefinitionen und der Widerstand gegen kulturelle Zuweisungen in der Geschlechterhierarchie. Für diese frühen feministischen Cultural Studies war der Klassenbegriff zwar auch wichtig, doch lag der Schwerpunkt „auf Fragen der Wechselwirkungen von Strukturen und Beziehungen zwischen sozialen Klassen und Geschlechterverhältnissen". A. MCROBBIE, The ‚Es' and the ‚Anti-Es'. New Questions for Feminism and Cultural Studies, in: FERGUSON, M. / GOLDING, P. (Hg.), Cultural Studies in Question, London, Thousand Oaks, New Delhi 1997, S. 170–186, hier S. 171.
24 HALL, Cultural Studies and its Theoretical Legacies, S. 282.

von Massenkultur oder alltagskultureller Erfahrungen der Arbeiterklasse angesehen. Vor allem die Kategorie der Klasse, deren Gegensätze und Hierarchien im Mittelpunkt standen, und die Auffassung des Politischen als öffentlich, verhinderten eine Einbeziehung geschlechtsspezifischer Thematiken in die Arbeit der Cultural Studies. Dafür war nach dem ‚Einbruch' alles anders: Zahlreiche rezeptionsästhetische Studien zur weiblichen Populärkultur, zum Frauenbild und zur Rezeption von Trivialliteratur und massenmedialen Produkten durch Frauen entstanden, wie z. B. Janice Radways *Reading the Romance* und Ang Iens *Das Gefühl Dallas*.[25] Mit Rosalind Cowards *Female Desire* und mit dem Sammelband *The Female Gaze* erschienen Arbeiten zur lustbetonten Konstruktion des Weiblichen in Werbung und Mode.[26] Diese Studien nahmen ihren Ausgangspunkt in den Diskussionen und Forschungsmethoden zur Populärkultur des Birminghamer Zentrums.[27] Deshalb sollen nun die theoretischen und methodischen Hauptlinien der britischen Cultural Studies als Voraussetzung einer Diskussion um Schnittstellen und Abgrenzungen zu den Gender-Studien kurz skizziert werden.

Eng verbunden mit der Entstehungsgeschichte der Cultural Studies sind die Arbeiten von Raymond Williams, Richard Hoggart und Edward P. Johnson.[28] Während der Sozialhistoriker Thompson durch die Präzisierung der Begriffe ‚Konflikt' und ‚sozialer Kampf' Einfluss auf die Beschreibung von Macht- und Herrschaftsverhältnissen durch die Cultural Studies in ihrer Formierungsphase hatte, gingen die Studien Hoggarts und Williams' als in der Erwachsenenbildung tätige Literaturwissenschaftler aus dem Kontrast zwischen bildungselitären Lehrinhalten und alltagskulturellen Lehrerfahrungen vor dem Hintergrund einer rasanten Ausbreitung der Massenmedien hervor. Aus der Kritik an der literaturwissenschaftlichen Methode des *close reading* (F.R. Leavis)[29] als Instrument der Bewahrung universaler Werte in

---

25 J. RADWAY, Reading the Romance. Women, Patriarchy and Popular Literature. London 1987; I. ANG, Das Gefühl Dallas. Zur Produktion des Trivialen, Bielefeld 1986.

26 R. COWARD, Female Desire. Women's Sexuality Today, London 1984; L. GAMMAN / M. MARSHMENT (Hg.), The Female Gaze. Women as Viewers of Popular Culture, London 1988.

27 Auch wenn sich der Feminismus immer wieder mit dem Vorurteil konfrontiert sah, dass der Konsum von Kultur durch Frauen etwas spezifisch Weibliches war, während der durch Männer bzw. gemischte Gruppen jedoch nicht genderspezifisch und somit universal verstanden wurde. Vgl. J. STOREY, An Introduction to Cultural Theory and Popular Culture, London u. a. 1993, S. 136.

28 R. HOGGART, The Uses of Literacy. London 1957; R. WILLIAMS, Culture and Society: 1780–1950, Harmondsworth 1958; ders., The Long Revolution. London 1961; E. P. THOMPSON, The Making of the English Working Class, London 1963.

29 F. R. Leavis hatte versucht, anhand des Konzepts der *minority culture* (1930) die in den großen literarischen Werken zu findenden Werte gegen die „Massenzivilisation" zu verteidigen und deren Minderwertigkeit mit literaturwissenschaftlichen Methoden zu zeigen. Die Schriften Hoggarts entstanden vor dem Hintergrund mit der Beschäftigung von Leavis Werken und können als Abgrenzung dagegen gelesen werden. Vgl. R. BROMLEY, Cultural

der ‚hohen' Literatur gegenüber der Massen- und Populärkultur, entstand eine Fokussierung gerade dieser Kulturen und ihres Umgangs mit Medien, und somit ein neuer, umfassender Kulturbegriff. Bei Hoggart wird das Konzept der Erfahrung als *lived experience* zum Ausgangspunkt wissenschaftlicher Analyse, und Williams versteht Kultur als umfassende Lebensweise („whole way of life, a mode of interpreting all our common experience").[30]

Entscheidend an den Frühtexten von Hoggart und Williams war die Erforschung des Zusammenhangs von proletarischer Alltagskultur, Populärkultur und Medien; die Autoren verstanden sich dabei durchweg als Reformer der britischen Gesellschaft. Deshalb ist es richtig, vom ‚interventionistischen' Ansatz der Cultural Studies in ihrer Frühphase zu sprechen.[31] Der politischen Reform und dem kulturellen und wissenschaftlichen Anspruch der New Left verpflichtet war die Arbeit des CCCS von Beginn an, indem es Positionen des linken Flügels der Labour Party vertrat, wie die Beseitigung von Bildungsprivilegien sowie einen konsequenten Antiimperialismus und Antirassismus. Unter Hoggart konzentrierte sich die interdisziplinäre Ausbildung auf postgraduale Studien und Forschung in Projektarbeit. Wichtigstes Ziel war es, zu erforschen, wie ‚die Leute' von den Strukturen ihres Alltagslebens und den ökonomischen und politischen Mächten und Widerständen ermächtigt oder entmündigt werden, und ferner, wie sie selbst ihre Situation interpretieren und verstehen, aber auch gestalten und zum Ausdruck bringen.

Dies geschah zunächst auf der Basis einer Fortentwicklung marxistischer Theoriebildung, unter der Leitung Halls immer stärker in Auseinandersetzung mit ideologiekritischen Arbeiten wie jenen von Antonio Gramsci und Louis Althusser, deren flexible Handhabung intellektuelle Grundlage des Zentrums wurde. Die in dieser ‚Blütezeit' entstehenden Studien entwickelten in Auseinandersetzung mit Medienanalyse und kontinentaler Theorie (Postmarxismus, Strukturalismus, Semiotik) das für die Cultural Studies charakteristische Set an Fragestellungen und Methoden. Hall bewertete vor allem die Schriften Gramscis als stimulierend, da sie nicht nur einen neuen methodischen Weg aufzeigten, sondern auch eine eigene Positionsbestimmung als ‚organische Intellektuelle' möglich machten: „[We] were trying to find an institutional practice in cultural studies that might produce an organic intellectual."[32] Hall, der schon zuvor einer der Herausgeber der *New Left Review* gewesen war, trat der Kritik an Hoggarts und Williams' ‚unausgereifter' Interdisziplinarität entgegen, indem er theoretische Grundlagen für interdisziplinäre Arbeit bereitstellte. Bisherige

---

Studies gestern und heute, in: BROMLEY, R. / GÖTTLICH, U. / WINTER, C. (Hg.), Cultural Studies. Grundlagentexte zur Einführung, Lüneburg 1999, S. 9–24, hier S. 10.

30 WILLIAMS, Culture and society, S. xviii.

31 Vgl. BROMLEY, Cultural Studies gestern und heute, S. 12.

32 Gramsci hatte zwischen traditionellen und organischen Intellektuellen unterschieden; die Selbstauffassung der letzteren beinhaltete, in einer Situation der hegemonialen Konkurrenz mehr zu wissen als erstere, und die Verantwortung, Wissen weiterzugeben an jene, die nicht zur Klasse der Intellektuellen gehören. Vgl. HALL, Cultural Studies and its Theoretical Legacies, S. 278.

literatursoziologische Ansätze wurden durch strukturalistische, ethnographische (Claude Lévi-Strauss), diskursanalytische (Michel Foucault), postfreudianische (Jacques Lacan, Julia Kristeva) und semiotische (Roland Barthes, Umberto Eco) Methoden erweitert und auf Phänomene der Massenkultur und der Medienanalyse angewandt. Ab 1980 begann eine allmähliche akademische Etablierung des Zentrums unter der Leitung von Richard Johnson und Jorge Lorrain, die zum Verlust des ursprünglichen Charakters als unabhängiges Forschungsinstitut und zur Umwandlung in das *Department for Cultural Studies and Sociology* der Universität Birmingham führte.

Parallel zu dieser Phase der Institutionalisierung in England kam es weltweit zu einem steilen Aufstieg der Cultural Studies und somit zu einer deutlichen Internationalisierung in den 1980er- Jahren mit Schwerpunkt in den Vereinigten Staaten. Diese Entwicklung wurde durch mehrere Aspekte begünstigt: einmal durch die Vermittlerrolle Australiens (eigene Traditionsbildung der Cultural Studies durch Kulturkritiker und Journalisten, Rezeption britischer Arbeiten des CCCS, Austausch mit britischen Wissenschaftlern wie Ien Ang, Tony Bennett, John Fiske, John Hartley, Gründung des *Australian Journal of Cultural Studies* 1983),[33] zweitens durch die Übersiedlung von englischen Forscher in die Vereinigten Staaten im Zuge der Thatcher-Ära, drittens durch die starke Ausweitung akademischer Studiengänge mit Cultural Studies in den USA selbst.[34] Schon in den 1960er- und 1970er- Jahren hatten sich dort, weniger programmatisch als in England und innerhalb literatur- und kommunikationswissenschaftlicher Studiengänge, eine amerikanische Form der Cultural Studies herausgebildet, die von der britischen zu unterscheiden ist.[35] So waren die frühen sozialwissenschaftlichen Ansätze von den Theorien der Frankfurter Schule beeinflusst: Theodor W. Adorno und Max Horkheimer hatten in ihrer *Dialektik der Aufklärung* (1944) und anderen Arbeiten eine Kulturtheorie entworfen, die den Warencharakter der modernen Gesellschaft anhand ihrer Massenkultur und der kontrollierenden Wirkungen der Medien kritisch untersuchte.[36] Auch der französische Poststrukturalismus wurde in den nordamerikanischen Cultural Studies stärker rezipiert als in England, eine Tatsache, die nicht unwesentlich zur späteren Ausdifferenzierung in einen an der politischen Ökonomie und an empirischen soziologischen Forschungstraditionen ausgerichteten Schwerpunkt, und zweitens einen dezidiert text- und diskursanalytischen, später poststrukturalistischen Schwerpunkt mit den

---

33 Vgl. J. FROW / M. MORRIS (Hg.), Australian Cultural Studies, Urbana 1993, S. 344–367; weitere Literaturangaben siehe A. HEPP, Cultural Studies und Medienananlyse. Eine Einführung, Opladen 1999, S. 90ff.

34 Vgl. I. DAVIES, Cultural Studies and Beyond. Fragments of Empire, London, New York 1995.

35 Vgl. C. LUTTER / M. REISENLEITNER, Cultural Studies. Eine Einführung, Wien 1998, S. 40–43.

36 Vgl. B. AGGER, Cultural Studies as Critical Theory, London, Washington 1992; M. JAY: Dialektische Phantasie. Die Geschichte der Frankfurter Schule und des Instituts für Sozialforschung 1923–1950, Frankfurt/M. 1981, S. 209–60.

Leitbegriffen wie Differenz, Identität und Interkulturalität führte.[37] In den 1990er-Jahren ist an bestimmten „endlosen theoretischen Elaborationen" und an der „dekonstruktivistischen Bauchrednerei" dieses Zweiges der Cultural Studies allerdings starke Kritik geübt worden.[38]

Freilich hatte die amerikanische mit der britischen Variante der Cultural Studies mehr Gemeinsamkeiten als Differenzen: auch sie entstanden an den Rändern der etablierten Fächer, waren weniger akademisch als intellektuell motiviert, und engagierten sich in den politischen Bewegungen (*civil rights movement*, Pazifismus, Feminismus). Sie legten das Hauptaugenmerk auf die Bedeutung der materialen Analyse kultureller Phänomene: Literatur und Texte wurden in ihren sozialen und kulturellen Kontexten verortet, während kulturelle Praktiken anhand der Untersuchung der sie konstituierenden Diskurse sowie deren kulturellen Repräsentationen und Codes untersucht wurden.[39] Mit dem starken Anstieg der Studierendenzahlen seit Beginn der 1980er Jahre kam es zur Neugründung von zahlreichen Instituten und Zentren und somit zu einer regelrechten akademische Insedimentierung an den Universitäten (mit dem Ergebnis, dass auch in den USA die Cultural Studies immer weniger als pädagogisches und politisches Projekt erkennbar waren).[40] Ein wichtiger Grund für ihren großen Erfolg im amerikanischen Wissenschaftsdiskurs in dieser Zeit liegt im Verständnis von ‚Kultur als Text', welches zu einer starken Ausweitung und transdisziplinärer Anschlussfähigkeit verschiedenster Gegenstände und übergreifender kultureller Objekte und Praktiken führte.

Ein einschneidendes Ereignis für die internationale Vernetzung war die Konferenz *Cultural Studies Now and in the Future* im April 1990 an der University of Illinois in Urbana-Champaign, auf der unterschiedliche Herangehensweisen und Forschungsobjekte zwischen britischen, australischen und nordamerikanischen Forschern deutlich wurden. In der Folge wurden eine Reihe von kritisch-reflexiven Arbeiten über das Selbstverständnis von Cultural Studies in den USA publiziert, die zur internationalen Konsolidierung entschieden beitrugen.[41] Wichtige Neuerungen der Entwicklungen im letzten Jahrzehnt des 20. Jahrhunderts bestehen vor allem in der Erschließung aktueller Themenfelder für die Cultural Studies, wie Postkolonialismus, Identität und Hybridität, Diaspora, Gender, virtuelle und *queer*-Kulturen. Die großen amerikanischen *cultural studies reader* umfassen eine Reihe von Forschungsfeldern und theoretischen Ansätzen, die über die tradierten Gegenstände der englischen

---

37 Vgl. J. CAREY, Reflections on the Project of (American) Cultural Studies, in: FERGUSON, M. / GOLDING, P. (Hg.), Cultural Studies in Question, London u. a. 1997, S. 1–24.

38 L. GROSSBERG, What's Going on? Cultural Studies und Popularkultur, Wien 2000, S. 15; HALL, Cultural Studies and its Theoretical Legacies, S. 286.

39 Vgl. dazu V. B. LEITCH: Cultural Studies, in: GRODEN, M. / KREISWIRTH, M. (Hg.), The Johns Hopkins Guide to Literary Theory & Criticism, Baltimore, London 1994, S. 179–182.

40 Vgl. DAVIES, Cultural Studies and Beyond, S. 46.

41 Vgl. HEPP, Cultural Studies und Medienanalyse, S. 96f.; dort auch die Einzelbeiträge sowie alle anderen Angaben zu einzelnen Instituten in den USA und ihren Schwerpunkten.

Cultural Studies hinaus gehen und in das große Feld postmoderner Theorien einzuordnen sind, wie wir sie eher unter dem Begriff der Kulturwissenschaft(en) fassen
würden.[42]

In den deutschsprachigen Ländern setzte die Rezeption der Cultural Studies erst
relativ spät ein und verortete sich in vier Bereichen: der Alltagskulturforschung (in
Anlehnung an das CCCS), der Sprach- und Literaturwissenschaft (überwiegend
Anglistik), der Medienanalyse und dem Musikjournalismus.[43] Während in den
1970er-Jahren die Cultural Studies zunächst als ein Ansatz der Subkulturforschung
und Stilanalyse wahrgenommen wurden, der später auch in der Pädagogik heftig
diskutiert wurde, ist seitdem der dominanteste Strang der Cultural Studies-
Rezeption im Bereich der Medien- und Kommunikationswissenschaften zu erkennen.[44] So sind die Cultural Studies in Deutschland zwar in den unterschiedlichsten
Disziplinen schon seit längerem und seit den 1990er- Jahren immer stärker präsent,
konnten sich jedoch institutionell nicht wie in anderen Ländern durchsetzen. Eine
Ausnahme bildet das Internationale Forschungszentrum Kulturwissenschaften (IFK) in
Wien, das sich stärker als andere Institutionen, die unter dem Label ‚Kulturwissenschaft' firmieren,[45] an die Gegenstände und Methoden der Cultural Studies anlehnt.[46]
An seinem Programm sind die Tendenzen der internationalen Cultural Studies-
Forschung erkennbar, wie die Untersuchung der globalisierten Lebensbedingungen,
der Erforschung multilingualer Gemeinschaften sowie hybrider Identitäten in Migrationszusammenhängen. Das Verhältnis zu den anglo-amerikanischen Cultural Studies ist jedoch nicht genauer definiert und auch die Gender-Thematik ist kein ausgewiesener Schwerpunkt der Arbeit des IFK.

Schnittstellen von Gender Studies und Cultural Studies

Bis heute ist umstritten, ob die *gender*-Frage im Zentrum der Cultural Studies steht,
und daher aus ihnen nicht mehr wegzudenken ist, oder ob sie hingegen in der For-

---

42 Vgl. L. GROSSBERG / C. NELSON / P. TREICHLER (Hg.), Cultural Studies, New York,
London 1992; DURING, S. (Hg.), The Cultural Studies Reader, London 1993.

43 Vgl. U. GÖTTLICH / C. WINTER, Wessen Cultural Studies? Die Rezeption der Cultural
Studies im deutschsprachigen Raum, in: BROMLEY, R. u. a. (Hg.), Cultural Studies. Grundlagentexte zur Einführung, Lüneburg 1999, S. 25–39.

44 Angaben zu einzelnen Arbeiten und Forschern bei HEPP, Cultural Studies und Medienanalyse, S. 105ff.

45 Gemeint sind etwa das Kulturwissenschaftliche Institut in Essen, das Kulturwissenschaftliche Forschungskolleg ‚Medien und kulturelle Kommunikation' an der Universität zu Köln,
das Kulturwissenschaftliche Seminar der Humboldt-Universität zu Berlin oder das Kulturwissenschaftliche Zentrum an der Universität Paderborn.

46 Vgl. BUNDESMINISTERIUM FÜR WISSENSCHAFT UND VERKEHR / INTERNATIONALES FOR
SCHUNGSZENTRUM KULTURWISSENSCHAFTEN (Hg.), The Contemporary Study of Culture,
Wien 1999.

schung und im Selbstverständnis der (primär männlichen) Wissenschaftler weiterhin marginalisiert und in eine spezifische Ecke gedrängt wird.[47] Gisela Ecker hat auf die Motive hingewiesen, die sich hinter der Strategie verbergen, Gender zur ‚Frauensache' zu deklarieren: „The effect of attributions of this type is that there remain gender-free zones and fields of research, specifically those of poetics and of theory, which men can turn to, fenced off from the gendered fields of women's matters. Thus, on the institutional level we get a repetition of patterns which have pertained for centuries with women as the ones who are gendered, embodied, particular."[48] Faktisch macht die Abgrenzung der Geschlechterstudien als partikuläre Wissenschaft neben bzw. unter den kulturwissenschaftlichen Ansätzen wenig Sinn, denn je mehr sich die feministische Forschung historisch in Gender-Studien transformierte, desto weniger ist sie vom allgemeinen Feld des Kulturellen abgrenzbar. Aus diesem Grund sollen hier auch die Gemeinsamkeiten und Schnittmengen von Gender Studies und Cultural Studies im Mittelpunkt stehen; sie werden im Folgenden anhand von acht übergreifenden Punkten erörtert.

Eine erste wichtige Ähnlichkeit besteht darin, dass beide aus politischen Bewegungen hervor gingen und sich von ihren Ursprüngen her durch eine explizite und aktive politische Orientierung auszeichnen. Allerdings ist zu bemerken, dass die Wende von der Gesellschaftskritik zur Kulturkritik, wie sie in den 1990er- Jahren sowohl die Gender Studies als auch die Cultural Studies vollzogen, eine tendenzielle Entpolitisierung zur Folge hatte.[49] Gemeinsamkeiten zwischen beiden Forschungsfeldern bestehen „in ihrem problemorientierten und emanzipatorischen Interesse für Formen und Mechanismen von sozialem Ausschluss und Marginalisierung und der Suche nach Möglichkeiten, die Herrschaftsverhältnisse, die diese Erzeugen und legitimieren, durch politisch informierte Theoriebildung und Forschung und ein theoretisch fundiertes politisches Engagement zu verändern."[50] Während beide Ansätze aus außeruniversitären Kontexten hervorgingen und sich zunächst durch Opposition zu den tradierten akademischen Disziplinen und Methoden, durch Infragestellung der erkenntnistheoretischen Prämissen des traditionellen Wissenschaftsbetriebs und seiner Wissensproduktion auszeichneten,[51] sind sie inzwischen in dieselben integriert – wenn auch ihr institutioneller Status noch immer labil ist.[52] Das den beiden Forschungsrichtungen in den 1970er- und 1980er-Jahren entgegengebrachte Misstrauen

---

47 Vgl. A. GRAY, Learning from Experience. Cultural Studies and Feminsm, in: MCGUIGAN, J. (Hg.), Cultural Methodologies, London u. a. 1997, S. 87–105, hier S. 87.

48 G. ECKER, Gender Studies and Cultural Studies. Whose Gender? Whose Culture(s)?, in: Amerikastudien / American Studies 41 (1996), S. 181–193, hier S. 184.

49 Vgl. E. LIST, Feministische Forschung im Kontext der Kulturwissenschaften, in: dies. / FIALA, E. (Hg.), Grundlagen der Kulturwissenschaften. Interdisziplinäre Kulturstudien, Tübingen, Basel 2004, S. 385–400, hier S. 396.

50 LUTTER / REISENLEITNER, Cultural Studies, S. 110.

51 Vgl. ebd, S. 111.

52 Vgl. S. FRANKLIN / C. LURY / J. STACEY (Hg.), Off-Centre. Feminsm and Cultural Studies, London 1991.

wurde u. a. durch ihre institutionskritische Haltung ausgelöst. Feministische For-schung und Cultural Studies konstatierten gleichermaßen die Inadäquatheit beste-hender geistes- und sozialwissenschaftlicher Konzepte und Theorien für die Erfor-schung ihrer Gegenstandsfelder.[53] Ihr Ziel bestand darin, neue Ansätze zu entwickeln, um sich den veränderten Objekten – deren ‚Objektivierung' zugleich in Frage gestellt wurde – anzunähern: den Kulturprodukten und dem Leben von Frauen einerseits, der gegenwartsbezogenen Populär- und Trivialkultur andererseits. "Many of the ex-isting theoretical and methodological tools actually rendered the very subject absent, trivial and marginal. Contrasting examples of this are the study of housework within sociology and resistance to the introduction of popular forms into the English sylla-bus."[54]

Zweitens entziehen sich sowohl Cultural Studies als auch Gender Studies einer einheitlichen Definition und einer stringenten methodischen Basis. Sie integrieren mit der Wahl ihrer Gegenstände eine Vielzahl von Disziplinen. Dadurch bieten sie Ansatzpunkte für eine grundsätzliche und konstruktive Reflexion ihres Selbstver-ständnisses, was ihnen leichter fällt als den tradierten Fächern, da sie nicht in eine disziplinäre Tradition oder Spur eingebettet sind.[55] „Cultural Studies' und ‚Feminis-mus' sind innerhalb dieser Ordnung der Universität nicht eindeutig zu verorten und sorgen daher für Irritationen. Sie thematisieren nicht nur die Ausschlußoperationen einzelner Disziplinen, sondern provozieren die Disziplinen selbst immer wieder zum Nachdenken darüber, was als zu ihnen gehörig anerkannt werden kann."[56] Die Ge-schlechterforschung ist ebenso wie die Kulturwissenschaft nicht primär durch exklu-sive methodische Ansätze geprägt, sondern eher durch eine neue Art des Umgangs mit kulturellen Phänomenen.[57] Gender- und Cultural Studies sind daher disziplin-übergreifende ‚Meta-Wissenschaften', die den Anspruch erheben, in allen kulturellen Feldern mitreden zu können und in Form von Interventionen bestehende Annah-men in Frage zu stellen.

Cultural- und Gender Studies haben drittens gemeinsam, dass sie das Kulturelle in seiner Gesamtheit einer kritischen Analyse unterziehen, um so „den Ensemble-charakter einer sozialen Form sichtbar zu machen"[58]. Sie missachten die tradierten disziplinären Grenzen der Einzelwissenschaften und die wertende Separierung von Hoch- und Volkskultur. Eine wichtige Unterscheidung zwischen beiden besteht im Primat der Gegenwart in den Cultural Studies, dem eine eher historisch-archäo-

---

53 Vgl. GRAY, Learning from Experience, S. 88f.
54 Ebd, S. 89.
55 Vgl. BUNDESMINISTERIUM / IFK, S. 17–20.
56 H. VOLKENING, Vorwort, in: BERRESSEM, H. / BUCHWALD, D. / VOLKENING, H. (Hg.), Grenzüberschreibungen. ‚Feminismus' und ‚Cultural Studies', Bielefeld 2001, S. 7–12, hier S. 9.
57 Vgl. R. HOF, Kulturwissenschaften und Geschlechterforschung, in: NÜNNING, A. / NÜN-NING, V. (Hg.), Konzepte der Kulturwissenschaften, Stuttgart, Weimar 2003, S. 329–350, hier S. 340.
58 LIST, Feministische Forschung, S. 389.

logische Vorgehensweise in den Gender Studies gegenüber steht. In den kulturwissenschaftlichen Debatten etwa der 1990er-Jahre standen Fragen nach Kategorien
wie Subjektivität, Körper, Nationalidentität oder Marginalisierung im Mittelpunkt
des Interesses.[59] Gender ist in derartigen Arbeiten eine Kategorie unter anderen; sie
ist mit ihnen eng verknüpft und daher nicht von einem als ,geschlechtsneutral' de-
klarierten übrigen Feld des Kulturellen abzutrennen. Für die Theoriebildung der
Cultural Studies war das von Williams entwickelte Konzept einer „structure of fee-
lings" leitend, welche er als „the culture of a period" definiert: „it is the particular living results of all the elements in a general organisation".[60] Demnach beruht die
menschliche Aktivität und Handlungsfähigkeit in letzter Instanz auf derartigen
Strukturen – und sie ist zugleich Ausdruck derselben.[61] Was genau die Strukturen
konstituiert, ist kontrovers diskutiert worden; dies stellt auch eine leitende Fragestellung in der Geschlechterforschung dar, die etwa in diskursanalytischen Arbeiten ihren Niederschlag fanden.

Eine vierte Schnittstelle von Gender- und Cultural Studies ist ihre differenztheo-
retische Fundierung, die in beiden Fällen in Auseinandersetzung mit poststrukturalistischen und postkolonialen Ansätzen formuliert wurde. Gender- und Cultural Studies berufen sich dabei auf ähnliche Prämissen, die sich in Schlagworten wie der
Infragestellung des Subjekts als einer autonomen und kohärenten Instanz oder der
Pluralisierung von Identitäten fassen lassen. Zugrunde gelegt wird die These einer
notwendigen Potenzierung von ,Differenzen', die zur Kategorie *Gender* hinzu treten,
beispielsweise Ethnizität, Nationalzugehörigkeit, soziale Klasse, sexuelle Orientierung oder Alter. Es geht um die „insistence that gender be set into a context of a
whole range of cultural differences".[62] Diese Differenzen veruneindeutigen die Identität des Subjekts – es kann sogar geschehen, dass sie sich gegenseitig widersprechen
oder gar in Frage stellen. Leitend für die differenztheoretischen Ansätze ist die Kritik
an und die Aufhebung von dichotomischen Denkmodellen und binären Oppositionen (wie männlich vs. weiblich, schwarz vs. weiß). Insbesondere Arbeiten im Bereich der *postcolonial studies* wirkten auf die Gender Studies zurück. Mit den *minority
discourses* wurden vormals marginalisierte ,Randgruppen' ins Zentrum gestellt und
der Versuch unternommen, ihnen eine Stimme zu geben. Daraus resultiert für die
Forscher/innen das Problem der *agency*, die Frage, wer das Recht und die Autorität
gibt, für die ,Anderen' zu sprechen, die zunehmend selbstreflexiv diskutiert wurde.[63]
Während zunächst das Verhältnis von *race, class and gender* im Mittelpunkt der Debatte stand, wurde diese Trias, die nach und nach zu einer „mere litany"[64] der *politi-*

---

59 Vgl. G. ECKER, Cultural Studies and Feminism: Some Notes on the Present Situation, in:
   Journal for the Study of British Cultures 1.1 (1994), S. 35–49, hier S. 190.
60 R. WILLIAMS, Politics and Letters, London 1979, S. 48.
61 Vgl. GRAY, Learning from Experience, S. 90.
62 ECKER, Gender Studies and Cultural Studies, S. 190.
63 Vgl. G. C. SPIVAK, Can the subaltern speak?, in: NELSON, C. / GROSSBERG, L. (Hg.),
   Marxism and the Interpretation of Cultures, Urbana 1988, S. 271–313.
64 ECKER, Cultural Studies and Feminism, S. 41.

cal correctness degenerierte, ebenfalls destabilisiert. Mit den *postcolonial, area* oder *ethnic studies*, den *gender* und *queer studies* teilen die Cultural Studies das Interesse für kulturelle Andersheit, welche unweigerlich auf die eigene Andersheit führt, zum Sprecher selbst als Anderem. Diese Andersheit wird – so die leitende Erkenntnis – durch Prozesse der Lektüre, der kulturellen Rezeption und Wahrnehmung erfahren, verhandelt und zugleich auch konstitutiert (*othering*).[65] Hinsichtlich der Gender Studies galt es darüber hinaus, das Postulat einer Einheit der Frauen, wie es die früheren feministischen Arbeiten beherrscht hatte, zu revidieren, was auf die Cultural Studies rückwirkte: „[A] challenge came from women ‚of color' and from marginalized groups which affected critical practice and theorizing in every respect, insisting on differences within and throughly shattering the idea of a homogeneous community of women."[66]

Als fünfte Gemeinsamkeit von Gender- und Cultural Studies sind verschiedene methodische Prämissen zu nennen, die sich unter dem Stichwort ‚Politik der Lokalisation und des Ortes' („politics of location"[67]) subsumieren lassen. Dabei geht es um die Anerkennung und explizite Thematisierung der Partikularität und Situiertheit von Wissen – ein Eingeständnis, das im krassen Gegensatz zum bisherigen Gestus geisteswissenschaftlicher Forschung steht, die sich eher den Abstrakta ‚des Menschen' oder ‚der Kultur' bediente. Ethnographische sowie sozialwissenschaftlich-quantitative Methoden sind dabei leitend.[68] Ziel ist die Offenlegung des je spezifischen Erkenntnisinteresses, der notwenig subjektiven Zugangsweise und der Standortgebundenheit der Forscher/innen. Ausgehend vom Wissen um die Konstruktion der Wirklichkeit durch kulturelle Wahrnehmung hat sich das schreibende Subjekt zu verorten.[69] Eine bedeutende Prämisse der Cultural Studies ist darüber hinaus die Integration der Kategorie ‚Erfahrung'. Dabei geht es nicht um Erfahrungen um ihrer Selbst willen, sondern um die Inklusion des subjektiven Elements in methodischer Hinsicht.[70] Eine solche ‚Neue Subjektivität' geht einher mit der Aufhebung der Scheidung von öffentlicher und privater Kultur. Unter dem Schlagwort *the personal is political* wird eben das, was sonst aus der Analyse systematisch ausgeklammert wurde, zum Forschungsgegenstand: die privaten, individuellen Erfahrungen und Lebenswelten. Dieser Ansatz ist in der feministischen Forschung ebenfalls leitend, besonders bei sozialwissenschaftlichen Untersuchungen zur Alltagskultur: „[F]eminism argues that systems and social structures, whether concerned with the economy, the family, or the oppression of women more generally, can best be examined and un-

---

65 BITI, Cultural Studies, S. 127.
66 ECKER, Gender Studies and Cultural Studies, S. 182.
67 A. RICH, Notes toward a Politics of Location, in: dies., Blood, Bread and Poetry. Selected Prose (1979–1985), London 1987, S. 210–231.
68 Vgl. GRAY, Learning from Experience, S. 94f.
69 Vgl. S. HARDING, Whose science? Whose knowledge?, Ithaca, New York 1991; D. HARAWAY, Die Neuerfindung der Natur. Primaten, Cyborgs und Frauen, Frankfurt/M. 1995.
70 Vgl. GRAY, Learning from Experience, S. 90–100.

derstood through an exploration of relationships and experiences within everyday life."[71]

Eine sechste Ähnlichkeit zwischen Cultural Studies und Genderforschung besteht in einer Kritik an den traditionellen Konzeptualisierungen von Kultur und Natur. Die Beschäftigung mit der ‚zwei Kulturen'-Spaltung führte zur Infragestellung der jeweiligen Zuständigkeiten von Geistes- und Naturwissenschaften. Eines der wichtigsten Ziele der Cultural Studies war und ist, kulturelle Konstruktionen des ‚Natürlichen' aufzudecken und in ihrer Diskursivität und Macht zu beschreiben, denn gerade vermeintlich natürliche oder evolutionäre Paradigmen sind es, die am stärksten kulturell konstruiert sind. In der Genderforschung bezieht sich die „Analyse der wechselseitigen Konstruktion von Gender-Kategorie und Machtverhältnissen"[72] insbesondere auf die ‚Natur' der Geschlechterdifferenz. Einerseits wurde die für frühe feministische Theorien noch konstitutive Differenz von biologischem (*sex*) und kulturellem Geschlecht (*gender*) brüchig und als Setzung erkennbar, die auf der Illusion aufbaut, „es gäbe vor den kulturellen Diskursen und Symbolisierungen eine davon unberührte Natur".[73] Andererseits wurden leitende dichotomische Zuschreibungen in ihren Funktionsweisen und hegemonialen Wirkungen analysiert, wie die Zuordnung des Natürlichen zur Weiblichkeit und des Kulturellen zur Männlichkeit oder des körperlichen Prinzips zur Frau und des geistigen zum Mann. Hier zeigt sich exemplarisch, inwiefern „die feministische Perspektive bestimmten Problembereichen, etwa den Formen der Körperpolitik und der Biotechnologie wie auch dem Themenspektrum der Cultural Studies wesentliche neue Elemente hinzu gefügt hat."[74]

Siebtens ist das Projekt der Kanonrevision zu nennen, das Gender- und Cultural Studies eint. Der Genderforschung geht es um eine Kritik am bestehenden Kanon, in dem bisher von männlichen Künstlern, Autoren und Wissenschaftlern hervorgebrachte Werke dominieren. Ziel ist es nicht allein, Werke von Künstlerinnen, Autorinnen und Wissenschaftlerinnen (wieder) zu entdecken und sie in das bestehende Korpus zu integrieren, sondern darüber hinaus hat eine Kritik der Kanonisierung selbst zu erfolgen: „So wichtig solche Entdeckungen auch sind, so problematisch sind sie, wenn sie nur als Ergänzung oder schlichte Umkehrung oder Umwertung des gängigen Kanons konzipiert sind. Gender-Forschung ergänzt nicht den bestehenden Kanon, sondern sie stellt den Kanon prinzipiell zur Disposition. Sie fragt danach, inwieweit Wertmaßstäbe und Auswahlkriterien geschlechtsspezifisch geprägt sind, ob Geschmack eine neutrale Kategorie ist und welche Rolle das *sex-gender-*

---

71 L. STANLEY / S. WISE, Breaking Out. Feminist Consciousness and Feminist Research, London 1983, S. 53.

72 J. KLINGER, Gender-Theorien. Ältere deutsche Literatur, in: BENTHIEN / VELTEN (Hg.), Germanistik als Kulturwissenschaft, S. 267–297, hier S. 268.

73 D. BISCHOFF, Gender-Theorien. Neuere deutsche Literatur, in: ebd., S. 298–322, hier S. 300.

74 LIST, Feministische Forschung, S. 392.

System bei der Kanonbildung insgesamt spielt."[75] Ähnlich zielt die Kanonkritik in den Cultural Studies auf die Hegemonie der ,Hochkultur'. Es geht darum, den Blick auf neue und bisher marginalisierte Gegenstände, kulturelle Gruppen, Subkulturen und Ethnien zu lenken, um so das Bild von Kultur zu revidieren. Ausgehend von Williams Diktum „culture is ordinary"[76] (,Kultur ist gewöhnlich') soll eben das im Mittelpunkt der Forschung stehen, was bisher als minoritär angesehen und daher ausgeschlossen wurde – oder gar dasjenige, dass sich, etwa aufgrund seiner ,Privatheit', gänzlich der wissenschaftlichen Wahrnehmung entzog.

Abschließend sollen achtens drei kulturwissenschaftliche Herangehensweisen genannt werden, die in Gender-Studien Verwendung finden. Erstens seien diskursanalytische Ansätze erwähnt, die einen erweiterten Gegenstandsbereich zur Folge haben. Die historischen Diskursanalysen Michel Foucaults zeigen, dass sich Phänomene wie Wahnsinn, Sexualität, Gesundheit und Krankheit nur konsequent historisieren lassen, wenn ihre Entstehungsgeschichte und ihre kulturellen Verhandlungen in verschiedenen Textsorten zugleich beachtet werden – medizinische Traktate, juristische Schriften und Gesetzestexte, theologische und ethische Abhandlungen und ähnliches. Alle gemeinsam konstituieren erst das Dispositiv, das außerhalb dieser Diskurse inexistent ist. Ein zweites gemeinsames Paradigma von Cultural Studies und Gender Studies ist das Modell von ,Kultur als Text', das im Anschluss an die in den angelsächsischen Ländern entwickelte Kulturanthopologie entstand. Wichtige Impulse für die *cultural anthropology* gingen von der sogenannten *writing culture*-Debatte aus, einer Bewegung innerhalb der US-amerikanischen Ethnographie.[77] Sie stellte die strikte Trennung zwischen Faktum und Fiktion im Schreiben über andere Kulturen in Frage und betonte demgegenüber „sowohl die fiktionalen, allegorischen Elemente der wissenschaftlichen Darstellung als auch die fiktionalen Dimensionen des Faktischen selbst."[78] Viele kulturanthropologische Arbeiten stützen sich auf das Theorem der ,dichten Beschreibung' (*thick description*) des Ethnologen Clifford Geertz sowie auf dessen These, dass Kulturen textanalog seien, da sie ein komplexes „Bedeutungsgewebe"[79] produzieren, das nur in einer subtilen Interpretation, die sich dem Gegenstand

---

75 I. STEPHAN, Literaturwissenschaft, in: BRAUN, C. von / STEPHAN, I. (Hg.), Gender-Studien. Eine Einführung, Stuttgart, Weimar 2000, S. 290–299, hier S. 294.

76 R. WILLIAMS, Culture is Ordinary, in: GRAY, A. / MCGUIGAN, J. (Hg.), Studies in Culture: An Introductory Reader, London 1997, S. 5–14.

77 Vgl. J. CLIFFORD / G. E. MARCUS (Hg.), Writing Culture. The Poetics and Politics of Ethnography. Berkeley 1986; E. BERG / M. FUCHS (Hg.), Kultur, soziale Praxis, Text. Die Krise der ethnographischen Repräsentation. Frankfurt/M. 1993. Auch dieser Ansatz ist bereits einer feministischen Revision unterzogen worden; vgl. R. BEHAR / D. A. GORDON (Hg.), Women Writing Culture, Berkeley u. a. 1996.

78 D. BACHMANN-MEDICK (Hg.), Kultur als Text. Die anthropologische Wende in der Literaturwissenschaft, Frankfurt/M. 1996, S. 31.

79 C. GEERTZ, Dichte Beschreibung. Beiträge zum Verstehen kultureller Systeme, Frankfurt/M. 1995, S. 9.

Schritt für Schritt beschreibend annähert, semiotisch erschlossen werden kann. Als dritte methodische Überschneidung von Gender- und Cultural Studies sei das Theoriekonzept der Performativität genannt. Dieses geht davon aus, dass sich Kulturen nicht allein in ihren Monumenten, in Texten und Bildern manifestieren, sondern ebenso in Handlungen, Ereignissen und Ritualen. Performativität erweitert das kulturwissenschaftliche Paradigma von ‚Kultur als Text' um die Perspektive von ‚Kultur als Handlung'. Es ist insbesondere die Theorie von *gender performances* und ‚performativer Subversion' als Handlungsbezüge, wie sie Judith Butler entwickelt hat, die von den Cultural Studies appliziert und auf weitere Bereiche übertragen wurde. Geschlechtsidentität ist nach Butler „die wiederholte Stilisierung des Körpers, ein Ensemble von Akten, die innerhalb eines äußerst rigiden regulierenden Rahmens wiederholt werden, dann mit der Zeit erstarren und so den Schein der Substanz bzw. eines natürlichen Schicksals des Seienden hervorbringen."[80] Dem Subjekt wird die Möglichkeit eingeräumt, kulturelle geschlechtliche Zuschreibungen nicht allein als Repression und von außen aufgezwungene Rollenmuster zu erleben, sondern sie sich zitathaft und ironisch anzueignen, um so einerseits in die Lage versetzt zu werden, intersubjektive Realität mitzuproduzieren und andererseits geschlechtliche Zuschreibungen performativ, d.h. im Vollzug ihrer sozialen ‚Aufführung', kritisch in Frage zu stellen.

Cultural Studies und Gender Studies, so zeigt sich, haben eine Reihe von gemeinsamen Fragen, methodischen Grundlagen und Forschungsgegenständen hervorgebracht. Weder sind die Gender Studies als Schnittmenge der Cultural Studies zu begreifen, noch verhält es sich umgekehrt. Beide Forschungsfelder stehen vielmehr in einem produktiven, zuweilen auch kritischen Dialog – oder, um ein verbreitetes kulturwissenschaftliches Theorem aufzugreifen: Sie befinden sich in unausgesetzten ‚Verhandlungen' (*negotiations*) miteinander.

Bibliographie

AGGER, Ben, 1992: Cultural Studies as Critical Theory. London, Washington.
ANG, Ien, 1986: Das Gefühl Dallas. Zur Produktion des Trivialen. Bielefeld.
BACHMANN-MEDICK, Doris (Hg.), 1996: Kultur als Text. Die anthropologische Wende in der Literaturwissenschaft. Frankfurt/M.
BEHAR, Ruth / GORDON, Deborah A. (Hg.), 1996: Women Writing Culture. Berkeley u. a.
BENNETT, Tony, 1981: Culture, Ideology and Social Process. A Reader. London.
BENTHIEN, Claudia / VELTEN, Hans Rudolf (Hg.), 2002: Germanistik als Kulturwissenschaft. Eine Einführung in neue Theoriekonzepte. Reinbek.

---

80 J. BUTLER, Das Unbehagen der Geschlechter, Frankfurt/M. 1991, S. 60.

BERRESSEM, Hanjo / BUCHWALD, Dagmar / VOLKENING, Heike (Hg.), 2001: Grenz-überschreibungen. ‚Feminismus' und ‚Cultural Studies'. Bielefeld.

BERG, Eberhard / FUCHS, Martin (Hg.), 1993: Kultur, soziale Praxis, Text. Die Krise der ethnographischen Repräsentation. Frankfurt/M.

BISCHOFF, Doerte, 2002: Gender-Theorien. Neuere deutsche Literatur. In: BENTHIEN, Claudia / VELTEN, Hans Rudolf (Hg.): Germanistik als Kulturwissenschaft. Eine Einführung in neue Theoriekonzepte. Reinbek, S. 298–322.

BITI, Vladimir, 2001: Cultural Studies. In: BITI, Vladimir: Literatur- und Kulturtheorie. Ein Handbuch gegenwärtiger Begriffe. Reinbek, S. 116–180.

BÖHME, Hartmut, 1999: Vom Cultus zur Kultur(wissenschaft). Zur historischen Se-mantik des Kulturbegriffs. In: GLASER, Renate / LUSERKE, Matthias (Hg.): Litera-turwissenschaft – Kulturwissenschaft. Positionen, Themen, Perspektiven. Opladen, S. 48–68.

BÖHME, Hartmut / SCHERPE, Klaus (Hg.), 1996: Literatur und Kulturwissenschaften. Positionen, Theorien, Modelle. Reinbek.

BÖHME, Hartmut / MATUSSEK, Peter / MÜLLER, Lothar, 2000: Orientierung Kultur-wissenschaft. Was sie kann, was sie will. Reinbek.

BRETTELL, Caroline / SARGENT, Carolyn F. (Hg.), 2005: Gender in cross-cultural perspective. Upper Saddle River N.J.

BROMLEY, Roger / GÖTTLICH, Udo / WINTER, Carsten (Hg.), 1999: Cultural Stu-dies. Grundlagentexte zur Einführung. Lüneburg.

BROMLEY, Roger: Cultural Studies gestern und heute. In: BROMLEY, Roger / GÖTT-LICH, Udo / WINTER, Carsten (Hg.), 1999: Cultural Studies. Grundlagentexte zur Einführung. Lüneburg, S. 9–24.

BRUCH, Rüdiger vom / GRAF, Friedrich Wilhelm / HÜBINGER, Gangolf (Hg.), 1989: Kultur und Kulturwissenschaften um 1900. Krise der Moderne und Glaube an die Wissenschaft. Stuttgart.

BUNDESMINISTERIUM FÜR WISSENSCHAFT UND VERKEHR / INTERNATIONALES FOR-SCHUNGSZENTRUM KULTURWISSENSCHAFTEN (Hg.), 1999: The Contemporary Study of Culture. Wien.

BUßMANN, Hadumod / HOF, Renate (Hg.), [2]2005: Genus. Geschlechterforschung – Gender Studies in den Kultur- und Sozialwissenschaften. Ein Handbuch. Stutt-gart.

BUTLER, Judith, 1991: Das Unbehagen der Geschlechter. Frankfurt/M.

CAMPBELL, Julie D., 2006: Literary Circles and Gender in Early Modern Europe: A Cross-Cultural Approach. Aldershot u. a.

CAREY, James, 1997: Reflections on the Project of (American) Cultural Studies. In: FERGUSON, Marjorie / GOLDING, Peter (Hg.): Cultural Studies in Question. Lon-don u. a., S. 1–24.

CLIFFORD, James / MARCUS, George E. (Hg.), 1986: Writing Culture. The Poetics and Politics of Ethnography. Berkeley.

COHEN, Marjorie Griffin, 2007: Remapping gender in the new global order. London.

COWARD, Rosalind, 1984: Female Desire. Women's Sexuality Today. London.

DAVIES, Ioan, 1995: Cultural Studies and Beyond. Fragments of Empire. London / New York.

DURING, Simon (Hg.), [3]2007: The Cultural Studies Reader. London.

ECKER, Gisela, 1994: Cultural Studies and Feminism. Some Notes on the Present Situation. In: Journal for the Study of British Cultures 1.1 (1994), S. 35-49.

ECKER, Gisela, 1996: Gender Studies and Cultural Studies. Whose Gender? Whose Culture(s)?. In: Amerikastudien / American Studies 41, S. 181-93.

ENGEL, Manfred, 2001: Kulturwissenschaft/en – Literaturwissenschaft als Kulturwissenschaft – kulturgeschichtliche Literaturwissenschaft. In: KulturPoetik 1.1, S. 8-36.

ENGELMANN, Jan (Hg.), 1999: Die kleinen Unterschiede. Der Cultural-Studies Reader. Frankfurt/M., New York.

FRANKLIN, Sarah / LURY, Celia / STACEY, Jackie (Hg.), 1991: Off-Centre. Feminism and Cultural Studies. London.

FROW, John / MORRIS, Meaghan, 1993: Australian Cultural Studies. Urbana.

FRÜHWALD, Wolfgang u. a., 1991: Geisteswissenschaften heute. Eine Denkschrift. Frankfurt/M.

GAMMAN, Lorraine / MARSHMENT, Margaret (Hg.), 1988: The Female Gaze. Women as Viewers of Popular Culture. London.

GEERTZ, Clifford, [4]1995: Dichte Beschreibung. Beiträge zum Verstehen kultureller Systeme. Frankfurt/M.

GÖTTLICH, Udo / WINTER, Carsten, 1999: Wessen Cultural Studies? Die Rezeption der Cultural Studies im deutschsprachigen Raum. In: BROMLEY, Roger / GÖTTLICH, Udo / WINTER, Carsten (Hg.): Cultural Studies. Grundlagentexte zur Einführung. Lüneburg, S. 25-39.

GÖTTLICH, Udo / MIKOS, Lothar / WINTER, Rainer (Hg.), 2001: Die Werkzeugkiste der Cultural Studies. Perspektiven, Anschlüsse und Interventionen. Bielefeld.

GÖTTLICH, Udo (Hg.), 2002: Populäre Kultur als repräsentative Kultur. Die Herausforderung der Cultural Studies. Köln.

GRAEVENITZ, Gerhard von, 1999: Literaturwissenschaft und Kulturwissenschaften. Eine Erwiderung. In: Deutsche Vierteljahrsschrift für Literaturwissenschaft und Geistesgeschichte 73.1, S. 94-115.

GRAY, Ann, 1997: Learning from Experience. Cultural Studies and Feminsm. In: McGUIGAN, Jim (Hg.): Cultural Methodologies. London u. a., S. 87-105.

GRAY, Ann / McGUIGAN, Jim (Hg.), 1993: Studying Culture. An Introductory Reader. London u. a.

GROSSBERG, Lawrence / NELSON, Cary / TREICHLER, Paula (Hg.), 1992: Cultural Studies. New York, London.

GROSSBERG, Lawrence, 2000: What's going on? Cultural Studies und Popularkultur. Wien.

HALL, Stuart / WHANNEL, Paddy (Hg.), 1964: Popular Arts. London.

HALL, Stuart u. a. (Hg.), 1980: Culture, Media, Language. London, New York.

HALL, Stuart, 1992: Cultural Studies and its Theoretical Legacies. In: GROSSBERG, Lawrence / NELSON, Cary / TREICHLER, Paula (Hg.): Cultural Studies. New York / London, S. 277-95.

HANSEN, Klaus P., 1995: Kultur und Kulturwissenschaft. Eine Einführung. Tübingen.

HARAWAY, Donna, 1995: Die Neuerfindung der Natur. Primaten, Cyborgs und Frauen. Frankfurt/M.

HARDING, Sandra, 1991: Whose science? Whose knowledge? Ithaca, New York.

HARVEY, Karen, 2004: Reading Sex in the Eighteenth Century: Bodies and Gender in English Erotic Culture. Cambridge u. a.

HAUG, Walter, 1999: Literaturwissenschaft als Kulturwissenschaft? In: Deutsche Vierteljahrsschrift für Literaturwissenschaft und Geistesgeschichte 73.1, S. 69–93.

HELLER, Arno, 2004: Cultural Studies im Wandel. Zur Modellfunktion der American Studies. In: LIST, Elisabeth / FIALA, Erwin (Hg.): Grundlagen der Kulturwissenschaften. Interdisziplinäre Kulturstudien. Tübingen, Basel, S. 39–54.

HEPP, Andreas, 1999: Cultural Studies und Medienananlyse. Eine Einführung. Opladen.

HOF, Renate, 2003: Kulturwissenschaften und Geschlechterforschung. In: NÜNNING, Ansgar / NÜNNING, Vera (Hg.): Konzepte der Kulturwissenschaften. Stuttgart/ Weimar, S. 329–50.

HOGGART, Richard, 1957: The Uses of Literacy. London.

HOHENDAHL, Peter / STEINLEIN, Rüdiger (Hg.), 2001: Kulturwissenschaften – Cultural Studies. Beiträge zur Erprobung eines umstrittenen wissenschaftlichen Paradigmas. Berlin.

HOHLENRIED, Michaela, 2002: Kulturwissenschaften / Cultural Studies. In: KROLL, Renate (Hg.): Metzler-Lexikon Gender Studies / Geschlechterforschung. Stuttgart, S. 220–22.

HÖRNING, Karl H. / WINTER, Rainer (Hg.), 1999: Widerspenstige Kulturen. Cultural Studies als Herausforderung. Frankfurt/M.

JAY, Martin, 1981: Dialektische Phantasie. Die Geschichte der Frankfurter Schule und des Instituts für Sozialforschung 1923–1950. Frankfurt/M.

JORDAN, Glenn / WEEDON, Chris, 1995: Cultural Politics. Class, Gender, Race and the Postmodern World. Oxford.

KALKA, Claudia / KLOCKE-DAFFA, Sabine (Hg.), 2006: Weiblich – männlich – anders? Geschlechterbeziehungen im Kulturvergleich. Münster u. a.

KIMMEL, Michael S., ^{2}2006: Manhood in America: a cultural history. New York.

KLINGER, Judith, 2002: Gender-Theorien. Ältere deutsche Literatur. In: BENTHIEN, Claudia / VELTEN, Hans Rudolf (Hg.): Germanistik als Kulturwissenschaft. Eine Einführung in neue Theoriekonzepte. Reinbek, S. 267–97.

LANCASTER, Roger N. / DI LEONARDO, Micaela, 1997: The Gender / Sexuality Reader. Culture, History, Political Economy. New York, London.

LEITCH, Vincent B., 1994: Cultural Studies. In: GRODEN, Michael / KREISWIRTH, Martin (Hg.): The Johns Hopkins Guide to Literary Theory & Criticism. Baltimore, London, S. 179–82.

LIST, Elisabeth, 2004: Feministische Forschung im Kontext der Kulturwissenschaften. In: LIST, Elisabeth / FIALA, Erwin (Hg.): Grundlagen der Kulturwissenschaften. Interdisziplinäre Kulturstudien. Tübingen, Basel, S. 385–400.

LIST, Elisabeth / FIALA, Erwin (Hg.), 2004: Grundlagen der Kulturwissenschaften. Interdisziplinäre Kulturstudien. Tübingen, Basel.

LOVERY, Terry (Hg.), 1995: Feminist Cultural Studies. 2 Bde. Warwick.

LÜTZELER, Paul Michael, 2000: Die kulturalistische Wende in den Geisteswissenschaften. In: Akademie-Journal 1, S. 16–19.

LUTTER, Christina / REISENLEITNER, Markus, 1998: Cultural Studies. Eine Einführung. Wien.

MCGUIGAN, Jim, 1997: Cultural Methodologies. London u. a.

MCROBBIE, Angela, 1997: The ‚Es' and the ‚Anti-Es'. New Questions for Feminism and Cultural Studies. In: FERGUSON, Marjorie / GOLDING, Peter (Hg.): Cultural Studies in Question. London, Thousand Oaks, New Delhi, S. 170–86.

MCROBBIE, Angela, 1999: Bridging the Gap. Feminismus, Mode und Konsum. In: ENGELMANN, Jan (Hg.): Die kleinen Unterschiede. Der Cultural-Studies Reader. Frankfurt/M., New York, S. 202–20.

MÜLLER, Jan-Dirk, 1999: Überlegungen zu einer mediävistischen Kulturwissenschaft. In: Mitteilungen des deutschen Germanistenverbandes 46.4, S. 574–85.

MÜLLER, Sabina Lucia / SCHÜLTING, Sabine (Hg.), 2006: Geschlechter-Revisionen. Zur Zukunft von Feminismus und Gender Studies in den Kultur- und Literaturwissenschaften. Königstein/Ts.

MUSNER, Lutz, 2001: Kulturwissenschaft und Cultural Studies: Zwei ungleiche Geschwister? In: KulturPoetik 1.2, S. 261–71.

NÜNNING, Ansgar / NÜNNING, Vera (Hg.), 2003: Konzepte der Kulturwissenschaften. Stuttgart / Weimar.

OWEN, A. Susan / STEIN, Sarah R. / VANDE BERG, Leah R., 2007: Bad Girls: Cultural Politics and Media Representations of Transgressive Women. New York u. a.

PENLEY, Constance, 1992: Feminism, Psychoanalysis, and the Study of Popular Culture. In: GROSSBERG, Lawrence / NELSON, Cary / TREICHLER, Paula. (Hg.): Cultural Studies. New York, London, S. 479–95.

PROBYN, Elspeth, 1993: Sexing the Self. Gendered Positions in Cultural Studies. London, New York.

RADWAY, Janice, 1984: Reading the Romance: Woman, Patriarchy, and Popular Culture. Chapel Hill.

RICH, Adrienne, 1987: Notes toward a Politics of Location. In: RICH, Adrienne: Blood, Bread and Poetry. Selected Prose (1979–1985). London, S. 210–31.

SCHADE, Sigrid / STRUNK, Marion (Hg.), 2004: Unterschiede. Unterscheiden. Zwischen Genus und Kulturen. Zürich.

SHIACH, Morag (Hg.), 1999: Feminism and Cultural Studies. New York, Oxford .

SPIVAK, Gayatri Chakravorty, 1988: Can the subaltern speak?. In: GROSSBERG, Lawernce / NELSON, Cary (Hg.): Marxism and the Interpretation of Cultures. Urbana, S. 271–313.

STANLEY, Liz / WISE, Sue, 1983: Breaking Out. Feminist Consciousness and Feminist Research. London.

STEPHAN, Inge, 2000: Literaturwissenschaft. In: BRAUN, Christina von / STEPHAN, Inge (Hg.): Gender-Studien. Eine Einführung. Stuttgart, Weimar, S. 290–99.

STOREY, John, 1993: An Introduction to Cultural Theory and Popular Culture. London u. a.

STOREY, John, 1998: Cultural Studies & The Study of Popular Culture. Athens, GA.

THOMPSON, Denys, 1961: Discrimination and Popular Culture. Harmondsworth.

THOMPSON, Edward P., 1963: The Making of the English Working Class. London.

WILLIAMS, Raymond, 1958: Culture and Society. 1780–1950. Harmondsworth.

WILLIAMS, Raymond, 1961: The Long Revolution. London.

WILLIAMS, Raymond, 1962: Communications. Harmondsworth.

WILLIAMS, Raymond, 1993: Culture is Ordinary. In: GRAY, Ann / MCGUIGAN, Jim (Hg.): Studying Culture. An Introductory Reader. London. S. 5–14.

WILLIAMS, Raymond, 1979: Politics and Letters. London.

4 Zu den AutorInnen

Claudia Benthien, Prof. Dr., seit WS 2005/2006 Professorin (W3) für Neuere deutsche Literatur mit dem Schwerpunkt Gender-Forschung im Rahmen kulturwissenschaftlicher Ansätze in der Literaturwissenschaft an der Universität Hamburg, derzeit (WS 2008/2009 – SS 2009) Kommissarische Dekanin der Fakultät für Geisteswissenschaften an der Universität Hamburg, zuvor Max Kade-Professur am Department of German der University of California, Berkeley (Sommer 2008) und Senior Fellow am Internationalen Forschungszentrum Kulturwissenschaften (IFK), Wien, im Rahmen des Forschungsschwerpunkts „Kulturen des Blicks" (Frühjahr 2006); Buchpublikationen u. a.: *Haut. Literaturgeschichte – Körperbilder – Grenzdiskurse* (1999), *Germanistik als Kulturwissenschaft. Eine Einführung in neue Theoriekonzepte* (zus. mit Hans Rudolf Velten, 2002), *Männlichkeit als Maskerade. Kulturelle Inszenierungen vom Mittelalter bis zur Gegenwart* (zus. mit Inge Stephan, 2003), *Meisterwerke. Deutschsprachige Autorinnen im 20. Jahrhundert* (zus. mit Inge Stephan, 2005), *Barockes Schweigen. Rhetorik und Performativität des Sprachlosen im 17. Jahrhundert* (2006), *Tabu. Interkulturalität und Gender* (zus. mit Ortrud Gutjahr, 2008).

Bettina Bock v. Wülfingen, Dr. P.H. und Dipl. Biol., Wissenschaftliche Mitarbeiterin am Institut für Kulturwissenschaft der Humboldt-Universität zu Berlin; Veröffentlichungen zu Science, Gender & Technology Studies sowie Geschichte und Theorie der Life Sciences; so u. a.: „Virulente Perspektiven der Reproduktion. Von der Befruchtung zur entgrenzten Infektion." In: Gisela Engel, Nicole C. Karafyllis (Hg.): *Re-Produktionen* (2005), „Extrakorporale Reproduktion als Emanzipation – Feminismus im biomedizinischen Populärdiskurs." In: *Femina Politica* 1.18 (2009), „Is there a turn to systems approaches in life sciences?" In: *European Molecular Biology Organisation (EMBO) Reports* (2009), „Bridgeheads and Concerns in the Introduction of Human Genetic Technology." In: Willemijn De Jong, Olga Tkach (eds.): *Normalising Newness of Reproductive Technologies in Russia, Switzerland and Germany* (2009), „Der Kern des Unbewussten in Freuds Mikroskop – Apparatur und Vorverständnis in der Wissensgenese." In: Christina von Braun u. a. (Hg.): *Das Unbewusste. Über das Verhältnis von Wissen und Geschlecht* (2009), „Wie Kinderlosigkeit zu einem medizinischen Problem wird." In: Petra Kolip (Hg.): *Geschlechtergerechte Gesundheitsversorgung* (2009), „Human genetic technologies in international contexts: Local ideas, cultures and concerns in comparison." In: *Ethik transdisziplinär: ‚Genetic Screening'* (im Erscheinen).

Christina von Braun, Prof. für Kulturwissenschaft an der Humboldt-Universität zu Berlin, Vizepräsidentin des Goethe Instituts, Kulturtheoretikerin, Autorin, Filmemacherin; Forschungsschwerpunkte: Gender, Medien, Religion und Moderne, Geschichte des Antisemitismus; über fünfzig Filmdokumentationen und Fernsehspiele zu kulturgeschichtlichen Themen, zahlreiche Bücher und Aufsätze über das Wechselverhältnis von Geistesgeschichte und Geschlechterrollen, zuletzt: *Gender-Studien. Eine Einführung* (zus. mit Inge Stephan, Neuauflage 2006), *Verschleierte Wirklichkeit. Die Frau, der Islam und der Westen* (zus. mit Bettina Mathes, 2007), *Stille Post. Eine andere Familiengeschichte* (2007), *Mythen des Blutes* (zus. mit Christoph Wulf, 2007), *Nicht ich. Logik Lüge Libido* (Neuauflage 2009).

Claudia Breger ist Associate Professor of Germanic Studies und Adjunct Associate Professor of Communication and Culture und Gender Studies an der Indiana University (Bloomington, USA). Sie promovierte (1996) und habilitierte (2003) an der Humboldt-Universität zu Berlin, war 1997-98 Postdoc an der LMU München und 1999-2002 Wissenschaftliche Mitarbeiterin an der Universität Paderborn. Sie forscht und lehrt zu Literatur, Film und Theater des 20. und 21. Jahrhunderts mit Schwerpunkt auf den Interrelationen von Gender, Sexualität und Ethnizität/race sowie Literatur-, Medien- und Kulturtheorie. Neuere Buchpublikationen u. a.: *Szenarien kopfloser Herrschaft – Performanzen gespenstischer Macht. Königsfiguren in der deutschsprachigen Literatur und Kultur des 20. Jahrhunderts* (2004), *Empathie und Erzählung* (zus. mit Fritz Breithaupt, 2009 (im Druck)).

Astrid Deuber-Mankowksy, Prof. für Medienwissenschaft, Medienöffentlichkeit und Medienakteure unter besonderer Berücksichtigung von Gender an der Ruhr-Universität Bochum; zus. mit Ursula Konnertz Begründerin und Herausgeberin der Zeitschrift *Die Philosophin. Forum für Philosophie und feministische Theorie*; Veröffentlichungen zu den Themen Repräsentationstheorie und Geschlecht, Transdisziplinarität, jüdische Philosophie und Moderne, Gender und neue Medien; zuletzt: *Der frühe Walter Benjamin und Hermann Cohen. Jüdische Werte, Kritische Philosophie, vergängliche Erfahrung* (2000), *Lara Croft. Modell, Medium, Cyberheldin* (2001), *Praktiken der Illusion. Kant, Nietzsche, Cohen, Benjamin bis Donna J. Haraway* (2007).

Gabriele Dietze, Professor Dr., ist wissenschaftliche Mitarbeiterin am Forschungsprojekt ‚Kulturen des urbanen Wahns als Schwellenphänomen der Moderne' an der Humboldt Universität und 2009 Gastprofessorin an der Alpen Adria Universität Klagenfurt und an der Columbia Universität, New York. Forschungsschwerpunkte sind Intersektionalität von ‚Race' und Gender, Visuelle Kultur und Migration. Zuletzt erschienen: „Okzidentalismuskritik. Möglichkeiten und Grenzen einer Forschungsperspektivierung." In: Gabriele Dietze, Claudia Brunner, Edith Wenzel (Hg.): *Kritik des Okzidentalismus. Transdisziplinäre Beiträge zu (Neo-)Orientalismus und Geschlecht* (2009), *Weiß – Whiteness – Weissein. Kritische Studien zu Gender und Rassismus* (zus. mit Martina Tissberger, Jana Husmann-Kastein, Daniela Hrzán, Neuauflage 2009).

Dorothea Dornhof, PD Dr., Literatur- und Kulturwissenschaftlerin, derzeit Gastprofessorin am Zentrum für Interdisziplinäre Frauen- und Geschlechterforschung der TU-Berlin; Arbeitsfelder: Geschichte und Theorie der Alterität, Zusammenhang von

Wissenschafts- und Geschlechterforschung; Veröffentlichungen zur Kultur- und Literaturgeschichte der Bundesrepublik und der DDR, Weiblichkeit als Paradigma moderner Ästhetik, Herrschaftsbereiche des Dämonischen, zuletzt: *Dämonen der Moderne. Magische Praktiken bei der Inszenierung von Geschlecht und Sexualität.* In: Marianne Schuller/Katharina Baisch/Ines Kappert (Hg.): *Gender Revisited. Subjekt- und Politikbegriffe in Kultur und Medien* (2002), *Transformationen von Wissen, Mensch und Geschlecht. Potsdamer Studien zur Frauen- und Geschlechterforschung* (zus. mit Karin Esders, 2002), *Orte des Wissens im Verborgenen. Kulturhistorische Studien zu Herrschaftsbereiche des Dämonischen* (2005).

Sabine Hark, PD, Dr. phil., Diplomsoziologin, Vertretungsprofessorin für Genderforschung an der Universität zu Köln; Veröffentlichungen zu Feministischer Theoriebildung, Queer Theory, Wissenschaftsgeschichte und -forschung, Poststrukturalistische Subjekttheorien, Politische Soziologie und Theorie; zuletzt: *Dissidente Partizipation. Eine Diskursgeschichte des Feminismus* (2005), *Deviante Subjekte. Die paradoxe Politik der Identität* (1999), *Dis/Konitinuitäten. Feministische Theorie* (2000).

Dagmar von Hoff, Professorin für Neuere deutsche Literaturwissenschaft mit Schwerpunkt Medien an der Johannes Gutenberg-Universität Mainz. Forschungsschwerpunkte: Literatur des 18.–20. Jahrhunderts, Intermedialität, Literaturverfilmung, Avantgarde, Kulturwissenschaften und Gender Studies. Letzte Monographien: *Familiengeheimnisse. Inzest in Literatur und Film der Gegenwart* (2003), *Intermedialität, Mediengeschichte, Medientransfer. Zu Georg Büchners Parallelprojekten ‚Woyzeck' und ‚Leonce und Lena'* (zus. mit Ariane Martin, 2008); letzte Herausgabe: *Textprofile intermedial* (zus. mit Bernhard Spies, 2008).

Antje Hornscheidt, Studium der Anglistik, Germanistik und Skandinavistik in Kiel, Göteborg (Schweden) und Sunderland (England); Prof. Dr. für Gender Studies und Linguistik an der Humboldt-Universität zu Berlin; Dozentin an der Hochschule Södertörn, Stockholm; Gastprofessorin in Graz, Örebro und Turku für Gender und Sprache und Diskursanalysen. Ausgewählte Publikationen: *Afrika und die deutsche Sprache. Ein kritisches Nachschlagewerk* (zus. mit Susan Arndt, 2004), *Die sprachliche Benennung von Personen aus konstruktivistischer Sicht* (2006), *Gender als interdependente Kategorie. Neue Perspektiven auf Intersektionalität, Diversität und Heterogenität* (zus. mit Katharina Walgenbach, Gabriele Dietze, Kerstin Palm, 2007).

Heike Jensen, Dr. phil., Geschlechterforscherin; Mitglied des Gender-Forschungsteams der *Open Net Initiative (ONI) Asia* zu Internet-Zensur; Veröffentlichungen zu feministischer Theoriebildung, zu internationaler Frauenpolitik und zu Themen der Informationsgesellschaft; zuletzt: *Visions in Process II: The World Summit on the Information Society Geneva 2003-Tunis 2005* (zus. mit Olga Drossou, 2005). *Women, Media and ICTs in UN Politics: Progress or Backlash?* In: Anita Gurumurthy u. a. (Hg.): *Gender in the Information Society: Emerging Issues* (2006), *Die ‚Informationsgesellschaft' als globales Terrain hegemonialer Maskulinität und feministischer Interventionen.* In: Irene Dölling u. a. (Hg.): *Transformationen von Wissen, Mensch und Geschlecht: Transdisziplinäre Interventionen* (2007).

Irmela Marei Krüger-Fürhoff, Dr. phil., Germanistin und Vergleichende Literaturwissenschaftlerin, Wissenschaftliche Mitarbeiterin an der Fakultät für Linguistik und Literaturwissenschaft der Universität Bielefeld; Veröffentlichungen zur Literatur des 18. bis 21. Jahrhunderts, zu Wechselwirkungen zwischen Literatur, Ästhetik, Kunst und Medizin sowie zur Wissenschaftsgeschichte und Poetik der Transplantation; zuletzt: *Der versehrte Körper. Revisionen des klassizistischen Schönheitsideals* (2001), *Askese. Geschlecht und Geschichte der Selbstdisziplinierung* (zus. mit Tanja Nusser, 2004), *Engineering Life. Narrationen vom Menschen in Biomedizin, Kultur und Literatur* (zus. mit Claudia Breger und Tanja Nusser, 2008).

Christine Künzel, Dr. phil., Literatur- und Kulturwissenschaftlerin. Wintersemester 2006/07 und 2007/08 Vertretung einer Professur mit dem Schwerpunkt Theater an der Universität Hamburg. Veröffentlichungen zum Thema Literatur und Recht, zu Codierungen von Gewalt im Geschlechterverhältnis, insbesondere zur Darstellung sexueller Gewalt; zuletzt: *Vergewaltigungslektüren. Zur Codierung sexueller Gewalt in Literatur und Recht* (2003) und als Herausgeberin *Unzucht – Notzucht – Vergewaltigung. Deutungen und Definitionen sexueller Gewalt von der Aufklärung bis heute* (2003), (zus. mit Gaby Temme, 2007) *Täterinnen und/oder Opfer? Frauen in Gewaltstrukturen.*

Bettina Mathes, Dr. phil., ist seit 2006 Professorin an der Pennsylvania State University. Schwerpunkte in Forschung und Lehre: Gender Studies, Psychoanalyse, Islam in Europa, Visuelle Kultur, DEFA-Filme, Wissenschaftsgeschichte. Neueste Buchveröffentlichungen: *Under Cover. Das Geschlecht in den Medien* (2006), *Verschleierte Wirklichkeit. Die Frau, der Islam und der Westen* (zus. mit Christina von Braun, 2007), *Die imaginierte Nation. Körper, Geschlecht und Identität in DEFA-Filmen* (2007).

Claudia Öhlschläger, Professorin für Vergleichende Literaturwissenschaft und Intermedialität an der Universität Paderborn; Veröffentlichungen zur europäischen Literatur des 19. und 20. Jahrhunderts, zur Gendertheorie, zur Intertextualität und Intermedialität, zu Kulturtheorien der Abstraktion, zum (Körper)Gedächtnis und zu Narration und Ethik; zuletzt: *Unsägliche Lust des Schauens. Die Konstruktion der Geschlechter im voyeuristischen Text (1996), Körper-Gedächtnis-Schrift. Der Körper als Medium kultureller Erinnerung* (zus. mit Birgit Wiens, 1997), *Inszenierungen in Schrift und Bild* (zus. mit Gerhart Neumann, 2004), *Abstraktionsdrang. Wilhelm Worringer und der Geist der Moderne* (2005), *Politische Archäologie und melancholische Bastelei* (zus. mit Michael Niehaus, 2006), *Beschädigtes Leben. Erzählte Risse. W.G. Sebalds poetische Ordnung des Unglücks* (2006), *Narration und Ethik* (2008).

Kerstin Palm, promovierte Biologin, Habilitation in Kulturwissenschaft (Humboldt-Universität zu Berlin) über die Kulturgeschichte des biologischen Lebensbegriffs;

Veröffentlichungen zur Genderforschung über Naturwissenschaften mit dem Schwerpunkt Epistemologie und Geschichte der Biologie, z. B.: „Multiple Subjekte im Labor? Objektivismuskritik als Ausgangsbasis für interdependenztheoretische Theorie und Praxis der Naturwissenschaften". In: Kerstin Palm u. a. (Hg.): *Gender als interdependente Kategorie. Neue Perspektiven auf Intersektionalität, Diversität und Heterogenität* (2007), „Unbewusstes Leben – Neovitalismus um 1900 als produktives Krisenphänomen." In: Marie-Luise Angerer u. a. (Hg.): *Gender goes life. Die Lebenswissenschaften als Herausforderung für die Gender Studies* (2008), „Emanzipiertes Leben." In: Astrid Deuber-Mankowsky u. a. (Hg.): *Der Einsatz des Lebens. Lebenswissen, Medialisierung, Geschlecht* (2009).

Kathrin Peters studierte Kommunikationsdesign an der Universität Essen, danach Kulturwissenschaft und Kunstgeschichte an der Humboldt-Universität zu Berlin, dort Promotion mit einer Arbeit zu Geschlechterwissen und Medialität um 1900; Arbeitsschwerpunkte: Gender Studies, Medienwissenschaft, Geschichte und Theorie der Fotografie; Veröffentlichungen zuletzt: *Future Bodies. Visualisierungen von Körpern in Science und Fiction* (zus. mit Marie-Luise Angerer/Zoë Sofoulis, 2002), „die stadt von morgen". Beiträge zu einer Archäologie des Hansaviertels Berlin (zus. mit Annette Maechter, 2008).

Inge Stephan, Prof. für Neuere deutsche Literatur, Geschlechterproblematik im literarischen Prozess an der Humboldt-Universität zu Berlin; Veröffentlichungen zur deutschen Literatur vom 18. bis 20. Jahrhundert, zu Frauenforschung, feministischer Literaturwissenschaft und Geschlechterstudien, zuletzt: *Männlichkeit als Maskerade. Kulturelle Inszenierungen vom Mittelalter bis zur Gegenwart* (zus. mit Claudia Benthien, 2003), *Inszenierte Weiblichkeit. Codierung der Geschlechter in der Literatur des 18. Jahrhunderts* (2004), *MEISTERWERKE. Deutschsprachige Autorinnen im 20. Jahrhundert* (zus. mit Claudia Benthien, 2005), *Gender-Studien. Eine Einführung* (zus. mit Christina von Braun, Neuauflage 2006), *Medea. Multimediale Karriere einer mythologischen Figur* (2006), *NachBilder des Holocaust* (zus. mit Alexandra Tacke, 2007), *NachBilder der RAF* (zus. mit Alexandra Tacke, 2008), *NachBilder der Wende* (zus. mit Alexandra Tacke, 2008).

Hans Rudolf Velten, Dr. phil., Wiss. Mitarbeiter der Humboldt-Universität am Berliner Sonderforschungsbereich „Kulturen des Performativen". Studium in Frankfurt a. M., Charleston und Neapel. Forschungsschwerpunkte: Literatur und Kultur des Spätmittelalters und der Frühen Neuzeit, Theorie und Geschichte des Komischen, Autobiographiegeschichte, kulturwissenschaftliche Theorien und Methoden. Jüngere Buchpublikationen: *Germanistik als Kulturwissenschaft* (zus. mit Claudia Benthien, 2003), *Lachgemeinschaften. Kulturelle Inszenierungen und soziale Wirkungen von Gelächter im Mittelalter und in der Frühen Neuzeit.* (zus. mit Werner Röcke, 2005), *Transgression – Hybridisierung – Differenzierung. Zur Performativität von Grenzen in Sprache, Kultur und Gesellschaft* (zus. mit Kathrin Audehm, 2007).

LITERATUR – KULTUR – GESCHLECHT

STUDIEN ZUR LITERATUR-
UND KULTURGESCHICHTE.
KLEINE REIHE

Eine Auswahl.

böhlau

13: Jost Hermand,
Helen Fehervary
MIT DEN TOTEN REDEN
FRAGEN AN HEINER MÜLLER
1999. IX, 218 S. 7 s/w-Abb. Br.
ISBN 978-3-412-14298-8

15: Stéphane Mosès,
Sigrid Weigel (Hg.)
GERSHOM SCHOLEM
LITERATUR UND RHETORIK
2000. X, 201 S. Br.
ISBN 978-3-412-04599-9

17: Kerstin Gernig (Hg.)
NACKTHEIT
ÄSTHETISCHE INSZENIERUNGEN
IM KULTURVERGLEICH
2002. 357 S. 24 s/w-Abb. Br.
ISBN 978-3-412-17401-9

19: Waltraud Naumann-Beyer
ANATOMIE DER SINNE
IM SPIEGEL VON PHILOSOPHIE,
ÄSTHETIK, LITERATUR
2003. XII, 378 S. Br.
ISBN 978-3-412-09903-9

20: Inge Stephan
INSZENIERTE WEIBLICHKEIT
CODIERUNG DER GESCHLECHTER
IN DER LITERATUR DES
18. JAHRHUNDERTS
2004. 279 S. 12 s/w-Abb. Br.
ISBN 978-3-412-15204-8

21: Claudia Benthien,
Inge Stephan (Hg.)
MEISTERWERKE
DEUTSCHSPRACHIGE AUTORINNEN
IM 20. JAHRHUNDERT
2005. 414 S. 20 s/w-Abb. Br.
ISBN 978-3-412-21305-3

22: Jost Hermand
FREUNDSCHAFT
ZUR GESCHICHTE
EINER SOZIALEN BINDUNG
2006. VI, 218 S. 17 s/w-Abb. Br.
ISBN 978-3-412-29705-3

23: Inge Stephan,
Alexandra Tacke (Hg.)
NACHBILDER DES HOLOCAUST
2007. 303 S. 46 s/w-Abb. Br.
ISBN 978-3-412-22506-3

24: Inge Stephan,
Alexandra Tacke (Hg.)
NACHBILDER DER RAF
2008. 328 S. 65 s/w-Abb. Br.
ISBN 978-3-412-20077-0

25: Inge Stephan,
Alexandra Tacke (Hg.)
NACHBILDER DER WENDE
2008. 351 S. 59 s/w-Abb. Br.
ISBN 978-3-412-20083-1

26: Alexandra Tacke,
Björn Weyand (Hg.)
DEPRESSIVE DANDYS
SPIELFORMEN DER DEKADENZ IN
DER POP-MODERNE
2009. 247 S. 38 s/w-Abb. Br.
ISBN 978-3-412-20279-8

27: Claudia Benthien, Manuela
Gerlof, Stefanie Wenner (Hg.)
PARADIES
TOPOGRAFIEN DER SEHNSUCHT
2009. Ca. 336 S. ca. 30 s/w-Abb. Br.
ISBN 978-3-412-20083-1

BÖHLAU VERLAG, URSULAPLATZ 1, 50668 KÖLN. T: +49(0)221 913 90-0
INFO@BOEHLAU.DE, WWW.BOEHLAU.DE | KÖLN WEIMAR WIEN

LITERATUR – KULTUR – GESCHLECHT

STUDIEN ZUR LITERATUR-
UND KULTURGESCHICHTE.
GROSSE REIHE

Eine Auswahl.

41: Elke Frietsch
»KULTURPROBLEM FRAU«
WEIBLICHKEITSBILDER IN DER
KUNST DES NATIONALSOZIALISMUS
2006. XI, 330 S. 100 s/w-Abb. auf 64 Taf. Br.
ISBN 978-3-412-35505-0

42: Sigrid Nieberle,
Elisabeth Strowick (Hg.)
NARRATION UND GESCHLECHT
TEXTE – MEDIEN – EPISTEME
2006. 428 S. 12 s/w-Abb. Br.
ISBN 978-3-412-35605-7

43: Ruth Albrecht, Annette Bühler-
Dietrich, Florentine Strzelczyk (Hg.)
GLAUBE UND GESCHLECHT
FROMME FRAUEN – SPIRITUELLE
ERFAHRUNGEN – RELIGIÖSE
TRADITIONEN
2008. 284 S. 3 s/w-Abb. Br.
ISBN 978-3-412-07906-2

44: Birgit Dahlke
JÜNGLINGE DER MODERNE
JUGENDKULT UND MÄNNLICHKEIT IN
DER LITERATUR UM 1900
2006. VII, 273 S. 8 s/w-Abb. auf
8 Taf. Br. ISBN 978-3-412-10406-1

45: Anne D. Peiter
KOMIK UND GEWALT
ZUR LITERARISCHEN
VERARBEITUNG DER BEIDEN
WELTKRIEGE UND DER SHOAH
2007. 454 S. 11 s/w-Abb. Br.
ISBN 978-3-412-24206-0

46: Andrea Sieber
MEDEAS RACHE
LIEBESVERRAT UND GESCHLECH-
TERKONFLIKTE IN ROMANEN DES
MITTELALTERS
2008. VIII, 274 S. Br.
ISBN 978-3-412-20051-0

47: Maya Gerig
JENSEITS VON TUGEND UND
EMPFINDSAMKEIT
GESELLSCHAFTSPOLITIK IM
FRAUENROMAN UM 1800
2008. VI, 185 S. Br.
ISBN 978-3-412-20099-2

48: Anne-Kathrin Reulecke (Hg.)
VON NULL BIS UNENDLICH
LITERARISCHE INSZENIERUNGEN
NATURWISSENSCHAFTLICHEN
WISSENS
2008. 237 S. Mit 18 s/w-Abb. Br.
ISBN 978-3-412-20144-9

49: Sabine Graf
POETIK DES TRANSFERS
»DAS HEBRÄERLAND« VON
ELSE LASKER-SCHÜLER
2009. VIII, 284 S. Br.
ISBN 978-3-412-20228-6

50: Isabelle Stauffer
WEIBLICHE DANDYS, BLICK-
MÄCHTIGE FEMMES FRAGILES
IRONISCHE INSZENIERUNGEN DES
GESCHLECHTS IM FIN DE SIÈCLE
2008. VIII, 351 S. Br.
ISBN 978-3-412-20252-1

51: Verena Ronge
IST ES EIN MANN?
IST ES EINE FRAU?
DIE (DE)KONSTRUKTION VON
GESCHLECHTERBILDERN IM WERK
THOMAS BERNHARDS
2009. 291 S. Br.
ISBN 978-3-412-20325-2

böhlau

BÖHLAU VERLAG, URSULAPLATZ 1, 50668 KÖLN. T: +49(0)221 913 90-0
INFO@BOEHLAU.DE, WWW.BOEHLAU.DE | KÖLN WEIMAR WIEN

SE939